桓檀古記

환단고기

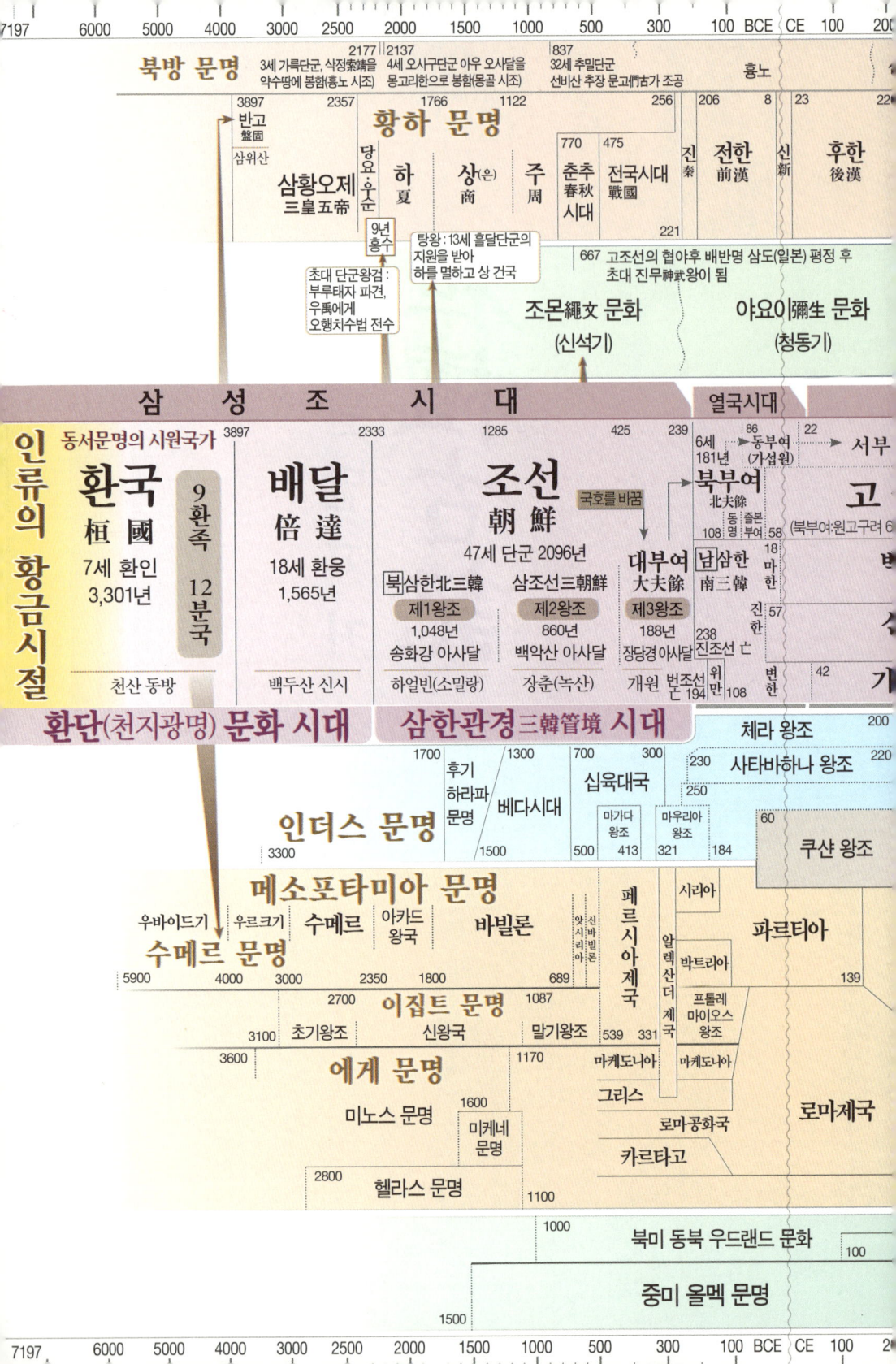

연도	400	500	600	700	800	900	1000	1100	1200	1300	1400	1500	1600	1700	1800	1900	1950	2000

중국

탁발	유연 柔然	552 돌궐	744 위구르	840 키르기즈	거란	947 서하	1227	1271 오이라트, 타타르	1616		몽골
04 5호 6국	420 북조北朝 581 (북위,동위,서위, 북제,북주) 439	618 수隋		당 唐	907 5대 10국 979	960 요遼 1125 송宋 북송 1126	금金 1122 1234 남송 1279	원元 (몽골)	명明 1370	청淸 1662 1912	만주국 중화 민국	중화인민 공화국 대만
진晉 남조南朝 (송,제,양,진) 동진 420 589											

일본

연나부여 의려(또는 의라)왕 15대 오진應神왕이 됨	710 나라奈良시대	794	1185	1333	1336	1660	1867	1912	1989
야마토大和 정권	아스카飛鳥시대 645	670 일본 건국	헤이안平安 시대	가마쿠라幕府	가마쿠라막부 무로마치막부 室町幕府	에도막부 江戶幕府	메이지明治 다이쇼大正 1926	쇼와 昭和	헤이세이 平成

한국

시대	494	668	남북국시대	926	고려시대	1392	조선시대	1897	1919	남북분단시대 1948.8.15
부여 高句麗 (후고구려 28세 726년) 906년		대진(발해) 大震 15세 258년	901 후고구려 918	고려 高麗 34세 475년	(한양) 조선 朝鮮 27세 519년	국호를 바꿈 대한제국	대한민국 임시정부 일제강점기 1910~1945	대한민국 1948.9.9 조선민주주의 인민공화국
百濟 678년 新羅 992년 연맹 562	538 660 남부여 (성왕)	통일(후)신라 新羅 900	936 후백제 935						

인도

인도중왕국	740	1018 구르자라제국 750	1040 팔라 왕조	1346 호이살라 제국 1174 1206	1596	1858	1947 파키스탄, 인도, 부탄, 방글라데시, 스리랑카, 네팔, 몰디브
굽타 왕조 550 촐라 왕조	찰루키아 왕조 753		1070 1083 1323 카카티야제국		인도·이슬람제국	무굴제국 1716 시크왕국 1849	영국령 인도

서아시아

산조 르시아	642		이슬람제국	1258	1299 일한국 1393	1369 티무르제국 1500	오스만투르크 페르시아 1811 1935	1923 터키공화국 1963 이라크 1932 사우디아라비아 이집트번왕국 이집트 1953 이란

유럽

서로마제국 395 476	7왕국 프랑크왕국	영국 서프랑크 프랑스 843 동프랑크	신성로마제국	오스트리아, 프로이센 모스크바공국 로마노프왕조 1917	영국, 프랑스 오스트리아 체코, 독일, 이탈리아 러시아, 헝가리
동로마제국	노르만족의 이동		덴마크(1397~), 스웨덴(1523~), 노르웨이(1905~)		

아메리카

	700 북미 아나사지 문화	1300 1700 북미 푸에블로 문화	영국 프랑스 스페인 포르투갈 식민지	미국, 캐나다
400 중미 마야 문명	중미 톨텍 문명 1000	1200 1521 중미 아즈텍 문명 남미 잉카 문명 1533		멕시코, 파나마, 칠레 브라질, 아르헨티나

| 400 | 500 | 600 | 700 | 800 | 900 | 1000 | 1100 | 1200 | 1300 | 1400 | 1500 | 1600 | 1700 | 1800 | 1900 | 1950 | 2000 |

桓檀古記 (보급판)

발행일 환기 9209년, 신시개천 5909년, 단군기원 4345년, 서기 2012년 10월 13일 초판 1쇄 |
환기 9220년, 신시개천 5920년, 단군기원 4356년, 서기 2023년 8월 21일 초판 31쇄 |
역주 안경전 | **펴낸곳** 상생출판 | **주소** 대전시 중구 선화서로 29번길 36(선화동) |
전화 070-8644-3156 | **팩스** 0303-0799-1735 | **홈페이지** www.sangsaengbooks.co.kr
출판등록 2005년 3월 11일 (제175호)

이 책에 수록된 사진은 직접 촬영 및 저작권자의 동의를 얻어 사용한 것입니다. 일부 사진에 대해서는 저작권자가 확인되는 대로 절차에 따라 저작권료를 지불하겠습니다. (고구려 사진 중 일부 : 석하사진문화연구소 윤명도)
| ISBN 978-89-94295-42-8 | Copyright ⓒ 2012-2023 상생출판

국립중앙도서관 출판시도서목록(CIP)

환단고기 / 계연수 편저 ; 이기 교열 ; 이유립 현토 ; 안경전
역주. -- 대전 : 상생출판, 2012
  p. ;   cm

한자표제 : 桓檀古記
ISBN 978-89-94295-42-8 03900 : ₩18000

상고사[上古史]
한국사[韓國史]

911.02-KDC5
951.901-DDC21
                          CIP2012004926

桓檀古記

환단고기

- 운초 계연수 편저
- 해학 이기 교열
- 한암당 이유립 현토
- 안경전 역주

상생출판

『환단고기』 보급판 출간에 부쳐

지금 동북아에는 '**역사 전쟁의 태풍**'이 휘몰아치고 있다.

중국은 이미 오래 전부터 동북공정을 추진하여 한민족의 고대사를 그들의 역사에 편입시킴으로써, 중국을 동북아 최고最古 국가이자 중심 국가로 만들겠다는 야욕을 드러냈다. 21세기에 세계를 주도할 패자霸者가 되고자 하는 것이다. 이에 뒤질세라 일본도 독도에 대한 영유권과 중국 근해의 센카쿠(중국명 댜오위다오) 열도에 대한 권리를 주장하며 동북아의 주도권을 잡으려 한다. 지난 수십 세기 동안 자행해 온 역사 왜곡을 바탕으로, 중국과 일본은 인류 문명의 시원인 환국桓國의 후예 한민족을 발아래에 놓고 짓밟으려 하는 것이다.

2012년 9월 25일, 대만 동북쪽 120km에 위치한 센카쿠 해역에서 중국, 대만, 일본의 순시선과 수십 척의 어선이 서로 물대포 공격을 주고받는 사건이 일어났고, 중국은 이날 동북아 3국 중 최초로 항공모함을 전격 배치하였다. 중국의 동아시아 문제 전문가인 주지안롱朱建榮은 동북아의 위험한 대결을 '전쟁을 방불케 하는 상황(It's like a war situation)'[1]이라 진단했다. 국제정세 전문가들은 현재 동북아에서 한국, 중국, 일본이 벌이는 분쟁이 장차 더욱 거세어질 것이라 내다본다. 그리고 격화하는 동북아 대립의 원인을, 수십 년 전에 일본이 자행한 강압적인 식민통치에 기인한 '원한의 앙금'이 동북아에 뿌리 깊이 박혀 있기 때문이라 분석한다. 미 국제전략연구소(CSIS) 브래드 글로서맨Brad Glosserman의 말처럼, 일본이 자신들의 과거를 인정하지 않는 동북아에는 지금 "원한과 분노의 정치"가 만연하고 있다.[2]

동북아 역사는 주객이 전도된 배은망덕의 역사이다.

중국의 시조는 4,700년 전 인물인 황제헌원인데, 헌원은 원래 배달의 14세 임금인 치우천황의 신하였다. 때문에 '황제의 관명官名이 운사雲師였다'라는 기록이 사

---
1) 〈The Christian Science Monitor〉, 2012.9.11.
2) 〈The New York Times〉, 2012.10.5 ; 〈Time〉(U.S edition), 2010.8.16.

마천의 『사기史記』와, 공자가 쓴 『춘추春秋』를 노나라 학자 좌구명左丘明이 해석한 『춘추좌전春秋左傳』 등에 전한다. 운사는 원래 풍백, 우사와 함께 치우천황을 보필하던 관직이다. 치우천황의 스승 자부선사紫府仙師는 운사 황제헌원에게 동방 문화의 정수를 가르쳐 주고 『삼황내문三皇內文』도 전하였다. 그러나 헌원은 배은 망덕하게도 치우천황에게 반기를 들었고, 10년간의 탁록 대전쟁 끝에 마침내 무릎을 꿇었다. 중국은 이 같은 역사를 오히려 거꾸로 뒤집어 기록하였다. 즉 치우는 헌원의 명을 듣지 않고 난을 일으킨 인물로, 헌원은 제후들을 시켜 치우를 사로잡아 죽인 천자로 기록하였다. 치우천황의 보살핌을 받던 신하 헌원을 오히려 치우 위에 군림한 제왕으로 뒤바꿔 버린 것이다.

일본의 초기 역사는 고조선 말기에 한민족이 일본 열도로 건너가 이룩한 것이다. 그 뒤 삼국시대에는 한반도의 백제계 사람들이 일본에 진출하여 아스카 문명을 열고 일본 조정을 주도하였다. 사실이 이러함에도, 백제가 몰락하자(660년) 스승 나라인 백제와의 인연을 끊기 위해 일본인들은 국호를 '왜'에서 '일본'으로 바꾸었다(670년). 그리고 자국 왕가의 혈통을 한반도와 무관하게 일본 땅에서 자생한 것으로 내세우기 위해 이른바 '만세일계萬世一系'라 하여 왕통을 조작하였다.

일본은 근세조선을 만 35년간 지배하면서, 교토대 명예교수인 우에다 마사아키上田正昭의 말과 같이, '땅을 빼앗고, 언어를 빼앗고, 이름을 빼앗고, 목숨을 빼앗는' 사탈四奪의 패악[3]을 자행하였다. 뿐만 아니라 일본은 한일병탄 직후부터 일왕의 특명으로 **한민족사의 뿌리를 도려내는 작업**에 착수하여, 한민족사가 2,200년 전 한漢나라의 식민지에서 시작되었다고 날조하였다. 또 '4세기 무렵에 신공황후神功皇后가 한반도 가야 땅에 임나일본부任那日本府라는 식민지를 건설하였고, 이후 2백 년 동안 한반도 남부를 다스렸다'고 완전 날조하였다. 문화를 전수해 주고 국가 체제를 세워 준 스승인 한민족을 어이없게도 자국의 식민지 백성으로 전락시킨 것이다. 이보다 더한 적반하장이 어디에 있겠는가.

중국과 일본의 이 같은 역사 왜곡으로 말미암아 9천 년 전에 환국을 세워 현 인류 문명의 터전을 닦고, 6천 년 전에는 배달을 세워 동북아 문명을 일군 한민

---

3) 상생방송STB, 〈역사 다큐〉, "한국사 숨겨진 진실을 찾아서", 2010.11.30.

족의 시원 역사가 완전히 말살되었다. 환국과 배달은 대한민국의 뿌리이자 중국과 일본의 뿌리이기도 하다. **중·일의 한국 고대사 왜곡과 말살**은 결국 제 자신의 뿌리를 부정하고 갉아먹는 어리석은 짓인 것이다. 중국과 일본이 저지른 역사조작은 실로 용서받지 못할 배은망덕이 아닐 수 없다.

중·일은 한국사를 침탈하고, 우리 스스로는 사대적 유교사관과 식민사관에 빠져 우리 역사를 파괴한 결과, **오늘의 한민족은 고대 역사와 문화를 완전히 상실**하고 말았다. 대한민국 정부와 학계는 식민주의 사관으로 한국사를 해석하고, 국민들은 그렇게 조작된 식민지 역사를 진짜 역사인 양 세뇌되어 받아들이고 있다. 또한 유교, 불교, 기독교 등 외래종교에 젖어 한민족의 삼성조三聖祖인 환국의 환인천제, 배달의 환웅천황, 고조선의 단군왕검을 부정하거나, 우상이라 하여 배척한다. **역사를 잃어버린 혼 빠진 한민족**이 갈수록 첨예해지는 오늘의 동북아 역사전쟁에서 어떻게 승리할 수 있겠는가.

우리 자신의 시원 역사를 알지 못하고 민족의 정체성을 잃으면, '한민족'은 없어지고 단지 '한반도에 사는 사람'만 남을 뿐이다. 결국 우리는 치열한 역사전쟁의 격랑 속에서 민족 해체의 위기를 맞을 수도 있다.

뿌리를 잃고 흔들리는 한민족의 역사를 과연 어떻게 제대로 밝힐 것인가? 뒤틀리고 훼손된 역사에 사로잡힌 채 동북아 역사전쟁의 벼랑 끝에 서 있는 한민족의 운명을 바로 세울 길은 어디에 있는가? 고유 사서를 외세에 강탈당하고 또 우리 스스로 소각해 버린 결과, 『환단고기』는 현재 우리에게 남은 유일한 정통사서가 되었다. 『환단고기』에는 동북아 역사전쟁의 실체를 총체적으로 파악할 수 있는 고대사의 진실이 오롯이 담겨 있다. 따라서 우리는 『환단고기』를 통해 한민족의 시원역사를 되찾고 동북아의 뒤틀린 역사를 바로잡음으로써 동북아 역사전쟁에서 승리할 수 있다.

『환단고기』는 **인간이 천지 광명을 직접 체험하며 살던, 인류사의 창세 시대인 환단시대 이래 이어져 온 한민족의 자랑스러운 역사 기록**이다. 어떤 이는 『환단고기』를 『한단고기』라 부른다. 이것은 '환'의 뜻을 제대로 이해하지 못해서 생긴 오류이다. '환桓'은 하늘의 광명, '단檀'은 땅의 광명, '한韓'은 인간 속의 광명을 뜻하는 것으로 환과 한은 그 본성이 다르다. 인간은 천지의 자녀인 까닭에 인간에게는 하늘땅의 광명이 고스란히 깃들어 있다. **인간의 내면에 휘감아 도는 무궁한 천지 광명**, 그것이 바로 '**한**'이다. 환과 한은 광명의 본질이 서로 다르기 때문에 이 책의 제호는 『환단고기』라 함이 마땅하다.

『환단고기』는 인류의 상고 역사, 특히 고대 동북아 역사의 실체를 밝혀 주는 귀중한 역사 원전이다. 수억 광년 떨어진 밤하늘의 별자리를 망원경으로 조망하듯, 이 한 권으로 오늘날 우리는 인류의 잊혀진 뿌리 역사를 시원스레 들여다 볼 수 있다.

『환단고기』에는 또한 한민족이 9천 년 전부터 하늘을 받들고 숭배한 신교神敎 문화의 실체인 '**삼신상제**三神上帝 **신앙**'이 담겨 있다. 『환단고기』에서 전하는 **인류 원형문화의 핵심**을 한 단어로 말하면, 바로 '**삼신**三神'이다. 삼신은 '세 신'이 아니라 조화신造化神, 교화신敎化神, 치화신治化神으로 작용하는 '일신一神', 즉 한 분의 하느님이다. 삼신은 우주의 근원인 '**원신**元神'으로 얼굴 없는 무형의 신이다. 그 삼신의 조화권을 그대로 쓰면서 우주의 자연 질서와 인간 역사를 직접 통치하는 인격신인 '**주신**主神'은 따로 계신다. 그분을 동방의 한민족은 삼신상제님, 또는 간단히 **상제님**이라 불렀다. 한민족은 환국 시절부터 상제님의 가르침 속에 살면서 해마다 상제님께 **천제**天祭를 올렸고, 이 천제는 대제전大祭典의 장이자 온 국민의 축제 한마당이었다. 이러한 삼신상제 신앙의 전모는 오직 『환단고기』를 통해서만 알 수 있다.

그리고 『환단고기』는 동서의 종교, 철학, 역사학 등에서 제기해 온 자연과 인간과 신의 존재에 대한 명쾌한 문화론적 해답을 담고 있다. 예컨대, 삼신의 자기현현自己顯現(self-manifestation)으로 생겨난 천지 대자연의 변화 원리, 인간 삶에 가장 소중한 가치인 진선미眞善美의 문제, 하늘의 삼신이 인간 몸 속에 들어와 구성된 성명정性命精의 존재 원리, 그리고 인간 속에 깃들어 있는 삼신의 지혜와 신성을 드러내는 신교의 수행문화에 이르기까지 무궁한 깨달음의 소식이 들어 있다. 한마디로 『환단고기』는 **한민족의 시원역사 경전이자 인류 창세시대의 종교 경전이요 동서의 문화 경전**이라 하겠다.

그런데 중국의 중화 패권주의 사관, 일제의 식민주의 사관, 서양의 실증주의 사관에 젖은 이 땅의 강단사학자들은 이 책을 매도하여 '위서僞書'라고 한다. 일제의 압제에 시달리던 동포들에게 우리 역사를 알려 독립심을 고취시키기 위해 인위적으로 만든 책이라는 것이다. 혹자는 『환단고기』를 단순한 종교 서적으로 간주하여 '상고시대 종교 교리서는 될지언정 역사서는 될 수 없다'고 주장한다. 과연 『환단고기』는 위서인가? 중국, 일본, 중동 등지의 고대사 유적과 유물은 『환단고기』가 위서가 아니라는 사실을 증명한다. 유적을 답사해 보면, 누구나 『환단고기』가 '역사의 진실을 기록한 참된 역사서'라는 것을 실감하게 된다. 나아가 **『환단고기』야말로 한민족과 인류의 잃어버린 창세 역사를 되찾아 줄 유일한 역사서**라는 것도 깨닫게 된다.

이제 『환단고기』가 간행된 지 만 100년이라는 세월이 흘렀다. 동서양의 제국주의 세력이 한반도에 몰려와 패권을 다툰 끝에 조선 왕조를 쓰러뜨린 이듬해인 1911년에 이 책이 처음 세상에 나왔다. 나라를 잃고 절망에 빠져 있을 때 9천 년 한민족사를 총체적으로 드러내는 역사서가 출간된 것이다. 이 책의 출간은 **한민족사의 진실을 백일하에 드러낸 일대 쾌거이자, 동북아와 인류의 창세 역사를 밝힌 기념비적인 대사건**이다.

『환단고기』는 당시 압록강을 넘나들며 독립운동을 하던 운초 계연수(1864~1920) 선생이, 신라의 고승 안함로(579~640)와 고려 시대 인물로 추정되는 원동중(?~?)이 쓴 두 권의 『삼성기』, 고려 공민왕 때 수문하시중守門下侍中(오늘날의 국무총리)을 지낸 이암(1297~1364)이 쓴 『단군세기』, 이암의 동지이자 고려 말 충신인 범장(?~?)이 쓴 『북부여기』, 조선 시대 찬수관撰修官을 역임한 이맥(1455~1528)이 쓴 『태백일사』 등 다섯 사서를 묶어 편찬한 책이다. 안함로 이래 무려 1,400년에 걸쳐 여러 선인의 공덕과 혈성血誠이 빚어낸 위대한 문화유산이 바로 『환단고기』인 것이다.

오늘날 한류문화라 하여 한국의 대중문화가 중국, 일본, 동남아를 비롯하여 미국과 유럽 등 서구에까지 퍼져 나가고 있다. 사람들은 흔히 '케이팝(K-pop)'이라 불리는 한국 아이돌그룹의 춤과 노래를 한류문화의 모든 것으로 간주한다. 하지만 그것은 한류문화의 일부일 뿐이다. **진정한 한류문화의 부활**은 한국인의

9천 년 역사와 문화를 회복하고 그것을 세계화하는 데에서 시작된다. 따라서 대한의 아들딸이라면 누구라도 마땅히 『환단고기』를 읽고, 일찍이 동북아 문명을 일구었던 **한민족의 참된 역사**를 알아야 할 것이다. 한민족사를 제대로 아는 것이야말로 지금 동북아에 휘몰아치는 역사 전쟁에서 한민족의 미래를 지키는 밑거름이 될 것이다.

지난 30여 년 동안 『환단고기』를 올바르게 해석하기 위해 관련 자료를 조사하고 중국, 일본, 이집트, 중동, 유럽, 북남미 등 지구촌 각지의 역사 현장을 답사하였다. 그리고 2012년 6월, 드디어 『환단고기』 완역본을 간행하였다. 『환단고기』가 전하는 인류 원형문화와 창세역사를 총체적으로 알리기 위해 관련 사진과 자료를 담다 보니, 해제가 600쪽, 번역문과 미주가 800쪽(참고문헌·색인 포함), 합하여 1,400쪽에 이르는 방대한 분량이 되었다.

완역본이 출간된 후, 독자들과 전국 서점가에서 좀 더 쉽게 읽을 수 있는 책의 출판을 요청해 왔다. 이에 따라 앞서 발간한 완역본의 본문을 다시 편집하고 해제의 주요 내용을 추려서 '보급판'을 내게 되었다. 이 보급판의 해제가 미흡하다고 느낀다면 완역본의 해제를 참고하기를 당부한다.

끝으로 완역본에 이어 이번 보급판의 번역과 해제 정리에 도움을 준 상생문화연구소의 모든 연구원, 고견을 제시하여 내용의 완성도를 높여 준 여러 분야 교수님들, 편집과 표지 디자인을 맡은 상생출판사 편집부원 등 이 책의 출판에 기여한 모든 이들에게 감사의 마음을 전한다.

환기 9209년, 신시개천 5909년, 단군기원 4345년,
서기 2012년 10월

安 耕 田

목 차

『환단고기』 보급판 출간에 부쳐 6

[해제] I. 한민족 9천 년 역사를 담은 『환단고기』 14
   1. 우리 역사, 새로 써야 한다 14
   2. 대한의 혼을 찾아서 48
   3. 천 년 세월이 낳은 『환단고기』 54
   4. 『환단고기』의 편찬과 대중화 58
   5. 왜 『환단고기』를 읽어야 하는가 : 『환단고기』의 특징과 가치 61
   6. 위서로 몰린 『환단고기』 67

[해제] II. 『환단고기』가 밝혀 주는 한국사의 국통 맥 76
   1. 인류의 시원문명, '환국桓國' 76
   2. 동북아에 세운 한민족 최초 국가, '배달' 89
   3. 한민족의 전성기, 고조선 114
   4. 북부여에서 대한민국 수립까지 128

[해제] III. 『환단고기』가 밝혀 주는 인류의 원형문화, 신교 134
   1. 우주 사상의 원형, 신교 134
   2. 신교의 꽃, '천제天祭 문화' 141

[해제] IV. 한韓의 뿌리와 미래 : 『환단고기』 해제를 마치며 155

범례 凡例	167
삼성기전三聖紀全 상편上篇	171
삼성기전三聖紀全 하편下篇	183
단군세기檀君世紀	**201**
단군세기檀君世紀 서序	205
단군세기檀君世紀	210
북부여기北夫餘紀	**277**
북부여기 北夫餘紀 상上	280
북부여기 北夫餘紀 하下	288
가섭원부여기迦葉原夫餘紀	292
태백일사太白逸史	**301**
삼신오제본기三神五帝本紀	303
환국본기桓國本紀	325
신시본기神市本紀	335
삼한관경본기三韓管境本紀	375
소도경전본훈蘇塗經典本訓	421
고구려국본기高句麗國本紀	453
대진국본기大震國本紀	505
고려국본기高麗國本紀	525
색인	562

I. 한민족 9천 년 역사를 담은 『환단고기』

1. 우리 역사, 새로 써야 한다

역사는 인류가 걸어온 삶의 발자취이다. 지금까지 인류가 자연에 적응하며 살아오는 과정에서 이룩한 삶의 총체가 곧 역사이다. 요즈음 사람들은 대부분 하루하루 살아가기에 바쁘다. 그래서 '먹고 살기도 힘든 세상에, 이런 첨단과학 세상에 왜 케케묵은 역사를 알아야 되지? 그게 지금 우리에게 무슨 도움이 되지?'라고 반문한다.

하지만 역사를 모르면 미래가 없다. 오늘의 우리 삶은 과거 역사에 바탕을 두고 있으며, 지금 우리의 발걸음에 따라 미래의 향방이 결정되기 때문이다. 과거 역사가 왜곡되어 있으면 현재의 삶도 뒤틀리고, 미래를 보는 올바른 시각도 가질 수 없다. "과거는 아직도 현재 속에 살아 있는 과거"[1]이고 "역사란 현재와 과거의 끊임없는 대화"[2]인 것이다.

그래서 우리는 역사를 공부해야 한다. 역사 공부를 통해 과거와 만남으로써 오늘의 문제를 지혜롭게 풀러내고 미래의 비전을 멋지게 설계할 수 있다. 그러므로 인류의 지난 삶을 들여다보는 역사 공부가 가장 신명나는 인생 공부인 것이다.

'역사를 모르는 자, 역사에 휩쓸려 가리라!'

이 한마디에 우리가 역사를 알아야 하는 필연성과 당위성이 함축되어 있다. 역사를 가르치지 않는 것은 마치 자식을 낳아 놓고도 성姓을 가르쳐 주지 않는 것과 같은 무책임한 처사이다.

1) 동북아는 역사전쟁 중

지금 동북아는 총성 없는 전쟁, '역사전쟁'의 소용돌이 속에 빠져 있다.

2002년 2월부터 중국은 동북 3성 지역에서 일어났던 고조선, 고구려, 대진(발해) 등의 한국사를 자국의 역사에 귀속시키는 역사 왜곡 공작을 벌여 왔다.

---

[1] "The past is not a dead past but lives on in the present" (콜링우드R. G. Collingwood, 『The Idea of History』, 175쪽).
[2] "Unending dialogue between the present and the past" (카아E. H. Carr, 『What is History?』, 35쪽).

이제 우리 귀에도 익숙한 '동북공정東北工程'이 바로 그것이다. 그렇다면 이 동북공정은 단순히 '한국사 빼앗기 프로젝트'인가?

동북공정은 중국 문명을 수메르 문명과 이집트 문명보다 더 이른 시기에 시작된 것으로 끌어올려 중국을 세계에서 가장 오래된 문명국으로 만들기 위한 계책인, '탐원공정探源工程'의 일환이다. 탐원공정은 중국을 전 인류의 시원 국가이자 중심 국가로 만들기 위해 2001년부터 기획하여 2003년에 본격적으로 시행한 중국의 국가 전략 사업이다. 그러므로 동북공정은 중국을 전 세계의 종주국으로 만들기 위한 야심찬 계획의 일부인 것이다.

2002년에 시작된 동북공정은 중국이 중앙정부 차원에서 한국사를 탈취하기 시작한 사업이다. 중국 길림성에서 발간하는 〈동북사지東北史地〉(2004. 4.)에 실린 중국사회과학원 소속 연구원의 특별 기고에 따르면, 동북공정은 사실상 1982년에 동북 3성의 지방정부에 의해 시작되었다고 한다.3) 무려 30년 전부터 중국의 한국사 탈취가 행해져 온 것이다.

그런데 중국은 왜 남의 역사를 훔쳐가는 것일까? 20세기 최대의 고고학 발굴 사건으로 전 세계를 놀라게 한 홍산문화4)가 그 현실적 배경이다. 이 홍산문화 유적지에서 세계인들이 중국의 상징으로 꼽는 용龍 유물이 다수 출토되었다. BCE 3000년경에 제작된 옥으로 만든 C자형 용이 먼저 출토되고, 그 후 다시 BCE 5600년경에 돌로 쌓아 만든 용 형상물인 석소룡石塑龍이 발견되었다. 두 가지 모두 황하문명권의 용 유물보다 훨씬 오래 되었다. 중국이 야만족의 땅으로 멸시하던 만리장성 너머 북방 지역에서 황하문명보다 더 앞서고 발달한 문화, 즉 황하문명의 원류가 발견된 것이다. 이 곤란한 사태를 수습하기 위해 홍산문화를 중국의 고유문화로 둔갑시키기로 한 중국 정부는, 홍산문화와 직결되는 고조선, 그리고 그 이후의 고구려와 대진을 자국의 역사로 변조한 것이다.

동북공정은 2007년 5월에 공식 종료되었다. 하지만 중국은 새로운 패러다임으로 역사 왜곡을 계속 추진하고 있다. 예컨대 한민족의 성산聖山인 백두산을 중국 산으로 만드는 '장백산 문화론'을 펼치고 있다. 중국 정부는 백두산(장백산)을 중국 10대 명산 중의 하나로 선정하여 2012년 현재 중국 제6위의 명산

---

3) KBS-1TV, 〈뉴스 9〉, "중中 '동북공정' 82년부터 준비했다", 2006.12.30.
4) 여기서의 홍산문화는 'BCE 7000~2000년 사이에 만리장성 북쪽의 요서 지역(한민족의 고토故土)에서 번성하였던 여러 고대 문화'를 통칭한다.

으로 끌어올렸다. 또한 국제적으로 백두산을 홍보하여 관광객이 100만 명을 돌파한 지도 이미 수년이 지났다.⁵⁾ 그래서 세계인에게 백두산은 이미 중국의 산으로 각인되고 있다.

이렇게 국제 여론을 조장한 중국은 지금, 백두산을 누비던 고구려와 대진(발해)을 역시 백두산 인근에서 발원한 금(1115~1234), 청(1636~1912)의 역사와 연결시키는 논리를 개발 중이다.⁶⁾ 이것은 동북공정으로 고구려와 대진을 중국의 변방사로 만든 것에서 한 술 더 뜨는 역사 왜곡이다. 고구려와 그 계승국인 대진을 중국 왕조인 금·청의 밑거름으로 만들어 한민족으로부터 더욱 멀리 떼어 내기 때문이다.

중국의 역사 침탈과 왜곡은 여기에 그치지 않는다. 고구려와 발해의 유적, 유물을 자신들의 문화유산으로 유네스코에 등재하였을 뿐만 아니라, 심지어 2006년부터 세 차례에 걸쳐 아리랑, 판소리, 농악무 등 우리 민속 문화 열세 가지를 중국의 국가무형문화 유산으로 등재하였다.⁷⁾ 그리고 중국의 만리장성 경계선을 고구려와 발해 강역까지 연장하였다. 하북성 산해관山海關에서 끝나는 만리장성을 2009년에 압록강 하구 지역까지 연장하였고, 2012년에는 동북 3성 중 가장 북쪽에 위치한 흑룡강성의 목단강牡丹江 유역까지 연장하였다.

중국이 한민족사 강탈을 통해 노리는 최종 목표는 무엇일까? 그것은 후일 한반도에 정치적 변고가 생겼을 경우 북한을 점령하고, 그 후 넓어진 정치적 입지를 바탕으로 세계의 최강자가 되는 것이다. 따라서 탐원공정, 동북공정 등은 단순한 역사 침탈 공작이 아니라 영토 침탈 공작이며 한국의 앞날을 위협하는 무서운 정치 음모이다.

여기에 대해 한국 정부는 어떻게 대응해 왔는가? 2004년에 '고구려 연구재단'을 만들었으나 일제 식민사학에 젖은 학자들이 2년간 60여 권의 책을 발간한 것이 고작이었다. 2006년에 다시 '동북아 역사재단'을 만들어 연간 200억의 국고를 쓰고 있지만, 20여 명의 이사 가운데 민족자주사학을 연구한 사람이 드물어 과연 정부가 동북공정을 해결하려는 의지를 갖고 있는지조차 의심스럽다.

그 연구 내용과 활동 상황을 보아도 동북아 역사재단은 중국의 동북공정에

---

5) 윤휘탁, '백두산의 중국화와 우리의 대응방향', 『한중 관계와 한반도』(제8차 국제고려학회 서울지회 학술대회), 211쪽.
6) 정호섭, '동북공정 이후 중국의 고구려사 관련 동향과 전망', 『한중 관계와 한반도』(제8차 국제고려학회 서울지회 학술대회), 197쪽.
7) 〈경향신문〉, "중국 문화유산에 아리랑 등 우리 문화 13건 등재", 2011.9.20.

동조하는 주장을 일삼고 있다. 홍산문화를 우리와 관계없는 요하 지역의 독자 문화[8]라 하고 또한 고조선 역사를 부정한다. 최근 경기도 교육청이 학생들의 교육 자료로 『동북아 평화를 꿈꾸다』(2012. 6)를 발간하였다. 우리 교과서의 부족한 내용을 보충하기 위해 역사 교사 17명이 모여 엮은 이 책에서 '단군은 역사적 사실'이라고 말하였는데, 동북아 역사재단은 이를 정면으로 반박하였다. '고조선 개국 신화는 여전히 신화적 범주에 속하며 역사적 사실이 아니다'라는 것이다.[9] 국민의 세금으로 만든 동북아 역사재단은 과연 누구를 위한 것인가?

경기교육청 교육자료를 부정하는 동북아 역사재단의 행태

구분	경기교육청 자료	동북아 역사재단의 지적
28쪽 단군신화	•역사적 사실	•역사적 사실이 아니라 신화
87쪽 간도	•간도협약이 무효화되면 영토 수복 가능	•간도협약 이전에 우리 영토 편입 사실 없어
27쪽 고인돌	•고조선 고유 묘제	•중국 동부에서도 발견
88쪽 백두산 정계비	•국제법상 유효한 국경조약 •조선과 청나라 구두합의로 1792년 세움	•국제법적 인식 등장 전이라 적용 어려움 •구두합의 없었고 1712년에 세움
24쪽 홍산문화	•BCE 3500년에 시작	•BCE 5000-3000년까지
55쪽 대조영	•고구려 왕이라 부름	•진국 왕이라 부름

한편 일본도 최근 몇 년 사이에 한국 영토 침탈의 야욕을 노골적으로 드러내고 있다. 바로 '독도 영유권 주장'이다. 울릉도에서 87.5km 거리에 위치한 독도는 원래 우산국于山國의 영토였다가 신라 지증왕 13년(512년)에 신라에 귀속되었다. 최소한 신라 때부터 공식적인 한국 영토인 이곳을 일본은 1905년 러일전쟁 와중에 자신들의 영토로 무단 편입시키고, 다케시마[竹島]라 명명하였다. 그 후 100년이 지난 2005년에 '다케시마의 날'까지 제정하고, 일본의 국가 안보 전략서인 방위백서防衛白書에 독도를 일본 영토로 기재하기 시작하였다.

더욱이 2012년 9월 일본 정부는 '독도는 일본 땅'이라 주장하는 광고를 약 70여 개 신문에 동시에 실었다. 일본 정치인들의 개별 발언 차원을 넘어 처음으로 정부가 나서서 신문 광고를 통해 독도 문제를 거론한 것이다.[10] 갈수록

---

8) 송호정, '요하유역 고대문명의 변천과 주민집단', 『중국 동북지역 고고학 연구현황과 문제점』, 동북아역사재단 연구총서 45집, 63쪽.
9) 〈중앙일보〉, "발해 건국 대조영이 고구려왕?", 2012.9.18.
10) 〈동아일보〉, "일日 정부 '독도는 일본땅' 첫 신문 광고", 2012.9.11.

고구려, 발해 땅까지 연장한 중국의 만리장성 | 역사적으로 만리장성의 동쪽 끝은 하북성 산해관山海關이다. 그런데 중국은 2009년 요령성 단동(압록강 하구)에 있는 고구려 성을 중국의 호산虎山산성으로 둔갑시켜 그곳을 만리장성 동단으로 수정했다. 2012년에는 동쪽 끝과 서쪽 끝을 모두 연장했다. 동단은 동북 3성 중 가장 북쪽에 위치한 흑룡강성의 목단강牡丹江 지역까지, 서단은 기존의 감숙성 가욕관보다 더 서쪽으로 신강위구르자치구까지 늘렸다. 중국의 '동북아 역사 왜곡과 강탈'이 점점 심화되고 있는 것이다.

거세지는 일본의 독도 도발은 그저 섬 하나를 차지하겠다는 것이 아니다. 독도를 소유하여 동북아 삼국 사이에서 정치·군사적으로 입지를 강화하겠다는 속셈이다. 일본의 독도 도발도 중국의 동북공정과 마찬가지로 동북아에서의 주도권 분쟁이며 역사전쟁인 것이다.

동북아에서의 주도권을 노리는 일본의 야욕은 일본 내 우익 성향의 교과서 채택률에서도 확인할 수 있다.[11] 4년마다 개정되는 일본 중학교 교과서가 2012년 올해 다시 개정되었는데, 우익 성향이 강한 이쿠호샤育鵬社의 책이 4만여 권이나 채택되었다.[12] 2005년에 비해 그 채택율이 10배 이상 증가한 것이다. 더구나 일본 문부성에서 이 교과서의 채택을 장려한다고 한다. 그리고 기존의 일본 중고교 역사책 대부분은 과거 일본이 왜곡·날조한 한국사를 그대로 싣고 있다. 한반도 남부 지역에 세운 일본 식민지라는 이른바 '임나일본부'와, 중국이 평양 부근에 설치한 식민지라는 이른바 '한사군' 등이 표현의 정도에 차이가 있을 뿐, 웬만한 역사책에 다 기술되어 있다.

11) 중학교 역사 교과서 중 이쿠호샤育鵬社와 자유샤自由社가 간행한 책이 극우 계열의 교과서이다. 이 두 책은 고대사에서 일본의 신화를 강조하며, 20세기 일본 제국주의 역사에 대해서도 일본이 끼친 피해는 거의 언급하지 않고, 일본이 아시아를 근대화시켰다는 관점에서 서술하고 있다.

12) 2012년도 출판사별 중학 역사 교과서 채택률 : ①도쿄쇼세키東京書籍 52.8%(67만 9038권), ②교이쿠슛판教育出版 14.6%(18만 8058권), ③데이고쿠쇼인帝国書院 14.1%(18만 787권), ④니홍분쿄슛판日本文教出版 12.6%(16만 1584권), ⑤이쿠호샤育鵬社 3.7%(4만 7812권), ⑥시미즈쇼인清水書院 2.1%(2만 7248권), ⑦ 기타 0.064%(830권).

이 같은 문제에 대해 한국 정부는 어떻게 대응하고 있는가? 한국 정부는 중국의 동북공정에 대해서와 마찬가지로 일본이 일으키는 독도 문제, 교과서 문제 등에 대해 미지근하게 대응하며 제 목소리를 내지 못하고 있다. 그 결과 국민들은 동북아 역사전쟁의 심각성과 한국에 닥친 위기 상황을 제대로 인식하지 못한다. 날이 갈수록 치열해지는 동북아 역사전쟁으로부터 우리는 과연 대한민국의 미래를 어떻게 지킬 것인가?

2) 한국사 어떻게 왜곡되었나

지금 한국인이 한중일 삼국의 역사전쟁이 몰고 올 동북아 위기에 둔감한 것은, 대한민국 사회 전체가 중국의 중화 패권주의 사관과 일본의 식민주의 사관이 초래한 역사 왜곡의 쇠사슬에 꽁꽁 묶여 있기 때문이다. 한민족의 역사의식을 마비시키는 그 왜곡의 실체는 과연 무엇인가?

중국이 왜곡한 한국사

"낙양洛陽은 천하지중天下之中"이란 말에서 알 수 있듯이, 중국은 예로부터 낙양, 북경, 남경, 장안(서안) 같은 자국의 도읍지를 천하의 중심으로 여겼다. 중국이 세계의 중심, 곧 중화中華라는 것이다. 이 중화 사상은 오늘날 중국 국호인 '중화인민공화국'에 고스란히 담겨 있다. 중국을 동북아의 중심 국가이자 동북아 문명의 주체로 여기는 중화 패권주의 사관에 따라 중국은 이미 오래 전부터 한국 역사를 자신들에게 예속된 속국屬國의 역사로 왜곡하였다.

그 대표적인 기록이 한나라 때 사마천(BCE 145?~BCE 86?)이 쓴 『사기史記』의 "봉기자어조선封箕子於朝鮮(기자를 조선에 봉하다)"이다.13) '주周나라 무왕이 상商나라의 성인이던 기자箕子를 조선이란 곳의 왕으로 봉하였다'는 말이다. 이에 따르면, 한국 역사는 약 3,100년 전에 중국의 제후국인 기자조선으로 시작되었다. 기자조선이 있었다는 왜곡만으로도 심각한 문제이지만, 기자조선이 중국 사서에서 밝히는 한국의 첫 역사라는 데에 더 큰 심각성이 있다.

기자는 중국이 주장하듯 과연 조선의 왕이었을까? 그 답은 『사기』의 다른 구절, '주나라의 신하로 삼지는 않았다[而不臣也]'에서 찾을 수 있다. 주나라가 봉한

---

13) 기자조선에 관해 기록한 중국 역사책은 『사기』 외에 한 문제文帝 때 복생伏生이 구술口述한 『상서대전尙書大傳』, 후한시대 반고가 쓴 『한서漢書』, 3세기에 진수陳壽가 쓴 『삼국지』 등이 있다. 모두 기자가 죽은 지 천여 년이 지난 후의 기록이다. 이 점에서도 기자조선은 중국이 중화사상에 입각하여 조작한 것으로 볼 수 있다.

조선의 왕이라면 당연히 주나라 신하가 되는 것인데, 이 구절은 그와 상반된다. 기자조선이 존재하지 않았음을 사마천이 자신도 모르게 고백한 것이다.

그리고 기자가 조선의 왕이 아니라, 다른 나라의 왕이었을 가능성을 제시하는 유물[14]이 발견되었다. 산동성과 요령성에서 발견된 기기箕器, 기후정箕侯鼎, 기후방정箕侯方鼎 등이 그것이다. 여기서 기箕는 나라 이름이고, '기후箕侯'는 '기국箕國의 제후', 즉 기국의 왕을 뜻한다. 이 기국의 정체에 대해 윤내현은 "상말商末에 세워진 중국 변방의 작은 나라로 마지막 임금에 이르러서는 고조선의 변방까지 쫓겨 왔다가 멸망한 나라"라고 말한다. 그의 말과 같이, "기자국은 한국 고대사의 주류에 위치할 수 없으며 기자조선이란 용어는 전혀 부당한 것"이다.[15] 『사기색은史記索隱』에서도 기자를 상나라의 왕족이라 하면서 '기자箕子의 기箕는 국명國名'이라 하였다. 기국은 상나라의 제후국이었고, 기자는 기국의 왕이었던 것이다.

그럼에도 사마천이 날조한 기자조선은 그 후 중국 역사서에서 역사적 사실로 굳어졌다. 예를 들면 3세기 진晉나라 때 진수陳壽가 쓴 『삼국지』는 『위략魏略』을 인용하여 고조선 말기에 위만에게 왕위를 빼앗긴 기준箕準을 기자의 후예로 기술하였다.[16] 후대로 내려오면서 왜곡의 정도가 심해져, 고조선을 망국의 순간까지 내내 기자의 그늘에 있었던 나라로 매도한 것이다.[17]

중국은 한국사를 왜곡하여 기록했을 뿐 아니라, 그들의 사서에서 한민족 국가의 정식 국호를 사용하지 않고 여러 가지 별칭을 사용하였다. 별칭 가운데는 멸시와 조소가 담긴 말이 상당하다. 예컨대 '예穢'는 '더럽다'는 뜻이고 '맥貊'은 '짐승의 한 종류'를 가리키고, '산융山戎'은 '산에 사는 오랑캐', '동호東胡'는 '동쪽에 사는 오랑캐'를 뜻한다. 이처럼 중국은 한민족 국가의 국호를 제대로 기

---

14) 1951년 산동성 황현에서 8점의 기기箕器가, 1969년 산동성 연대시에서 기후정箕侯鼎이, 1973년 요령성 객좌현에서 기후箕侯라는 명문이 새겨진 청동 솥[方鼎]이 발굴되었다. 요령성의 기후방정은 상말·주초(BCE 12세기)에, 산동성의 유물들은 기자 이후 수백 년이 지난 주나라 후기에서 춘추시대에 만들어진 것으로 판명되었다.

15) 윤내현, 『한국고대사신론』, 239쪽.

16) 『삼국지』의 주장에 따르면, 고조선의 서쪽 강토인 번조선 말기의 여섯 왕(70~75세: 기후箕詡, 기욱箕煜, 기석箕釋, 기윤箕潤, 기비箕丕, 기준箕準)은 기자의 후손일 수 있다. 그렇다 해도 이들의 조상인 기자부터 조선의 왕이었다고 보는 것은 지나친 비약이다.

17) 고려와 조선의 사대주의자들은 중국이 날조한 기자조선을 한민족사의 뿌리로 여기고 기자를 은인恩人으로 받들었다. 하지만 1960년대 북한 역사학계에서 기자 정전 터로 주장되던 곳과 평양 을밀대 북쪽에 있던 기자묘를 조사하면서 그 허구가 밝혀졌다. 요즘 국내 사학계에서는 기자조선을 중화주의 사상에 빠진 중국이 지어낸 것으로 간주하는 견해가 지배적이다.

록하지 않는 방법으로, 한국의 옛 역사를 부정함과 동시에 한민족을 중국 주변의 야만인 집단으로 비하하였다.

여기에서 우리는 중국 사서의 전형적인 서술 방식인 춘추필법春秋筆法의 사례를 보게 된다. 공자가 쓴 『춘추春秋』에서 유래한 **춘추필법**은 표면적으로는 대의명분을 내세우지만, 사실은 **중국이 천하의 중심이라는 중화주의에 충실한 역사 서술 방식**이다. 이 춘추필법에 따라 중국 사서는 중국에 영광스러운 일은 부풀리면서 중국에 수치스러운 일은 감추고[**위국휘치**爲國諱恥], 중국은 높이면서 주변 나라는 깎아내리고[**존화양이**尊華攘夷], 중국사는 상세히 쓰면서 이민족 역사는 간략하게 적어[**상내약외**詳內略外] 왔다. 그 결과 **동북아 문명의 주체였던 한민족의 역사는 중국 변방 오랑캐 족속의 하잘것없는 역사로 전락**되고 말았다.

중국이 배달의 치우천황을 삼조당에 모신 의도

사마천이 쓴 『사기』는 「오제본기五帝本紀」로 시작되는데,[18] 여기서 언급되는 오제五帝 가운데 첫째 임금이 황제헌원이다. 중국의 역사는 헌원軒轅에서 비롯되는 것이다. 사마천은 「오제본기」에서 헌원의 출생과 성장과정을 간략히 적은 다음, 곧바로 헌원과 치우천황 사이에 벌어진 전쟁인 '탁록대전'을 기록하였는데, '헌원이 치우를 사로잡아 죽이고 천자로 추대되어 황제가 되었다'는 것이 그 결론이다.

그러나 『사기』의 삼가三家 주석[19]은 치우와 헌원의 관계에 대해 다르게 전한다. 먼저 『사기집해』에서 "응소應劭는 '**치우는 옛 천자**[蚩尤古天子]'라고 말했다"라고 기록하였다. 천하의 지배자는 헌원이 아니라 치우였다는 것이다. 그리고 『사기정의』는 "치우 군대가 금속 투구를 머리에 쓰고 큰 쇠뇌[太弩]와 같은 병장기를 갖추고 출전하여 그 위엄을 천하에 떨쳤다"라고 하여 치우천황이 승리하였음을 암시한다.

그렇다면 역사의 진실은 무엇인가? 중국 한족漢族의 우두머리인 헌원이 배달의 14세 환웅인 치우천황을 밀어내고 천자가 되려는 욕심으로 군사를 일으키자, 치우천황이 10년 동안 탁록대전을 벌인 끝에 헌원을 무릎 꿇려 제후로 삼은 것이 그 진실이다. 사마천이 서술한 '**금살치우**禽殺蚩尤(치우를 사로잡아 죽였다)'

---

18) 오늘날 통행되는 『사기』의 첫머리인 「삼황본기三皇本紀」는 당나라 때 사마정이 추가한 것이다.
19) 남조 송의 배인裵駰이 쓴 『사기집해史記集解』, 당나라 사마정司馬貞이 쓴 『사기색은史記索隱』, 당나라 장수절張守節이 쓴 『사기정의史記正義』를 『사기』의 3대 주석서로 꼽는다.

는 실제 역사와는 정반대로 기록된 것이다.

사마천은 왜 역사의 진실을 숨기고 오히려 반대로 기록했을까? 그것은 중국 역사의 시조인 헌원을 천자天子, 즉 동북아의 주도권자로 만들려는 의도에서였다. 헌원이 천자가 되면 중국은 그 출발부터 천자의 나라가 된다. 중국을 원래부터 동북아의 패권자였던 것으로 만들기 위해 사마천은 '금살치우'가 필요했던 것이다.[20]

오늘날 탁록涿鹿(현 하북성 장가구시 탁록현)에는 중국의 세 조상을 모신 **삼조당**三祖堂이 있는데 그 세 조상 중에 한 명이 바로『사기』에서 '난을 일으키며 헌원의 명을 듣지 않은 인물'로 기록한 치우천황이다. 그러나 그곳 내부 벽화에는 **치우천황과 헌원이 맞서 싸우는 모습**이 그려져 있다.[21] 억지로 치우천황을 중국인의 조상으로 둔갑시키기는 했지만, **중국인 마음속의 치우는 자신들의 조상이 아님**을 은연중에 드러내고 만 것이다.

삼조당을 지어 황제헌원, 염제신농, 치우천황을 '중국의 위대한 조상'으로 설정한 **중국은 탁록을 '중국 5천 년 문명사의 요람'이자 '중화민족의 주요 발상지'로 내세우고 있다**. 이전까지 통용되던 황하 유역 대신에 그보다 더 오랜 역사를 가진 탁록을 중국 문명의 발상지로 정한 것이다. 탁록이 황제헌원의 주요 활동 무대일 뿐만 아니라, 황제, 염제, 치우가 함께 활동한 곳이라는 것이 그 이유이다. "백 년 전 중국의 모습을 보려면 상해로 가라. 그리고 천 년 전 중국 모습을 보려면 북경으로, 2천 년 전 중국 모습을 보려면 서안(장안)을 가 보라. 그러나 그대가 5천 년 전 중국 모습을 보고자 한다면 탁록으로 갈지어다."[22] 중국 학자 쑤빙치蘇秉琦의 이 한마디에 중국이 탁록에 부여하는 역사적 의미가 여실히 나타나 있다. 중국은 지금 '탁록에서 벌인 전쟁을 통해 삼조三祖가 연맹하고 융합하면서, 중국 민족의 근본이 다져졌다'는 아전인수격 주장을 내세워, 한민족의 조상인 염제신농과 치우천황을 자신들의 조상으로 만들고 배달 시대 우리의 고토를 중국의 옛 강역으로 날조하고 있다.

---

20) '금살치우'라는 역사 조작에는 당시 위만 정권을 무너뜨리고 북부여를 넘보던 한무제의 패배도 그 원인으로 작용하였을 것이다. 동방 한민족을 예로부터 중국의 제후국 백성이었던 것으로 만들어 패배의 치욕을 앙갚음하고자 한 의도가 엿보인다.
21) 이덕일,『고조선은 대륙의 지배자였다』, 236쪽.
22) CCTV-4,〈지도상의 이야기地圖上的故事〉, "천고의 문명, 탁록에서 열리다(千古文明開涿鹿)", 2004.9.6.

조선 지배를 위한 일제 식민사학

일본은 자신들의 나라를 '태양이 떠오르는 근원[日出之本]'이라 부른다. 중국과 마찬가지로 일본도 동북아의 주인이자 인류의 중심으로 자처하는 것이다. 이러한 일본은 한국사를 언제 어떻게 파괴하였는가?

일본의 한국사 왜곡은 백제가 망한 후(660) 일본이 '친정집'인 한반도와의 관계를 단절하는 과정에서 시작되었다. 그들은 종래에 사용하던 왜라는 나라 이름을 '일본'으로 고치고(670), 왜왕을 천황이라 부르면서 일본 역사를 자생自生 왕조사로 변색시켰다. 그리고 모국인 한민족의 역사를 그들의 식민지사로 변조하였다. '4세기 후반 신공황후神功皇后[23]가 한반도 남부 가야 지역의 소국들을 정벌하고 임나일본부任那日本府를 설치하여 2백 년 동안 다스렸다'는 **남선경영론**南鮮經營論을 주장한 것이다.

8세기에 일본의 첫 역사서를 만들면서 가공한 남선경영론(임나일본부설)은 19세기 말 일본 제국주의가 조선을 침략할 때 다시 이용되었다. 과거에 자신들의 조상이 한반도로 진출하여 지배하였으니, 근대 일본이 한반도를 식민지로 삼는 것은 침략이 아니라 옛 땅을 회복하는 셈이라는 것이다.[24]

일본의 한국사 왜곡은 19세기 말에 식민주의 사관을 확립하는 것에서 본격적으로 시작되었다. '조선의 역사 전체를 식민지 역사로 조작하고 조선인으로 하여금 열등감과 자기 비하에 빠지게 하여 조선을 영원히 지배하겠다'는 것이 **일제 식민사관의 요지**이다.

식민사관을 확립하기 위하여 일제는 19세기 후반에 자국의 사학자들로 하여금 한국사를 연구하게 하였다. 그리하여 일본의 대학에는 '조선사 강좌'가 개설되고 논문과 저서가 속속 간행되었다.[25] 일본인이 한국사를 이른바 근대 역

---

23) 신공황후는 일본의 2대 관찬 사서인 『고사기』(712)와 『일본서기』(720)에서, 14세 중애仲哀천황이 급사한 후 정사를 돌본 여왕으로 등장한다. 하지만 임나일본부설이 가공된 이야기이듯이 신공황후도 가공의 인물이다. 『삼국지』, 『후한서』, 『양서梁書』, 『수서隋書』 등에서 전하는 왜국 여왕 히미코卑彌呼에 상응하는 인물로, 8세기 일본 사서의 편찬자들이 지어낸 것일 뿐이다. 제2차 세계대전 이후로는 일본 국내에서도 신공황후를 실재 인물로 보는 경우가 극히 드물다.
24) 문제는 임나일본부설이 일본뿐만 아니라 다른 나라에서도 역사의 진실로 통용되고 있다는 것이다. 미국의 한 교과서 『세계 문화World Cultures』(프렌티스 홀 간행, 2004)에 "BCE 400년경, 일본은 몇 개의 씨족들이 연합해 야마토라고 불리는 구역에 정착했다. 그들은 일본의 대부분을 통일하고 한국 남부의 작은 지역을 통치하기까지 했다"라는 서술이 보인다(이길상, 『세계의 교과서 한국을 말하다』, 47쪽).
25) 김용섭, 『역사의 오솔길을 가면서』, 480쪽, 497쪽.

> **『조선사』 37권 내용 분석**
>
> 상고사 8% / 고려시대 15% / 기타 4% (범례, 색인, 목록) / 조선시대 70%
>
> 당시 조선사편수회는 전체 37권 중에서 조선의 상고사 관련 내용이 겨우 8%밖에 안 되는 것을 두고 사료부족이라고 변명하였다. 그러나 실제 이유는 우리의 뿌리 역사를 말살하기 위한 목적에 부합하는 자료만 선별하여 넣었기 때문이다. 『조선사』 편찬에 소요된 경비가 100여만 원(당시 쌀 한 가마 값이 10원)에 달하였다는 사실에서 일제가 한민족사 왜곡 작업에 얼마나 큰 공을 들였는지 알 수 있다(도표 출처: 임승국, 『사림史林』, 198쪽).

사학의 방법론을 내세우며 주관적으로 서술하기 시작한 것이다.

1910년에 한국을 강제 병탄한 일제는 자국의 학자를 대거 조선으로 데려왔고, 1920년대에 그들을 중심으로 **조선사편수회**를 조직하였다. 조선사편수회는 16년 동안 무려 100만 원에 이르는 거액의 사업비를 투자하여 1932년부터 1938년까지 식민주의 사관으로 저술한 여러 사서를 간행하였다. 그 중 일제가 가장 역점을 두고 편찬한 책이 바로 『조선사』이다. 『조선사』는 조선 역사와 관련된 중국, 일본, 조선의 사료를 시대별로 모은 총 37권, 2만4천 쪽에 이르는 방대한 사료집으로 '일본인의 손에 의해 일본어로 정리된 조선 역사서'이다.

일제는 이 책을 편찬할 때 식민통치에 유리한 사료는 많이 넣고 불리한 사료는 의도적으로 넣지 않았다. 더구나 일제가 채택한 사료의 85%는 마지막 왕조인 조선과 고려에 관한 것이고, **상고사와 관련되는 자료는 겨우 8%에 불과**하였다. 일제가 『조선사』를 편찬하면서 가장 중점을 둔 부분은 바로 단군 관련 기록을 삭제하고, 한국과 일본은 같은 조상을 뿌리로 한다는 동조동근론同祖同根論을 구축하며, 조선인은 열등하고 일본인은 우수하다는 인식을 갖게 하는 것이었다.[26] 『조선사』 간행은 민족 정체성의 뿌리를 뽑아 **한민족을 일본 왕의 충실한 신민으로 전락시키려는 정책의 일환**이었던 것이다.

우리의 지난 역사를 우리 손으로 직접 쓰지 못하고 침략자 일본이 마음대로 썼다는 것은 한민족 근대사의 큰 비극이 아닐 수 없다. 그런데 더 큰 비극은 일제가 왜곡하고 날조한 거짓 역사서가 아직도 한국 사학계에서 주요 사료로 활개치고 있다는 사실이다.

일본이 변조한 역사 기록 중에 한국인이라면 꼭 알아야 할 것이 있다. 한민족

---

26) 김삼웅, 『한국사를 뒤흔든 위서』, 225쪽.

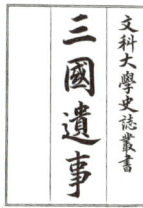

怪哉此紀異之所以漸諸篇也意在斯焉

古朝鮮王儉朝鮮

魏書云乃往二千載有壇君王儉立都阿斯達經云無葉山亦云白岳在白州地亦云在開城東今白岳宮是開國號朝鮮與高同時古記云昔有**桓國**謂帝釋也庶子桓雄數意天下貪求人世父知子意下視三危太伯可以弘益人間乃授天符印三箇遣往理之雄率徒三千降於太伯山頂卽太伯今妙香山神壇樹下謂之神市是謂桓雄天王也將風伯雨師雲師而

1904년 일본 동경제국대에서 발행한『삼국유사』에 나오는 "석유환국"

이마니시 류가 입학한 다음 해인 1904년, 동경제국대는 학부와 대학원에서 교재로 쓸『삼국유사』를 발행하였다. 영인본이 아니라 활자본인 이 책에 환국桓國이라는 글자가 선명히 보인다. 당시 대학원생이던 이마니시 류도 틀림없이 이 책으로 공부하였을 것이다. 그 후 이마니시 류는 1926년에 '환국桓國'을 '환인桓因'으로 조작한『삼국유사』경도제국대 영인본을 만들어 일본과 한국에 배포하였다. 이 영향으로 현재 국내에는 '석유환인'이라 표기된『삼국유사』가 더 많이 유통되고 있다. 이것도 우리가 청산해야 할 일제 식민사학의 잔재이다.

사의 밑뿌리를 통째로 뽑아 버린 네 글자, "**석유환인**昔有桓因"이다. 이 구절은 1903년 동경제국대 대학원에서 한국사를 전공한 후 조선에 파견된 이마니시 류今西龍(1875~1932)가 고려 시대 사서인『삼국유사』의 기록을 변조한 것이다.

이마니시 류는『삼국유사』임신壬申본에 적힌 "**석유환국**昔有桓囯"의 '국囯' 자를 모양이 비슷한 '인囙' 자로 변조하였다. 이마니시는, 일연이 '석유환국' 옆에 주석으로 달아놓은 '제석을 말한다謂帝釋也'라는 내용에 힘입어 '석유환국昔有桓囯'을 '석유환인昔有桓囙'으로 과감히 바꾸어버렸다. 제석은 불교에서 불법을 수호하는 신으로 달리 '환인'으로도 불린다. 이렇게 환국이란 나라를 없애 버림으로써, 일제는 환국을 계승한 배달과 옛[古] 조선도 허구의 나라로 만들었다. **한민족의 7천 년 상고사를 송두리째 뽑아 버린 것**이다.

일본은 일찍이『일본서기』를 지어 1,300년의 자국 역사를 2,600년으로 늘렸지만, 조선 역사는 여전히 일본보다 장구하였다. 하지만 이마니시 류가 환국-배달-고조선의 삼성조 역사를 신화로 만들어 버림으로써 조선 역사는 불과 2,200년으로 대폭 축소되었다. 이것은 '**한국 고대사의 핵을 도려낸 사건**'으로, 이로써 한국사의 영혼이 완전히 뿌리 뽑히게 되었다.

'위만조선'을 조선의 첫 역사라 주장하는 일본

일제 식민사관을 확립하고자 일본 학자들이 한국사를 연구하던[27] 그 때는 전 세계 역사학계가 실증주의를 역사 연구의 주된 방법으로 삼고 있었다. 실증주의 사학은 조상의 무덤과 집터를 파헤쳐 거기에서 나온 유골과 유물을 과학적으로 검증함으로써 문헌의 기록을 고증한다. 유물로써 고증된 기록만 역사적 사실로 인정하고, 고증되지 않은 기록은 인정하지 않는다. 일본은 이러한 실증사학을 내세워 한민족의 환국-배달-고조선의 역사를 신화로 규정하고, 그 대신 '위만조선과 한사군'을 한민족의 첫 역사로 정하였다.

중국이 한국의 첫 역사로 주장하는 조선이 기자조선이라면, 위만조선은 일본이 주장하는 조선이다.[28] 일본은, BCE 2세기 때 연나라 사람으로 고조선의 서쪽 강역을 찬탈한 위만을 조선의 건국자로 만들어서, 그 정권을 '위만조선'이라 하고 조선 역사의 시작으로 정하였다. 게다가 일본은 위만조선의 위치를 요동반도가 아니라 한반도의 평양 이북으로 비정하였다. 이리하여 조선은 BCE 2세기에 출현한 나라로, 일본보다 짧은 역사를 가진 나라가 되었다.

그렇다면 일제 치하에서 해방된 지 두 세대가 지난 오늘날, 대한민국에서 위만조선의 망령은 깨끗이 사라진 것일까? 마땅히 그러해야 하겠지만 현실은 그렇지 못하다. **위만조선의 망령은 한국 교과서에 여전히 살아 있다.** 초등학교에서 고등학교까지 거의 모든 역사 교과서가 위만을 말한다. 위만을 언급한 모든 역사 교과서에 '위만이 고조선 말기에 조선의 왕이 되었다'고 서술되어 있다. 심지어 '위만이 집권하면서 고조선의 세력이 크게 확대되었다'[29]고 하여 위만을 조선인의 영웅으로까지 묘사한다. **조선의 한쪽 변방을 강탈한 도적이며 침략자에 불과한 위만**에 관한 이러한 터무니없는 기록은 반드시 역사 정의에 따라 심판을 받아야 할 것이다.

---

27) 19세기에 일본의 한국사 연구를 반석에 올려놓은 하야시 다이스케林泰輔(1854~1922), 시라토리 구라키치白鳥庫吉(1865~1942), 후쿠다 도쿠조福田德三(1874~1930) 등은 독일에 유학을 가거나 일본 내 대학을 다니면서 실증주의 사학을 공부하였다. 특히 시라토리는, 실증사학의 거두인 랑케의 제자로 당시 동경대 교수이던 독일인 루드비히 리스Ludwig Riess(1861~1928)에게 사사하여 사료비판적인 독일 사학을 일본에 이식시켰고, 한국사에 관한 식민주의 역사학을 수립하였다.

28) '위만조선'이란 말은 일연의 『삼국유사』에 나온다. 일연은 위만을 '주인 없는 빈 땅에서 사람들을 모아 스스로 왕이 된 자'로 묘사했다. 일연은 위만과 그 후대의 이야기를 적고서 그것을 위만조선이라 이름 붙였다. 고조선을 '왕검조선'이라 한 것과 구별하고자 한 의도였던 것으로 보이지만, 결과적으로 우리 상고사를 왜곡하도록 만들었다.

29) 비상교육, 『중학교 역사』상, 41쪽.

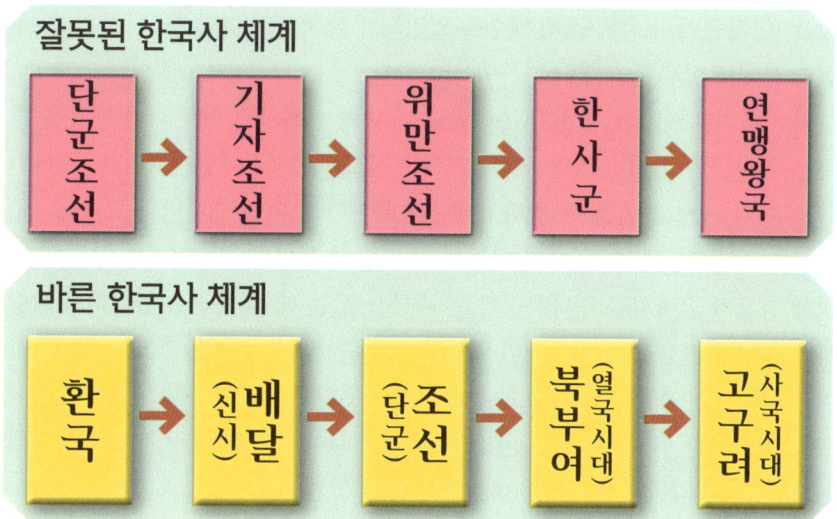

지금도 살아 있는 한사군설

일본은 위만정권이 망한 후에 전개된 한국사도 뜯어고쳤다. 위만정권의 마지막 왕인 우거를 멸한 한 무제가 그곳에 사군四郡을 설치하여 조선인을 식민통치한 것으로 기술한 것이다. 위만조선에 한사군설漢四郡說이 결합되면서 **고대 한국사는 온통 중국인이 다스리고 지배한 이야기로 가득 채워지게 되었다.**

한사군은 원래 중국 사서에 나오는 기록이다. 2,100년 전의 한 무제 때 사관인 사마천司馬遷이 쓴 『사기』에 그 첫 기록이 나타난다. 하지만 그 내용은 너무나 간단하다. '조선을 평정하고 사군四郡을 설치했다'[30]는 것이 전부이다. 사군이 무엇이고 어디에 설치되었는지 아무런 기록이 없다. 한나라와 위만정권 사이의 2년(BCE 109~BCE 108) 전쟁, 이른바 '조한朝漢전쟁'에 대해서는 그 발단에서 종결까지 상세히 전하고 있는 반면, 전쟁의 결과로 설치되었다는 한사군에 대해서는 기록이 너무나 허술하다. 지나간 역사 기록도 현장 답사를 통해 꼼꼼히 확인하였다는 사마천이 조한전쟁을 직접 지켜보았음에도 불구하고 한사군의 이름을 거론하지 않은 것은 이해가 되지 않는다.

4군의 구체적 명칭은 사마천이 죽고 백 년 정도가 지나서, 후한시대 반고班固(CE 32~92)가 중화주의 사관으로 쓴 『한서』에 처음으로 등장한다. 하지만 『한

---

30) 『사기』 「조선열전」은 "드디어 조선을 평정하고 사군으로 삼았다[遂定朝鮮, 爲四郡]", 『사기』 「흉노열전」은 "한나라는 동쪽의 예맥을 뿌리 뽑고 조선에 군을 설치했다[是時漢東拔穢貉, 朝鮮以爲郡]"라고 기록하였다.

서』는 한사군에 소속된 군의 개수를 일관되게 기록하지 않았다.31) 『사기』의 주석서 간에도 한사군에 대한 기록이 상이하다.32)

원 기록자는 제대로 밝히지 못하였고, 후대의 기록자는 서로 다른 내용을 말하는 한사군의 실체는 과연 무엇일까? 그 진실을 우리는 『환단고기』에 수록된 『북부여기』에서 확인할 수 있다. '한나라 무제가 우거를 멸하더니 그곳에 4군을 설치하려고 군대를 일으켜 쳐들어왔다. 이에 **동명왕 고두막한**이 구국의 의병을 일으켜 한나라를 격파하였다'는 기록으로 볼 때, **한사군은 한나라의 희망사항이었을 뿐 결코 실현된 적이 없었다**. 한사군이 설치된 적이 없기 때문에 사마천은 한사군에 대해 구체적으로 기록하지 못한 것이다. 심지어 단 몇 글자에 그치는 짤막한 『사기』의 기록은 그것이 과연 사마천 자신의 서술인지, 후대의 사가史家가 삽입한 것은 아닌지하는 의문마저 들게 한다.

이렇게 그 실존 사실조차 의심스러운 한사군을 한국 강단사학계는 확고부동한 역사적 사실로 말할 뿐 아니라, 그 위치를 '낙랑군-대동강 유역', '현도군-압록강 중류', '진번군-황해도', '임둔군-함경남도' 등으로 비정한다. 그러나 중국 사서들은 4군의 위치에 대해 지금의 요령성과 하북성 일대로 기록하고 있다. 한사군 중에서 가장 많이 거론되는 낙랑군의 위치에 대한 중국의 주장을 살펴보면, 『사기색은』 「하본기夏本紀」에서 "**낙랑 수성遂城현에는 갈석산碣石山이 있는데 만리장성의 기점**"이라고 말한다. 갈석산은 중국에서 한국의 설악산, 금강산만큼 유명한 산으로 현재 하북성 창려현33)에 있다. 따라서 한나라의 식민지인 낙랑군이 있었다 하더라도 그 위치는 한반도가 아니라 지금의 대릉하 이남 지역이 되어야 할 것이다.

그런데 일제는 조선을 중국의 식민지였던 곳으로 만들면서 이 한사군의 위치를 대동강 유역의 한반도 땅으로 옮겨 놓았다. 신채호의 말과 같이, '귀신도 못 하는 땅 뜨는 재주를 부린 것'이다. 그리고 그 근거로 1913년 평안도에서 발굴되었다는 점제현신사비秥蟬縣神祠碑를 제시하였다. 『한서』 「지리지」에 낙랑군

---

31) 「무제본기」는 "우거의 목을 베고 그 땅을 낙랑, 임둔, 현도, 진번 군으로 삼았다"라고 하여 4군을, 「지리지」는 "낙랑과 현도는 무제 때 설치되었다"라고 하여 2군을, 「오행지五行志」는 "두 장군이 조선을 정벌하고 3군을 열었다"라며 3군을 말한다.

32) 『사기집해』는 "진번, 임둔, 낙랑, 현도이다"라 하고, 『사기정의』는 "현도, 낙랑 2군이다"라 한다.

33) 갈석산을 낙랑의 위치를 찾는 이정표로 언급한 기록은 『한서』 「가연지전賈捐之傳」에도 보인다. 한무제의 업적을 들면서 언급한 "동쪽으로 갈석을 지나 현도와 낙랑으로써 군을 삼았다[東過碣石以玄菟·樂浪爲郡]"라는 기록이다.

이마니시 류가 1913년 '신의 손'이 되어 평안도 대동강변에서 발견했다는 점제현신사비 | 북한의『조선고고연구』(4호, 1995)에서는 "비의 기초에 시멘트를 썼다"라고 하면서 이 신사비의 정체에 의문을 제기하였다. 또한 비석 돌의 성분도 그 지역이 아닌 요동 지역 화강석임을 밝혀 냈다(《한겨레신문》, "이덕일 주류 역사학계를 쏘다, 유적 유물로 보는 한사군", 2009. 6. 9). 북한의 주장처럼, 이 비는 일제 때 요동에서 옮겨와 시멘트 기초 위에 세운 것이다. 점제현신사비는 이마니시 류가 날조한 것이다.

의 속현으로 점제현이 나오는데, 그 점제현의 우두머리가 백성을 위해 산신제를 지낸 내용이 그 비석에 새겨져 있다고 주장했다. 사방이 탁 트인 평야 지대에 2천 년 동안 서 있던 비를 그전까지 아무도 못 보았으나 희한하게도 일제가 단번에 발견했다는 것이다.

일제는 또 한나라 시대의 기와와 봉니封泥[34]까지 발견하여 평양 일대를 낙랑군 유적으로 만들었다. 봉니는 문서를 보낸 곳이 아니라 받는 곳에서 발견되어야 한다. 그러나 일제는 평양 지역에서 무더기로 발견된 200여 개의 봉니에 낙랑樂浪이란 글자가 새겨진 것을 근거로 평양에 낙랑군이 있었다고 주장하였다. 봉니에 찍힌 '낙랑'은 문서를 보낸 지역명인데, 그런 봉니가 어떻게 낙랑 땅에서 발견될 수 있는가. 더구나 평양 땅에서는 다른 군에서 들어온 봉니가 하나도 출토되지 않았다. 결국 평양 땅의 봉니 출토는 그곳을 한사군 지역으로 조작하기 위한 일제의 자작극인 것이다.[35]

결론적으로 한사군은 역사학자 이덕일의 말처럼 **"중국이 밑돌을 깔고 일본이 못 박은 조작된 역사"**에 지나지 않는다. 중국이 일차적으로 작품을 만들고, 그것을 일본이 재차 가공한 작품인 것이다. 그렇건만 광복 후 대한민국 사학계는 식민사학의 잔재를 떨쳐 내지 못하고 일제가 조작한 역사 기록을 그대로 받아들

---

34) 봉니는 고대 중국에서 문서를 운송하는 도중에 다른 사람이 보거나 위조하지 못하도록 한 표식이다. 죽간竹簡이나 목간木簡을 묶은 노끈 매듭에 진흙을 덩어리로 만들어 봉한 뒤 진흙덩어리에 도장을 찍은 것이다. 봉니에는 관직 이름이나 지명이 찍혀 있어서 그것을 보낸 곳과 보낸 이의 관직을 알 수 있다.

35) 한국의 일부 학자들은 1997년 요령성에서 발견된 '임둔태수장臨屯太守章'이라 쓴 봉니를 근거로 한사군을 역사적 사실이라 말하면서 그 위치를 요서 지역으로 추정한다. 이 봉니를 한사군에 속한 임둔군의 태수가 쓴 봉니로 보는 것이다. 그러나 한사군에 대한 중국 사서 기록의 불투명함과 『환단고기』 내용을 고려할 때, 이 봉니로 한사군의 실존을 확정짓기에는 무리가 따른다.

미美 역사교과서 『세계사World History』(글렌코 맥그로 힐 출판, 2004)에 실린 한나라 지도 | 중국이 펴낸 『중국역사지도집』과 마찬가지로 한나라 영토가 한반도의 한강 이북 지역까지 그려져 있다. 한반도 땅에는 국가 이름도 표시되어 있지 않다.

였다. 지금의 대한민국 중장년층은 '낙랑·임둔·진번·현도'를 학창시절에 열심히 외우고 다녔고, 2012년 오늘의 교과서에도 한사군은 살아 있다. 예전보다 표현이 다소 약화되었지만, 여러 교과서에서 '군현을 설치하여'라는 구절이 눈에 띈다. 일제 식민사학의 여독이 한국인의 문화 의식에 뿌리 깊이 박혀있는 것이다.

식민사학을 청산하지 못한 대가로 한국은 지금 또 다시 역사를 빼앗길 위기에 처해 있다. 중국이 '**한사군 재在한반도 설**'을 동북공정에 적극 활용하여 한나라 때의 중국 영토를 한강 이북까지 확장하여 표시하고 있기 때문이다. 이 잘못된 지도가 서양의 세계사 교과서에도 그대로 실리고 있으니 참으로 통탄할 일이 아닐 수 없다.

지금까지 살펴보았듯이, **중국과 일본은 공통적으로 십 수 세기에 걸쳐 고대 한국사를 그들의 식민지 역사로 조작**하였다. 게다가 지금 중국은 동북공정으로 한국의 고대사를 중국 역사로 만들어 우리 시원역사의 밑뿌리를 흔적도 없이 제거하고 있다. 중화 패권주의 사관과 식민주의 사관으로 남의 역사를 강도질하는 중국과 일본은 인류 역사상 최악의 불의를 저지르고 있는 것이다.

식민사학이 장악한 한국 사학계

근대적 역사 서술과 조선사 편찬이라는 허울 좋은 구실로 우리 고대사를 삭제한 일제는 도처에 식민사관의 독버섯을 심어 놓고 물러갔다. 그 치명적 독버섯 중의 하나가 일제의 하수인 노릇을 한 두계斗溪 이병도李丙燾이다.

이병도는 와세다대학 '사학 및 사회학과'를 졸업한 국내 최초의 대학 출신 역사학자이다. 이병도에게 영향을 준 일본 학자는 요시다 도고吉田東伍, 쓰다 소우키치津田左右吉, 이케우치 히로시池內廣 등인데, 이들은 모두 일제 식민주의 사학의 핵심 인물이다. 근대 한국사학계의 제1호라는 인물이 일제 식민사학으로 역

역·사·길·잡·이

2,100년 전 한사군은 설치되지 않았다!

한나라가 고조선을 멸망시키고 세웠다는 한사군漢四郡이 사실이 아니라는 것을 밝히는 역사적 전쟁이 있다. 바로 당시 한나라와 고조선(위만정권) 사이에 벌어진 조한朝漢전쟁이다.

BCE 109년, 중국 역사에서 진시황과 당태종만큼 강력한 군주로 꼽히는 한 무제武帝(BCE 156~BCE 87)가 동북아 대통일의 야망을 품고 우거왕(위만의 손자)이 다스리던 고조선의 서쪽 땅을 침공하였다. 수륙 양군을 동원해 쳐들어 왔지만, 누선장군 양복楊僕이 이끄는 해군도, 좌장군 순체荀彘가 이끄는 육군도 패하고 말았다. 고조선의 군사력에 당황한 한 무제가 강화회담을 하려 했지만, 한나라 사자 위산衛山의 실책으로 무산되었다. 화가 난 무제는 위산을 처형하였다. 전투가 재개되었지만, 몇 달이 지나도록 우거의 왕검성은 함락되지 않았다. 이때 맹공을 주장하는 좌장군과 이에 반대하는 누선장군 사이에 불화가 생기자 무제는 제남태수濟南太守 공손수公孫遂를 파견하였다. 그러나 공손수조차 임의로 군사 체제를 바꾸는 등 무제의 심기를 건드려 처형되고 말았다. 고조선의 굳센 수비에 막히자, 한나라는 고조선 조정에 이간책을 써서 니계상尼谿相 삼參으로 하여금 우거왕을 살해하게 하였다. 임금이 죽은 뒤에도 저항이 계속되자 한나라는 죽은 우거의 아들 장강長降과 고조선의 재상 노인路人의 아들 최最를 시켜 백성들을 회유하게 한 끝에 마침내 성을 함락시켰다(BCE 108). 실로 어렵게 이룬 승리였다.

그런데 전쟁 후의 논공행상을 살펴보면, 이 전쟁은 결코 한나라가 승리한 전쟁이라 할 수 없다. 좌장군 순체는 기시형棄市刑을 당하여 그 시신이 길거리에 버려졌고, 누선장군 양복은 속전을 바치고서야 간신히 사형을 면하고 여생을 평민으로 살았다. 포상을 받은 장수는 단 한 명도 없고, 모두 전쟁 중 또는 전후에 중벌을 받았던 것이다. 반면에 고조선의 신하들은 오늘날 하북성과 산동성 지역의 제후로 봉해지는 후한 대접을 받았다. 왕검성을 무너뜨리는 데 공을 쌓았기 때문이다. 삼은 홰청澅清 제후로, 장강은 기幾 제후로, 최는 온양溫陽 제후로, 고조선의 재상 한음韓陰은 적저荻苴 제후로, 장군 왕겹王唊은 평주平州 제후로 봉해졌다.

결론적으로 한나라의 장수는 모두 처벌당하는 대신 적국 고조선의 신하는 모두 제후가 되었다. 이로 볼 때, 동방 정복을 위해 일으킨 조한전쟁에서 한나라는 패한 것이나 다름없다. 이것은 '조선을 평정하고 사군四郡을 설치했다'는 『사기』 「조선열전」의 기록이 결코 진실일 수 없다는 뚜렷한 반증이다. 전쟁에 지고서 어떻게 남의 나라를 지배하여 식민지를 설치할 수 있겠는가.

사를 배우고 연구한 데에서 우리나라 역사학의 비극이 시작되었다.

1925년 조선사편수회에서 수사관보修史官補로 활동을 시작한 이병도는 '우리 사회는 **한사군이 철기 문화를 전해 준 덕분에 미개 사회를 벗어나 국가 단계로 진입**하였다'고 하였다. 그러나 '한사군은 한반도에 있었다'는 어처구니없는 연구 결과를 낸 것도 이상한 일이 아니다.

이런 그가 해방 후 국사학계를 주도하였다. 민족사학의 거목들이 납북된 후, **식민사학을 실증사학으로 위장시켜 한국 역사학계를 좌지우지**하였다. 뿐만 아니라 서울대학교에서 한국사를 가르치면서 제2, 제3의 식민사학자를 양성하였다. 새로 배출된 사학자들은 전국의 대학 강단에서 식민사관에 물든 수많은 학자와 교사를 배출하고 있다.36)

그 결과 이 땅의 2세들이 보는 역사 교과서는 여전히 일제 식민사학의 마수魔手에서 벗어나지 못하고 있다. 국통 맥으로 볼 때 세 번째 국가인 고조선을 '**한민족 최초의 국가**'라고 잘못 부르고, 삼국 시대 초기 제왕들의 통치사를 전혀 밝히지 않으며, 삼국 이후 조선까지의 역사를 온통 불교사와 유교사로 뒤덮고 있다. 현행 고등학교 국사 교과서가 말하는 삼국 시대를 잠깐 확인해 보면, '고대 국가의 성립'이라는 제목 아래 고구려는 6세 태조왕(CE 53~146 재위), 백제는 8세 고이왕(CE 234~286 재위), 신라는 17세 내물왕(CE 356~402 재위)을 등장시킨다.37) 그전의 왕들에 대해서는 아무런 언급이 없다. 이처럼 초기 왕들의 치세를 전혀 서술하지 않은 것은 삼국시대 초기 역사를 부정하는 것과 마찬가지이다.

근대사 서술이 안고 있는 문제는 더욱 심각하다. 항일독립운동을 거의 다루지 않을뿐더러, **일제의 역사날조 만행에 대해서는 단 한 줄도 언급하지 않는다**. 그러면서 총독부의 주택난 해결 정책은 세밀히 묘사하여 일본 덕분에 조선이 발전한 것처럼 서술한다.38) 1945년에 광복을 맞았지만, 이 땅의 역사 광복은 지금까지도 전혀 이루어지지 않고 있는 것이다.

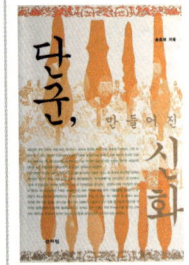

송호정이 쓴 『단군, 만들어진 신화』 | 대한민국의 교사를 길러내는 한국교원대학교 교수가 '한민족사는 기껏 2,700년이며 고조선은 허구'라고 말한다. 이 땅의 지식인이 일본 식민사학과 중국의 동북공정을 응원하는 단적인 예이다.

---

36) 김종서, 『신화로 날조되어 온 신시·단군조선사 연구』, 72~74쪽.
37) 비상교육, 『고등학교 한국사』, 24쪽.
38) 〈한겨레신문〉, "이덕일 주류 역사학계를 쏘다, 무장독립투쟁 연구 빈약한 이유", 2009.7.22.

외래종교에 의한 역사 왜곡

한민족이 자신의 역사를 잃고 미궁에 갇혀 버린 데에는 유교, 불교, 기독교와 같은 외래 사상에 중독된 반민족적 사가들이 우리 역사를 스스로 부정한 것도 그 원인으로 작용하였다.

공자가 주창한 유교는 '중국을 세계의 중심으로 삼고 그 밖의 민족은 중국에 예속된 오랑캐로 간주하는' 중화주의 사상을 그 바탕에 깔고 있다. 고려와 조선은 유학을 통치 이념으로 삼은 국가로서, 당시 관료들은 중화주의 사관을 추종하여 우리 역사에 크나큰 해악을 끼쳤다.

특히 조선은 유교를 국교로 삼아, 중국 역사서인 『춘추』와 『자치통감강목』만을 사필史筆로 여기고, **한민족의 고유 사서를 이단**異端**이라 하여 모조리 압수·소각**하였다. 태종은 서운관書雲觀에 보관되어 있던 고유 사서를 공자의 가르침에 어긋난다 하여 소각하였고, **세조·예종·성종**은 전국 관찰사에게 **사서 수거령**을 내려 우리의 정통사서를 몰수하였다. 예종이 내린 사서 수거령에서는 '책을 신고한 자 또는 소지한 사람을 고발한 자는 2품계를 높여 주거나 면포 50필을 주되, 책을 숨기고 신고하지 않은 자는 참형에 처할[匿子處斬] 것이다'는 상벌 규정까지 들어 있다. 당시 조선 조정이 우리의 정통사서 몰수에 얼마나 열을 올렸는지 짐작케 한다.

조선 유학자들이 보인 열렬한 모화慕華정신은 가히 상상을 초월한다. 그것은 진실로 **한국사의 뿌리를 총체적으로 부정하는 망국멸족**亡國滅族**의 표본**이 아닐 수 없다. 세종 때 최만리는 훈민정음 제정 반대 상소를 올리면서 "조종祖宗 이래 지성으로 중국을 사사師事하고 모두 중국 제도를 본받아 왔는데 만약 훈민정음이 중국에 전해지는 날에는 사대모화에 부끄러운 일"[39]이라고 하였다. 동방의 대현자라 불리는 이율곡은 명나라 군주를 '우리 황상皇上'이라 하고, 명나라 조정을 '천조天朝' 또는 '성조聖朝'라는 말로 떠받들었다.[40] 그리고 "기자께서 조선에 이르시어 우리 백성을 천한 오랑캐로 여기지 않고 후하게 길러 주시고 부지런히 가르쳐 주셨다"라고 하여 '기자동래설箕子東來說'을 마치 사실인 것처럼 말하였다. 그러면서도 "단군의 출현은 문헌상 상고할 수 없다"면서 한민족의 상고 역사를 부정하였다.[41] 실학파의 대표 인물 정약용도 사대주의에서 벗어나지

---

39) 『조선왕조실록』 세종 26년(1444) 2월 20일 조.
40) 『율곡전서』 「본국청개종계주본本國請改宗系奏本」.
41) 『율곡전서』 「기자실기箕子實記」.

못하였다. "우리나라는 번국藩國이니 마땅히 제도가 작아야 한다"[42]라며, 제후국 조선의 관제官制는 중국 것보다 규모가 커서는 안 된다고 주장하였다.

최인은 이 같은 행태를 두고 **"조선은 한일합병으로 망한 것이 아니라 이미 그 전에 한중합병으로 망하였다"**[43]라고 일갈하였다. 조상의 비문 첫머리에 유명조선有明朝鮮[44]을 내세우고, 조선 백성을 명나라의 신민臣民이라 하고, 한문은 진서로 존중하면서 한글은 언서諺書로 무시하였으니, 분명히 한중합병이라는 것이다.

삼국 시대 이후 본격 수입된 불교는 또 어떠하였는가? 이 땅의 불교는 한민족의 전통 종교인 신교의 그늘 속에서 정착되었는데, 그 과정에서 신교의 원형을 훼손시켰다. 그 예로 신교 풍습을 본 따 세워진 삼신각은 우주의 조물주 삼신이 아니라 독성獨聖(나반존자), 칠성, 산신을 모시고 있다.[45] 불교의 명부전도 신교 전통을 변형시킨 것인데, 지장보살을 명부대왕으로 앉혀 신교의 원형을 훼손하였다.

그리고 불교는 세력이 점차 커지면서 신교의 낭가郎家사상, 즉 공동체 정신과 상무 정신을 저버리고, 한민족사의 창업자들을 온통 불제자로 만들었다. 대표적으로, 고려의 승려 일연은 한민족과 인류의 시원 국가인 환국의 초대 환인천제를 불법의 수호신으로 둔갑시켰다. 불교는 또 북부여의 시조인 해모수단군의 건국을 기리기 위해 등을 달아 경축하던 민족 전래의 대축제일인 4월 8일을 석가탄신일로 변조시켰다.[46] 그리고 고조선의 단군왕검이 천제를 올린 유서 깊은 마리산摩利山을 마니산摩尼山이라 하여 불교식으로 개칭하였다.

19세기 말 개항 이후 서구 물질문명에 편승하여 들어온 기독교는 이 땅에 발을 붙이는 순간부터 한민족의 고유한 정신문화와 시원역사를 철저히 부정하였다. 기독교로서는 『구약』에 기록된 유대족의 역사보다 더 장구한 환국·배달·고조선의 역사를 그대로 수긍할 수 없었기 때문이다. 또한 환인천제, 환웅천황,

---

42) 『경세유표經世遺表』「천관이조天官吏曹」.
43) 최인, 『한국사상의 신발견』, 225쪽.
44) 유명조선有明朝鮮은 '명나라에 있는 조선' 또는 '명나라에 속한 조선'이란 뜻이다. 사대주의에 찌든 수치스러운 우리 역사를 보여주는 말이다.
45) 일부 사찰은 삼신각을 삼성각三聖閣으로 명명한다.
46) 원래 석가의 탄신일은 불경에 2월 8일 또는 4월 8일로 기록되어 있는데, 한국과 중국은 그것을 음력 4월 8일로 정하였다. 불교가 유입되기 전, 한민족의 4월 8일 관등경축은 해모수단군의 건국 기념행사였다. 하지만 신교 신앙과 주체적 역사 의식이 약해지면서, 그날의 주인공이 석가모니로 굳어진 것이다.

단군천황을 우리 민족의 조상으로 인정하는 것은 야훼(여호와)만을 모시는 기독교의 유일신관에 배치되기 때문이었다.

서울 올림픽이 열린 1988년, 서울시는 단군 성전이야말로 세계에 자랑할 우리의 문화유산이라 하여 사직공원에 있는 협소한 단군 재실齋室을 개축하려 하였다. 그러나 그 계획은 무산되고 말았다. 전국의 교회가 일제히 '단군 성전 건립 결사반대'라는 현수막을 내걸고, 단군을 모시는 것은 우상숭배라면서 당국에 압력을 가한 결과였다.

단재 신채호는 외래종교, 외래사상에 물들어 역사와 문화를 다 잃어버린 가련한 한민족을 향하여 이렇게 통탄하였다.

> 조선 사람은 매양 이해利害 밖에서 진리를 찾으려 하므로 석가가 들어오면 조선의 석가가 되지 않고 '석가의 조선'이 되며, 공자가 들어오면 조선의 공자가 되지 않고 '공자의 조선'이 되며, 무슨 주의가 들어와도 조선의 주의가 되지 않고 '주의의 조선'이 되려 한다. 그리하여 도덕과 주의를 위하는 조선은 있고, 조선을 위하는 도덕과 주의는 없다. 아! 이것이 조선의 특색이냐. 특색이라면 특색이나 노예의 특색이다. 나는 조선의 도덕과 조선의 주의를 위하여 곡하려 한다.47)

우리는 어떤 종교, 어떤 사상을 가지고 있든지 선조들의 역사를 있는 그대로 보려는 마음 자세를 가져야 할 것이다. 역사가 플럼J. H. Plumb은 『과거의 종말 The Death of the Past』에서 **'과거의 착취와 구속력에 대한 해방 선언이 과거의 종말이다'**라고 주장하였다. 왜곡된 과거를 바로잡을 때 그리하여 진정한 과거의 종말이 올 때, 오늘의 현실을 바르게 보고 희망찬 미래를 건설할 수 있는 것이다.

우리 손으로 파괴한 우리 역사 : 중화 사대주의의 잣대로 쓴『삼국사기』

자신의 시원 역사와 문화를 잃어버리고 사는, 혼 빠진 한민족! 이것이 오늘날 우리의 모습이다. 우리가 역사를 잃어버린 데에는 외세에 의한 역사 침탈과 왜곡뿐만 아니라, '우리 손으로 자행한 역사 파괴'라는 또 다른 주요한 원인이 있다. 그 중 가장 심각한 문제는, 한국의 대표 사서로 인정받는 두 권의 사서인 『삼국사기』와『삼국유사』에 한국사의 참 모습이 제대로 기록되어 있지 않다는 점이다.

---

47) 〈동아일보〉, "낭객의 신년만필", 1925.1.2.

『삼국사기』는 1145년(고려 인종 23)에 김부식이 왕명을 받아 편찬한 책으로, 삼국 시대를 기록한 정사正史로 평가받는다. 『삼국사기』가 나온 때는 금나라가 중원 땅을 차지하고 있던 송나라를 강남으로 밀어내고 천자국天子國으로 자처하고 있었다. 그전에 금은 고려를 복속시키고 고려 궁궐문의 이름을 제후국 수준으로 낮출 것을 명하여, 약 50개의 궁궐 편액을 새로 쓰게 하였다. 이러한 시대 배경 속에서 유학자 김부식은 중국을 큰 나라로 섬기는 중화 사대주의의 잣대로 우리 역사서를 서술하였다.

예를 들면, 북방을 다스리며 중국을 제압한 고구려를 중국에 대든 역적의 나라로 묘사하였다. 동북아 대륙을 호령한 고구려를 '진한秦漢 이후로 중국의 동북 모퉁이에 끼어 있던' 나라로 폄하하였을 뿐만 아니라, 중국의 국경을 침범한 고구려 때문에 한민족이 중국의 원수가 되었다고 하였다. 백제와 고구려가 멸망하게 된 것도 천자 나라 수·당에 거역했기 때문이라고 평하였다.

그리고 당나라가 고구려를 치기 위해 전 국력을 기울여 일으킨 전쟁에서 승리를 거둔 고구려의 영웅 연개소문을 '성품이 잔인하고 모질고 악하며', '대신들을 주연에 초대하여 모조리 죽여 버리고 궁으로 달려가 임금(고구려 27세 영류왕)까지 시해한 역적', '정변 이후 나랏일을 제멋대로 처리하며 백성을 괴롭힌 독재자' 등으로 기록하였다.[48] 심지어 당 태종이 고구려를 침략한 이유를 '연개소문의 악행으로 고구려 백성들이 구원의 손길을 기다리기 때문'이라 하였다. 이렇게 연개소문을 불한당으로 묘사한 반면에, '고구려만 평정되지 않았으니 늙기 전에 취하려 한다'며 쳐들어온 침략자 당 태종 이세민을 '현명함이 세상에 드문 임금'이라 극찬하였다.[49] 이것을 과연 한국인이 기록한 한국의 역사라고 할 수 있는가.

연개소문에 대한 『삼국사기』의 잘못된 기록은 김부식이 중국 측 사료를 그대로 따 온[50] 것에서 비롯되었다. **중국 사서들은 고구려가 당나라에게 씻을 수**

---

[48] 『환단고기』가 밝히는 연개소문의 정변에 얽힌 진실은 이러하다. 선왕先王인 영양왕과 달리, 당시 영류왕은 당의 도움을 얻어 고구려 사람들로 하여금 도교 강론을 듣게 하는 등 굴욕적인 대당외교를 취하였다. 연개소문이 그것을 만류하자, 임금이 그를 장성 축조를 담당하는 한직으로 내쫓고 주살할 것을 대신들과 의논하였다. 그 소식을 들은 연개소문이 대신들을 주연에 초대하여 모두 제거하였고, 평복으로 달아나던 영류왕은 백성들 누구도 그를 따르지 않자 결국 자결하고 말았다.

[49] 『삼국사기』는 연개소문의 성씨도 천泉씨라고 기록하였다. 당 태종의 아버지인 고조의 이름 '이연李淵'에 같은 '연淵' 자가 있기 때문에, 중국 사서 『자치통감』에서 '천개소문'이라 기록한 것을 그대로 답습한 것이다.

[50] 『삼국사기』는 중국 사서인 『자치통감資治通鑑』, 『북사北史』, 『수서隋書』, 『구당서舊唐書』, 『신당서

없는 패배와 수치를 안겨 준 것에 대한 앙갚음으로 연개소문을 나쁜 인물로 기록하였다. 결론적으로 김부식은 고려인이 아닌 중국인의 입장에서 우리 역사를 서술한 것이다.

김부식은 신라 귀족의 후손이었다. 그 이유로 김부식은 신라를 한국사의 정통으로 보고, **신라 중심의 삼국사를 기술**하였다. 총 28권의 『삼국사기』 「본기本紀」 가운데 가장 많은 분량을 차지하는 나라가 신라이고, 『삼국사기』의 첫머리(제1~12권)가 신라 역사인 이유가 바로 여기에 있다.[51]

김부식은 또 신라를 한국사의 정통 계승자로 내세우기 위해 **대진大震(발해)의 역사를 단 한 줄도 기록하지 않았다.** 고구려가 망한 후 만주 대륙을 지키며 신라와 어깨를 나란히 한 대진을 배제하고 오직 신라만 기록함으로써 한민족의 강역을 대동강 유역 이남의 좁은 한반도로 국한시켰다. 즉 『삼국사기』는 당시 한민족의 역사를 반 토막만 기록한 책에 지나지 않는다. 만약 대진의 역사까지 수록하였더라면, 『삼국사기』는 최근 동북공정으로 우리 역사와 영토를 집어 삼키기에 혈안이 된 중국에게, 대진이 다스리던 영주營州(현 북경 근처) 이북의 모든 만주 땅에 대한 우리의 연고를 강하게 주장할 수 있는 확실한 근거가 되었을 것이다.

이 모든 문제를 떠나서, 『삼국사기』는 오직 삼국 시대만을 기록한 책이다. 삼국 시대가 시작되기 직전에 있었던 북부여, 동부여 등 부여의 역사에 대한 기록이 없을 뿐 아니라, 환국에서 시작된 한민족의 시원 역사에 대해 한마디도 서술하지 않았다. 이런 책을 한국의 대표 사서로 소개받은 세계인들에게 한국은 과연 어떠한 모습으로 새겨질 것인가?

우리 손으로 파괴한 우리 역사 : 한민족사의 원형을 훼손시킨 『삼국유사』

『삼국유사』는 『삼국사기』가 편찬된 지 130여 년이 지난 1281년(고려 충렬왕 7)경에 승려 일연一然(1206~1289)이 편찬한 책이다. 당시는 역사상 가장 짧은 기간에 가장 넓은 제국을 건설한 몽골족이 원나라를 세워서 중국 땅에 새 도읍지를 정하고, 고려까지 굴복시킨 때였다. 42년간(1231~1273) 대몽항쟁을 펼친 고

新唐書』 등을 인용해 연개소문과 당 태종의 전쟁을 서술하였다(이덕일, 『고구려는 천자의 제국이었다』, 272쪽).

51) 신라·통일신라의 역사가 12권(제1~12), 고구려의 역사가 10권(제13~22), 백제의 역사가 6권(제23~28)이다.

려는 결국 25세 충렬왕 때부터 '원나라에 충성을 바친다'는 뜻으로 임금의 시호에 충忠 자를 쓰기 시작하였다. 이에 고려인의 자주의식이 크게 발흥되면서 우리 역사의 본래 모습을 드러내고자 하는 각성이 일어났다. 이러한 시대적 배경에서 쓰여진 책이 바로 『삼국유사』이다.

때문에 『삼국유사』는 『삼국사기』와 달리 제1권 「기이紀異」 편에 〈고조선〉 조를 두어 **한민족의 상고 시대인 환국·배달·고조선의 역사를 기록**하였다. 하지만 승려 일연은 불교사관의 색안경을 끼고 우리 상고사를 썼다. 세 가지 사서(『위서』,『고기』,『배구전』)를 인용하여 서술된 〈고조선〉 조를 살펴보면서 일연이 무엇을 바르게 전했고, 무엇을 잘못 전했는지 그 구체적인 내용을 알아보자.

일연은 먼저 『위서魏書』52)를 인용하여 '2천 년 전에 단군왕검이 있었고 그가 아사달에 조선을 세웠다'라고 하였다. 이때의 『위서』는 삼국 시대 조조가 세운 위魏나라의 왕침王沈이 쓴 책이다.53) 중국 사서를 인용하여, 중국인들도 단군왕검을 역사적 인물로 인정하였음을 밝히고 있다. 하지만 이 『위서』는 '동이족을 높이고 중국 화하족을 낮추었다'54)는 이유로 불태워져 현재 전하지 않는다.

이렇게 『위서』로써 고조선을 간결히 소개한 일연은 『고기古記』55)를 인용하여 고조선이 어디서 왔는지 그 시원을 밝혔다. 그 첫 구절은 "**옛적에 환국이 있었다[昔有桓國]**"이다. 환국이 분명히 실존하였음을 선언한 것이다. 이처럼 『삼국유사』에서 『위서』와 『고기』를 빌어 '**환국과 고조선이 있었다**'고 분명히 밝혔는데도, 이 땅의 강단사학계에서는 '환국과 고조선은 없었다'라고 말한다. 한민족은 국조國祖를 부정하는 유일한 민족이다. 제 뿌리를 부정하는 이러한 행태는, 동북아 역사전쟁에 패하여 크나큰 시련을 겪을 한민족의 어두운 앞날을 가늠하게 한다.

---

52) 『위서』라 불리는 여러 책 가운데 오늘날까지 전해지는 것은 3세기 진晉 나라의 진수陳壽가 쓴 『삼국지』에 속한 『위서』, 6세기 중엽 북제北齊의 위수魏收가 쓴 『위서』이다. 이 2종류의 『위서』에서는 단군왕검에 관한 내용이 보이지 않는다.

53) 이 책에 단군조선이 실리게 된 계기는 위나라가 관구검을 보내 고구려를 침략하여 많은 사서를 소각 탈취해 간(CE 246) 사건으로 여겨진다(김병룡, '단군의 건국사실을 전한 『위서』에 대하여', 『단군과 단군조선』, 92~94쪽).

54) 矜夷狄而陋華夏(『수서경적지고증隋書經籍志考證』: 청나라 장종원章宗源(1752~1800)이 쓴 책).

55) 『고기』는 『삼국유사』만이 아니라 『환단고기』(『삼성기』 하, 『단군세기』)에서도 인용된다. 『고기』가 어떤 책인지는 확인되지 않지만, 『해동고기』와 『삼한고기』란 책이 일연의 생존(1206~1289) 시 몽고의 여섯 차례 침입(1231~1259) 때 소실되었다. 즉 이 두 권은 일연이 25살이 될 때까지는 고려에서 볼 수 있던 책이었다. 이로 보아, 일연이 『삼국유사』를 집필하던 때는 이 두 권이 소실되고 없었긴 하지만, 일연이 인용한 『고기』는 이 중에 속할 수 있다.

석유환국을 선언한 다음, 일연은 환국·배달·고조선이라는 7천 년 상고사를 환인·환웅·단군 3대에 걸친 인물사로 잘못 기록하였다. 일곱 분의 환인천제가 인류 창세시대의 첫 나라인 환국을 차례로 다스렸건만, 단 한 분의 환인이 있었던 것처럼 서술하였다. 그리고 그 환인이 아들 환웅을 동방 역사의 개창자로 보냈다고 하였다.

일연은 환웅이 개척한 배달 역사도 제대로 전하지 않았다. 특히 **배달의 초기 역사를 신화로 전락시켜, 오늘날 우리 시원 역사가 부정 당하는 데 결정타를 날렸다.** 배달의 백성으로 귀화하고자 찾아온 두 부족을 '일웅일호一熊一虎', 즉 '한 마리 곰과 한 마리 호랑이'라 부르면서 그들이 사람 되기를 갈망하였다고 기록한 것이다. 하지만 같은 『고기』를 인용하고 있는 『환단고기』에 따르면, '일웅일호'는 결코 곰과 호랑이를 뜻하는 말이 아니다.[56] 곰과 호랑이를 부족의 토템으로 삼은 **'한 웅족과 한 호족'**을 그렇게 부른 것이다.[57]

곰이 인간이 된다는 것은 생물학적으로도 불가능하고 어린 아이조차도 안 믿을 일인데, 강단사학자들은 『삼국유사』를 문자 그대로만 해석하여, '마침내 여자가 된 곰이 단군을 낳았다'라고 말한다. 여기에는 일제 식민학자들이 그러하였듯이, 환국·배달·고조선 시대의 실존 역사를 신화 속 이야기로 매도하려는 의도가 짙게 깔려 있다.

그렇다면 곰과 호랑이가 '사람이 되게 해 달라고 빌었다[願化爲人]'는 기록은 어떻게 해석해야 할 것인가? '인간 본연의 참된 모습을 갖게 해 달라고 빌었다'로 풀이해야 옳다. 당시 배달족은 우주 광명인 '환'의 생명과 신성과 지혜를 모두 갖춘 환족의 후예로 **천지광명 민족**이었다. 이에 인근의 웅족과 호족이 자신들도 천지의 **광명 인간**으로 거듭나 참된 인간이 되기를 염원한 것이 그 내막인 것이다. 『삼국유사』에 대한 올바른 해석은 『환단고기』를 통해서 비로소 이뤄질 수 있다.

일연은 또한 마흔 일곱 분 단군이 다스린 고조선을 단 한 명의 단군이 다스

---

56) 『고기』를 인용한 『삼성기』 하를 보면, '일웅일호'란 기록 다음에 '웅족과 호족 두 족속[熊虎二族]'이라고 되어 있다. 『단군세기』 1세 단군 조에서도 『고기』를 인용하여 단군왕검의 어머니를 '웅씨 왕의 따님[熊氏王女]'으로 밝히고 있다.

57) '일웅일호'를 비롯한 『삼국유사』의 여러 내용이 야기한 역사 왜곡의 문제를 놓고 볼 때, '일연은 과연 『고기』를 충실히 인용하였는가'라는 의문이 제기된다. 『환단고기』가 인용한 『고기』의 분량에 비해 『삼국유사』가 인용한 『고기』의 내용이 적은 점으로 보아도, 일연은 『고기』의 일부 내용만을 옮겨 쓴 것으로 여겨진다. 한민족의 상고사를 부정하는 강단사학자들은 일연의 불충분한 기록에 편승하여 오늘도 곰과 같이 미련한 해석에서 벗어나지 못하고 있다.

린 것으로 기록하였고, 그 단군왕검도 1,500년 동안 보위에 있다가 1,908세에 산신이 되었다고 하였다. 곰의 자식으로 태어난 인간 단군이 신선이 되었다고 하여, 우리 역사를 더욱 믿을 수 없게 만들어 버렸다. 그런데 여기에 고조선 역사의 놀라운 진실이 숨어 있다. 단군의 수명 1,908세란, 고조선 건국자인 단군왕검 이래 43세 물리勿理단군 때까지의 역년인 1,908년[58]을 뜻한다. 일연이 『고기』를 옮겨 쓰면서 고조선 역년을 단군 수명으로 각색한 것으로 볼 수 있다.

이렇게 신선 이야기가 된 단군왕검 역사 말미에 '기자조선'이 덧붙어 있다. '주 무왕이 기자를 조선에 봉하는 바람에 단군이 장당경으로 옮겼다'고 하였다. 이 기록은 그 출처가 매우 의심스럽다. 왜냐하면 중국이 한민족사를 깎아내리기 위해 만든 기자조선이 환국·배달·고조선을 전한 우리 사서인 『고기』에 같이 기록되어 있었을 리가 만무하기 때문이다. 13세기 고려 사회에서 기자조선이 역사적 사실로 회자되던 상황[59]을 생각하면, 일연이 기자조선을 사실로 받아들여 『삼국유사』에 끼워 넣었을 가능성이 높다.

『고기』로써 한민족사의 맥을 정리한 다음, 일연은 '기자조선을 한나라가 설치한 3군이 이어받았다'고 말한 당나라 때의 『배구전裵矩傳』한 토막을 소개하였다. 기자조선을 기록한 것에서 한 술 더 떠서, 중국 사서가 조작하여 기록한 '한나라의 군현 설치'를 사실인양 기술한 것이다. 우리 역사의 국통 맥을 '고조선→기자조선→한사군'으로 잡은 이 망언은 중국의 역사 왜곡을 그대로 추종한 데에서 비롯되었다.

『삼국유사』는 고려 후기에 주체의식의 발로에서 한민족 역사의 참 모습을 밝히기 위해 쓴 소중한 역사서임이 틀림없다. 하지만 사서를 충분히 접할 수 없었던 승려 신분 때문에 일연이 역사를 바르게 전하지 못한 문제점을 안고 있다. 더구나 일연이 불교사관으로 덧칠을 하는 바람에 한민족의 뿌리 역사가 철저히 부정되는 결과를 초래하였다.

일연이 우리 역사를 불교의 색연필로 채색한 단적인 예가 바로 '석유환국昔有桓國' 옆에 붙인 '제석을 말한다[謂帝釋也]'라는 주석이다. 제석은 불법을 지키는

---

[58] 1,908년은 고조선의 송화강 아사달 시대 1,048년과 백악산 아사달 시대 860년을 합친 것이다. 일연이 44세 구물단군이 국호를 대부여大夫餘로 바꾼 이후의 장당경 아사달 시대 188년은 고조선과 별개의 역사로 간주한 것이다.

[59] 고려는 유교를 정치이념으로 삼은 시대로, 유교문화의 시원으로서 기자를 숭상하였다. 숙종 7년(1102)에 평양에 기자사당을 세웠고, 명종 8년(1178)에 기자묘에 유향전油香田 50결을 배당하였으며 고려 말 공민왕 때까지도 계속 기자를 받들었다.

수호신인 '제석천帝釋天'의 줄임말이다.[60] 일연은 환국을 불교 신화 속의 나라로 인식한 것이다. 이 주석으로 말미암아 『고기』가 전한 '석유환국'의 소중한 소식이 완전히 변질되고 말았다. 일연이 덧붙인 이 한 마디는 앞에서 살펴보았듯이, 20세기에 일본이 조선 역사의 밑뿌리를 통째로 잘라 낼 때 그 결정적 근거로 사용되었다.

일연의 잘못된 주석은 이에 그치지 않는다. 배달의 근거지인 태백산을 평안도 묘향산으로 비정하고, 고조선의 도읍지를 서경(지금의 평양)으로 비정하는 등, 한민족사의 중요 지명을 모두 한반도 내에 있었던 것으로 간주하였다. 이처럼 우리 상고 역사를 반도半島사관의 입장에서 해석함으로써 고대 한민족의 역사 무대를 한반도로 축소시키는 말뚝을 박아버렸다. 일연이 〈고조선〉 조 전반에 붙인 주석이 없었더라면 『삼국유사』는 한민족사의 원형을 그런대로 드러낸 보배로운 역사서로 자리 잡았을 것이다. 일연의 주석이 우리 역사의 원래 모습을 다 훼손시키고 만 것이다.

그런데 더욱 심각한 문제는 이 같은 『삼국유사』가 지금 대한민국의 초·중·고등학교 교과서에 그대로 실려 있다는 사실이다. 〈고조선〉 조의 전문을 실은 초등학교 5학년 사회책을 비롯하여 모든 교과서가 그 내용의 일부 또는 전부를 싣고 있다. **모든 교과서에서 신화로 꾸며진 환인·환웅·단군의 이야기는 상세히 다루는 데 반해, '옛적에 환국이 있었다'는 기술은 어디에도 보이지 않는다.** 뿌리가 없는 역사를 배운 대한민국의 동량들이 어떻게 우리 문화와 역사에 대한 자긍심을 가지고 세계무대에서 어깨를 겨룰 수 있겠는가?

진정한 조선, 단군조선

중국과 일본이 한민족의 고대사를 왜곡한 결과, 한국·중국·일본은 서로 다른 '조선관觀'을 가지게 되어 고조선의 실체를 서로 다르게 해석한다. 중국은 기자가 세운 '기자조선'을, 일본은 위만이 세운 '위만조선'을 내세운다.

지금 한국 강단사학계는 중국과 일본이 왜곡한 가짜 조선을 그대로 받아들여 한국사 체계를 **단군조선→기자조선→위만조선→한사군**으로 잡고, 한사군

---

60) 일연은 왜 '석유환국昔有桓國' 옆에 '제석을 말한다'는 설명을 붙였을까? 불교에서 제석은 달리 '석제환인釋帝桓因'으로 불린다. 제석을 뒤집어 '석제'라 하면서 '환인桓因'이란 말을 붙인 것이다. 공교롭게도 이때의 환인은 환국의 환인천제桓因天帝(『삼성기』 상)와 같은 글자이다. 글자 표기가 같은 것을 근거로, 일연이 환인천제가 다스린 환국을 석제환인이 사는 불교신화 속 나라로 해석한 것으로 여겨진다.

의 꼬리에 고구려, 백제, 신라의 삼국 시대를 이어 붙인다. 그러나 이것은 매우 잘못된 한국사 체계이다. 진정한 조선은 오직 '**2,096년에 걸쳐 마흔 일곱 분의 단군이 다스린**' 단군조선뿐인 것이다.

그런데 한국인은 정작 단군조선의 실체를 제대로 모르고 있다. 역사 교과서조차 단군조선의 건국 사실만 말할 뿐 마흔 일곱 분 단군의 치세에 대해서는 일언반구도 없다. 초대 단군인 **단군왕검**, 고조선 말기 **번조선의 준왕**, 그리고 준왕을 쫓아낸 **위만**, 이 **세 사람만이 고조선의 왕으로 거론**된다. 광복 70년이 다 되도록 우리는 아직 빈껍데기 역사를 가르치고 배우고 있는 것이다.

오늘의 한국인은 조국의 역사를 모른다. 중화주의 사관과 식민주의 사관의 늪에 빠져 우리 역사의 진실을 보지 못하고 있다. 때문에 **오늘날 한국사가 안고 있는 대명제는 무엇보다 먼저 왜곡된 한국사의 면모를 바로잡는 것**이다. 한민족의 역사는 새로 써야만 한다. 그렇게 할 때 한민족의 정신과 혼을 꽁꽁 묶고 있는 역사 왜곡의 쇠사슬을 쾌연히 끊어내고 8천만 한겨레가 다 같이 한국 역사의 중심에 우뚝 서게 된다. 그렇다면 비뚤어진 우리 역사를 바로잡는 길은 어디에 있는 것인가?

역·사·길·잡·이

『삼국유사三國遺事』「고조선古朝鮮(王儉朝鮮)」

魏書에 云 乃往二千載에 有壇君王儉이 立都阿斯達하시고 (經云無葉山이오 亦云白岳이니 在白州地라 或云在開城東이라하니 今白岳宮이 是라)[1] 開國하사 號朝鮮하시니 與高同時니라.

『위서魏書』에 이르기를, 지난 2,000년 전에 단군왕검께서 도읍을 아사달에 정하시고(경經에서는 무엽산無葉山, 또는 백악白岳이라 하는데 백주白州에 있다. 혹자는 말하길 개성開城 동쪽에 있다고도 하는데 지금의 백악궁白岳宮이다) 나라를 세워 이름을 조선이라 하시니 요임금과 같은 시대라 하였다.

古記에 云 昔에 有桓國(謂帝釋也)하니 庶子[2] 桓雄이 數意天下하야 貪求人世어늘 父知子意[3]하시고 下視三危太伯하시니 可以弘益人間이라.

『고기』에 이르기를, 옛적에 환국이 있었다(제석帝釋이라 이른다). 서자부의 환웅이 천하를 건지려는 뜻을 가지고 인간 세상을 구하고자 하거늘, 환국을 다스리시는 아버지 환인께서 아들의 이런 뜻을 아시고 아래로 삼위산과 태백산을 내려다보니 널리 인간에게 이로움을 줄 만한지라.

乃授天符印三箇하사 遣往理之하시니라. 雄이 率徒三千하사 降於太伯山頂(卽太伯은 今妙香山이라) 神壇樹下하시니 謂之神市오 是謂桓雄天王也시니라. 將風伯·雨師·雲師하시고 而主穀·主命·主病·主刑·主善惡하시며 凡主人間三百六十餘事하사 在世理化하시니라.

이에 아들에게 천부天符와 인印 세 개를 주어 보내 이곳을 다스리게 하셨다. 이에 환웅이 무리 3,000명을 거느리고 태백산 꼭대기 신단수 아래(태백은 곧 지금의 묘향

---

1) ( ) 안의 내용은 일연이 붙인 주석이다. 그러나 불교사관과 반도사관에 입각한 그의 주석은 오히려 우리 상고역사의 원형을 훼손시키고 있다.
2) 이 '서자'를 일부에서는 '첩의 자식'을 뜻하는 말로 해석하여 환웅을 환인의 서자로 본다. 그러나 『태백일사』「신시본기」에서 전하는 '서자지부庶子之部'에서 알 수 있듯이, 이때의 '서자'는 부족의 명칭이다. 즉 환웅은 서자라는 부족 출신의 인물이었다.
3) 일연은 환인과 환웅의 관계를 핏줄로 맺어진 아버지와 아들로 보았다. 하지만 '부지자의父知子意'의 '부父'란 환국의 마지막 7세 환인천제를 가리키고, '자子'는 동방 역사 개척의 길을 떠난 신하 환웅을 뜻한다. 군사부일체 문화에 따라 동양에서 군신君臣 관계는 곧 부자 관계이다. 수메르 문화에서 학교 선생님을 '스쿨 파더school father', 학생을 '스쿨 선school son'이라 부른 것도 군사부 문화의 소산이다.

역·사·길·잡·이

산이다)에 내려오시어 이를 신시神市라 이르시니, 이분이 바로 환웅천황이시다.

환웅께서 풍백風伯과 우사雨師와 운사雲師를 거느리고, (오가에게) 농사·왕명·형벌·질병·선악을 주장하게 하고, 인간 세상의 360여 가지 일[人事]을 주관하여 신교神敎의 진리로써 정치와 교화를 베푸셨다.

時에 有一熊一虎가 同穴而居러니 常祈于神雄하야 願化爲人[4] 이어늘 時에 神遺靈艾一炷와 蒜二十枚하시고 曰「爾輩食之하고 不見日光百日이면 便得人形[5]이리라.」熊虎得而食之하고 忌三七日이러니 熊得女身이나 虎不能忌하야 而不得人身[6]이라.
熊女者 無與爲婚 故로 每於壇樹下에 呪願有孕이어늘 雄이 乃假化而婚之하사 孕生子하시니 號曰壇君王儉이시니라.

이때 웅족과 호족이 같은 굴에 살았는데, 늘 삼신상제님과 환웅님께 사람이 되게 해 달라고 빌었다. 이에 환웅께서 신령스러운 것을 내려주시며 그들의 정신을 신령스럽게 하시니 그것은 곧 쑥 한 묶음과 마늘 스무 매였다.

환웅께서 이르시기를, "너희들은 이것을 먹으면서 햇빛을 보지 말고 100일 동안 기원하라. 그리하면 인간의 본래 참모습을 회복할 것이니라" 하셨다.

웅족과 호족이 환웅께서 주신 쑥과 마늘을 먹으면서 스무 하루 동안을 삼감에 웅족은 여자의 몸이 되었으나 호족은 금기를 지키지 못하여 사람의 몸이 되지 못하였다. 웅족 여인이 혼인할 곳이 없으므로 매일 신단수 아래에 와서 아이를 갖게 해 달라고 빌었다. 이에 환웅께서 웅족 여인을 임시로 광명의 민족으로 받아들이시고 혼인하여 아들을 낳으시니 이름을 단군왕검이라 하였다.

以唐高 卽位五十年庚寅에 (唐高卽位元年이 戊辰이니 則五十年은 丁巳오 非庚寅也니 疑其未實이라) 都平壤城(今西京)하시고 始稱朝鮮하시니라. 又移

---

[4] 일연이 웅족과 호족을 곰과 호랑이로 기록한 탓으로, 원화위인願化爲人은 통상 '동물이 사람되기를 염원하다'로 해석된다. 하지만 한민족사의 진실에 따르면, 동방 역사를 주도적으로 이끌어가던 배달족과 마찬가지로 웅족과 호족도 광명 민족으로 개화되어 인간 본연의 참된 모습을 갖게 되기를 염원한 것이다.

[5] '변득인형便得人形'의 해석도 기존과 달리 해야 한다. '사람의 모습이 되다'가 아니라, '광명의 인간으로 성숙하다' 또는 '인간의 본래 모습을 회복하다'로 풀이할 때 우리 상고사의 진실에 가까워진다.

[6] '부득인신不得人身'도 '사람이 되지 못하다'가 아니라 '인간의 참모습을 얻지 못하다'로 해석해야 한다.

> 역·사·길·잡·이

都於白岳山阿斯達[7]하시니 又名弓(一作方)忽山이오 又今彌達이니 御國
一千五百年하시니라. 周虎王[8] 卽位己卯에 封箕子於朝鮮하니 壇君이
乃移藏唐京[9]이라가 後에 還隱於阿斯達하사 爲山神하시니 壽는
一千九百八歲[10]시니라.

 당唐나라 요임금이 즉위한 지 50년이 되던 경인庚寅년(요堯가 즉위한 원년은 무진戊辰년으로 50년은 정사丁巳년이지 경인년이 아니므로 이것이 사실인지 의심스럽다)에 평양성(지금의 서경西京)에 도읍하고 비로소 조선이라 일컬었다. 또 도읍을 백악산 아사달로 옮겼는데 그곳을 궁홀산弓忽山(일명 방홀산方忽山), 또는 금미달이라 하니 이곳에서 1,500년 동안 나라를 다스렸다.
 주나라 무왕이 즉위한 기묘己卯(BCE 1122)년에 무왕이 기자箕子를 조선에 봉하니, 이에 단군이 장당경으로 옮겨 가셨다가 뒤에 돌아와 아사달에 은거하여 산신이 되시니 수가 1,908세이셨다.

唐裵矩傳에 云 高麗는 本孤竹國(今海州)이니 周以封箕子爲朝鮮하고 漢
分置三郡하니 謂玄菟樂浪帶方(北帶方)이라 하고 通典도 亦同此說이라.
(漢書則眞臨樂玄四郡이로대 今云三郡이라하고 名又不同은 何耶오)

 당나라 『배구전裵矩傳』에 이르기를, 고구려는 본래 고죽국(지금의 해주海州)인데 주나라가 기자를 봉하여 조선왕으로 삼았다. 한나라가 이를 나누어 3군을 설치하여 현도, 낙랑, 대방(북대방北帶方)이라 불렀다. 『통전通典』에서 이르는 바도 역시 이와 같다. (『한서漢書』에는 진번·임둔·낙랑·현도의 네 군으로 되어 있다. 그런데 여기에는 세 군으로 되어 있다 하였고 그 이름도 같지 않으니 무슨 까닭인가?)

---

7) 지금의 길림성 장춘으로 고조선 제2왕조 시대(22세 색불루단군~43세 물리단군) 860년간(BCE 1285~BCE 426)의 수도이다.
8) 은나라를 멸망시키고 주나라를 연 무왕.
9) 지금의 요령성 개원으로 고조선 제3왕조 시대인 44세 구물단군 때부터 마지막 47세 고열가단군 때까지 188년간(BCE 425~BCE 238)의 수도이다.
10) '단군이 1,908세를 살았다'는 이 기록의 올바른 해석은 『환단고기』에서 그 답을 찾을 수 있다. 고조선 제1왕조 송화강 아사달 시대(1,048년)와 제2왕조 백악산 아사달 시대(860년)를 합하면 1,908년이 된다. 국호가 대부여大夫餘로 바뀌는 마지막 제3왕조 장당경 아사달 시대를 고조선 후의 별개 역사로 이해한 일연의 역사의식을 느낄 수 있다.

역·사·길·잡·이

『삼국유사』「고조선」에 기록된 잘못된 우리 역사

1. 한민족의 시원 역사인 '환국─배달─고조선'의 7천 년 왕조사를 '환인─환웅─단군'이라는 3대 가족사로 오도하였다. 또한 일곱 분의 환인천제, 열여덟 분의 환웅천황, 마흔 일곱 분의 단군천황을 **단 한 분의 환인, 환웅, 단군으로 왜곡**하였다.

2. 일연은 불교사관의 색안경을 끼고 우리 역사를 해석하여, 인류의 첫 나라 **환국을 불교신화 속의 나라로 전락**시켰다. '옛적에 환국이 있었다[昔有桓國]'라는 『고기古記』의 기록을 인용하면서 '제석을 말한다[謂帝釋也]'라는 불교 관점의 주석을 붙인 것이다. 제석이란 불법을 지키는 수호신인 제석천帝釋天(달리 석제환인釋帝桓因이라 부름)의 줄임말이다.

3. 배달 시대에 한민족으로 귀화하고자 한 두 부족인 웅족과 호족을 '일웅일호一熊一虎(한 마리 곰과 한 마리 호랑이)'로 기록하고, '백 일 수행 끝에 여인이 된 곰이 환웅과 결혼하여 단군을 낳았다'라고 하였다. '동물이 사람으로 화하였다'라는 생물학 차원에서도 불가능한 사실을 역사서에 기록함으로써, **『삼국유사』를 읽는 사람으로 하여금 우리 시원 역사를 업신여기고 부정하는 역사의식을 가지게 하는 결정타를 날렸다.**

4. '단군이 1,500년 동안 나라를 다스리다가 1,908세에 죽어 신선이 되었다'라고 하여 **고조선사를 신화로 만들었다.**

5. 단군왕검이 도읍한 곳, '아사달'을 고려의 수도인 개경으로, 아사달의 다른 이름인 '평양성'을 대동강 유역의 평양으로 해석하였다. 고조선의 도읍지를 개경 또는 평양으로 설정함으로써, **동북아 대륙에 있던 대제국 고조선을 한반도에 국한된 소국으로 전락**시켰다.

6. '재위 말기에 단군이, 기자箕子라는 중국이 봉한 새 왕에게 밀려 장당경으로 천도遷都하였다'라고 잘못 기록하였다. 이것은 고조선 44세 구물단군이 국정 쇄신을 위해 단행한 천도 사건을 오기한 것이다. 뿐만 아니라 '기자가 다스리게 된 조선을 다시 한사군이 다스렸다'라고 덧붙였다. 중국 사서에 실린 왜곡된 내용을 그대로 따라서 **한국사의 국통 맥을 고조선→기자조선→한사군으로 왜곡**시킨 것이다.

7. 일연의 잘못된 역사 기록은 일제 식민사학자들에게 한국사를 날조할 근거를 제공하였다. **일본은 일연이 붙인 '제석을 말한다'라는 주석을 악용하여 '환국이라는 나라의 역사[昔有桓國]'를 '환인이라는 인물사[昔有桓因]'로 전락**시켰다. 글자 한 자를 변조하여 환국을 말살하고, 배달과 고조선마저 송두리째 부정한다.

8. 오늘날 대한민국 초·중·고 학생들은 모두, 일연이 그린 잘못된 역사 악보를 일제 식민사학의 지휘봉에 맞추어 그대로 합창하고 있다. 그 양의 많고 적음이 다를 뿐, 모든 교과서에 『삼국유사』「고조선」 기가 번역되어 실려 있다.

역·사·길·잡·이

『삼국유사』에 기록된 '일웅일호一熊一虎'의 올바른 해석은

어느 날 **곰과 호랑이**가 환웅에게 찾아와 사람이 되게 해 달라고 빌었다. … 곰은 잘 참아 내어 삼칠일(21일) 만에 여인이 되었다(교육과학기술부, 초등학교『사회(5-1)』, 2012, 22쪽).

이때 **곰과 호랑이**가 사람이 되기를 원하므로, … 곰은 이를 지켜 21일 만에 여자로 태어났고, 환웅과 혼인하여 아들을 낳았다(두산동아, 『중학교 역사』상, 2012, 32쪽).

그때 **곰 한 마리와 범 한 마리**가 같은 굴에 살았는데, … 곰은 세이레 동안 참고 견디어 여자의 몸이 되었으나, 범은 참지 못해 사람이 되지 못하였다(법문사, 『고등학교 한국사』, 2012, 22쪽).

이것은 우리나라 초·중·고등학교 교과서에 실린 『삼국유사』 번역문의 일부이다. 『삼국유사』의 '일웅일호'를 '한 마리 곰과 한 마리 호랑이'로 옮기고 있다. 하지만 일웅일호란 말과 '웅호이족熊虎二族'이란 표현을 동시에 쓰고 있는 『환단고기』(『삼성기』하)에 따르면, 일웅일호란 곰과 호랑이를 토템으로 섬기던 '**한 웅족과 한 호족**'을 말한다. 사람이 자연과 교감하며 살던 상고 시대 모든 종족은 자신들의 부족과 친밀한 동물을 그 부족의 수호신이자 상징으로 삼았다. 곰을 토템으로 삼은 부족은 유럽, 시베리아, 남북 아메리카 등에서 흔하게 보인다. 동북아의 홍산 문화 주인공들도 곰 소조상을 남긴 것으로 보아 곰 토템신앙을 하였음을 알 수 있다. 일본 북해도의 원주민인 아이누족은 오늘날도 곰 숭배 신앙을 가지고 있다.

웅족과 호족이 환웅천황을 찾아와, '**광명의 도**'를 전수 받아 배달족처럼 천지광명을 체득한 인간이 되기를 간청한 것이 '일웅일호'에 얽힌 진실이다. 이 사건을 『삼국유사』는 '원화위인願化爲人'으로 표기하였고, 이것을 동방 광명문화의 출원처인 신교 사상에 어두운 후대 사람들이 '사람되기를 소원하였다'로 풀이하였다. 그 결과 일웅일호는 곰과 호랑이 이야기로 완전히 굳어지게 된 것이다.

마침내 백일 수행에 들어간 두 부족 가운데, 웅족이 무사히 수행을 마치고 **천지광명의 심법을 전수 받은 성숙한 인간**이 되었다. '광명의 민족'으로 거듭난 웅족은 그 후 환족과 함께 한민족 역사의 중심 세력이 되었다.

2. 대한의 혼을 찾아서

1) 지금은 제3의 역사학이 필요하다

지금까지 역사학은 19세기 초에 등장한 구사학(old history)과 20세기에 전개된 신사학(new history), 이 양대 산맥이 이끌어 왔다. 구사학은 실증주의 사학으로서 '지식의 절대주의'를 주장하였다. '본래 있던 그대로(Wie es eigentlich gewesen ist)'라 외친 랑케의 구호가 구사학의 모든 것을 대변한다. 역사적 사실을 있는 그대로 기록한다는 것을 신앙처럼 믿은 실증주의 사학은 20세기 초까지 지속되었다.

그러나 대량 살육이 자행된 1,2차 세계대전은 역사학에 큰 변화의 바람을 몰고 왔다. 역사를 있는 그대로 서술한다는 구사학에 대한 회의가 일어나면서, 역사가의 적극적인 해석을 중요시하는 새로운 역사학, 즉 '신사학新史學'이 대두한 것이다. 신사학은 역사학의 실증주의와 객관주의를 부정하고, 역사의 해석이 역사가의 숫자만큼 다양할 수 있음을 주장하였다.

그렇다면 오늘의 역사학은 어떠한가? 여전히 실증주의 사학에서 크게 벗어나지 못하고 있다. 신사학마저 '잔재 실증주의'라 불릴 정도이다. 실증사학은 철저한 문헌고증학의 입장에서 많은 성과를 거두었으나, 과거 사실의 고증 이상을 넘어서지는 못하였다. 과거를 현재와 연결된 종합적 개념으로 파악하지 못하였기 때문에 역사에 흐르는 인류 정신사의 맥이 무엇인지 모른다. 그리하여 정신문화가 찬란하게 빛났던 태곳적 인류의 시원 역사를 제대로 밝히지 못하는 것이다.

이에 객관주의 구사학과 주관주의 신사학을 넘어 오늘날 역사학의 한계를 극복하고 한민족과 인류의 시원 문화와 역사를 밝히기 위해서는 동양과 서양, 과거와 미래를 소통하고 융합시키는 '**대통일의 역사학**'이 필요하다. 온 인류의 생존을 위협하는 환경 재난, 해법이 묘연한 동서양의 정치, 경제, 종교, 인종 갈등 등을 해결하고, 지구가 본래 하나이듯이 온 인류가 한 가족으로 살 수 있는 길을 열어 줄 '제3의 새로운 역사학'이 절실히 요구되는 것이다.

그렇다면 제3의 역사학을 어떻게 열 것인가? 대통일의 역사학을 열 새로운 역사관은 무엇인가? 그것은 바로 9천 년의 역사를 가진 인류 공통의 문화유산인 신교의 관점에서 역사를 보는 '신교사관'과 이를 기반으로 한 '대한사관'이다.

2) 신교사관이란 무엇인가

21세기 한국인은 신교神敎라는 말조차 모른다. 신교는 그 옛날 우리 조상들의 일상적 삶의 기반이 되었던 **한민족의 영성문화이자 고유종교**이다. 이 신교는 인류의 황금시절, 태고 문명의 근원이었던 시원 종교이다.

신교사관을 이해하기 위해서는 먼저 신교를 알아야 하고, 신교의 실체를 알기 위해서는 **신교문화의 주제**인 **삼신三神**을 알아야 한다. 삼신은 만물의 존재 근거로서 무궁한 조화의 경계에 있는 조물주 신이다. 이 조물주 하느님의 창조성이 세 가지 손길로 나타나기 때문에 석 삼三 자를 써서 삼신이라 부른다.

삼신이 현실계에 자기를 드러낸 것이 바로 '하늘과 땅과 인간'이다. 삼신이 현현顯現한 천지인을 **삼위일체三位一體적 존재로 인식하고 그 틀에서 인간 역사를 해석하는 것이 바로 신교사관**이다. 신교사관은 역사를 해석하는 잣대가 실증주의 사관과 전혀 다르다. 실증사학은 역사의 주체인 인간을 외면한다. 과거 사실에 대한 입증에만 정신을 송두리째 빼앗겨, 우주의 신비를 머금고 파노라마처럼 펼쳐지는 인간 역사의 대세와 근본정신을 보는 데 무지몽매하다.

그러나 신교사관에서는 인간을 천지로부터 대광명의 성령 기운을 받아 사물을 보고 느끼고 판단하는 영적 존재로 본다. 인간은 천지와 교감하며 하나 되어 사는 신령스러운 존재라는 것이다. 이러한 신교사관에서는 인간을 천지의 아들딸로, 천지를 인간 생명의 부모로 인식한다. 더 나아가 인간은 천지부모의 꿈과 이상을 실현하는 주체로서 천지보다 더 큰[太] 존재, 즉 '**태일太一**'이라는 것이다. **인간의 위격과 가치에 대한 파천황적인 선언**, 여기에 신교사관의 위대함이 있다. 이러한 신교사관으로 한국사와 인류사를 다시 해석할 때, 하늘과 땅과 인간이 한데 어우러져 펼쳐 가는 우주사 차원의 새 역사, 새 문명을 열 수 있다.

3) 대한사관이란 무엇인가

고종 황제의 '대한'

'대한사관'이란 말 그대로 '대한大韓의 눈'으로 역사와 문명을 살피고 해석하는 것이다. 그렇다면 '대한'이란 언제 어떻게 생겨난 말일까?

동서양 사람들 대다수는 우리나라를 한국(Korea)이라 불렀다. 그러다가 2002년 월드컵 때 붉은 악마가 "대~한민국!"을 응원의 구호로 외치면서 한국

고종황제가 1897년에 삼신상제님께 천제를 올린 원구단 | 환국 시대 이래 수천 년 동안 행한 한민족의 천제가 조선 세조 때 명나라의 압력으로 중단되었다. 조선 말에 이르러 고종이 현 서울 소공동 자리에 원구단을 건립하여 천제를 봉행하고 대한제국을 선포하면서 천제 문화가 부활되었다. 고종 때 원구단 전체는 9천 평에 이르는 상당한 규모였으나 지금은 신위神位를 보관하는 황궁우만 남아 있다(사진 : 2008년 11월 27일에 의친왕의 손자인 이원李源(공식 명칭은 황사손皇嗣孫) 씨가 제관이 되어 봉행한 원구대제 장면과 황궁우).

의 본딧말이 '대한민국'이란 것이 전세계에 알려지게 되었다.

우리 국호에 '대한'이란 말을 처음 쓴 이는 고종 황제이다. 『조선왕조실록』에 따르면, 1897년 10월 11일 고종은 "우리나라는 곧 삼한三韓의 땅인데, 개국 초에 천명을 받고 하나의 나라로 통합되었으니 지금 천하의 호칭을 대한으로 정한다고 해서 안 될 것이 없다"라고 하고, 앞으로 "모두 대한으로 쓰도록 하라"라고 명하였다.61) 우리나라는 본래 삼한이었으므로 그 '한'을 되살려 국호를 대한으로 정할 것을 명한 것이다. 그 이틀 후, 고종 황제는 원구단에서 하늘의 삼신상제님에게 천제를 올리고 '대한제국'의 출범을 천하 만방에 선포하였다.

고종 황제가 말한 삼한이란 고조선 시대의 삼한을 말한다. 고조선은 초대 단군 이래 삼신의 원리에 의해 나라를 셋으로 나누어 다스린 삼한관경제三韓管境制를 실시하였다. 이 옛 삼한을 되살린 국호 '대한제국'을 선포함으로써 고종은 동북아 역사와 문명의 구심점이었던 옛 조선 삼한의 영광을 회복코자 하였다. 또한 조선이 옛[占] 조선의 삼한을 계승한 천자국이자 자주독립국으로 재탄생함을 천명하였다.

고종의 대한 사상에서 대한사관의 첫째 뜻을 찾을 수 있다. 대한사관이란 소한사관에 반대되는 말로, '작은 한[小韓]'이 아니라 '큰 한[大韓]'의 의식으로 우리 역사를 해석하는 관점이다. 소한사관은 고조선이 망한 후 그 유민들이 한반도

---

61) 我邦乃三韓之地, 而國初受命, 統合爲一. 今定有天下之號曰'大韓', 未爲不可. … 竝以大韓, 書之可也(『고종실록』).

남부 지역에 세운 '작은 삼한(남삼한, 후삼한)'으로 우리 고대사를 해석한다. 하지만 대한사관은 대륙을 호령하던 본래의 '**큰 삼한**(북삼한, 전삼한)의 의식으로 우리 역사를 해석한다.

안타깝게도 오늘의 한국인은 소한사관에 갇혀서 한반도 남부에 있었던 남삼한밖에 모른다. 중국의 중화주의 사관, 일본의 식민주의 사관, 고려와 조선의 사대주의 사관이 초래한 역사 왜곡의 병독이 깊어 우리 상고사를 근본적으로 잘못 알고 있기 때문이다. 그러나 한민족 본연의 사관은 남삼한에서 연유한 소한사관이 아니라 북삼한을 근거로 한 대한사관이다. 그러므로 이제는 한민족의 웅대한 역사 혼을 축소시켜 버린 소한사관을 과감히 깨고 나와, 대한사관으로 우리 역사를 새롭게 해석하여 북삼한의 역사를 되찾아야 할 것이다. 또한 대한사관으로 동북아 역사를 재해석하여 배달과 고조선이 주도하던 동북아 역사 본연의 모습을 밝혀 인류 역사의 정의를 바로 세워야 할 것이다.

천지의 꿈을 이루는 인간, '대한'

『환단고기』는 '대한'의 연원을 더욱 본질적으로 밝혀주고 있다. "오환건국吾桓建國이 최고最古라"(『삼성기』 상), 이 한마디가 고조선의 삼한보다 더 오랜 '대한'의 뿌리를 밝혀 준다. "우리 환족이 나라를 세운 것이 가장 오래다"라고 하여 환국의 건국을 역사의 진실로 밝히는 이 선언에 따르면, 한민족은 원래 '**환족**'이다. 즉 '한'의 근원이 '환'인 것이다.

'환桓'은 '하늘의 광명[天光明]'을 뜻한다. 이 '환'에서 생겨난 '한韓'은 하늘의 광명이 인간에게 내려와 깃든 '인광명人光明'이다. '한'은 바로 인간을 하늘의 광명을 내려 받은 신성한 존재로 자리매김하는 말이다. 간단히 말해서 '한'은 인간을 가리키는 말이다. 이렇게 위대한 우주사상을 담고 있는 '한'이 우리 한민족을 지칭하는 말이 된 것이다.

'한'이 지향하는 인간은 '하늘의 광명[桓]'과 '땅의 광명[檀]'을 모두 체험한 환단의 인간이다. 천지광명을 모두 체험한 인간이 될 때 비로소 우리는 천지의 꿈을 현실로 이루어 내는 역사의 주인공, '태일'이 될 수 있다. 신교사관에서와 마찬가지로 대한사관에서도 인간 존재의 궁극이 태일로 귀결되는 것이다. 이 태일을 달리 표현한 말이 곧 대한이다.

궁극적 인간이 곧 태일이라는 점에서 대한사관의 둘째 뜻을 찾을 수 있다. 대한사관은 인간이 천지의 꿈을 이루는 주체가 되어 천지인 삼계를 총괄하여, 인간사뿐 아니라 천지 대자연의 역사까지 심판하고 바로 세운다는 역사관이다. 한마디로 말해서 **대한사관은 우주 대통일의 역사관**이다.

온 인류는 '대한'으로 하나이다

'한'은 단지 이 땅의 8천만 겨레를 가리키는 언어로 한정되지 않는다. 국어사전에 따르면 '한'에는 20가지 이상의 뜻이 있다. 그 가운데 대표적인 뜻만 꼽아도, 하나[一], 많다[多], 크다[大], 같다[同], 가운데[中], 대략[凡] 등이 있다.[62] 『환단고기』에서도 '한'의 뜻을 '크다', '하나' 등으로 전한다.[63] 몽골과 동남아 여러 나라에서도 '한'이란 말을 쉽게 찾아볼 수 있는데, 주로 '하늘 세계', '하느님' 혹은 '높다'는 뜻을 나타낸다. 김상일 교수는 아시아권의 여러 언어에 공통적으로 나타나는 '한'을, 동아시아 문명을 그 기원에 있어서 하나로 묶어 주는 띠와 같은 것이라 본다.[64] '한'은 바로 온 인류를 한 가족으로 묶어 주는 말인 것이다.

그리스 출신 음악가 야니Yanni가 "지도 위에는 국경선이 있지만 지구에는 국경선이 없습니다. 우리는 모두 하나입니다"라고 말한 것처럼, 개개인은 하나의 '한'이지만 70억 전 인류는 **'큰 한 가족'**, 즉 **대한**으로 하나이다.

지구촌 모든 민족과 나라를 대한의 한 가족으로 보는 사관, 이것이 대한사관의 셋째 뜻이다. 대한사관으로 인류 역사를 해석하고 정립할 때 비로소 동서양의 복잡한 이해관계와 갈등을 해결하고 인류의 새 시대를 맞이할 수 있다. 온 인류가 진정으로 하나 되고, 다 함께 상생의 삶을 누리는 새로운 통일 문명사회를 열 수 있다.

앞에서 살펴보았듯이, 동북아는 인류 역사상 가장 심각한 역사 왜곡과 말살이 자행되어 왔고, 오늘날에도 첨예한 역사전쟁이 일어나는 지역이다. 이 동북아 역사의 얽히고설킨 실타래를 풀어 역사전쟁을 종식시키고 역사의 정의를 바로 세울 수 있는 길도 대한사관에 있다. 온 인류가 그러하듯, 한국, 중국, 일본도 환족이라는 한 뿌리에서 갈려 나온 한 가족이다. 동북아 삼국이 대한으로 하나이다. 그래서 대한사관으로 동북아 역사를 바로 세울 때 비로소 한중일이 모두 그 본연의 역사를 되찾고 대한으로 다시 하나가 된다.

---

[62] 김상일, 『한사상』, 23쪽 ; 박성수·김상일 외, 『한류와 한사상』, 156쪽.
[63] 한은 역사의 통치자인 황皇(임금)이라는 뜻이다. 이 황은 크다[大]는 뜻이며, 크다는 것은 하나[一]라는 뜻이다(『태백일사』 「소도경전본훈」).
[64] 박성수·김상일 외, 『한류와 한사상』, 185~203쪽.

4) 『환단고기』는 대한사관으로 보아야 한다

한민족과 인류의 창세 역사와 원형문화는 바로 대한사관으로 연구하고 해석할 때 그 온전한 모습과 웅장한 기상이 드러날 수 있다. 이에 필자는 지금까지 역사학을 이끌어 온 구사학과 신사학의 장점을 수용하고, 그것을 뛰어넘어 한민족사와 인류사를 대한의 큰 울타리로 묶어 해석하는 대한사관의 보편적 시각으로 『환단고기』를 해석하는 데 심혈을 기울여 왔다.

그리하여 『환단고기』에 대해 다음과 같은 결론을 얻게 되었다. 즉 『환단고기』는 한민족과 인류의 창세 역사와 원형문화를 고스란히 담고 있는 '지구촌 유일의 역사서'이자 상고 시대 한민족의 나라 경영을 기록한 '통치 법전'이다. 또한 동서양 종교의 모체로서 인류의 시원 종교urreligion인 신교의 전모를 기록한 '종교 경전'이다.

우리는 『환단고기』를 통해 인류의 첫 조상인 광명의 환족이 어떻게 시원 역사를 열었고, 그 시원 문명이 어떻게 세계 각처로 퍼져 나갔는지 알 수 있다. 또한 환국 이후 고려에 이르기까지 무려 9천 년에 걸친 한민족의 역사 개척 과정도 한눈에 알 수 있다. 나아가 장차 '대한'으로 하나 된 인류가 맞이하게 될 새 세상에 대한 조감도를 그려볼 수 있다. 한마디로 『환단고기』는 '한韓의 뿌리와 미래'를 밝힌 보배로운 역사서인 것이다.

역사를 잃어버리면 모든 것을 잃게 된다. 역사를 잃으면 그 민족의 고유한 정신과 민족혼이 사라지고, 종국에는 가치관이 무너져 국가와 민족의 존립 자체가 위험에 빠지고 만다. 한국인의 잃어버린 역사와 사라진 민족혼을 되찾아 줄 사서가 바로 『환단고기』이다. 『환단고기』는 파괴된 한국사의 원형을 복구시켜 줄 유일한 역사책이다.

또한 『환단고기』는 한국의 뿌리 역사가 왜곡되면서 똑같이 역사의 근원을 잃어버린 중국과 일본의 시원 역사까지 되찾아 준다. 왜냐하면 상고 시대 동북아의 정치, 경제, 종교, 지리, 풍속, 언어, 음악, 건축, 국제 관계 등에 대한 폭넓은 기록을 전하기 때문이다. 따라서 『환단고기』는 동북아 삼국이 모두 읽고 연구해야 할 소중한 역사서인 것이다.

그러면 이제 『환단고기』는 언제 어떻게 만들어졌는지, 『환단고기』의 독보적인 가치가 무엇인지, 그 구체적인 내용을 알아보자.

3. 천 년 세월이 낳은 『환단고기』

1) 한국사의 국통 맥을 세운 『삼성기』

『삼성기』 상편과 『삼성기』 하편, 이 두 권의 『삼성기』는 인류의 창세 역사와 잃어버린 한민족사의 국통 맥을 바로 세우는 근간이 된다.

특히 『삼성기』 상은 신라를 대표하는 십성十聖 가운데 한 사람인 안함로安含老가 쓴 책으로, 현존 사서 중에 우리의 국통 맥을 밝힌 가장 오래된 사서이다. 안함로는 **유불선儒佛仙과 상고시대 신교 문화를 회통한 당대 최고의 도승**으로 역사에도 해박하여 그때까지 전해 오던 고유 사서에서 한민족사의 진액을 뽑아 『삼성기』를 저술하였다.

안함로(579~640)
유불선과 신교에 정통한, 당대 신라인들에게 크게 공경받은 고승. 경주 불국사 맞은편에 있는 〈신라를 빛낸 인물관〉에 신라 십성十聖 중 한 분으로 모셔져 있다.

환국과 배달에 대해 『삼성기』 상보다 좀 더 세밀히 전하는 『삼성기』 하는 원동중元董仲(?~?)이 쓴 책으로 환국의 열두 나라 이름과 배달의 18세 환웅천황의 이름, 재위 연도까지 상세히 전한다. 『삼성기』 하는 환국 시대가 시작되기 이전의 역사, 즉 **현 인류의 시조인 나반**那般**과 아만**阿曼에 대한 기록을 남겼다. 그리고 환국의 실존에 대해 『삼성기』 상이 "오환건국吾桓建國이 최고最古라(우리 환족이 세운 나라가 가장 오래되었다)"라고 선언한 것을, 『삼성기』 하는 "석유환국昔有桓國(옛적에 환국이 있었다)"이란 말로써 다시 확인시켜 준다.

원동중의 자세한 행적은 전하지 않는다. 다만 세조가 팔도 관찰사에게 수거하도록 유시諭示한 도서 목록(『세조실록』)에 안함로와 더불어 『삼성기』의 저자로 기록되어 있다. 이것으로 보아 조선 시대 이전의 인물임이 분명하다.

2) 고조선사의 전모를 밝힌 『단군세기』

『단군세기』는 행촌杏村 이암李嵒이 쓴 책이다. 이암은 초대 단군인 단군왕검에서 마지막 47세 고열가단군에 이르기까지 역대 단군의 이름, 재위 연수, 업적과 사건 등을 연대기 형식으로 기술하여, 2,096년 동안의 고조선 역사를 전하였다. 『단군세기』가 전하는 고조선 정치의 가장 큰 특징은 **삼한관경제**三韓管境制이다. 나라를 삼한(진한·번한·마한)으로 나누어 다스린 삼한관경제의 관점에서 고조선사를 살필 때 고조선의 국내 정치는 물론 중국, 일본 등과의 관계까지 제대로 파악할 수 있다.

『단군세기』의 저자인 행촌 이암은 『고려사』「열전」에 오를 정도로 유명한 인물이다. 이암은 원나라의 간섭을 받기 시작한 고려의 25세 충렬왕 때(1297) 경상도 고성에서 고성 이씨 이우李瑀의 장남으로 태어났다. 행촌이란 호는, 유배 생활을 했던 강화도의 마을 이름을 따서 지은 것이다.

행촌 이암 (1297~1364)
고려 공민왕 때 수문하시중을 역임하였고 신교에 바탕을 둔 역사관을 정립하였다.

당시 고려의 왕권과 국권은 밖으로는 원의 내정 간섭으로, 안으로는 원과 결탁한 간신배의 횡포로 그 위세가 바닥에 떨어져 있었다. 충혜왕이 등극하고 다시 충숙왕이 복위하는 난세 속에 이암은 강화도에 귀양을 갔다.

3년 후(1335) 유배에서 방면되어 천보산 태소암에서 1년간 머무르게 되었는데, 이때 이암에게 일생일대의 중요한 사건이 일어났다. 그것은 이명李茗과 범장范樟을 만나 **한민족사 회복을 위한 사서 집필을 결의**한 것이다. 이 세 사람이 어떻게 만났는지 아직 밝혀지지 않았지만, 이들은 태소암에서 **소전**素佺**거사**라는 인물로부터 석굴 속에 감춰져 있던 고서적들을 나누어 받았다. 그것은 인류 문명의 황금시절이었던 환단(환국─배달─고조선) 시대를 기록한 것이었다. 이암은 소전거사에게 들은 이야기와 전수받은 책을 바탕으로 환단 시대의 도학道學을 논한 『태백진훈太白眞訓』과 『단군세기』를, 복애거사 범장은 『북부여기』를, 청평거사 이명은 『진역유기震域留記』를 지었다.

이암은 오늘날의 국무총리격인 **수문하시중**守門下侍中 자리에까지 오른 정치가요 당대 최고의 지성과 학식을 갖춘 대학자였다. 또한 그의 글씨는 여말선초의 국서체國書體가 될 정도로 최고의 명필가이기도 했다. 이암이 망해 가는 국운을 보고 비분강개하여 **동북아의 종주였던 옛 조선의 영화로운 역사를 만천하에 드러내고자 저술한 역작**이 바로 『단군세기』이다.

이암은 『단군세기』를 통해 고조선 2,096년 역사를 정리하였을 뿐 아니라, 그 서문에서 역사를 똑바로 아는 것이 왜 중요한지 피력하고 **국통을 바로 세우는 것이 곧 구국의 길임**을 토로하였다. 또한 신교의 우주론을 천지인 삼위일체의 관점에서 서술하고, 신교 사상의 정수를 뽑아 신교의 역사관을 정립하였다.

3) 잃어버린 고리, 부여사의 전모를 밝힌『북부여기』

『북부여기』는 고조선을 계승한 북부여와 북부여에서 갈려 나간 여러 부여사를 총체적으로 기록하여 부여사의 전모를 밝혀 주는 사서로서 범장范樟(?~?)이 지은 책이다.『북부여기』는 특히 **북부여의 건국 시조인 해모수의 실체를 처음으로 밝히고 있다.**

『북부여기』 덕분에 **고조선과 고구려 사이의 '잃어버린 고리'인 부여사**를 찾을 수 있게 되었다. **9천 년 한국사에서 가장 파악하기 어려운 부분이 부여사**인데,『환단고기』는 부여사 전모를 이해하는 데 결정적으로 기여하고 있는 것이다.

고려 말에 금성錦城(현 전라남도 나주)에서 태어난 범장은 여말 충신으로 잘 알려진 정몽주의 제자였다고 한다. 호는 복애伏崖이고, 복애거사로도 불리었다. 범장은 조정에 출사하기 34년 전 젊은 시절(1335)에 이암, 이명과 함께 소전거사로부터 고서를 전수받고, 주권을 상실한 고려의 현실을 통탄하며 반드시 한민족사를 되찾을 것을 굳게 결의하였다. 이 **'3인의 결의 사건' 덕분에 한국사 회복의 길에 서광이 비치게 된 것이다.** 이후 범장이 쓴 책이 바로『북부여기』와『가섭원부여기』이다.

4) 신교문화의 기틀을 밝히고 한민족사를 집대성한『태백일사』

『태백일사』는 조선 초기의 문신인 이맥李陌(1455~1528)이 쓴 책이다. 이맥은 **근세조선을 제외한 한민족사의 국통 맥 전체를 8권으로 기록**하였다.『태백일사太白逸史』에서 '큰[太] 밝음[白]'을 뜻하는 '태백'은 대광명의 동방 한민족을 가리키고, '일逸'은 '잃어버리다', '사라지다'라는 뜻이다. 따라서『태백일사』는 '동방 한민족의 사라진 대광명의 시원 역사'를 밝힌 책이다.

『태백일사』는 한민족의 9천 년 역사와 문화를 집대성하였을 뿐만 아니라, 동북아 한민족과 인류의 문화와 역사를 이해하는 데 결정적 요소인 신교의 총체적인 모습을 전한다. 한마디로**『태백일사』는 신교 문화 역사서의 완결본**인 것이다.

『태백일사』를 지은 이맥은 행촌 이암의 현손玄孫으로 자는 정부井夫, 호는 일십당一十堂이다. 44세(1498년, 연산군 4) 때 식년시 급제로 관직에 나간 이맥은, 장녹수의 사치스러움을 탄핵하다가 충청도 괴산에서 2년간(1504~1505) 유배 생활을 하였다. 그 후 66세(1520) 때 실록을 기록하는 **찬수관**撰修官이 되어 지난

세조, 예종, 성종 때 전국에서 수거하여 궁궐 깊이 감춰 두었던 상고 역사서를 마음껏 접하게 되었다. 이맥은 그 금서들을 통해서 알게 된 사실史實과 예전 귀양 시절에 정리해 둔 글을 합쳐 책으로 묶고, 『태백일사』라는 이름을 붙였다. 그러나 중국을 사대하는 조선의 악습과, 성리학에 위배되는 학설을 조금도 용납하지 않는 세태 때문에 책을 세상에 내놓지 못하고, 74세를 일기로 세상을 떠날 때까지 집안에 비장하였다.

『환단고기』를 이루는 다섯 사서

『삼성기』 상·하	▸ 안함로의 『삼성기』와 원동중의 『삼성기』가 절묘하게 상호 보완 ▸ 한국사의 국통 맥을 세우는 근간 ▸ 7세 환인천제와 18세 환웅천황의 계보 수록 ▸ 한韓 문화의 원형이 '환桓'임을 밝혀 줌
『단군세기』	▸ 고려 말 행촌 이암이 엮은 사서 ▸ 고대 한민족의 최전성기인 고조선의 2,096년(BCE 2333~BCE 238) 47세 단군의 통치 역사서 ▸ 고조선 망국의 비밀을 풀어주는 국가경영원리 '삼한관경제'의 변천사 기록
『북부여기』	▸ 고려 말에 범장이 쓴 책 ▸ 부여사의 전모를 알 수 있는 유일한 사서 ▸ 고조선을 계승한 북부여의 181년(BCE 239~BCE 58) 역사와 북부여에서 파생한 동부여, 서부여 등의 역사를 기록
『태백일사』	▸ 조선 중종 때 이맥이 쓴 8권의 책 ▸ 9천 년 한민족사의 전모를 기록 ▸ 인류의 시원 종교인 '신교神敎'의 우주관, 신관, 인간론, 역사관, 수행관 등을 총체적으로 밝힘 ▸ 제1권 「삼신오제본기」 : 신교의 삼신오제 사상을 전한 역사철학서 ▸ 제2~4권 「환국본기」, 「신시본기」, 「삼한관경본기」 : 환국–배달–고조선의 7천 년 상고사를 기록 ▸ 제5권 「소도경전본훈」 : 신교의 3대 경전인 『천부경』, 『삼일신고』, 『참전계경』의 내용과 역사를 기록 ▸ 제6~8권 「고구려국본기」, 「대진국본기」, 「고려국본기」 : 고구려, 대진(발해), 고려 역사를 기록

4. 『환단고기』의 편찬과 대중화

1) 『환단고기』를 편찬한 계연수와 스승 이기

천 년의 세월에 걸쳐 쓰인 다섯 사서를 『환단고기』로 묶은 인물은 바로 평안도 선천 출신인 운초雲樵 **계연수**桂延壽(1864~1920)이다. 자신의 집안에서 보관해 오던 책과 지인들로부터 구한 책을 엮어서 편찬한 것이다. 『환단고기』가 탄생하기까지 많은 사람의 공덕이 있었지만, 특히 계연수와 그의 스승 이기의 정성과 희생이 컸다.

해학海鶴 **이기**李沂(1848~1909)는 전라도 만경 출생으로 정약용의 학통을 계승한 실학자이자 독립운동가이다. 이기의 생애에서 특히 시선을 끄는 것은, 이기가 『단군세기』를 쓴 이암과 『태백일사』를 쓴 이맥(이암의 현손)의 후손이라는 점이다. 이 때문에 이기는 어릴 때부터 자연스럽게 역사서를 읽었고, 우리 고대사에 대한 해박한 지식을 쌓게 되었다. 계연수에게 전해 준 『태백일사』도 집안의 가보家寶로 전해 온 것이 분명하다.

이기는 석정石亭 이정직李定稷(1840~1910), 매천梅泉 황현黃玹(1855~1910)과 더불어 '**호남의 삼재**三才'라 불릴 만큼 문장이 뛰어났다. 성리학과 실학을 모두 섭렵한 대학자였던 이기는 평생을 항일 구국운동에 바치고 1909년 서울의 한 여관에서 절식絶食하여 62년의 일생을 마쳤다.

계연수는 어릴 때부터 무엇이든 한 번 보면 곧바로 외울 만큼 기억력이 뛰어났다. 27세(1890) 때까지 약초를 캐어서 팔아 생계를 유지하였다. 동방 한민족의 옛 역사와 민족정신에 관심이 지대했던 계연수는 여러 양반가와 사찰에서 비장하던 서책과 금석문, 암각문 등 각종 사료를 수집하였다.[65] 한민족의 역사를 밝히고자 한 계연수가 뜻을 이룰 수 있게 된 결정적 계기는 해학 이기와의 만남이었다. 1897년(34세)에 이기의 문하에 들어간 계연수는 이암의 『태백진훈』과 『단군세기』, 이맥의 『태백일사』 등을 간행하였고, 1911년에는 스승 이기가 생전에 감수한 『환단고기』를 드디어 세상에 내놓았다.

『환단고기』를 간행한 후 역사 회복뿐 아니라 항일 독립운동에도 적극 참여한 계연수는, 조선인의 민족혼을 말살하고 역사를 파괴하는 데 혈안이 된 일제에게 검거대상 제1 순위의 인물이었다. 결국 계연수는 1920년(57세) 조선독립군으로 위장한 밀정의 덫에 걸려 무참히 살해되었다. 일제는 계연수의 사지를

---
[65] 양종현, 『백년의 여정』, 82쪽.

절단하여 압록강에 내던졌고, 그가 몸담고 있던 청년교육기관 배달의숙倍達義
塾 건물에 불을 질러 3,000여 권에 달하는 서적과 원고를 모두 태워 버렸다.⁽⁶⁶⁾

2) 『환단고기』를 대중화시킨 이유립

압록강에 처참하게 버려진 계연수의 토막난 시신이 수습될 때, 그 광경을 현
장에서 지켜보며 말없이 눈물을 흘리던 14세 소년이 있었다. 그가 바로 **한암당**
寒闇堂 **이유립**李裕岦(1907~1986)이다. 이유립은 계연수의 갑작스런 죽음으로 역
사 속에 묻혀 버릴 뻔했던 『환단고기』를 굳게 지켜 오늘의 한국 사회에 널리 대
중화시킨 인물이다.

이암과 이맥의 후손인 이유립은 평안도 삭주의 유지이자 독립운동가였던 이
관집李觀楫의 넷째 아들로 태어났다. 이유립은 13세 때(1919) 배달의숙에 들어가
부친과 친했던 계연수를 비롯하여 최시흥, 오동진 등 독립운동가들에게 역사
강의를 듣고 『환단고기』를 공부하였다. 이듬해에는 소년통신원으로 독립군 사
이의 통신 연락을 도왔고, 24세(1930) 때는 해학 이기의 신교육의 뜻을 이어받
아 잡지 〈삼육三育〉을 발행하며 일제의 역사 왜곡을 널리 알렸다. 광복 후에는
지난 1909년에 이기, 나철 등이 창립한 단학회檀學會의 기관지 〈태극〉의 주간主
幹으로 활동하며 신탁통치 반대론을 펼쳤다.

그러나 활동 여건이 여의치 않아 1948년 월남을 선택한 이유립은 그 해 추석
바로 다음 날 삼팔선을 넘었다. 그 후 북한을 두 차례 더 다녀왔는데, 이때 『환
단고기』를 가져온 것으로 추정된다. 이유립이 남하한 직후, 한문과 역사에 해
박한 그에게 여러 사람이 배움을 청하였는데, 그 중 한 사람이 오형기吳炯基
다. 남하한 바로 다음 해인 **1949년에 오형기는 이유립이 소장하고 있던 『환단
고기』 초간본을 빌려 가서 필사**하였다.

이유립은 1963년(57세)에 대전 은행동에 정착하여 그해 11월 단학회를 단단
학회檀檀學會로 개칭한 이후에는 후학을 기르며⁽⁶⁷⁾ 역사 연구와 강연에 전념하였
다. 그러던 중 박창암朴蒼巖과 연결되어 1976년(70세)부터 월간 〈자유〉에 역사
문제에 대한 글을 기고하기 시작했다. 〈자유〉의 절반을 자신의 글로 채우며

---

(66) 양종현, 『백년의 여정』, 82~106쪽.
(67) 이때 이유립에게서 『환단고기』를 공부하고 역사를 배운 인물 중의 한 사람이 1966년 고등학교
1학년 때부터 사사한 양종현이다. 그는 1986년 이유립이 작고한 후 스승의 뒤를 이어 단단학회
7대 회장이 되었다.

『환단고기』가 전하는 우리 역사 이야기를 세상에 알렸다.

　1976년 그해는 이유립에게 결코 잊을 수 없는 가슴 아픈 사건이 발생한 해이기도 하다. 박창암의 배려로 의정부로 올라가 왕성하게 활동하다가 백내장 수술을 받기 위해 5일간 집을 비운 사이에, 이유립이 야반도주한 것으로 오해한 집주인이 밀린 집세 대신 이유립의 책을 모두 팔아 버린 것이다. 이때 자신의 생명만큼 소중히 여기던 『환단고기』 초간본도 같이 사라져 버렸다. 하지만 천만다행으로 **오형기 필사본**이 있었기에 『환단고기』 전수 맥은 끊어지지 않았다.

이유립이 13년 동안(1963~1976) 거처했던 대전 은행동의 골목과 집 내부 | 일제 때 지은 좁고 낡은 적산가옥의 작은 방을 얻어 기거하며 역사를 연구하고 후학을 길렀다.

　그런데 『환단고기』의 대중화는 예상치 못한 사건에서 비롯되었다. 이유립의 젊은 문하생 조병윤趙炳允이 1979년, 서울의 광오이해사光吾理解社에서 오형기 필사본을 영인하여 100부를 출판한 것이다. 이른바 **광오이해사본** 『환단고기』가 이유립의 허락도 없이 시중에 배포된 것이다. 이에 이유립은 사태 수습 차원에서 문제의 발문을 삭제하고 오자를 바로잡은 새로운 필사본을 만들었다. 원고는 1979년 그해에 완료되었으나, 출판비가 없어 1983년에야 **배달의숙을 발행인으로 하여 100부를 발간**하였다. 이유립의 나이 77세가 되던 해였다. 이렇게 하여 평생 지키고 외쳐 온 『환단고기』를 인생의 마지막 순간에 세상에 공표한 것이다.

5. 왜 『환단고기』를 읽어야 하는가
  : 『환단고기』의 특징과 가치

 『환단고기』는 9천 년 한국사의 진실을 기록한 한민족의 정통 사서이다. 때문에 강단사학자들이 한국의 대표적 사서로 꼽는 『삼국사기』, 『삼국유사』에서는 전혀 찾아볼 수 없는 고대 한민족의 참 역사와 문화를 밝혀 준다. 『환단고기』의 역사적 가치를 하나씩 살펴보자.

 첫째, 『환단고기』는 **인류 창세문명과 한민족 시원 역사의 진실을 밝혀 주는 유일한 사서이다.**
 『삼성기』를 비롯하여 『태백일사』에 이르기까지 다른 사서에서는 찾아 볼 수 없는 한민족과 인류의 태곳적 역사가 기록되어 있다. 특히 "**오환건국**吾桓建國이 **최고**最古라(우리 환족이 세운 나라가 가장 오래되었다)"라는 『삼성기』의 첫 문장은 **동서양 4대 문명이 발원한 인류 창세문명의 주체가 바로 '환국'임을 밝힌 짧지만 매우 강력한 선언**이다.

 둘째, 『환단고기』는 **단절된 한민족사의 '국통**國統**' 맥을 가장 명확하고 바르게 잡아 준다.**
 한 나라의 계보와 그 정통 맥을 국통이라 한다. 지금 강단사학에서 말하는 국통은 근본적으로 잘못된 것이다. 이제 『환단고기』 덕분에 한민족은 잘못된 고대사 체계를 바로잡고 역사의 미망迷妄에서 벗어나 나라의 족보를 바로 세울 수 있게 되었다. 한국사의 국통 맥은 지금까지 ①환국 → ②배달 → ③고조선 → ④북부여(열국 시대) → ⑤고구려·백제·신라·가야(사국 시대) → ⑥대진·신라(남북국 시대) → ⑦고려 → ⑧조선 → ⑨대한민국으로 이어져 왔다.

 셋째, 『환단고기』는 환桓, 단檀, 한韓의 원뜻을 밝혀 줄 뿐만 아니라, **환·단·한의 광명 사상이 실현된 상고시대 인류와 동북아 역사의 전체 과정을 전하고 있다.**
 '환'은 이 우주를 가득 채우고 있는 하늘의 광명, 즉 천광명天光明을 뜻하고, '단'은 땅의 광명, 지광명地光明을 뜻한다. 그래서 '환단'은 천지의 광명이고, **『환단고기』는 천지의 광명을 체험하며 살았던 창세역사 시대인 '환단 시대 이래로**

이어 온 한민족의 역사 이야기 책'**이다.

환·단·한의 광명 정신은 동방 한민족의 9천 년 역사에 그대로 실현되었다. 그래서 환국에서 근세조선과 대한민국에 이르기까지 나라 이름이 모두 광명 사상을 담고 있다. 환·단·한의 광명 정신은 국호뿐 아니라[68] 각 시대 창업자의 호칭에서도 확인할 수 있다. 환인, 환웅, 단군, 이 세 호칭은 모두 '**광명의 지도자**'를 뜻한다. 한마디로 **환국 이래 동북아 한민족의 모든 역사 과정은 실로 환단**(천지광명)**의 역사**이다.

넷째, 『환단고기』에는 한민족의 고유 신앙이자 인류의 시원 종교이며 원형문화인 '신교'의 가르침과 신교 문화의 꽃인 '제천 행사'가 구체적으로 기록되어 있다.

신교는 '삼신상제님의 가르침으로 세상을 다스리는 것'이다. 즉 **신교는 삼신상제님을 모시는 인류의 원형 신앙**이다. 한민족은 **천제**天祭(제천 행사)를 올려 상제님에 대한 신앙을 표현하였다. 한민족의 천제 문화는 9천 년 역사의 첫머리인 환국 시대부터 시작되었다. 다시 말해 **환국은 인류 제천문화의 종주이자 고향**인 것이다. 제천문화로 나타난 한민족의 상제 신앙은 『환단고기』의 전편에 걸쳐 실감나게 그려지고 있다.

다섯째, 『환단고기』는 **천지인을 삼신의 현현**顯現**으로 인식한 한민족의 우주사상을 체계적으로 전한다**.

우주 만유가 생성되는 근원을 『환단고기』에서는 일신一神이라 정의한다. 일신은 곧 각 종교에서 말하는 조물주요, 도道요, 하나님이다. 그런데 일신이 실제로 인간의 역사 속에서 작용을 할 때는 언제나 삼신三神으로 나타난다. 한 손가락이 세 마디로 되어 있듯이 하나 속에는 셋의 구조로 **3수 원리**가 들어 있기 때문이다.

조물주 삼신의 신령한 손길에서 천지인 삼재가 나왔다. 달리 말하면 삼신이 현실계에 자신을 드러낸 것이 바로 천지인이다. 때문에 천지인 각각은 삼신의 생명과 신성을 고스란히 다 지니고 있고, 각각에 내재된 삼신의 생명과 신성神性은 서로 동일하다. 이러한 천지인을 『환단고기』는 **천일**天一·**지일**地一·**태일**太一

---

[68] 한민족의 역대 국호에 담긴 광명 사상에 대한 구체적 내용은 완역본 『환단고기』 해제 82쪽 참고.

이라 일컫는다.

사람은 세상을 살면서 '신은 정말 존재하는가? 인간이란 무엇인가? 인간은 왜 사는가?'라는 의문을 가질 때가 있다. 그 해답을 『환단고기』에서는 **우주사상의 근간인 일신一神과 일기一氣, 일신과 삼신, 삼신과 천지인, 천지와 인간** 등의 관계를 조명하면서 종합적으로 이야기한다.

여섯째, 『환단고기』는 동방 한민족사의 첫 출발인 배달 시대 이래 전승된, **한민족의 역사 개척 정신인 낭가郎家 사상의 원형과 계승 맥을 전하고 있다.**

낭가는 곧 낭도인데, 우리에게 익숙한 신라의 화랑도 또한 낭가이다. 그러나 낭가의 원형은 배달 시대의 관직인 '삼랑三郎'이다. 낭가는 삼신상제님의 도로써 백성을 교화하고 형벌과 복을 주는 일을 맡았다. 환국 시대 말 환인천제의 명을 받은 환웅이 동방 개척에 뜻을 두고 백두산으로 이주할 때 동행한 '무리 3천 명'의 정체도 바로 낭가이다.

환국 말기에 태동한 3천 명의 제세핵랑濟世核郎과 배달 시대의 삼랑은 그 후 고조선의 **국자랑**國子郎 → 북부여의 **천왕랑**天王郎 → 고구려의 **조의선인**皂衣仙人, 백제의 **무절**武節, 신라의 **화랑**花郎 → 고려의 **재가화상**在家和尙(선랑仙郎, 국선國仙) 등으로 계승되었다.

일곱째, 『환단고기』는 동방 **한민족이 '천자**天子 **문화의 주인공'이요 '책력**冊曆 **문화의 시조'로서 수**數**를 발명한 '수학의 창세민족'임을 밝히고 있다.**

천자는 '**천제지자**天帝之子'의 준말로, '상제님의 아들'이라는 말이다. 환국·배달·고조선 이래로 이 땅은 원래 천자가 다스리는 천자국天子國이었다. 상제님과 인간을 연결하는 다리와 같은 존재인 천자의 가장 근본적인 소명은 하늘에 계신 상제님께 천제天祭를 올리고, 땅 위의 백성을 다스리는 것이었다. 백성을 다스리기 위해 가장 필요한 것은 춘하추동 절기에 맞춰 농사를 지을 수 있도록 책력을 만드는 것이었다.

배달 시대에 지은 한민족 최초의 책력인 **칠회제신력**七回祭神曆(『태백일사』 「신시본기」) 또는 **칠정운천도**七政運天圖(『태백일사』 「소도경전본훈」)는 인류 최고最古의 달력이다. 책력에는 숫자가 사용된다. 그래서 책력의 시조라는 것은 곧 숫자 문화의 시조라는 것이다. 수의 기본인 **일**一**에서 십**十**까지의 숫자는 9천 년 전 환국**

동방 천자문화의 출원을 말해 주는 네 글자, 자기동래紫氣東來 | 산동성 태산의 첫 문턱에서 마주치는 이 문구에서 '자줏빛 자紫' 자는 천자의 별인 자미원紫微垣의 자紫 자로 천자를 상징한다. 자기동래는 '천자문화의 기운이 동방에서 왔다'는 말로서, 천자문화의 출원이 동방 한민족임을 중국 스스로 밝힌 것이다.

시절의 우주론 경전인 『천부경天符經』에 처음 보인다. 한민족은 세계 최초로 숫자를 만든 민족인 것이다.[69]

여덟째, 『환단고기』는 **한민족이 천문학의 종주임을 밝히고 있다.**
한민족은 고조선의 10세 노을단군 때(BCE 1916) 벌써 **감성**監星이라는 천문대를 설치하여 별자리를 관측하기 시작하였다. 그 결과 세 차례에 걸친 일식 현상(2세 부루단군, 32세 추밀단군, 47세 고열가단군)을 비롯하여 다섯 행성의 결집, 강한 썰물, 하늘에 두 개의 해가 뜬 환일幻日 현상(9세 아술단군, 34세 오루문단군) 등 고조선 시대에 일어난 특이한 천문 현상을 기록할 수 있었다.

전 서울대 교수 박창범은 '13세 흘달단군 때(BCE 1733) 일어난 **오성취루**五星聚婁 현상'과 '29세 마휴단군 때 남해의 밀물이 3척이나 물러난 사건'을 현대 천문학의 기술을 빌어 입증하였다. 이 연구는 『환단고기』를 위서로 매도하는 강단사학계에 일침을 가하고, 『환단고기』를 올바르게 평가하게 되는 중대한 계기가 되었다. 무려 3천 년 전에 천문대를 운영하여 천문 기록을 남긴 것은 당시 전 세계 어느 역사에도 없는 것으로 고조선이 인류 천문학의 종주국임을 보여

---

[69] 한민족이 창안한 동양 수학의 원형인 '하도河圖'와 '낙서洛書'에 대해서는 완역본 『환단고기』 해제 87, 208쪽 참고.

조선 태조 4년(1396)에 제작된 천문도 '천상열차분야지도天象列次分野之圖' | 국보 228호로 검은 대리석에 새긴 천문도이다. 원래 천상열차분야지도는 고구려 때 만들어졌다. 고구려의 천문도 비석은 전쟁 중에 대동강에 빠뜨려 분실되었고, 태조 이성계가 조선을 건국한지 얼마 지나지 않아 어느 노인이 바친 고구려 천문도 탁본을 바탕으로 복원된 것이다.

주는 실례이다.

아홉째, 『환단고기』는 삼성조 시대의 국가 경영 제도를 전하는 사서로서 만고불변의 '나라 다스림의 지침'을 담고 있다.

환국·배달·고조선은 우주 원리를 국가 경영 원리로 삼아 나라를 다스렸다. 그 우주 원리가 바로 **삼신오제**三神五帝 **사상**이다. 삼신(조화신·교화신·치화신)이 현실에서 작용할 때에는 다섯 방위로 펼쳐져 오제五帝(청제靑帝·백제白帝·황제皇帝·적제赤帝·흑제黑帝)가 된다. 이 오제가 수화목금토 오행의 천지 기운을 주재한다.

삼신오제 사상은 **동북아 한민족사에서 통치 원리로 이화**되었다. 배달 시대에 삼신오제 사상에 따라 **삼백**三伯(풍백, 우사, 운사) 제도와 **오사**五事(주곡主穀·주명主命·주병主病·주형主刑·주선악主善惡) 제도를 시행한 것이다. 삼백은 오늘날의 입법부, 행정부, 사법부에 해당한다. 즉 **풍백, 우사, 운사**는 흔히 말하는 바람신, 비신, 구름신이 아니라 오늘날 **민주주의 정치 체제의 원형**인 것이다.

열째, 『환단고기』는 **배달과 고조선이 창제한 문자를 기록하여 고대 한국이 문자 문명의 발원처임을 밝혀 준다**.

문자는 문명 발상의 필수 요소이다. 한민족은 배달 시대부터 이미 문자 생활을 영위하였다. 초대 환웅천황이 신지神誌 혁덕赫德에게 명하여 녹도문鹿圖文을 창제하게 하신 것이다. 이것은 가장 오랜 문자로 알려진 BCE 3000년경의 쐐기문자(수메르)와 상형문자(이집트)보다 앞서는 세계 최초의 문자이다. 고조선 3세 가륵단군은 이 문자를 수정 보완하여 **가림토**加臨土 **문자**를 만들었다. 가림토의 모습은 조선 세종 때 만든 훈민정음과 매우 흡사하다.

열한째, 『환단고기』에는 **중국과 일본의 시원 역사와 역대 왕조사 및 몽골, 흉노와 같은 북방민족의 개척사가 밝혀져 있으며, 고대 수메르 문명의 기원을 추적할 수 있는 단서**가 들어 있다.

『단군세기』에는 고조선과 중국의 관계에 대한 기록이 적지 않게 나온다. 고조선은 무려 1,500년(BCE 2205 하나라 건국~BCE 770 주의 동천東遷) 동안 중국의 고대 왕조인 하·상·주의 출현과 성립에 깊이 관여하였다. 그리고 『단군세기』와 『태백일사』에는 아직도 의문에 싸여 있는 2,600년 전 일본의 개국 과정을 밝힐 수 있는 단서들이 들어 있으며, 고조선에서 분리해 나간 북방 민족의 초기 역사도 기록되어 있다. 『환단고기』에는 서양 문명과 유대 문명의 뿌리로 파악되었지만 아직 그 실체가 제대로 드러나지 않은 고대 수메르 문명의 출원지를 추적할 수 있는 단서도 들어 있다.

한마디로 말해서 『환단고기』는 **한·중·일의 시원 역사에서부터 북방민족의 역사, 서양 문명의 근원 역사까지 총체적으로 바로잡을 수 있는 유일한 나침반**이다. 한민족의 옛 역사를 밝히고 인류의 시원 역사와 원형문화를 드러내는 『환단고기』는 대한의 아들딸은 물론 70억 전 인류가 반드시 읽어야 할 가장 기본적인 인류 모체 문화의 역사 교과서인 것이다.

6. 위서로 몰린 『환단고기』

한민족의 고대사와 국통 맥을 밝혀 줄 사서들이 외세의 침탈과 내부의 사대주의자들에 의해 모두 사라지고, 유일하게 남은 정통 사서가 바로 『환단고기』이다. 그러나 이 땅의 주류 강단사학자들은 이 책을 '위서僞書', 즉 조작된 책이라 매도한다.[70] 때문에 이유립이 『환단고기』를 널리 보급시킨 지 30여 년이 되도록 『환단고기』는 그 사료적 가치를 제대로 인정받지 못하고 있다.

『환단고기』를 위서로 매도하는 것은 학계의 문제로 그치지 않는다. 그들이 뿌려 놓은 '『환단고기』 위서론 바이러스'가 중·고등학교 역사 교사, 그들에게 배우는 학생들, 그리고 역사를 알고자 하는 일반인들에게까지 퍼져 나가고 있다. 수많은 사람들이 위서론 바이러스에 감염되어 '『환단고기』는 위서'이며 '『환단고기』는 읽어서는 안 될 위험한 책'이라 말한다.

그러나 위서론자들은 『환단고기』라는 책 제목의 뜻조차 제대로 알지 못하며, 『환단고기』를 단 한 번도 깊이 있게 읽지 않았다. 그리고 유불선儒佛仙 경전을 비롯한 고전에 대한 폭넓은 지식이 결여되어 있고, **인류의 시원 종교인 신교 문화에 대한 이해가 깊지 못하다.** 무엇보다도 그들은 식민사학을 밑거름으로 하여 구축한 아성이 붕괴되어 자신들의 기득권이 상실될 것을 두려워한다. 이에 위서론자들은 식민사학의 대변자요 나팔수가 되어 지금도 한국사의 진실을 오도하고 있다.

2012년 여름, 필자는 지난 30년 동안의 『환단고기』 번역과 주석 작업을 마무리 지으면서 지금까지 학계에 발표된 『환단고기』 진위 논쟁에 대한 논문, 자료, 서책을 하나도 빠짐없이 점검하였다. 그 결과 강단사학의 위서론자들이 『환단고기』를 부정하는 이유를 몇 가지로 정리하게 되었다.

1) 위서론자들은 『환단고기』를 어떻게 부정하나

첫째, 『환단고기』를 20세기에 쓰여진 책으로 매도한다.

『환단고기』는 1911년에 계연수가 그때까지 전해 오던 다섯 종의 사서를 한 권으로 묶어 간행한 책이다. 그런데 위서론자들은 『환단고기』를 '20세기 전반에 항일독립운동을 고취시키기 위해 창작한 책'이라 말한다. 그러나 이 주장은

---

70) 대표적인 『환단고기』 위서론자로 조인성(경희대 교수), 박광용(가톨릭대 교수), 이도학(한국전통문화학교 교수), 이순근(가톨릭대 교수), 송호정(한국교원대 교수), 이문영(서강대 사학과 졸업, 소설가) 등이 있다.

계연수를 비롯한 『환단고기』 간행에 기여한 사람들이 모두 항일독립운동을 하였고 당시에 민족주의 사학이 크게 일어났던 상황을 역으로 이용하여 『환단고기』를 흠집 내고자 한 것에 지나지 않는다.

위서론자들은 심지어 '계연수가 수안遂安 계씨 족보에 나오지 않는다'는 이유를 들어 계연수를 가공의 인물로 단정하여 『환단고기』를 위서로 매도한다. 그러나 계연수가 실존 인물이었음은 그의 제자인 이유립의 증언과 여러 문헌에서 입증되고 있다.[71]

또 위서론자들은 책이 처음 인쇄된 연도 '1911년'을 부정하고 『환단고기』를 후대의 '근대인이 쓴 위서'[72]로 매도한다. 1915년에 충주에서 불상이 발견되기 전에는 장수왕 연호가 세상에 알려지지 않았는데 『환단고기』에 '건흥建興'이라 기록되어 있는 것은 『환단고기』가 1915년 이후에 쓰여졌기 때문이라 한다. 또한 1923년에 발견된 연개소문의 아들 천남생의 묘지墓誌를 통해서 연개소문의 할아버지 이름이 세상에 알려졌는데 『환단고기』에 '자유子遊'라는 이름이 나오는 것은 『환단고기』가 1923년 이후에 쓰여졌기 때문[73]이라 한다. 하지만 이것은 유물의 발굴로 역사 기록이 입증된 경우로 보아야 한다. 오히려 두 가지 발굴 사건은 『환단고기』에 대한 신뢰를 높여 주는 사례라 할 것이다.

둘째, 『환단고기』에 적힌 지명·인명을 오해한다.

위서론자들은 '**영고탑**'이 청나라(1644~1911) 시조의 전설과 관련 있는 지명이므로, 『환단고기』는 청나라 이후에 꾸며진 위서라고 주장한다. 그런데 『중국고금지명대사전』에서 '영고탑寧古塔은 본래 영고특寧姑特에서 영고태寧古台로, 영고태에서 영고탑으로 와전된 것이며 구설舊說로서 지명이 아니다'라고 말한다. 영고탑은 지명이 아니라는 것이다. 뿐만 아니라 영고탑이란 명칭은 청대 이전 명나라 때에도 존재하였다. 명나라 신종神宗 때(1608년) 일어난 한 사건의 기록[74]

---

71) 계연수가 실존 인물임을 증명하는 문헌으로는 『해동인물지海東人物志』(1969)와 『정신철학통편精神哲學通編』(1920) 등이 있다.
72) 조인성, '재야사서 위서론'; 노태돈 편, 『단군과 고조선사』, 231쪽.
73) 조인성, 같은 논문, 228쪽.
74) 『청대사지淸大事志』에는, '명나라 만력 36년(1608) 9월에 강을 따라 호이객로呼爾略路에 사는 야인들이 우리 영고탑성을 침략하였다. 이곳은 당시에 영고탑로寧古塔路라고 하는 곳이다'라고 전한다(김석주·김남신, '영고탑에 대한 역사지리적 고찰', 『문화역사지리』, 22~23쪽). 명나라 때 '영고탑로'라 불리던 곳이 청나라 때는 '영고탑성'이라 불렸음을 밝히고 있다. '영고탑'은 명나라 초기에 이미 사용되었던 지명인 것이다.

에서 명나라 때 '영고탑로寧古塔路'라 부르던 성이 있었음을 알 수 있다. 이 기록에서 영고탑의 정체는 분명하지 않지만, 위서론자들의 주장과 달리 영고탑이란 이름이 청대 이전부터 사용된 것은 분명한 사실이다.

『환단고기』에 따르면, 영고탑은 중국의 하상주 왕조와 동시대에 존재한 고조선에서 유래한 지명이다. 16세 위나단군과 20세 고홀단군 때의 기록(『단군세기』)을 볼 때, 원래 영고탑은 상제님께 천제를 올리던 **'소도 제천단'**이 있었던 곳이다.

23세 아홀단군은 영고탑으로 도읍을 옮기는 일을 신하들과 의논하였고, 33세 감물단군은 영고탑 서문 밖 감물산甘勿山 아래에 삼성사三聖祠를 짓고 제사를 드렸다. 백악산 지역으로 천도한 고조선 제2왕조 시대의 기록에 나오는 영고탑은 제1왕조 때의 것과 달리 '영고탑이라는 지역'을 가리킨다. '소도 제천단이 있었던 영고탑'을 그리워하여 천도 후에 영고탑을 지명으로 사용한 것으로 여겨진다. 그렇다면 명·청대의 지명에 나오는 영고탑은 고조선 중기에 비롯된 것으로 볼 수 있다. 고조선 초기까지만 해도 분명히 천제와 관련된 장소였던 영고탑이 어느 때부터인지 모르지만 지명으로 바뀌었고, 그 자취가 명나라와 청나라 때의 지명에 남아있는 것이다.

셋째, 옛 술어를 근대 용어로 오해하여 『환단고기』를 매도한다.

위서론자들은 『환단고기』에 나오는 인류·헌법·산업·문화·자유·평등·국가·세계만방 등의 술어를 **근대 용어**라 주장하며, 이러한 술어가 쓰인 『환단고기』는 최근세에 쓰여진 책이라 말한다. 그러나 고전을 읽어 보면 이미 오래 전부터 이 같은 용어가 여러 곳에서 쓰이고 있음을 확인할 수 있다. 물론 단어의 의미가 지금과 차이가 있을 수 있지만, '인류', '헌법', '산업' 등은 최소한 2,200년 전 전국戰國시대부터,[75] '문화'는 2,000년 전 한나라 때부터,[76] '자유'와 '평등'은 1,800년 전 위진남북조 시대부터[77] 사용되었다. '국가'는 『주역』에서, '세계'

---

75) '인류'는 『장자』에, '헌법'은 전국시대의 역사서인 『국어國語』에, '산업'은 『한비자』에 그 용례가 나온다.

76) 문文과 화化가 결합된 '문화'라는 말은 고대에 '문으로써 가르쳐 변화시키다[以文敎化]'라는 뜻으로 사용되었다. 유향劉向(BCE 77~BCE 6)의 『설원說苑』에서 "성인이 천하를 다스릴 때에… '문덕으로 교화해도 고쳐지지 않으면[文化不改]' 그 뒤에 토벌한다"라고 하였다.

77) '자유'는 위진남북조 시대에 나온 시선집인 『옥대신영玉臺新詠』에, '평등'은 위진남북조 시대에 인도 승려 구마라습(344~413)이 한문으로 편찬한 『금강경』에서 그 용례를 볼 수 있다.

는 당나라 때의 『능엄경』에서, '만방'은 『시경』과 『서경』에서 그 용례를 찾아 볼 수 있다.

설사 근대어가 가필되었다 하더라도, 그것 때문에 『환단고기』를 위서로 치부할 수는 없다. 『주역』, 『도덕경』, 『황제내경』, 『화엄경』 등 인류사의 여러 경전이 수백, 수천 년의 세월 속에서 끊임없는 보정 작업을 거쳐 오늘의 경전이 되지 않았는가.

그리고 『환단고기』를 구성하는 다섯 권 사서가 무려 천 년에 걸쳐 쓰여졌고, 그 중 가장 나중에 쓰인 『태백일사』가 나온 후 400년이 지나서야 『환단고기』가 묶여졌음을 생각해 보자. 신라 시대 이후 다섯 저자가 쓴 원본이 무수한 전란과 외세의 사서 강탈을 피하여 소실하지 않고 온전히 계연수에게 전해졌을 가능성은 매우 희박하다. 계연수가 수집한 책은 모두 필사본이며, 거기에는 인물, 연대, 장소가 오착되거나 몇 글자가 가필되었을 수 있다. 그렇다고 해서 **『환단고기』가 전하는 인류의 시원 역사, 한민족의 국통 맥, 태곳적 한韓 문화의 다양한 모습** 등의 기록을 통째로 부정할 수는 없는 것이다.

넷째, 『환단고기』는 다른 사서를 표절·도용한 책이라 매도한다.

위서론자들은 다른 사서에 『환단고기』와 유사한 내용이 들어 있을 경우, 무조건 『환단고기』가 그 사서의 영향을 받았거나 그 내용을 베낀 것이라고 말한다.

예를 들면 『환단고기』에 나오는 '**삼조선**'이 신채호의 『조선상고사』에 기록되어 있으므로 『환단고기』는 『조선상고사』를 베낀 책이라고 말한다. 그러나 『환단고기』가 삼조선에 관해 『조선상고사』보다 더욱 폭넓은 내용을 담고 있는데 어떻게 『조선상고사』를 베낀 책이 될 수 있겠는가. 『환단고기』는 또 『조선상고사』와 달리, 광개토태왕비 비문에 적힌 '광개토태왕은 17세손'이란 말에 대한 비밀도 정확하게 풀어 준다.

또한 위서론자들은 『단군세기』에 나오는 삼신일체三神一體 논리가 기독교의 삼위일체三位一體 사상을 모방한 것이라고 주장한다.[78] 삼신일체는 '삼신일체상제三神一體上帝'의 일부인데, 삼신일체상제는 '얼굴 없는 무형의 하나님인 조물주 삼신과 한 몸이 되어 직접 우주 만유를 낳고 다스리는 유형의 인격적 하나님'을 가리킨다. 그러나 기독교의 삼위일체는 '하나님은 본질적으로 하나인데, 성부, 성자, 성령이라는 세 위격位格으로 계시다'는 뜻이다. 따라서 **『환단고

---

[78] 박광용, '대종교 관련 문헌에 위작 많다', 『역사비평』 10집, 213쪽.

기』가 말하는 동방의 '삼신일체'와 기독교의 '삼위일체'는 본질적으로 전혀 다른 것이다.

다섯째, 『환단고기』의 저자들을 부정한다.

위서론자들은 '안함로와 원동중이 『삼성기』 상·하편을 지었다'는 사실을 부정하면서 '『환단고기』는 저자 이름부터 조작되었다'고 말한다.

안함로와 원동중의 『삼성기』는 『세조실록』에서 **안함로원동중삼성기**安舍老元董仲三聖記라고 분명하게 언급되고 있다. 그런데 위서론자들은 이것을 '안함로와 원동중이 쓴 삼성기'로 해석하지 않고, '안함·노원·동중이라는 세 성인의 기록'으로 풀이한다.[79] 『신증동국여지승람』에 나오는 '세상에서 전하기를, 옛날에 안함安咸·원로元老·동중董仲 세 사람이 황해도 해주의 수양산성을 쌓았다고 한다'[80]는 내용을 근거로 그렇게 해석한다.

얼핏 일리 있는 말로 들리지만, 이 주장에는 몇 가지 모순점이 있다. 첫째, 『세조실록』의 이 기록은 사서를 수거하기 위해 내린 유시諭示에 나오는 내용이다. 그래서 『삼성기』는 특정 사서명이지 위서론자들의 해석과 같이 '세 성인의 기록'을 뜻하지 않는다. 둘째, "안함로원동중"은 두 사람이지 세 사람이 아니다. 세조의 유시에 언급된 책 중에 저자가 세 명인 『수찬기소修撰企所』의 경우, '문태산, 왕거인, 설업 세 사람[三人]이 쓴 책'이라고 표시하고 있는 것에서 이를 잘 알 수 있다. 셋째, 왕조실록은 기록의 정확성을 요구하는 정사正史이므로 실록을 쓴 사관들이 '안함安舍과 안함安咸', '노원老元과 원로元老'를 혼동하였을 가능성은 매우 낮다. 엄정한 실록의 기록을 후대에 나온 인문지리서(『신증동국여지승람』)에 실린 전설에 빗대어 자의대로 해석하는 것은 바람직하지 못하다.

위서론자들은 또한 '고려 시대 이암이 『단군세기』를 지었다'는 사실을 부정한다.[81] 『단군세기』 서문에서 이암이 자신이 살던 당대를 아조我朝, 본조本朝, 혹은 아국我國으로 표현하지 않고 고려라는 국호로 칭한 것을 이해할 수 없다고 하면서, 『단군세기』는 고려보다 더 후대의 사람이 지은 책이라 주장한다. 이암이 고려라는 표현을 쓴 이유는 그의 사상이 동북아 창세 시대의 시원 종교로서 한민족의 고유 사상인 신교에 바탕을 두고 있기 때문이다. 그래서 이암은 몽고

---

79) 이문영, 『만들어진 한국사』, 45~46쪽.
80) 世傳, 昔有安咸·元老·董仲三人卜地以築之(『신증동국여지승람』 「황해도」).
81) 이순근, '고조선은 과연 만주에 있었는가', 『역사비평』 3집, 152쪽.

의 지배를 받던 그 때, 당당히 우리의 국호 '고려'를 쓰고 고려를 침범한 원을 '몽고'라 불렀던 것이다.[82]

지금까지 살펴 본 바와 같이 위서론자들의 주장은 단순히 『환단고기』의 가치를 파괴하고 훼손하려는 억지 주장에 지나지 않는다. 위서론자들은 한민족의 시원 역사를 부정하고 동북아의 원형문화인 신교를 은폐하는 반민족적 행위를 저지르고 있다. **한민족과 인류의 태고 역사를 되찾아 줄 유일한 역사서인 『환단고기』를 부정하는 것은 오십 대, 백 대 전의 제 조상을 직접 보지 못하였다 하여 족보에 실린 조상을 부정하는 것과 마찬가지로 어리석은 일이다.**

2) 『환단고기』로 동북아 역사의 정의를 바로 세운다

『환단고기』가 위서로 몰리고 있던 1993년, 전 서울대 천문학과 박창범 교수가 고조선 13세 흘달단군 때(BCE 1733) 일어난 '다섯 행성 결집[五星聚婁]' 현상을 실제 역사 사건으로 증명하였다. 그의 연구 결과는 『단군세기』 기록보다 1년 전(BCE 1734)에 목성, 화성, 토성, 금성, 수성이 초승달과 함께 서쪽 하늘에 10도 이내로 모인 것으로 나타났다. 박 교수는 고조선 29세 마휴단군 때(BCE 935) 남해의 조수가 석 자나 물러간 현상도 증명하였다. 『환단고기』가 한민족의 참 역사를 기록한 진서임이 현대 과학에 의해 밝혀진 것이다.

전 한국천문연구원장 박석재 박사도 『환단고기』의 오성취루 현상을 역사적 사실로 인정하면서, 이것은 '우리 조상이 천문 현상을 기록으로 남길 만큼의 조직과 문화를 소유하였음'을 보여주는 것이라고 평가한다.[83] 강단사학계에서 신화로 매도하는 단군조선은 분명히 실존한 나라일 뿐만 아니라 천문 관측까지 할 정도로 뛰어난 문명을 일군 '고대의 선진국'이었다.

최근에는 지각 있는 많은 역사학자들이 『환단고기』의 가치를 재평가하고 있다. 그래서 『환단고기』 위서론을 주장하는 논문이 1990년대 말 이후로는 별로 찾아볼 수 없는데 반해, 『환단고기』가 진서임을 밝히는 연구는 더욱 활발해졌다. 『환단고기』 내용 자체를 분석하여 『환단고기』가 진서임을 밝힌 연구도 있고, 국내 다른 사서 또는 중국 사서와 비교하여 『환단고기』의 가치를 증명한 논문도 여러 편 발표되었다.

---

82) 조선 시대 도교 서적인 『청학집』에서도 아조我朝, 본조本朝와 같은 표현은 찾아볼 수 없고, 국호 '조선'으로써 우리나라 또는 우리 민족을 일컫고 있다.

83) 박석재, 『개천기』, 서문.

별자리 관측 프로그램 스텔라리움 Stellarium이 보여주는 '-1733년 7월 13일'의 천문 관측도 | 화성, 수성, 토성, 목성, 금성 다섯 행성이 일렬로 서 있는 것이 육안으로 관측된다. 이 프로그램의 '-1733년'은 'BCE 1734년'이다. 『단군세기』는 이것을 BCE 1733년의 사건으로 전한다. 오성취루五星聚婁 현상이 과학적으로 증명됨으로써 『환단고기』는 진서임이 더욱 분명해졌다.

역사는 진실과 정의를 향해서 나아간다. 부패와 부정이 만연한 이 사회에도 정의는 살아 있고, 우리 모두는 정의를 향해 함께 나아가고 있다. 사필귀정事必歸正이다. 때문에 『환단고기』의 진위 논쟁은 반드시 종식될 수밖에 없다.

학계는 『환단고기』를 완전히 새롭게 연구해야 한다. 민족사학자든, 강단사학자든 누구라도 우선 『환단고기』에 담긴 한민족과 인류의 시원 문화를 있는 그대로 드러내려는 긍정적인 시각을 가져야 한다. 그리고 국내 사료에 갇히지 말고 중국, 일본, 동남아, 유럽의 사료까지 종합적으로 연구하는 자세를 가져야 한다. 또한 문헌과 고고학 자료에만 집착하지 말고 천문학과 유전학 등에서 밝히는 최신 자료도 적극 활용하여야 한다.

한마디로 말해서 **인류 역사를 총체적으로 재조명하는 시각에서 『환단고기』를 연구하는 개방적인 자세가 필요**하다. 그리하여 '동북아 역사의 원형을 파괴하고 한민족의 역사 혼을 말살시킨 중화 패권주의사관과 일본 식민주의사관'의 쇠사슬을 과감히 끊어 내고, 대한민국 상고사와 인류 시원 역사의 참모습을 드러내어 역사의 정의를 바로 세워야 할 것이다.

역·사·길·잡·이

『환단고기』 속 근대 술어의 고전古典 용례

용어	출처	고전 용례
문화 文化	『단군세기』 勸農桑하시며 設庠興學하시니 文化大進하야 聲聞日彰하니라.	'문화'라는 말은 고대에 이미 사용되었으며, **본래 '이문교화以文敎化'를 가리킨다.** "인문을 관찰하여 교화로써 천하 사람을 다스린다[觀乎人文, 以化成天下]"(『주역』「비賁」 괘).
평등 平等	『태백일사』「삼신오제본기」 文明成治하며 開化平等하니 『태백일사』「삼한관경본기」 檀君道奚가 方銳意開化하사 平等爲治하실새	평등平等은 **원래 불교 용어**. 산스크리트어 우페크샤upeksa의 의역으로서 '사捨'라고도 번역한다. '차별이 없다'는 뜻. "이 법은 차별이 없어 높고 낮음이 없다[是法平等, 無有高下]"(『금강경』「정심행선분淨心行善分」).
자유 自由	『태백일사』「신시본기」 自由成眞하고 平等濟物하야 『태백일사』「삼한관경본기」·「고구려국본기」 成己自由하며 開物平等하야	고문헌에서 '자기가 주인이 되다', 혹은 '제한과 구속을 받지 않다'는 뜻을 갖는다. "내가 마음속으로 오랫동안 분함을 품고 있었는데, 네가 어찌 멋대로 할 수 있는가[吾意久懷忿, 汝豈得自由]"(『옥대신영玉臺新詠』에 실린 「공작동남비孔雀東南飛」).
세계 世界	『삼성기』상 檀君이 端拱無爲하사 坐定世界하시며 『단군세기』 與世界萬邦으로 一施而同樂하시며 『태백일사』「소도경전본훈」 而分五章하야 詳論天神造化之源과 世界人物之化하니…一神이 造群世界하시고	세계는 원래 불교 용어. **우주宇宙와 같은 뜻.** "무엇을 중생세계라고 합니까? 세世는 옮겨 흐르는 것이고 계界는 방위이다. … 동·서·남·북·동남·서남·동북·서북·상·하가 계이고, 과거·미래·현재가 세이다[何名爲衆生世界? 世爲遷流, 界爲方位. … 東·西·南·北·東南·西南·東北·西北·上·下爲界, 過去·未來·現在爲世]"(『능엄경』).

역·사·길·잡·이

용어	출처	고전 용례
헌법 憲法	『태백일사』「삼한관경본기」 當尊國統하며 嚴守憲法하야 各盡其職하고	중국 **전국 시대 이전부터 사용**하였으며 지금과는 달리 **'법'** 혹은 **'법전'**이라는 뜻. "선행을 상주고, 간악한 행위를 벌주는 것은 나라의 법이다[賞善罰姦, 國之憲法也]"(『국어國語』「진어晉語」)
국가 國家	『태백일사』「삼한관경본기」 於其國家有事之時에 捨身全義하며 『태백일사』「고려국본기」 新羅日官이 望之하고 以爲將不利於國家라 하야 以聞한대…… 築九州之城하야 以雪國家之耻하니 則其功이 可謂多矣라…… 其著檀君世紀하야 以明原始國家之體統하고	고대에는 **제후의 봉지**封地를 **'국'**國, 대부의 봉지를 **'가'**家라고 했다. "군자는 편안할 때에도 위태로움을 잊지 않고, 존립해 있을 때에도 멸망을 잊지 않으며, 잘 다스려질 때에도 어지러움을 잊지 않는다. 그래서 몸을 보전할 수 있고, 나라와 집안을 보전할 수 있는 것이다[君子安而不忘危, 存而不忘亡, 治而不忘亂, 是以身安而國家可保也]"(『주역』「계사하繫辭下」).
만방 萬邦	『태백일사』「대진국본기」 天下萬邦이 皆以聖人興治之海東盛國으로 欽頌之라	유가 경전인 『서경』이나 『시경』에 이미 쓰였는데 『서경』에서 16번, 『시경』에서 7번 사용되었다. 『서경』「요전堯典」: "百姓昭明, 協和萬邦(백성이 덕을 밝히게 되었으며, 만방을 화합하여 고르게 하였다)." 이 예에서 알 수 있듯이, 선진先秦 시대에는 **'만방'**이 **'모든 제후의 봉국'**을 가리켰다.
산업 産業	『단군세기』 與民으로 共治産業하사 無一民飢寒하며	**생산을 하는 사업**이란 뜻을 갖고 있으나, 그 지칭하는 범위는 상당히 넓다. 이 말은 중국 전국 시대에 벌써 등장하였다. "백성이 감히 법을 어기지 않으면 군주는 안으로 형벌을 사용하지 않고 밖으로 그들의 재산(산업)에서 이익을 취하려고 힘쓰지 않는다[民不敢犯法, 則上內不用刑罰, 而外不事利其産業]"(『한비자』「해로解老」).

※ 이외 '부권, 개화, 문명, 인류, 개벽, 원시, 거사, 진화, 순환' 등에 대한 고전 용례는 완역본 『환단고기』 해제 123~129쪽 참고.

II. 『환단고기』가 밝혀 주는 한국사의 국통 맥

1. 인류의 시원문명, '환국桓國'

1) 오환건국吾桓建國이 최고最古라

대부분의 역사학자들은 신석기 시대를 역사가 전개되기 전의 미개한 시대로 말하고 있다. 그러나 신석기 시대가 시작된 지 얼마 되지 않은, 지금부터 9천2백여 년 전의 동북아에는 이미 백성들의 추대를 받은 통치자가 덕으로 나라를 다스리는 문명집단이 형성되어 있었다. 『환단고기』는 그 집단을 환족桓族이 세운 '환국桓國'이라 전한다.

환족은 5만 년 전에 화생한 인류의 어버이인 나반과 아만의 후손으로, 중앙 아시아의 천산天山(일명 파내류산)을 중심으로 인류 최초의 국가인 환국을 세웠다. 환국의 강역은 중앙아시아에서 시베리아, 만주에 이를 만큼 방대했다. 환족은 모두 아홉 족속[九桓]으로 나뉘었고, 이 구환족은 **열두 나라**[1])를 이루고 살았다.

BCE 7200년경 **'우리 환족의 나라 세움[吾桓建國]'**, 이것을 『삼성기』 상에서는 현 인류의 건국사에서 **'가장 오래된[最古]'** 사건이라 선언한다. 그런데 인류의 첫 나라 이름이 왜 환국이었을까? 환국의 '환'에 대해 『태백일사』 「환국본기」는 이렇게 말한다.

> 환桓은 온전한 하나 됨[全一]이며 광명이다. 온전한 하나 됨이란 삼신의 지혜와 권능이고, 광명은 삼신이 지닌 참된 덕성이니, 곧 우주 만물보다 앞선다.[2])

'환'은 **'밝을 환桓'** 자로 **'하늘에서 내려오는 환하게 빛나는 광명'**, **천광명天光明을 상징**한다. 광명은 삼신의 덕성이니, 환국은 곧 삼신의 덕성이 발현된 나라요 천상 삼신상제님의 나라가 인간 세상에 이식된 첫 나라인 것이다. 당시 사람들은 하늘의 광명과 하나된 자신을 '환'이라 불렀고, 이 **천지광명의 심법을 전수받은 그 모든 환의 존재들을 다스리는 사람을 '인仁'**이라 하여 환국의 통치자를

---

1) 환국의 12분국 : 비리국卑離國 양운국養雲國 구막한국寇莫汗國 구다천국勾茶川國 일군국一羣國 우루국虞婁國 객현한국客賢汗國 구모액국勾牟額國 매구여국賣勾餘國 사납아국斯納阿國 선패국鮮稗國 수밀이국須密爾國.

2) 桓者는 全一也며 光明也니 全一은 爲三神之智能이요 光明은 爲三神之實德이니 乃宇宙萬物之所先也니라.

환인桓仁이라 불렀다. 그것은 환인이 사람을 구제하고 세상을 다스릴 때 반드시 어진 마음으로 행하였기 때문이다.

환국의 초대 통치자는 안파견安巴堅 환인천제였다. 안파견환인 이후 환국은 **7세 환인천제**까지 계승되었고 총 **3,301년**(BCE 7197~BCE 3897) 동안 존속하였다.

2) 환국 시대는 무병장수를 누린 황금 시대

환국은 3,301년의 역사를 7세에 걸친 환인천제가 이끈 **무병장수 문화 시대**였다. '7명의 환인이 다스린 것으로 보기에는 역년이 너무 길다' 하여 환국 역사를 7대 왕조사로 보는 경우도 있다. 그러나 이것은 태곳적 **조화신성**造化神性 **문명**에 대한 무지의 소치이다. '오래도록 사시며 항상 즐거움을 누리셨다'(『삼성기』 상), '도를 깨쳐 장생하시니 온 몸에는 병이 없었다'(『삼성기』 하) 등의 기록에서, 환인의 '평균 재위 기간 470년'이 결코 불가능한 것이 아님을 알 수 있다.

동양 의학서의 고전인 『황제내경』 제1장에 나오는 황제와 기백의 대화에서도 먼 옛날에 누렸던 장수 문화를 확인할 수 있다. '옛 사람들은 어찌하여 백 세가 넘도록 건강하게 살았는가?'라는 황제의 질문에, 기백이 '그들은 천지의 법칙을 지키며 살았기 때문'이라 답하였다.[3]

서양의 고대 문명 연구가들은 인류 역사의 초기를 '황금 시대the golden age'라 부른다. 그 시대 사람들은 금속 무기가 없이 오직 석기만 쓰면서 전쟁을 꾀하지 않았고, 사람을 대규모로 살상하지도 않았으며, 하늘과 땅에 애정을 듬뿍 쏟으며 살았다고 한다. 독일의 고대 문명 연구가인 칼바이트H. Kalweit에 의하면, 먼 옛날은 인간이 행복과 평화 속에 살면서 초자연적인 힘을 쓰던 황금 시대로 그때 사람들은 별 어려움 없이 **신과 소통**할 수 있었고, 죽음을 모르고 질병과 고통이 없는 자유로운 경지에서 살았다.[4] 이처럼 여러 서양 학자들이 말하는 황금 시대의 삶은 『환단고기』가 전하는 환국 사람들이 누렸던 삶과 일치한다.

3) 환국 문명에서 뻗어나간 수메르

수메르 문명의 시작

BCE 5000년경 유프라테스 강과 티그리스 강 사이의 메소포타미아 지방에서 고도로 발전된 문명이 태동하였다. 바로 세계 4대 문명 중의 하나인 메소포

---

3) 『황제내경』 「상고천진론上古天眞論」.
4) 칼바이트H. Kalweit, 『Shamans, Healers, and Medicine Men』, 8쪽.

타미아 문명의 밑거름이 된 수메르 문명이다. 수메르 문명은 그리스·로마 문명의 근원이 되었기 때문에 오늘날 '서양 문명의 기원'으로 인식되고 있다. 서양 학자들은 이 수메르 문명에 대해 이구동성으로 '아주 갑작스럽게, 앞선 문명이 전혀 없이 독자적으로 발생한 것'이라고 말한다.

그렇다면 과연 수메르인은 어디서 온 것일까? 수메르의 창세 신화를 보면 수메르인은 후두부가 평평하고 '머리카락이 검은 인종(Black-headed People)'이었다고 한다. 전형적인 동양 사람의 모습인 것이다. 그리고 수메르 점토판의 기록에 따르면, 수메르인은 '안샨Anshan에서 넘어왔다'고 한다. 수메르 말로 '안An'은 '하늘', '샨Shan'은 '산'이다. 안샨은 곧 환국 문명의 중심이었던 천산天山과 동일한 말이다. 수메르 연구의 대가인 크레이머S. N. Kramer 박사는 수메르인들이 '동방에서 왔다'고 말한다. 그가 말한 동방의 정체를 바로 『환단고기』가 밝힌 환국에서 찾을 수 있다. 환국의 서남쪽에 위치한 우루국과 수밀이국 사람들이 이란의 산악지대를 거쳐 메소포타미아 지역으로 남하하여 개척한 문명이 바로 수메르이다. 수메르인의 원 고향은 환국인 것이다.

수메르 문명의 주요 특징

수메르 문명은 BCE 3500년경에는 도시국가들로 이루어진 성숙한 고대 문명으로 발전하였다.[5] 티그리스와 유프라테스, 이 두 강 사이의 땅에 스무 개에 가까운 도시국가가 세워졌다. 그곳은 강의 하류지역으로 잦은 홍수가 발생하였기 때문에 홍수 대책과 관개를 위해 농경민들을 집단으로 조직한 것이 도시국가 성립의 배경이 되었다.[6] 각 도시국가는 저마다 수호신을 모셨는데, 도시의 중앙에 신전을 짓고 그 둘레에 주거지를 지어 생활하였다.

수메르인들은 대기, 태양, 바람 등에 신이 내재되어 있다고 보았다. 그들의 신관은 다신관多神觀으로, 인간적 속성과 성격을 지닌 수많은 신이 존재한다고 믿었다.[7] 수메르의 신관에서 독특한 특징은 신들 사이에 서열이 있으며, 그 가운데 '제일 큰 일곱 신'이 있고 그들이 세상의 운명을 결정한다는 것이다.

수메르는 가장 오래된 법전이라 일컬어지는 함무라비 법전(BCE 1750)이 나오

---

5) "수메르는 대략 BCE 5000년경부터 농경생활을 했던 것으로 추정되며 BCE 3500년경에는 도시국가로 이루어진 고대 문명을 갖추었다"(고야마 시게키, 『지도로 보는 중동이야기』, 18쪽). 고바야시 도시코도 수메르 문명은 이 지역에서 처음 농경생활을 시작한 BCE 5000년경의 우바이드기로부터 시작되었다고 본다(고바야시 도시코, 『5천년 전의 일상』, 6쪽).

6) 권희석, 『평화가 잠자는 땅 중동』, 148쪽.

7) 권희석, 같은 책, 149쪽.

기 500년 전에 이미 법적 질서와 체계를 확립하였다. 바그다드의 구석진 언덕에서 발굴된, 우르를 다스리던 우르-남무 왕이 제정한 BCE 2350년경의 법전이 이를 보여준다.[8]

그리고 그리스인이 민주주의라는 말을 만들어 내기 오래 전인 BCE 3000년경에 이미 수메르의 한 도시에서 최초의 양원제가 운영되었다. 수메르의 양원은 연장자의 회합인 '상원'과 전투에 임할 수 있는 남자 시민의 회합인 '하원'으로 구성되었다. 서양 민주주의 정치의 바탕인 의회제도는 바로 수메르에서 출발한 것이다.

수메르인은 BCE 3200년경에 이미 문자도 사용했다. 초기의 문자는 그림문자(상형문자)였으나, 서서히 진화하여 BCE 3100년경에는 기호와 부호가 음가音價를 가진 문자, 즉 쐐기문자(설형문자)가 되었다. 그 지역에서 많이 나던 갈대의 뾰족한 끝으로 젖은 점토판에 쐐기 모양의 자국을 내어 다양한 글자를 만들었다.[9]

그 후 수세기 동안 많은 문명이 수메르의 문자를 채택하여 자신들의 고유 언어에 적용하였다. 수메르 문자를 택한 **아카드어는 고대 세계의 국제어**가 되었다. 반면에 보기에는 더 아름답지만 필기가 성가신 그림문자를 사용한 이집트어는 끝내 국제어가 되지 못하였다. 아카드어는 그 후 페니키아 문자와 그리스 문자를 거쳐 **오늘날의 알파벳으로 발전**하였다.[10]

크레이머에 의하면 수메르에서는 **이미 BCE 3000년경에 학교 제도가 확립**되었고, BCE 2500년경에는 점토판으로 만든 교과서가 사용되었다.[11] 수메르의 학교에서는 수메르의 엘리트라 할 수 있는 서기를 양성하였다. 서기라는 전문 직업인이 되기 위해서는 학교를 다녀야했고, 그 교육은 아주 엄격하였다.[12] **수메르의 학교 제도에서 특이한 점은 학교 선생을 '학교 아버지**(school father)**', 학생을 '학교 아들**(school son)**'이라 불렀다**는 것이다. 이처럼 스승을 아버지, 학생을 아들이라 한 것은 **임금과 스승과 아버지를 동일시하는 동양의 군사부**君師父**일체 사상과 상통**한다.

수메르 문명이 인류에게 남긴 유산 중의 하나는 수백 편에 달하는 문학 작품이다. 천지창조의 설화를 담은 「**에누마 엘리쉬**Enuma Elish」와 영생을 추구하며

---

8) 새뮤얼 크레이머, 『역사는 수메르에서 시작되었다』, 85~86쪽.
9) 케네스 C. 데이비스, 『세계의 모든 신화』, 173~174쪽.
10) 데이비드 롤, 『문명의 창세기』, 160~162쪽.
11) 새뮤얼 크레이머, 같은 책, 23쪽.
12) 고바야시 도시코, 『5천년 전의 일상』, 67쪽.

모험에 나선 영웅의 이야기인 「길가메시 서사시」가 그 대표적 작품이다. 「에누마 엘리쉬」는 아시리아 시대와 바빌론 시대를 거쳐 유대인의 창세 설화인 「**창세기**」**에까지 영향**을 미쳤다. 「길가메시 서사시」에서 가장 흥미로운 대목은 우트나피쉬팀이 주인공 길가메시(BCE 2700년경 우르크의 5대 왕)에게 들려주는 대홍수 이야기이다. 인간의 타락에 진노한 신이 홍수를 일으켜 인류를 전멸시키는데 방주를 만든 우트나피쉬팀 가족만 살아남아 새 인류의 조상이 되었다는 것이다. 이 대홍수 이야기는 『구약전서』「창세기」의 노아의 방주 이야기와 흡사한데, 대홍수 설화는 BCE 2000~BCE 1000년 사이에 메소포타미아에 등장한 여타 민족의 기록에 반복적으로 나타난다.[13]

메소포타미아의 원주민이 아니라, 동방에서 온 이주민이 일군 수메르 문명은 우리 한韓 문화와 놀라운 동질성을 보이고 있다. 예를 들어 수메르인은 우주를 '안키Anki(천지)'라 불렀는데, '안An'은 '둥근 하늘', '키Ki'는 '평평한 땅'이라는 뜻으로, 동양의 천원지방天圓地方 사상과 다를 바 없다. 수메르의 말은 우리말과 똑같이 주어나 목적어 같은 체언 다음에 조사가 붙는 교착어였고, 수메르에서도 동양의 60갑자와 사상적 배경이 동일한 60진법을 사용하였다. 더욱 놀라운 사실은 수메르인이 상투를 틀었다는 것이다. 영국의 고고학자 울리(1880~1960)가 우르의 묘지에서 왕의 유골을 발굴하였는데, 황금 투구를 쓴 왕은 머리카락을 뒤에서 묶은 상투를 튼 모습이었다.[14] 수메르 사람들은 우리네와 마찬가지로 씨름을 즐겼고, 순장殉葬을 하였으며 결혼 전 신부가 될 여자의 집에 함을 지고 갔다.[15]

수메르 문명의 전파

수메르 문명은 메소포타미아 땅에서 초기왕조 시대(BCE 2900~BCE 2330) → 아카드왕조 시대(BCE 2330~BCE 2193) → 우르 제3왕조 시대(BCE 2112~BCE 2004) 등을 거치며 계승되었을 뿐만 아니라 소아시아(지금의 터키), 시리아, 이집트 등지로 전파되었다.

이집트 문명은 수메르보다 대략 500년 후에 번성하기 시작한 것으로 **이집트의 건축, 기술, 문자 등은 모두 수메르 문명에서 유래**하였다. 이집트의 설형문자

---

13) 권희석, 같은 책, 148쪽.
14) 정연규, 『한겨레의 역사와 문화의 뿌리를 찾아서』, 491쪽.
15) 문정창, 『한국·수메르·이스라엘의 역사』, 58쪽.

는 수메르의 설형문자를 변형한 것이다. 이집트 문명을 일으킨 수메르 문명은 지중해의 크레타 섬으로도 전파되었다. 크레타 섬에서 유럽의 최초 문명인 미노아 문명(BCE 2700~BCE 1420)이 탄생하였고, 이 문명은 다시 그리스 문명으로 계승되었다. 때문에 수메르 문명을 '서양 문명의 모체'라 부른다.

이 **수메르 문명은 동쪽으로 인도까지 전파**되었다. 지금의 이란 북쪽 국경 너머 카프카스 산맥에 살면서 인도-유럽어를 쓰던 한 종족이 BCE 2000년경에 남쪽으로 대규모 이주를 시작하였다. 마침내 인더스 강 유역에 도착한 그들을 당시 인더스 사람들은 '**아리안**Aryan(고귀한 사람들)'16)이라 불렀다. 왜 그들이 고귀한 사람들이라 불렸는지 아직 밝혀지지 않았지만, 아리안족은 BCE 1500년 경에 『**베다**』(브라만교와 힌두교의 경전) **이야기를 인도에 구전**으로 전하는 중요한 업적을 남겼다.

히브리(유대) 문명도 수메르 문명과 직간접으로 연관되어 있다. 『구약전서』 「창세기」에 의하면, 유대인의 조상 아브라함은 지금으로부터 4천여 년 전 갈데아 우르(이라크 남부)에 살던 사람이다. 즉 아브라함은 수메르의 거대 도시국가 우르에 살던 전형적인 수메르인이었다. 그리고 수메르 문명은 BCE 6세기 경 인도와 메소포타미아 사이의 땅(지금의 이란)에서 생겨난 **페르시아 문화에도 영향을 미쳤고, 이 페르시아 문화권에서 CE 7세기경에 이슬람교가 태동**하였다. 고대 이란의 아라타Aratta란 도시는 수메르와 똑같은 정치 조직과 신앙 체계를 가지고 있었다.

이상에서 살펴보았듯이, 수메르 문명은 메소포타미아 문명, 이집트 문명, 그리스 문명, 유대 문명, 페르시아(이슬람) 문명의 근원이 되었고, 인도의 인더스 문명에 새로운 바람을 불어넣었다. 한마디로 **수메르 문명은 오늘날 서양 문명의 요람**인 것이다. BCE 5000년경에 혜성처럼 갑자기 나타난 수메르 문명을 서양에서는 인류 최고最古 문명이라 칭송한다. 그렇다면 수메르 문명의 근원인 동방 환국 문명이야말로 진정한 인류 최고의 문명이 아니겠는가.

4) 동북아에서 넘어간 인디언

환국의 환족은 베링 해협을 건너 남북 아메리카 대륙으로도 이주하였다. 19세기의 유명한 지리학자이자 박물학자인 알렉산더 폰 훔볼트Alexander von Humboldt (1769~1859)는 "아메리카의 많은 신화, 기념물, 우주 발생에 관한 사고

---

16) 제카리아 시친, 『수메르 혹은 신들의 고향』, 102쪽.

는 동아시아의 것과 놀랄 만큼 흡사하다. 이것은 태고 시대에는 서로 어떤 연관성이 있음을 말해 준다"17)라고 주장한다.

　북미 인디언과 동아시아인의 연관성은 인디언의 생활 도구와 풍습에서도 확인된다. 미국 오리건 주의 포트 록Fort Rock 동굴에서 약 9천 년 전의 것으로 추정되는 짚신, 방석, 그물, 삼태기, 조리 등이 발굴되었다. 짚신은 한국인이 전통적으로 신어 오던 것과 모양이 거의 일치한다. 인디언 마을 입구의 장승과 토템 또한 한국의 그것과 유사하다. 그곳 여인들은 우리와 마찬가지로 아이를 업어서 키우고, 어린이들은 우리 아이들이 하는 것과 똑같이 실뜨기 놀이를 한다.18) 필자가 수년 전 미국 워싱턴의 스미소니언 박물관을 들렀을 때 1층 인디언관에서 본 절구, 소쿠리, 베틀, 어망 등은 우리네 것과 너무나 흡사하였다. 그곳 전시장의 모습은 마치 한국의 시골 풍경을 옮겨 놓은 듯했다.

　중남미에 아스텍 문명과 잉카 문명을 건설한 인디언도 한민족처럼 흰 옷을

---

17) 알렉산더 그르보프스키 저, 김현철 역,『잃어버린 고대 문명』, 115쪽.
18) 김상일,『인류문명의 기원과 한』, 45~53쪽.

즐겨 입고 사원 건물을 흰색으로 칠하였다. 아스텍 문명의 그림을 보면, 남자는 머리에 상투를 틀고 여자는 비녀를 꽂았다. 아이가 태어날 때 금줄을 치고, 죽은 사람의 입에 노잣돈으로 옥구슬을 넣어 주고, 자정에 제사를 지냈다.

북미 원주민과 한민족의 연관성은 언어에서도 확인된다. 배재대 손성태 교수의 연구에 따르면, 아스텍어와 잉카어의 문장 구조, 조사의 종류와 쓰임새가 한국어와 아주 유사하다. 예를 들어 아스텍인은 조상이 원래 살던 곳을 '**아스단**Aztan'이라 불렀는데, 아스단은 '**하얀 장소**',[19] 곧 '백색의 광명이 비치는 장소'를 의미하며 고조선의 수도 '아사달'과 그 뜻이 일치한다. 언어가 같다는 것은 그 문화의 근원이 같다는 것을 의미한다.

이상을 정리하면, 환국 문명은 서쪽으로 전파되어 수메르 문명을 낳았고, 동쪽으로는 아메리카 대륙의 아즈텍 문명, 잉카 문명 등을 개척하였으며, 남쪽으로는 인더스 문명에까지 그 영향을 미쳤다. 이처럼 **환국은 동서양을 모두 포함하여 전 세계 고대 문명의 모체이자 근원**인 것이다.

---

19) 손성태, '아스텍의 역사, 제도, 풍습 및 지명에 나타나는 우리말 연구', 『스페인 라틴아메리카 연구』 2집, 12쪽.

환국에서 뻗어 나간 동·서 문명

서양 문명의 뿌리 수메르
갑자기 나타난 완결된 형태의 문명

중동의 티그리스, 유프라테스 두 강 사이의 좁고 기다란 평야지대를 옛 그리스인들은 '메소포타미아(강 사이의 땅)'라고 불렀다. 메소포타미아에서 도시국가를 형성하고 최초로 문명생활을 시작한 민족은 수메르인이다. 수메르인은 원래 이 지역 원주민이 아니라 동쪽에서 이주해 온 사람들이다. 이스라엘의 조상 아브라함은 이 수메르 출신인데 구약성서에서는 수메르를 '시날'이라 불렀다.

수메르 문명은 대체로 BCE 5000년경에 시작된 것으로 추정된다. 수메르인 이전에 이 지역에 살던 사람들을 '우바이드인'이라 하는데 이들은 소택지를 개간하여 농사를 지었고 점토로 벽돌을 만들고 채색토기를 남겼다. 본격적인 수메르 문명은 우루크 시대(BCE 4100~BCE 2900)에 시작된다. '우루크 문화'가 따로 존재할 정도로 우루크는 고고학계에 지대한 영향을 끼쳤다.

우르의 지구라트 | 수메르에서 시작된 지구라트는 이집트의 피라미드와 함께 인류 제사문화의 위대한 유산이다. 지구라트는 수메르 문명이 꽃피었던 중동 지역뿐만 아니라, 아메리카 대륙의 마야 문명, 잉카 문명, 아스텍 문명 유적지, 그리고 몽고, 만주, 티벳 등의 동북아에서도 발견되고 있다. 고대 인류는 공통적으로 제천행사를 거행하였고, 그 때 필요한 신전의 기단으로 지구라트를 지은 것이다. 수메르의 도시 국가인 우르에 세워진 이 지구라트는 우르-남무 왕(BCE 2112~BCE 2095 재위) 때 우르의 수호신인 난나를 모시는 신전을 짓기 위해 세워졌다.

수메르 최고의 신 '안An'을 상징하는 BCE 3000년경 황소머리상 | 다신 신앙을 한 수메르인들은 인간의 운명을 결정하는 일곱 신을 높이 받들었다. 하늘의 신(안), 대기의 신(엔릴), 지하수의 신(엔키), 달의 신(난나), 해의 신(우투), 전쟁의 여신(인안나), 천둥의 신(아다드)이 그에 해당한다. 가장 높은 신인 안An은 머리에 뿔이 달린 커다란 황소로 표현되었다.

태양의 신 우투 | 메소포타미아 전역에 걸쳐 숭배되었던 '태양의 신' 또는 '정의의 신'으로 '샤마쉬'라고도 불렸다.

Ⅱ 환단고기가 밝혀 주는 한국사의 국통 맥

85

수메르 점토판 | 약 5,000여 년 전 41개의 직위와 직업이 상형문자로 기록된 사전식 목록으로 필경사 가르-이마의 서명까지 있는 유물. 수메르가 세상에서 최초로 학교를 열고 교육을 실시했다는 가장 오래된 증거이다.

함무라비 법전 The Code of Hammurabi | 바빌론 시대 함무라비왕(BCE 1810?~BCE 1750 재위) 말기에 만들어진, 현존하는 것 중 가장 완전한 형태로 전하는 법전이다. 바빌로니아의 수호신 마르둑 Marduk의 신전에 세워진 섬록암 비석에 새겨졌다. 282개의 법조문으로 구성된 이 법전에는 경제법(가격, 관세, 통상)·가족법(혼인, 이혼)·형법(폭행, 절도)·민법(노예제, 채무) 등의 내용이 포함되어 있다. 형벌은 가해자의 신분과 범죄의 정황에 따라 달랐다. 함무라비 법전은 수메르의 법 체계에 근원을 두고 있다. 수메르의 가장 오래된 법전은 함무라비 법전이 나오기 500년 전(BCE 2350년경)에 제정되었다.

청동으로 만든 여인상 | BCE 3500년경. 벽돌 바구니를 나르는 사람의 모습으로 추정되는 이 작은 조각상은 우르크 장인의 숙련된 기술을 보여준다.

생명의 나무, 신단수 앞에 서 있는 상투머리의 사르곤 왕 | BCE 2300년경에 만든 석재 부조. 왕 앞에 있는 나무는 '생명의 나무'로 곧 '신단수神壇樹'(동방 배달 시대에 삼신상제님께 천제를 올리던 성지의 신성한 나무)이다. 이 생명의 나무에 인류의 시원종교로서 동서양 문화의 시원인 신교의 삼신 사상이 잘 나타나 있다. 본줄기가 3개로 이루어져 있고, 가지에 달린 열매도 3개씩 한 단위를 이룬다. 왕이 들고 있는 나뭇가지에도 3개의 열매가 달려 있다.

상투를 튼 아시리아 왕 아슈르나시르팔 2세 | 손 위에 새겨져 있는 것은 왼쪽부터 신(달의 신), 아슈르(아시리아의 수호신), 샤마쉬(태양신)의 상징이다.

역·사·길·잡·이

서양(그리스·로마) 문명의 기원을 찾아서

1902년 그리스 남부 에게해의 안티키테라 섬 근처 바다에서 녹슨 고철덩어리 하나가 발견되었다. 2천 년 전에 침몰한 난파선에서 건져 올린 이 고철덩어리는 오랫동안 무슨 물건인지 파악되지 않았다. 그러다가 1951년 영국의 물리학자 데릭 프라이스가, 정교한 톱니바퀴로 이루어진 '안티키테라 메커니즘'이라 불리는 이 기계의 정체를 밝혀 냈다. 그것은 바로 고대 그리스인들이 만든 '해와 달의 이동을 계산하는 장치'였다. 프라이스의 발표에 뒤이어 영국 학자 마이클 라이트는 이 기계를 오늘날의 컴퓨터와 유사한 '자동 계산 장치'로 파악하였다.

이 유물에서 볼 수 있는 고대 그리스의 수준 높은 수학, 천문학, 공학 기술은 바빌로니아 문명에서 온 것이다. 바빌론 유적지에서 발굴된, 한쪽에는 바빌로니아 말이 적혀 있고 반대쪽에는 그것을 옮긴 그리스 말이 적혀 있는 설형문자 점토판이 이를 말해 준다. 그리스 학자들이 바빌로니아 말을 익히고 그것을 바탕으로 바빌로니아 학문을 습득한 사실을 알 수 있다. 그런데 바빌로니아 문명은 수메르 문명을 그대로 계승한 것이다. 바빌로니아의 설형문자와 60진법이 곧 수메르의 문자와 수학이었다.[1] 결론적으로 그리스 문명의 근원은 바로 수메르인 것이다.

따라서 오늘날 컴퓨터 문명의 원형으로 볼 수 있는 2천 년 전의 첨단문명인 안티키테라 메커니즘은 그리스 시대에 갑자기 생겨난 것이 아니고, 중앙아시아의 환국에서 연원한 수메르 문명이 전승·발전한 끝에 만들어진 발명품이다. 그리스·로마 문명과 그로부터 뻗어 나온 오늘날 서양 문명은 9천 년 전에 태동한 환국에 그 뿌리를 두고 있는 것이다.

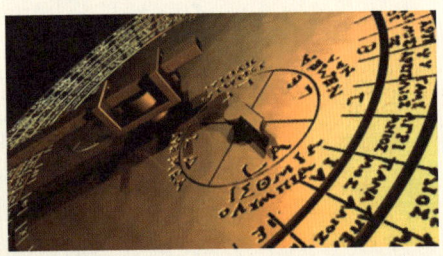

그리스에서 발굴된 '안티키테라 메커니즘' | 2천여 년 전의 자동 계산 장치로 오늘날 컴퓨터의 원조이다.
좌 | 안티키테라 메커니즘 전체 모습.
우 | 마이클 라이트가 만든 안티키테라 모형의 정면을 확대한 모습.

---

1) 히스토리 채널, "고대문명의 신비Ancient Discoveries"(1), 2003.12.21 ; 디스커버리 채널, "서양으로 전파된 중동 문화East to West"(1), 2012.5.12.

2. 동북아에 세운 한민족 최초 국가, '배달'

1) 홍익인간의 도로 다스린 배달

환국 시대 말, 인구 증가와 물자 부족 등으로 생활이 어려워지자 서자부庶子部 부족의 환웅이 새로운 터전을 개척하기를 갈망하였다. 이에 환국의 마지막 임금 지위리智爲利환인께서 **환웅을 동방 개척의 선봉장**으로 세우셨다. 백두산을 향해 떠나는 거발환 환웅에게 **종통과 국통 계승의 상징으로 천부**天符**와 인**印을 내려 주고, 문명개척단 3천 명을 붙여 주셨다.

백두산에 도착한 환웅은 **신시**神市(신의 도시)에 도읍을 정하여 나라 이름을 **배달**倍達이라 하고, **삼신상제님께 천제**天祭**를 올려 나라 세움을 고하였다.** 거발환居發桓환웅께서 동북아 한민족사의 최초 국가인 배달의 역사를 여신 것이다.

배달은 밝음을 뜻하는 '배(밝)'와 땅을 뜻하는 '달'을 합친 말로서 **'광명의 동방 땅'**을 뜻한다.[20] 우리 민족을 **'배달겨레'**라 하는 것은 한민족사의 첫 번째 나라인 배달에서 연유한 것이다.

그런데, 환웅이 무리를 이끌고 동방 백두산으로 떠날 무렵, 중국 창세 신화의 주인공인 반고盤固가 다른 한 무리를 이끌고 삼위산三危山으로 향하였다. 『삼성기』 하의 기록에 따르면, 반고는 환국 말기에 삼위산을 배경으로 중국 역사를 처음으로 개척한 실존 인물인 것이다.

환인천제로부터 국통 계승의 증표로 천부와 인을 받은 **거발환환웅**은 국가 통치이념도 전수 받았다. 그 이념이 바로 '인간 세상을 널리 이롭게 하라'는 홍익인간弘益人間이다. 대부분 고조선의 국시國是로 잘못 알고 있는 **홍익인간 사상**은 사실 **9천 년 전 환국의 통치 이념**인 것이다. 거발환환웅은 재세이화在世理化를 기반으로 홍익인간을 실천하였다. 다시 말해 삼신상제님의 진리, 즉 신교로써 세상을 다스리고 깨우쳐서 널리 인간 세계를 이롭게 한 것이다.

환웅천황은 재세이화와 홍익인간의 도를 실현하기 위해 삼백三伯·오사五事[21] 제도를 실시하였다. 이 제도는 신교의 삼신오제三神五帝 사상에서 나온 것이다. 환웅은 이어서 『천부경』과 『삼일신고』를 강론하여 신교의 우주관, 신관, 인성론, 수행관에 관한 가르침을 베풀었다. 『천부경』은 환국 때부터 구전되다가 배

---

20) 배달을 '땅의 광명[地光明]'을 가리키는 '단檀' 자를 써서 단국이라 부르기도 한다. 그래서 환국과 배달을 합쳐서 환단 시대로 통칭하기도 한다.

21) 삼백은 입법부인 풍백風伯, 행정부인 우사雨師, 사법부인 운사雲師를 말하고, 오사는 주곡主穀, 주명主命, 주형主刑, 주병主病, 주선악主善惡이라는 다섯 부서를 말한다.

달 시대에 문자로 옮겨진 인류 최고最古의 경전이자 우주론과 인간론의 진수가 압축되어 있는 인류사 최초의 계시록이다.『삼일신고』는 백성의 교화를 위해 환웅천황이 직접 지은, 다섯 장으로 구성된 신학서神學書이다.

2) 배달의 위대한 성인 제왕들

백두산의 신시에서 출발한 배달국은 점차 동북아의 대국으로 성장하였다. 그 과정에서 특히 세 분 성황이 지대한 공덕을 남겼다. 그 세 분은 **태호복희씨**, **염제신농씨**, 그리고 **치우천황**이다.

태호복희씨는 5,600년 전, 배달의 5세 **태우의환웅의 막내아들**이다. 복희씨는 하도河圖를 그려 인류 역사상 최초로 가장 논리적이고 합리적인 수의 체계를 세웠다. 종이 한 장에 다 그려지는 이 도표 하나에서 음양오행 원리가 나오고, 공간과 시간의 순환 원리가 나온 것이다. 복희씨는 또한 팔괘八卦를 그어『주역』의 기초를 닦음으로써 인간이 천지 시공간의 변화 법칙을 체계적으로 이해할 수 있는 길을 열었다. 뿐만 아니라 최초의 해시계로 일컬어지는 규표圭表를 발명하고, 24절후節候를 발견하였다. 복희씨는 한마디로 동양철학의 아버지요 인류 문명의 창시자이다.

약 5,200년 전, 8세 안부련환웅 때 인물인 **염제신농씨**는 산에 불을 질러 농토를 만들고, 나무로 쟁기와 보습 같은 농기구를 개발하였다. 그리고 수백 가지 풀을 직접 맛보아 의약을 개발하였고, 시장 제도를 처음으로 실시하였다. '농경의 시조', '의학의 시조', '교역문화의 창시자' 등으로 불리는 신농씨에 이르러 배달의 문명은 더욱 발전하게 되었다. 신농씨는 오늘날 호북성 수주隨州시 여산진厲山鎭 열산列山에서 창업하여 신농국을 세웠고, 그 나라는 8대 유망楡罔에 이르기까지 약 530년 동안 존속하였다.

배달은 14세 **자오지환웅**(치우천황)에 이르러 동북아의 드넓은 땅을 다스리는 강국이 된다. 치우천황은 먼저 신농국을 복종시켜 지금의 산동성, 강소성, 안휘성을 배달의 영토로 흡수하였고, 이어서 동북아의 천자가 되고자 모반을 꾀한 서토 지역의 제후 헌원의 군대를 10년에 걸친 전쟁(탁록대전) 끝에 무너뜨렸다. 그리고 넓어진 강역을 다스리기 위해 도읍을 백두산 신시에서 청구靑丘(현 대릉하 유역)로 옮겨 **배달의 전성기인 청구 시대**를 열었다. 4,700년 전 서방으로 진출하여 광활한 영토를 개척한 치우천황은 이름만 들어도 간담이 서늘해질 정도로 법력과 위용을 떨친 한민족의 성웅聖雄으로, 한민족은 물론 중국 백성들까지 추앙하였다.

요컨대 태호복희, 염제신농, 치우천황, **이 세 분은 동방 문명의 중심축을 세운 위대한 성인 제왕**이다. 세 성황이 다스린 배달 시대는 **인간의 삶을 편리하게 하고 인간을 교화시키는 역학, 천문, 의술, 농경 분야가 크게 발전한 때**이다.

3) 배달겨레, '동이東夷'

동이는 '오랑캐'가 아니다

『환단고기』가 전하는 배달의 역사는 중국 역사서에 '동이東夷'의 역사로 기록되어 전한다. 예나 지금이나 중국 역사가와 학자들은 동방 한민족을 동이라 칭한다.

동이는 무슨 뜻일까? '동東'은 태양이 떠오르는 광명의 방향이다. 그래서 '동'은 생명의 탄생, 시작을 뜻하고, 광명사상의 발원지를 의미한다. '동'은 '주인', '주체'라는 뜻도 담고 있다. "주인은 동쪽 계단으로, 객인은 서쪽 계단으로[主人就東階, 客就西階]"(『예기』「곡례曲禮」)라는 기록에서, '동'은 주인을 대변하는 방향으로 사용되었음을 알 수 있다. 그래서 지금도 중국에서는 '방동房東'이란 말을 '집 주인'을 뜻하는 말로 사용한다.

이夷는 몇 가지 중요한 의미를 지닌다. 우선, '이'는 '동東'과 마찬가지로 '동쪽'을 뜻하며 동시에 '뿌리[柢]'를 뜻한다. 『후한서』에서 "동방을 이夷라고 하는데, 이夷란 것은 저柢이다"[22]라고 하였다. 이에 따르면, '동이'는 **'동방의 뿌리'**라는 숭고한 의미가 담긴 말임을 알 수 있다.[23)]

'이'는 **'활을 쏘는 동쪽 사람'**[24)]을 뜻하기도 한다. 중국 최초의 종합 자전인 『설문해자說文解字』에 따르면 '동방에 사는 사람'을 '이'라고 불렀는데, '이' 자는 '대大'와 '궁弓'을 결합시킨 글자이다.[25)] 여기서 '대' 자는 '사람'을 뜻하므로, 결국 '이' 자의 모양은 '활을 메고 있는 사람'을 형상화한 것이다.

마지막으로 '이'에는 **'어질다'**는 의미가 담겨 있다. '이'의 옛 글자는 '이𡰥'인

---

22) 東方曰夷, 夷者柢也(『후한서』).
23) 심백강, 『사고전서四庫全書 중의 동이사료 해제』, 49~50쪽.
24) 동이는 '큰 활을 사용하는 생활습관'으로 말미암아 생겨난 명칭이다. 중국의 동방에 위치하므로 '동이'라 불렀고, '이인夷人'이라고도 하였다. 상나라 때는 '인방人方'이라 불렀는데, 주나라 중기 이후에 인방이란 호칭은 점차 사라지고 동이란 호칭만이 홀로 사용되었다(허광웨何光岳, 『동이원류사東夷源流史』, 1쪽, 4쪽).
25) 東方之人也, 從大從弓(『설문해자』).

데, '이仁'는 '어질다仁'는 의미로 쓰였다.[26] 이상의 뜻으로 볼 때, '이'는 우리가 그동안 알고 있던 '오랑캐 이夷' 자가 결코 아니다.

이상을 종합하면, '동이'는 '동'과 '이'가 합쳐진 말로서 '동방의 뿌리 되는 민족', '동방의 큰 활을 잘 쏘는 민족', '동방의 어진 민족'을 뜻한다. 그래서 일찍이 공자도 동이가 사는 땅을 '어진 군자가 사는 나라'(『논어』「자한子罕」)라고 하며 그곳을 동경하는 심정을 토로하였던 것이다.

역사적으로 볼 때, 중국인들이 **동방 민족을 '동이'라 부른 것은 치우천황이 큰 활을 만들어 쓴 이후**부터이다. '큰 활[大弓]'의 위엄을 두려워한 한족이 배달민족을 가리켜 '큰 활을 잘 쏘는 동방 사람'이라 부른 것이다. 때문에 엄밀히 말하면 '동이'는 '배달 동이'로 불러야 옳다.

중국 역사를 주도한 동이족

'배달 동이'는 치우천황의 영토 개척을 계기로 서토西土 깊숙이 퍼져 나가기 시작하였고, 그 후 고조선 시대에는 중국의 역대 왕조를 이끈 주류가 되었다. 그래서 동북아 창세 역사를 이야기할 때 빼놓을 수 없는 것이 바로 동이이다. 대만과 중국 학자들도[27] **중국 역사의 주류는 한족漢族이 아니라 동이**라는 공통된 의견을 내놓았다.

한족의 시조로 알려진 황제헌원을 비롯하여 오제五帝로 꼽히는 **소호, 전욱, 제곡, 요, 순**과[28] 그 뒤를 이은 하상주 3왕조의 개국조인 **하나라 우禹, 상나라 탕湯, 주나라의 문왕과 무왕**까지 모두 동이족 혈통이다. 특히 상나라는 동이족이 세운 나라로 제도와 풍습이 당시 그들의 상국上國이던 고조선의 것과 아주 유사하다. 그리고 주나라 초기에 염제신농의 후손인 강태공이 봉해진 곳인 **제나라도** 동이족의 나라이다. 무왕이 산동성의 주세력인 동이족을 다스리기 위해 의도적으로 강태공을 왕으로 앉히고 제나라를 만든 것이다. 제에 이웃한 노나라 역시 동이족 국가이다. 주 무왕의 아우인 주공周公이 노나라 초대 왕으로 봉해졌으나, 주공은 자신의 아들을 대신 앉혔다.

---

26) 김선주, 『인류 문명의 뿌리, 동이』, 27쪽.
27) 대표적 인물이 『중국사전사화中國史前史話』를 쓴 대만의 쉬량즈徐亮之와 북경대학의 고고문박학원考古文博學院 교수인 옌원밍嚴文明이다. 그들은 대담과 저서, 논문에서 '중국은 동이문화'라고 밝히고 있다.
28) 송나라 때의 『태평환우기太平寰宇記』에 '요堯는 북적지인北狄之人이라'했고, 『맹자』에서 '순舜은 동이지인東夷之人이라'라고 하였다. 우禹에 대해서도 명나라의 서원태徐元太가 편찬한 『유림喩林』에서 "대우大禹는 동이東夷에서 태어났다[大禹生於東夷]"라고 하였다.

주나라가 망한 후 춘추전국 시대의 혼란기에도 동이족 국가가 여럿 출현하였다. 춘추 시대를 주도한 다섯 나라에 속했고 오월동주吳越同舟로 유명한 **오나라와 월나라**, 전국칠웅의 하나이자 노자가 태어난 **초나라** 등은 모두 동이족이 세웠다. 전국 시대를 끝내고 **중국을 최초로 통일한 진왕秦王 정政(진시황)의 선조도 동이족 출신이다**. 한마디로 **중국 고대사는 바로 배달·조선 민족이 중국 현지에서 나라를 창업한 역사**라 할 수 있다.

동이족은 중국의 역대 왕조를 일구었을 뿐만 아니라 배달 시대 이래 신교 삼신문화와 여러 가지 문물을 중국에 전수하였다. 동이 문화의 중요한 상징 중 빼놓을 수 없는 것이 **태호복희가 만든 팔괘**이다. 복희씨는 간단한 부호로 음陰(--)과 양陽(—)을 표현하여 팔괘를 그리고, 이 팔괘로써 우주 변화의 이치를 밝혔다. 복희의 사상은 동이족의 이동과 더불어 중국 전역으로 전파되었다. 이것이 오늘날 중국의 대부분 지역에서 복희와 관련된 유적이 나타나는 이유이다.

중국 학자 리바이펑李白鳳은 "동이는 원래 황하 하류에서 살았고 문화가 매우 발달하였으며, 도자기와 문자를 처음으로 만들었을 것"이라고 하였다. 그리고 "고대에는 '철鐵'자를 '철銕'이라 썼는데 동이가 가장 먼저 철을 사용하였기에 '이夷' 자를 넣었고, 은나라 복사卜辭의 서법書法도 동이의 서법을 계승하였다"라고 하였다.29) 도자기, 문자, 서법 같은 문화도 동이족이 중국에 전수한 것이다. 이 외에도 역법曆法, 갑골문자, 천자天子 제도, 조세 제도, 윤리 규범 등 다양한 문물제도가 동이에서 출원하여 중국에 그대로 전수되었고, 그것이 황하문명의 근간이 되었다. 중국의 고대 문화는 결국 동이족이 창달한 것이다.

최근 과학자들의 연구 결과, 중국에 순수 한족은 존재하지 않는다는 사실이 밝혀졌다. 한족이라는 독립된 민족이 유전자(DNA) 검사에서 나타나지 않는다는 것이다. 중국 사람들의 DNA 구조를 연구한 난주蘭州대학의 셰샤오둥謝小東 교수는 '**한족은 과거 한때의 지역적 구분에 따른 것일 뿐이고, 특정한 정의를 지닌 민족으로 볼 수 없다**'고 하면서, 다만 현재 중국 남부 지역에 거주하는 소수의 하카족客家族30)을 순수 한족이라 정의하였다.31) 이렇듯 고대 중국 역사를 일으키고 문화를 발전시킨 동이족은 또한 중국 민족을 구성하는 중심 세력이었던 것이다.

---

29) 리바이펑李白鳳,『동이잡고東夷雜考』, 53쪽, 60쪽, 65쪽.
30) 하카족은 고어古語를 사용하는 등 당시 중원 사람들의 문화 전통을 순수하게 계승하였고, 그들의 풍속에 고대 한족의 흔적이 남아 있다. 하지만 현재 소수 집단으로 존재할 뿐이다.
31) 〈시사저널〉, "한족의 나라에 '순종 한족' 이 없다?", 2010.3.24.

동이는 고대 동북아 문명의 주체

오늘날 대부분의 한국인은 '동이'를 '동쪽의 오랑캐'라는 말로 알고 있다. 왜 '동이'가 변방의 오랑캐로 폄하되었을까? 화하족(중국 한족의 조상)과 동이족 사이의 정치적 대결이 그 배경이다. 서양의 트로이 전쟁에 빗대어 일컬어지는 약 4,700년 전의 탁록대전으로 두 부족의 대결이 시작되었다. 탁록대전은 당시 동북아의 종주국이었던 배달의 치우천황에 대항하여 서방 화하족의 헌원이 일으킨 싸움이다. 10년간 73회의 공방전 끝에 패한 화하족은 그 후 2,300여 년 동안 황하 중상류에 머물러 있을 수밖에 없었다. 그러다가 진시황 때에 이르러 힘을 길러 중원 전체를 그들의 터전으로 만들면서, 화하족은 동이족을 중국 변방으로 밀어내거나 무자비하게 죽였다. 이때 일부 동이족은 화하족으로 동화되기도 하였다

그런데 동이와 대립되는 화하華夏는 어디서 유래한 것일까? '화하'라는 단어는 우임금이 세운 하夏나라에서 유래한 '하'에 '화' 자를 더한 말이다. 중국 최초의 왕조 이름에서 따온 '하'를 중국 민족의 대명사로 쓰기 시작한 것은 주나라 때이다. 주나라는 동이족과 자민족 사이에 차별을 두기 위해 '하'란 호칭을 사용하기 시작하였다. 자민족을 '제하諸夏'라 칭하였는데, 동이족을 제외한 '중국의 전 민족'을 뜻하였다. 이때부터 하는 정치적으로는 중원 왕조를, 민족적으로는 중국 사람을, 문화적으로는 중원 문화를 가리키게 되었다. '하' 자 앞에 '화'를 덧붙인 '화하'라는 말은 춘추 시대 이래 유행하였다.[32]

『사서석지四書釋地』의 기록[33]을 보더라도, 하·상·주 이후에 화華와 이夷를 구별하였지 그전에는 화와 이를 구별하지 않았다. 화하족과 동이족을 구분하여 존화양이尊華攘夷를 내세운 것은 주나라 이후의 일이고, 본래는 중국에 화와 이의 구분이 따로 존재하지 않았던 것이다.

화하족이 중국 역사의 주도 세력이 되면서 동이는 오랑캐라는 말의 동의어가 되었다. 특히 전 중국에 걸쳐 골고루 분포되어 살던 동이족을, 화하족은 서로 다른 사방의 오랑캐족으로 나누어 불렀다. 그것이 바로 '동이東夷, 서융西戎, 남만南蠻, 북적北狄'이다. 동일한 하나의 이족을 '사방四方의 이夷' 즉 사이四夷로

---

32) 장푸샹張富祥, 『동이문화통고東夷文化通考』, 424~425쪽. 오늘날 많이 쓰는 '중화'란 단어는 '중국'과 '화하'를 합친 말이다. '중화'는 『삼국지』「제갈량전」에서 배송지裵松之의 주석에 처음 나온다. '중국'이란 용어는 주나라 초기 『하존何尊』 명문銘文에 기록되어 있다(장푸샹張富祥, 같은 책, 418쪽).

33) 三代以下, 華與夷有定; 三代以上, 華與夷無定(『사서석지』).

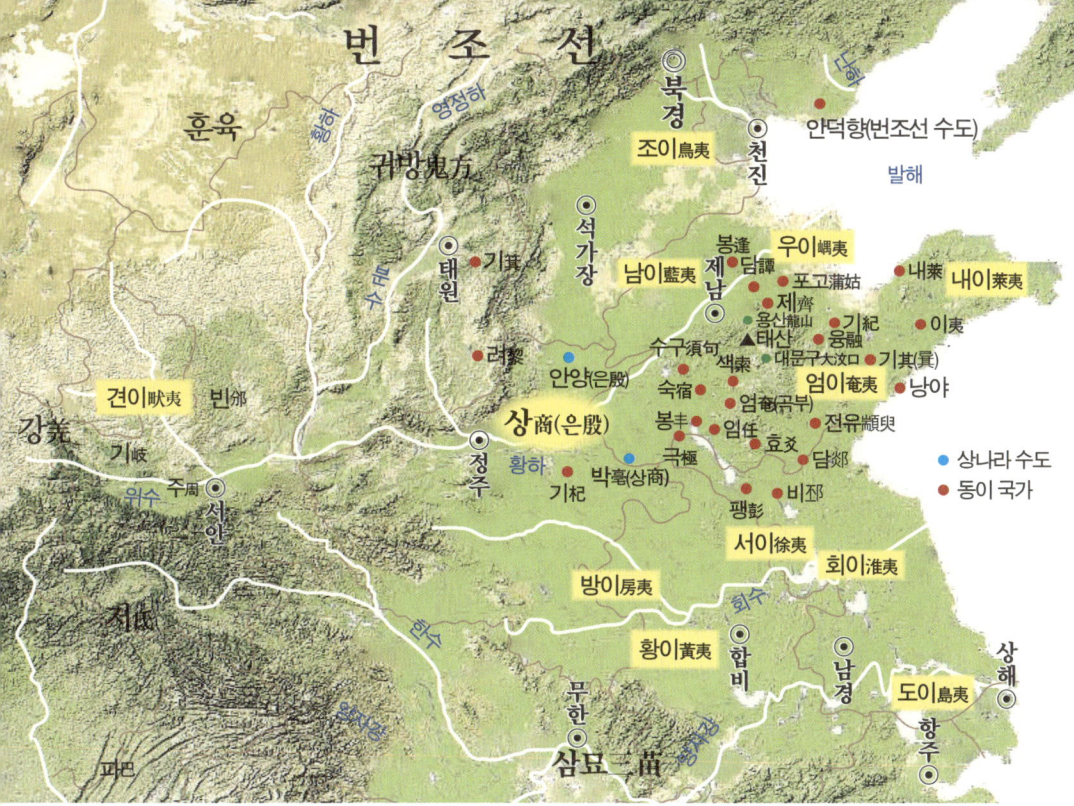

상商나라 시대의 동이 국가 분포도 | 고조선 시대에 해당하는 중국 상나라 때 조이, 남이, 우이, 내이, 엄이, 서이, 회이, 방이, 황이, 도이, 견이 등 다양한 동이족이 중국 전역에 분포되어 살았다. 상나라도 동이족이 세운 나라이다.

분리시킴으로써 그전까지 중국 역사를 주도해 온 이족夷族 세력을 약화시켜 화하족의 지배 아래 두고자 한 것이다.

  동이족은 배달과 고조선 시대에 중국 각지에서 각 부족별로 문화권을 형성하였다. 그리하여 견이畎夷, 우이于(嵎)夷, 방이方夷, 황이黃夷, 백이白夷, 적이赤夷, 현이玄夷, 풍이風夷, 양이陽夷 등으로 세분되었다. 『후한서後漢書』「동이열전」에 열거된 이 아홉 종족을 통칭한 '구이九夷'는 '동이'의 다른 말인 것이다. 하지만 동이는 이 9족 외에도 인이人夷, 조이鳥夷, 엄이奄夷, 남이藍夷, 회이淮夷, 욱이郁夷, 서이徐夷 등으로 분화되었다.

  구이는 한족의 지배를 받은 것이 아니라 오히려 중국 사회의 주도 세력으로 그 활동 무대가 중국 문명 발전의 주요 지역을 두루 포괄하며 회수와 황하 유역, 산동반도, 발해만 일대 등에 이른다. 대만 역사학자 쉬량즈徐亮之도 '은나라에서 주나라가 망할 때까지 동이족의 활동 영역이 지금의 산동성, 하북성, 하남성, 강소성, 안휘성, 호북성, 요동반도 지역 등으로 광대하다'(『중국사전사화中國史

前史話」)고 밝혔다. 이처럼 '배달 동이'는 동방의 장자국長子國인 배달·조선과 함께 고대 동북아의 문화를 창조하고 꽃피운 주체 세력이었던 것이다.34)

4) 인류 창세사를 다시 쓰게 한 홍산문화

총塚·묘廟·단壇을 모두 갖춘 제천문화

130년에 걸친 이라크 지역의 유적 발굴을 통해 서양 문명의 뿌리인 수메르 문명이 세상에 드러난 것에 필적하는, 20세기 동북아 최대의 발굴 사건이 있다. 배달 동이의 문화가 세상에 드러난, 요서 지역(발해연안 지역)의 신석기·청동기 문화 발굴이 바로 그것이다.

요서의 여러 신석기 문화 가운데 세간의 가장 뜨거운 관심을 끈 것은 홍산문화이다. 철광석으로 뒤덮여 산 전체가 붉게 보이는 '홍산紅山'에서 이름을 따 명명된 **홍산문화**는 요령성 조양시 건평建平현과 능원凌源현의 접경지역에서 번창했던 **'석기와 청동기를 섞어 사용한 BCE 4700~BCE 2900년경의 문명'**이다.35) 홍산문화는 1979년 객좌현 동산취촌東山嘴村에서 엄청난 제사 유적이 발굴되고, 1983년 그 인근 우하량촌牛河梁村에서 고대 인류의 정신문화를 가늠케 한 3요소인 **돌무덤[塚], 신전[廟], 제단[壇]**이 발굴된 것을 계기로 세계적인 주목을 받게 되었다.

우하량의 16개 유적지 가운데 13곳이 적석총 형태의 돌무덤[塚]이다. 적석총은 고대부터 삼국 시대까지 계속 나타나는 동이족의 대표적 묘제墓制로 황하지역의 화하족 문명권에서는 전혀 출토되지 않는다. 약 5,500년에서 5,000년 전에 조성된 것으로 확인되는 이 돌무덤의 주인공을 밝힐 수 있는 역사 기록이 바로 『환단고기』이며, 이에 따르면 그 주인공은 '배달 동이'이다.

우하량의 여러 적석총 중에서 특히 주목을 받는 것은 제2 지점의 것으로, 방형으로 짜여진 대형 무덤군과 삼신상제님께 천제를 올리던 원형 3단 구조의 제

---

34) 배달 시대 이후로 동이족이 동북아시아를 주름잡을 때, 서남아시아에서는 일찍이 환국 말기에 천산을 넘어간 환족이 수메르 문명을 활짝 꽃피우고 있었다. 동이족과 수메르인은 환국의 환족에서 각각 동·서로 분화되어 나간 것이다. 동북아의 동이가 '동방 동이'라면 수메르는 '서양 동이'라 하겠다.

35) 이형구 교수는 홍산문화를 '발해연안문명'이라 부른다. 발해연안이란 발해를 둘러싸고 있는 산동반도, 요동반도, 한반도를 말한다. 세계 4대 문명과 마찬가지로 홍산문화도 북위 30~45도에서 발생하였다. 지중해 문명이 서양 문명에 자양분을 공급했듯이, 동이족이 발해연안에서 창조한 문명은 중국은 물론 만주, 한반도, 일본의 고대 문명을 일궈 내는 젖줄이었다(이형구·이기환, 『코리안 루트를 찾아서』, 27쪽).

단[壇]을 함께 갖추고 있다. 그 전체 구조가 '하늘은 둥글고 땅은 방정하다'는 동양의 천원지방天圓地方 사상을 표현한다. 천원지방 구조는 고조선 때 지은 강화도 마리산의 참성단, 명나라 때 지은 북경의 환구단, 조선 말기에 고종 황제가 세운 원구단 등의 제천단에서 공통적으로 나타난다. 그러므로 **5,500년 전에 배달 동이족이 세운 우하량 제단은 동북아 제천단의 원형**인 것이다.

홍산인의 신전[廟]은 우하량 제1 지점에서 발굴되었으며 신전의 주인공은 여신이었다. 여신묘가 상당히 좁은 것으로 보아, 이곳에 들어갈 수 있는 사람은 극소수 특권층이었을 것으로 추정된다. 이 신전 터에서 세 여신상과 함께, 홍산인의 토템 신앙을 보여주는 곰 소조상과 새 소조상이 발굴되었다. 홍산인은 **곰과 새를 신성시**하였던 것이다.

이와 같이 총·묘·단을 모두 갖추고 국가 단계의 복잡한 문명을 일군 홍산문화는 동북아 신석기 문화의 최고봉으로서 **중국 한족의 문화와는 계통이 전혀 다른 문화**이며 중국 황하문명 태동의 밑거름이 된 **배달 동이족의 독자적인 문화**인 것이다.

왜 홍산문화를 알아야 하는가

홍산문화가 세계인을 정말 놀라게 한 것은 바로 **정교하고 다양한 옥玉 문화** 때문이다. 여러 적석총에서 공통적으로 옥기 부장품이 쏟아져 나왔다. 우하량 제2 지점 21호 묘의 남성 인골은 옥으로 옷을 해 입은 듯 무려 20점의 옥 장식이 머리에서 발끝까지 시신을 치장하고 있다. 부장품으로 옥기를 사용한 것은, 옥이 변하지 않는 보석으로 영생불멸을 뜻하고 하나님의 신성을 상징하기 때문이다. 홍산인들은 옥을 고귀한 신분을 나타내는 장신구, 신과 소통하는 신물, 천제에 사용하는 제기 등의 소재로 사용하였다.

흔히 고대를 석기-청동기-철기의 3단계로 구분한다. 하지만 발해연안 영역에서 옥기로 뒤덮인 수천 년 전의 유적지가 대량 발굴됨에 따라 중국학자들은 청동기 이전에 **옥기 시대**를 설정해야 한다고 주장하고 있다.[36]

홍산문화 유물인 옥기 중에 배달과 고조선이 실제 역사임을 증명하는 것이

---

36) 석기-옥기-청동기-철기의 4단계 시대 설정은 2천 년 전 『월절서越絶書』(한나라 때 쓰여진 춘추전국 시대 월국 역사서)에서도 보인다. "헌원, 신농, 혁서의 시대에는 돌로 병기로 만들었고, … 황제의 시대에 이르러서는 옥으로 병기를 만들었고, … 우임금 때는 청동기로 병기를 만들었고, … 이때에는 철제 병기를 만들었다[軒轅·神農·赫胥之時, 以石爲兵, … 至黃帝之時, 以玉爲兵, … 禹穴之時, 以銅爲兵, … 當此之時, 作鐵兵]"(『월절외전越絶外傳』「기보검기寶劍」).

비파형 청동검(좌)과 비파형 옥검(우) | 홍산문화의 중심지인 우하량의 제16지점 4호묘에서 5,500년 전의 비파형 옥검이 발굴되었다. 이 검의 발견으로 고조선의 대표적 유물인 비파형 청동검의 기원이 새롭게 밝혀졌다. 비파형 검은 고조선 이전부터 한민족의 고유한 문화였으며, 이 옥검을 만든 홍산인은 바로 배달 사람이다.

있다. 우하량 제16 지점에서 발굴된 '옥검玉劍'과 내몽골 지역의 나만기奈曼旗 유적에서 출토된 옥으로 만든 도장인 '옥인장玉印章' 등이 그것이다. 옥검은 놀랍게도 고조선의 비파형 동검과 똑같은 양식을 띠고 있다.[37] 한민족의 독특한 양식인 비파 모양의 칼이 고조선 시대에 갑자기 생겨난 것이 아니라 배달 시대에 개발된 것임을 알 수 있다.

옥인장은 정치적 권위를 상징하는 유물로 BCE 4700년에서 BCE 2900년 사이에 번성한 홍산문화 유적지에서 발굴되었다. 때문에 중국에서는 이 옥인장을 가장 오래된 도장이라 하여 '중화민족제일인中華民族第一印'으로 규정하지만, 이는 중화주의에서 나온 근거 없는 주장일 따름이다.[38] 옥의 재질이나 그 양식으로 볼 때 **옥인장은 배달의 유물**이다. 이 발굴은 『삼국유사』와 『환단고기』에서 전하는 '환국의 마지막 환인천제가 동방 역사 개창을 떠나는 환웅에게 종통의 상징으로 천부인天符印을 전수하였다'는 기록을 역사적 사실로 뒷받침한다. 옥인장이 홍산문화 말기의 유물이라 하더라도, 최소한 5,000년 전부터 배달 동이족은 도장 문화를 발전시켰던 것이다.

그런데 홍산문화보다 더 오래된 흥륭와문화(BCE 6200~BCE 5200)에서도 고대 동북아의 옥기가 발견되고 있다. 그리고 흥륭와 지역에서 출토된 옥결(옥 귀고리)과 모양이 유사하고 만들어진 시기도 비슷한 옥결이 우리나라 강원도 고성군 문암리 유적지에서 출토되었다. 이러한 옥결의 출토는 배달이 건국되기 이전인 BCE 6천 년경부터 요서, 요동, 한반도가 하나의 문화권이었음을 보여준다.

유적과 유물이 대부분 '사상 처음'이고 '인류사 최고最古'인 홍산문화를 중국은 황하문명의 원류로 규정하지만, 황하문명의 원 뿌리가 오랑캐 땅이라 치부하던 만리장성 이북에서 발견된 점이 중국을 곤혹스럽게 만들었다. 중국은 이

---

37) 이종호, 『한국 7대 불가사의』, 142쪽.
38) 박선희, '홍산문화 유물에 보이는 인장의 기원과 고조선문화', 1~6쪽.

내몽골 나만기奈曼旗 유적에서 발견된 옥인장玉印章 | 홍산문화 시대(BCE 4700~BCE 2900)에 제작된 두 개의 인장으로, 구멍을 뚫어 의복에 차고 다닌 것으로 보인다. 동물 모양을 띤 '동물형뉴動物形紐 옥인장'(좌)과 머리가 두 개인 새 모양을 띤 '쌍두조형뉴雙頭鳥形紐 옥인장'(우)이다. 끈을 한자로 뉴紐라 한다. 오늘날 도장과 같이 양각을 한 도장면에 흥미롭게도 붉은 색 안료가 묻어 있는 것이 발견되었다. 인장은 정치 지도자가 직권을 행사하는 상징물이다. 따라서 단군조선 이전 배달시대에 이미 한민족은 국가조직을 갖추었음을 알 수 있다.

난처함을 다민족 역사관과 동북공정으로 해결하고 있다. 한족과 55개 소수민족으로 이뤄진 중국 땅에서 발견되는 소수민족의 문화와 역사는 모두 중국의 것이라 주장하면서, 동북공정을 실시하여 배달 동이족이 주도한 동북아의 고대사를 중국의 역사로 둔갑시키고 있는 것이다.[39]

그러는 한편 중국은 홍산문화를 **요하문명**이란 이름으로 전 세계에 소개하며 중국을 이집트, 메소포타미아, 인더스 문명보다 앞서는 **세계 최고最古 문명국**으로 내세우고 있다. 이제 경제대국을 넘어 문화대국으로서 장차 세계의 중심국이 되려는 야망을 노골적으로 드러내고 있다. 상황이 이러한데도 환단 시대를 인정하지 않는 한국의 강단사학자들은 홍산문화에 대해 침묵하거나, 아예 우리 역사와 관계없는 것으로 부정하고 있다. 하지만 이제는 우리 모두가 거짓 역사의 미몽에서 깨어나 세계 최고最古 문명의 주인공인 한민족의 **잃어버린 시원 역사와 문화를 되찾아야 할 때**이다.

---

39) 중국정부는 홍산문화를 황하 문명의 뿌리라 하여 자국 문화로 둔갑시켰지만, 심정적으로는 동방 한민족 문화라는 것을 알고 있기에 2000년대 후반, 우하량을 관통하는 4차선 도로를 놓아 유적지를 은폐하였다. 홍산문화가 밝혀질수록 동북공정을 진행시키는 데 불리하기 때문에 의도적으로 유적을 파괴한 것이다.

홍산문화와 Y벨트

 지난 20세기 초 이래 한민족의 고토인 요서(요하의 서쪽) 지역에서 BCE 7000년까지 거슬러 올라가는 신석기 문화와 청동기 문화(도표의 ①~⑧)가 발굴되고 있다. 요서 일대의 이 고대 문명은 내몽골자치구 적봉시의 '붉은 산'인 홍산紅山에서 이름을 따서 **넓은 의미의 홍산문화**로 불린다. **좁은 의미의 홍산문화**는 요령성의 건평현과 능원현 경계 지역에서 집중적으로 발굴되는 신석기 말기 문명을 가리킨다.

 BCE 3500년을 기점으로 만리장성 밖의 홍산문화와 북방 초원문화가 황하 중류

홍산문화의 시대별 분류

시대	명칭	대표 유적과 유물
신석기	❶ 소하서小河西 문화 (BCE 7000년~BCE 6500년)	가장 빠른 신석기 유적, 반지혈半地穴식 주거지, 각종 토기, 석기, 흙으로 만든 사람 얼굴 굴상 등.
	❷ 흥륭와興隆洼 문화 (BCE 6200년~BCE 5200년)	대규모의 집단 주거지(華夏第一村), **최초의 용 형상 저수룡猪首龍**, **세계 최고最古의 옥결과 옥기**, 빗살무늬토기, 평저통형平底筒形 토기 등.
	❸ 사해查海 문화 (BCE 5600년~?)	돌로 쌓은 용 형상의 석소룡石塑龍(中華第一龍), 집단 주거지, 다양한 옥기, 빗살무늬토기 등.
	❹ 부하富河 문화 (BCE 5200년~BCE 5000년)	가장 오래된 복골卜骨, 석기, 골기骨器, 빗살무늬토기 등.
	❺ 조보구趙寶溝 문화 (BCE 5000년~BCE 4400년)	**최초의 봉 형상 토기**(中華第一鳳), 영물도상靈物圖像 토기, 세석기, 빗살무늬토기 등과 요서지역 최초의 채색토기.
신석기 청동기 병용	❻ 홍산紅山 문화 (BCE 4700년~BCE 2900년)	**국가의 존재를 나타내는 대규모의 총묘단塚廟壇**(적석총, 여신묘, 제천단), 대형 피라미드, 여신상, 옥웅룡玉熊龍 등 다양한 옥기, 청동주조 유물, 석기, 채색토기, 무문토기, 제사용 토기 등.
	❼ 소하연小河沿 문화 (BCE 3000년~BCE 2000년)	다양한 문양의 토기, 부호문자 토기, 석기, 세석기, 골기 등.
청동기	❽ 하가점하층夏家店下層 문화 (BCE 2000년~BCE 1500년)	비파형 동검, 적석총, 석관묘, 치雉가 있는 석성, 대형 건물터, 옥기, 삼족三足토기, 일상용 토기와 의례용 토기, 복골卜骨 등.

만곡부인 오르도스 지역과 태항산 사이의 노선을 따라 중원으로 전파되었다. 이 문화 전수 경로를 중국 학자 쑤빙치蘇秉琦가 'Y벨트'라는 이름을 붙였다. Y벨트를 따라 동방 신교의 **제천문화와 삼족오, 용봉, 칠성과 같은 천자문화의 상징이 중원에 흘러들어** 갔으며, 이것은 중국을 대표하는 신석기 문화인 앙소문화 발전에 크나큰 영향을 끼쳤다. 한마디로 **홍산문화는 황하문명의 원류**인 것이다.

유물로 살펴보는 홍산문화

BCE 3000년경
C형 옥조룡玉雕龍

조보구趙寶溝(자오바오거우)문화
BCE 5000~BCE 4400(환국 중기)의
세계 최고最古 봉황 형상 토기

환국

북방초원문화

내몽골 자치구

대청산

북방초원문화 남하노선

홍산문화 남하노선

호화호특

유주(당)

탁록

하가점夏家店(샤자뎬)하층下層문화
BCE 2000~BCE 1500
고조선 초기 유적. 고구려 성의 특징인
치雉가 있는 석성石城, 비파형 동검,
문자가 새겨진 토기 조각 등 출토.

오르도스

태항산

하북

양소문화 북상노선

태원

유주(요순시대)

안양(은)

단壇(천제단)   총塚(무덤)
묘廟(사당:신전)

홍산紅山(홍산)문화
BCE 4700~BCE 2900

총묘단, 여신상, 옥웅룡玉熊龍, 비파형 옥검, 옥고玉箍
등 출토.
우하량의 총묘단塚廟壇(적석총, 여신묘, 제천단) 유적은
홍산문화가 국가체제를 갖춘 뛰어난 문명임을 보여준
다. 원형 제단과 방형 적석총은 마리산 참성단, 태백산
제천단, 북경 천단을 비롯한 동북아 제천단의 원형.

낙양

박(상商)

주周   하夏   상商

자산(츠산)磁山문화
BCE 6000~BCE 55..

앙소(양사오)仰韶문화
BCE 5000~BCE 3000

대계(다시)大溪문화
BCE 5000~BCE 3000

마ㅇ

동서 인류문명의 발상지 :
제5의 문명, 홍산문화

한민족의 고토에서 발굴된 홍산문화는 세계 4대문명(이집트·메소포타미아·인더스·황하 문명)보다 1~2천 년이나 앞선 '제5의 문명'이다. 요하문명, 발해문명으로도 불리는 이 태고 문명은 인류 제천祭天문화의 고향이요, 동서양 거석(피라미드) 문화의 원조이다.

홍산인들의 성지聖地, 우하량

신석기 말기 문명인 홍산문화 유적은 중국 요령성 조양시 일대에 동서 10km, 남북 5km에 걸쳐 있다. 그 유적 한가운데에 위치한 우하량에서 무려 5,500년 전에 세워진 적석총[塚], 여신묘[廟], 제단[壇]이 발굴되었다. 이는 우하량이 당시 정치와 종교의 중심지이자 성지였음을 보여준다. 홍산문화는 원시 부족 사회가 아닌 국가 단계의 문명 사회였던 것이다.

원형 제단(가운데)과 방형 돌무지무덤(좌측)을 함께 갖춘 우하량 제2 지점

우하량의 16개 유적지 가운데 제2 지점에서 최고 지도자가 묻힌 곳으로 보이는 돌무덤과 천제를 올린 장소로 추정되는 제단이 발굴되었다. 대형 축구장 크기(길이 150m, 폭 60m)만한 이 유적은 당시에 정치적 수장이 하늘과 소통하던 신성한 곳이었을 것이다.

우하량 제2 지점의 원형제단과 방형 적석총

3원 구조로 된 거대한 원형圓形의 천지 제단은 '하늘은 둥글고 땅은 방정하다'는 사상을 담은 천원지방天圓地方 구조로 되어 있다. 홍산인들은 **상제님과 조상에 대한 제사를 중시**하였다. 그리고 동방 신교문화의 삼신과 천지인삼재 사상을 반영한 제단을 만들어 제사를 올렸고, 고조선과 동일한 돌널무덤 방식의 묘장법墓葬法을 썼다. 따라서 이 유적은 천부경의 천일天一·지일地一·태일太一 사상을 생활화한 고조선의 전 단계로서 배달의 문명이다.

우하량 제2 지점의 3단 원형 제단

우하량 제2 지점의 방형方形 적석총

홍산인의 여신 신앙

우하량 제1 지점에서 여신을 모신 사당인 여신묘가 발굴되었다. 신전의 주실과 측실 등에 모셔진 여신은 세 명 이상이다. 발굴된 잔해로 보아 여신상의 크기도 사람의 등배, 2배, 3배로 서로 다르다. 널리 알려진 옥구슬 눈동자의 여인은 주실에서 발견된 사람 크기 여신상의 일부이다(아래의 사진).

5,000~5,500년 전에 만들어진 여신 두상
청록색 옥구슬로 눈동자를 만들었고 귀걸이를 한 흔적이 있으며 머리에 테를 두른 모습이다.

여신상과 여신묘女神廟

옥구슬 눈동자의 여신상을 복원한 모습
반가부좌를 하고 두 손을 하단전에 모은 여신상의 자세는
신교 원형 문화의 수행 모습을 잘 보여주고 있다.

우하량 여신묘女神廟 | 주실과 측실 등으로 구분되어 있고, 각 실의 신상神像들은 주실을 중심으로 일정한 서열을 갖추고 있다.

우하량 유적 제2지점 1호 적석총
제21호 무덤 발굴 당시 모습

홍산문화 유적지의 적석총에서 나온 석관石棺에서 많은 옥玉 유물이 발굴되었다. 적석총에 매장된 이 옥기는 수량이 많고 품질이 뛰어난 재료를 사용해 묘 주인의 신분이 고귀함을 짐작할 수 있다. 이 대형묘의 주인공은 신과 통하는 제사장祭司長이자, 왕王의 신분일 것이다. 따라서 당시 사회는 강한 권력을 지닌 집단의 수장이 출현한 제정일치 시대였다고 추정할 수 있다.

홍산문화의 용龍 형상 옥기

C자형 옥조룡玉雕龍

1971년 내몽골 적봉시 옹우특기 삼성타라촌에서 발견된 C자형 옥조룡玉雕龍(BCE 3000년경)은 가장 오래된 용 형상물이라 하여 처음으로 '중화제일룡中華第一龍'으로 불렸으나 1994년 사해문화(BCE 5600년경) 석소룡石塑龍이 발견되어 그 이름을 넘겨주게 되었다.

옥웅룡玉熊龍

요령성 부신阜新시 사해査海유적에서 발견된 7,600년 전의 세계에서 가장 오래된 용 형상 | 잔돌을 쌓아 만들었는데 중국에서는 중화제일룡中華第一龍이라 부른다.

7천여 년 만에 햇빛을 본 환국·배달 시대의 동방 천자天子 문화의 상징 용봉龍鳳

홍산문화 유적지에서 천자天子의 상징인 용龍과 봉鳳의 형상물도 100여 개 이상 발굴되었는데, 이들은 중국의 다른 지역에서 발견된 것 보다 그 시대가 훨씬 앞선다.

┤ 봉형토기 ├

조보구 문화에서 발견된 BCE 5000년경의 세계 최초 봉황 모양 토기. 중화제일봉中華第一鳳으로 명명되었다.

┤ 옥봉玉鳳 ├

봉황 모양의 옥기로 일부 학자는 삼족오로 보기도 하나 일반적으로 봉황으로 본다.

환국·배달 시대의 **삼신·칠성** 문화를 보여주는 유물

천상 북녘하늘의 칠성은 삼신상제님이 계신 곳이다. 동방 문화에서는 인간의 생사화복과 깨달음이 모두 칠성에서 내려온다는 것을 알고 칠성을 극진히 섬겨 왔다.

인류 최초 문명인 홍산문화에서 한민족 고유의 두발 양식이 상투 문화임을 확인할 수 있다. 상투를 트는 것은 내 마음을 삼신상제님의 마음에 맞추는 신성한 의식이었다.

옥관을 쓰고 무릎을 꿇은 여자

옥고玉箍 | 옥고는 상투를 고정시키기 위한 장신구이지만 인간이 하늘과 소통하는 매개물이기도 하다. 곧 나의 마음과 삼신상제님의 마음이 늘 일체관계를 유지하여 하나 되는 데에 뜻을 두었던 것이다.

삼족기三足器 | 삼족기는 만주를 중심으로 황하문명권에까지 널리 분포되어 있다. 한반도에서는 백제 유물에서 보인다.

삼련벽三聯璧 | 하늘에 제사를 지낼 때 사용하던 옥기이다. 천지인 삼재를 상징한다.

예악禮樂문화의 시원처

홍산문화에서 발견된 석경石磬은 동방 고대 사회에서 의례에 사용되던 타악기로서, 후한後漢의 경학자經學者인 정현鄭玄은 '옥경은 천자의 악기[玉磬, 天子之樂器]'라고 하였다. 석경이 발견된 것은 홍산문화가 예악禮樂문화의 시원처라는 것을 뜻한다.

| 뼈피리 |

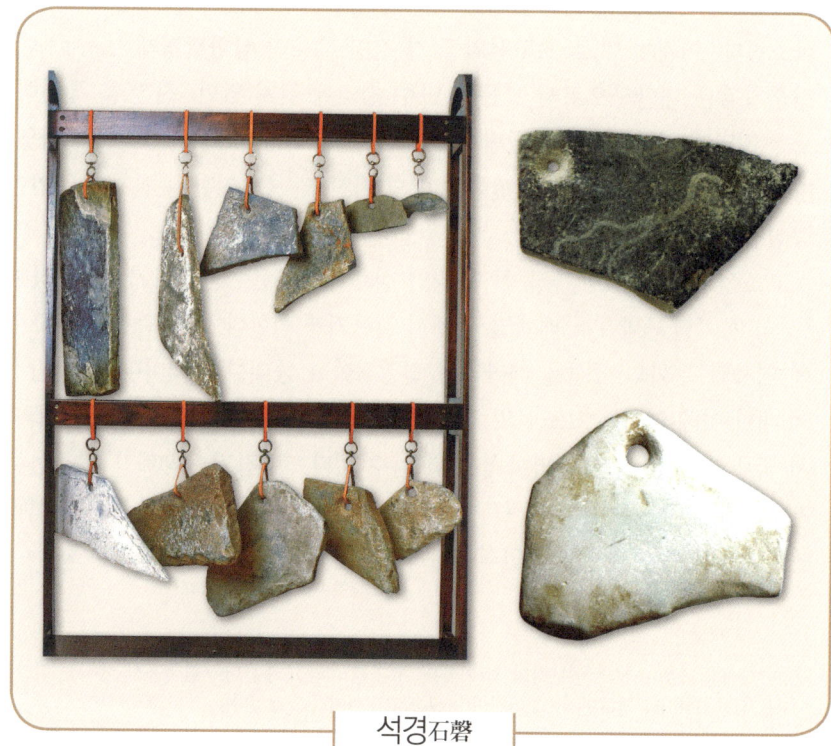

| 석경石磬 |

3. 한민족의 전성기, 고조선

1) 나라를 삼한으로 나누어 다스림

초대 환웅이 배달을 개국한 지 1565년에 이르러, 18세 거불단환웅이 세상을 떠나고 단군왕검이 배달의 구환족 전체를 하나로 통일하여 '조선朝鮮'[40]을 열었다(BCE 2333). 단군왕검은 조선의 개국시조로서 삼신상제님께 천제를 올리고, 송화강 유역(지금의 흑룡강성 하얼빈) '아침 태양이 빛을 비추는 땅'인 '아사달'에 도읍을 정하였다.

그 후 22세 색불루단군은 송화강 아사달에서 남서쪽의 백악산 아사달(지금의 길림성 장춘)로 천도하고, 44세 구물단군은 남쪽으로 더 내려와 장당경 아사달(지금의 요령성 개원시)로 천도하였다. 도읍지의 이동에 따라 왕조사가 크게 세 번 변한 고조선은 마흔 일곱 분 단군이 2,096년[41] 동안 다스린, 고대 한민족의 전성기였다.

단군왕검은 삼신의 원리에 따라 나라를 삼한, 즉 진한·번한·마한으로 나누어 다스렸다. 이것이 바로 고조선의 국가 경영 제도인 **삼한관경제**三韓管境制이다. 단군왕검은 대단군으로서 요동과 만주 지역에 걸쳐 있던 '진한'을 통치하고, 요서 지역에 있던 '번한'과 한반도에 있던 '마한'은 각각 부단군이 통치하였다. **마한은 하늘의 정신[天一]을, 번한은 땅의 정신[地一]을, 진한은 천지의 주인이요 중심인 인간[太一]을 상징한다.**

고조선의 정치에서 가장 큰 특징인 삼한관경제는 『환단고기』를 구성하는 『삼성기』, 『단군세기』, 『태백일사』에서 일관되게 전한다. 삼한관경제는 고조선의 역사와 문화의 핵심을 헤아리는 결정적이고 중대한 열쇠이다. 삼한관경제에 대한 이해 없이는 고조선의 영토 범위, 여러 도읍지, 복잡한 대외 관계와 당시 국내외 상황 등을 분명하게 설명할 수 없다. 현 강단사학계가 고조선사를 제대로 밝히지 못하는 가장 큰 이유가 바로 신교 삼신문화의 우주관과 신관에 근거한 삼한관경제에 대한 인식이 부족하기 때문이다.

---

40) 이성계가 세운 조선과 구분하기 위해 이를 '고조선'이라고 부른다. 『삼국유사』에서는 위만정권을 위만조선이라 칭하면서, 그 이전의 조선을 고조선이라 일컬었다.

41) 고조선의 역년에 대해 『단기고사』는 『환단고기』와 같이 2,096년으로, 『규원사화』는 1,205년으로 전한다. 고조선사를 한 분 단군의 역사로 잘못 기록한 『삼국유사』에서 "단군이 1,908세를 살았다"라고 한 것은 송화강 아사달(1,048년)과 백악산 아사달(860년) 시대를 합친 것이다.

삼한三韓의 수도 위치 | 6세 단군 때 신지 발리는 자신이 지은 서사시 <서효사>에서 삼한의 수도를 저울대(소밀랑, 송화강 아사달), 저울추(안덕향), 저울판(백아강)에 비유하였다. 세 수도가 하나의 저울이 되어 균형을 계속 유지하는 한, 고조선의 태평시대는 보전될 것이라 하였다(『고려사』).

2) 제후국을 거느린 동북아의 대국

　삼성조三聖祖의 마지막 시대인 고조선이 고대 한민족의 전성기였음은 고조선의 광활한 영토에서 여실히 드러난다. 고조선의 영토는 동쪽으로 한반도의 동해안, 북쪽으로 흑룡강을 지나 시베리아, 남쪽으로 일본 열도, 서쪽으로 몽골에 이르렀다. 고조선은 '우리 역사상 가장 넓은 영토를 가진 국가'[42]였다. 이러한 고조선을 고려, 조선의 중화 사대주의자들과 일제의 식민사학자들이 한반도 북부에 국한된 소국으로 줄여 놓았다. 그러나 고조선이 한반도에서 요서에 이르는 드넓은 땅을 차지한 동북아시아의 대국이었음은 고고학 발굴로도 입증된다. 20세기 후반에 발굴된 **하가점**夏家店 **문화**가 바로 그것이다.

　하가점은 내몽골 자치구 적봉시의 한 촌락으로, 건조한 기후 때문에 유적과 유물이 빗물에 유실되지 않고 시대별로 층층이 잘 보존된 곳이다. 하가점 유적지의 상층에서 유목민 문화가 나타났고, 하층에서 BCE 2400~BCE 1500년에

---

42) 윤내현, 『우리고대사 상상에서 현실로』, 169쪽.

걸친 농경 문화가 나타났다. 이 하층에서 동북아 청동기 문화의 대표적 유물인 비파형 청동검이 나왔는데, 만주와 한반도에서 발굴된 청동검과 동일한 것이다. 따라서 **하가점 하층문화는 고조선 문화이고, 하가점이 속한 몽골 지역은 고조선의 영역인 것이다.**

고조선은 **동북아의 대국으로서 70여 개의 크고 작은 제후국을 거느렸다.** 『단군세기』에 의하면, 고조선의 단군은 제후국을 순회하였고 제후들은 단군에게 조공을 바쳐 그 속국임을 자인하였다. 단군은 **제후들을 삼신상제님께 올리는 천제에 참여**시키고 함께 적국을 공격하기도 하였다. 하지만 중국과 일제는 고조선의 제후국을 고조선과 무관한 별개의 나라로 기록함으로써 대제국 고조선의 면모를 은폐하려 하였다.[43]

3) 고조선과 중국·일본의 관계

그렇다면 고조선과 당시 중국 왕조의 관계는 구체적으로 어떠하였을까? 초대 단군 시절, 중국의 순임금은 국가의 존망이 달린 대홍수를 당하였다. 고조선의 도움으로 보위에 오른 순은 9년 동안의 물난리 또한 고조선의 도움으로 무사히 해결하였다. 이때 순의 신하로서, 고조선의 부루 태자에게서 오행치수법五行治水法을 전수 받아 홍수를 해결한 실무자인 사공司空 우禹는 이 일로 백성들의 인심을 얻어 하나라를 열었다. 우가 오행치수법이 적힌 금간옥첩金簡玉牒을 받아간 것과 관련된 기록은 『오월춘추』, 『역대신선통감』, 『응제시주』, 『세종실록』, 『동국여지승람』, 『동사강목』, 『묵자』 등에서 확인된다.[44]

개국시조 때부터 고조선의 은덕을 입은 하나라는 마지막 군주 걸桀에 이르기까지 내내 고조선을 상국으로 모셨다. 하나라에서 상나라[45]로 교체될 때에도 고조선의 힘이 작용하였다. 상나라는 시조 설의 탄생 설화에서 보여주듯 동이족이 세운 나라이다. 그래서 상나라는 고조선이 위치한 동북방을 존숭하였다.

---

43) 송호정 등 일부 주류 강단 사학자들은 당시에 이런 제국이 존재할 수 없다고 단정하지만(송호정, 『만들어진 신화 고조선』, 151쪽), 고조선은 기마민족의 요소를 가진 나라이기 때문에 동북아의 광대한 강역을 충분히 다스릴 수 있었다. 말의 질주 속도는 시속 60킬로미터가 넘고, 실제로 13세기 몽골 기마군단은 유럽에서 하루에 100킬로미터 이상 진군하였다.
44) 중국의 『오월춘추』는 부루 태자를 '창수사자蒼水使者'로 돌려 말하며 창수사자가 우의 꿈에 나타나 비법을 알려 준 것으로 기록하여, 고조선에게 도움 받았음을 은폐하고 중국 스스로 국난을 해결한 것으로 왜곡하였다.
45) 상商이란 말보다 더 익숙한 '은殷'은, 한족 중심의 주나라가 동이족의 나라인 상나라를 폄하하기 위해 고쳐 부른 것이다.

일례로 상나라 말기의 도읍지인 하남성 안양시 은허 유적에서 출토된 궁전, 성벽, 무덤 등은 모두 동북방을 향하고 있다.

상나라 다음으로 550년 동안 중원을 지배한 주周나라도 그 창업 당시부터 고조선의 영향력에서 벗어날 수 없었다. 많은 병력과 전차를 보유한 상나라 군대를 이기기 위해서 주 무왕은 동이족의 협조가 절대적으로 필요하였다. 무왕을 도운 동이족의 대표적 인물이 바로 강태공이다. 주나라도 이전의 왕조와 마찬가지로 고조선에 조공과 방물을 바쳐 예를 표하였다. 『환단고기』에는 주나라 왕 하暇(4세 소왕昭王)가 고조선에 사신을 보내 조공을 바친 일, 32세 추밀단군 때 주나라가 번조선에 방물을 바친 일 등이 기록되어 있다.

고조선과 중국의 관계를 간단히 정리하면, 고조선은 동북아의 천자국天子國이고, **하·상·주 중국 3왕조는 모두 고조선의 정치적 지배를 받았던 것이다.**

일본의 역사 또한 중국 역사 못지않게 고조선과 밀착되어 있다. 고대 일본사는 동방 한민족의 이민 개척사요 일본 진출사라 해도 과언이 아니다. 우선 일본의 정통 역사서인 『일본서기日本書紀』와 『고사기古事記』46)에 기록된 천손강림 건국사화가 환웅의 배달 건국사화와 그 틀이 너무나 유사하다.

그리고 『환단고기』에 따르면, 36세 매륵단군 때 **협야후陝野侯 배반명裵幋命**이 일본으로 건너가 삼도三島(일본을 구성하는 세 섬)를 평정하고 스스로 천왕이라 칭하였는데(BCE 667), 이 배반명이 곧 **일본의 초대 왕 진무神武**이다. 이 진무에 대해 『일본서기』는 큐슈의 일향日向에서 출발하여 고대 일본의 심장부였던 기내畿內지방(현 교토, 나라 인근)의 야마토大和 지역을 평정하고 BCE 660년에 천왕으로 등극한 인물이라 말한다. 일본 사서가 말하는 '진무의 천왕 즉위 사건'과 우리 사서가 말하는 '배반명의 천왕 참칭 사건'은 그 내용도 유사하고 그 시기도 7년밖에 차이가 나지 않는다. 두 기록은 동일한 사건의 서로 다른 기록인 것이다.

고조선 사람에 의해 비로소 천왕이 다스리는 왕조사가 시작된 일본은 고조선이 망한 후로도 이 땅에서 넘어간 한민족에게서 역사발전의 영양분을 공급받았다. 대규모 집단이 일본으로 넘어간 경우만 해도 최소 여섯 차례에47) 달한다. 그 가운데, 일본 최초의 통일왕조인 야마토 정권을 탄생시킨(286년, 『일본서

---

46) 도네리 친왕舍人親王이 저술한 『일본서기』(720), 백제 사람 태안마려太安麻呂가 저술한 『고사기』(712)는 일본 최고最古의 정사正史이다. 하지만 이 두 서책은 백제 멸망(660) 후 모국인 백제와의 고리를 끊고 일본 왕조를 자생自生 왕조로 변색하기 위해 집필된 것이다.

47) 이 여섯 차례의 일본 진출사에 대한 내용은 완역본 『환단고기』 해제 308~309쪽 참고.

기』) 제15세 오진應神 왕의 역사도 한반도에서 넘어간 조선 사람이 일군 것이다. 『환단고기』는, 서부여의 의려왕 또는 그 아들 의라가 선비족 모용괴에게 패하자 무리 수천 명을 거느리고 바다를 건너 가 왜를 평정하고 왕이 되었다는 사실을 전한다(285년, 『태백일사』 「대진국본기」). 이때의 왕이 바로 오진이다.

한민족의 일본 이주와 문화 전수는 19세기 초까지 이어졌다. 임진왜란이 끝난 후 일본 도쿠가와 정권의 간청에 따라 1609년부터 2백 년 동안 문화사절단 통신사通信使를 파견하여 선진 문물을 전해 주었다. 요컨대 한국은 고조선 이후 근세조선에 이르기까지 **일본 문화 전반에 걸쳐 지대한 영향을 끼친 정신적 조국이자 스승의 나라**이다.

4) 고조선과 북방 민족의 관계

『환단고기』에는 고조선과 북방 민족 간의 관계를 알려주는 귀중한 기록도 있다. 『단군세기』는 3세 가륵단군이 열양 욕살 삭정索靖을 약수 지방에 유배시켜 종신토록 감옥에 가둬 놓았다가 후에 용서하고 그 땅에 봉하여 흉노의 시조로 삼았다고 전한다. 흉노의 시조가 한민족인 것이다. 흉노는 제국을 이룬(BCE 176) 후 나라를 신교 삼신문화의 고향인 고조선과 같이 셋으로 나누어 다스렸다. 중앙은 흉노의 왕인 '선우單于'가 통치하고 동쪽은 좌현왕이, 서쪽은 우현왕이 통치하였다.[48]

흉노는 자신들의 왕을 '탱리고도撑犁孤塗 선우'라고도 불렀는데, '탱리고도'는 '**하늘의 아들**', 즉 '**천자**天子'를 의미한다. 고조선에서 갈려 나간 방계 역사로서 흉노도 한민족과 마찬가지로 자신들의 왕을 '하늘의 대리자', 즉 '삼신상제님의 대리자'로 인식하였던 것이다. 또한 흉노는 천지와 일월을 숭배하고, 조상을 숭배하였다. 흉노는 BCE 4세기 전국 시대부터 진·한 시대 내내 중국을 위협한 세력이었다. 진시황 때 완성된 만리장성도 흉노의 침략을 막기 위해 쌓기 시작한[49] 것이었다.

흉노 제국은 BCE 1세기 중반 이후 내분으로 분열되어 2세기 중반에 오늘날의 카자흐스탄 초원으로 들어간 이후 기록에서 사라져 버렸다. 그러다가 **4세기 중반에 '훈**Hun**'이라는 이름으로 서양 역사의 무대에 등장**하였다. 370년경 흑해

---

48) 장진쾌이, 『흉노제국 이야기』, 60쪽.
49) 중국 북방의 성벽은 조, 연, 진 세 나라가 BCE 4세기 말~BCE 3세기 중반에 자국 영토를 유목민으로부터 방어하기 위해 쌓기 시작한 것이다(니콜라 디코모스, 『오랑캐의 탄생』, 191쪽).

북부에 나타난 이후 훈족은 알란족, 고트족 등 유럽 민족을 공격하였다. 이 공격으로 촉발된 게르만족의 대이동은 서로마 제국을 무너뜨렸다. 훈족의 출현은 유럽의 고대가 끝나고 중세가 시작되는 데 결정적인 계기를 제공한 것이다.

1세기 말에 흉노가 떠난 북방 지역의 패권을 잡은 민족은 선비족이다. 『후한서』에서는 **선비를 동호東胡(고조선의 별칭)의 후예**라 했다. 선비족도 흉노와 마찬가지로 고조선에 속한 족속 가운데 하나인 것이다.

선비족은 2세기 중반에 단석괴檀石槐라는 영웅 밑에서 하나의 국가로 통합되었지만 단석괴가 사망한 후 순식간에 여러 집단으로 나누어졌다. 이때 생긴 탁발拓跋, 모용慕容, 우문宇文, 단段, 걸복乞伏 등 여러 선비 부족은 당시 한나라가 망한 후 혼란에 빠져 있던 중국 땅으로 밀고 들어가 중국사에서 말하는 소위 5호16국 시대의 주역이 되었다.50) 그 가운데 북위(386~534)가 북중국을 통일하였고, 북위에서 나온 북주의 귀족인 양견이 패권을 잡고 수나라를 세웠다. 수를 이어 당나라를 개국한 이연李淵도 선비족 출신이므로 당나라 역시 선비족이 세운 나라가 된다. 이렇듯 수와 당은 모두 고조선에 기원을 둔 북방 민족이 세운 것이다.

『환단고기』에는 돌궐계인 '강거康居'에 대한 기록도 전한다. 강거가 반란을 일으키자 3세 가륵단군이 지백특支伯特(티베트)에서 토벌하였다고 한다. 고조선의 활동 영역이 티베트 인근까지 뻗쳐 있었음을 알 수 있다. 돌궐족은 6세기 중반에 유라시아 초원에 강력한 제국을 세웠지만, 건국자 토문土門이 죽은 후 동서로 나뉘었고 결국 당나라에게 멸망을 당하였다. 그 후 반세기 만에 놀랍게도 다시 일어나 '제2돌궐 제국'을 세웠지만, 위구르족에게 망하였다. 그후 위구르 제국이 멸망(840년)하자 서진하면서 다시 힘을 길러 11세기에 동로마 제국 영역에 셀주크 투르크 제국을 세우기에 이른다. 그 후 13세기 말에 오스만 왕조를 세우고 1453년에는 콘스탄티노플을 점령하여 '유럽의 뿌리'인 동로마를 멸망시켰다. **중세의 유라시아 역사에 큰 영향을 미친 '투르크Turk'족이 바로 돌궐突厥족인 것이다. 오늘날 터키Turkey라는 나라 이름도 투르크에서 비롯되었다.**51)

『단군세기』 4세 오사구단군 조에는 단군이 아우 오사달을 '몽고리한蒙古里汗'에 봉하였다는 기록이 나온다. 선비족의 영웅 단석괴가 죽은 후 나누어진 여러

---

50) 스기야마 마사키, 『유목민이 본 세계사』, 191쪽.
51) 〈주간조선〉 1963호, "김호동 교수의 중앙유라시아 역사기행(7) : 유라시아 초원을 제패한 돌궐 제국", 2007.7.16.

부족 중 하나인 **실위족에서 칭기즈칸**(1162~1227)**이 이끄는 몽골족이 출현**하였다. 19세의 약관에 부족의 칸으로 선출된 칭기즈칸은 몽골 부족을 하나로 통합하고, 눈길을 초원 밖으로 돌려 중앙아시아 일대를 정복해 나갔다. 몽골은 칭기즈칸 사후 유럽 원정에 나서 돌궐족이 세운 셀주크 투르크를 속국으로 삼았다(1243년). 그 후 몽골의 정복사업은 제5세 쿠빌라이칸 때 절정에 달하여, 1271년에 도읍을 연경燕京(지금의 북경)으로 옮기고 **원元나라**를 개국하였다. 그 몇 년 후에는 남송을 멸망시키고 중국 땅 전체를 다스리는 대통일 제국이 되었다. 중국 역사에서 가장 넓은 강역을 차지한 시대인 원나라도 한족이 아니라 북방 민족이 일군 역사인 것이다.

몽골의 유럽 진출은 서양의 중세를 마감하게 한 원인이 되었다. 몽골군이 몰고 온 흑사병으로 유럽 인구가 급감하여 경제적으로 중세를 지탱해 오던 농노제도가 무너졌다. 또한 흑사병 앞에서 무력한 신의 존재에 사람들이 의문을 제기하여 중세의 정신적 지주였던 교회와 교황의 권위가 붕괴되었다. 흉노족이 유럽의 고대를 무너뜨렸다면, 몽골은 유럽의 중세를 마감하게 한 것이다.

몽골족은 천신을 숭배하고 산을 신성시하여 산에 제사를 지냈다. 몽골인들은 또 술을 마시기 전에 손가락으로 술을 세 번 튕기는 풍습이 있었는데 이것은 고조선의 고시례와 유래가 같은 것이다. 그리고 돌탑 주위를 세 바퀴 도는 탑돌이를 하면서 소원을 비는 것은 우리의 **3수 신앙**과 비슷하다.

몽골 제국은 개방적인 동서교류 정책을 펴 인류 역사상 어느 시기보다도 활발한 인적 왕래, 종교 전파, 상품 교역을 일으켰다. 몽골이 주도한 13~14세기의 동서 교류는 **인류의 근대를 열어가는 데 크게 기여**하였다. 동방 무역에 종사하던 이탈리아 도시국가들의 상업 활동을 촉진시키고 자본축적을 이루게 하여 근대 자본주의의 싹을 틔웠기 때문이다.

지금까지 살펴본 흉노, 선비, 돌궐, 거란, 몽골 등 북방 민족은 오늘의 한민족과 밀접한 관계가 있다. 그래서 북방 민족과 한민족은 사상과 풍습 사이에 유사점이 많다. 북방 민족도 자신들을 '천손(하늘의 자손) 민족'이라 일컫고, 천신 즉 삼신상제님을 숭배하였다. 북방 시조들의 탄생에 얽힌 난생설화, 순장제와 형사취수제(형이 죽으면 형수를 아내로 맞이하는 풍습) 등도 우리 문화와 유사하다. 북방 민족과 한민족은 '고조선'이라는 뿌리로 서로 연결되어 있기 때문이다.[52]

---

52) 고조선에서 뻗어 나간 북방 민족의 보다 상세한 흥망사는 완역본 『환단고기』 해제 310~329쪽 참고.

5) 청동기와 고인돌이 말하는 고조선의 문명

기존의 강단 사학계는 한국의 청동기 시대가 기껏해야 BCE 1300년을 거슬러 올라가지 못한다고 보았다. 그러나 한국사의 청동기 시대는 그보다 천 년 이상 거슬러 올라가야 한다. 한민족이 BCE 2500년경에 이미 청동을 사용하였음을 보여주는 **요서 지역의 하가점 하층문화가 발견**되었기 때문이다. 황하 유역의 중국 문화와 성격이 다른 별개의 문화로 판명된 하가점 하층문화도 고조선의 문화이다.

하가점 지역에서 발견된 청동 문화 가운데 가장 잘 알려진 것이 비파형 동검이다. 악기 비파처럼 생긴 이 검은 요서, 요동, 만주와 중국의 하북성, 산동성, 그리고 한반도 전역에서 발견된다. 그러나 중국 중원 지역과 시베리아에서는 거의 찾아 볼 수 없다. 이러한 사실은 **고조선의 영역이 요서에서 한반도까지 걸쳐 있었음을 의미**한다.

비파형 동검은 청동과 아연의 합금으로 그 재질이 단단하고 강하다. 주로 납으로 만들어 쉽게 무디어지는 중국의 검과는 다르다. 청동과 아연은 비등점이 서로 달라 두 금속을 합금하는 데에는 고도의 기술이 필요하다. 이것만으로도 4천여 년 전 고조선 문명의 높은 수준을 가늠할 수 있다.[53]

고조선의 뛰어난 청동기 제작술을 보여주는 또 다른 예가 바로 다뉴세문경 多鈕細紋鏡(여러 꼭지 잔줄무늬 거울)이다. 이 청동 거울 뒷면에 새겨진 만여 개의 가느다란 선은 머리카락 굵기에 불과하다. 이런 정교한 선이 새겨진 청동 거울은 이제까지 다른 나라에서 발굴된 적이 없다.[54] 청동은 구리와 주석의 비율에 따라 그 성질이

다뉴세문경(잔무늬 거울) | 숭실대 한국기독교박물관에 소장된 국보 제141호. 지름 21.2㎝인 이 청동 거울의 뒷면에 깊이 0.7㎜, 폭 0.22㎜ 간격으로 무려 1만3천 개의 직선과 100여 개의 동심원이 새겨져 있다. 최근에야 거의 흡사하게 복원했을 정도로 매우 뛰어난 청동 주조 기술을 보여주는 유물이다.

---

53) 이덕일, 『고조선은 대륙의 지배자였다』, 173쪽.
54) 이덕일, 같은 책, 174쪽.

달라지는데, 다뉴세문경은 주석의 비율이 27%에 달하여 매우 견고하다. 비파형 동검과 다뉴세문경만으로도 **고조선이 고도의 청동 제작 기술을 보유한 동북아 문명의 주역**이었음을 확신하게 된다.

고조선은 높은 수준의 청동기뿐 아니라 거석 유적에 속하는 고인돌도 많이 남겼다. 고인돌은 원래 신석기와 청동기 시대에 나타난 돌무덤 형식의 하나로, 아시아에서는 만주와 한반도에 많이 남아 있다. 한반도의 경우 대략 **4만 기** 정도가 있는 것으로 추정된다.

고인돌에 사용된 판석의 무게는 10톤에서 300톤에 이른다. 이 거대한 판석을 떼어 옮기려면 수백 명의 인력이 필요하기 때문에, 고인돌을 세우는 것은 부족장이나 왕이 다스리는 강력한 통치체제를 갖춘 사회가 아니면 불가능하다. 이집트에서 노예를 동원하여 피라미드를 쌓았듯이, 고조선도 단군을 비롯한 통치 계급을 장사지내는 고인돌을 짓기 위해 백성과 노예를 동원하였을 것이다. 4,300년 전 동북아에 출현한, 이미 국가체제를 갖춘 나라가 바로 고조선인 것이다.

고인돌은 무덤으로 시작되었지만, 제단이나 마을의 상징물 구실도 하였다. 제단 고인돌은 주로 독립적으로 나타나는데, 시신을 묻었을 것으로 보이는 무덤방이 없다. 고인돌의 모양은 음양론에 바탕을 두고 있다. 뚜껑돌은 양으로 하늘(아버지)을 상징하여 1개[天一]이고, 받침돌은 음으로 땅(어머니)을 상징하여 2개[地二]로 이루어졌다. 뚜껑돌, 받침돌, 피장자被葬者는 각기 천, 지, 인을 상징하여 삼재 사상을 나타낸다. **고인돌에도 신교의 천지 음양과 삼신사상이 녹아 있는 것이다.**

6) 고조선의 경제와 문화

고대의 중요한 산업은 농업이다. 때문에 토지 제도는 국가의 안정과 발전에 중대한 영향을 미친다. 고조선은 **2세 부루단군 때부터 정전제**井田制[55]라는 이상적 토지 제도를 시행하였다. 흔히 중국의 주나라 때 처음 실시되었다고 알려져 있지만, 사실은 고조선에서 먼저 시작되었고 나중에 중국으로 전파된 것이다.

고조선은 일찍이 화폐도 주조하였는데, 4세 오사구단군 때인 BCE 2133년

---

55) 정전제는 토지를 '우물 정井' 자 모양으로 9등분하여 중앙은 공전公田으로 하고 주위는 여덟 가구에게 사전私田으로 나누어 주어 경작하게 하는 방식이다. 공전은 공동 경작하여 그 생산물을 세금으로 내고, 사전은 각 가구가 경작하여 생활하였다.

에 '**패전**貝錢'이라는, 가운데 둥근 구멍이 뚫린 돈을 주조하였다. 이 패전이 후대에 나온 **엽전의 기원**이다. 고조선은 다른 지역보다 일찍 청동기 문명을 열었기 때문에 화폐 주조도 당연히 앞섰을 것이다.

하지만 고조선의 실존을 부정하는 현 학계에서는 한국에서 출토된 가장 오래된 금속 화폐를 BCE 6세기경의 중국 연나라 화폐인 명도전明刀錢으로 본다. 그러나 명도전은 연나라 화폐가 아닌 고조선 화폐로 보아야 마땅하다. 무엇보다 **명도전이 출토된 지역이 고조선의 영역과 거의 일치**하기 때문이다. 명도전을 연나라 화폐로 보기 어려운 또 다른 이유는 엄청난 출토량에 있다. 고조선 유적지에서는 명도전이 한가득 담긴 자루가 출토되는 경우가 빈번한데, 이것은 명도전이 외국의 화폐가 아니라 고조선 자국의 화폐이기 때문에 가능한 일이다.56)

고조선의 여러 가지 문화와 풍습에서도 고조선의 뛰어난 생활수준을 확인할 수 있다. 고대 문명을 이루는 중요한 조건 중 하나가 문자의 사용인데, 고조선 이전 배달 시대부터 우리 민족은 문자생활을 영위하였다. 배달 시대와 고조선 초기에는 사슴 발자국 모양을 본뜬 뜻글자(표의문자)인 **녹도문**鹿圖文을 사용하였다. 하지만 녹도문은 쓰기가 불편하였다. 이것을 개량하여 만든 고조선의 새로운 뜻글자가 '신전神篆'인데, 여전히 어려워 백성들 사이에 말이 잘 통하지 않았다. 이에 고조선의 3세 가륵단군 때 소리글자(표음문자)를 창안하였으니, 바로 정음 38자로 이루어진 '가림토加臨土'57)이다. 고조선처럼 뜻글자와 소리글자를 동시에 사용한 고대 국가는 세계 역사상 유례를 찾아 보기 어렵다.

최근 중국 곳곳에서 상나라 갑골문 이전의 문자로 추정되는 상고금문上古金文이 발견되고 있다. 중국 학자 뤄빈지駱賓基의 연구에 따르면, 상고금문은 한민족의 언어를 바탕으로 만들어진 문자이고, 그 문자를 만들어 사용한 주체는 동방 조선족이다.58) 한민족의 문자가 중국 문자의 원형인 것이다.

고조선은 제정일치 국가로서 일찍이 예악禮樂이 발달했다. 요령성 건평현의 이도만자二道灣子 유적과 하가점 유적에서 출토된 돌로 만든 악기인 '석경石磬'과 한반도의 두만강 유역에서 출토된 '뼈피리' 등은 고조선의 예악 문화를 보

---

56) 성삼제, 『고조선 사라진 역사』, 148~151쪽.
57) 가림토(또는 가림다加臨多)는 한양조선 세종 때 만든 훈민정음과 그 형태가 같거나 흡사하다. 오늘날 우리가 쓰는 한글은 고조선 글자의 변형태인 것이다.
58) 김대성, 『금문의 비밀』, 29쪽.

여주는 유물이다.[59] 이것은 홍산문화에서 출토된, 배달 시대의 '석경石磬(BCE 3000년경 제작)'과 옥으로 만든 '오공금五孔琴'과 더불어 동방 한민족이 동북아에서 가장 먼저 예악 문화를 누렸음을 보여 준다.

옥 누에 | 홍산문화에서 발견된 옥누에를 통해서 5,500년 전 배달국 시대에 이미 비단 짜는 기술이 존재했다는 것을 추측할 수 있다.

고조선 사람들은 삼베, 모직, 면, 그리고 비단까지 생산하여 높은 수준의 복식문화를 누렸다. 고고학 자료에 따르면, 고대 한국이 비단을 생산하기 시작한 때는 배달 말기 BCE 2700년경이다. 이 시기는 초대 단군왕검이 하백의 딸을 황후로 맞이하여 누에 치기를 관장하게 하였다는 『환단고기』의 기록과 부합한다. 중국도 비슷한 시기에 비단을 생산하기 시작하였지만, 고조선의 뽕나무는 중국 것과 다른 품종이고, 비단의 직조방법과 염색 기술도 달랐다. 고조선은 독자적인 비단 생산 기술을 가지고 있었던 것이다.

고대 복식사를 연구하는 박선희 교수는 '홍산문화 유물에 옥잠玉簪(옥누에)이 나오는 것을 보면, 한국의 비단 직조술이 중국보다 앞섰다'라고 말한다. 매미 날개처럼 얇은 실크를 고조선이 먼저 생산했고, 실크의 종류도 고조선이 더 많았다고 한다. 이로 볼 때, **실크로드의 역사는 새로 써야 할 것이다.** 면직물의 생산도 고대 한국이 중국보다 앞선다. 우리나라는 고조선 때부터 이미 품질이 우수한 백첩포白氎布(백첩이란 목화 품종에서 뽑은 면)를 생산하였지만, 중국의 경우 면직물은 원나라 때 와서야 생산되었다. 고려의 문익점이 원나라에서 몰래 목화씨를 가져옴으로써 비로소 우리나라가 면직물을 생산하였다는 것은 각색된 이야기에 불과하다.[60]

그리고 『후한서』, 『삼국지』 같은 중국 사서를 살펴보면 고대에 우리 민족은 머리를 틀어 올렸다는 것을 알 수 있다. 홍산문화 유적에서 나온, 머리 위에 쓰는 옥으로 만든 장식물인 옥고玉箍가 그러한 기록을 뒷받침한다. 옥고는 고조선 시대에도 계속 발전하였고, 이 옥고에서 한국 금관의 기본 양식이 비롯되었다.

한국에서 금관을 쓰기 시작한 것은 고구려 때부터이고, 전 세계 금관의 3분의 2가 우리나라에 있다. 중국에서 금관이 만들어진 것은 북방 민족인 거란이

---

59) 〈경향신문〉, "동방 예악의 고향은 발해연안북부", 1987.3.17.
60) 상생방송STB, 〈한문화특강〉, "고대 한민족 복식문화의 국제적 위상" 1강, 2012.2.27.

세운 요나라 때로서, 왕의 시신을 금으로 덮으면서 금관을 만들기 시작하였다. 금관만으로도 한국인의 정체성과 고유성을 증명할 수 있다고 말하는 박선희 교수는 한국을 금관의 종주국이라 주장한다.[61]

7) 삼한관경의 와해 속에 무너진 고조선

고조선은 **21세 소태단군 말기** 무렵, 개국 이후 첫 번째 국가 위기 상황을 맞이하였다. 상나라 정벌에 공을 세운 개사원 욕살褥薩(지방장관) 고등高登과 해성 욕살 서우여徐于餘 사이에 일어난 권력 투쟁이 그 발단이었다. 마침내 고등의 손자 색불루索弗婁가 군사를 일으켜 정권을 탈취하여 고조선의 22세 단군으로 즉위하였다.

색불루단군은 국정쇄신을 위해 백악산 아사달로 천도하고 **삼한**(진한, 번한, 마한)을 **삼조선**(진조선, 번조선, 막조선) **체제로 바꾸었다**. 삼조선 체제에서도 예전처럼 진조선이 병권을 가졌지만, 이미 예전의 삼한관경제가 아니었다. 당시 고조선은 **신교문화의 성소聖所**인 소도를 중심으로 한 공동체 의식이 약해지고 빈부격차와 계급 분화가 빠르게 진행되고 있었다.

43세 물리단군 때에 이르러 **삼한관경제가 완전히 붕괴**되었다. 우화충이 반란을 일으켜 도성을 공격한 것이 그 계기였다. 단군은 피난에 나섰다가 도중에 붕어하고 말았다. 이때 백민성白民城 욕살 구물丘勿이 장당경에서 군사를 일으켰고, 반란을 평정한 구물은 44세 단군으로 즉위하였다. 그리고 도읍을 **장당경 아사달**로 옮김으로써 **고조선의 제3왕조 시대**가 시작되었다.

구물단군은 국호를 **대부여**大夫餘로 바꾸었다. 이 국호는 초대 단군의 4남 부여夫餘가 다스린 고조선의 제후국 '부여夫餘'에서 취한 것이다. 하지만 대부여는 예전의 진한 또는 진조선과 같은 막강한 통치력을 행사할 수 없었다. 부단군이 다스리는 번조선·막조선도 똑같이 병권을 가지게 되어, 중앙의 진조선과 대등한 관계가 되었기 때문이다.

이때부터 고조선은 급속하게 쇠락의 길을 걸었다. BCE 238년, 마침내 47세 고열가단군이 오가五加 귀족들에게 나라를 맡기고 산으로 들어가 버리니, 고조선은 2,096년으로 그 역사를 마감하게 되었다.[62]

---

61) 상생방송STB, 〈한문화특강〉, "고대 한민족 복식문화의 국제적 위상" 2강. 2012.2.28.
62) 고조선 2,096년은 고조선의 중심 세력인 진한(진조선)의 역년이다. 서쪽의 번조선은 그 후 40여 년(BCE 238~BCE 194)을 더 존속하다가 위만에게 왕권을 찬탈당하였다.

4. 북부여에서 대한민국 수립까지

1) 북부여의 출현과 열국 시대 개막

대단군의 통치권이 약화되고 부단군과 지방 군장들의 목소리가 커지던 고조선 말기에 해모수가 북부여를 건국하였다. 해모수는 서압록西鴨綠(지금의 요하 상류)에 위치한 고조선의 제후국인 고리국 출신으로 BCE 239년에 웅심산(지금의 길림성 서란)을 근거지로 북부여를 세웠다. 그 후 백악산 아사달을 점거하고 단군으로 추대됨으로써, 고조선을 계승한 북부여의 역사가 시작되었다(BCE 232).

해모수가 나라 이름을 '북쪽에 있는 부여'를 뜻하는 북부여로 정한 것은 고조선 말기 대부여의 강역 중에서 북녘 땅(만주)을 중심으로 나라를 열었기 때문이다. '대大' 자를 '북北' 자로 바꾸어 북부여라 한 것이다.

이렇게 북부여가 고조선의 역사를 이어가고 있을 때, 번조선과 막조선에도 큰 변화가 일어났다. 서방 진출의 교두보이자 외적의 침략을 막는 방파제 구실을 하던 번조선은 당시 전국 시대의 혼란을 피해 넘어온 한족 난민으로 몸살을 앓고 있었다. 그 난민 중에 연나라 사람 위만이라는 자가 있었다. 위만은 한나라 조정으로부터 숙청당할 위기에 몰리자 조선인으로 변장하고 부하 1천 명과 함께 번조선 준왕에게 투항하였다(BCE 195). 준왕은 위만을 서쪽 변방인 상하운장(지금의 난하 서쪽 지역)을 지키는 장수로 임명하였다. 그런데 위만은 그곳에서 세력을 길러 이듬해에 왕검성을 쳐서 한순간에 준왕을 내쫓고 스스로 왕이 되었다(BCE 194). '**위만정권**'이 탄생한 것이다.

한편 요서 지역 출신 대부호인 최숭은 바다를 건너 막조선의 왕검성(지금의 평양) 지역에 **낙랑국**을 세웠다(BCE 195).[63] 강력한 한나라의 출현으로 요서 지역에 위기감이 팽배한 데다 위만을 비롯한 수많은 한족이 망명하여 오자, 최숭이 한반도로 이주하여 나라를 세운 것이다.

번조선 땅이 위만에게 강탈당할 때, 번조선의 상장군 탁卓이 조선의 백성을 이끌고 한강 이남으로 이주하여 새로이 '**마한**'을 세웠다(BCE 194).[64] 이때 진조

---

63) 낙랑국은 낙랑군과 다르다. 최숭이 세운 낙랑은 요서 지역에 있는 자신의 고향, 낙랑에서 이름을 따 왔다. 이 낙랑은 번조선 수도 왕검성이 있던 지금의 하북성 창려현 지역으로 비정된다. 이와 달리 낙랑군은 한 무제가 번조선을 패망시키고 그곳에 설치하려 했던 사군四郡 중의 하나이다.

64) 상장군 탁은 북삼한 시대 막조선의 월지국(지금의 전북 익산) 출신이다. 번조선에서 벼슬을 하다가 위만에게 번조선이 침탈당하자 유민들과 함께 고향 월지국으로 되돌아가 소규모의 마한을 세운 것이다.

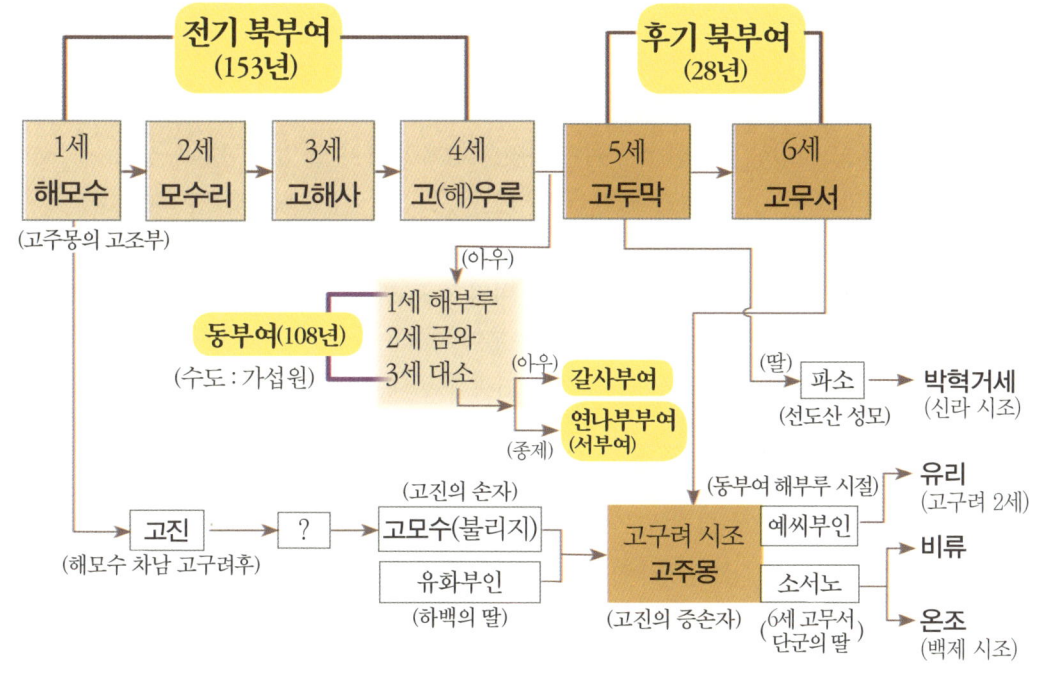

북부여 계보와 고주몽 혈통

선과 막조선의 백성도 한강 아래로 남하하여 각기 '**진한**'과 '**변한**'을 세웠다. 마한은 전북 익산을, 진한은 경북 경주를, 변한은 경남 김해를 중심으로 자리를 잡았다.[65] 고조선 시대의 북삼한을 모르는 강단사학계는 이 '**남삼한**(후삼한)'을 삼한 역사의 전부로 거론한다.

이처럼 북부여가 만주의 진조선을 대신할 때, 요서의 번조선은 망명객 위만이 차지하고 막조선의 강역인 한반도에는 낙랑국과 남삼한이 들어서면서 한국사는 서서히 열국列國 시대로 접어들기 시작하였다.

2) 북부여의 구국 영웅, 고두막한

북부여는 4세 단군에 이르러 역사적인 큰 전환점을 맞이하게 되었다. 한나라의 창업자 유방의 7세손으로 중국 역사에서 가장 강력한 군주 중의 한 명으로 꼽히는 한 무제武帝의 침공을 받은 것이다. BCE 109년, 한 무제는 우거왕이 다

---

65) 북삼한 시절에는 진한이 삼한의 중심국이었지만, 남삼한 시절에는 마한이 중심국이 되었다. 따라서 마한의 임금 탁이 진왕辰王 노릇을 하였다. 진왕이란 대단군 또는 단군천황의 다른 말이다.

스리고 있던 고조선(위만정권) 땅을 침입하여 이듬해 우거의 왕검성을 함락시키고, 그 여세를 몰아 요동을 지나 북부여까지 침공하였다.

이때 분연히 의병을 일으켜 한나라 군대를 물리친 영웅이 바로 **고두막한**高豆莫汗이다. 고조선을 계승한 북부여가 자칫 사라져 버릴 수도 있는 **한민족 상고사 최대의 위기**에서 나라를 구한 고두막한은, **졸본**卒本에서 나라를 열어(BCE 108) **졸본부여**라 하고 스스로 **동명왕**東明王이라 칭하였다.[66] 그 후 20여 년이 지나 고우루단군으로부터 양위 받아 북부여의 5세 **고두막단군으로 즉위**하였다(BCE 86). 고두막단군의 등장으로 전기 북부여 시대가 끝나고 새 역사가 시작되었지만,[67] 북부여는 고두막단군의 아들 6세 고무서단군에 이르러 182년(BCE 239~BCE 58)의 짧은 역사를 끝내고 고구려로 계승된다.

'**북부여가 고조선을 계승하였다**'는 사실은 **한민족 고대사의 국통 맥을 바로잡는 핵심 요체**이다. 그런데도 한국의 강단사학계는 일제 식민사학의 각본대로 위만정권을 고조선의 계승자로 앉혔을 뿐만 아니라, '위만정권이 망한 후에는 한사군이 설치되었다'고 가르친다. **북부여는 온데간데없고, 도적 위만이 번조선을 빼앗아 세운 이른바 위만조선과 중국의 식민지인 한사군이 그 자리를 차지하고 있는 것이다.**

강단사학자들은 또한 중국 사서와 『삼국사기』, 『삼국유사』를 근거로 북부여 시조 해모수(주몽의 고조부)를 고구려 시조인 주몽의 아버지로 만들었다. '해모수와 유화부인 사이에 고주몽이 태어나 고구려를 열었다'고 하여, 해모수와 주몽을 부자지간으로 만든 것이다. 그 결과 **180여 년에 걸친 북부여 6대 단군의 역사는 완전히 증발**되어 버렸다.

3) 일본에 진출한 부여족

고조선 사람들이 그러한 것처럼, 부여인도 일본열도로 진출하였다. "부여는 한반도에서 고구려·백제·신라를 건국했을 뿐 아니라, **4세기에 일본열도로 건너가 나라를 세웠다.** 유물·언어·신화·풍습 등 다방면에서 한반도와 일본의 문화가 매우 비슷하다"고 말한 일본 학자 기다 사다기치喜田貞吉(1871~1939)의 주장에

---

66) 고두막한은 고조선의 47세 고열가단군의 직계 후손이다. 동명왕이란 칭호는 '동방[東]의 광명[明]을 부활시킨다'는 뜻이다. 졸본부여를 '동명부여'라고도 한다.

67) 고두막단군 때에 북부여에서 동부여(가섭원부여)가 갈라져 나갔고, 동부여는 2세 금와왕을 거쳐 3세 대소왕 때에 고구려에게 망하여 갈사부여와 연나부부여(서부여)로 나누어졌다.

서도 이를 알 수 있다. 기다는 **일본의 기마민족설을 최초로 주장**한 사람이고, 기마민족설을 최종적으로 완성한 사람은 에가미 나미오江上波夫(1906~2002)이다. 일본의 고대 국가인 야마토大和 조정을 한반도에서 건너간 부여계 기마민족이 건설하였다는 설은 오늘날 일본 학계에서 정설로 받아들여지고 있다.

그런데 『태백일사』에 따르면, 3세기 말에 **서부여 왕인 의려**依慮가 선비 모용외에게 패하자 수천 명을 거느리고 바다를 건너가 왜를 평정하고 그곳의 왕이 되었다. 의려 또는 그의 아들 의라가 바로 일본 역사서에서 말하는 제15세 오진應神 왕이다. 오진 왕은 '삼신[神]의 부명符命에 응[應]한다' 하여 이름을 그렇게 지었다 한다. 이처럼 일본 학자들이 유물을 연구하여 밝힌 일본 고대사와 『환단고기』의 기록이 서로 일치한다.

부여인의 진출과 함께 부여의 생활 풍습도 일본에 전파되었다. 『위지魏志』 「동이전」에서 부여 사람들에 대해 "음식을 먹을 때는 모두 조두俎豆(나무로 만든 제기祭器 형태의 그릇)를 사용하고, 여럿이 모이는 때에는 서로 절하면서 잔을 권하는데 잔을 씻어 권한다"라고 하였고, 또 "통역하는 사람이 말을 전할 때는 모두 무릎을 꿇고 손을 땅에 대고, 조용히 말을 한다"라고 하였다. 음식을 나무 그릇에 담아 먹고, 서로 고개 숙여 인사 하고, 무릎을 꿇고 앉고, 말을 조용히 하는 것은 일본 사람들에게서 쉽게 볼 수 있는 모습이다.

부여인의 일본 진출은 고고학적으로도 입증된다. 오진應神 왕이 세운 나라가 있던 가와치河內 땅 오진 왕릉 터에서 금동으로 조각된 말안장 장식인 안교鞍橋가 나왔다. 이 유물은 기마민족이 일본에 진출하였음을 고고학적으로 증명한다.

4) 열국 시대 이후 대한민국 수립까지

북부여의 국통은 고구려로 계승되었다. 아들이 없던 북부여의 6세 단군 고무서는, 자신을 '천제의 아들[天帝子]'이라 밝힌 고주몽을 범상치 않은 인물로 여겨 둘째 딸 소서노와 혼인시켜 사위로 삼은 후 주몽에게 대통을 물려주었다(BCE 58).

주몽은 북부여 시조 해모수의 고손高孫**으로**, 해모수의 둘째 아들 고진의 손자인 불리지의 아들이다. 원래 동부여 땅에서 태어났지만, 어머니의 뜻을 받들어 제 고향인 북부여를 찾아가 고무서단군의 사위가 되었고 마침내 북부여의 7세 단군이 되었다. 그리고 **나라 이름을 북부여에서 고구려**로 바꾸었으니(BCE 37), 고구려는 북부여를 계승한 나라이다.

우리가 배운 고구려 역사(BCE 37~CE 668)는 건국에서 패망까지 700년이 조금 넘는다. 그런데 중국 사서 『신당서』를 보면, 시어사侍御史 가언충賈言忠이 요동에서 돌아와 당 고종에게 전황을 보고하는 중에 '고구려는 900년을 넘지 못하고 팔십 먹은 장수에게 망한다고 하였다'는 말을 전한다. 이것이 바로 신라 최치원이 당나라 유학 때 듣고 놀랐다는 '고구려 900년 설'이다. 어떻게 고구려 역년이 900년이 되는가? '**고주몽이 해모수를 태조로 하여 제사를 모셨다**'는 『삼성기』상의 기록에 그 실마리가 있다. 해모수가 북부여를 세운 때부터 계산하면 고구려 역년은 900년이 약간 넘는다(BCE 239~CE 668).

고구려는 북부여의 연장선상에 있으므로, 북부여를 '원고구려'라 할 수 있다. 고구려를 이은 대진大震(발해)은 대중상이 그리 불렀듯이, 곧 '후고구려'이다. 원고구려-고구려-후고구려로 이어지는 역사는 우리 국통 맥을 잇는 결정적 요소 중의 하나이다.

고구려가 망한 후 고구려의 유장遺將 대중상大仲象과 그의 아들 대조영大祚榮이 고구려의 옛 영토를 회복하고 **대진**大震을 건국하였다. '동방'을 뜻하는 '진震'을 이름으로 취하여 '**동방 광명의 큰 나라**', '**위대한 동방의 나라**'를 세웠다. 흔히 쓰는 '발해'는 당나라가 대진을 폄하하여 '발해渤海'라는 바다 이름에서 따 붙인 것이다.

대진은 동북아의 주인이었던 고구려의 계승자로서, 당시 국경을 맞대고 있던 신라와 달리 독자적인 연호를 쓰고 황제 칭호를 사용하였다. 대진은 해동성국海東盛國이라 불릴 정도로 강성하였으나, 백두산에서 일어난 대폭발로[68] 국가 기능이 마비된 상황에서 거란의 침입으로 926년경에 멸망한 것으로 추정된다.

후신라(통일신라)와 대진이 공존한 남북국 시대가 끝난 후, 한민족의 국통은 고려, 조선, 대한민국으로 계승되었다. 고조선 시대 사관史官 발리發理가 지은 『신지비사神誌秘詞』에 따르면, **한민족 국통 맥은 아홉 번을 바뀌며 전개**된다. 그 예언처럼 실제로 우리나라는 ①환국 → ②배달 → ③고조선 → ④**북부여**(열국 시대) → ⑤**고구려·백제·신라·가야**(사국 시대) → ⑥**대진·신라**(남북국 시대) → ⑦**고려** → ⑧**조선** → ⑨**대한민국**으로, 국통 맥이 아홉 번에 걸쳐 크게 변화하였다.

---

[68] KBS 1TV, 〈일요스페셜〉, "한반도 탄생 30억 년의 비밀"(3), 1998.1.1 ; KBS 1TV, "발해 그 터를 찾아", 1988.8.9.

역·사·길·잡·이

인류 문명의 네 기둥

『환단고기』를 읽어 보면 지금까지 세계 문명이 크게 '네 개의 기둥'을 중심축으로 하여 발전해 왔음을 알 수 있다.

인류의 첫 나라 환국을 계승하여 백두산의 신시神市를 중심으로 개창한 '**배달 문명**'이 첫째 기둥이고, 천산산맥을 넘어 서남아시아로 이동한 환족이 개창한 '**수메르 문명**'이 둘째 기둥이다. 배달은 환국의 정통 장자국長子國으로 한민족의 동북아 시대를 열었고, 단군왕검의 조선으로 계승되었다. **수메르 문명은 '서양 문명의 발원'**이 되어 이집트 문명, 바빌로니아 문명, 유대 문화, 인더스 문명, 그리스·로마 문명의 탄생에 직간접으로 영향을 끼쳤다. 요컨대 동아시아의 배달은 동양 문명의 밑거름이 되고, 수메르는 서양 문명의 밑거름이 되어 '고대 인류 문명의 양대 축'이 된 것이다.

인류 문명의 셋째 기둥은 동북아 지역의 '**동이 문명**'이다. 환국을 계승하여 백두산을 중심으로 일어난 배달의 백성들이 사방으로 퍼져나가 동아시아 일대에 동이 문명권을 구축하였다.

인류 문명의 넷째 기둥은 바로 단군왕검의 조선에서 뻗어 나간 '**북방 유목문화**'이다. 고조선의 3세 가륵단군이 욕살 삭정索靖을 제후로 봉함으로써 흉노족의 역사가 시작되었고, 4세 오사구단군이 자신의 아우 오사달烏斯達을 제후로 봉함으로써 몽골족의 역사가 시작되었다. 북방 유목 민족은 나중에 유럽까지 진출하여 세계 역사의 새 장을 여는 견인차가 되었다. 흉노족은 로마 제국을 무너뜨려 유럽이 고대에서 중세로 이행하는 데 결정적인 계기를 제공하였고, 몽골족은 서양의 중세를 마감하게 하였다. 인류 문명의 중심축인 이 '네 기둥'의 역사가 『환단고기』에 담겨 있다.

동서 인류 문명의 네 기둥

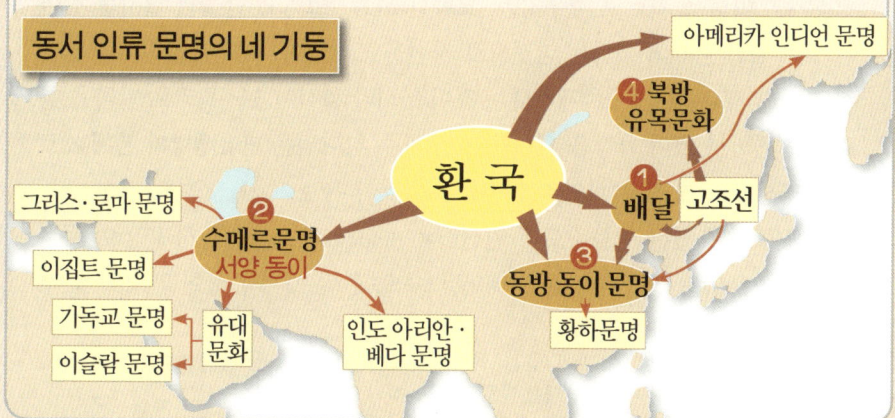

III. 『환단고기』가 밝혀 주는 인류의 원형문화, 신교

우리의 역사를 되찾기 위해서는 한민족 고유의 사상과 정신문화를 되살려야 한다. 최인은 "민족의 흥망을 결정짓는 것은 무력이 아니고 문화 사상"이라고 했다. 그렇다면 우리가 반드시 회복해야 할 한민족의 문화 사상은 무엇일까?

그 답은 바로 『단군세기』의 "**이신시교**以神施敎(신도로써 가르침을 베푼다)"라는 구절에서 밝힌 '**신교**神敎'이다. 신교는 문자 그대로 '**신의 가르침**'을 뜻하고, 구체적으로는 '**신의 가르침으로 세상을 다스리는 것**'을 의미한다. 신교는 달리 '풍류風流'[1]라 불리었다. 신라의 지성 최치원은 「난랑비서鸞郎碑序」에서 풍류의 정체를 '유불선 삼교를 다 포함한, 예로부터 내려오는 신령스러운 도'라고 밝혔다. 신교는 한민족의 전통 도가道家 사상으로 9천 년 한민족사를 이끌어 온 원동력인 것이다.

1. 우주사상의 원형, 신교

1) 조물주 '삼신'과 주재자 '삼신상제'

신교에서는 우주의 조물주 하나님을 '삼신三神'이라 부른다. 조물주 하나님은 오직 하나뿐인 절대 근원으로서 일신一神이지만 **자신을 현실세계에 드러낼 때는 삼신三神으로 작용**하기 때문이다. 다시 말해서 일신은 만물을 낳는 '**조화신**造化神', 만물을 기르고 깨우치는 '**교화신**敎化神', 그리고 만물의 질서를 잡아 나가는 '**치화신**治化神'이라는 삼신으로 자신을 드러낸다. 여기서 삼신이란 말은 서로 다른 세 분의 신이 존재한다는 것이 아니라 일신이 3수 원리로 만물을 창조하며 변화를 열어 나감을 의미한다. 조물주 하나님은 **만유생명의 본체[體]로 보면 일신이고, 그 작용[用]으로 보면 삼신**인 것이다(『태백일사』「소도경전본훈」).

삼신은 얼굴 없는 조물주로서 원신元神(Primordial God)이다. 하지만 이 무형의 삼신만으로는 인간과 만물이 태어날 수도, 현실 세계가 출현할 수도 없다.

---

[1] 풍류에서 '풍風'은 바람과도 같이 어디서 와서 어디로 가는지 알 수 없는 신령스런 존재인 신神을 상징한다. 따라서 풍류는 신교의 다른 말로 '신의 조화의 도'를 뜻한다.

삼신과 한 몸이 되어, '삼신의 조화'와 삼신 속에 내재된 '자연의 이법'을 직접 주관하여 천지만물을 낳고 다스리시는 유형의 신이 있다. 그 신이 바로 '삼신일체상제三神一體上帝(삼신과 한 몸이신 상제님)'이다. 이를 줄여서 '삼신상제님' 또는 '상제님'이라 부른다.

삼신상제님은 사람의 형상을 하고 천상 보좌에서 온 우주를 다스리는 주신主神(Governing God)이다. 즉 **우주 사회**(Cosmic Society)**의 통치자**이다. 삼신이 만물을 낳았지만, 삼신의 작용과 창조 목적은 상제님의 손길을 통해서 실현되고 완성되는 것이다.

삼신이 현실계에 자신을 스스로 드러낸 것이 하늘·땅·인간이다. 천지인은 삼신의 자기현현自己顯現(self-manifestation)으로 결코 피조물이 아니다. 하늘도 삼신이요, 땅도 삼신이요, 인간도 삼신이다. 따라서 천지인 속에 삼신의 생명과 신성과 지혜와 광명이 그대로 다 들어 있다. 이러한 천지인을 상수학적으로 표현한 것이 **천일**天一·**지일**地一·**태일**太一이다. 인간을 '인일人一'이라 하지 않고 '태일'이라 부른다. 인간이 하늘땅의 뜻과 이상을 실현하는 존재로서 하늘땅보다 더 크고 위대하기 때문에 '클 태太' 자를 써서 태일이라 한 것이다. 천일·지일·태일, 이것은 한민족이 처음으로 전 인류에게 선포한 경이로운 진리 소식이다.

2) 염표문이 밝힌 태일太一 사상과 홍익인간

한민족 우주사상의 원형인 신교는 '삼신'에서 출발하여 '태일'에서 매듭지어진다. 태일 사상은 고조선 11세 도해道奚단군이 선포한 '염표문念標文'에 잘 나타나 있다.

염표문은 문자 그대로 '마음[念] 속에 지닌 큰 뜻을 드러낸[標] 글[文]'이다. 환웅천황이 환국의 마지막 환인천제로부터 전수 받은 '재세이화', '홍익인간'을 열여섯 글자[2]로 정리한 것이 염표문의 시초이다. 여기에 도해단군이 천지인의 창조정신과 목적을 덧붙여 백성들에게 내려주었다. 염표문은 한민족의 '민족교육헌장'이자 '신교문화헌장'인 것이다.

염표문에 따르면, 하늘은 아득하고 고요함으로 광대하니, 그 하는 일은 참됨으로 만물을 하나 되게 하는 것이다. 땅은 하늘의 기운을 모아서 성대하니, 그 하는 일은 쉼 없이 길러 만물을 하나 되게 하는 것이다. 즉 하늘은 한순간도 거짓이 없이 참되고, 땅은 한순간도 쉼 없이 생명을 기른다.

---

2) 一神降衷하사 性通光明하니 在世理化하야 弘益人間하라.

念_標_文

天은 以玄默爲大하니 其道也普圓이오 其事也眞一이니라.
地는 以蓄藏爲大하니 其道也効圓이오 其事也勤一이니라.
人은 以知能爲大하니 其道也擇圓이오 其事也協一이니라.
故로 一神降衷하사 性通光明하니 在世理化하야 弘益人間하라.

하늘은 아득하고 고요함으로 광대하니
하늘의 도는 두루 미치어 원만(원융무애)하고
그 하는 일은 참됨으로 만물을 하나 되게[眞一] 함이니라.

땅은 하늘의 기운을 모아서 성대하니
땅의 도는 하늘의 도를 본받아 원만하고
그 하는 일은 쉼 없이 길러 만물을 하나 되게[勤一] 함이니라.

사람은 지혜와 능력이 있어 위대하니
사람의 도는 천지의 도를 선택하여 원만하고
그 하는 일은 서로 협력하여 태일의 세계를 만드는 데[協一] 있느니라.

그러므로 삼신[一神]께서 참마음을 내려 주셔서
사람의 성품은 삼신의 대광명에 통해 있으니
삼신의 가르침으로 세상을 다스리고 깨우쳐 인간을 널리 이롭게 하라.

그리고 사람은 지혜와 능력이 있어 위대하니, 하는 일은 서로 협력하여 태일의 세계를 만드는 것이다. 가장 작은 공동체인 가정에서 지구촌이라는 거대 공동체에 이르기까지, 그 공동체를 따뜻하고 보람 있는 곳, 나아가 조화로운 태일의 이상 세계로 만드는 원동력이 협력과 참여에서 나온다. 그런데 인간 삶의 길이 왜 '협력하여 하나가 되는 것'인가? 그것은 인간이 하늘과 땅의 작용으로 생겨난 천지의 아들딸로서 천지부모天地父母의 꿈과 이상을 실현하는 주체, 즉 태일太一이기 때문이다. 태일이 되기 위해 인간은 모두 협력하여 하나가 되어야 하는 것이다.

인간이 할 바를 밝힌 염표문은 그것을 이룰 수 있는 방법까지 알려 준다. '삼신께서 인간에게 참마음을 내려 주셔서[一神降衷] 인간의 본성은 원래부터 신의 광명에 통해 있으므로[性通光明], 삼신의 가르침으로 세상을 다스리고 깨우쳐서[在世理化] 널리 인간 세상을 이롭게 하라[弘益人間]'고 하였다. 이때 인간을 이롭게 한다는 것은 단순히 생활의 질을 높여 주는 것만 의미하는 것이 아니다. 인간을 삼신의 가르침으로 일깨워서 천지의 뜻과 대이상을 펼치는 태일이 되게 하는 것을 가리킨다. 인간으로 하여금 태일의 삶을 살게 하는 것, 이것이 홍익인간의 궁극이요 참뜻이다.

3) 신교의 3대 경전 : 『천부경』·『삼일신고』·『참전계경』

환국·배달·고조선 시대에 쓰여져 한민족과 인류의 시원 종교인 신교의 정수를 담고 있는 한민족의 3대 경전이 있다. 바로 『천부경天符經』, 『삼일신고三一神誥』, 『참전계경參佺戒經』이다.

『천부경』은 인류의 창세역사 시대인 환국 때부터 구전되어 오다가 배달 시대에 문자로 옮겨진, 한민족과 인류의 최고最古 경전이다. 천부天符는 '하늘의 법'이란 뜻이므로, 『천부경』은 '**하늘의 이법을 기록한 경전**' 또는 '**우주 이법의 주재자인 상제님의 천명을 기록한 경전**'을 뜻한다. 모두 81자에 불과한 짧은 글이지만, 천지인의 창조와 변화 원리를 압축적으로 밝히고 있다.[3]

『삼일신고』는 배달의 시조 거발환환웅이 백성들을 교화하기 위해 지은 **신학서神學書**이자 **인성론과 수행론의 경전**이다. 『삼일신고』는 총 366자로 되어 있는데, 집일함삼執一숨三과 회삼귀일會三歸一을 근본 정신으로 삼아, 삼신상제님과 인간과 우주만물의 관계[4]를 중점적으로 다루고 있다.

『참전계경』[5]은 배달 시대부터 내려오던 **한민족의 윤리 교과서**로, 고구려 재상 을파소 때 현재와 같은 8강령 366절목을 갖추게 되었다. 이 경전은 『366사三百六十六事』라고도 불렸는데 그 첫째가 바로 경신敬神, 즉 삼신상제님께 지극한 마음을 다하는 일심사상이다.

---

3) 『천부경』은 우주만물의 근원과 창조의 원리를 1에서 10까지 수數로써 밝히고 있는데, 우주 만유가 전적으로 하나[一]에서 나와서 벌어졌다가 다시 하나로 돌아간다는 원시반본原始返本의 메시지가 담겨 있다. 『천부경』은 우주와 인간을 비롯한 만물이 생겨나고 변화하는 원리를 밝힌 경전인데, 자연과학적인 수의 이치로 설파하고 있다(한규성, 『천부경과 도의 사회』, 70쪽).

4) 『삼일신고』는 '허공虛空', '일신一神', '천궁天宮', '세계世界', '인물人物'이라는 다섯 장으로 구성되어 있다.

5) 참전은 '완전한 인간이 되는 길에 참여한다'는 뜻이고, 참전계란 그러한 인간이 되기 위해 지켜야 할 계율을 말한다.

위 세 경전에 담겨 있는 근본 가르침은 한마디로 **한민족의 우주사상**이다. 이 우주사상을 제대로 깨치면 '인간이란 무엇인가', '역사란 무엇인가', '나와 우주의 관계는 무엇인가'라는 의문에 대한 답을 찾을 수 있고, 나아가 내 속에 깃든 삼신의 신성을 깨달아 유한한 인간 생명의 벽을 넘어 영원불멸의 태일 인간으로 거듭날 수 있다.

4) 인간 몸 속에 깃든 삼신의 조화 대광명

『환단고기』에는 인간의 위대함을 깨우쳐 주는 삼신 문화의 놀라운 소식이 들어 있다. 그것은 조화신이 내 몸에 들어와 '성性'이 되고, 교화신이 들어와 '명命'이 되고, 치화신이 들어와 '정精'이 된다는 것이다. 곧 내 몸 속에 삼신 하나님의 신성과 생명이 온전히 들어 있다는 뜻이다. 한마디로 인간은 살아 있는 대우주 자체요 하나님인 것이다.

우리 몸에 들어와 자리 잡은 이 성명정을 '**세 가지 참된 것**'이라는 의미로 **삼진**三眞이라 한다. 삼진은 진리를 성취한 인간[太一]이 되기 위한 가장 중요한 관문으로서 이를 삼관三關이라고도 한다. 수행자들이 이 삼관을 굳게 지키지 못하여 마음에 한순간의 빈틈이 생기면, 바로 그 순간 천지에 가득 찬 마魔가 범하여 그동안 쌓은 수행의 공력을 모두 허물어 버린다.

삼진이 우리 몸에서 작동될 때는 심心·기氣·신身이라는 **삼망**三妄으로 발현된다. 인간의 '마음'과 '기'와 '몸'이 '세 가지 허망한 것'이라 불리는 것은 이들이 끊임없이 변화하기 때문이다. 그렇다고 하여 그것이 단순히 부정적이거나 나쁘다는 의미는 아니다. 삼망은 바로 삼진이 인간의 하루 생활을 통해서 발현된 것이기 때문에 삼진과 삼망은 체용 관계에 있다. 이 삼망을 삼방三房이라고도 한다. 방은 사람이 평안하게 쉬는 보금자리이다. 그것처럼 평화롭고 행복한 삶, 진리를 깨치고 삼신의 신성을 내 몸에서 발현시켜 무병장수하는 것이 모두 심기신을 잘 다스리는 데에 달려 있는 것이다.

그런데 이 심기신이 사물과 접하면 '감각적 차원'으로 작용한다. 그것을 감感·식息·촉觸 **삼도**三途라 한다. 감은 느끼는 것, 식은 호흡하는 것, 촉은 접촉하는 것이다. 인간의 마음은 감정으로 표현되고, 기는 호흡을 통해서 작동되고, 몸은 촉감을 통해서 느끼게 되기 때문에 감식촉을 일러 삼도, 세 가지 길이라 하는 것이다. 이 삼도는 '신의 조화 세계에 들어갈 수 있는 세 문', 즉 삼문三門이 된다.

사실 대부분의 사람들은 감식촉에 끌려 타고난 기질대로 살다가 허망하게

무형[陰]	조물주[元神] Primordial God	체體
유형[陽]	삼신상제님[主神] (참하나님: 대우주의 통치자) 一神卽三神 Governing God	용用

교화신[師]	조화신[父]	치화신[君]
작용	본체	작용

```
             성性
           True Nature
    명命           정精
삼관三關  Life       Essence  삼진三眞
        Lifespan
             심心
           Mind
    기氣  Mentality  신身
삼방三房  Qi   Heart    Body   삼망三妄
        Energy
             감感
           Feeling
    식息  Emotion   촉觸
삼문三門  Breathing   Sense   삼도三途
        Respiration Touch
```

| 분란한열진습
芬爛寒熱震濕 | 희구애노탐염
喜懼哀怒貪厭 | 성색취미음저
聲色臭味淫抵 |

을지문덕 장군의 가르침:
"삼도三途 18경계를 고요히
잘 닦아라[靜修境途]"
(『태백일사』「고구려국본기」)

신인합일神人合一
의 인간

→ **태일인간** 太一人間
우주의 대광명 인간,
환단(천지광명)의 이상세계 건설자

Ⅲ 환단고기가 밝혀 주는 인류의 원형문화 신교 ─

인생을 마친다. 그러나 삼신의 도를 아는 철인들은 일상생활에서 감정을 다스리는 '**지감**止感', 호흡을 고르게 하는 '**조식**調息', 촉감을 금하는 '**금촉**禁觸'으로써 삼도를 잘 다스려, 궁극에는 자기 안에 내재된 조물주 삼신을 발현시켜 삼신의 조화 세계에 들어가게 된다. 그래서 지감, 조식, 금촉이 **수행의 3대 요체**가 되는 것이다.

신교의 수행 문화는 궁극적으로 성명정 삼진을 회복하여 **천지와 더불어 영원히 사는 우주적인 인간, 즉 태일 인간이 되기 위한 것**이다. 이것은 어떻게 성취되는가? 그 수행은 먼저 인간의 본성과 마음과 정서의 작용을 삼진, 삼망, 삼도의 아홉 가지를 통해 구조적으로 이해하는 데에서 시작된다. 연후에 감식촉의 정서를 순화함으로써 심기신의 평화와 중용을 성취하여 천지의 중도 심법으로 자기를 승화시키는 것이 수행의 최종 목적이다. 그럼으로써 우주 삼신의 조화 경계인 성명정이 열리게 되어 태일 인간으로 거듭날 수 있는 것이다.

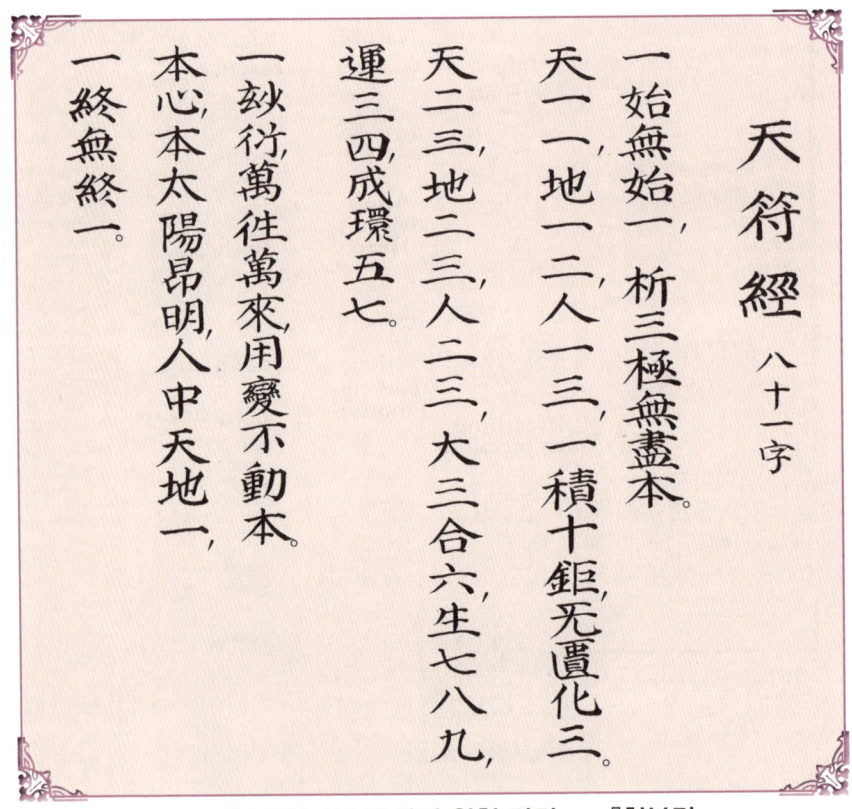

9천 년 전 신교문화의 원형 경전經典 『천부경』

2. 신교의 꽃, '천제天祭 문화'

1) 삼신과 칠성

하느님을 상수철학으로 표현하면 '**통일과 조화의 완전수**'인 '**10무극**'이다. 10무극 상제님을 다시 체용體用 관계로 보면, 상제님은 삼신을 본체로 하여 칠성으로 만물을 다스리고 작용하신다[10=3+7]. **삼신三神은 생명을 낳는 하나님**이고, **칠성七星은 생명을 기르는 하나님**이다. 그래서 신교문화에서는 하나님을 삼신상제님으로만 모신 것이 아니라 칠성님으로도 모셨다.

먼저 삼신사상에 대해 살펴보면 삼신문화는 국가를 경영하는 제도의 근간이 되었고 생활 도구, 풍습에서도 나타난다. 배달의 삼백三伯 제도, 고조선의 삼한 관경제, 백제의 좌현왕·우현왕 제도, 조선의 삼정승 제도, 현대 민주주의 사회의 삼권분립 제도도 삼신사상에서 비롯된 것이다. 또 음식을 세 번 떠서 바친 후에 먹는 고수레 풍습, 홍산문화 유물 가운데 세 개의 원이 나란히 연결된 삼련벽三聯璧, 홍산문화 우하량 유적지의 천원지방天圓地方형 3단 적석총도 삼신문화를 상징한다.

칠성은 곧 북두칠성인데, 삼신상제님이 계시는 별이다. 그러므로 북두칠성은 우주의 중심별로서 천지일월과 음양오행을 다스리며 인간의 무병장수와 생사화복, 영원불멸, 도통과 깨달음을 관장한다. 예로부터 정화수를 떠 놓고 칠성님께 자손과 가정의 안녕과 축복을 염원하고, 고인돌에 칠성을 그리고, 죽은 사람의 관 밑에 칠성판을 깐 것은 바로 칠성신앙의 한 모습이다. 대표적 민속놀이인 윷놀이, 전통적인 두발 형태인 상투 역시 칠성문화를 보여준다.

2) 한민족과 인류 대제전의 장, 천제天祭

환국 시대 이래 수천 년간 한민족은 하늘에 계신 상제님께 천제를 올림으로써 믿음과 공경을 표현해 왔다. 천제는 고조선 22세 색불루단군 때의 제문祭文에서 알 수 있듯이, 상제님께 폐백을 바쳐 나라의 부강과 백성의 번영을 기원하며 상제님의 은혜에 감사하는 국가 행사였다(『태백일사』「삼한관경본기」). 천제를 올린 뒤에는 모든 백성이 어울려 음주와 놀이를 즐기는 제전祭典의 장을 열었다. 천제는 제사와 놀이로써 모두가 한마음이 되는 '**태일太―의 한마당**'이었다.

고조선의 역대 단군은 매년 봄가을에 천제를 거행하였다. 음력 3월 16일 **대영절大迎節**(삼신상제님을 크게 맞이하는 날)에는 강화도 마리산에서 천제를 봉행하였고, 10월에는 백두산에서 봉행하였다. 이 천제를 부여에서는 **영고**迎鼓, 예맥에서는 **무천**舞天, 고구려에서는 **동맹**東盟이라 불렀다.

고려 때 국가 최고의 의례인 팔관회와 연등회도 불교 행사가 아니라 사실은 제천행사였다. 이러한 천제문화는 조선 초기까지 1천 년 동안 끊이지 않고 이어지다가 명나라가 '천제는 천자가 올리는 것'이라며 조선의 천제를 일체 금한 후부터는 제천행사가 기우제 또는 초제醮祭(하늘의 별을 향해 올리는 제사)로 격하되어 거행되었다.

그렇게 수백 년간 조선에서 사라졌던 천제문화가 다시 부활된 것은 1897년 고종 황제 때였다. 고종은 지금의 조선호텔 자리에 원구단圜丘壇을 세우고 상제님께 천제를 올려 만천하에 황제 등극을 알리며 대한제국을 선포하였다.

한민족의 천제문화는 일찍이 중국 땅으로 전파되어, 중국의 역대 왕들도 천제를 봉행하였다. 『사기』「봉선서封禪書」는 춘추 시대까지 72명의 중국 왕이 산동성 태산에 올라 천제를 지냈다고 전한다. 춘추 시대 이후 진시황[6], 한 무제 등도 태산에서 천제를 봉행하였다. 태산 꼭대기에는 지금도 옥황대제玉皇大帝라는 위패를 써 붙인 황금빛 상제님 상을 모신 옥황전이 보존되어 있다. 이 밖에도 동북아의 천제문화는 요나라, 금나라 등 북방 민족과 일본 등으로 전해졌다.[7]

3) 제천문화의 자취, 지구라트와 피라미드

태곳적에 한민족이 펼친 제천행사는 동북아의 문화로 그치지 않고 세계 각처로 퍼져 나갔다. 오늘날 남아 있는 대표적인 제천문화의 자취가 바로 지구라트와 피라미드이다.

환국에서 산악지대를 거쳐 마침내 메소포타미아 평원에 도착한 수메르인은 BCE 3000년경 이래 도시의 신성한 구역에 흙벽돌로 거대한 지구라트를 쌓고, 그 위에 신전을 세워 하늘에 제사를 지냈다. 고향 땅 환국에서 신령하고 높은 산에서 천제를 지낸 풍습을 따라, 하나님과 여러 신에게 제를 올리기 위해 인공

---

6) 재위 28년에 진시황이 동쪽으로 군현을 순행하였는데, … 마침내 태산에 올라가 비석을 세우고 토단을 쌓아 하늘에 제사 지냈다[二十八年, 始皇東行郡縣, … 乃遂上泰山, 立石, 封, 祠祀](『사기』「진시황본기」).

7) 일본의 신사神社 문화는 천제문화를 이어받은 것이다. 삼신상제님과 천지신명을 함께 받든 동방 신교의 풍습 그대로, 일본 신사는 상제님(천신)을 비롯하여 자연신, 조상신 등 다양한 신을 모시고 있다. 오늘날 신교문화의 원형이 가장 잘 보존되어 있는 나라가 일본이다.

으로 산을 만들었던 것이다.[8] 신전을 받치는 기단의 용도로 세워진[9] 지구라트는 메소포타미아 지역의 대표적인 제천문화 흔적이다. 『구약전서』에 기록된 바벨탑도 다름 아닌 지구라트이다. 지구라트는 현재 지구상에 30여 개가 남아 보전되고 있다.[10]

수메르의 지구라트는 BCE 2700년경 문자와 원기둥 건물 양식 등과 함께 이집트로 흘러 들어가 피라미드가 되었다. 이집트인도 **피라미드의 평평한 꼭대기에서 하늘에 제를 올렸다.**[11] 이 밖에 몽골, 만주, 티베트 등에서도 피라미드 유적을 찾아볼 수 있다. 티베트 서부에서는 러시아 과학자에 의해 무려 100여 개에 달하는 피라미드가 발견되었다.[12] 뿐만 아니라 북미의 인디언 유적지, 멕시코의 톨텍 문명과 아스텍 문명 유적지, 중앙아메리카의 마야 문명 유적지 등 아메리카 곳곳에서도 피라미드가 발견된다.

지구촌 곳곳에서 발견되는 지구라트, 피라미드, 그리고 스톤헨지와 같은 거석 등은 모두 제천문화의 흔적이다. 이것은 태곳적 인류가 하나의 공통된 천제 문화를 갖고 있었음을 암시한다. 환국 시대에 시작된 천제 문화가 동북아는 물론 지구촌 곳곳으로 퍼져 나갔으니, 천제는 한민족과 인류 공통의 태곳적 문화 행사요 인류 문화의 원형인 것이다.

4) 천제를 올린 성지聖地, 소도

그렇다면 천제는 어디에서 올렸을까? 상고 시대 우리 조상들은 아무 데서나 천제를 올린 것이 아니라 '소도蘇塗'라는 특정 장소에서 올렸다. 고조선의 11세 도해단군은 전국의 12명산 가운데 아름다운 곳을 뽑아 '**국선소도**'를 설치하였고, 13세 흘달단군도 곳곳에 소도를 많이 설치하였다. 도해단군은 또한 소도 둘레에 박달나무를 많이 심게 하였는데, 초대 단군이 '박달나무가 우거진 곳'에서 제를 올린 전통을 계승한 풍습이었다.

---

8) 수메르인은 이 지구라트를 '하나님의 산(the Mountain of God)' 또는 '하늘 언덕(the Hill of Heaven)'이라 불렀다.
9) 수메르의 지구라트 꼭대기에는 신전과 정원이 있었으며, 여사제가 늘 제사를 지내며 정원을 가꾸었다. 지구라트는 신전을 떠받치는 기단으로 지어진 것이다(조철수, 『수메르 신화』, 10쪽).
10) 마크 어빙 · 피터 ST.존 편, 『죽기 전에 꼭 봐야 할 세계 건축 1001』, 25쪽.
11) 피라미드는 원래 제천 행사를 목적으로 세워졌지만 후대로 내려오면서 용도가 바뀌었다. 이에 대한 자세한 내용은 완역본 『환단고기』 해제 432쪽 참고.
12) 티베트 탐사대를 지원한 러시아의 주간지 〈논증과 사실〉 18, 19호.

지구촌의 피라미드(거석) 문화

미국 일리노이 주의 몽크스 마운드 Monk's Mound | 미시시피 강을 따라 거주한 인디언 유적지에 위치한 피라미드. 신전은 남아 있지 않고 길이 304m, 폭 213m, 높이 30m에 달하는 흙을 쌓아 올린 지반시설만 남아 있다.

일본 오키나와 남서쪽의 요나구니 섬 인근 바다에서 발견된 BCE 8000년 경 피라미드 | 이곳을 150회 이상 찾은 그레이엄 헨콕은 이 유적을 대규모 종교의식이 행해진 장소로 추정하며, '이 구조물이 만 년 전 유적이란 것이 사실로 밝혀진다면 인류 역사를 새로 써야 할 것'이라 말한다 (MBC-TV, 〈신비한 TV 서프라이즈〉, 2009.8.2).

멕시코 테오티우아칸 달의 신전에서 바라본 태양의 신전(사진의 왼쪽)

수메르 도시국가 우르의 지구라트 | 우르-남무 왕 (BCE 2112~BCE 2095 재위) 때 세워진 것으로 중앙부에만 7백만 개의 벽돌이 쓰였고, 벽돌 여섯 겹마다 갈대 거적과 모래흙을 채워 넣어 견고성을 더했다. 건립 당시에는 모두 3층으로 지어졌는데, 층계를 통해 꼭대기 평평한 면 위의 사원으로 이어진 것으로 여겨진다. BCE 6세기에 4개의 층이 더해져 모두 7층 짜리 건물이 되었다. 현재는 맨 아래 두 개 층만 남아 있다(마크 어빙·피터 ST, 『죽기 전에 꼭 봐야 할 세계 건축 1001』, 25쪽).

고고학자 래너드 울리가 그린 '우르의 지구라트' 복원도
(데이비드 롤, 『문명의 창세기』, 201쪽)

이집트 제4왕조 스네프루 왕의 마이둠Maidum 피라미드 | 수메르의 지구라트가 이집트로 넘어 와 피라미드 문화를 일구었다. 때문에 초기의 피라미드는 계단식 측면과 평평한 상단을 갖춘 구조였다. 제4왕조의 첫 파라오인 스네프루 때부터 종래의 계단식 피라미드에 돌판을 붙여 삼각뿔 모양의 피라미드를 만들었다. 스네프루 왕 때 마이둠 지역에 세워진 이 피라미드는 경사면이 너무 급격하여 외벽이 무너져 내려 그 속의 계단식 구조가 다 드러났다. 이후에 세워진 '굴절 피라미드'와 '붉은 피라미드'는 보다 완만한 각도를 취하여 지금까지 외형이 유지되고 있다(제카리아 시친, 『틸문, 그리고 하늘에 이르는 계단』, 426~428쪽).

고조선 시대에 우리 조상들은 소도에 심은 박달나무 가운데 가장 큰 나무를 환웅상으로 모시고 제사를 지냈다. 그리고 그 이름을 **웅상**雄常이라 하였다.[13] 초상화나 사진이 없던 그 시절에 박달나무를 환웅천황이 응감하여 계신 곳으로 여기고 모신 것이다. 소도 주위에는 금줄을 매어 사람의 출입을 금하였고, 소도를 훼손한 자는 금고禁錮형에 처하였다. 죄인이라도 소도 안에 들어온 자는 그 죄를 추궁하지 않았다. 한마디로 소도는 하나님과 인간이 교통하고, 사람이 하나님의 축복과 보호를 받는 신성한 공간이었다.

소도의 풍습 중 오늘날까지 전해져 오는 것이 바로 솟대[立木]이다. 그곳이 소도임을 알리기 위해 입구에 세운 높다란 기둥인 솟대는 '신을 모시는 기둥'이었다. 1970년대 새마을운동을 하기 전까지 각 동네 어귀에서 쉽게 볼 수 있었던 서낭당 나무도 솟대와 같은 것으로 그 마을의 수호목守護木 구실을 하였다. 솟대는 조간鳥竿이라고도 하는데, 솟대 끝에는 대개 새가 조각되어 있다. 새는 하나님(삼신상제님)의 사자로서 하늘의 뜻을 전하는 신령한 존재로 숭배되었다. 솟대는 그 신조神鳥가 앉는 신간神竿이었던 것이다.[14] 이때의 신조는 다름 아닌 신교 삼신문화의 상징물인 삼족오三足烏이다.[15]

5) 천자天子 문화의 상징, 용봉龍鳳

천제는 '하나님의 아들[天帝之子]'인 천자가 주관한다. 천자는 온 우주를 주재하는 상제님께 제를 올리는 제사장인 동시에 상제님의 덕화와 가르침을 받아 내려 백성을 보살피고 나라를 다스리는 통치자이다.

천자를 대표하는 토템이 용봉龍鳳이다. 천지광명의 변화를 그려나가는 주체는 일월인데, 그 일월日月의 조화를 다스리는 자연신이 용봉이다. 그래서 용봉은 천지 음양 기운, 즉 천지의 물 기운과 불 기운을 주재한다. 이러한 용봉을 동양에서는 예로부터 '상서로운 동물[吉祥物]'로 여겨 천자문화의 상징으로 쓰고 있다.

그러면 천자를 상징하는 용봉 문화의 원류는 과연 어디일까? 일반적으로 용봉 문화를 중국의 문화라고 알고 있지만 사실은 그와 다르다. 용봉 토템의 대

---

13) 『산해경』에도 "숙신(조선)이라는 나라는 백민白民의 북쪽에 있는데, 그곳에는 웅상雄常이라 불리는 나무가 있다"라는 기록이 있고, 『삼국지』 「위서동이전」에도 소도의 나무가 언급된다.
14) 박성수, 『단군문화기행』, 251~253쪽.
15) 솟대 문화는 동남아시아, 일본, 이집트, 유럽 등 지구촌 각지에서 발견되고 있다. 이에 대한 내용은 완역본 『환단고기』 해제 429~430쪽 참고.

가인 중국의 왕다유王大有는 용봉 문화의 뿌리를 배달 시대 동이족의 제왕인 태호복희와 염제신농이라 주장한다. 그러나 홍산문화 유적에서 BCE 5600년경에 돌로 쌓아 만든 '석소룡'과 BCE 5000년경에 제작한 '봉황 모양의 토기'가 발굴됨으로써 용봉 문화는 태호복희 이전부터 존재하였음이 밝혀졌다. 용봉 문화의 원류는 중국 한족이 아니라 복희 때보다 훨씬 앞선 시대의 배달 동이족이었던 것이다.

용봉 문화는 마야 문명, 아스텍 문명에까지 전해졌고 인도의 인더스 문명을 위시한 여러 루트를 통해 서양 문화의 모태인 그리스에까지 전해졌다. 서양에 전해진 봉황이 바로 지중해 크레타 섬의 크노소스 궁전에서 왕의 옥좌 뒷벽 벽화에 그려진 그리핀Griffin이다. 그리핀은 역사적으로 BCE 2000년경에 중앙아시아에 처음 나타났고, 서아시아 전역에 퍼져 BCE 1400년경에 그리스로 흘러 들어 갔다. 동서양을 막론하고 유사한 용봉 문화가 발견된다는 것은 하나의 뿌리에서 용봉 문화가 발원하여 전 세계로 퍼져나갔음을 시사한다.

용봉 문화와 관련하여 빼놓을 수 없는 것이 **삼족오**이다. 봉 토템의 원형인 삼족오는 삼신문화를 나타내는 영물로서 몸통은 하나이지만 발이 세 개 달린 현조玄鳥이다. 전설에는 삼족오가 태양에 살면서 태양의 불을 먹고 사는 태양의 전령으로 등장한다. 삼족오는 하늘과 땅, 인간 세계를 자유자재로 날아다니며 신과 인간 세계를 서로 연결해 주는 '삼신상제님의 사자'인 것이다.[16] 고구려 때 화려하게 모습을 드러내었고 그 후에도 다양한 문양으로 나타난 삼족오 문화는 중국과 일본 등으로 전파되었다. 일본의 경우 삼족오를 축구협회의 상징물로 사용하는 등 삼족오 문화가 지금도 면면히 이어져 오고 있다.

고구려 무용총
5세기 중반

고구려 장천 1호분
5세기 중반

고구려 쌍영총
5세기 말, 평양 지역 고분

고구려 오회분 5호묘
6세기 중반

---

16) 이형구는 삼족오 문화는 발해 연안의 고대 동이족의 태양숭배 신앙과 조류숭배 신앙이 합쳐진 우주사상이라고 말한다(이형구, '고구려 고분벽화에 보이는 삼족오 신앙에 대하여', 『동방학지』 86집, 39쪽).

6) 동북아와 북미로 전파된 신교

신교문화는 민족의 이동과 함께 다양한 형태로 전 세계로 전파되었다.

일본의 신사神社 문화, 즉 신도神道는 바로 동북아 신교문화의 변형이다. 동경대학의 구메 구니다케久米邦武(1839~1931) 교수는 "**신도는 제천 행사의 옛 풍속**"17)이라 하였고, 일찍이 육당 최남선은 일본 고유의 종교로 알려진 '신도가 고신도古神道와 다르지 않다'라고 하였다. '고신도'란 고대 한민족이 천신을 모시던 제천의례를 뜻한다. 결론적으로 천신 곧 삼신상제님을 모시는 제천 풍속이 일본에 전해져 신사 문화가 된 것이다.

또한 중남미 인디언에게서도 신교 삼신문화의 자취가 보이는데 그 대표적인 것 중의 하나가 **고수레 풍습**이다. 인디언은 옥수수나 과일로 만든 발효주인 치차chicha를 마시기 전에 손으로 세 번 찍어 대지에 뿌린다. 밥을 먹기 전에 음식을 손으로 떼어서 던지는 풍습은 스페인 정복자들이 남긴 기록에도 남아 있다. 멕시코시티의 국립인류학 박물관에 소장된 삼발이 그릇도 중남미 삼신문화의 한 증거이다. 또한 인디언은 한민족과 똑같이 윷놀이, 팽이놀이, 투호, 자치기, 실뜨기, 그림자놀이, 공기놀이, 굴렁쇠 굴리기 등의 민속놀이를 즐겼다.

인디언의 삶과 철학을 평생 관찰한 시튼E. T. Seton은 인디언이 '**한 위대한 신 Great Oversoul**'을 믿었다고 전한다. 인디언의 한 갈래인 포니족은, 그 위대한 신이 "**온 우주에 가득 차 있는 최고 통치자이고, 그분의 뜻에 따라 모든 일이 일어난다**"고 믿었다고 한다. 포니족은 언제나 잊지 않고 그들의 신에게 파이프 담배의 첫 모금과 준비된 음식의 첫 숟가락을 바쳤다.18) 인디언도 동북아 신교문화권과 마찬가지로 절대자 신을 '우주의 통치자 하나님'으로 인식하고 받들었음을 알 수 있다.

7) 신교에서 뻗어 나간 유불선

신교에서 나온 유교

유교의 창시자 공자가 도를 배운 스승의 출신지를 살피다 보면 흥미로운 점

---

17) 동경대 사학과 구메 구니다케 교수는 1891년 일본『사학회잡지史學會雜誌』제23~25권에 '신도는 제천祭天의 고속古俗'이란 제목으로 논문을 연재하였다. 이 논문에서 일본 왕실의 신앙은 '하늘의 천신을 그들의 조상신으로 받드는 것'이고, 이 신앙은 고조선 사람들이 조상에게 제사 올리던 양식이 일본으로 넘어온 것이라 하였다. 이 논문은 일본 천황가의 소위 '황국신도皇道神道'를 송두리째 뒤엎어 버린 엄청난 학술적 고증이었다(홍윤기,『일본문화사신론』, 6쪽).

18) E. T. 시튼,『인디언의 복음』, 31쪽.

을 발견하게 된다. 일찍이 공자는 담자郯子에게 관제官制와 문헌을 배우고, 장홍萇弘에게 음악을 배우고, 사양師襄에게 거문고를 배우고, 노담老聃에게 예禮를 배웠다. 그런데 주나라의 대부大夫 장홍을 제외한 나머지 세 스승 모두 동이족 출신이다. 특히 사양과 노담은 동이족의 주된 근거지로서 중국 땅에서 신교문화가 가장 번성하였던 산동 지역 사람이다. 공자는 동이족 인물들에게 많은 가르침을 받아 자신의 사상을 확립하였던 것이다.

공자가 이상 사회의 모델로 삼은 주나라는 고조선 사람들과 마찬가지로 삼신상제 신앙을 하였다. 주나라 때의 상제 신앙은 공자가 편찬한 유가 경전인 『시경』, 『서경』 등에서 확인할 수 있다. 주나라의 왕들은 하늘을 '인간에게 천명을 내리고 인간이 덕을 잃으면 언제라도 그 천명을 거두고 재앙을 내리는 인격적인 존재'로 대하였다. 푸른 하늘을 곧 상제님을 대변하는 상제천上帝天으로 인식한 것이다.

공자는 자신이 지은 『주역』 「설괘전」에서 "상제님이 동방에서 출세하신다[帝出乎震]"라는 말을 할 만큼, 『주역』 공부를 통해 천리를 꿰뚫어 삼신상제님의 존재를 잘 알고 있었다.[19] 하지만 공자 사후에 제자들이 스승의 언행을 기록한 『논어』에는 하늘을 인격적 상제천보다 자연천自然天, 도덕천道德天 개념으로 많이 이야기하였다. 공자 이후에 상제님에 대한 인식이 급속히 약해지면서 유교의 하늘은 점점 이법천理法天으로 변질되기 시작한 것이다. 이후 유교에서는 신교 상제 신앙의 자취를 거의 찾아볼 수 없게 되었다.

신교에서 나온 불교

불교의 창시자인 석가모니를 서구학자들은 대개 흰 얼굴을 한 인도-유럽계의 아리아인이라 추정한다. 그러나 1921년에 영국의 저명한 인도사학자 빈센트 스미스Vincent Smith가 '석가 몽골인설'을 최초로 주장한 이후 인도와 태국의 학자들은 석가족이 틀림없이 몽골계 인종이었을 것이라고 확정적으로 말하고 있다.

석가모니는 석가라는 성 외에 구담瞿曇, 사이舍夷, 감자甘蔗, 일종日種 등의 성을 가졌다.[20] '구담은 곧 사이인데, 외국의 귀한 성'이라 전한다. 특히 '사이'라

---

19) 공자는 세상이 갈수록 더 어지러워지자 '차라리 바다 건너 구이에서 살고 싶다[欲居九夷]'는 심경을 토로하였다. 이를 보면, 공자가 죽을 때까지 동방의 군자문화, 상제문화에 대한 동경을 저버리지 않았음을 알 수 있다.

20) 佛姓自分五別, 一曰瞿曇, 二曰甘蔗, 三曰釋迦, 四曰舍夷, 五曰日種(『석가씨보釋迦氏譜』).

는 성은 석가모니가 이夷족, 즉 동이족의 한 계열임을 암시한다.

석가족은 자신들을 태양족의 후예로 밝히며, 그것을 매우 자랑스럽게 여겼다. 초기 경전인 『숫따니빠따Suttanupata(經集)』에는 석가가 자신의 가문에 대해 "정직하고 부와 용기를 갖추고 있다. 가계는 아딧짜Adicca(태양)이다"[21]라고 말하는 내용이 나온다. 석가가 태양을 숭상하는 광명족에 속하였다는 것은 광명을 숭상한 인류 시원 종족인 환족과 석가족 사이의 강한 연관성을 시사한다.

동물 숭배, 지모신地母神 계통의 야크샤니Yaksan 숭배, 용신龍神 숭배 등의 불교문화도 아리아인의 문화가 아니라 신교 문화의 전형적인 모습이며 불교의 법신불法身佛·응신불應身佛·보신불報身佛 삼불 사상도 신교사상과 상통한다. 석가의 혈통으로 보나 불교의 풍습과 사상으로 보나, 동방 신교와 불교의 깊은 유대 관계는 결코 부정될 수 없다.

신교에서 나온 동선東仙, 도교

도교는 대체로 황제헌원과 노자를 그 시조로 받든다. 『포박자抱朴子』에는 황제헌원이 풍산風山을 지나다가 배달국의 수도인 청구에 들러 동방의 큰 스승인 자부선사紫府仙師에게서 '삼황내문三皇內文'을 전수받고 큰 깨달음을 얻었다'는 기록이 나온다. 자부 선생은 배달 시대 치우천황의 국사國師였다. 황제는 동북아 배달의 도인에게서 받은 가르침을 바탕으로 도교의 시조가 된 것이다.

도교의 또 다른 시조인 노자는 산동성 지역의 동이족 사람이다. 노자는 자신의 성을 한韓씨에서 동방을 상징하는 나무 목木 자가 들어 있는 이李씨로 바꾸었다. 이것은 노자가 본래 동방 신교 문명의 정통을 계승한 자랑스러운 동방 사람임을 암시한다. 그리고 공자에게 예禮를 가르쳐 주었다는 노담이 바로 노자이다. 유교와 도교가 함께 신교의 토양에서 자라난 것이다.

도교의 신앙체계와 교리에도 신교의 정수가 들어 있다. 도교의 삼청三淸은 곧 신교의 삼신사상에서 유래한다. 도교는 또한 신교의 칠성사상도 내포하고 있다.[22]

그런데 도교가 신교에서 뻗어 나왔음을 그 무엇보다도 확실히 입증하는 것은 도교에서 우주의 최고 지존자요 도의 주재자로 **옥황상제님**을 모신다는 사

---

21) Dines Anderson & Helmer Smith, 『Suttanupata』, Vol. 423, 1913.
22) 도교는 하늘 세계의 중심으로 생각되던 북두칠성 관념을 수용하여 칠성신앙을 성립시켰다(정재서, 『한국 도교의 기원과 역사』, 183쪽).

실이다. 하지만 노자, 장자 이후 후대로 내려오면서 사변철학과 무병장수를 추구하는 양생술로 기울어진 나머지, 도교는 우주의 통치자요 도의 주재자인 상제님에게서 점점 멀어지게 되었다.

신교에서 나온 서선西仙, 기독교

기독교는 히브리 문명, 즉 유대문명에 뿌리를 두고 있다. 그리고 유대문명은 환국의 신교 문화권이 약 7천 년 전 지금의 이라크 남부[23] 지방으로 남하하여 개척한 수메르 문명에서 갈라져 나온 것이다.

4천여 년 전,[24] 수메르 문명권의 갈데아 우르에 살던 아브라함이 수메르 문화의 진액을 모두 뽑아서 지중해 연안의 가나안(지금의 팔레스타인과 시리아 남부 지역) 땅으로 이주한 것이 유대문명 탄생의 출발점이다. 가나안 지역도 수메르와 마찬가지로 다신 신앙을 하였음이 지금의 시리아 해변에서 고대 도시 우가리트Ugarit가 발굴되면서 드러났다. 그곳에서 나온 점토판 문서에 '지혜를 상징하는 수염이 난 연로한 신'인 가나안의 최고신 엘El이 신들의 회의를 주재하는 내용[25]이 기록되어 있다.

엘 신이 과연 아브라함이 수메르에서 모시고 온 신인지, 아브라함이 오기 전부터 가나안 지역에서 숭상하던 신인지는 불확실하지만, 아브라함의 후손들이 엘 신을 받든 것은 분명한 사실이다. 아브라함의 손자 야곱이 어느 날, 엘 신과 겨루어 이긴 후로 **'엘을 이긴 자'**라는 뜻으로 **'이스라엘'**이라 불리게 된 사건(「창세기」 32:24~30)에서 이를 알 수 있다. '이스라엘'이란 국호가 바로 메소포타미아 지역의 다신 문화에 뿌리를 두고 있는 것이다.

하지만 오늘날 대부분의 『구약전서』에서는 「창세기」에서부터 일관되게 '야훼'라는 이름이 엘을 대신하고 있다. 그렇다면 야훼는 곧 엘이란 말인가? 그렇지 않다. 야훼는 원래 시나이 반도 지역에서 받들던 전쟁신이었다. 어떤 연유로[26] 유대족의 신의 세계로 들어온 야훼는 모세의 이집트 탈출 사건을 통해 유

---

23) 구약의 에덴동산이 있던 곳이 이라크 남부이다. 『문명의 창세기』에 따르면, 에덴은 수메르인이 원래 '틸문'이라 부르던 곳이다. 넓은 틸문의 동쪽 지역이 바로 구약의 에덴동산이다.
24) 성서고고학은 아브라함의 가나안 이주를 BCE 2091년으로 말한다(이종성 편저, 『뉴베스트 성경』, 1쪽).
25) Mark Smith, 『The Early History of God』, 35~36쪽 ; 제카라아 시친, 『수메르, 혹은 신들의 고향』, 121쪽.
26) 마크 스미스는 시나이 반도에 살던 에돔족과 유대인들이 교역을 하였는데 그 과정에서 시나이 지역의 야훼 숭배가 유대인들에게 전파되었다고 본다(Mark Smith, 같은 책, 32~33쪽).

대족의 강력한 신으로 부상하게 된다. 430년 동안(『출애굽기』 12:40) 노예 생활을 하던 동족을 이끌고 이집트를 떠난 모세가 시나이 산에 이르러, '오직 야훼만 받드는 대가로 조상들이 살던 가나안 땅을 되돌려 받기'로 야훼와 계약을 맺은 것이다.

이때부터 야훼는 이스라엘 사람들의 다신 신앙을 약화시키면서 유일신의 자리를 차지하기 시작하였다. 그 후 BCE 6세기가 지나 **『구약전서』가 편찬될 때, 믿음의 조상 아브라함이 믿었던 엘 신은 야훼로 바뀌어**[27] **기록**되었다. 이것이 바로 오늘날 우리가 『구약전서』에서 엘 신을 볼 수 없는 이유이다.

비록 모세가 율법으로 야훼 이외의 다른 신을 섬기지 말 것을 정하였지만, 유대 사회에서 배타적 유일신관이 완전히 굳어진 것은 나중에 유대인이 바빌론에서 포로생활을 끝내고 돌아온(BCE 538) 이후이다. 야훼만을 모시고 율법을 엄격히 준수하는 신앙공동체를 중심으로 새로운 이스라엘을 일구어야 했기 때문이다.

수메르 문화가 유대 문화에 끼친 또 다른 영향은 **제사 관습**에 나타난다. 수메르 문명권에 속했던 중동의 여러 사회에서는, 망자亡者는 무덤 속에서도 먹을 것과 마실 것이 필요하다고 믿었다. 무덤 속에 음식과 음료를 넣어주는 관을 따로 만든 것도 이 때문이다. 유대인도 이러한 사후관을 바탕으로 돌아가신 부모와 조상에게 예를 갖추었다.[28]

'유대교'와 수메르의 뿌리인 환국의 '신교' 사이의 연관성은 『구약전서』의 여러 기록에서 확인할 수 있다. 그 중 가장 인상적인 것은 아브라함의 삼신 체험이다. 어느 날, 야훼 신은 99세의 아브라함에게 본처인 사라의 몸을 통해 이삭이라는 아들을 내려 줄 것을 언약하였다. 하루는 대낮에 아브라함이 상수리 수풀 근처의 장막 문 앞에 앉아 있는데 야훼가 그를 찾아왔다. 그런데 아브라함이 고개를 들어 보니 **"사람 셋"**이 맞은편에 서 있었다. 이 사람 셋은 아브라함이 '**삼신**'을 체험하였음[29]을 말하는 것이다.

---

27) 아브라함 시대에는 야훼라는 신을 받들지 않았음을 "나는 아브라함과 이삭과 야곱에게 '전능의 신(엘 샤다이)'으로 드러낸 일은 있지만 '야훼'라는 이름으로 나를 알린 일은 없었다"(『출애굽기』 6:2~3)는 기록에서 추정할 수 있다. 이것은 원래 아브라함 부족이 받든 신은 '엘 샤다이'이고, '야훼'는 나중에 유대인의 신으로 편입되었음을 암시한다. 엘 샤다이는 엘 신을 가리키는 말이다.

28) 『구약전서』 연구의 대가인 하버드 대학 쿠겔James Kugel 교수가 밝힌 "유대인의 묘지에서 발견되는 그릇, 단지, 물병 등은 죽은 자에게 제사를 올릴 때 쓴 제기였다"라는 연구 결과도 이런 사실을 말해준다(J. Kugel, 『The God of Old』, 175쪽).

29) 기독교 『구약전서』에서는 "사람 셋"(『창세기』 18:2)을 '세 명의 천사'로 해석한다.

또한 유대교와 기독교에서는 신교의 칠성문화가 일곱 제사장, 일곱 별, 일곱 교회, 일곱 천사 등 **7수 사상**으로 다양하게 나타나며, 제사와 통치를 모두 주관한 선지자 '**멜기세덱**'에 관한 기록에서도 신교 제천문화의 영향을 찾아볼 수 있다.30)

이상에서 우리는 한민족의 신교가 유불선 삼도를 낳은 인류의 시원 종교임을 알 수 있다.

8) 신교의 낭가사상

신교는 동방 한민족이 9천 년 역사를 지속할 수 있게 한 역사의 혼이다. 이러한 신교 정신을 직접 실천하고 신교를 바탕으로 새 문명을 열고 나라를 개창한 '역사 개척의 집단'이 낭가郎家이다.

환국 말기에 환웅을 따라 이주하여 배달을 세운 3천 명의 **제세핵랑濟世核郎**이 **낭가의 시초**이다. 제세핵랑은 배달 시대의 삼랑과 단군조선의 국자랑을 거쳐 북부여의 천왕랑天王郎 → 고구려의 조의선인皂衣仙人·백제의 무절武節·신라의 화랑花郎 → 고려의 재가화상在家和尙(서긍의『고려도경』)·선랑仙郎·국선國仙 등으로 계승되었다. 그 후 한민족의 낭가사상은 고려 시대 윤관의 9성 정벌 때는 '항마군降魔軍'으로, 대몽항쟁 때에는 '삼별초三別抄'로 이어졌다.

유교사회 조선이 들어선 후 낭가의 명맥이 극도로 쇠잔해졌으나, 그 정신만은 한민족의 역사의식 속에 뿌리 깊이 잠재되어 '조선 시대의 선비정신', '갑오동학혁명', '의병운동' 등으로 끊임없이 표출되었다. 한민족의 낭가 제도는 시대를 달리하며 그 명칭은 바뀌었지만 새 역사 개척의 원동력이자 추진력으로 면면히 계승되어 온 것이다.

---

30) '멜기'의 뜻은 '왕', '세덱'은 '정의'로서, '정의의 왕'을 뜻하는 멜기세덱에 대한 자세한 내용은 완역본『환단고기』해제 493~495쪽 참고.

역·사·길·잡·이

『환단고기』가 밝히는 '하느님' 호칭

『환단고기』는 창세 이래 한민족이 불러 온 우주 주재자의 공식 호칭이 '삼신상제三神上帝님'임을 밝혀 준다. 삼신상제님의 줄임말이 '상제님'이다. **상제**上帝는 '천상의 하나님', 즉 천상 보좌에 앉아 계신 하나님을 뜻한다. 일반적으로 제帝는 '임금님 제'자로 알려져 있는데, 본래는 '**하느님 제**' 자이다. **하느님의 원말이 바로 상제**인 것이다.

유가에서는 상제에 호천昊天을 붙여 '호천상제昊天上帝'라 하고, 도교에서는 옥황玉皇을 덧붙여 '옥황상제玉皇上帝'라 한다. 하느님의 호칭에 '옥玉' 자를 쓰게 된 근원은 6,7천 년 전의 홍산문화 시절로 거슬러 올라간다. 동양에서 옥은 신성한 보물로 여겨져, 신과 소통하기 위해 바치는 제물로 많이 이용되었다. 홍산문화 유적의 제사장 무덤에서 발굴된 무수한 옥기玉器가 이를 대변한다.

『환단고기』에서는 삼신상제님을 **천제**天帝라고도 부른다. 광개토대왕비문에도 나오는 이 말은 '하늘에 계신 우주의 통치자 제帝'로서 상제의 다른 말이다. 지상의 통치자를 일컫는 천자天子는 천제지자天帝之子의 줄임말이다. 『환단고기』에서는 상제님을 **천신**天神, **천황**天皇, **천주**天主라고 부르기도 한다. 천신은 '모든 신을 다스리는 하늘의 최고 신'을 뜻하고, 천황은 '우주의 모든 신을 거느리는 천상의 제왕'을 가리킨다. 천주는 '천상 또는 천지의 주인'이란 뜻이다.

'천신'이란 말은 6천 년 전 배달 시대의 칠회제신력七回祭神曆에서 유래하였다. 칠회제신력은 칠 일에 걸쳐 일곱 신에게 제사 드린 것을 바탕으로 만든 달력인데, 이 일곱 신의 첫째가 '천신'이다. 이러한 배달국의 신관은 3천여 년 전에 강태공이 중화문명권에 정착시킨 제천문화인 팔신제八神祭에 그대로 계승되었다. 팔신제에서 모신 첫째 신이 '천주'인 것이다. '천주'는 16세기에 마테오리치(1552~1610) 신부가 중국에서 활동할 때 더욱 널리 알려졌다. 마테오리치는 『천주실의天主實義』에서 "우리나라(서양)의 천주는 곧 (동양의) 옛 경전에서 말하는 상제이다(吾天主, 乃古經書所稱上帝也)"라고 하였다. 이 천주가 조선 사회에도 전해져 '천주교'라는 이름이 생겨났다. 오늘날의 한국인에게는 '천주님', '하느님' 또는 '하나님'이 더 익숙한 호칭이지만, 인류의 시원 역사를 살펴보면 **절대자 신을 부르는 정통 호칭은 바로 '상제님'**이다.

Ⅳ 한韓의 뿌리와 미래
: 『환단고기』 해제를 마치며

아홉 굽이를 거친 한민족의 국통 맥

『환단고기』는 우리 한민족의 뿌리 역사 시대인 환국·배달국·고조선이 곧 신교의 삼신문화가 현실 역사로 전개된 과정임을 밝혀 준다.

먼저 안파견安巴堅환인이 연 환국 시대는 조화신造化神의 신성을 깨닫고 그 신성을 역사와 일상생활에 구현한 때이다. 이때의 사람들은 대자연과 한마음이 되어 서로 교감하며, **제천祭天문화의 원형 시대**를 열어 삼신상제님과 소통하고, 선仙의 정수를 깨달아 병에 시달리지 않고 장수하였다. 한마디로 사람들이 조화 문화, 도통 문화를 누린 시대였다. 이른바 '**인류 문명의 황금시대**'란 바로 이 환국 시대를 가리키는 것이다.

환국을 계승하여 거발환환웅이 세운 배달은 교화신敎化神의 신성이 발현된 때이다. 인간의 생활을 이롭게 하는 문자, 도구, 의술, 수학, 천문학이 이 무렵에 본격적으로 개발되어 나왔다. 배달의 강토였던 곳에서 발견된 홍산문화 유적들, 특히 5,500년 전 무렵의 거대한 제천단祭天壇과 다양하고 정교한 옥기玉器와 도기陶器, 악기樂器 등은 당시 **동방의 배달문명**이 얼마나 발달했는지 단적으로 보여준다.

배달을 이은 단군왕검의 조선은 치화신治化神의 신성이 발현된 때로서, 삼신상제님을 받드는 삼신문화와 신교의 우주관과 신관의 핵심 이념이 실제로 국가를 다스리고 운영하는 통치 체제로 구현된 역사 시대이다. 그 통치 체제가 바로 **삼한관경제三韓管境制**이다. 나라를 셋으로 나누어 경영한 이 삼한관경제를 제대로 인식하는 데에서 고조선사에 대한 올바른 이해가 시작된다.

『환단고기』는 한민족의 상고 역사가 조화·교화·치화라는 삼신의 3대 신성을 인간 역사 속에 드러낸 시기임을 밝혀 준다. **삼신의 광명한 우주정신의 본성이 인간 역사를 전개하는 원동력**이 되었기 때문에 3수원리에 의한 '**삼성조三聖祖 역사**'가 전개된 것이다.

지난 2003년에 필자는 그리스의 철학자이자 수학자인 피타고라스가 태어난

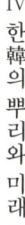

지중해의 사모스 섬을 답사하였다. 그런데 놀랍게도 그곳 해변에 세워진 피타고라스 동상의 현판에서 우주론의 핵심을 꿰뚫는 한마디를 발견하였다. "**3이라는 수는 존재하는 모든 것을 움직이게 하는 중심축이다!**" 이것은 서양에서도 3수 원리를 '우주가 변화하고 인류사가 전개되는 근원적 원리이자 원동력'으로 인식하고 있음을 보여주는 명구이다.

일찍이 삼신의 3수 원리에 따라 '환국-배달-조선'의 삼성조 역사가 전개된 후 한민족사는 해모수의 북부여를 필두로 한 '열국列國(여러 나라) 시대'로 계승되었다. 그 후 우리 역사는 북부여를 계승한 고구려와 백제, 신라, 가야의 '사국시대'를 거쳐 북쪽의 대진(발해)과 남쪽의 통일(후)신라가 대치한 '남북국 시대'로 이어졌다. '열국 시대-사국 시대-남북국 시대'라는 이 세 마디를 거친 후, '고려-조선-대한민국'으로 한국사의 국통이 이어져 오늘에 이르고 있다.

그런데 이 국통 맥을 자세히 들여다보면, 3단계씩 세 번에 걸쳐 이어 왔다는 것을 알 수 있다. 한국사에서 국통은 이처럼 면면히 **아홉 굽이**를 거쳐[九變之道] 오늘까지 이어 온 것이다. 한민족의 9천 년 역사는 계승되어 내려온 국가들의 마디만 따져 보아도 삼신의 3수 원리가 그대로 펼쳐진 것임을 알 수 있다.

『환단고기』가 보여주는 미래상

『환단고기』는 단순히 과거의 이야기를 전해주는 데 그치지 않고, 한민족과 인류의 지난 역사를 넘어 장차 펼쳐질 희망찬 미래상을 제시한다. 그것은 한 글자로 **환桓, 곧 광명光明**이라는 말로 **압축**된다. 이 광명한 정신문화야말로 바로 우리의 미래상이다.

환국·배달·조선의 상고 역사는 바로 우주광명 사상의 역사이다. 삼신상제님은 환국을 통해 하늘의 조화신의 광명인 **환桓**을, 배달을 통해 땅의 교화신의 광명인 **단檀**을, 고조선을 통해 인간에 내재한 치화신의 광명인 **한韓**을 펼쳐 보이셨다. '동방 시원 역사 경영의 심법과 핵심 원리'는 일곱 분의 환인천제 → 열여덟 분의 환웅천황 → 마흔 일곱 분의 단군왕검이 전한 대원일(三大·三圓·三一) 사상으로 천지의 광명(환단)과 인간의 광명(대한)이었다. 이 전통을 계승한 당시 사람들은 천지의 광명한 기운을 온 몸으로 받아 내려 광명한 존재로 살았다. 그들은 하늘땅, 대자연과 소통하고 마음까지 훤히 들여다보았으며, 몸과 영혼이 대자연과 하나 되고 조화를 이룬 까닭에 근심 없이 무병장수하였다.

한민족이 세운 역대 나라 이름도 광명을 상징하였다. 지구상에서 광명문화

남북한이 통일된 열(❿) 번째 나라 : 천지 광명문화 시대

삼신의 3수 원리로 전개된 한민족사의 9천 년 국통 맥國統脈

를 간직해 온 대인大人의 나라는 인류 창세역사와 원형문화의 종주인 '대한大韓 Great Korea', 즉 하늘땅의 광명을 내려 받은 '위대한 밝은 사람들의 나라'인 대한민국뿐이다.

『환단고기』에는 상고 시대에 누린 바로 이러한 광명문화, 원형문화가 장차 이 땅에 다시 열린다는 소식이 담겨 있다. 온 인류가 한마음으로 삼신상제님을 섬기고 광명한 존재로 무병장수하며 사는 환국의 광명문화 시대, 황금시대가 다시 활짝 열리는 것이다.

그렇다면 어떤 이치로 황금시대 문명이 다시 열린다는 것일까? 그것은 바로 **원시반본**原始返本**의 자연 섭리**에 따른 것이다.

밤과 낮이 돌아 하루가 되고 계절이 순환하여 일 년이 되듯이, 우주도 봄·여름·가을·겨울로 순환한다. 이것을 동양의 시간관에서 '우주 1년'이라 부른다. 농부가 봄에 초목의 씨를 뿌려서 여름에 키우고 가을에 수확하고 겨울에 쉬듯이, 우주 역시 사계절의 순환을 통해 농사를 짓는다. 우주가 무슨 농사를 짓는가? 바로 사람 농사이다. 마치 지구의 농부처럼, 천지부모는 봄에 사람을 낳고 여름 동안 길러서 가을에 참 종자(참 인간)를 거두는 것이다.

우주의 가을은 이처럼 사람의 종자만 거두는 것이 아니라, 그동안 인간이 일군 지구촌의 모든 문명을 수렴·통일하여 새로운 열매문화를 나오게 한다. 한마디로 우주의 가을이 되면 앞서 봄여름에 생성되고 형성된 묵은 인간과 문명과 역사가 말끔히 정리되어 새로운 인간, 새로운 문명으로 거듭나는 것이다.

지금은 바로 우주의 가을로 들어서는 때이다. 가을철의 자연과 역사의 변화 정신을 쉽게 헤아려 볼 수 있는 예가 있다. 봄철에 콩을 심으면 여름 볕을 받고 자라서 가을에는 가지마다 주렁주렁 콩이 달린다. 그 콩 꼬투리를 열어 보면 봄에 심었던 것과 똑같은 콩이 다닥다닥 들어 있다. 봄에 심은 그 콩이 다시 열려 '본래의 제 모습을 되찾는 것'이다. 이것이 바로 **가을철의 원시반본**으로, 자연에서 해마다 펼쳐지는, '**뿌리와 열매가 서로 만나는 놀라운 섭리**'이다.

이 원시반본의 이치에 따라 지나온 역사를 유실수의 생장 과정에 비추어 보면, 지금까지 인류는 뿌리문화 시대와 줄기문화 시대를 살아왔다고 할 수 있다. 온 인류가 신교 문화권 안에서 삼신 상제님을 받들며 살던 때가 뿌리문화 시대이다. 저 드넓은 대륙의 환국桓國을 중심으로 문명의 토대가 구축되고 인간의 영성 문화가 찬란하게 꽃피던 때이다.

그 후 각 족속이 사방으로 이동하여 지역마다 고유한 문화를 형성하고, 문명권에 따라 여러 성자들이 출현하여 다양한 가르침을 내놓았다. 이것이 줄기문화 시대이다. 하나의 나무에서 수많은 줄기가 뻗치듯 유교, 도교, 불교, 기독교, 이슬람교와 같은 줄기문화가 생겨난 것이다. 2,500년 전을 전후하여 공자, 노자, 예수, 석가 등 성인들과 소크라테스, 플라톤, 아리스토텔레스 등 철인들이 종교와 철학, 과학의 신세계를 개척하였다.

뿌리인 신교 문화에서 뻗어나가 세계 곳곳에서 펼쳐졌던 줄기문화인 유불선 기독교는 이제 원시반본의 섭리에 따라 다시 본래의 고향으로 돌아와 하나로 통일되어 열매문화 시대가 열린다. 그리하여 인간이 환단의 광명을 받아 신적인 존재로 살았던 광명문화가 다시 살아난다. 우주의 가을 세상에서 인간은 새로운 황금시대를 살게 되는 것이다.

그래서 우리 모두가 반드시 새겨 둘 것이 있다. 지금은 인간이 자신의 뿌리를 바로 세우고 잘 받들어야 할 때라는 것이다. 뿌리란 개인에게는 집안의 조상이요, 민족에게는 민족의 시조이다. 인류 전체에게는 시원 역사이며, 만유생명의 근원이신 삼신상제님이다. 제 조상을 박대하고 부정하는 사람은 '**뿌리를 잃어버린 존재**'가 되어 '**소멸**'될 수밖에 없다. 제 민족의 시조를 천시하고 그 역사를 부정하는 민족은 앞날을 기약할 수 없다. 인류의 시원 역사와 원형문화를 알지 못하면 미래 문명 또한 제대로 설계할 수 없다. 과거를 잃어버리면 미래를 개척할 수 있는 정의롭고 창의적인 안목을 결코 가질 수 없기 때문이다.

그러므로 이런 역사적 맥락에서 보면 『환단고기』가 오늘의 우리 한민족에게 던져 주는 메시지는 간결하고 명쾌하다. '왜곡되고 뒤틀린 한국사의 국통 맥을 바로 세우고, 태곳적 황금시절에 삼신상제님이 열어 준 우주의 광명문화를 회복하라'는 것이다.

인류 근대사의 출발과 개벽사상의 출현, '동학東學'

그러면 성숙한 열매문화 시대는 어떻게 열리는가? 그것은 모든 생명 기운이 근본으로 돌아가면서 결실을 맺는 가을철 변화법칙에 따라 인류의 시원 문화인 신교가 열매 진리로 다시 출현하여 열린다. 인류사의 전면에 이러한 열매 진리가 나온다는 선언은 지난 19세기 중반 조선의 한 선각자에 의해 울려 퍼졌다. 바로 동학을 창도하여 한민족의 근대사를 열어 준 **수운**水雲 **최제우**崔濟愚(1824~1864)이다.

지난 19세기는 서양 제국주의 열강이 식민지 시장을 개척하기 위해 날뛰던 때이다. 약육강식의 국제질서 아래 전 지구촌이 시련을 겪으면서 상극相克의 갈등과 상처가 절정으로 치닫던 그 때, 새 세상 소식을 알리는 동학이 태동한 것이다. 동학이 전하려 한 소식은 두 가지이다. 첫째는 '시천주侍天主' 사상으로, 삼신상제님을 모시는 '신교문화, 상제문화를 회복해야 한다'는 것이고, 둘째는 자연, 문명, 인간이라는 세 측면에서 이루어지는 '다시 개벽'[1] 소식이다.

다시 개벽은 동시대의 철인, **일부**一夫 **김항**金恒(1826~1898)에 의해 이론적으로 밝혀졌다. 주역의 완결본인 '정역正易'이 그것이다. 우주의 가을 세상이 되면 새로운 달력, '정력正曆'을 쓰게 된다는 것이다. 지금 우리가 쓰는 365¼일이 1년인 달력이 장차 360일을 1년으로 하는 달력으로 바뀌게 된다. 여기서 우리가 유념해야 할 것은 김일부의 정역 사상은 '1년 360일'의 달력이 단순히 자연의 변화로 이루어지는 것이 아님을 밝혔다는 점이다. 김일부는 천지와 일월의 운행이 상극相克에서 상생相生의 질서로 전환되는 대자연의 개벽에는 '삼신상제님이 직접 개입하신다'는 것을 강조했다.

동학은 "십이제국 괴질운수 다시개벽 아닐런가"[2]라는 말로 개벽 소식을 전하면서 아울러 개벽을 주재하시는 상제님이 신교문화의 본고장인 동방 땅에 오신다는 것을 전하였다. 그것은 곧 한반도가 '다시 개벽'의 진원지이자 새 세

---

1) 동학의 '다시 개벽' 사상은 한편으로 가을 병란으로 새로운 가을 신천지를 여는 것을 뜻하며, 나아가 상제문화가 회복되고, 천지 광명 문화가 다시 나온다는 것을 의미한다.
2) 『용담유사』「몽중노소문답가」

상을 여는 구심점이 된다는 사실을 표현한 것이다. 이를 『주역』에서는 '성언호간成言乎艮'이라 했다. 인류가 지금까지와는 전혀 다른 문명시대로 전환하는 개벽에서 세계 구원을 성사시키는 성스러운 땅이 바로 간방艮方이라는 것이다. 여기서 말하는 간방은 곧 한반도이다. 이러한 문명개벽의 놀라운 소식에서 볼 때 동학은 인류의 신교문화의 원형을 새롭게 선언함으로써 진정한 근대의 출발점이 되는 것이다.

근대사마저 왜곡된 비극의 한국사

천주님으로부터 도통을 받은 1860년 4월 5일에, 수운은 천지가 진동하여 정신이 아득한 가운데 "세상 사람들이 나를 상제라 이르거늘 너는 어찌 상제를 알지 못하느냐?"(『동경대전』)라는 성령의 말씀을 들었다. 이후 최수운은 신교 원형문화의 주인이신 상제님의 존재를 세상 사람들에게 이렇게 전하였다.

호천금궐 상제님을 너희 어찌 알까보냐(「안심가」)
무극대도 닦아내니 오만년지 운수로다(「용담가」)

여기서 수운은 '시천주 신앙'을 외친 것이다. **시천주侍天主**란 문자 그대로 '천지의 주인'이신 하늘에 계신 아버지 하느님, 천주님을 모신다는 뜻이다. **천주님은 바로 상제님이시다.** 우리 한민족이 태고시대부터 신앙해 온 우주의 통치자, 상제님의 성령을 접한 최수운이 신교의 정신을 되살려 내기 위해 전한 가르침이 바로 시천주이다. 이 시천주 신앙을 통해서 우리는 신교문화의 원형과 그 정신을 회복할 수 있다. 하지만 수운은 결국 나라를 어지럽히는 죄인으로 몰려 1864년 3월 대구장대大邱將臺에서 처형되었다. 본래의 역사를 잃어버리고 국운이 패망당해 절망의 구렁텅이에 빠진 조선의 운명을 '기험하다 기험하다 아국운수 기험하다'라고 한탄하며, '시천주'와 '다시 개벽'이라는 희망찬 미래에 대한 한 소식을 전하다가 형장의 이슬로 사라진 것이다.

최수운이 삼신상제님의 천명을 완수하지 못하고 세상을 떠난 후, 동학은 신앙 차원을 넘어 사회개혁 사상으로 전개되어 큰 변화를 맞이했다. 조선 왕조의 동학교도 탄압에 분개한 60만 동학 농민군이 1894년에 일제히 봉기하였다. 동학혁명(1894~1895)이 발발한 것이다. 당시 동학군이 '시천주 조화정侍天主造化定', '오만 년 수운五萬年受運'이라 적은 띠를 머리에 두르고 후천 개벽과 새 세상을 외치자, 일본군과 조선 정부군은 동학군을 마치 물고기 떼를 몰듯이 전남

장흥까지 몰아 몰살시켰다. 그 결과 동학의 세력은 극도로 미약해졌다.

게다가 '시천주 신앙'마저 그 본질이 훼손되었다. 무엇보다 2세 교주 최시형을 거쳐 3세 교주 손병희에 이르러, 교명을 천도교로 바꾸고, 수운이 설파했던 시천주侍天主도 인내천人乃天으로 바꾸었다. 한민족 전래의 삼신상제님을 모시는, 상제문화의 부활을 알리는 시천주 신앙이 '인간이 곧 하늘'이라는 인간 존엄 사상으로 변질되어 버린 것이다. 결론적으로 우주를 다스리는 인격신인 삼신상제님이 비인격의 추상적인 존재로 변질되고 말았다.

동학의 본래 정신과 사명이 이처럼 왜곡됨으로써 오늘날 우리는 수운을 통해 스스로 당신의 존재를 드러내려 하신 삼신상제님의 참모습을 또다시 알 수 없게 되었다. 뿐만 아니라 삼신상제님이 삶의 중심에 계시던 태곳적 신교문화에서 더욱 멀어졌다. 그리하여 신교문화의 종주이던 한민족의 상고사를 복원하고 이해하는 일은 더욱 어렵게 된 것이다.

인류의 새 시대를 여는 개벽의 땅, 한반도

인류 창세 역사의 주역인 한민족이 살고 있는 한반도! 바로 이곳에서 상극으로 얼룩진 우주의 봄·여름 시대가 끝매듭 지어지고 상생의 덕이 넘치는 우주의 가을 시대가 활짝 열린다. 이것을 19세기 개벽사상에서는 이 세계를 건져 내는 중심 국가가 남쪽 조선이라는 뜻으로 **'만국활계남조선**萬國活計南朝鮮'이라 전했다. 여기서 남조선은 단순히 북조선의 반대말로 남한을 말하는 것이 아니다. 9천 년 한민족사의 국통 맥에서 볼 때, 남조선은 '한민족의 중심 무대가 동북아의 대륙에서 한반도 땅으로 욱여져 들어온 후 최종 정착한 곳'을 뜻한다.

그렇다면 '다시 개벽'의 중심지는 왜 남조선인가? 예로부터 동북아 문명권에서 우주론의 교과서 노릇을 해 온 『주역』은 **'종어간시어간**終於艮始於艮(간艮에서 매듭짓고 간艮에서 시작한다)'이라 했다. 간艮은 팔괘八卦 중 하나이다. 간은 초목으로 말할 때는 '열매'를 뜻하고, 방위로 이야기할 때는 '동북방'을 가리킨다. "간방은 동북의 괘이니 만물의 끝남과 새로운 시작이 이루어지는 곳이라"[3]라고 했듯이, 지구의 간방은 동북아의 한반도 땅이다. 한반도는 지구의 간방으로서 인류 문명이 최종 결실하는 자리인 것이다.

만물의 끝과 시작이 간방에서 이루어진다는 『주역』의 가르침 그대로, 장차 인류의 모든 문제가 간방 땅 중심인 남조선에서 종결되고 남조선에서 새롭게 시작

---

[3] 艮, 東北之卦也, 萬物之所成終而所成始也. 故曰, 成言乎艮(『주역』「설괘전」).

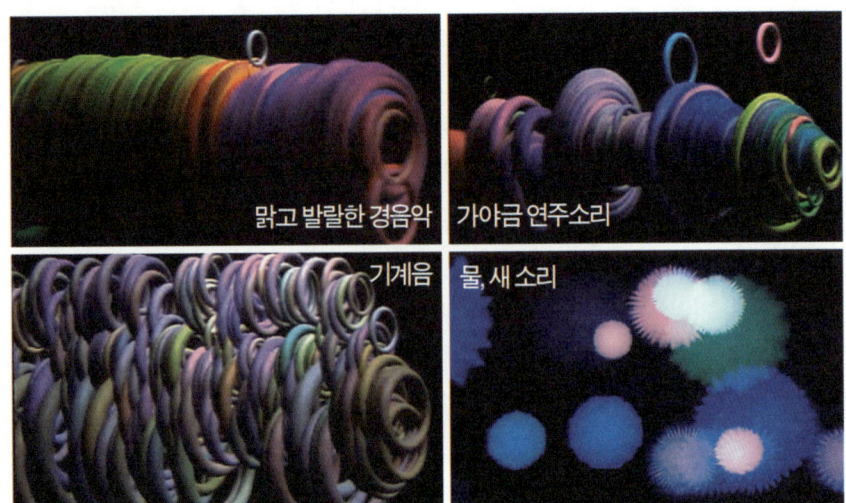

소리와 색깔은 하나로 표현된다 | 자연의 소리를 본떠 만든 가야금 소리와 맑은 경음악이 연출하는 색깔은 각 음이 나타내는 색깔이 선명히 구별되는 반면에 기계음이 섞인 음악은 음의 색깔에 별 차이가 느껴지지 않는다(EBS-TV, 〈일상의 미스터리, 소리〉, 2005.12.16).

한다. 오늘날 지구촌의 정치, 경제, 과학, 학문, 종교 등이 모두 간방 땅 한반도에서 수렴된다. 지구상에서 유일하게 자본주의와 공산주의로 양분된 이곳에서 지구촌 모든 나라와 민족 간에 얽히고설킨 이념, 언어, 풍속, 세계관의 갈등이 근원적으로 해소되고 온 인류가 하나 된 새로운 문명이 펼쳐지게 된다. 만국활계남조선은 '간방 한반도의 남쪽 땅이 장차 동서 문화를 하나로 수렴하여 인류의 통일 문명 시대를 여는 데 구심점이 된다'는 희망찬 축복의 소식인 것이다.

　최근 대한민국이 경제, 과학, 문화 등 여러 분야에서 두각을 나타내는 것은 결코 우연한 일이 아니다. 바로 인류 원형문화의 혼을 새로이 되살아나게 하는 천도의 시운을 받아, 광명문화의 영험함이 오늘날 한민족의 마음과 혼 속에서 폭발되어 나오고 있는 것이다. 만국활계남조선의 섭리에 따라 한반도 땅이 인류의 미래를 주도하는 새로운 중심축이 되고 8천만 한민족이 새 역사를 건설하는 주역이 된다. 이것이 바로 『환단고기』에서 궁극으로 전하는 한韓의 미래이자 인류의 내일이다.

'천지광명과 신성' 회복의 길을 열어 주는 『환단고기』

　그렇다면 우리가 머지않아 열리는 통일문화·열매문화 시대를 누릴 수 있는 천지광명의 아들딸이 되기 위해서는 무엇을 해야 하는가? 먼저 정신적인 치유의 과정을 통해 선천先天 상극相克이 낳은 갈등과 상처를 말끔히 씻어 내어 **삼신 으로부터 부여받은 인간 본연의 신성神性을 회복**해야 한다.⁴⁾ 그럼으로써 인간은 잃어버린 황금시절의 밝은 영성을 회복할 수 있게 되는 것이다. 그것이 바로 『환단고기』가 전하는 태고 원형문화 시대의 '주문呪文 수행'이다.

주문은 '빌 주呪', '글월 문文'으로, '천지의 신성과 생명을 나의 몸과 마음과 영 속으로 빨아들이는 글'이다.⁵⁾ 주문이란 천지의 광명과 나의 신성이 하나가 되도록 연결해 주는 도구요 매개체이다. 모든 주문은 '비자 만트라bija mantra' 즉 '종자 음절'을 가지고 있다. '비자bija(종자)'는 주문의 핵심으로 영적인 힘을 생성한다.⁶⁾ 다시 말해서 모든 **주문은 삼신의 광명과 신성을 내 몸에서 일깨우는 종자를 가지고 있다.**

인도 경전인 베다에 정통한 독일인 요아힘 베렌트(1922~2000)는 우주의 소리 중 비자 만트라가 될 수 있는 음절을 옴Om, 아Ah, 훔Hum, 흐리Hrih 네 개로 꼽는다. 그 가운데 '옴'은 만유에 깃든 보편성에 이르기 위한 오르막길이고, '훔'은 그 보편성을 내 마음 깊은 곳으로 끌어오기 위한 내리막길이라 말한다. '옴'이 씨앗 음절의 시작이라면 '훔'은 우주의 씨앗 음절의 완성이다. 그래서 '훔'은 우주 안에 있는 모든 소리를 머금은 창조의 근원 소리이다.⁷⁾

수행을 할 때 성스러운 마음으로 정성껏 주문을 소리 내어 읽으면 소리가 신성한 조화의 힘을 발동시킨다. 소리란 무엇인가? 동서양의 수행가들은 소리를 '영적 세계와 물질세계를 이어 주는 다리'라고도 하고, '소리는 신神이며, 신은 소리이다'라고도 한다. 소

두 손을 마주 잡고 우주의 노래인 주문을 읽고 있는 배달 사람 | 2012년 7월에 내몽골자치구 적봉시에서 발굴된 5,300년 전의 도소남신상陶塑男神像(흙으로 구운 남신상). 땋아 올린 듯한 머리 모양에 반가부좌를 틀고 앉은 모습이다.

---

4) 동서양의 수행 문화에는 인간의 마음과 영혼을 치유하고 대광명의 영성을 회복하는 '치유 문화 Healing culture'가 포함되어 있다. 이제 인류 문화의 중심축은 정보산업 사회를 넘어서 밝은 '영성Spirituality 문화'로 바뀌고 있다.
5) 주문은 영어로 '만트라mantra'이다. 만트라는 '해방시키며 보호해 주는 것'을 뜻한다.
6) Joachim E. Berendt, 『The World is Sound』, 27쪽.
7) 베렌트는 이 훔Hum이 만man과 합해져서 휴먼human, 즉 인간이란 말이 되었다고 분석한다. 우주 삼신의 무궁한 광명과 신성과 생명을 상징하는 훔이 인격화되어 나타난 것이 인간이라는 것이다.

리는 인류사에서 가장 오래된 치유 형태라고 한다.[8]

사람들이 치유의 수단으로 가장 쉽게 접하는 소리가 바로 음악이다. 음악은 인간에게 감동을 주고 영혼을 순수하게 만들기도 한다. 그러면 영성을 활짝 열어 주고, 살아있는 우주 삼신 자체인 천·지·인 우주 삼계에 대한 깨달음을 주는 진정한 음악은 과연 무엇인가? 그것은 바로 '태고 시대에 인류의 창세 역사를 개척한 성인 제왕들이 자신의 깨달음을 응축하여 표현한 신성한 진리의 언어'인 주문이다. 주문은 태고 시대부터 전수된 '우주 음악Cosmic Music'이요, 인간이 하늘땅과 하나 되어 부르는 '생명의 노래'요, '천지 광명의 음악'이요, '깨달음의 노래'인 것이다.

우주의 광명을 노래하는 신성한 주문을 통해 내 안에 잠재되어 있는 삼신의 무한한 신성과 지혜가 발현된다. 그리하여 천지의 광명과 하나 되어 살았던 태고 황금시절의 인류와 같이 빛나는 존재가 될 수 있다. **태고 인간이 누리던 신성과 영적 지혜를 다시 회복한 광명의 인간**, 즉 태일 인간이 될 수 있다.

이제 우주의 가을 세상이 되면 주문 수행이 보편적인 생활문화가 되고, 모든 사람이 신성한 인간으로, 대자연과 신을 노래하는 위대한 철인으로, 삼신의 신성을 발현한 신적 존재로 살아간다. 누구나 **대한**大韓이 되고, **태일**太一이 되고, **홍익인간**弘益人間이 된다. 홍익인간이란 단순히 '인간을 널리 이롭게 하라'는 규범적 가르침이 아니라 이상적 인간상을 지칭하는 말로서 '홍익하는 인간'을 뜻한다. 그것은 천지 광명의 대이상 세계를 건설하여 이 세계를 거듭나게 하는 대인大人, 곧 태일 인간이다. 가을 우주의 새 세상을 앞두고 있는 오늘의 70억 인류는 모두 천지의 노래인 주문을 읽어 영성을 계발하고 환골탈태하여, 장차 새 문명을 건설하는 태일이 되고, 인존人尊이 되고, 홍익인간이 되어야 하는 실로 위대한 사명을 짊어지고 있는 것이다.[9]

다시 열리는 우주의 대광명문화

『환단고기』에 따르면, 인류의 시원국가 환국에서 살던 '구환족 오색 인종'이 세계 각처로 뻗어 나가 지구촌에 다양한 문명을 일구었다. 본래 하나이던 인류가 천 갈래 만 갈래로 나누어지고 각양각색의 지역 문화가 생겨난 것이다. 그러나 이제 우주의 가을이 되면, '**세계일가 통일 문화**'가 열려 구환족의 후손이 그

---

8) Ted Andrews, 『The Power of Sacred Sounds』, 3쪽.
9) 인류 미래 문명의 중심 주제인 영성 문화에 대한 보다 체계적이고 심층적인 내용은 완역본 『환단고기』 해제 591~601쪽 참고.

옛날처럼 다시 한 가족으로 살게 된다. 이것이 바로 『환단고기』가 전하는 '**구환일통**九桓一統[10] **소식**'이다.

지금 한민족은 초강대국인 미국, 중국, 일본, 러시아가 충돌하는 가장 뜨거운 중심지대에 놓여 있다. 남북한을 가르는 휴전선(38선)은 중국과 미국을 비롯하여 여러 나라가 무한경쟁의 힘겨루기를 하는 무서운 화약고이자 미래 전쟁터의 마지막 전선이다. 장차 한반도는 인류 역사상 가장 강력한 전쟁의 소용돌이에 빨려 들어가 한민족의 생사존망이 걸린 절박한 상황을 맞이할 수도 있다. 한민족과 인류는 지금 인류사의 중심축이 바뀌는 거대한 변혁의 폭풍, '퍼펙트 스톰perfect storm'[11])이 닥치는 시간대에 들어서고 있다.

이런 절박한 상황에서 오늘의 우리는 무엇을 해야 하는가? **역사를 잃어버린 자는 모든 것을 잃게 된다. 그러므로 한민족의 뿌리역사와 시원문화의 원형 회복을 우리 삶의 정신혁명의 최우선 과제로 삼아야 한다.** 그리고 무엇보다 강단사학의 논리에 세뇌되어 태고의 황금 시대였던 환국과 배달의 역사를 신화나 전설로만 생각하는 비뚤어진 역사의식에서 깨어나야 한다. 특히 중국이 조장한 중화 패권주의 사관과 일제가 조장한 식민주의 사관이라는 노예 역사관을 말끔히 떨쳐내야 한다.

『환단고기』에서 전하는 인간 삶의 가장 숭고한 목적은 '인간 내면에 본래 깃들어 있는 천지의 무궁한 광명과 신성을 회복하고, 인간과 천지부모가 꿈꾸는 역사의 이상을 실현하는[性通功完]' 데에 있다. 그래서 21세기의 인류는 누구라도 이 천지의 큰 꿈을 이루는 새 역사 창조의 한마당에 참여하면 새 세상의 주인공으로 살게 된다. 그러나 대한의 삶을 등지고 살면 '다시 개벽'의 문턱에서 우주의 먼지로 사라지고 말 것이다.

8천만 한국인이여! 우리 모두 새벽처럼 맑게 깨어나자! 다가오는 '다시 개벽'의 거센 파도를 넘어, 하늘과 땅과 인간이 모두 거듭나는 위대한 환단桓檀(천지광명)의 새 역사를 창조하는 주인공으로 태어나자!

---

10) 『환단고기』에서는 환국의 '구환족九桓族'에서 배달의 '구황족九皇族'과 고조선의 '동이구족東夷九族'이란 말이 유래되고 계승되었음을 강조한다(『삼성기』 ; 『태백일사』 「신시본기」).

11) 퍼펙트 스톰perfect storm: 원래 기상용어로 '개별적으로 보면 위력이 크지 않은 태풍이 다른 자연 재해와 동시에 발생하여 엄청난 파괴력을 내는 현상'을 말한다. 그러나 2008년 이후 심각한 세계 경제위기 현상을 일컫는 경제용어로도 쓰이게 되었다.

일러두기

역자가 처음 접한 『환단고기』는 1979년에 광오이해사에서 발간한 〈오형기 필사 영인본〉이다. 본서는, 이유립이 오형기 필사본을 교정하여 1983년에 배달의숙에서 발간한 〈배달의숙본〉을 저본으로 하여 번역하였다. 또한 이유립이 완전하게 수정하지 못한 오탈자와 누락된 부분을, 이유립의 제자인 양종현이 소장하고 있는 〈배달의숙본〉과 단단학회 정오표 등을 참고하여 최대한 바로잡았다.

칭원稱元 및 연대 표기

1. 본서에서는 임금이 즉위한 해를 넘겨 원년으로 칭하는 유년칭원법踰年稱元法을 사용하여 역대 왕의 원년을 기산起算하였다.
2. 『삼성기』하 신시역대기에 나오는 환웅천황의 재위 연대의 경우 총 역년(1,565년)에서 각 천황의 재위 연수를 역산하였다.
3. 배달의 환웅, 고조선의 단군 등 역대 성황 및 제왕의 즉위 원년과 붕어崩御한 해, 주요 사건이 발생한 해는 환기桓紀, 신시개천기神市開天紀, 단기檀紀, 서기西紀를 병기하였다.

편 집

1. 원문과 번역본을 함께 볼 수 있도록 아래위로 이어서 배치하였다.
2. 원문을 쉽게 읽고 이해할 수 있도록 현토懸吐를 하였다. 〈배달의숙본〉에 수록된 이유립의 현토를 기초로 삼고, 다음 원칙에 따라 대폭 수정하였다.
   ① 조선시대 관본官本 『서경書經』에서 쓰인 현토 방식을 따랐다.
   ② 환국-배달-조선의 국통 맥을 정통으로 계승한 우리나라의 역대 제왕들과 동이족 성황들은 현불초賢不肖를 막론하고 모두 존칭형으로 통일하였다(단, 단군조선 및 북부여의 후국侯國인 번한(번조선), 마한(막조선)과 동부여 등의 제왕은 평칭형으로 하였다).
   ③ 기존의 해석과 다르게 이해되는 부분은 토를 수정하였다. 가급적 기존의 현토를 존중하였으나 문장을 분석하는 기준에 따라 해석이 현격하게 달라진 경우는 과감하게 토를 바꾸었다.
3. 본문의 크고 작은 제목은 이해를 돕기 위해 붙인 것이다.
4. 원문과 번역문에 나오는 주요 용어 및 술어를 아래에 간단히 풀이하였으며, 좀 더 구체적인 설명이 필요한 경우 본문 뒤에 주석을 덧붙였다.
5. 주요 내용을 쉽게 찾아 볼 수 있도록 색인을 덧붙였다.
6. 주요 사건, 연대, 지명 등을 도표와 지도로 정리하여 덧붙였다.
7. 『삼성기』, 『단군세기』, 『북부여기』, 『태백일사』 등 각 편이 시작되는 부분에 시대별 강역 지도를 넣었다.
8. 역사 현장감을 살리고자 화보를 실었다. 화보는 역사 현장을 직접 답사하여 촬영한 것이며, 직접 촬영한 것이 아닌 경우 문헌과 출처를 밝혀 놓았다.

凡例 범례

— 계연수桂延壽 찬撰 —

『환단고기』를 편찬한
운초 계연수 雲樵 桂延壽 (1864~1920)

해학海鶴 이기李沂의 문인 | 만주에서 독립운동을 하다가 1920년에 순국

- 계연수는『삼성기전』상,『삼성기전』하,『단군세기』,『북부여기』,『태백일사』를 합편하여『환단고기』로 정명正名하였다.
- 『환단고기』를 구성하는『삼성기전』상,『삼성기전』하,『단군세기』,『북부여기』,『태백일사』등 다섯 권의 출처를 서문격인 범례에서 자세히 밝혔다.
- 『삼성기전』상은 운초 집안 소장본이고,『삼성기전』하와『단군세기』는 북녘 땅 제1의 장서가 백관묵白寬默에게서 전수받았다. 백관묵의 아들은 독립운동으로 유명한 백삼규白三圭이다.『북부여기』는 삭주 사람 이형식 소장본이고,『태백일사』는 해학 이기의 집안에서 전해 오던 것이다.
- 스승이자,『단군세기』를 쓴 이암과『태백일사』를 쓴 이맥의 직계 후손인, 해학 이기의 지도 아래『환단고기』를 발간하였다.
- 『환단고기』의 중추신경이라 할 수 있는 한민족과 인류의 창세 원형 문화인 신교의 우주론과 인간관, 신관과 태고의 수행문화를 근원으로 하여 단절된 한국사의 국통 맥을 환국─배달─조선─북부여─고구려─대진(발해)─고려로 잡아 주었다.
- 『환단고기』역사관을 이해하기 위해서는 **신교의 삼신관에 근거한 우주관과 신관 그리고 인간관의 총 결론인 하늘과 땅과 인간이 하나 되는 심법원리인 삼일심법三一心法을 강력하게 체험해야 한다**는 것을 강조하고 있다. 동시에 이 심법은 인류 최초의 경전인『천부경』과『삼일신고』의 천지 광명 환단의 역사관의 근본을 두고 있음을 밝히고 있다.

범례

一. 古記引用이 始自一然氏之遺事나 而今其古記를 不可得見일새
乃以三聖紀·檀君世紀·北夫餘紀·太白逸史로 合爲一書하니
名曰 桓檀古記라.

역주 『고기古記』의 인용이 일연의 『삼국유사』로부터 시작되었으나, 지금은 『고기』를 볼 수 없으므로 이제 『삼성기』, 『단군세기』, 『북부여기』, 『태백일사』를 합본하여 한 권의 책으로 만들어 **『환단고기』**라 한다.

一. 三聖紀는 有二種이나 而似非完編이오 安含老氏所撰은 余家舊傳이니
今爲三聖紀全上篇하고 元董仲氏所撰은 得於泰川白進士寬默氏하니
今爲三聖紀全下篇하야 總謂之三聖紀全이라.

역주 『삼성기』는 두 종류가 있으나 모두 완편完編은 아닌 것 같다. 안함로가 찬술한 것은 오래 전부터 우리 집안에 전해 내려 온 것이다. 이제 이를 「삼성기전」 상편으로 하고, 원동중이 찬술한 것은 평안도 태천泰川의 진사 백관묵白寬默으로부터 얻은 것인데 이를 「삼성기전」 하편으로 하며, 이 두 편을 합본하여 『삼성기전』이라 한다.

一. 檀君世紀는 紅杏村叟所編이니 乃杏村先生文貞公所傳也라 此書도
亦得於白進士하니 進士는 文藻古家也오 素多藏書오 而今兩種史書가
俱出其家하니 奚啻譬諸百朋之賜리오 可謂祖國之萬丈光彩也라.

역주 『단군세기』는 홍행촌수紅杏村叟가 엮은 것으로, 바로 행촌 선생 문정공文貞公*이 전한 것이다. 이 책 또한 백진사에게서 얻은 것으로, 진사의 가문은 예로부터 문재로 이름이 높은 집안이라 소장하고 있는 책이 많았다. 두 종류 사서史書가 모두 이 집에서 나왔으니, 어찌 만금을 주는 것에 이를 비유할 수 있으리오. 가히

＊한국사에서 범례의 양식으로 시작하는 역사 서술의 방법이 보편화된 때는 대의명분과 정통론을 강조하는 역사 기술 방법인 강목체綱目體 서술이 등장한 17, 18세기이다. 이전에는 『삼국사기』의 「삼국사를 올리는 글[進三國史表]」, 『고려사』의 「고려사를 올리는 글[進高麗史箋]」과 같이 범례 대신 표表와 전箋이 중심이었다(이우성, '17, 18세기의 사서史書와 고대사 인식', 『한국의 역사인식』 하권, 332~340쪽).

＊행촌 선생 문정공: 행촌은 이암의 호, 문정文貞은 시호.

조국의 앞날을 밝혀 주는 크나큰 영광이라 할 것이다.

一. 北夫餘紀上下는 伏崖居士 范樟所撰也라 舊有以檀君世紀로 合編者를
得於朔州梨洞李進士亨栻家하니 檀君世紀는 與白進士所藏으로
無一字異同하고 今又有別本而行於世者하니
此本內容이 自與前書로 頗有所殊故로 更不及之也라.

역주 『북부여기』 상·하는 복애거사伏崖居士 범장范樟이 지은 것이다. 예전에 『단군세기』와 합편해 놓은 것을 삭주朔州 뱃골[梨洞]의 진사 이형식李亨栻의 집에서 얻었는데, 『단군세기』는 백진사가 소장한 것과 한 글자도 다름이 없다. 근래에 와서 별본이 세상에 나돌고 있는데, 이 별본의 내용은 앞의 『북부여기』와 자못 다른 바가 많아 다시 언급하지 않는다.

一. 太白逸史는 一十堂主人李陌氏所編이니 乃海鶴李沂先生所藏也라.
蓋桓檀以來 相傳之教學經文이 悉備하고 取材典據가 可一見瞭然者也라.
且其天符經·三一神誥의 兩書全文이 俱在篇中하니
實爲郞家之大學中庸也라.
嗚呼라 桓檀相傳之三一心法이 眞在是書하니 果太白眞教重興之基歟인저
手自舞하고 足自蹈하며 興欲哄하고 喜欲狂也라.

역주 『태백일사』는 일십당 주인 이맥이 엮은 것으로 해학 이기 선생이 소장해 온 것이다. 대개 **환단 이래로 서로 전해 온 교학 경문**이 모두 여기에 갖추어져 있으니, 인용한 전거가 상세하여 일목요연하다.

또 『**천부경**』과 『**삼일신고**』 두 글의 전문이 모두 여기에 실려 있으니, 이는 실로 **낭가**郞家의 『대학』·『중용』과 같은 것이다.

아아! **환국·배달·조선(환단)**이 서로 전한 **삼일심법**三一心法이 진실로 이 책 속에 들

※ **복애伏崖**: 범장의 호 복애伏崖에 대하여 '휴애休崖'의 오기誤記라는 설이 있으나, 증손 범석희范錫熙가 필사한 범장의 저서 『화동인물총기話東人物叢記』 표지에 '범복애저范伏崖著 화동인물총기話東人物叢記', 도입부에는 '범복애저范伏崖著 화동인물총기話東人物叢記 증손석희曾孫錫熙 천순무인이월天順戊寅二月 한성왕십리이기漢城往十里移記'라고 되어 있다. 복애의 『화동인물총기』를 증손인 범석희가 천순天順 2월에 한성(서울) 왕십리에서 옮겨 적었다는 것이다. 증손자가 증조부의 호를 잘못 썼을 리 없으며, 또한 금성범씨錦城范氏 족보에도 '복애伏崖'로 기록되어 있으므로 『환단고기』 원문과 번역본 모두 '**휴애**休崖'를 '**복애**伏崖'로 바로잡는다.

어 있으니, **대광명의 동방 신교의 진리 가르침**[太白眞敎⁕ : 神敎]이 중흥하는 기틀이 아니고 무엇이랴! 손발이 절로 춤추며, 흥겨워 외치고 싶고 기뻐서 미칠 듯하도다!

一.桓檀古記는 悉經海鶴李先生之監修오 而且余精勤繕寫하고
又因洪範圖吳東振兩友之出金하야 付諸剞劂하니
一爲自我人間之發見主性而大賀也며
一爲民族文化之表出理念而大賀也며
一爲世界人類之對合共存而大賀也라.
神市開天 五千八百八年은 卽光武十五年이니 歲次辛亥 五月廣開節에
太白遺徒宣川桂延壽仁卿은 書于妙香山之檀窟庵하노라.

역주 『환단고기』는 모두 해학 이기 선생의 감수를 거쳤으며, 또 내가 정성을 들여 부지런히 편집하고 옮겨 적었다. 그리고 홍범도·오동진 두 벗이 자금을 대어 목판에 새겨서 인쇄하였다.⁕ 이로써 우리 자신의 주체성을 발견하게 되었으니 크게 축하할 만한 일이요, 또한 민족 문화의 이념을 표출하게 되었으니 크게 경축할 만한 일이며, 또 한편으로 세계 인류가 대립을 떠나 공존할 수 있는 기틀을 마련하게 되었으니 더욱 경축할 만한 일이다.

신시개천神市開天 5808년, 광무光武⁕ 15년 신해(1911)년 5월 광개절⁕에 태백 진리[神敎]의 정신을 계승한 선천宣川 사람 계연수 인경仁卿⁕이 묘향산 단굴암에서 쓰노라.

⁕**태백진교太白眞敎**: '대광명의 동방 신교의 참 가르침'이라는 뜻으로 인류 뿌리문화 신교를 통칭하는 말이다. 『환단고기』의 저자들은 '동방 신교'를 '태백진교'라는 표현으로 자주 쓴다.

⁕이유립의 제자 양종현(현 단단학회 회장)은 "1960년대 말에서 70년대 대전에서 선생님에게 역사를 배울 때 『환단고기』 초판으로 공부했다. 엷은 녹색 표지에 붓글씨로 '桓檀古記'라 쓰여 있었다. 본문 글자는 활자체가 아니라 붓글씨체였는데, 크기가 고르지 않았고 거칠었으며 그리 잘 쓴 글씨가 아니었다. 선생은, 『환단고기』를 만들 때 자금을 댄 분들 얘기를 하면서 '목판 인쇄를 했다'고 분명히 말씀하셨다. 수년 동안 그 책으로 직접 공부했다. 목판에 새겨서 찍은 것이 확실하다"라고 증언하였다(2012. 4. 3).

⁕**광무光武**: 대한제국의 연호. 1897년(고종 34) 제정.

⁕**광개절**: 해마다 음력 5월 5일에 거행하던 한민족 전래의 축전祝典. 동아시아 대륙을 통일하고 단군조선 시대의 강토 대부분을 회복하여 영토를 최대로 확장[廣開]시킨 광개토열제의 영광과 위업을 기리기 위해 제정한 기념일이다.

⁕**인경仁卿**: 계연수의 자字.

三聖紀全 上篇
삼성기전 상편
― 안함로安含老 찬撰 ―

유불선儒佛仙과 상고 시대 신교神敎문화를 회통會通한

안함로 安含老 (579~640)

선덕여왕 9년(환기 7837, 신시개천 4537, 단기 2973, 640) 만선도량萬善道場에서 입적

- 속성은 김金, 휘諱는 안함安含, 안홍安弘.
- 이찬伊湌을 지낸 시부時賦의 손자. 신라 진평왕 때의 도승道僧. 안홍安弘 법사, 안함태安含殆 화상이라고도 부르며, 신라 십성十聖 중 한 사람이다.
- 시원始原 신교神敎의 선맥仙脈을 계승하여 유불선儒佛仙의 정수를 신교 우주론으로 정리하였고, 한민족 신교문화의 상수철학과 삼신·칠성문화의 원형을 상세히 밝혔다.
- 『삼성기』상은 환국─배달─조선─북부여─고구려로 이어지는 한민족사의 국통 맥을 밝히고, 고주몽이 북부여의 정통을 계승했다는 것을 처음으로 지적하였다.

환국 | 세계 4대 문명과 인류의 창세 문명

- → 배달족의 이동 경로
- → 중국의 시조 반고의 이동 경로
- → 수메르 문명 전파 경로
- ⇢ 환국 문명 이동의 추정 경로

동유럽평원

볼가강

우랄산맥

옵강

발하쉬호

아랄해

카스피해

파미르고원

수메르 문명, 고대 지중해 및 유럽 문명 형성에 영향을 줌.

흑해

히타이트

수메르족의 이동(그들은 하늘산(天山)을 넘어 왔다고 함

수메르 문명 (메소포타미아 문명)

하란

우가리트

티그리스강
유프라테스강
아카드
바빌론

가나안

예리코

우르 · 라가시 · 수사

이란고원

아리안족의 인도 침입과 인더스 문명의 붕괴, 베다문화 형성 (힌두교의 근원)

하라파

→ **아브라함의 이주로**
우르 → 하란 → 가나안

지중해

이집트 문명

기자
멤피스
나일강 · 테베

페르시아만

아라비아반도

홍해

모헨조다로

인더스

인더스강

인도

인도양

환인천제의 환국 개창

吾桓建國이 最古라.
有一神이 在斯白力之天하사 爲獨化之神하시니 光明照宇宙하시고
權化生萬物하시며 長生久視하사 恒得快樂하시며 乘遊至氣하사
妙契自然하시며 無形而見하시며 無爲而作하시며 無言而行하시니라.

역주 우리 환족이 세운 나라가 가장 오래 되었다.

하느님[一神]*은 사백력斯白力(대광명)의 하늘*에 계시며 홀로 우주의 조화를 부리는 신이시다. 광명으로 온 우주를 비추고, 대권능의 조화[權化]로 만물을 낳으며, 영원토록 사시며[長生久視] 항상 즐거움을 누리신다. **지극한 조화기운**[至氣]을 타고 노니시고 스스로 그러함(대자연의 법칙 : 道)에 오묘하게 부합하며, 형상 없이 나타나고 함이 없이 만물을 지으시며 말없이 행하신다.

日에 降童女童男八百於黑水白山之地하시니 於是에 桓因이 亦以監群으로
居于天界하사 捂石發火하사 始敎熟食하시니 謂之桓國이오
是謂天帝桓因氏이시니 亦稱安巴堅也시니라 傳七世오데 年代는 不可考也니라.

역주 어느 날 **동녀동남 800명***을 **흑수***와 **백산***의 땅에 내려 보내시니, 이에 환인께서 만백성의 우두머리[監群]가 되어 **천계**天界(천산 동방의 환국)에 거주하시며 돌을 부딪쳐서 불을 피워 음식을 익혀 먹는 법을 처음으로 가르치시니 이 나라를 **환국**桓國[1]

---

* **일신一神**: 우주 자체의 '순수한 조화 정신'인 우주의 성신聖神, 즉 무형의 원신元神 하느님(Primordial God)을 말한다. 무형의 원신 하느님을 주재하는 유형의 대우주 통치자 하나님(주신主神, Governing God)을 삼신상제님이라 한다.
* **사백력斯白力의 하늘**: 랩박병식은 "사斯는 '아주, 매우, 최고의'라는 접두어이고, 백白은 '하'로 '태양, 밝다, 신성하다'는 뜻이며, 력力은 형용사 어미로 '옇게, 안'에 해당한다. '斯白力之天'은 '사하라의 하늘'으로 '아주 하얀 하늘', '아주 밝은 하늘'이라는 의미이다"라고 하였다(『한국상고사』, 26쪽). 이찬구는 "사斯는 여명, 날 밝아오는 새벽의 '새'(사배>새배>새박>새벽)와 백白은 흰, 밝은의 뜻이라 할 수 있다"라고 하였다('『환단고기』 주요 술어에 대한 논증').
* **권화權化**: 본래 불교 용어로 부처나 보살이 중생을 구제하기 위해 사람으로 화신化身하여 세상에 나타나는 것을 뜻한다.
* **동녀동남童女童男 800명**: 동녀동남은 인류 문명이 정음정양正陰正陽의 우주원리로 처음 시작되었음을 밝혀 주는 표현이다. 800은 통일을 전제로 한 새로운 창조를 상징한다(천지 일원수一元數 100은 통일을, 8은 봄의 목木기운으로 창조를 상징).
* **흑수黑水**: 만주 흑룡강성 북변의 흑룡강.
* **백산白山**: 한민족의 성산聖山인 백두산의 별칭. 백산, 태백산 이외에도 삼신산三神山·개마산蓋馬山·불함산不咸山 등으로 불렸으며, 시루산[甑山]으로도 불렀다.

천산 | 인류의 시원국가인 환국의 발원지로 여겨진다.

(광명의 나라)이라 했다. 이 환국을 다스리신 분을 '**천제 환인씨**'라 부르고, 또한 '**안파견**'❷⁾이라고도 불렀다. 환국은 7세를 전했으나, 그 연대는 자세히 살필 수 없다.

환웅천황의 배달 시대

後에 桓雄氏繼興하사 奉天神之詔하시고 降于白山黑水之間하사
鑿子井女井於天坪하시고 劃井地於靑邱하시며 持天符印하시고 主五事하사
在世理化하사 弘益人間하시며 立都神市하시고 國稱倍達하시니라.
擇三七日하사 祭天神하시며 忌愼外物하사 閉門自修하시며 呪願有功하시며
服藥成仙하시며 劃卦知來하시며 執象運神하시니라.

역주 그 후 환웅씨가 환국을 계승하여 일어나 하늘에 계신 상제上帝님의 명을 받들어 백산과 흑수 사이의 지역에 내려오셨다. 그리하여 천평天坪❸에 우물[자정子井과 여정女井]³⁾을 파고 **청구**靑邱에 농사짓는 땅을 구획하셨다.

환웅께서 천부와 인을 지니고 **오사**五事*를 주관하시어 세상을 신교의 진리로 다스려 깨우쳐 주시고[在世理化], 인간을 널리 이롭게 하시며[弘益人間]*, **신시**에 도읍을

---

❷ **안파견**安巴堅: "하늘을 받들어 지상에 부권父權을 세운다[繼天立父]"는 의미로 '**아버지**'라는 뜻이다. **아버지는 주권자**를 말한다(「삼신오제본기」).

❸ **천평**天坪: 초대 환웅천황께서 천명을 받고 나라를 연 하늘 평야, 즉 '역사의 개척지'라는 뜻이다. 「대동여지도大東輿地圖」를 비롯한 조선 시대 여러 고지도에는 천평이 백두산 동남쪽에 표시되어 있고, 영·정조 실록에는 백두산 북쪽에 있다고 기록되어 있다.

* **오사**五事: 우가牛加는 농사를 주관하고[主穀], 마가馬加는 왕명을 주관하고[主命], 구가狗加는 형벌을 주관하고[主刑], 저가豬加는 질병을 주관하여 치료하고[主病], 양가羊加는 선악을 맡아 다스린다[主善惡] (「태백일사」, 「환국본기」).

* **홍익인간**弘益人間: '인간을 널리 이롭게 하다, 보람되게 하다'는 뜻으로 초대 환웅천황의 건국이념.

정하여[立都神市] 나라 이름을 **배달**[國稱倍達]이라 하셨다.

삼칠일(21일)을 택하여 상제님께 제사지내고 바깥일[外物]을 꺼리고 삼가 문을 닫고 수도하셨다. 주문을 읽고 공덕이 이뤄지기를 기원하셨으며, 선약을 드시어 신선이 되셨다. 괘卦를 그어 미래의 일을 아시고, 천지변화의 움직임[象]을 파악하여 신명을 부리셨다[執象運神].[4)]

命羣靈諸哲하사 爲輔하시며 納熊氏女하사 爲后하시며 定婚嫁之禮하사
以獸皮로 爲幣하시며 耕種有畜하시며 置市交易하시니 九域이 貢賦하며
鳥獸率舞라. 後人이 奉之爲地上最高之神하야 世祀不絶하니라.
神市之季에 有治尤天王이 恢拓靑邱하시고
傳十八世하사 歷一千五百六十五年이러라.

역주 여러 신령한 인물과 명철한 인재를 두루 모아 신하로 삼고, **웅씨족 여인**[熊氏女][5)]을 맞아들여 황후로 삼으셨다. 혼인 예법을 정하여 짐승 가죽으로 폐백을 삼게 하시고 농사를 짓고 가축을 기르게 하시고, 시장을 열어 교역을 하게 하시니, **구환족**九桓族이 사는 모든 지역에서 공물과 세를 바치고, 뭇 새와 짐승들까지 따라서 춤을 추었다. 후세 사람이 이분을 지상의 최고신으로 모시고 세세토록 제사 지내기를 그치지 않았다.

배달국 신시 시대 말기에 **치우천황**이 계시어 **청구**靑邱를 널리 개척하셨다.

환웅천황의 배달 시대는 18세를 전하였으며 1,565년을 누렸다.

단군왕검의 조선 개국

後에 神人王儉이 降到于不咸之山檀木之墟하시니
其至神之德과 兼聖之仁이 乃能承詔繼天而建極하사 巍蕩惟烈이어시늘
九桓之民이 咸悅誠服하야 推爲天帝化身而帝하니
是爲檀君王儉이시라. 復神市舊規하사 設都阿斯達하시고
開國하사 號朝鮮하시니라.

※ **배달**: 한민족을 배달민족, 배달겨레라 한 것은 배달이라는 국가가 실제 존재했으며, 배달의 건국과 함께 동방 한민족의 기틀이 형성되었기 때문이다.

※ **청구**靑邱: 우리나라의 옛 별칭. 예로부터 중국인들이 동방의 우리나라를 가리켜 청구국靑邱國이라 불러왔으나 원래 배달국을 지칭하는 말이다. 초대 환웅천황이 백두산의 신시神市에 도읍을 정하였고, 14세 치우천황 때 이곳으로 옮겼다.

역주 이후에 **신인**神人 **왕검**이 불함산不咸山⊛의 박달나무가 우거진 터[壚]⊛에 내려오셨다. 왕검께서 지극히 신성한 덕성과 성인의 인자함을 겸하시고, 능히 선대 환인·환웅 성조의 법을 이어 받고 하늘의 뜻을 받들어 인륜의 푯대를 세우시니, 그 공덕이 높고 커서 찬란하게 빛났다. 이에 **구환**九桓**의 백성**이 모두 기뻐하고 진실로 복종하여 천제의 화신으로 추대하여 임금으로 옹립하니, 이분이 바로 **단군왕검**⁶⁾이시다. 왕검께서는 신시 배달의 옛 법도를 되살리시고 아사달에 도읍을 정하여 나라를 여시니, 그 이름을 **조선**朝鮮이라 하셨다.

檀君이 端拱無爲하사 坐定世界하시며 玄妙得道하시며 接化羣生하실새
命彭虞하사 闢土地하시며 成造로 起宮室하시며 高矢로 主種稼하시며
臣智로 造書契하시며 奇省으로 設醫藥하시며 那乙로 管版籍하시며
羲로 典卦筮하시며 尤로 作兵馬하시며 納菲西岬河伯女하사 爲后하시고
治蠶하시니 淳厖之治가 熙洽四表라.

역주 단군왕검께서는 두 손을 맞잡은 채 단정히 앉아 함이 없이 세상의 질서를 바로잡아 다스리셨다. 현묘한 도⊛를 깨치셨으며, 뭇 생명을 접하여 교화하실 때, 팽우彭虞에게 명하여 토지를 개척하게 하시고, 성조成造에게 궁실을 짓게 하시고, 고시高矢에게 농사일을 맡게 하시고, 신지臣智에게 글자를 만들게 하시고, 기성奇省에게 의약을 베풀게 하시고, 나을那乙에게 호적을 관장하게 하시고, 희羲에게 괘서卦筮를 주관하게 하시고, 우尤에게 병마兵馬를 담당하게 하셨다.

단군왕검께서 **비서갑**菲西岬*에 사는 **하백의 따님**[河伯女]을 맞이하여 황후로 삼고 누에치기를 관장케 하시니, 백성을 사랑하시는 어질고 후덕한 정치가 사방에 미치어 천하가 태평해졌다.

丙辰周考時에 改國號하사 爲大夫餘하시고 自白岳으로 又徒於藏唐京하사
仍設八條하사 讀書習射로 爲課하시며 祭天으로 爲敎하시며 田蠶是務하시며
山澤無禁하시며 罪不及孥하시며 與民共議하시며 協力成治하시니

⊛ 불함산: '가장 밝은 산'이라는 뜻이다(「신시본기」 참조).
⊛ 허壚: 허는 '터'라는 뜻이지만 대토산大土山, 즉 큰 흙산을 가리키기도 한다.
⊛ 현묘한 도: 한민족의 시원 종교이며 인류의 모체 종교인 '신교'를 말한다. 최치원이 난랑비서鸞郎碑序에서 "나라에 현묘한 도가 있으니 풍류라 한다[國有玄妙之道 曰風流]"라고 밝힌 풍류도의 본래 이름이 신교이다.
* 비서갑: 지금의 만주 하얼빈哈爾濱(이유립, 『대배달민족사』 「천天」, 392쪽).

男有常職하며 女有好逑하며 家皆蓄積하며 山無盜賊하며
野不見飢하며 絃歌溢域하니라.
檀君王儉이 自戊辰統國으로 傳四十七世하사 歷二千九十六年이러라.

역주 병진(단기 1909, BCE 425)년 주周나라 고왕考王* 때 나라 이름을 **대부여**로 바꾸고 도읍을 백악산白岳山*에서 장당경藏唐京*으로 옮겼으며, '**8조 금법**禁法*'으로 법도를 세우셨다. 책읽기와 활쏘기에 힘쓰게 하고, 하늘(삼신상제님)에 제사 지내는 것을 근본 가르침으로 삼았으며, 농사와 누에치기에 힘쓰고 산과 못을 일반 백성에게 개방하셨다. 죄를 지어도 처자식에게 미치지 않게 하고, 백성과 더불어 의논하고 힘을 합하여 다스리셨다.

남자에게는 일정한 직업이 있고 여자에게는 좋은 배필이 있었다. 집집마다 재물이 풍족하고, 산에는 도적이 없고 들에는 굶주리는 사람이 없으며, 악기 소리와 노랫소리가 온 나라에 넘쳐흘렀다.

시조 단군왕검께서 무진(BCE 2333)년에 나라를 다스리신 이래 47세世를 전하니, 역년은 2,096년이다.

북부여의 시조 해모수와 동명왕 고두막한

壬戌秦始時에 神人大解慕漱가 起於熊心山하시니라
丁未漢惠時에 燕盜衛滿이 竊居西鄙一隅할새 番韓準이 爲戰不敵하야
入海而亡하니 自此로 三韓所率之衆이 殆遷民於漢水之南하고
一時羣雄이 競兵於遼海之東이러니 至癸酉漢武時하야 漢이 移兵하야
滅右渠할새 西鴨綠人高豆莫汗이 倡義興兵하사 亦稱檀君하시고
乙未漢昭時에 進據夫餘故都하사 稱國東明하시니 是乃新羅故壤也라.

* **고왕**考王: 주周나라 31대 왕(재위 BCE 441~BCE 426). 본문에서 말한 병진년은 BCE 425년으로 32대 위열왕威烈王이 즉위한 해이다.
* **대부여**大夫餘: 44세 구물단군 때 나라 이름을 조선에서 대부여로 바꿨다. 『규원사화』「단군기檀君紀」를 보면 단군왕검의 넷째 아들 부여를 서쪽 땅에 봉해 그곳을 '부여'라 한 것에서 유래했다고 한다. 부여는 어둠을 헤치고 먼동이 부옇게 밝아 온다는 의미로 광명의 뜻이 담겨 있다.
* **백악산**: 단군조선시대의 두 번째 도읍지로 지금의 만주 농안農安이다. 22세 색불루단군부터 43세 물리단군까지 860년간의 수도였다.
* **장당경**藏唐京: 지금의 요령성 개원開原으로 단군조선의 세 번째 도읍지이다. 44세 구물단군에서 47세 고열가단군까지, 188년간의 수도였다.
* **8조 금법**八條禁法: 『태백일사』「삼한관경본기」에는 22세 색불루단군 4년에 "백성을 위하여 금팔조를 정했다[爲民設禁八條]"라고 하였다.

역주 임술(단기 2095, BCE 239)년 진왕秦王 정政 때 신인 **대해모수**大解慕漱가 **웅심산**熊心山에서 일어났다. 정미(단기 2140, BCE 194)년 한나라 혜제惠帝 때 연나라 유민의 우두머리 위만[7]이 서쪽 변방 한 모퉁이를 도적질하여 차지하였다. 이에 번한의 왕 준準이 맞서 싸웠으나 당해 내지 못하고 바다로 도망하였다. 이로부터 **삼한**三韓[8]에 속한 백성들은 대부분 한수漢水(한강) 이남으로 옮겨 살게 되었다.

이후 한때 여러 영웅이 요해遼海의 동쪽에서 군대를 일으켜 서로 힘을 겨루더니, 계유(단기 2226, BCE 108)년 **한무제** 때 한나라가 쳐들어와 위만의 손자 우거右渠를 멸하였다. 이때 서압록 사람 **고두막한**高豆莫汗이 의병을 일으켜 또한 단군이라 칭하였다. 을미(단기 2248, BCE 86)년 한나라 소제昭帝 때 **고두막한**이 부여의 옛 도읍을 점령하고 나라를 **동명**東明이라 칭하니, 이곳은 곧 **신라의 옛 땅**[9]이다.

지 계 해 춘 정 월　　고 추 모　　역 이 천 제 지 자　　계 북 부 여 이 흥
至癸亥春正月하야 高鄒牟가 亦以天帝之子로 繼北夫餘而興하사
복 단 군 구 장　　　사 해 모 수　　　위 태 조　　　시 건 원　　위 다 물
復檀君舊章하시고 祠解慕漱하사 爲太祖하시고 始建元하사 爲多勿하시니
시 위 고 구 려 시 조 야
是爲高句麗始祖也시니라.

역주 계해(단기 2276, BCE 58)년 봄 정월에 이르러 고추모(고주몽)가 역시 천제의 아들로서 북부여를 계승하여 일어났다. 단군의 옛 법을 회복하고, 해모수를 태조로 받들어 제사 지내며 연호를 정하여 **다물**多勿이라 하시니, 이분이 곧 고구려의 시조이시다.

⊛ 대해모수大解慕漱: 고조선을 계승한 북부여의 시조.
⊛ 웅심산熊心山: 만주 길림성 서란舒蘭 소성자小城子.
⊛ 혜제惠帝: 한漢나라 2대 황제(재위 BCE 194~BCE 188).
✻ 준왕은 황해를 건너 금강유역에 이르렀다. 전북 익산시 웅포면 입점리와 군산시 나포면 나포리의 경계에 '어래산御來山'이 있는데 준왕이 익산 금마에 마한을 세우고 나포 포구에 자리 잡고 있던 공주公州(또는 공주公主)를 만나기 위해 그곳에 왔다는 설화에서 유래하였다.
⊛ 한수漢水: 지금의 한강을 말한다. 삼국시대 초기에는 대수帶水, 고구려 광개토열제 때는 아리수阿利水, 그 이후에는 욱리하郁里河·한수漢水·한강이라 불렸다. 고려 시대에는 열수洌水라 부르기도 했다.
⊛ 요해遼海: 요하와 발해. 지금의 요하는 요나라 건국 이후에 불린 이름이고, 이전에는 백하白河, 난하灤河 등을 가리켰다. 여기서는 난하를 말한다.
✻ 우거右渠: 위만정권의 마지막 왕(?~BCE 108).
✻ 서압록: 압록강은 동압록(지금의 압록강)과 서압록(지금의 서요하西遼河) 둘이 있다.
⊛ 고두막한高豆莫汗: 고조선의 마지막 단군 고열가의 후손이다. 한무제가 쳐들어왔을 때 의병을 일으켜 이를 격퇴하였다. 졸본에서 동명국을 세우고 즉위하여 동명왕이라 불렸으며, 북부여의 4세 고우루 단군에 이어 단군의 위에 올랐다(『북부여기』).
⊛ 소제昭帝: 전한前漢의 8대 황제(재위 BCE 87~BCE 74).
⊛ 부여: 여기서는 해모수가 세운 북부여를 말한다.
✻ 동명東明: '동방의 광명(밝음)'이란 뜻을 지닌 동명東明은 고두막한이 세운 나라(『북부여기』 하)이다. 졸본부여, 동명부여(BCE 108~BCE 87)라고도 한다. 『삼국사기』에는 동명을 고구려를 세운 고주몽이라 했으나 동명과 고주몽은 전혀 다른 인물이다.

주註

1) 환국桓國

중앙아시아 지역에 있었던 인류 최초의 국가. 모두 열 두 나라로 이루어져 있었다고 하는데 그 통치자를 환인桓因(혹은 桓仁)이라고 하였다. 『삼성기』 하에서는 『고기』를 인용하여 환국은 파내류산 밑 천해天海(혹은 북해北海) 동쪽에 있었으며 그 영역은 남북으로 5만리, 동서로 2만리였다고 한다. 역년은 7세 환인에 걸친 3,301년(혹은 63,182년)이었다. 그 역년을 3,301년이라고 한다면 환국의 연대는 BCE 7197년~BCE 3897년에 해당한다. 이 시대는 대체로 역사학에서 말하는 신석기시대에 해당한다.

신석기시대(Neolithic Age)는 대체로 BCE 1만 년 전부터 시작되어 청동기의 등장과 함께 끝나는 것으로 본다. 신석기시대에는 농업과 목축이 시작되었고 토기가 제작, 사용되었으며 마제석기가 생산도구와 무기로 사용되었다. 동아시아에서는 한반도와 만주의 신석기시대 시대가 황하유역보다 앞서는 것으로 판명되었다. 황하유역의 신석기 유적 가운데 가장 연대가 앞서는 것이 BCE 6000년경에 시작된 것으로 추정되는 배리강裵李崗 유적과 자산磁山문화 유적이다. 그러나 한반도에서는 강원도 양양의 오산리鰲山里 유적에서는 방사성 탄소연대 측정 결과 BCE 10000년의 연대가 나왔으며 같은 강원도 고성 문암리 유적이 BCE 10000~BCE 6000으로 나타났다. 문암리에서 발견된 농경유적은 동아시아에서 가장 오랜 농경유적으로 학계에서 인정을 받고 있다. 제주도 고산리 유적에서는 다량의 화살촉과 토기 등이 발견되었는데 그 연도가 BCE 10000~BCE 8000년 무렵으로 추정되고 있다. 한편 만주에서는 내몽골 적봉시 오한기의 소하서小河西 유적에서는 BCE 7000년경의 유물이 발견되어 동북아 최고의 신석기 문화유적으로 발표되기도 하였다.

특히 지금의 요서 지역을 중심으로 발달한 BCE 4700년~BCE 2900년 시기의 홍산문화 유적에서는 다양한 옥기 부장품이 대거 출토되어 고고학계에 충격을 안겨주었다. 옥룡玉龍, 옥봉玉鳳, 옥벽玉璧을 비롯하여 옥패玉佩, 옥팔찌, 옥귀고리(玉珙) 같은 장식품은 말할 것도 없고 나만기奈曼旗 유적에서는 권위의 상징인 옥으로 된 인장印章도 출토되었다. 옥인장은 이미 이 시대에 정치적 권력이 수립되어 있음을 드러내는 중요한 증거가 된다.

박선희는 옥인장을 천부인과 관련시켜 말하면서 "중국학자들이 중화민족제일인中華民族第一印이라고 자랑하는 홍산문화의 옥인장은 그 출토지역이 고조선과 연관된 문화권이므로 한족의 유물이 아니라 한민족의 유물이다. 홍산문화의 옥인장은 단군왕검이 고조선을 건국하기 바로 이전 단계의 유물로 고조선이 건국되기 전인 환웅천황의 신시시대이다. 결론적으로 말해 홍산문화의 옥인장은 고조선 이전에도 이미 상당한 정치적 권위가 확립된 집단이 요서지역에 존재했음을 드러내준다"라고 하였다(박선희, '홍산문화 유물에 보이는 인장의 기원과 고조선문화').

홍산문화 유적 중에는 신석기 시대 무덤에서 흔히 보이는 토기와 석기가 단 한 점도 없이 옥기만 발굴된 곳이 적지 않다. 옥은 『주역』 「설괘전」에서 팔괘의 첫 번째 괘인 건괘乾卦의 성격이 옥으로 표현되었던 데서 알 수 있듯이 하늘의 신성神聖과 덕을 상징하는 물건이다. 그래서 홍산인들은 옥을 하늘 및 삼신상제님과 소통하는 신물神物, 고귀한 신분을 나타내는 장신구 등으로 많이 사용한 것이다.

그런데 홍산 지역에서 발견되는 옥기들은 한반도 동해안과 남해안 지역에서 발견되는 옥기와 재질(홍산

내몽골 나만기奈曼旗 유적에서 발견된 옥인장玉印章 | 홍산문화 시대(BCE 4700~BCE 2900)에 제작된 두 개의 인장으로, 구멍을 뚫어 의복에 차고 다닌 것으로 보인다. 오늘날 도장과 같이 양각을 한 도장면에 흥미롭게도 붉은 색 안료가 묻어 있는 것이 발견되었다. 인장은 정치 지도자가 직권을 행사하는 상징물이다. 따라서 단군조선 이전 배달시대에 이미 한민족은 국가조직을 갖추었음을 알 수 있다.

문화 중심지인 적봉에서 450km 떨어진 요동반도 수암岫岩에서 생산된 수암옥 즉 청황옥)도 같을 뿐 아니라 모양도 너무나 흡사하다. 또 홍산 지역에서는 검은색의 흑피옥도 출토되는데 흑피옥은 중국 신석기 유적에서는 발굴되지 않는다. 이는 BCE 6000년부터 요서, 요동, 한반도가 하나의 문화권이었음을 나타냄과 동시에 동북아 최고의 신석기 문화인 홍산문화가 중국의 한족 문화에 영향을 끼친 환단시대 배달 동이의 독자적인 문화임을 나타내주는 것이다.

2) 안파견安巴堅

박병식은 "안파견安巴堅이 부父를 의미하는 말이라는 데에 전적으로 동감한다. 그런 의미에서도 안파견安巴堅은 '아빠구' 로 읽어야 한다. 안파安巴(아빠)는 차음借音이고 구堅는 단단하다는 의미의 한국어 '구' 를 나타내는 차음이다. 여기에 사용되는 '구' 는 자者, 물物을 나타내는 단어로 현대 한국어의 친구의 '구' 와 같은 단어이다.

여기에서 짚고 넘어가야 할 점은 '아빠' 혹은 '아비' 의 원뜻이다. 그 해답은 일본어의 '아' 에서 찾아 볼 수 있다. adama(위에 있는 자), ageru(위로 올리다) 등의 예에서도 알 수 있듯이 '아' 는 '위, 훌륭한' 의 의미를 나타내는 접두어이다. 그리고 일본어의 asa(아침), 한국어의 아구(入口), 아자구(朝)에 사용된 '아' 는 '이른, 처음' 의 의미이다. 중국어의 아부阿父, 아모阿母, 필리핀어의 아배叹 등에 사용된 '아' 는 존경을 나타낸다. 그리고 '빠', '바' 는 태양을 의미하는 '하' 의 반탁음, 탁음 형태이다. 부父를 중국어로는 '아부阿父', 인도어나 아라비아어로는 '아바' 라고 한다. 한국에서는 '아빠, 아바' 이고, 일본의 남방 방언에서는 조부祖父를 adu라고 하는데, 미야코지마宮古島에서는 부父를 asa라고 한다. 이 경우의 sa는 ha가 h音⇌s音 변화(예 : inasaru, higashi⇒shigashi, 동북방언東北方言에서 hinazakashi⇒shinazakashi)를 한 형태이다. 즉 안파견安巴堅(아빠구)은 '**존경하는 태양 같은 자**', '**최초의 태양인 자**' 라는 것으로, 그것이 가정에서의 장長인 부父에게 부여된 존칭이다"라고 하였다(박병식,『한국상고사』, 30~31쪽).

거란국을 세운 요나라 태조 야율아보기耶律阿保機는 아보기阿保機란 이름을 안파견安巴堅으로 바꿨는데, 안파견安巴堅은 만주문자로 amba giayan이다. amba(安巴)는 '크다大·弘·巨', giyan(堅)은 '다스리다理' 란 뜻으로 대리大理라는 말이라고 한다. 이정재는『동북아의 곰 문화와 곰신화』에서 만주 아무르인

들은 이 'amba' 라는 말을 크다는 의미 외에 '곰, 거룩한, 위대한' 등으로도 쓴다고 한다.

3) 자정子井과 여정女井

자정과 여정은 아들(남성)과 딸(여성)이 따로 쓰던 우물이란 뜻인 듯하며, 여기서 남녀유별男女有別의 정신과 음양 사상의 뿌리를 엿볼 수 있다. 그리고 정지井地를 나누었다는 구절로 보아 당시 농경 생활이 이미 시작되었음을 알 수 있다.

박병식은 자정여정에 대하여 이렇게 해석하였다. "임승국은 이 문구를 다음과 같은 의미로 해석하고 있다. '사람이 많이 모인 곳을 천평에 설치하고 그곳을 청구로 정했다' 그렇게 되면 원문의 '착자정여정어천평鑿子井女井於天坪' 과는 전혀 다른 해석이 된다. 원문의 의미는 천평에 자정여정을 판다는 것이 명백하기 때문이다. 평의 뜻은 들판이기 때문에 천평, 즉, 좋은 땅을 일컫는 것이지 특정 지명이 아니다. 그리고 자의 뜻은 남자이기 때문에 '자정여정' 은 '남정여정男井女井' 이라는 것을 알 수 있다. '남' 은 커다란 아이이고, '여' 는 작은 아이로서 남녀의 체격이 일반적으로 남자는 크고 여자는 작다는 데서 나온 호칭이다. 따라서 자정여정은 '크고 작은 우물' 이라고 생각해도 무리는 없을 것이다"(박병식,『한국상고사』, 32~33쪽).

박정학은 우물이란 뜻보다는 고대 모계사회에서 어머니가 낳은 아이들을 남녀 따로 구분하여 키우던 구역(마을)으로 보았다.

4) 집상운신執象運神

우주 운동의 비밀을 깨달아 신명을 부려 인간의 이상을 실현하는 것을 말한다. 천지의 운동과 변화는 '이理(氣)→상象→수數' 의 원리로 전개된다. 상象은 천지간에 가득 찬 우주의 기氣의 운동 모습이며, 그 운동 원리는 자연수數의 원리와 조직으로 알 수 있다. 생명의 창조 원리는 수리數理로 드러나므로 신의 창조 원리와 변화의 구조적 원리를 체계적으로 알게 된다.

5) 웅씨족 여인[熊氏女]

『삼성기』의 '웅씨녀熊氏女' 라는 기록은 '웅녀熊女' 를 사람이 아니라 곰으로 인식하는 무지를 떨쳐버리게 한다. 사대주의자와 일제 식민주의자, 외래종교 광신자들은 우리 국조를 곰으로 날조하여 민족사의 뿌리를 부정하였다. 여기서 씨氏는 성씨 개념이 아니고 호칭에 대한 접미사로 존칭의 의미로 쓰였다. 성씨 제도

의 시작은 이보다 후대의 일이다.

6) 단군왕검

『삼국사기』「고구려본기」 동천열제 조를 보면 "평양은 본래 선인왕검의 집이다. 혹은 왕의 도읍을 왕험이라 한다(平壤者本仙人王儉之宅也. 惑云王之都王險)."라는 구절이 나온다. 여기서 '선인왕검仙人王儉'은 단군왕검을 뜻한다. 당시에 많은 왕검이 있었다. 『태백일사』「삼한관경본기」에서는 "왕검王儉을 세속 말로 대감大監이라 한다. 이 왕검은 영토를 관장하고 지키며, 포악을 제거하고 백성을 보살폈다[王儉, 俗言大監也. 管守土境, 除暴扶民]"라고 하였다. 또 "13세 사와라환웅 초기에 웅족 여왕의 후예를 여黎라 하였는데, 처음으로 단허檀墟에 봉함을 받아 왕검이 되었다"라고 하였다.

단군왕검은 배달 시대부터 있었던 수많은 왕검(대감)들 중에서 특히 단국檀國의 왕검이 배달국의 대통을 이어 받아 구환족을 통일하고 전 영토를 신교의 삼신원리에 따라 삼한三韓으로 나누어 다스렸고, 제사장인 단군을 겸하였으므로 '단군왕검'이라는 제정일치 시대의 통치자 호칭이 생겨나게 된 것이다.

7) 위만衛滿

위만은 연燕왕 노관盧綰의 부하이다. 노관은 한 고조 유방을 도와 장안후長安侯에 봉해졌고, 후에 연왕燕王이 되었는데 진희陳豨의 난 때 역적으로 몰려 흉노로 망명하였다. 이에 위만은 천여 명의 무리를 이끌고 북부여 해모수단군 45(BCE 195)년에 번조선의 75세 마지막 왕 기준에게 망명하였다가, 간교한 술책으로 이듬해에 번조선의 왕위를 찬탈하였다. 위만 정권은 손자 우거에 이르기까지 86년간(BCE 194~BCE 108) 고조선의 서쪽 변방 한 모퉁이를 빼앗아 지배하였다. 위만이 망명할 때 조선사람처럼 상투를 틀고 만이蠻夷의 복장을 하였는데, 이병도는 이점을 들어 위만을 패수 이북 요동지방에 토착한 조선인 계통의 유민으로 보았다. 그러나 사마천의 『사기』를 보더라도 위만은 연나라 출신으로, '상투를 틀고 만이蠻夷의 복장을 하였다는 점' 만으로 위만을 조선인이라 할 수 없다.

8) 삼한三韓

여기서 삼한은 삼한관경제三韓管境制로 다스리던 단군조선의 전삼한前三韓(진한·마한·번한)을 말한다. 진한은 지금의 만주, 번한은 요하 서쪽에서 하북성에 이르는 일대, 마한은 한반도 지역이다.

단군조선의 대륙삼한(또는 북삼한, 전삼한) 체제가 무너진 후 진조선(진한)·번조선(번한)의 유민들이 한강 이남으로 이주하여 축소된 형태로 삼한을 재건하였다. 한반도의 중부 이남에 이주하여 소위 반도삼한 또는 남삼한을 형성하였다.

후대에 단군조선의 삼한관경제를 부정하고 말살함으로써 지금은 교과서조차도 한강 이남의 삼한만을 말하며, 그것이 본래부터 자생한 것으로 잘못 가르치고 있다.

'한韓의 명맥命脈'을 세 시대로 나누어 정리하면 다음과 같다.

① 전삼한 : 고조선 시대의 삼한관경인 진한·번한·마한.

② 중삼한 : 전삼한인 고조선의 관경 체제가 무너지고 그 유민들이 한강 이남에 내려와서 건설한 마한馬韓·진한辰韓·변한弁韓. 지금의 교과서에 나오는 '삼한 연맹' 체제를 말한다.

③ 후삼한 : 한강 이남의 남삼한이 각기 독자적인 국가를 형성한 신라(진한)·백제(마한)·가락(변한).

전삼한과 후삼한, 둘로 구분할 때 '후삼한'은 ②번 중삼한을 말한다.

9) 신라의 옛 땅

여기서 말하는 신라의 옛 땅은 곧 지금의 만주 길림吉林 지역이다. 『흠정만주원류고欽定滿洲源流考』 서문에 청나라 건륭제乾隆帝의 유지諭旨가 나오는데 "당나라 때 계림雞林으로 일컬었던 곳은 마땅히 지금의 길림吉林이란 말이 와전된 것이요, 신라·백제 등 여러 나라도 역시 모두 그 부근에 있었다[唐時, 所稱雞林, 應卽今吉林之訛, 而新羅·百濟諸國, 亦皆其附近之地]."라고 하여 신라가 지금의 길림성 지역에 있었다고 하였다. 또 『삼국사기』「신라본기」에 '선시조선유민先是朝鮮遺民'이라 한 대목과, 단군조선의 전삼한 시대가 무너진 후 진조선 지역인 만주에 살던 유민이 후삼한의 진한辰韓 땅인 경주 지역으로 내려왔다는 두 가지 사실로 미루어 볼 때, 사로국 신라의 원 거주지는 길림 지역임을 알 수 있다.

三聖紀全 下篇
삼성기전 하편
― 원동중 元董仲 찬撰 ―

환국의 실체와 배달의 역년을 밝히고
배달의 성웅 치우천황의 진면목을 드러낸

원동중 元董仲(?~?)

- 원동중의 자세한 행적은 전하지 않는다. 『세조실록』에, 세조가 팔도관찰사에게 수거하도록 유시한 도서 목록에 안함로와 더불어 『삼성기』의 저자로 기록되어 있다. 한암당寒闇堂 이유립은 원동중을 고려 때 인물로 추정하였다.
- 안함로의 『삼성기』 상편과 원동중의 『삼성기』 하편은 두 권의 책이 마치 일란성 쌍생아와 같이 절묘하게 상호 보완하고 있다.
- 원동중의 『삼성기』 하편은 상편에서 빠진 내용을 중점으로 다루었다. 무엇보다도 환국의 일곱 분 환인의 역년과 12분국의 이름을 드러내어 환국의 실체를 밝혔고, 배달의 열여덟 분 환웅의 역년을 '신시역대기'로 밝혀 주었다. 특히 한민족사의 성웅 치우천황에 대해서 집중적으로 다루었다.

인류의 시조와 동서 문명의 시원 국가

人類之祖를 曰那般이시니 初與阿曼으로 相遇之處를 曰阿耳斯庀라.
夢得天神之敎하사 而自成昏禮하시니 則九桓之族이 皆其後也라.
昔에 有桓國하니 衆이 富且庶焉이라. 初에 桓仁이 居于天山하사 得道長生하사
擧身無病하시며 代天宣化하사 使人無兵하시니 人皆作力하야 自無飢寒이러라.

역주 인류의 시조는 **나반**那般이시다. 나반께서 **아만**阿曼*과 처음 만나신 곳은 아이사비阿耳斯庀*이다. 두 분이 꿈에 천신(상제님)의 가르침을 받고 스스로 혼례를 올리시니 환족의 모든 족속[九桓族]이 그 후손이다.

옛적에 환국이 있었다[昔有桓國]. 백성들은 풍요로웠고 인구도 많았다. 처음에 환인께서 천산에 머무시며 도를 깨쳐 장생하시니 몸에는 병이 없으셨다. 하늘(삼신상제님)을 대행하여 널리 교화를 베풀어 사람들로 하여금 싸움이 없게 하셨다. 모두 힘을 합해 열심히 일하여 굶주림과 추위가 저절로 사라졌다.

환국의 통치자와 열 두 나라 연방

傳赫胥桓仁·古是利桓仁·朱于襄桓仁·釋提壬桓仁·邱乙利桓仁하야
至智爲利桓仁하니 或曰檀仁이라.
古記에 云「波奈留之山下에 有桓仁氏之國하니 天海以東之地를
亦稱波奈留之國이라. 其地廣이 南北五萬里오 東西二萬餘里니
摠言桓國이오 分言則卑離國과 養雲國과 寇莫汗國과 勾茶川國과 一群國과
虞婁國一云畢那國과 客賢汗國과 勾牟額國과 賣勾餘國一云稷臼多國과
斯納阿國과 鮮稗國一稱豕韋國或云通古斯國과 須密爾國이니
合十二國也라. 天海는 今日北海라.」 傳七世하야 歷年이 共三千三百一年이오
或云六萬三千一百八十二年이라 하니 未知孰是라.

역주 초대 안파견환인에서 2세 혁서환인, 3세 고시리환인, 4세 주우양환인, 5세 석제임환인, 6세 구을리환인을 이어 7세※ 지위리환인에 이르렀는데, 환인을 단인檀

---

*나반과 아만: 아버지, 어머니의 뜻이다. 나반→아빠→아바이→아버지, 아만→엄마→어머니→어머니.
*아이사비: 사비려아斯庀麗阿라고도 한다. 『태백일사』 「삼신오제본기」에서는 이곳을 송화강 또는 천하(바이칼호)로 보고 있다. 이유립은 아이숲(원시림, 수릿벌)이라 해석하였다.
※7세: 『일본서기』에도 환국의 일곱 분 환인천제를 모방하여 신세 7대[神世七代]를 말한다.

仁이라고도 한다.

『고기』에 다음과 같이 기록되어 있다.

파내류산波奈留山* 아래에 환인씨의 나라*가 있으니 천해天海※의 동쪽 땅을 또한 파내류국이라 한다. 그 땅의 넓이는 남북으로 5만 리요, 동서로 2만여 리이니 통틀어 환국이라 했다. 이 환국은 다시 여러 나라로 구성되었는데, 그 이름은 비리국, 양운국, 구막한국, 구다천국, 일군국, 우루국1)(일명 필나국), 객현한국, 구모액국, 매구여국(일명 직구다국), 사납아국, 선패국※(일명 시위국 또는 통고사국), 수밀이국2)으로 합하여 12국3)이다. 천해는 지금의 북해北海이다.

환국은 7세를 전하니, 그 역년은 3,301년인데, 혹자는 63,182년이라고도 하니 어느 것이 옳은지 알 수 없다.

환국 말, 환웅의 동방 개척

桓國之末에 安巴堅이 下視三危太白하시고 皆可以弘益人間일새
誰可使之오 하신대 五加僉曰 庶子에 有桓雄이 勇兼仁智하고
嘗有意於易世以弘益人間하오니 可遣太白而理之니이다 하야늘
乃授天符印三種하시고 仍敕曰 如今에 人物이 業已造完矣니
君은 勿惜厥勞하고 率衆三千而往하야 開天立敎하고 在世理化하야
爲萬世子孫之洪範也어다.

역주 환국 말기에 안파견※께서 삼위산三危山4)과 태백산太白山을 내려다보시며 이렇게 물으셨다.

"두 곳 모두 인간을 널리 이롭게 할[弘益人間]* 수 있는 곳이다. 과연 누구를 보내

✳ **파내류산波奈留山**: 『태백일사』 「환국본기」에는 『조대기』를 인용하여 파내류산을 천산이라 기록하였다. 지금의 우루무치 동북쪽에 위치한 천산을 말하며, 그곳에 천지天池라는 못이 있다.

✤ **환인씨의 나라**: 일제 식민사학자 이마니시류今西龍가 『삼국유사』에 기록된 '석유환국昔有桓國'을 '석유환인昔有桓因'으로 변조·개작하여 한민족 뿌리 역사를 신화로 말살해 버리는 마수를 뻗쳤는데, 불행하게도 이것이 지금까지도 통용되고 있다.

※ **천해天海**: 천해는 북해北海, 또는 천하天河라 하며 지금의 바이칼호를 말한다. 천하天河라는 이름처럼 하늘의 운행 도수를 따라 366개 강줄기가 이 호수로 끊임없이 물을 쏟아 넣는다(측정자에 따라 360개, 330여 개라는 설도 있다).

⊛ **선패국**: 『태백일사』 「환국본기」에는 선비이국으로 나온다. 선패鮮稗는 선비鮮裨·鮮卑의 필사 오류로 보인다.

⊛ **안파견**: 여기서는 7세 지위리환인을 말한다.

✱ **홍익인간弘益人間**: 관점에 따라 다르게 해석할 수 있다. 첫째, 천지 광명(환단桓檀)의 꿈과 대이상을 성취하는 이상적 인간. 둘째, 인간을 널리 이익되게 한다.

는 것이 좋은가?"

오가의 우두머리가 모두 대답하였다.

"서자庶子*에 환웅이란 인물이 있는데 용기와 어짊과 지혜를 겸비하고, 일찍이 홍익인간의 이념으로 세상을 개혁하려는 뜻을 가지고 있으니 그를 동방의 태백산(백두산)으로 보내 다스리게 하십시오."

이에 환인께서 환웅에게 천부天符와 인印 세 종류를 주시며 명하셨다.

"이제 인간과 만물이 이미 제자리를 잡아 다 만들어졌으니, 그대는 노고를 아끼지 말고 '무리 3천 명'을 이끌고 가서, 새 시대를 열어 가르침을 세우고[開天立敎] 세상을 신교의 진리로써 다스리고 깨우쳐서[在世理化] 이를 만세 자손의 큰 규범으로 삼을지어다."

時에 有盤固者가 好奇術하야 欲分道而往으로 請하니 乃許之하시니라
遂積財寶하고 率十干十二支之神將하고 與共工·有巢·有苗·有燧로
偕至三危山拉林洞窟하야 而立爲君하니 謂之諸畎이오 是謂盤固可汗也라.
於是에 桓雄이 率衆三千하사 降于太白山頂神壇樹下하시니 謂之神市오
是謂桓雄天王也시니라 將風伯·雨師·雲師하시고
而主穀·主命·主刑·主病·主善惡하시며 凡主人間三百六十餘事하사
在世理化하사 弘益人間하시니라.

역주 환웅께서 동방을 개척할 당시 기이한 술법을 좋아하던 반고라는 인물이 있었다. 반고가 개척의 길을 따로 나누어 가기를 청하므로 환인께서 이를 허락하셨다. 드디어 반고는 많은 재화와 보물을 싣고 십간十干 십이지十二支의 신장을 거느리고 공공共工·유소有巢·유묘有苗·유수有燧와 함께 삼위산 납림拉林 동굴에 이르러 임금으로 즉위하였다. 이들을 제견諸畎*이라 하고, 반고를 반고가한*이라 불렀다.

* 서자庶子: 세 가지 뜻이 있다. 첫째, 여러 아들, 즉 뭇 자식이라는 의미로 백성이란 뜻이다(『커발한문화사상사』1권). 둘째, 「신시본기」에는 '서자부[庶子之部]'라 하여 부락 또는 부족 이름이라 밝히고 있다. 셋째, 중국의 『사원辭源』은 '태자의 스승, 기타 높은 벼슬의 명칭'으로도 말한다(『한국상고사입문』, 34쪽). 그런데 후세인들이 이것을 '첩의 자식'이라고 엉뚱하게 해석하여 왔다.

* 십간十干 십이지十二支: 중국 한족의 시조 반고가 중국사의 시원을 열 때 십간과 십이지 신장을 거느리고 이동했다 하니 이 십간, 십이지의 육십갑자 개념은 이미 환국시대부터 있었다고 볼 수 있다. 동이족이 세운 은나라(BCE 1766~BCE 1122) 때는 임금 이름을 육십갑자를 써서 지었다.

* 제견諸畎: 일반적으로 '견畎'이란 견이畎夷, 견이犬夷, 견융犬戎을 말한다.

* 반고가한: 반고는 중국에서조차 고대신화에 등장하는 우주 창조신으로 받들어 왔으나 여기서는 약 5,900년 전 환웅의 동방 개척기에 실존한 인물임을 밝혀 주고 있다.

이때 환웅께서는 무리 **3천 명**을 이끌고 태백산 마루, **신단수**神檀樹 아래에 내려오시어 이곳을 **신시**神市라 하시니, 이분이 바로 **환웅천황**※이시다.

환웅께서 **풍백**風伯과 **우사**雨師와 **운사**雲師※를 거느리시고, (오가五加에게) 농사·왕명·형벌·질병·선악을 주장하게 하시고, **인간 세상의 360여 가지 일을 주관하여 세상을 신교의 진리로써 다스려 깨우쳐서**[在世理化] **인간을 널리 이롭게 하셨다**[弘益人間].

배달의 건국

時에 有一熊一虎가 同隣而居러니 嘗祈于神壇樹하야 願化爲神戒之氓이어늘
雄이 聞之曰可敎也라 하시고 乃以呪術로 換骨移神하실새 先以神遺靜解로
靈其艾一炷와 蒜二十枚하시고 戒之하야 曰
爾輩食之하라 不見日光百日이라야 便得人形이리라.
熊虎二族이 皆得而食之하고 忌三七日이러니 熊은 能耐飢寒하야
遵戒而得儀容하고 虎則放慢不能忌하야 而不得善業하니
是는 二性之不相若也라 熊女者無與爲歸故로 每於壇樹下에
呪願有孕이어늘 乃假化爲桓而使與之爲婚하사 懷孕生子에 有娠하시니라.

역주 이때 **웅족**※과 **호족**[一熊一虎][5]이 이웃하여 함께 살았다. 일찍이 이 족속들이 **삼신상제님**께 천제를 올리고 기도 드리는 신단수에 가서 "삼신의 계율을 따르는 백성이 되기를 바라옵니다" 하고 빌었다. 환웅께서 이 소식을 듣고 "가히 가르칠 만하도다" 하시고, 신령한 도술로써 환골換骨케 하여 정신을 개조시키셨다. 이때 먼저 삼신께서 전해 주신 정해법靜解法※으로 그렇게 하셨는데, 쑥 한 묶음과 마늘[6] 스무 매를 영험하게 여겨 이를 주시며 경계하여 말씀하셨다.

"너희들은 이것을 먹을지어다. **100일**[7] 동안 햇빛을 보지 말고 **기도**하라. 그리하면 참된 인간이 되리라."

이에 웅족과 호족 두 족속이 함께 쑥과 마늘을 먹으면서 **삼칠일**(21일)[8]을 지내더니, 웅족은 능히 굶주림과 추위를 참아 내고 계율을 지켜 **인간의 참모습**[儀容]을 얻

※ **환웅천황**: 환웅은 제왕의 호칭이다. 전국의 이름난 여러 명산에 천왕봉이 있는데, 이것은 환웅천황에서 따 온 이름이다. 중국 도서인 『역대신선통감』에는 "천왕가는 마음 닦는 법을 전했는데 홀로 장백산長白山(백두산)에서 오래 도를 닦아 공을 이루었다"라고 하여 환웅천황에 대해 간접적으로 전한다.

※ **풍백·우사·운사**: 풍백(입법관), 우사(행정관), 운사(사법관)는 신교의 삼신사상을 국가 통치 조직의 원리로 이화理化하여 만든 배달국 시대의 관직명이다.

※ **웅족**熊族: 부여족이 세운 백제의 두 번째 도읍지 이름도 웅진熊津(곰나루)이었다.

※ **정해법**靜解法: 몸과 마음을 고요히 하여 묵은 기운을 떨구어 내는 법.

었으나, 호족은 방종하고 게을러 계율을 지키지 못하여 좋은 결과[善業]를 얻지 못하였으니, 이것은 두 족속의 성정性情이 서로 같지 않았기 때문이다.

(후에) 웅족 여인[熊女]들이 시집갈 곳이 없어 매일 신단수 아래에 와서 주문을 외우며 아이 갖기를 빌었다. 이에 환웅께서 이들을 임시로 환족으로 받아들여 환족 남자들과 혼인하게 하셨는데, 임신하여 아이를 낳으면 **환**桓**의 핏줄**을 이은 자손으로 입적시키셨다.

환웅천왕 조자개천 생민시화 연천경 강신고
桓雄天王이 肇自開天으로 生民施化하실새 演天經하시고 講神誥하사
대훈우중 자시이후 치우천왕 벽토지 채동철
大訓于衆하시니라. 自是以後로 治尤天王이 闢土地하시며 採銅鐵하시며
연병흥산 시 구환 개이삼신 위일원지조
鍊兵興産하시니 時에 九桓이 皆以三神으로 爲一源之祖하니라.
주소도 주관경 주책화 여중의일귀 위화백
主蘇塗하시며 主管境하시며 主責禍하시며 與衆議一歸로 爲和白하시며
병지생쌍수 위거전
並智生雙修하사 爲居佺하시니라.
자시 구환 실통우삼한관경지천제자 내호왈 단군왕검
自是로 九桓이 悉統于三韓管境之天帝子하니 乃號曰 檀君王儉이시니라.

역주 환웅천황께서 처음으로 동방 배달민족의 새 역사 시대를 열고[開天][9] 백성에게 교화를 베푸실 때, 『**천부경**天符經』을 풀어 설명하시고 『**삼일신고**三一神誥』를 강론하여 뭇 백성에게 큰 가르침을 베푸셨다.

이후에 치우천황(14세 환웅, 자오지환웅)께서 영토를 개척하고, 구리와 철을 캐어 무기를 제조하는 한편 병사를 훈련시키고 산업을 일으키셨다. 이때에 **구환족**이 모두 **삼신을 한뿌리의 조상**으로 삼았다.

천황께서 **소도**蘇塗와 **관경**管境[10]과 **책화**責禍*를 주관하고, 백성의 의견을 모아 하나로 통일하는 **화백***제도를 두셨다. 또한 백성으로 하여금 **지혜와 생명력을 함께 닦아**[智生雙修] **전佺의 도**▩에 머물게 하셨다.

그 후 **구환족**이 관경을 삼한三韓으로 나누어 다스리시는 천제의 아들[天帝子]에 의해 모두 통일되니, 이분이 **단군왕검**이시다.

밀기 운 환국지말 유난치지강족 환지
密記에 云「桓國之末에 有難治之强族하야 患之러니

✱**책화**責禍: 읍락邑落 사이의 경계를 중히 여겨 서로 침범하는 일이 없도록 엄금한 제도.
✱**화백**和白: 만장일치의 회의제도. 단 한 사람의 반대가 있어도 회의의 결정이 이루어지지 않았다. 신라의 제도로만 알려져 있으나 배달 시대에 이미 제도화된 것이다.
▩**전佺의 도**: 전佺이란 신교의 세 도맥 전佺·선仙·종倧의 도道 가운데 인간의 완전성[人+全]을 추구하는 가르침이다. 3세 가륵단군 조에서는, '전佺은 고을에서 선발되어 온전한 사람이 되는 계율인 전계佺戒를 지키고 수행하는 구도자를 말한다'고 했다.

桓雄이 乃以三神으로 設敎하시고 以佺戒로 爲業하시며 而聚衆作誓하사 有勸懲善惡之法하시니 自是로 密有剪除之志하시니라.
時에 族號不一하야 俗尙漸歧러니 原住者는 爲虎오 新移者는 爲熊이라. 虎性은 嗜貪殘忍하야 專事掠奪하고 熊性은 愚憨自恃하야 不肯和調하니 雖居同穴이나 久益疎遠하야 未嘗假貸하며 不通婚嫁하며 事每多不服하야 咸未有一其途也러라.

역주 『밀기密記』*에 이렇게 기록되어 있다.

환국 말기에 다스리기 어려운 강한 족속[强族]이 있어 이를 근심하던 차에 환웅께서 **삼신의 도로써 가르침을 베풀고**[以三神設敎]¹¹⁾, 전계[佺戒]로써 삶의 본업[業]을 삼으며✽, 백성을 모아 맹세하게 하여 권선징악의 법을 두셨다. 이때부터 은밀히 그 강족을 제거하려는 뜻을 두셨다. 이때 각 부족의 이름[族號]이 한결같지 않고 풍속은 점점 갈라졌다. 본래 살고 있던 사람들은 호족이고, 새로 이주해 온 사람들은 웅족이었다.✲

호족은 탐욕이 많고 잔인하여 오로지 약탈을 일삼고, 웅족은 어리석고 괴팍하며 고집스러워서 서로 조화를 이루지 못하였다. 비록 같은 곳에 살았으나 세월이 지날수록 더욱 소원해졌다. 그리하여 서로 물건을 빌리거나 빌려 주지도 않고 혼인도 하지 않으며, 매사에 서로 불복하여 함께 같은 길을 가지 않았다.

至是하야 熊女君이 聞桓雄이 有神德하고 乃率衆往見曰 願賜一穴廛하야 一爲神戒之盟이니이다 하거늘 雄이 乃許之하시고 使之奠接하사 生子有産하시고 虎는 終不能悛하야 放之四海하시니라. 桓族之興이 始此焉하니라.」

역주 이 지경에 이르자 웅족의 여왕이, 환웅께서 신령한 덕[神德]이 있으시다는 소문을 듣고 무리를 거느리고 찾아와 환웅을 뵙고 아뢰기를, "원하옵건대 저희들에게 살 곳을 내려 주십시오. 저희들도 하나같이 **삼신의 계율을 따르는 환족의 백성**이 되고자 하옵니다"라고 하였다.

환웅께서 이 말을 듣고 허락하시어 웅족에게 살 곳을 정해 주시고 자식을 낳고 살아가

✽ 밀기密記: 『태백일사』 「신시본기」에도 이와 똑같은 내용이 『삼성밀기三聖密記』로 인용되어 있다. 따라서 여기서 말하는 『밀기』는 『삼성밀기』임을 알 수 있다. 『밀기』는 조선 시대 세조의 수서收書 목록에도 보인다.

✲ 전계로 업業을 삼았다는 것은 곧 지생쌍수智生雙修하여 인간[人]을 온전[全]히 하는 '**인간 완성의 수행법**'을 일상생활[業]로 삼았다는 뜻이다.

✲ 웅족과 호족: 『삼국유사』의 '일웅일호一熊一虎'는 한마리의 곰과 호랑이가 아니라 웅족과 호족을 대표하는 지도자로 봐야 옳다.

게 하셨다. 그러나 호족은 끝내 성격을 고치지 못하므로 사해四海 밖으로 추방하셨다. 환족의 흥성이 이때부터 시작되었다.

배달의 전성기

後_후에 有_유葛_갈古_고桓_환雄_웅이 與_여炎_염農_농之_지國_국으로 劃_획定_정疆_강界_계하시며
又_우數_수傳_전而_이有_유慈_자烏_오支_지桓_환雄_웅하시니 神_신勇_용冠_관絶_절하사 以_이銅_동頭_두鐵_철額_액으로
能_능作_작大_대霧_무하시며 造_조九_구冶_치而_이採_채鑛_광하사 鑄_주鐵_철作_작兵_병하시니 天_천下_하大_대畏_외之_지하야
世_세號_호爲_위蚩_치尤_우天_천王_왕이라 하니 蚩_치尤_우는 俗_속言_언에 雷_뇌雨_우大_대作_작하야 山_산河_하改_개換_환之_지義_의也_야라.
蚩_치尤_우天_천王_왕이 見_견炎_염農_농之_지衰_쇠하시고 遂_수抱_포雄_웅圖_도하사 屢_누起_기天_천兵_병於_어西_서하시고 又_우自_자索_삭度_도로
進_진兵_병하사 據_거有_유淮_회岱_대之_지間_간하시고 及_급軒_헌侯_후之_지立_립也_야에 直_직赴_부涿_탁鹿_록之_지野_야하사
擒_금軒_헌轅_원而_이臣_신之_지하시고 後_후에 遣_견吳_오將_장軍_군하사 西_서擊_격高_고辛_신하사 有_유功_공케 하시니라.

역주 그 후 10세 갈고환웅 때는 염제신농의 나라와 국경을 정하였다. 다시 몇 세를 내려와 14세 **자오지환웅**❸이 계셨는데, 이분은 신이한 용맹이 매우 뛰어났다. 구리[12]와 철로 투구를 만들어 쓰고[銅頭鐵額] 능히 큰 안개를 일으키며, 구치九冶를 제작하여 광석을 캐내고 철을 주조하여 무기를 만드시니 천하가 크게 두려워하였다.

세상에서는 이분을 치우천황이라 불렀는데, 속언에 치우는 '뇌우가 크게 일어 산하가 뒤바뀐다'는 뜻이다.

치우천황께서 염제신농의 나라❈가 날로 쇠약해지는 것을 지켜보시고 드디어 웅대한 포부를 품고 여러 번 서쪽에서 천자天子의 군사[天兵]를 일으키셨다.

삭도索度❈에서 군사를 진격시켜 회수와 태산 사이의 땅을 점령하시고 헌후軒侯(헌원)✱가 왕위에 오르자 바로 **탁록**涿鹿❈의 광야로 진격하여 헌원을 사로잡아 신하로 삼으셨다. 이후 오장군을 파견하여 서쪽으로 고신高辛▩ 땅을 공격하여 공을 세우게 하셨다.

---

❸ **자오지환웅**: 일명 치우천황. 오늘날 중국인들이 시조로 받드는 황제헌원을 제후로 삼으신 분이다 (『태백일사』「신시본기」).
❈ **염제신농의 나라**: 염제신농의 8세 후손인 유망(BCE 2758~BCE 2688)이 다스리던 나라를 말한다.
❈ **삭도**索度: 삭두索頭. 『독사방여기요讀史方輿紀要』를 보면 "산동성 임치현臨淄縣에 삭두성索頭城이 있다"라고 하였는데, 바로 이곳을 말한다.
✱ **헌후**: 헌원(BCE 2692~BCE 2593)을 말함. 성은 공손公孫, 호는 유웅有熊이다. 후대에 황제黃帝로 추존되었고, 중국 한족의 실질적인 시조로 받들어지고 있다.
❈ **탁록**涿鹿: 치우천황과 황제헌원의 최대 격전지. 지금의 하북성 탁록현으로 북경 서쪽에 있다.
▩ **고신**高辛: 여기서는 황제헌원의 증손인 제곡고신帝嚳高辛(BCE 2435~BCE 2365)이 아니라 지명임.

치우채 언덕에서 내려다 본 탁록 시가지와 벌판 | 『삼한관경본기』에는 "헌원, 창힐, 대요의 무리가 자부 선생을 찾아뵙고 동방의 신교 문화를 전수받았다"라고 하였다. 중국인들이 한족의 시조로 떠받드는 황제 헌원은 본래 대요, 창힐 등과 더불어 배달의 제후였다. 치우천황을 알현하던 중에 자부 선생의 명성을 들은 헌원은 선생을 직접 찾아가 가르침을 듣고 『삼황내문경三皇內文經』을 전수받았다. 치우천황의 국사國師요 동방의 대선인大仙人 자부 선생에게 배달의 신교 문화와 철학을 전수받은 헌원은 이곳 탁록에서 서방 한족의 문화 체계를 세웠다. 탁록은 중국 한족 문명과 역사의 실제 발원지인 것이다.

時_시에 天_천下_하鼎_정峙_치하야 涿_탁之_지北_북에 有_유大_대撓_요하고 東_동有_유倉_창頡_힐하고 西_서有_유軒_헌轅_원하야
自_자相_상以_이兵_병으로 欲_욕專_전其_기勝_승而_이未_미也_야러라. 初_초에 軒_헌轅_원이 稍_초後_후起_기於_어蚩_치尤_우하니
每_매戰_전不_불利_리하야 欲_욕依_의大_대撓_요而_이未_미得_득하고 又_우依_의倉_창頡_힐而_이不_부得_득하니
二_이國_국은 皆_개蚩_치尤_우之_지徒_도也_야라 大_대撓_요는 嘗_상學_학干_간支_지之_지術_술하고 倉_창頡_힐은 受_수符_부圖_도之_지文_문하니
當_당時_시諸_제侯_후가 罔_망不_불臣_신事_사者_자는 亦_역以_이此_차也_야라.

역주 이때 천하의 형세는 세 세력이 세발솥의 솥발과 같이 대치하고 있었는데, 탁록의 북쪽에 대요大撓, 동쪽에 창힐※, 서쪽에 헌원이 자리잡고 무력으로 승패를 겨루었으나 서로 이기지 못했다.

당초에 헌원이 치우천황보다 조금 늦게 일어났으므로 싸울 때마다 불리하였다. 이에 대요에게 의지하고자 하였으나 도움을 얻지 못하고, 다시 창힐에게 의지하려 하였으나 여기서도 역시 도움을 얻지 못했으니, 이들 두 나라는 모두 치우천황을 추종하는 세력이었다.

※**창힐倉頡:** 『역대신선통감』에는 창힐이 진창陳倉 사람으로, 태호복희의 신하가 되어 거북 등과 새 발자국을 보고 여섯 가지의 글자체[六書]를 만든 인물로 나와 있다. 그러나 『환단고기』에서는 그보다 약 700년 후에 치우천황의 제후로서 배달국 신지문자를 중원에 전파시킨 인물이라 밝히고 있다. 그의 고향인 섬서성 백수현에 있는 「창성조적서비倉聖鳥跡書碑」에는 배달국 문자가 새겨져 있는데, 그와 동일한 문자가 평안북도 용천군 신암리 고분에서 출토된 토기에 새겨져 있다. 현재 창힐의 무덤은 하남성 남락현南樂縣에 보존되어 있다.

중화문명의 발상지 탁록의 삼조당 | "천고의 문명이 탁록에서 열렸다[千古文明開涿鹿]." 중국 정부는 자국의 5천 년 문명사의 요람이자 중국 민족이 형성된 성지라는 탁록에 염제, 황제, 치우를 모신 거대한 중화삼조당을 건립했다. 그런데 치우는 그동안 그들 역사에서는 악의 상징과도 같았다. 그런 인물이 핵심 조상으로 모셔진 것은 중국이 정부수립 이후 영토와 역사, 소수민족 문제를 해결하기 위해 설정한 '현재 자국 영토 내에서 역사적으로 활동했던 민족은 모두 중화민족'이라는 정치적 목적에 따른 역사 왜곡의 결정판이다.

대요는 일찍이 배달로부터 육십갑자의 '**간지干支의 술법**'[13]을 배웠고, 창힐은 '부符 같고 그림 같은 모습을 한 글자[符圖之文]'를 전수받았다. 이때 모든 제후는 치우천황의 신하가 되어 섬기지 않는 자가 없었는데, 이 또한 배달로부터 문물을 배워 갔기 때문이다.

> 사마천 사기에 왈 「제후함래빈종이로대 이치우가 최위포하야
> 司馬遷 史記에 曰「諸侯咸來賓從이로대 而蚩尤가 最爲暴하야
> 천하막능벌이라 한대 헌원이 섭정에 치우유형제팔십일인하야
> 天下莫能伐이라」한대 「軒轅이 攝政에 蚩尤有兄弟八十一人하야
> 병수신인어하며 동두철액하며 식사하며 조오구장과 도극태노하야
> 並獸身人語하며 銅頭鐵額하며 食沙하며 造五丘杖과 刀戟太弩하야
> 위진천하하니 치우는 고천자지호야니라.」
> 威振天下하니 蚩尤는 古天子之號也니라.」

역주 사마천의『사기』에 이렇게 기록되어 있다.

천하의 제후가 모두 황제헌원에게 와서 복종하였으나, 치우가 가장 강포하여 천하에서 능히 그를 정벌하지 못하였다.[14]

헌원이 섭정할 때 치우는 형제가 81명으로, 짐승의 몸을 하고 사람의 말을 하였다. 머리가 구리같이 단단하고 이마는 철같이 강하였으며 모래를 먹었다. 오구장五丘杖과, 칼[刀]과, 가지가 있는 창[戟]과, 한꺼번에 많은 화살을 쏘는 태노太弩를 만들어 천하에 그 위세를 떨쳤다. **치우는 옛 천자의 호칭**[古天子之號]이다.

신시역대기

倍^배達^달은 桓^환雄^웅이 定^정有^유天^천下^하之^지號^호也^야니 其^기所^소都^도를 曰^왈神^신市^시오 後^후에 徙^사靑^청邱^구國^국하니
傳^전十^십八^팔世^세야 歷^역年^년一^일千^천五^오百^백六^육十^십五^오年^년이라
一^일世^세曰^왈桓^환雄^웅天^천皇^황이시니 一^일云^운居^거發^발桓^환이시며 在^재位^위九^구十^십四^사年^년이시오
壽^수는 一^일百^백二^이十^십歲^세시니라.
二^이世^세曰^왈居^거佛^불理^리桓^환雄^웅이시니 在^재位^위八^팔十^십六^육年^년이시오 壽^수는 一^일百^백二^이歲^세시니라.
三^삼世^세曰^왈右^우耶^야古^고桓^환雄^웅이시니 在^재位^위九^구十^십九^구年^년이시오 壽^수는 一^일百^백三^삼十^십五^오歲^세시니라.

역주 배달倍達은 환웅❋께서 천하를 안정시키고 정하신 나라의 이름이다. 수도는 신시神市요, 후에 청구국靑邱國으로 옮겼다. 18세를 전하니, 역년은 1,565년이다.

1세는 **환웅천황**桓雄天皇이시니 일명 **거발환**居發桓❋이라. 재위 94년이요 천수 120세이시다. (신시개천 원년, BCE 3897~신시개천 94, BCE 3804)

2세는 **거불리**居佛理환웅이시니 재위 86년이요 천수 102세이시다.
(신시개천 94, BCE 3804~신시개천 180, BCE 3718)

3세는 **우야고**右耶古환웅이시니 재위 99년이요 천수 135세이시다.
(신시개천 180, BCE 3718~신시개천 279, BCE 3619)

四^사世^세曰^왈慕^모士^사羅^라桓^환雄^웅이시니 在^재位^위一^일百^백七^칠年^년이시오 壽^수는 一^일百^백二^이十^십九^구歲^세시니라.
五^오世^세曰^왈太^태虞^우儀^의桓^환雄^웅이시니 在^재位^위九^구十^십三^삼年^년이시오 壽^수는 一^일百^백一^일十^십五^오歲^세시니라.
六^육世^세曰^왈多^다儀^의發^발桓^환雄^웅이시니 在^재位^위九^구十^십八^팔年^년이시오 壽^수는 一^일百^백十^십歲^세시니라.
七^칠世^세曰^왈居^거連^련桓^환雄^웅이시니 在^재位^위八^팔十^십一^일年^년이시오 壽^수는 一^일百^백四^사十^십歲^세시니라.
八^팔世^세曰^왈安^안夫^부連^련桓^환雄^웅이시니 在^재位^위七^칠十^십三^삼年^년이시오 壽^수는 九^구十^십四^사歲^세시니라.
九^구世^세曰^왈養^양雲^운桓^환雄^웅이시니 在^재位^위九^구十^십六^육年^년이시오 壽^수는 一^일百^백三^삼十^십九^구歲^세시니라.

❋ 환웅: 배달을 건국한 시조. 『신교총화』에 의하면 환웅천황의 탄신일은 4월 13일이고, 천황의 성후聖后 탄신일은 2월 10일이다.
❋ 거발환居發桓: 하늘과 땅과 인간의 광명 속에 깃들어 있는 일신즉삼신[一神卽三神]의 조화·교화·치화의 창조 이법을 말한다. 또한 한국의 우주사상, 천지 광명의 삼일심법을 상징한다. 대원일은 우주와 역사를 주관·섭리하시는 삼신三神의 창조 정신을 말한다. 만물과 우주의 존재 근원이 되는 삼신의 창조 정신은 광대무변[大]하고 원융무애[圓]하며 대광명으로 삼계가 합일[一]되어 있다. 우주 삼신의 대원일大圓一한 창조 정신을 순 우리말로 '거발환居發桓(신시 배달의 시조인 환웅천황)'이라 부르는데, 거발환은 크고, 조화롭고, 광명으로 합일된 존재라는 뜻이다.

역주 4세는 **모사라**慕士羅환웅이시니 재위 107년이요 천수 129세이시다.

(신시개천 279, BCE 3619~신시개천 386, BCE 3512)

5세는 **태우의**太虞儀환웅❋이시니 재위 93년이요 천수 115세이시다.

(신시개천 386, BCE 3512~신시개천 479, BCE 3419)

6세는 **다의발**多儀發환웅이시니 재위 98년이요 천수 110세이시다.

(신시개천 479, BCE 3419~신시개천 577, BCE 3321)

7세는 **거련**居連환웅이시니 재위 81년이요 천수 140세이시다.

(신시개천 577, BCE 3321~신시개천 658, BCE 3240)

8세는 **안부련**安夫連환웅이시니 재위 73년이요 천수 94세이시다.

(신시개천 658, BCE 3240~신시개천 731, BCE 3167)

9세는 **양운**養雲환웅이시니 재위 96년이요 천수 139세이시다.

(신시개천 731, BCE 3167~신시개천 827, BCE 3071)

十世曰葛古桓雄이시니 一云葛台天王이시오 又曰瀆盧韓이시니
在位一百年이시오 壽는 一百二十五歲시니라.
十一世曰居耶發桓雄이시니 在位九十二年이시오 壽는 一百四十九歲시니라.
十二世曰州武愼桓雄이시니 在位一百五年이시오 壽는 一百二十三歲시니라.
十三世曰斯瓦羅桓雄이시니 在位六十七年이시오 壽는 一百歲시니라.

역주 10세는 **갈고**葛古환웅이시니 일명 **갈태천황**葛台天王
또는 **독로한**瀆盧韓이라. 재위 100년이요 천수 125세이시다.

(신시개천 827, BCE 3071~신시개천 927, BCE 2971)

11세는 **거야발**居耶發환웅이시니 재위 92년이요 천수 149세이시다.

(신시개천 927, BCE 2971~신시개천 1019, BCE 2879)

12세는 **주무신**州武愼환웅이시니 재위 105년이요 천수 123세이시다.

(신시개천 1019, BCE 2879~신시개천 1124, BCE 2774)

13세는 **사와라**斯瓦羅환웅이시니 재위 67년이요 천수 100세이시다.

(신시개천 1124, BCE 2774~신시개천 1191, BCE 2707)

❋**태우의**太虞儀**환웅**: 태우의환웅의 열두째 막내아들이 바로 인류 문명의 조종祖宗이신 태호복희씨이다. 태호복희씨는 음양, 팔괘, 태극기의 시조이며, 중국에서는 인문시조人文始祖로 받들고 있다.

三聖紀 下

十四世日慈烏支桓雄이시니 世稱蚩尤天王이시오 徙都靑邱國하사
在位一百九年이시오 壽는一百五十一歲시니라.
十五世日蚩額特桓雄이시니 在位八十九年이시오 壽는一百一十八歲시니라.
十六世日祝多利桓雄이시니 在位五十六年이시오 壽는九十九歲시니라.
十七世日赫多世桓雄이시니 在位七十二年이시오 壽는九十七歲시니라.
十八世日居弗檀桓雄이시니 或云檀雄이시오 在位四十八年이시오
壽는八十二歲시니라.

역주 14세는 **자오지**慈烏支환웅이시니 세칭 **치우천왕**蚩尤天王이요
도읍을 **청구국**靑邱國으로 옮기셨다. 재위 109년이요 천수 151세이시다.
(신시개천 1191, BCE 2707~신시개천 1300, BCE 2598)

15세는 **치액특**蚩額特환웅이시니 재위 89년이요 천수 118세이시다.
(신시개천 1300, BCE 2598~신시개천 1389, BCE 2509)

16세는 **축다리**祝多利환웅이시니 재위 56년이요 천수 99세이시다.
(신시개천 1389, BCE 2509~신시개천 1445, BCE 2453)

17세는 **혁다세**赫多世환웅이시니 재위 72년이요 천수 97세이시다.
(신시개천 1445, BCE 2453~신시개천 1517, BCE 2381)

18세는 **거불단**居弗檀환웅이시니 혹은 단웅檀雄이라. 재위 48년이요
천수 82세이시다. (신시개천 1517, BCE 2381~신시개천 1565, BCE 2333)

주註

1) 우루국虞婁國

필나국이라고도 한다. 『신당서新唐書』 「북적전北狄傳」 〈흑수말갈전黑水靺鞨傳〉에 "흑수 서북에 또 사막부가 있는데 북으로 열흘을 가면 군리부, 동북으로 열흘을 가면 굴열부(또는 굴설부), 동남으로 열흘을 가면 막예개부, 또 불열부, 우루부, 월희부, 철리부 등에 이른다[黑水西北又有思慕部, 益北行十日得郡利部, 東北行十日得說部, 亦號屈設, 稍東南行十日得莫曳皆部, 又有拂涅, 虞婁, 越喜, 鐵利等部]"라고 하여 우루虞婁가 나온다. 『단군세기』에는 16세 위나단군 때(약 3,600여 년 전) 우루 사람 20가家가 투항해 와서 염수 근처에 정착시켰다는 기록이 있다. 『태백일사』 「대진국본기」에는 10세 선선황제 때 지금의 대흥안령산맥인 북개마 남·북에 자리 잡고 살던 우루虞婁를 공략하여 여러 부部를 설치하였다고 하였다.

2) 수밀이국須密爾國

수밀이국이라는 이름은 인류 문화의 기원과 뿌리를 밝힐 수 있는 많은 단서와 근거를 제공한다.

최근 120여 년 동안 대대적인 고고학적 발굴 결과 중동 메소포타미아 지역에는 5,500년 전에 현 서양 문화의 뿌리인 '수메르 문명'이 실존했음이 밝혀졌다. 기독교 문화의 뿌리인 '헤브라이즘'과 그리스 '헬레니즘 문화'의 모태가 되는 수메르 문명은 약 6천 년 전, 동방 수밀이국에서 건너간 수메르족이 건설한 것으로 추정된다. 영국의 고고학자 크레이머는 "수메르는 동방에서 왔다"라고 주장하였다.

수메르 창세 신화에 따르면, 이들의 선조는 머리카락은 검은 인종이고 머리 뒷부분이 평평한 것이 특징이다. 그리고 수메르어는 우리말과 같은 교착어로서 조사나 어미의 형태에서 놀라울 만큼 유사하다. 또한 수메르족은 우리 선조들과 같이 60진법과 태음력을 사용하였다(새무엘 노아 크레이머, 『역사는 수메르에서 시작되었다(History Begins at Sumer)』).

수메르의 유물 중에는 샅바를 잡고 씨름하는 사람의 모습을 조상해 놓은 향로가 있는데 고구려 각저총角抵塚 고분 벽화에도 같은 자세의 씨름도가 그려져 있다(유왕기, 『7만년 하늘민족의 역사』, 207쪽).

3) 12국

『진서晉書』 「사이전四夷傳」 〈비리 등 10국조〉를 보면, 이 12국 가운데 비리국, 양운국, 구막한국, 일군국의 이름이 보인다. 구다천국과 매구여국은 『삼국사기』에 구다국句茶國과 매구곡賣溝谷이란 이름으로 남아 있다.

"神離國在肅愼西北, 馬行可二百日, 領戶二萬. 養雲國去神離馬行又五十日, 領戶二萬. 寇莫汗國去養雲國又百日行, 領戶五萬餘. 一羣國去莫汗又百五十日, 計去肅愼五萬餘里. 其風俗土壤並未詳."(『진서晉書』 「사이전四夷傳」)

"十二月, 句茶國王聞蓋馬滅, 懼害及己, 擧國來降."(『삼국사기』 「고구려본기高句麗本紀」)

"十三年秋七月, 買溝谷人尙須, 與其弟尉須及當弟于刀等, 來投."(『삼국사기』 「고구려본기高句麗本紀」)

4) 삼위산三危山

삼위산은 중국 한漢족의 시조인 반고가한이 환국에서 내려온 곳으로, 중국 감숙성甘肅省 돈황현敦煌縣에 있으며 삼묘족의 근거지였다. 『삼국유사』 「고조선」편에도 삼위태백이 나오지만 대부분의 국내 역사가들은 삼위산이 어디 붙은 산인지 관심조차 없다. 심지어 삼위산이 태백산이라고도 한다.

5) 일웅一熊 일호一虎

곰과 호랑이를 가리키는 것이 아니라 곰과 호랑이를 토템으로 하는 부족을 뜻한다. 당시 시베리아와 만주 등지에는 성수聖獸 신앙이 널리 퍼져 있어 숭배하는 동물의 이름으로 족호를 정했다.

의약과 농경의 시조인 염제신농씨의 아버지 소전少典씨도 신시 배달의 웅족 출신이고 초대 단군왕검의 성모도 웅족 왕의 딸이었다. 이규보의 『동명왕편』을 보면 북부여의 시조 해모수와 유화부인이 웅심산熊心山 아래 웅심연熊心淵에서 만나는 장면이 나오는데 여기서도 곰 토템이 확인된다.

고구려 각저총 고분 벽화에는 곰과 호랑이가 신단수로 보이는 나무 좌우에서 서로 등을 돌리고 있고, 나무 위에는 천손족을 상징하는 신조神鳥(우리나라와 시베리아, 알타이 지역에 남아 있는 솟대는 바로 이 신조를 상징)가 앉아 있다. 장천 1호 고분 벽화에는 신단수 아래, 곰이 계율을 지키기 위해 굴속에 앉아 있고 굴 밖에는 호랑이가 화살에 맞으며 사냥꾼에게 쫓기고 있다. 이처럼 고구려 고분 벽화에서도 곰 토템을 확인할 수 있다.

신시 배달의 건국사는 설화의 형태를 통해서도 단군조선, 부여를 거쳐 고구려까지 그대로 계승된다. 참고로 『삼국지』 「오환선비동이전烏丸鮮卑東夷傳」에 "예濊족은 호랑이를 신으로 섬겨 제사지낸다[祭虎以爲神]"

라고 했으니, 이들이 호족虎族의 후예임을 알 수 있다. 웅족은 환족과 혼인함으로써 환족의 일원이 되는데 이것이 신화의 형태로 변조되어서『삼국유사』에 기록되었다.

6) 마늘

『태백일사』「환국본기」에는 "쑥은 달여 먹어 냉冷을 치료하고, 마늘은 구워 먹어 마魔를 물리친다"라고 했다.『본초강목』에 달래는 "주곽란主癨亂과 복중불안腹中不安하며 소곡消穀하며 이위온중理胃溫中하며 제사비독기除邪痺毒氣라" 하여, 속을 편안히 하고 따뜻하게 하며, 사기邪氣, 팔다리 저림, 독기毒氣를 제거한다고 하였다. 마늘은 문헌상으로 약 4,500년 전 바빌로니아 왕실에서 식용으로 사용하였다는 기록이 처음으로 보인다. 고대 로마, 인도와 중세 페르시아, 중국 등에서는 갖가지 질병의 치료제로 쓰였다. 이와 같이 마늘은 고대부터 현대에 이르기까지 여러 가지 용도로 쓰였다.

7) 100일

100은 우리말로 '온', '한'인데 '모두', '전체'라는 뜻이 있다. 역철학에서 100은 하늘과 땅의 완성수를 상징한다. 하늘과 땅은 본체本體와 작용作用의 틀로 움직이는데, 100은 본체와 작용의 총합으로 이루어진다. 이를 계산하는 방법은 두 가지가 있다. 하나는 하도수 55와 낙서수 45를 더한 100수가 그것이다. 다른 하나는 하도의 본체수 15와 낙서의 본체수 5를 더하고, 여기에다가 하도의 작용수 40과 낙서의 작용수 40(시간과 공간의 작용수, 즉 춘하추동의 시간과 동서남북의 공간으로 작동하는 사상수四象數인 80)을 합하여 100이 나오는 것이다.

이 100을 하늘과 땅과 인간에 모두 적용하면 100×3=300이 만들어진다. 100이 천지 일원수一元數라면, 300은 대일원수大一元數이다. 그리고 하도의 본체수 15와 낙서의 본체수 5를 더한 것에 천지인天地人 3을 곱하면 60(20×3=60)이 된다. 이 대일원수 300에 60을 더하면 1년의 날수인 360이 된다.

8) 3·7일

신교 문화를 성립시킨 우주관은 3수를 본체體로 삼고 7수를 작용用으로 삼는 삼신·칠성사상이다.

3은 만물의 변화를 일으켜 전체를 완성하는 데 필요한 최소한의 수이다. 모든 변화는 생장성生長成으로 이루어지며, 생각의 논리도 정·반·합으로 전개된다. 우주의 시간과 공간은 하늘·땅·인간의 삼계와 과거·현재·미래 삼세로 벌여져 있고, 물질의 기본단위인 원자는 양자·전자·중성자라는 세 입자로 이루어진다. 몸의 각 부분도 머리—몸통—팔다리 등 세 마디로 되어 있다.

또한 3은 양과 음의 결합(1+2)으로 이루어져 '만물의 화생'을 상징한다. 그리하여 '진정한 수의 시작은 3부터'라고 한다.

또한 3은 반드시 7을 만나야만 새로운 현실의 틀이 만들어진다.

7은 3이라는 하늘의 완전수(삼신)와 4라는 지상의 완전수(동서남북, 봄여름가을겨울)가 합해진 수이다. 옛 사람들은 하늘과 지상이 합쳐지면 복이 온다고 믿고 7을 성스러운 수로 숭배했다. 하늘에는 인간의 생사화복을 주관하는 칠성七星이 있고, 그 기운을 받아 인간의 얼굴에도 일곱 개의 구멍이 있다. 민간속설에서는 생명이 7수를 주기로 펼쳐진다고 말한다. 그래서 정성기도 공부를 할 때는 7일 단위로 7일, 21(7×3)일, 49(7×7)일 수행을 주로 한다(안경전,『개벽실제상황』, 112~117쪽).

삼신은 생명을 낳는 하느님이고 칠성은 기르는 하느님이다. 때문에 신교문화에서는 상제님을 삼신상제님으로만 모신 것이 아니라 칠성님으로도 모셨다. 칠성님은 신교문화에서 한민족의 선조들이 하느님을 부르는 또다른 호칭이었다.

삼신·칠성사상은 9천 년 한민족사의 모든 왕조에서 국가경영제도의 근간이 되었을 뿐만 아니라 한민족의 역사와 문화 전반의 기틀이 되었다.

9) 개천開天

여기서 개천開天의 일차적 의미는 '새 나라의 새 역사시대를 연다'는 개국開國이다. 그런데 여기에는 신교의 삼신사상에 의한 심오한 뜻이 내포되어 있다. 천天은 우리가 보는 단순한 하늘이 아니라 천도天道의 정신을 말한다.

『태백일사』「신시본기」에서는 "우리 치우천황께서 배달 신시의 웅렬한 기상을 계승하여 백성과 함께 이를 새롭게 펼치실 때, 하늘의 뜻을 밝혀 생명의 의미를 알게 하였다[開天知生]"라고 하였다. 이어서 "성인을 보내어 세상을 다스리는 것을 일러 개천開天이라 하니, 하늘을 열었기 때문에 만물을 창조할 수 있다. 이것이 곧 이 세상이 하늘의 이법(천리)과 부합되어 하나로 조화[虛粗同體]되는 것이다[遣往理世之謂開天, 開天故, 能創造庶物, 是虛之同體也]"라고 하였다.

「신시본기」에서 정의한 바와 같이 개천開天의 참뜻

은 하늘의 정신, 즉 삼신의 창조 정신을 처음으로 대각하여 인간에게 도덕을 베푸는 것이다. 본서에 자주 보이는 이러한 신교의 도가적인 표현을 늘 주의 깊게 보아야 한다.

제주대 안창범 교수는 개천절에 대하여, "개천절開天節에서 개천開天은 '천지天地를 개벽하다, 개벽천지開闢天地하다, 개통천문開通天門하다' 는 뜻이다. 개천절은 지금(서기2012년)부터 5,908년 전 10월 3일, 백두산 천지天池 신단수神檀樹 밑에서 환웅천황桓雄天皇이 우주의 운행원리를 크게 깨치시어 종교를 창설한 위대한 사건을 기념하는 뜻깊은 날이다. 개천절은 환웅천황이 선천개벽先天開闢한 기념행사인 것이다" 라고 하였다.

그러므로 개천절은 우리 민족의 혼과 사상과 역사를 함축한 민족의 명절인 것이다.

10) 관경管境

단군조선 시대 때 전 영토를 삼신의 우주관인 천지인 삼계의 '천일天一·지일地一·태일太一' 정신에 따라 삼한三韓(진한·번한·마한)으로 나누어 다스렸다. 이러한 고조선의 독특한 국가 통치제도를 '삼한관경제三韓管境制'라 한다. 이 가운데 천지(역사)의 주체로서 가장 존귀한 인간에 해당하는 태일太一 자리를 차지하는 진한은 단군[天王]이 직접 통치하고, 보좌역인 번한과 마한은 부단군 격인 왕王을 두어 다스렸다. 이것이 '전삼한前三韓'이다.

22세 색불루단군 원년에 녹산鹿山(백악산 아사달)으로 도읍을 옮기고 관제를 개혁하는데, 『태백일사』 「삼한관경본기」에는 이렇게 기록되어 있다.

"5월에 제도를 고쳐 삼한을 삼조선이라 하셨는데, 조선은 관경管境(영토 관할)을 말한다. 진조선은 천왕(22세 단군)께서 친히 다스리고, 통치 영역은 옛날 진한의 땅 그대로이다. 정치는 천왕을 경유하여 삼한이 모두 하나로 통일되어 명령을 받았다. 여원흥을 마한 왕(20세)으로 삼아 막조선莫朝鮮을 다스리게 하고, 서우여를 번한 왕으로 삼아 번조선番朝鮮을 다스리게 하셨다. 이를 총칭하여 단군 관경檀君管境이라 하니 이것이 곧 진국辰國이다. 역사에서 일컫는 단군조선이란 바로 이것을 말한다."

11) 이삼신설교以三神設敎

태고시대 인류 문명의 보편 종교를 신교神敎라 한다. 신교는 '이삼신설교以三神設敎' 또는 '이신설교以神設敎'(『규원사화』), '이신시교以神施敎'(『단군세기』)에서 나온 말이다. 조선 후기의 역사가인 이종휘도 저서 『동사東史』「신사지神事志」에서 환웅천황 시절에는 "신시 시대에 신神으로써 가르침을 베풀었다[神市之世, 以神設敎]"라고 밝힌 바 있다. 또한 공자가 『주역周易』 관괘觀卦 단전彖傳에서 고대 성군들이 "신도로써 교화를 베풀었다[以神道設敎]"라고 말한 사실은 신시 배달의 제천 문화와 신교 사상이 중국 문화에 전파·계승된 사실을 알려 주는 것이다. 여기서 신神은 삼신三神인데 우리 조상들이 환인 시대부터 근 1만 년 동안 섬겨 온 신앙의 대상이다.

삼신은 우주의 순수한 창조 정신을 말한다. 다시 말해서 '세 가지 창조 원리(조화造化·교화敎化·치화治化)로 만물을 낳고 길러내고 완성하는 우주의 지극한 조화성령' 이란 뜻이다. 여기서 삼신은 세 분의 신을 지칭하는 말이 아니라는 점에 주의해야 한다.

12) 구리

금속의 사용은 문명사에서 매우 중요한 단계이다. 배달국의 중심지인 청구 지역(난하~대릉하)을 중심으로 일찍이 청동기 문화인 하가점 하층문화가 발전했는데, 이 지역에서 발굴된 유물 중 가장 오래된 청동기는 단군조선이 개국한 BCE 2400년 이전에 제작된 것이다(중국 내몽골 적봉시赤峰市 지주산蜘蛛山 유적). 그리고 한반도에서는 BCE 24~26세기까지 올라가는 청동기 시대의 유적(경기도 양평군 양수리, 전남 영암군 장천리 고인돌)이 발굴되었다(윤내현, 『고조선연구』, 72쪽).

그리고 요령식 동검으로 여겨지던 비파형 동검이 한반도 곳곳에서 발견되어 우리나라 청동기 문화의 범위는 시간적으로 더 거슬러 올라가야 할 뿐 아니라 공간적으로도 북경 지역까지 대폭 확장해야 한다는 주장이 나오고 있다.

비파형 청동기 문화보다 더 오래 된 청동기 문화가 지금의 난하~요하 지역에 걸쳐 분포하는데, 이들 하가점 하층 문화를 비파형 동검 문화의 전신으로 보아야 한다는 주장이 일고 있다(『고조선연구』 참고). 이것은 배달국 후기인 청구 시대의 청동기 문화다.

철기 문화의 경우 최근 만주, 요령성 지역을 발굴한 결과 최소 BCE 8세기 이전에 이미 우리 민족이 철기를 쓰고 있었다는 사실이 드러나고 있다(윤내현, 같은 책, 108쪽).

그럼에도 현 사학계에는 세형 동검이 분포하는 한반도 지역만을 우리 민족의 강역이라 억지를 쓰는 학자가 있다. 요령성 지역은 그 무렵에 이미 철기 문화가 시작되었기에 세형 동검이 사용되지 않았다. 지금의 요서는 번조선 영역으로 한족과의 빈번한 교류와 전쟁 등으로 인해 한반도보다 훨씬 더 일찍 철기 문화가 발전한 것이다(『태백일사』「삼한관경본기」 참고).

13) 간지干支의 술법

간지는 하늘·땅·인간의 창조와 변화의 원리를 음양의 논리로 전개시킨 10천간天干과 12지지地支를 말한다.

우주 만유는 모두 음양의 변화이고, 구체적으로는 사상四象으로 전개된다. 이것을 더 구체적으로 보면, 토土 자리를 합쳐서 오행五行이라 한다. 오행은 다섯 개의 기운이 오고 간다는 말이다. 우주를 잡아 돌리는 다섯 가지 기본 요소인 오행을 하늘에서는 오운五運이라 하고, 땅에서는 육기六氣라 한다.

이 오운육기가 더욱 분화된 것이 갑을병정무기경신임계甲乙丙丁戊己庚辛壬癸라는 10천간과 자축인묘진사오미신유술해子丑寅卯辰巳午未申酉戌亥라는 12지지이다.

천간과 지지, 즉 간지론은 동양 음양론의 기본 뼈대이다. 건곤천지와 감리일월이 만물을 낳고 기르는 이치가 다 간지론을 근원으로 한다.

이 간지론과 더불어, 천하天河에서 태호복희씨가 삼신상제님으로부터 받아 내린 '하도河圖', 하나라의 개국자인 우임금이 9년 홍수를 다스릴 때 받아 내린 '낙서洛書', 그리고 하도를 근거로 복희씨가 처음 그린 '팔괘', 이 팔괘에 근거하여 이루어진 주역의 '64괘' 등이 동양 음양문화의 진리의 기본 틀을 이룬다.

14) 치우천황에 대한 기록

『사기史記』「오제본기五帝本紀」에 "軒轅之時(중략) 諸侯咸來賓從, 而蚩尤最爲暴, 莫能伐" 集解應劭曰 "蚩尤, 古天子(중략) 正義龍魚河圖云 "黃帝攝政, 有蚩尤兄弟八十一人, 竝獸身人語, 銅頭鐵額, 食沙石子, 造立兵仗刀戟大弩, 威振天下"라고 하였다. 이 밖에도 『산해경山海經』, 『관자管子』, 『술이기述異記』, 『서경書經』, 『열자列子』, 『장자莊子』, 『좌전左傳』, 『여씨춘추呂氏春秋』, 『전국책戰國策』, 『한비자韓非子』, 『포박자抱朴子』, 『한서漢書』, 『노사路史』, 『일주서逸周書』, 『논형論衡』, 『국어國語』 등 많은 서적에 치우에 대한 기록이 보인다.

檀君世紀 단군세기

— 행촌杏村 이암李嵒 편編 —

신교의 삼신문화와 역사관에 정통한
이 암 李嵒 (1297~1364)

| 본관 고성固城 | 초명 군해君侅 | 자 고운古雲 | 호 행촌杏村 | 시호 문정文貞

- 고려 충렬왕 23년(1297), 경상도 김해, 강원도 회양 부사를 지낸 이우李瑀의 장남이자 고성이씨 9세손으로 태어났다.
- 10세(충렬왕 32, 1306) 때 강화도 마리산 참성단에 올라 단군왕검의 역사의식을 가슴에 새기고 고려를 동방의 맑고 깨끗한 나라로 일신하겠다고 맹세하였다.
- 17세(충선왕 6, 1313) 때 문과에 급제, 충정왕 때 찬성사, 좌정승을 지냈고, 공민왕 때 철원군鐵原君에 봉해졌다. 홍건적 침입 때 임금을 호종하여 1등 공신이 되고 철성부원군鐵城府院君에 봉해졌다. 글씨를 잘 써서 동국東國의 조자앙趙子昻이라 일컬어졌고 묵죽墨竹을 잘 그렸다. 『서경書經』「태갑太甲」 편을 옮겨 써서 왕에게 바쳤다.
- 환국과 배달 역사의 근본을 통하고 환단사상에 대해 깊은 안목을 가진 대학자 조부 이존비李尊庇의 정신을 그대로 이어 받았다.
- 『단군세기』 서문은 신교 문화의 우주관, 신관, 인성론, 수행문화의 근원적 핵심원리를 체계화시킨 만고의 대문장이다.
- 이암이 죽자(공민왕 13년) 공민왕이 친히 초상을 그리고 행촌이란 두 글자를 써서 관원을 보내 제사를 지냈다. 우왕 1년(1375)에 충정왕의 묘정에 배향되었다.

단군조선 | 전성기의 통치 영역과 삼한관경

- 고조선 최대 추정 강역
- 고조선 핵심 강역

하상주 중심 영역
- 하夏
- 상商 (은殷)
- 주周

▲ 금악산金岳山

알타이산맥

▲ 천산天山

천산산맥

약수: 흉노의 발상지. 3세 가륵단군(BCE 2177) 때 열양욕살 삭정을 약수 지방에 유배. 삭정이 사면된 후 흉노의 시조가 됨.

● 돈황 ▲ 삼위산三危山

약수弱水

고조선 핵심 강역

훈육(흉노)

상곡

귀방鬼方

곤륜산맥

고조선 최대 추정 강역

황하

당요唐堯

여黎 빈邠 우순虞舜

기岐 호경

주周 안읍 성주成

티베트고원

견이畎夷

강羌

하夏

진사강

백이百夷 양자강

촉蜀 파巴

군산郡山

순임금의 이비二妃 무덤

히말라야산맥

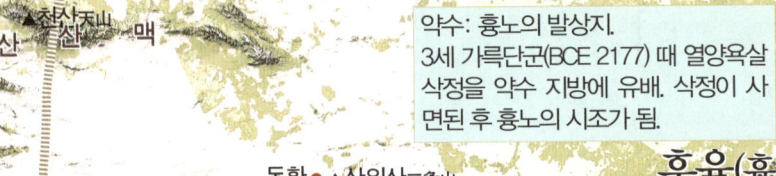

단군세기 서문

爲國之道가 莫先於士氣하고 莫急於史學은 何也오 史學이 不明則士氣가 不振하고 士氣가 不振則國本이 搖矣오 政法이 岐矣니라. 蓋史學之法이 可貶者貶하고 可襃者襃하야 衡量人物하고 論診時像하니 莫非標準萬世者也라 斯民之生이 厥惟久矣오 創世條序가 亦加訂證하야 國與史가 並存하고 人與政이 俱擧하니 皆自我所先所重者也라.

역주 나라를 위하는 길에는 선비의 기개보다 앞서는 것이 없고, **사학보다 더 급한 것이 없음은 무엇 때문인가?** 사학이 분명하지 않으면 선비의 기개를 진작시킬 수 없고, 선비의 기개가 진작되지 못하면 **국가의 근본이 흔들리고 나라를 다스리는 법도가 갈라지기 때문**이다.

대개 역사학의 정법이, 폄하할 것은 폄하하고[可貶者貶]* 기릴 것은 칭찬해서 인물을 저울질하여 평가하고, 시대의 모습을 논하여 진단하는 것이니, 만세의 표준이 아닌 것이 없다.

이 백성의 삶은 참으로 유구하다. 새 세상을 열고 질서와 법도를 세운 내용[創世條序] 또한 분명히 밝혀져 있어서, 나라는 역사와 함께 존재하고 사람은 정치와 함께 거론되니, **나라**와 **역사**와 **사람**과 **정치**[國,史,人,政], 이 네 가지는 모두 우리 자신이 우선시하고 소중히 여겨야 할 바로다.

嗚呼라 政猶器하고 人猶道하니 器可離道而存乎며 國猶形하고 史猶魂하니 形可失魂而保乎아. 並修道器者도 我也며 俱衍形魂者도 亦我也니 故로 天下萬事가 先在知我也니라. 然則其欲知我인댄 自何而始乎아.

역주 아아! 정치는 그릇과 같고 사람은 도道와 같으니, 그릇이 도를 떠나서 어찌 존재할 수 있으며, 나라는 형체와 같고 역사는 혼과 같으니, 형체가 그 혼을 잃고서 어찌 보존될 수 있겠는가. 도와 그릇을 함께 닦는 자도 나요, 형체와 혼을 함께 키워 나가는 자도 나이다. 그러므로 **천하만사는 무엇보다 먼저 나를 아는 데 있다**[先在知我]. 그런즉 나를 알려고 할진대 무엇부터 시작해야 하겠는가?

---

*가폄자폄可貶者貶: 실제보다 과대평가된 것을 그만큼 깎아내리는 것.

夫三神一體之道는 在大圓一之義하니 造化之神은 降爲我性하고
敎化之神은 降爲我命하고 治化之神은 降爲我精하나니
故로 惟人이 爲最貴最尊於萬物者也라.
夫性者는 神之根也라 神本於性이나 而性未是神也오
氣之炯炯不昧者가 乃眞性也라 是以로 神不離氣하고 氣不離神하나니
吾身之神이 與氣로 合而後에 吾身之性與命을 可見矣오

역주 대저 **삼신**[1])**일체**(삼신과 하나됨)**의 도**[三神一體之道]는 '무한히 크고 원융무애하며 하나 되는 정신[大圓一]*에 있으니, **조화신**造化神이 내 몸에 내려 나의 성품[性]⊠이 되고, **교화신**敎化神이 내려 삼신의 영원한 생명인 나의 **목숨**[命]*이 되며, **치화신**治化神이 내려 나의 **정기**[精]가 된다. 그러므로 오직 사람이 만물 가운데 가장 고귀하고 존엄한 존재가 된다.

대저 **성**[性]이란 인간의 **신**神*(신명)이 생겨나고 자리를 잡는 근거와 **바탕**[神之根]이다. 신이 성에 뿌리를 두고 있지만 성이 곧 신인 것은 아니다. **기**氣가 환히 빛나 어둡지 않은 것이 곧 참된 성품이다.

그러므로 **신**神은 **기**氣를 떠날 수 없고, 기 또한 신을 떠날 수 없으니, 내 몸 속의 신[吾身之神]이 기와 결합된 후에야 내 몸 속의 본래 성품[吾身之性·조화신]과 (삼신의 영원한 생명인) 나의 목숨[命·교화신]을 볼 수 있다.

性不離命하고 命不離性하나니 吾身之性이 與命으로 合而後라야
吾身의 未始神之性과 未始氣之命을 可見矣니라.
故로 其性之靈覺也는 與天神으로 同其源하고 其命之現生也는 與山川으로
同其氣하고 其精之永續也는 與蒼生으로 同其業也니라

※**대원일**大圓一: 우주와 역사를 주관·섭리하시는 삼신의 창조 정신을 정의한 말. 만물과 우주의 존재 근원이 되는 삼신의 이러한 창조 정신은 광대무변[大]하고 원융무애[圓]하며 대광명으로 삼계와 합일[一]되어 있다.

⊠**성性**: 인간이 본래 타고난 마음의 근원자리. 불가에서 말하는 자성自性, 법성法性, 불성佛性 등과 같은 경계. 본서에서는 문맥에 따라 성, 성품, 본성으로 번역했다.

✻**명命**: 천지의 무궁한 생명 또는 목숨. 천지의 주재자인 삼신상제님의 천명을 뜻한다.

✻**신神**: 여기서는 인간 몸 속의 신을 말한다. 대우주의 조물주 삼신은 우주를 채우고 있는 일기一氣를 타고, 기는 삼신의 숨결과 하나 되어 만물을 생성한다. 천상의 조화삼신이 인간의 몸 속에 들어와 작용할 때는 머리의 중심과 가슴에서 체體와 용용의 관계로, 즉 **원신**元神과 **식신**識神으로 나뉘어 작용한다. 식신이란 사물을 인식하는 신[識神]으로, 사람의 몸 속에서 개별적으로 작동는 개별화된 신명을 말한다.

역주 성품[性]은 저마다 타고난 (삼신의 영원한 생명이 화한) 목숨[命]과 분리될 수 없고, 목숨도 성품과 분리될 수 없다. 그러므로 내 몸에 깃든 성품이 목숨과 결합된 뒤라야, 내 몸속에서 신화神化*하기 이전의 본래 성품과 내 몸에서 기화氣化*하기 이전의 본래 목숨[命]의 조화 경계를 볼 수 있다.

그러므로 인간의 이러한 **본성**[性]에 담긴 신령스러운 지각[靈覺]*의 무궁한 조화 능력은 하늘의 신[天神=三神]과 그 근원을 같이 하고, (삼신의 영원한 생명 자체인) **인간의 본래 목숨**[命]이 생명으로 발현됨은 자연의 산천과 그 기를 같이 하고, **인간의 정기** [精]가 자손에게 이어져 영원히 지속함은 창생과 **천지의 이상세계를 이루어 가는 과업**[業]을 함께 하고자 함이다.

乃執一而含三하고 會三而歸一者가 是也니라.
故로 定心不變을 謂之眞我오 神通萬變을 謂之一神이니
眞我는 一神攸居之宮也라 知此眞源하고 依法修行하면 吉祥自臻하고
光明恒照하나니 此乃天人相與之際에
緣執三神戒盟而始能歸于一者也니라.

역주 이에 하나[一氣] 속에는 셋(삼신)이 깃들어 있고[執一숨三], 셋(세 손길로 작용하는 삼신)은 하나의 근원으로 돌아가는 원리[會三歸一]*가 그것이다(하나[一神] 속에 셋[조화造化·성性, 교화敎化·명命, 치화治化·정精]이 있고 셋은 그 근본이 하나[一氣] 속의 신[三神]의 조화이다).

그러므로 (무궁한 일신의 조화에 머무는) 한마음(일심)으로 안정되어 변치 않는 것을 '**진아**眞我(참을 실현한 나)'라 하고, 신통력으로 온갖 변화를 짓는 것을 '**일신**一神(하나님)'이라 하니, **진아는 우주의 일신이 거처하는 궁전**이다.

이 참됨의 근원을 알고 법에 의지해 닦고 행하면 상서로운 기운이 저절로 이르고 신(삼신)의 광명이 항상 비치게 된다.

이것이 바로 사람이 하늘과 하나 되고자 할 때[天人相與之際]*, 진실로 삼신의 계율

※**신화**神化: 우주의 삼신이 인격신으로서 우리 몸의 '개별화된 신명으로 열리는 경계'.
✤**기화**氣化: 삼신의 영원한 생명이 우리 몸 속에서 작용할 때 기로 변화 작용하는 경계.
✤**영각**靈覺: 삼신의 성신을 받아 사물을 대할 때 그 내면의 모습을 환히 보고 실상을 깨닫는 직관直觀의 경지. 또한 성性의 본성인 허령虛靈과 지각知覺의 준말로 볼 수 있다.
✤**집일함삼**執一含三 **회삼귀일**會三歸一: 우주 근원의 조화 세계[一神]에 세 신성[三神]이 담겨 있고 이 삼신 원리를 일체로 보면 본래의 한 조화신[一神]으로 돌아간다는 의미이다.
✤**천인상여지제**天人相與之際: 하늘과 사람이 함께 하는 관계[天人合一], 하늘과 사람이 서로 화합하는 관계를 의미한다.

(참전계)을 굳게 지킬 것을 맹세함으로 말미암아[三神戒盟]※ 비로소 능히 이 '하나 됨의 경지'[一者(一神)]에 돌아갈 수 있다는 것이다.

```
故로 性命精之無機는 三神一軆之上帝也시니
與宇宙萬物로 混然同軆하시며 與心氣身으로 無跡而長存하시며
感息觸之無機는 桓因主祖也시니 與世界萬邦으로 一施而同樂하시며
與天地人으로 無爲而自化也시니라. 是故로 其欲立敎者는 須先立自我하고
革形者는 須先革無形이니 此乃知我求獨之一道也니라.
```

역주 따라서 성품과 목숨과 정기[性命精]가 혼연일체의 경계에 계신 분은 '삼신과 한 몸이신 상제님'[三神一軆上帝]※이시다.

상제님은 천지 만물과 혼연히 한 몸이 되시어, 마음과 기운과 몸[心氣身]으로 아무런 자취를 남기지 않으시나 영원히 존재하신다.

그리고 느낌과 호흡과 촉감[感息觸]이 혼연일체의 경지에 계신 분이 **인류의 시조인 환인주조**主祖**님**※이시다.

환인주조님은 세계만방에 한결같이 덕화를 베풀고 즐거움을 함께 누리시며, 하늘·땅·인간 삼계三界와 더불어, 함이 없이 저절로 조화를 이루신다.

이러하므로 가르침[敎]을 세우려는 자는 반드시 먼저 자아를 확립해야 하고, 자신의 형체를 바꾸려는 자는 반드시 먼저 무형의 정신을 뜯어고쳐야 하나니, 이것이 바로 '나를 알아 자립을 구하는 유일한 방도'[知我求獨之一道]인 것이다.

```
嗚呼痛矣라. 夫餘에 無夫餘之道然後에 漢人이 入夫餘也며
高麗에 無高麗之道然後에 蒙古가 入高麗也어니와 若其時之制先하야
以夫餘에 有夫餘之道則漢人은 歸其漢也며
高麗에 有高麗之道則蒙古는 歸其蒙古也니라.
```

※ **삼신계맹**三神戒盟: 여기서 계戒는 태고 시절에 삼신상제님이 인류에게 내려 주신 깨달음의 글. 완전한, 성숙한 인간이 되는 계율, 전계佺戒로서 곧 천경신고天經神誥(천부경, 삼일신고, 참전경)를 말한다.

※ **삼신일체상제**三神一軆上帝: 삼신과 한 몸으로 계시며, 삼신 자체가 되셔서 삼신의 뜻과 생명을 현상 세계에 열어 주시는 분이 상제님이시다. 상제님을 통해 삼신의 도가 인간 문화 속에 선포된다.

※ **환인주조**桓因主祖: 상제님으로부터 직접 삼신일체의 도를 받아 내려 신교의 영원불멸하는 생명의 문을 인류 문화사상 처음으로 완전히 드러내신 분이다. **신교 원형 선**仙**의 원 주장자, 동서문명사의 대조상**[主祖]**이 되신다**.

역주 아, 슬프구나! 부여에 부여의 도道가 없어진 후에 한漢나라 사람이 부여에 쳐들어왔고, 고려에 고려의 도가 없어진 후에 몽골이 고려에 쳐들어왔다. 만약 그 당시에 미리 제정되어, 부여에 부여의 도가 있었다면 한나라 사람은 한나라로 쫓겨 가고, 고려에 고려의 도가 있었다면 몽골인은 몽골로 쫓겨 갔을 것이다.

```
오호통의     향년    잠청배지사론      음여백귀야행
嗚呼痛矣라. 向年에 潛淸輩之邪論이 陰與百鬼夜行하야
이남생발기지역심        상응이합세
以男生發歧之逆心으로 相應而合勢하니
위국자억하자안어도기양상      형혼전멸지시호
爲國者抑何自安於道器兩喪하며 形魂全滅之時乎아.
금    외인간섭지정   거익자심     양위중조     임거농천
今에 外人干涉之政이 去益滋甚하야 讓位重祚를 任渠弄擅호대
여아대신자    도속수이무책   하야  국무사이형실혼지고야
如我大臣者가 徒束手而無策은 何也오 國無史而形失魂之故也니라.
일대신지능        고무가구지위언      이내거국지인    개구국자기
一大臣之能이 姑無可救之爲言이나 而乃擧國之人이 皆救國自期오
이구기소이위유익어구국연후       방가득이언구국야
而求其所以爲有益於救國然後에 方可得以言救國也니라
```

역주 아, 통탄스럽도다! 과거에 오잠吳潛*과 류청신柳淸臣* 같은 간신배가 떠들어 댄 사악한 말이 은밀히 백귀百鬼와 더불어 야행하여 고구려의 역신인 남생男生*과 발기發歧*의 역심逆心과 상응하여 합세하였는데, 나라를 다스리는 사람들이 도와 그릇이 함께 없어지고 형체와 혼이 다 사라지는 때에 어찌하여 자신만 편안코자 한

---

*오잠吳潛(?~?): 고려 후기의 간신. 임금 부자父子를 모함으로 이간하고, 어진 신하들을 모해謀害하여 원성이 높았다. 고려를 없애고 원나라의 직속령으로 남아야 한다고 청하였다.

*류청신柳淸臣(?~1329): 본명은 비庇. 전라도 부곡部曲 출신으로 몽골어통역관을 하면서 왕의 신임을 받아 재추宰樞 반열에 올랐다. 청신淸臣이란 이름은 충렬왕이 원에 머무른 3년 동안 왕의 환국을 위해 애쓰자 원元 성종이 이에 감복하여 내려준 것이라고 한다. 그가 간신으로 알려진 것은 『고려사』등에서 충숙왕을 따라 원나라에 갔을 때 조적 등과 밀통하여 왕위를 노리는 심양왕 고에게 붙어 충선왕을 모함하려 하였고, 오잠과 함께 본국에 정동행성征東行省을 설치할 것을 원나라에 청하는 등 반역 행위를 하였다고 되어있기 때문이다. 그는 결국 귀국하지 못하고 원나라에서 죽었다. 그러나 류청신의 간신 평가는 후대의 잘못이라는 의견이 있다. 일부 문헌에서는 그를 충성스런 인물로 칭송한 기록도 있으며, 고려왕실을 보호하기 위해 탁월한 외교솜씨를 발휘하였다고 한다. 당시 원나라의 간섭이 심해 충렬왕과 충선왕, 충숙왕이 번갈아 왕위를 물러나고 복위하는 과정에서 왕의 정치적 입지도에 따라 신하들은 자신의 지위를 지키기 위해 원과 연계하여 서로 견제하며 많은 문제를 일으켰다. 더욱이 원을 배척하고 자주성을 주장한 이암에게는 당시 원과 친밀했을 류청신을 간신으로 여겼을 수 있다. 이처럼 상반된 평가로 논란이 있는 만큼 류청신에 대해 좀 더 연구가 필요하다.

*남생男生: 연개소문淵蓋蘇文의 장자. 부친의 뒤를 이어 최고 관직인 대막리지가 되었다. 전국의 성城을 순시하러 나간 사이에 아우 남건이 대막리지 자리를 탈취하자 당나라에 항복하고, 이세적李世勣과 함께 당군을 이끌고 와서 고구려를 멸망시켰다.

*발기發歧: 고구려 신대열제(8세)의 아들, 고국천열제(9세)의 아우. 고국천열제가 196년에 후사 없이 죽자 아우 연우와 왕위쟁탈전을 벌이다 패하여 요동(지금의 하북성 난하 동쪽)으로 도망가서 공손탁에게 군사를 빌어 본국을 치다가 패하여 자살하였다.

단 말인가!

금일에 외인(몽골인)이 정사를 간섭함이 갈수록 심하여 왕위에서 물러나고 다시 오름을 저희들 멋대로 조종하되, 우리 대신들이 한갓 속수무책인 것은 무슨 까닭인가? **나라에 역사가 없고, 형체가 혼을 잃어버렸기 때문**[國無史而形失魂之故]이로다.

대신大臣 한 사람의 능력으로 나라를 구할 수 있다고 말할 수는 없으나, 온 나라 사람이 나라 구하기를 스스로 기약하고 나라를 구하는 데 무엇이 유익한 것인지 찾아낸 연후에 비로소 구국救國을 말할 수 있으리라.

然則救國이 何在哉아. 向所謂國有史而形有魂也니라.
神市開天이 自有其統하야 國因統而立하고 民因統而興하나니
史學이 豈不重歟아 書此하야 樂爲檀君世紀序하노라.
上之十二年癸卯十月三日에 紅杏村叟는 書于江都之海雲堂하노라.

역주 그렇다면 나라를 구하는 길은 어디에 있는가. 앞에서 말한 바, '**나라에 역사가 있고, 형체에 혼魂이 있어야 한다**[國有史而形有魂]'는 것이다.

신시에 나라를 연[神市開天] **이후로 국통國統***이 있어, 나라는 이 국통으로 인하여 세워지고, 백성은 이 국통으로 인해 흥하였나니, 역사를 배움이 어찌 소중하지 않으리오?

이 글을 써서 기쁜 마음으로 『단군세기』의 서문으로 삼는다.

공민왕 12년(환기 8560, 신시개천 5260, 단기 3696, 서기 1363)* 계묘 10월 3일에, 홍행촌수紅杏村叟가 강화도의 해운당海雲堂에서 쓰노라.

✽**국통國統**: '민족의 역사 정신의 맥과 법통'을 말한다. 한민족사의 국통은 환국→배달→고조선→북부여(원시 고구려)→고구려(백제, 전신라, 가야)→남북국 시대(대진, 후신라)→고려→조선→임시정부→대한민국으로 9천 년간 면면히 이어져 내려오는 인류의 정통 장자국(종주국)의 대통이다.

✻2012년: 환기 9209년, 신시개천 5909년, 단기 4345년.

단군세기

국조 단군왕검 재위 93년

> 古記에 云「王儉의 父는 檀雄이시오 母는 熊氏王女시라
> 辛卯五月二日寅時에 生于檀樹下하시니 有神人之德하사 遠近이 畏服하니라
> 年十四甲辰에 熊氏王이 聞其神聖하고 擧爲裨王하야 攝行大邑國事하시고
> 戊辰唐堯時에 來自檀國하사 至阿斯達檀木之墟하시니 國人이
> 推爲天帝子하야 混一九桓하시고 神化遠曁하시니 是謂檀君王儉이시라.
> 在裨王位二十四年이시오 在帝位九十三年이시오 壽는 一百三十歲시니라.」

역주 『고기古記』*에 다음과 같이 기록되어 있다.

왕검王儉의 아버지는 단웅檀雄이요, 어머니는 웅씨왕熊氏王의 따님이다. 신묘(환기 4828, 신시개천 1528, BCE 2370)년 5월 2일 인시에 박달나무가 우거진 숲[檀樹]에서 태어나시니, 신인神人의 덕이 있어 원근 사람들이 모두 경외敬畏하여 따랐다.

14세 되던 갑진(신시개천 1541, BCE 2357)년에, 웅씨왕이 그 신성함을 듣고 비왕裨王으로 천거하여 '대읍국大邑國*의 국사를 맡아 다스리게 하였다.

무진년 당요唐堯 때에 단국檀國에서 돌아와 아사달의 박달나무가 우거진 터[檀木之墟]에 이르시니 온 나라 백성이 천제의 아들로 추대하였다. 구환족九桓族을 합쳐서 하나로 통일하시고 신성한 덕화가 멀리까지 미치니 이분이 단군왕검이시다. 성조께서 비왕으로 24년, 제왕으로 93년 동안 재위하셨고 그 수壽는 130세였다.

> 戊辰元年이라 大始神市之世에 四來之民이 遍居山谷하며 草衣跣足이러니
> 至開天一千五百六十五年上月三日하야 有神人王儉者가 五加之魁로
> 率徒八百하시고 來御于檀木之墟하사 與衆으로 奉祭于三神하시니

* 『고기古記』: 구체적으로 어떤 책인지는 자세히 알 수 없다. 그러나 조선 시대(세조, 예종, 성종 때)에 어명을 내려 『고조선비사古朝鮮祕詞』, 『대변설大辯說』, 『조대기朝代記』, 『지공기誌公記』, 『표훈천사表訓天詞』, 『삼성밀기三聖密記』, 『삼성기三聖記』, 『도증기道證記』, 『통천록通天錄』, 『지화록地華錄』 등과 같은 희귀 보서를 거두어 들였다는 기록이 있음으로 보아, 당시만 해도 한민족 고대사의 정통 도가 사료史料가 상당수 남아 있었음을 알 수 있다.

* 대읍국大邑國: 단군왕검은 14세에 웅씨국 비왕이 되어 38세까지 대읍국 국사를 다스렸는데, 대읍국은 웅씨국으로 추정된다. 또 단국에서 돌아와 아사달에 이르러 천자로 추대되었다고 했는데, 「삼한관경본기」에 의하면 단국은 웅녀군이 처음 단허檀墟에 봉함을 받은 곳으로 웅씨국으로 볼 수 있다.

其至神之德과 兼聖之仁이 乃能奉詔繼天하사 巍蕩惟烈이어시늘
九桓之民이 咸悅誠服하야 推爲天帝化身而帝之하니 是爲檀君王儉이시라.
復神市舊規하시고 立都阿斯達하시고 建邦하사 號朝鮮하시니라.

역주 단군왕검의 재위 원년은 무진(환기 4865, 신시개천 1565, 단기 원년, BCE 2333)년이다.[2] 신시 시대가 처음 시작될 무렵에는 사방에서 백성이 모여 들어 산골짜기 곳곳에 퍼져 살았는데, 풀로 옷을 지어 입고 맨발로 다녔다.

배달 신시 개천開天 1565(단기 원년, BCE 2333)년 10월[上月] 3일에, 신인 왕검께서 오가五加의 우두머리로서 무리 8백 명을 거느리고 단목 터에 와서 백성과 더불어 삼신상제님께 천제를 지내셨다.

왕검께서 지극히 신성한 덕성과 성스러움을 겸한 인자함으로 능히 **선대 환인·환웅 성조의 가르침을 받들고 하늘의 뜻을 계승**[繼天]*하시니 그 공덕이 높고 커서 찬란하게 빛났다. 이에 구환의 백성이 모두 기뻐하고 진실로 복종하여 천제의 화신으로 여기고 임금으로 추대하니, 이분이 바로 **단군왕검**이시다.

왕검께서는 신시 배달의 법도를 되살리고, 아사달*[3]에 도읍을 정하여 나라를 세우시고 그 이름을 **조선**朝鮮이라 하셨다.

단군왕검의 8대 강령

詔曰 天範은 惟一이오 弗二厥門이니 爾惟純誠하야 一爾心이라야 乃朝天이니라.
天範은 恒一하고 人心은 惟同하니 推己秉心하야 以及人心하라.
人心惟化하면 亦合天範하니 乃用御于萬邦이니라.

역주 단군왕검께서 조칙*을 내려 말씀하시니 이러하다.

제1조: **하늘의 법도는 오직 하나요, 그 문은 둘이 아니니라.**
너희들이 오직 **순수한 정성으로 다져진 일심을 가져야 하느님(상제님)을 뵐 수 있느니라**[朝天].

✱**계천**繼天: '천天'은 '신시개천神市開天' 또는 '개천開天'의 '천天'으로 배달의 법통과 국통을 계승했다는 의미이다.

✱**아사달**: 단군왕검께서 처음으로 도읍하신 곳. 신채호의 『전후삼한고前後三韓考』에 의하면 하얼빈의 완달산完達山이다.

✱**조칙**詔勅: 왕명을 기록한 문서. 8개 조항이 모두 신교의 정신을 바탕으로 삼고 있으며, 수신·제가·치국·평천하라는 유교의 근본 정신이 신교에서 발원하였음을 알 수 있다. 중·고등학교 교과서에 인용되어 있는 고조선의 8조금법은 22세 색불루단군 때의 금팔조禁八條로, 「삼한관경본기」〈번한세가〉하편에 기록되어 있다.

✱**조천**朝天: '하늘에 조회하다'라는 말. 곧 천상 보좌에 임어해 계시는 상제님을 알현한다는 뜻.

檀君世紀

제2조: 하늘의 법도는 항상 하나이며, 사람 마음은 똑같으니라. 자기의 마음을 미루어 다른 사람의 마음을 깊이 생각하라. 사람들의 마음과 잘 융화하면, 이는 하늘의 법도에 일치하는 것이니 이로써 만방을 다스릴 수 있게 되리라.

爾生由親이오 親降自天이시니 惟敬爾親이라야 乃克敬天이오
以及于邦國이면 是乃忠孝라 爾克体是道하면 天有崩이라도 必先脫免이니라.
禽獸有雙하고 弊履有對하니 爾男女는 以和하야 無怨하며 無妬하며 無淫하라.
爾嚼十指하라 痛無大小리니 爾相愛하야 無胥讒하며 互佑하야 無相殘이라야
家國以興이니라.
爾觀牛馬하라 猶分厥蒭어니 爾互讓하야 無胥奪하며
共作하야 無相盜라야 國家以殷이니라.

역주 제3조: 너를 낳으신 분은 부모요, 부모는 하늘로부터 내려오셨으니, 오직 **너희 부모를 잘 공경하여야 능히 하느님(상제님)을 경배**[敬天]*할 수 있느니라. 이러한 정신이 온 나라에 퍼져 나가면 충효가 되나니, 너희가 이러한 도를 몸으로 잘 익히면 하늘이 무너져도 반드시 먼저 벗어나 살 수 있으리라.

제4조: 짐승도 짝이 있고 헌 신도 짝이 있는 법이니라. 너희 **남녀는 잘 조화하여 원망하지 말고** 질투하지 말며, 음행하지 말지어다.

제5조: 너희는 열 손가락을 깨물어 보라. 그 아픔에 차이가 없느니라. 그러므로 서로 사랑하여 헐뜯지 말며, 서로 돕고 해치지 말아야 집안과 나라가 번영하리라.

제6조: 너희는 소와 말을 보아라. 오히려 먹이를 나누어 먹나니, 너희는 서로 양보하여 빼앗지 말며, 함께 일하고 도적질하지 않아야 나라와 집안이 번영하리라.

爾觀于虎하라 彊暴不靈하야 乃作孼하나니 爾無桀驁以戕性하고 無傷人하며
恒遵天範하야 克愛物하라. 爾扶傾하야 無陵弱하며 濟恤하야 無侮卑하라.
爾有越厥則이면 永不得神佑하야 身家以殞하리라.
爾如有衝하야 火于禾田이면 禾稼將殄滅하야 神人以怒하리니 爾雖厚包라도
厥香必漏니라. 爾敬持彛性하야 無懷慝하며 無隱惡하며 無藏禍心하라.

※**경천敬天**: 본문의 경천敬天에서 천天은 유교의 도덕천이나 이법적 천이 아니라, 하늘의 천제天帝, 상제上帝, 즉 대우주의 통치자이신 삼신상제님을 말한다.

克敬于天하며 親于民이라야 爾乃福祿無窮하리니 爾五加와 衆아 其欽哉어다.

역주 제7조: 너희는 저 호랑이를 보아라. 강포彊暴하고 신령하지 못하여 재앙을 일으키느니라. 너희는 사납고 성급히 행하여 성품을 해하지 말고 남을 해치지 말며, 하늘의 법을 항상 잘 준수하여 능히 만물을 사랑하여라. 너희는 위태로운 사람을 붙잡아 주고 약한 사람을 능멸하지 말 것이며, 불쌍한 사람을 도와주고 비천한 사람을 업신여기지 말지어다. 너희가 이러한 원칙을 어기면 영원히 신의 도움을 얻지 못하여 몸과 집안이 함께 망하리라.

제8조: 너희가 만일 서로 충돌하여 논밭에 불을 내면 곡식이 다 타서 없어져 신과 사람이 노하게 되리라. 너희가 아무리 두텁게 싸고 덮는다 해도 그 냄새는 반드시 새어 나오게 되느니라. 너희는 **타고난 본성을 잘 간직하여** 사특한 생각을 품지 말고, 악을 숨기지 말며, 남을 해치려는 마음을 지니지 말지어다. 하늘을 공경하고 백성을 사랑하여야 너희들의 복록이 무궁하리라.

너희 오가五加와 백성들아! 나의 말을 잘 받들지어다.

황후와 주요 신하

於是에 命彭虞하사 闢土地하시며 成造로 起宮室하시며 臣智로 造書契하시며 奇省으로 設醫藥하시며 那乙로 管版籍하시며 羲로 典卦筮하시며 尤로 掌兵馬하시고 納斐西岬河伯女하사 爲后하시고 治蠶하시니 淳厖之治가 熙洽四表러라.

역주 이때에 단군왕검께서 어명을 내려 팽우彭虞에게 토지를 개간하게 하시고, 성조成造*에게 궁실을 짓게 하시며, 신지臣智에게 글자를 만들게 하셨다. 기성奇省에게 의약을 베풀게 하시고, 나을那乙에게 호적을 관장하게 하시며, 희羲에게 괘서卦筮를 주관하게 하시고, 우尤에게 병마兵馬를 담당하게 하셨다. **비서갑斐西岬에 사는 하백의 따님**[河伯女]*을 맞이하여 황후로 삼고 누에치기를 맡게 하시니, 백성을 사랑하시는 어질고 후덕한 정치가 사방에 미치어 천하가 태평하였다.

＊**성조成造**: 단군왕검 시대 건축의 시조신. 4천여 년 동안 신교의 한 갈래인 무속(샤머니즘)과 민간 신앙을 통해 '성조대군, 성주신[成造神]'으로 받들어지는 집안의 수호신이다.

＊**하백의 따님河伯女**: 하백은 천하天河를 감독하는 수신水神으로 인류가 태어난 지구 어머니 자궁-천해를 지키는 벼슬. 신시 배달에서는 웅녀가 황후가 되었고, 고조선에 와서는 하백의 따님이 황후가 되었으며, 고구려 시조 고주몽의 어머니에게까지 이어진다.

※**누에치기**: 뽕나무는 동이東夷족의 신목神木(扶桑樹)이며 신석기 시대에 방적이 이미 성행하였다. 동이 혈통인 소호금천씨의 본고장인 요동 반도는 선세先世 이래로 천연 잠사蠶絲의 생산지로 유명하다.

丁巳五十年이라 洪水汎濫하야 民不得息일새 帝命風伯彭虞하사 治水하시고
定高山大川하사 以便民居하시니 牛首州에 有碑하니라. 戊午五十一年이라
帝命雲師倍達臣하사 設三郞城于穴口하시고 築祭天壇於摩璃山하시니
今塹城壇이 是也니라. 甲戌六十七年이라 帝遣太子扶婁하사 與虞司空으로
會于塗山하실새 太子가 傳五行治水之法하시고 勘定國界하시니 幽營二州가
屬我오 定淮岱諸侯하사 置分朝以理之하실새 使虞舜으로 監其事하시니라.

역주 ● 재위 50년 정사(단기 50, BCE 2284)년에 홍수가 범람하여 백성이 편안히 살 수 없게 되었다. 왕검께서 풍백風伯 팽우에게 명하여 물을 다스리게 하시고, 높은 산과 큰 하천을 잘 정리하여 백성이 편안히 거처하게 하셨다. 우수주牛首州*에 이 내용을 기록한 비碑가 남아 있다.

● 재위 51년 무오(단기 51, BCE 2283)년에 왕검께서 운사雲師 배달신倍達臣에게 명하여 혈구穴口[4)]에 **삼랑성三郞城**을 건설하게 하시고, 마리산摩璃山에 제천단을 쌓게 하시니 지금의 **참성단塹城壇**[5)]이 곧 그것이다.

● 재위 67년 갑술(단기 67, BCE 2267)년에 왕검께서 **태자 부루**扶婁를 보내어 우순虞舜(순임금, BCE 2255~BCE 2208)[6)]이 보낸 사공司空(우禹를 말함)*과 도산塗山[7)]에서 만나게 하셨다. 태자께서 '**오행의 원리로 물을 다스리는 법**[五行治水之法]'을 전하시고, 나라의

---

* **우수주牛首州**: 우수주는 지금의 속말강涑沫江(송화강) 남쪽에 위치한 만주 길림성 지역으로 추정된다(『규원사화』). 단군왕검께서 물을 다스리게 한 사실은 『단군세기』 외에 홍만종洪萬宗의 『동국역대총목東國歷代總目』과 이종휘李種徽의 『동사東史』에도 전한다. 현재 강원도 춘천에는 우두산牛頭山이 있고, 일본 사람들이 이곳을 자기네 조상의 땅(고향)이라 하여 지금도 계속해서 찾고 있어 고조선 때의 우수주牛首州로 추정하기도 한다. 장춘에 있는 주성자 촌으로 보는 설도 있다.
* **삼랑성三郞城**: 강화도 정족산성. 지금까지 단군왕검의 세 아들이 지었다고 잘못 전해져 왔다.
* **참성단塹城壇**: 국내에 현존하는 '가장 오래된 제천단'으로 단군조선부터 근세 조선에 이르기까지 우주의 주재자이신 삼신상제님께 천제를 지내 온 한민족의 고유한 제천성소祭天聖所이다.
* **사공司空**: 소호금천씨(BCE 2600년경) 때 생긴 벼슬로 삼공三公의 하나. 주周 시대에 동관冬官 대사공大司空이 강과 땅의 일을 맡았다. 후대에 이르러 6부 가운데 공부상서工部尙書(지금의 건설교통부장관)로 통칭되었다(『중문대사전』).

경계를 살펴 정하시니 유주幽州·영주營州[38] 두 주가 우리 영토에 귀속되고, 회수와 태산 지역의 제후들을 평정하여 **분조**分朝[*]를 두어 다스리실 때 우순을 시켜 그 일을 감독하게 하셨다.

태평성대의 모습과 단군왕검의 어천

庚子九十三年이라 帝在柳闕하시니 土階自成하야 草茆不除하시고
檀木茂陰하야 與熊虎遊하시며 觀牛羊茁하시며 浚溝洫하시며 開田陌하시며
勸田蠶하시며 治漁獵하시고 民有餘物이면 俾補國用하시고 國中大會하사
上月祭天하시니 民皆熙皡自樂일새 自此로 皇化가 洽被九域하야 遠曁耽浪하야
德敎漸得偉廣이러라. 先是에 區劃天下之地하사 分統三韓하시니
三韓에 皆有五家六十四族이러라. 是歲三月十五日에 帝崩于蓬亭하시니
葬于郊外十里之地라. 萬姓이 如喪考妣하야 奉檀旂하고 晨夕으로
合坐敬拜하야 常念不忘于懷하니라. 太子扶婁가 立하시니라.

역주 ● 재위 93년 경자(단기 93, BCE 2241)년에 왕검께서 버드나무로 지은 궁궐에 머무실 때 흙 계단이 저절로 이루어지고 풀이 우거졌으나 베지 않으셨고, 박달나무[檀木]가 무성한 그늘 밑에서 곰과 호랑이와 더불어 노니시고 소와 양이 풀을 뜯는 평화로운 정경을 바라보셨다. 도랑을 파고 밭길을 내며, 농사짓기와 누에치기를 권장하시고 고기잡이와 사냥을 익히게 하셨다. 백성에게 남아도는 물자가 있으면 나라 살림에 보태어 쓰게 하셨다. **10월 상달에 나라에 큰 제전**을 열어 **하늘에 제사**를 지내니[上月祭天], 온 백성이 진실로 밝은 모습으로 즐거워하였다. 이로부터 단군왕검의 덕화德化가 온 누리를 덮어 멀리 탐랑耽浪[*]까지 미쳤고, 성덕聖德의 가르침은 점차로 위세를 얻어 널리 퍼져 나갔다.

이에 앞서 왕검께서 천하의 땅을 일정한 지역으로 경계를 정해 **삼한**三韓[※]**으로 나누어 다스리셨다**. 삼한에는 모두 **5가**五家 **64족**六十四族이 있었다.

이 해(환기 4957, 신시개천 1657, 단기 93, BCE 2241) 3월 15일에 단군왕검께서 봉정蓬

---

[38] **유주**幽州**와 영주**營州: 순임금이 기주冀州의 동북 방면 땅을 나누어 유주라 하였는데, 오늘날 하북성에 해당한다. 또 청주青州를 나누어 영주를 만들었는데, 지금의 산동성 북부 지역이다.

[*] **분조**分朝: 중앙 정부에서 너무 멀리 떨어져 있어서 직접 통치하기 어려운 지역을 제후가 통치권을 위임 받아 다스리는 것을 말한다.

[*] **탐랑**耽浪: 탐라耽羅(제주도) 또는 탐라耽羅+낙랑樂浪이라는 두 가지 설이 있다.

[※] **삼한**三韓: 마한馬韓·번한番韓·진한辰韓을 말한다. 삼신三神 우주론에 근거하여 천·지·인 삼계의 천일天一·지일地一·태일太一 정신에 따라 고조선의 전 영역을 삼한으로 나누어 다스렸다.

后에서 붕어하시니 교외 십 리 되는 곳에 장사지냈다. 모든 백성이 부모를 잃은 듯 슬퍼하였고, **단기檀旂***를 받들어 아침저녁으로 모여 앉아 경배하며 항상 단군왕검의 덕을 가슴에 품고 잊지 않았다. 태자 부루께서 즉위하셨다.

2세 단군 부루 재위 58년

辛丑元年이라. 帝賢而多福하사 居財大富하시고 與民으로 共治産業하사
無一民飢寒하며 每當春秋에 巡省國中하사 祭天如禮하시며 察諸汗善惡하사
克愼賞罰하시며 浚渠洫하시며 勸農桑하시며 設庠興學하시니 文化大進하야
聲聞日彰하니라. 初에 虞舜이 置幽營二州於藍國之隣이어늘 帝遣兵征之하사
盡逐其君하시고 封東武道羅等하사 以表其功하시니라.

역주 ● 부루단군의 재위 원년은 신축(환기 4958, 신시개천 1658, 단기 94, BCE 2240)년이다. 임금께서 어질고 복이 많아서 재물을 많이 쌓아 큰 부를 누리셨다. 백성과 더불어 산업을 다스리시니 굶주리거나 추위에 떠는 사람이 하나도 없었다.

매년 봄가을에 나라 안을 순행하여 살피고, 예를 갖추어 **하늘에 제사** 지내고, 모든 제후의 선악을 살피고 상벌을 신중히 하셨다. 도랑을 파고, 농업과 양잠을 권장하며, 학교를 지어 학문을 일으키시니 문화가 크게 진보하고 그 명성이 나날이 펴져 나갔다. 초기에 우순虞舜*이 유주와 영주[8]를 **남국藍國***[9] 근처에 설치하므로, 임금께서 군사를 보내 이들을 정벌하여 그곳 왕을 모두 쫓아내고 동무東武와 도라道羅 등을 봉하여 그 공을 표창하셨다.

배달과 단군조선 시대의 제천가

神市以來로 每當祭天이면 國中大會하야 齊唱讚德諧和하야 於阿爲樂하고
感謝爲本하니 神人以和하야 四方爲式하니 是爲參佺戒라 其詞에 曰

역주 신시 개천神市開天 이래로 **매년 하늘에 제사**를 지낼 때 나라에 큰 축제를 열어

✱ **단기檀旂**: 수천 년 동안 어린아이의 머리에 고운 비단형겊을 달아 주는 '댕기(단기檀旂=檀戒)'는 바로 초대 단군왕검을 추모하여 받든 조기弔旗인 단기檀旂가 변형된 것이다.

✱ **우순虞舜**: 이른바 순임금도 단군조선의 제후였다.

✱ **남국藍國**: 단군조선의 제후국으로 동이 구족東夷九族 가운데 남藍씨가 세운 나라. 산동성을 발원지로 하여 하북성에 걸쳐 존재하였다.

▩ **동무東武와 도라道羅**: 북애北崖가 저술한 『규원사화』에 "2세 부루단군 때 세 사람의 이인異人이 패수를 건너왔는데 선라仙羅와 동무東武와 도라道羅이다. 이에 호가虎加를 용가龍加로 고쳐 선라로 하여금 거느리게 하고, 도라로 하여금 학가鶴加를 삼고, 동무로 하여금 구가狗加를 삼았다"라고 하였다.

모두 **삼신상제님의 덕을 찬양하는 노래**를 부르며 화합하였다. 「**어아**於阿」*를 음악으로 삼고 **감사함을 근본**으로 하여 하늘의 **신명과 인간**을 조화시키니 사방에서 모두 이를 본받았다. 이것이 **참전계**參佺戒*가 되었는데, 그 가사는 다음과 같다.

> 어아어아 아등대조신 대은덕
> 於阿於阿여 我等大祖神의 大恩德은
> 배달국아등 개백백천천년물망
> 倍達國我等이 皆百百千千年勿忘이로다.
> 어아어아 선심 대궁성 악심 시적성
> 於阿於阿여 善心은 大弓成하고 惡心은 矢的成이로다.
> 아등백백천천인 개대궁현동 선심 직시일심동
> 我等百百千千人이 皆大弓絃同하고 善心은 直矢一心同이라.

역주 어아 어아 우리 대조신*의 크나큰 은덕이시여!
배달의 아들딸 모두 백백천천 영세토록 잊지 못하오리다.
어아 어아 착한마음 큰 활되고 악한 마음 과녁되네
백백천천 우리 모두 큰 활줄 같이 하나 되고
착한 마음 곧은 화살처럼 한마음 되리라

> 어아어아 아등백백천천인 개대궁일 중다시적관파
> 於阿於阿여 我等百百千千人이 皆大弓一에 衆多矢的貫破하니
> 비탕동선심중 일괴설 악심
> 沸湯同善心中에 一塊雪이 惡心이라.
> 어아어아 아등백백천천인 개대궁견경동심 배달국광영
> 於阿於阿여 我等百百千千人이 皆大弓堅勁同心하니 倍達國光榮이로다.
> 백백천천년 대은덕 아등대조신 아등대조신
> 百百千千年의 大恩德은 我等大祖神이로다. 我等大祖神이로다.

역주 어아 어아 백백천천 우리 모두 큰 활처럼 하나 되어
수많은 과녁을 꿰뚫어 버리리라
끓어오르는 물 같은 착한 마음 속에서
한 덩이 눈 같은 게 악한 마음이라네
어아 어아 백백천천 우리 모두 큰 활처럼 하나 되어
굳세게 한마음 되니 배달나라 영광이로세
백백천천 오랜 세월 크나큰 은덕이시여! 우리 대조신이로세.
우리 대조신이로세.

✻ **어아**於阿: 기쁨과 흥에 겨워 내는 감탄사. 여기서는 음악의 이름.
✻ **참전계**參佺戒: '참전'은 사람으로서 천지와 온전하게 하나 됨을 꾀한다는 뜻이므로, '참전계'는 참된 인간이 되게 하는 계율을 말한다.
✻ **대조신**大祖神: 인간과 신명의 궁극의 뿌리 되는 천상의 큰 조상님. 『태백일사』 「소도경전본훈」에서는 **대조신**大祖神이 우주 역사의 주재자이신 '**삼신상제님**'이라고 밝혀 주고 있다.

소련 · 대련과 삼년상 풍속의 유래

壬寅二年이라 帝召少連大連하사 問治道하시니라. 先是에 少連大連이
善居喪하야 三日不怠하며 三月不懈하며 朞年悲哀하며 三年憂하니
自是로 擧俗이 停喪五月하야 以久爲榮하니 此非天下之大聖이면
其能德化之流行이 如是傳郵之速者乎아 二連이 以孝聞하고
亦見稱於孔子하니 夫孝者는 愛人益世之本이오 放諸四海而準焉이니라.

역주 ● 재위 2년 임인(단기 95, BCE 2239)년에 임금께서 **소련**少連과 **대련**大連*을 불러 나라를 다스리는 방도에 대해 물으셨다.

이에 앞서 소련과 대련은 거상居喪을 잘 하였으니 처음 3일 동안 태만하지 않았고, 3개월 동안 게으르지 않았고, 한 해가 다 지나도록 슬퍼하였으며, 3년간 근심으로 지냈다. 이로부터 세상의 풍속이 부모상을 당하면 소련과 대련을 본받아 다섯 달 동안 정상停喪▩을 하였는데 오래도록 상을 모시는 것을 영광으로 여겼다.

천하의 대성인이 아니었다면 어찌 덕화德化가 널리 퍼짐이 이토록 역말驛馬로 전하는 것처럼 빠를 수 있었겠는가? 소련과 대련은 효자로 알려지고, 공자 또한 이들을 칭송하였다. 무릇 효란 사람을 사랑하고 세상을 이롭게 하는 근본이니 온 세상에 이를 널리 펴서 표준으로 삼았다.

도량형 통일과 정전법 시행

癸卯三年이라 九月에 下詔하사 使民으로 編髮蓋首하시고 服靑衣하시며
斗衡諸器를 悉準於官하시며 布苧市價를 無處有二하시니 民不自欺하야
遠近便之하니라. 庚戌十年이라 四月에 劃邱井하사 爲田結하시고 使民으로
自無私利하시니라. 壬子十二年이라 神誌貴己가 製獻七回曆과 邱井圖하니라.

역주 ● 재위 3년 계묘(단기 96, BCE 2238)년 9월에 조칙을 내려 백성들에게 머리카락을 땋아서 머리를 덮게 하고[編髮蓋首] 푸른 옷[靑衣]✦을 입게 하셨다. 도량형度量衡을 모두 관官의 표준에 맞게 통일하고, 삼베와 모시의 시장 가격을 어디서나 똑같게

---

* **소련**少連과 **대련**大連: 고조선 사람(동이족)인 소련과 대련에 대하여 공자는 『예기禮記』「잡기雜記」하下에서 "소련대련선거상少連大連善居喪, 삼일불태三日不怠, 삼월불해三月不解, 기비애期悲哀, 삼년우三年憂, 동이지자야東夷之子也"라고 하였다.

▩ **정상停喪**: 사람이 죽으면 곧바로 장사를 지내지 않고 일정한 기간동안 애도하는 것을 말한다. 그 기간은 촌수·시대·지역에 따라 다른데, 대개 3일, 5일, 7일, 10일 등이며, 초빈을 하여 몇 달후 장사를 지내기도 한다.

✦ **청의靑衣**: 평상시는 푸른 옷을 입고 제천 의식에는 흰 옷을 즐겨 입었다.

하셨다. 백성이 서로 속이지 않게 되므로, 원근 사람들이 모두 이를 편하게 여겼다.
- 재위 10년 경술(단기 103, BCE 2231)년 4월에 토지의 경계를 우물 정井 자로 그어 구분하여※ 전결田結※을 정해 주어 백성이 스스로 사리사욕을 채우지 못하게 하셨다.
- 재위 12년 임자(단기 105, BCE 2229)년에 신지神誌 귀기貴己가 「칠회력七回曆」✱과 「구정도邱井圖」※를 만들어 바쳤다.

부루단지 풍속의 유래와 전계의 뜻

戊戌五十八年이라. 帝崩하시니 是日에 日蝕하고 山獸作隊하야 亂叫山上하고
萬姓慟之甚하니라. 後에 國人이 設祭하야 家內에 擇地設壇하고 而土器에
盛禾穀하야 置壇上하고 稱爲扶婁壇地라 是爲業神이오 又稱佺戒라 하니
以全人受戒로 爲業主嘉利하야 人與業이 俱全之義也라. 太子嘉勒이 立하시니라.

역주 ● 재위 58년 무술(환기 5015, 신시개천 1715, 단기 151, BCE 2183)년에 부루단군께서 붕어하셨다. 이 날 하늘에 일식日蝕이 있었고, 산짐승이 떼를 지어 산 위에서 울부짖고, 만백성이 목놓아 통곡하였다. 후에 백성들이 제사를 지낼 때, 집안에 자리를 정하여 제단을 설치하고 항아리에 곡식을 담아 제단 위에 올려 놓았는데, 이것을 **부루단지**扶婁壇地※라 부르고, **업신**業神※으로 삼았다.

또한 **전계**佺戒라고도 칭하였는데, 전계는 '온전한 사람이 되는 계율을 받아[全人受戒] **업주가리**業主嘉利✱가 된다'는 것으로, '사람과 그가 이루고자 하는 업業이 함께 온

※ **정전법**井田法: 정사각형의 농경지를 우물 정井 자 형으로 구획하여 관리한 토지 제도. 8구획을 8호戶가 각각 사전私田으로 경작하고, 그 가운데 1구획을 공전公田이라 하여 8호가 공동으로 경작하여 그 수확물을 나라에 바쳤다.

※ **전결**田結: 논밭에 대하여 물리는 세금.

✱ **칠회력**七回曆: 한민족의 고대 신교神敎 시대의 제천력祭天曆으로 배달 시대에 「칠회제신력七回祭神曆」이 있었다(「신시본기」).

※ **구정도**邱井圖: '우물 정井' 자처럼 나눈 토지 구획도.

※ **부루단지**扶婁壇地: 정월正月이 되면 질그릇 단지에 쌀을 담아 뒤 울 안의 박달나무 말뚝 위에 올려 놓고 짚으로 만든 고깔을 씌우고 복을 비는 민간 풍속이 있는데, 이 쌀단지를 부루단지라 한다.

※ **업신**業神: 업위신業位神 또는 사창신司倉神으로 재물과 복록을 내려주는 재신財神. 조선 시대에는 업신을 업왕신業王神이라 하였다. 집안의 재물과 가복家福을 관장하는 신이다(서울특별시 시사 편찬 위원회, 『서울 600년사』).

✱ **업주가리**: 가리란 단으로 묶은 곡식이나 장작 따위를 차곡차곡 쌓은 더미. 토기에 곡식을 담아 단상에 두고 볏짚으로 노적가리처럼 주저리를 만들어 씌웠는데 이것을 부루단지 또는 업왕가리業王嘉利라 한다. 이 업왕가리가 업주가리로 보인다(서울특별시 시사 편찬 위원회, 『서울 600년사』). 북애자는 『규원사화』「단군기檀君紀」에서 "지금 인가에 부루단지라는 것이 있으니 울타리 아래 깨끗한 곳에 흙으로 단을 쌓아 단지에 벼를 담아서 단 위에 두고 짚을 엮어서 가린 후, 10월이 되면 반드시 햇곡식을 갈아 담는다. 이를 업주가리라고도 하는데, 이는 부루가 물을 다스리고 자리를 정하여 살게 한 큰 덕을 기려 치성을 드린다는 뜻이니, 이리하여 부루는 땅을 지키는 신이 되었다"라고 하였다. 부루단군은 농토를 정리하고 도량형을 통일하여 삼신 문화가 부흥할 수 있는 바탕을 만들었다.

전해진다'는 뜻이다. 태자 가륵께서 즉위하셨다.

3세 단군 가륵 재위 45년

신과 왕과 종과 전의 도에 대한 말씀

己亥元年이라. 五月에 帝召三郞乙普勒하사 問神王倧佺之道하신대
普勒이 交拇加右手하야 行三六大禮하고 而進言 曰
神者는 能引出萬物하야 各全其性하니 神之所玅를 民皆依恃也며
王者는 能德義理世하야 各安其命하니 王之所宣을 民皆承服也며
倧者는 國之所選也오 佺者는 民之所擧也니 皆七日爲回하야 就三神執盟하며
三忽爲佺하고 九桓爲倧하니 蓋其道也가 欲爲父者는 斯父矣오 欲爲君者는
斯君矣오 欲爲師者는 斯師矣오 爲子爲臣爲徒者는 亦斯子斯臣斯徒矣라.

역주 ● 가륵단군의 재위 원년은 기해(환기 5016, 신시개천 1716, 단기 152, BCE 2182)년이다. 5월에 임금께서 **삼랑**三郞* 을보륵乙普勒을 불러 '**신**神과 **왕**王과 **종**倧과 **전**佺의 **도**'*[10]를 하문하셨다. 보륵이 엄지손가락을 깍지 끼고 오른손을 왼손 위에 포개어 삼육대례三六大禮*를 행하고서 진언進言하니 이러하였다.

"**신**神은 (천지조화의 기氣로부터) **만물을 낳고** 각기 타고난 **성품**[性]을 **온전하게** 하시니 **신의 오묘한 조화**를 백성이 모두 **믿고 의지**하는 것입니다.

왕王은 덕과 의로써 세상을 다스려 각자 타고난 **목숨**[命]을 안전하게 해주시니, **왕이 베푸는 것을** 백성이 복종하여 따르는 것입니다.

종倧은 **나라에서 선발한 스승**이요 **전**佺은 **백성이 천거한 스승**이니, 모두 **이레**(7일)를 한 회로 하여 **삼신께 나아가 맹세**합니다. 세 **고을**[三忽]*에서 **뽑은 사람**은 **전**佺이 되고 **구환에서 뽑은 사람**은 **종**倧이 됩니다.

그 도를 말하자면 아비가 되고자 하는 사람은 아비다워야 하고, 임금이 되고자

✱**삼랑**三郞: 삼신을 수호하는 관직(「신시본기」).

✱**종전지도**倧佺之道: 인간은 삼신의 조화로 태어나서, 삼신과 한 몸이 되어 살아가야 한다. 동북아 시원 문화에서 온전한 인간, 완전한 인간상이 종전倧佺의 도이다.

✱**삼육대례**三六大禮: 삼육구배三六九拜라고도 한다. 삼신상제님께 천제를 올릴 때와 천자를 알현할 때 올리던 한민족 고유 절법. 세 번 절을 하는데 일배에 머리를 세 번 조아리고, 재배에 여섯 번 조아리며, 삼배에는 아홉 번 조아리는 것을 말한다.

✱**삼홀**三忽: 이유립은 동, 리, 마을을 뜻한다고 해석하였다. 홀忽은 고구려 말로 성城, 고을[邑, 洞], 골을 의미한다.

하는 사람은 임금다워야 하고, 스승이 되고자 하는 사람은 스승다워야 하는 것입니다. 아들, 신하, 제자가 된 사람 역시 아들답고 신하답고 제자다워야 합니다.

신교의 뜻

故로 神市開天之道는 亦以神施教하야 知我求獨하며 空我存物하야
能爲福於人世而已라. 代天神而王天下하야 弘道益衆하야 無一人失性하며
代萬王而主人間하야 去病解怨하야 無一物害命하야
使國中之人으로 知改妄卽眞하고 而三七計日하야 會全人執戒하니
自是로 朝有悰訓하고 野有佺戒하야 宇宙精氣는 粹鍾日域하고 三光五精은
凝結腦海하야 玄妙自得하고 光明共濟하니 是爲居發桓也니이다 한대
施之九桓하시니 九桓之民이 咸率歸一于化하니라.

역주 그러므로 환웅천황께서 펼치신 신시 개천의 도는 **신도(삼신의 도)로써 가르침을 베풀어**, 나를 알아 자립을 구하며 나를 비워 만물을 잘 생존케 하여 능히 인간 세상을 복되게 할 따름입니다. 천상의 상제님[天神]※을 대신하여 천하를 다스릴 때는, 도를 널리 펴서 백성을 이롭게 하여 한 사람도 자신의 타고난 성품을 잃지 않게 하며, 만왕萬王을 대신하여 인간을 다스릴[主人間] 때는 '병을 없애고 원한을 풀어 주어[去病解怨]'[11) 비록 미물이라도 함부로 생명을 해하지 못하게 하는 것이옵니다.

백성으로 하여금 그릇된 마음을 고쳐 참되게 하고 삼칠일(21일)을 기약하여 **'온전한 사람이 되는 계율'**을 굳게 지키게 해야 하옵니다. 이로부터 **조정**에는 **종훈**悰訓이 서고 **민간**에는 **전계**佺戒※가 바로 서게 되며 우주 정기가 삼한의 온 천하에 순수하게 모이고, 삼광오정三光五精※의 기운이 모든 사람의 머릿속에 응결하게 되어 **'현묘한 도**[神敎]**를 깨쳐 광명 사상으로 세상을 함께 건지게 될 것'**이니 이것이 바로 **'거발환**居發桓**의 정신'**입니다."

임금께서 구환족에게 이 가르침을 베푸시니 구환의 백성이 모두 순종하고 삼신의 한마음으로 돌아가 교화되었다.

※ **천신**天神: 천신의 신神은 제帝(하느님 제)와 같은 의미[神=帝]로, 천상의 상제上帝님을 말한다. 『환단고기』 전체에서 강조하는 천신은 바로 천제天帝, 천주天主와 같은 의미인 우주의 주재자 삼신상제三神上帝님이다.

※ **전계**佺戒: 온전한 사람이 되기 위하여 인간과 신명을 다스리는 삼신상제님이 내려 주신 인류 문화의 최초의 경전인 『천부경』, 『삼일신고』, 『참전계』를 깨달아 하루 하루 생활 속에서 실천하는 것을 말한다.

※ **삼광오정**三光五精: 삼광三光은 삼신三神의 빛 또는 일월성신의 빛. 오정五精은 오행五行의 정기.

한글의 시원과 고조선 원형 문자

庚子二年이라 時俗이 尙不一하고 方言이 相殊하야 雖有象形表意之眞書나
十家之邑이 語多不通하고 百里之國이 字難相解라. 於是에 命三郞乙普勒하사
譔正音三十八字하시니
是爲加臨土라. 其文에 曰

· ㅣ ㅡ ㅏ ㅓ ㅗ ㅜ ㅑ ㅕ ㅛ ㅠ ㅿ ㅈ ㅋ
ㅇ ㄱ ㄴ ㄷ ㅁ ㅅ ㅿ ㅈ ㅊ ㅎ ㅆ ㅸ ㅱ ㅯ
ㅂ ㄹ ㅐ ㅔ ㆆ ㄷ ㅊ ㅅㄱ ㄷ ㅍ ㅍ

辛丑三年이라. 命神誌高契하사 編修倍達留記 하시니라.

역주 ● 재위 2년 경자(단기 153, BCE 2181)년, 이때 풍속이 일치하지 않고 지방마다 말이 서로 달랐다. 비록 상형象形·표의表意 문자인 진서眞書❋¹²⁾가 있어도 열 가구 정도 모인 마을에서도 말이 통하지 않는 것이 많고, 땅이 백 리가 되는 나라에서는 서로 문자를 이해하기 어려웠다. 이에 가륵단군께서 삼랑 을보륵에게 명하시어 '**정음**正音 **38자**'를 짓게 하시니, 이것이 **가림토**加臨土✱¹³⁾이다. 글자는 다음과 같다.

● 재위 3년 신축(단기 154, BCE 2180)년에 신지神誌 고설高契에게 명하시어 『**배달유기**倍達留記』❋를 편찬하게 하셨다.

· ㅣ ㅡ ㅏ ㅓ ㅗ ㅜ ㅑ ㅕ ㅛ ㅠ ㅿ ㅈ ㅋ
ㅇ ㄱ ㄴ ㄷ ㅁ ㅅ ㅿ ㅈ ㅊ ㅎ ㅆ ㅸ ㅱ ㅯ
ㅂ ㄹ ㅐ ㅔ ㆆ ㄷ ㅊ ㅅㄱ ㄷ ㅍ ㅍ

흉노족의 시조와 우수국의 기원

甲辰六年이라 命列陽褥薩索靖하사 遷于弱水하시고 終身棘置러시니
後에 赦之하사 仍封其地하시니 是爲凶奴之祖라. 丙午八年이라 康居叛이어늘
帝討之於支伯特하시니라. 夏四月에 帝登不咸之山하사 望民家炊煙少起하시고
命減租稅하사 有差하시니라.

역주 ● 재위 6년 갑진(단기 157, BCE 2177)년, 임금께서 열양列陽 욕살¹⁴⁾ **삭정**索靖✱을 **약수**弱水❋ 지방에 유배시켜 종신토록 감옥에 가두셨다. 후에 용서하여 그 땅에 봉

❋진서眞書: 신지 혁덕이 만든 녹도문鹿圖文으로 추정됨.
✱가림토: 신숙주의 18세 후손 신경준은 『여암유고旅菴遺稿』 「운해서韻解序」에서 "우리 동방에 옛날부터 민간에서 사용하는 글자가 있었지만 그 수가 다 갖추어지지 않았고, 그 형체에 일정한 법이 없어 한 나라의 말을 다 형용하고, 한 나라의 쓰임을 다 갖추기에는 충분치 못하였다"라고 하였다.
❋『배달유기』: 우리나라 최초의 역사책이라 할 수 있으나 현존하지 않는다.
✱삭정索靖: '索'의 음은 '찾다', '구하다'라는 뜻일 때는 '색'으로, 인명이나 지명을 나타내는 경우는 '삭'으로 표기하였다.
❋약수弱水: 감숙성 장액현張掖縣에 있다. 흉노의 근원지로 삭정이 유배된 곳으로 볼 수 있다.

하시니, **흉노**凶奴[15]**의 시조가** 되었다.

● 재위 8년 병오(단기 159, BCE 2175)년에 강거康居가 반란을 일으키니 임금께서 지백특支伯特에서 토벌하셨다.

여름 4월에 불함산에 올라 민가에서 밥짓는 연기가 적은 것을 보시고 조세를 줄이고 차등을 두게 하라고 명하셨다.

> 戊申十年이라 豆只州濊邑이 叛이어늘 命余守己하사 斬其酋素尸毛犁하시니라.
> 自是로 稱其地曰素尸毛犁오 今轉音爲牛首國也라.
> 其後孫에 有陜野奴者가 逃於海上하야 據三島하고 僭稱天王하니라.
> 癸未四十五年이라. 九月에 帝崩하시니 太子烏斯丘가 立하시니라.

역주 ● 재위 10년 무신(단기 161, BCE 2173)년에 두지주豆只州의 예읍濊邑이 반란을 일으키니 임금께서 여수기余守己에게 명하여 그곳 추장 소시모리素尸毛犁의 목을 베게 하셨다. 이로부터 그 땅을 **소시모리***라 불렀는데, 지금은 음이 변해서 **소머리 나라**[牛首國]가 되었다. 그 후손에 **협야노**陜野奴*라는 인물이 있는데, 바다를 건너가 **삼도**三島*를 점거하고 스스로 천왕이라 참칭하였다.

● 재위 45년 계미(환기 5060, 신시개천 1760, 단기 196, BCE 2138)년 9월에 가륵단군께서 붕어하셨다. 태자 오사구烏斯丘께서 즉위하셨다.

4세 단군 오사구 재위 38년

> 甲申元年이라. 封皇弟烏斯達하사 爲蒙古里汗하시니 或曰今蒙古族이
> 爲其後云이라 冬十月에 北巡이라가 而回到太白山하사 祭三神하시고
> 得靈草하시니 是謂人蔘이오 又稱仙藥이라 自後로 神仙不死之說이
> 與採蔘保精으로 密有關聯하고 間有採得家所傳하니 神異顯靈하야
> 頗多奇驗云하니라.

* **소시모리**: "일본의 고사(『일본서기』신대神代 상)에 이른바 스사노오노미코토素盞嗚尊가 뿌리의 나라(根國, 조국)인 '소시모리'로 갔다는 사실을 지적하고 있다. 그런가 하면 일본에는 고즈牛頭(소머리, 스사노오노미코토)왕을 모신 신사도 있고, 우두사牛頭寺를 일본인들이 '소머리 데라'라 부르고 있다." (송호수, 『한민족의 뿌리사상』, 265쪽).

* **협야노**陜野奴: 협야후陜野侯 배반명裵幋命. 36세 매륵단군 38년 갑인(BCE 667)년에 임금의 명으로 해상의 적을 토벌하고 삼도를 평정하고 후에 스스로 천왕이라 칭한 것으로 본다.

* **삼도**三島: 일본을 가리키는 말.

역주 ● 오사구단군의 재위 원년은 갑신(환기 5061, 신시개천 1761, 단기 197, BCE 2137)년이다. 임금께서 아우 **오사달**烏斯達을 몽고리한蒙古里汗[16]으로 봉하셨다. 혹자는 지금의 **몽골족이** 그 후손이라 말한다. 겨울 10월에, 북쪽을 순수巡狩❋하고 돌아오시는 길에 태백산에 이르러 **삼신**께 천제를 지내고 영험한 약초를 얻으셨다. 이것이 곧 인삼이며, 선약仙藥이라고도 불렀다. 이때부터 '**신선 불사의 설**'이 인삼을 먹어 보정保精하는 것과 밀접한 관련이 있게 되었다. 간혹 삼을 캐어 먹은 사람이 전하는 바에 따르면, 신이한 영험이 있어 자못 특이한 효과가 있다고 하였다.

```
무자오년        주원공패전            추팔월      하인     내헌방물
戊子五年이라 鑄圓孔貝錢하시니라. 秋八月에 夏人이 來獻方物하고
구신서이거       시월     조야기    별서우석     이공우민
求神書而去하니라. 十月에 朝野記를 別書于石하야 以公于民하시니라.
경인칠년        설조선우살수지상
庚寅七年이라 設造船于薩水之上하시니라.
임인십구년         하주상      실덕       제명식달
壬寅十九年이라 夏主相이 失德이어늘 帝命息達하사
솔람진변삼부지병        왕정지    천하   문지내복
率藍眞弁三部之兵하야 往征之하시니 天下가 聞之乃服하나라.
신유삼십팔년        유월   제붕      계가구을   입
辛酉三十八年이라 六月에 帝崩하시니 鷄加丘乙이 立하시니라.
```

역주 ● 재위 5년 무자(단기 201, BCE 2133)년에 둥근 구멍이 뚫린 **패전**[圓孔貝錢][17]을 주조하였다. 이해 가을 8월에, 하夏나라 사람이 와서 특산물을 바치고 신서神書를 구해 갔다. 10월에「조야기朝野記」❋를 돌에 기록하여 백성에게 공포하였다.

● 재위 7년 경인(단기 203, BCE 2131)년에 살수薩水🅢 강가에 조선소造船所를 설치하였다.

● 재위 19년 임인(단기 215, BCE 2119)년에 하나라 5세 왕 상相이 실덕하므로 임금께서 식달息達에게 명하여 **남·진·변**藍眞弁 **3부**部의 군대를 이끌고 가서 정벌征伐하게 하시니,[18] 천하 사람이 그 소식을 듣고 복종했다.

● 재위 38년 신유(환기 5098, 신시개천 1798, 단기 234, BCE 2100)년 6월에 오사구단군께서 붕어하셨다. 계가鷄加❋ 출신 구을丘乙이 즉위하셨다.

🅢**순수**巡狩: 천자가 천하를 돌아다니며 산천에 제사하고 정치와 민심의 동향, 세태를 살피는 일.
❋**조야기**朝野記: 조정과 민간에서 근본으로 삼아야 할 글로 추정된다.
🅢**살수**: '물이 살살 흐르는 강'이라는 뜻으로 요동반도에 있는 개평현 주남하蓋平縣 州南河를 말한다(최동,『조선상고민족사』「살수고薩水考」참조).
❋**계가**鷄加: 오가五加(마가·우가·구가·저가·계가) 중의 하나. 신교의 삼신오제三神五帝 사상을 현실의 인사人事 제도에 그대로 적용하여 '삼한오가三韓五加'라는 국가 통치 제도로 발전시킨 것이다. 이 오가의 수장, 즉 부족장으로서 처음으로 제위에 오른 이가 5세 구을단군이다.

5세 단군 구을 재위 16년

壬戌元年이라. 命築壇于太白山하시고 遣使致祭하시니라.
癸亥二年이라 五月에 蝗虫이 大作하야 遍滿田野어늘 帝親巡田野하사
吞蝗而告三神하사 使滅之러시니 數日盡滅하니라.
乙丑四年이라 始用甲子하사 作曆하시니라.
己巳八年이라 身毒人이 流漂하야 到東海濱하니라.
丁丑十六年이라 親幸藏唐京하사 封築三神壇하시고 多植桓花하시니라.
七月에 帝南巡하사 歷風流江하시고 到松壤하사 得疾尋崩하시니
葬于大博山하니라. 牛加達門이 被選於衆하야 入承大統하시니라.

역주 ● 구을단군의 재위 원년은 임술(환기 5099, 신시개천 1799, 단기 235, BCE 2099)년이다. 임금께서 태백산에 단을 쌓으라 명하시고, 사자使者를 보내 제사를 지내게 하셨다.

● 재위 2년 계해(단기 236, BCE 2098)년, 5월에 황충蝗蟲*이 크게 번져 밭과 들에 가득찼다. 임금께서 친히 밭과 들을 돌아보며 황충을 잡아 입에 넣어 삼키시고 삼신께 이를 멸해 주시기를 비니 과연 며칠 만에 황충이 다 사라졌다.

● 재위 4년 을축(단기 238, BCE 2096)년에 **갑자**甲子**를 첫머리로 하여**[始用甲子]* **책력을 만드셨다.**

● 재위 8년 기사(단기 242, BCE 2092)년, 신독身毒® 사람이 표류하여 동해가에 도착했다.

● 재위 16년 정축(단기 250, BCE 2084)년, 임금께서 친히 장당경에 순행하여 **삼신단**三神壇을 봉축하시고 **환화**桓花[19]를 많이 심으셨다.

이 해(환기 5114, 신시개천 1814, 단기 250, BCE 2084) 7월에 임금께서 남쪽으로 순수하실 때 풍류강을 거쳐 송양松壤에 당도하여 병을 얻어 갑자기 붕어하시므로 대박산大博山에 장사를 지냈다. 우가牛加 출신 달문達門이 무리의 추대를 받아 대통을 이으셨다.

✱**황충**蝗蟲: 누리(메뚜기과 곤충)의 한자 명칭.
✻**시용갑자**始用甲子: 환웅천황 이후로 계해癸亥를 60갑자의 첫머리로 삼았으나, 5세 구을단군 때 비로소 지금과 같이 갑자甲子를 60갑자의 첫머리로 하였다.
®**신독**身毒: 인도印度의 옛 이름.

6세 단군 달문 재위 36년

한민족의 뿌리를 노래한 대서사시 「서효사」

戊寅元年이라. 壬子三十五年이라 會諸汗于常春하시고
祭三神于九月山하실새 使神誌發理로 作誓効詞하시니 其詞에 曰
「朝光先受地에 三神赫世臨이로다 桓因出象先하사 樹德宏且深이로다
諸神議遣雄하사 承詔始開天이로다 蚩尤起靑邱하시니 萬古振武聲이로다
淮岱皆歸王하니 天下莫能侵이로다 王儉受大命하시니 懽聲動九桓이로다
魚水民其蘇오 草風德化新이로다 怨者先解怨이오 病者先去病이로다

역주 ● 달문단군의 재위 원년은 무인(환기 5115, 신시개천 1815, 단기 251, BCE 2083)년이다.

● 재위 35년 임자(단기 285, BCE 2049)년에 여러 왕[諸汗]을 상춘常春*에 모아 구월산九月山에서 삼신께 제사지내실 때, 신지神誌 발리發理로 하여금 「서효사誓効詞」[20]를 짓게 하시니 그 가사는 이러하다.

> 아침 햇빛 먼저 받는 이땅에 삼신▨께서 밝게 세상에 임하셨고
> 환인천제 먼저 법을 내셔서 덕을 심음에 크고도 깊사옵니다.
> 모든 신이 의논하여 환웅을 보내셔서※
> 환인천제 조칙받들어 처음으로 나라 여셨사옵니다.
> 치우천황 청구에서 일어나 만고에 무용을 떨치셔서
> 회수 태산 모두 천황께 귀순하니 천하의 그 누구도 침범할 수 없었사옵니다.
> 단군왕검 하늘의 명을 받으시니 기쁨의 소리 구환에 울려 퍼졌사옵니다.
> 물고기 물 만난 듯 백성들이 소생하고
> 풀잎에 부는 바람처럼 덕화가 새로워졌사옵니다
> 원한 맺힌 자 원한 먼저 풀어주고 병든 자 먼저 낫게 하셨사옵니다.

一心存仁孝하시니 四海盡光明이로다 眞韓鎭國中하니 治道咸維新이로다
慕韓保其左하고 番韓控其南이로다 巉岩圍四壁하니 聖主幸新京이로다

---

*상춘常春: 눌견訥見, 장춘長春이라고도 한다. 대진이 망하면서 상춘에서 고려로 이주해 온 유민들이 만주에서와 같이 황해도 문화현 구월산에 삼성사三聖祠를 지어 국조삼신께 제사를 지냈다.
▨삼신三神: 여기서는 국조삼신國祖三神이신 환인천제, 환웅천황, 단군왕검을 가리킨다.
※의견웅議遣雄: 적합한 인물을 선별하여 추천한 점을 고려하여 '환웅을 천거하여'로 해석한다.

여칭추극기	극기백아강	칭간소밀랑	추자안덕향
如秤錘極器하니	極器白牙岡이오	秤幹蘇密浪이오	錘者安德鄕이로다
수미균평위	뇌덕호신정	흥방보태평	조항칠십국
首尾均平位하야	賴德護神精이로다	興邦保太平하야	朝降七十國이로다
영보삼한의	왕업유흥륭	흥폐막위설	성재사천신
永保三韓義라야	王業有興隆이로다	興廢莫爲說하라	誠在事天神이로다.」

역주 일심으로 인과 효를 행하시니 사해에 광명이 넘치옵니다.
　진한이 나라 안을 진정시키니 정치의 도는 모두 새로워졌사옵니다.
　모한*은 왼쪽을 지키고 번한은 남쪽을 제압하옵니다.
　깎아지른 바위가 사방 벽으로 둘러쌌는데
　거룩하신 임금께서 새서울에 행차하셨사옵니다.*
　삼한형세 저울대 저울추 저울판같으니
　저울판은 백아강이요 저울대는 소밀랑이요
　저울추는 안덕향이라
　머리와 꼬리가 서로 균형이루니
　그덕에 힘입어 삼신정기 보호하옵니다.
　나라를 흥성케하여 태평세월 보전하니
　일흔나라 조공하며 복종하였사옵니다.
　길이 삼한관경제 보전해야
　왕업이 흥하고 번성할 것이옵니다.
　나라의 흥망을 말하지 말지니
　천신(삼신상제)님 섬기는데 정성을 다하겠사옵니다.

고조선 삼한三韓의 수도 위치

동방의 모든 왕을 소집하여 환국 오훈과 신시 오사를 전수하심

내 여제한	입약속왈 범아동약지인	이환국오훈	신시오사
乃與諸汗으로	立約束曰 凡我同約之人은	以桓國五訓과	神市五事로
위영구준수지안	제천지의	이인위본	위방지도 이식위선
爲永久遵守之案이니	祭天之儀는	以人爲本하고	爲邦之道는 以食爲先하라
농자 만사지본	제자 오교지원		
農者는 萬事之本이오	祭者는 五敎之源이니		
의 여국인	공치위산	선강중족	
宜與國人으로	共治爲産호대	先講重族하라	

역주 이에 모든 왕[諸汗]과 약속하시니 이러했다.

---

*모한慕韓: 신채호는 모한慕韓=말한馬韓=막한莫韓이라 하였다. 진한 위치에서 보면 마한은 왼쪽에, 번한은 오른쪽에 위치한다. 진한을 보필하였다.

*삼한三韓의 수도:[三京] ①백아강-마한의 수도. 지금의 대동강 평양. ②소밀랑(부소량)-진한의 수도. 송화강 아사달로 지금의 하얼빈. ③안덕향(오덕지)-번한의 수도. 개평부 동북 70리에 있는 탕지보湯地堡를 말함. 고구려 시대 안시성이 바로 이곳이다(『태백일사』「소도경전본훈」; 신채호, 『조선상고사』).

"무릇 나와 함께 약속한 사람은 환국 오훈桓國五訓※과 신시 오사神市五事※를 영구히 준수할 법도로 삼아야 하리라. 제천 의례는 사람을 근본으로 삼고, 나라를 다스리는 도는 먹는 것을 우선으로 삼아라. 농사는 만사의 근본이요, 제사는 오교五敎의 근원이라. 마땅히 백성과 함께 일하고 생산하되, 먼저 겨레를 중히 여기도록 가르쳐라.

次宥俘囚하며 並除死刑하고 責禍保境하며 和白爲公하야
專以一施共和之心으로 謙卑自養이 以爲仁政之始也라」하시니
時에 執盟貢幣者가 大國이 二오 小國이 二十이오 墟落이 三千六百二十四러라.
癸丑三十六年이라 帝崩하시니 鷄加翰栗이 立하시니라.

역주 포로와 죄수를 용서하며, 아울러 사형을 없애도록 하라. **책화責禍*** 제도를 두어 지경地境을 보존하고, **화백을 공의로 삼아라[和白爲公]***. **오로지 한결같이 함께 화합하는 마음**[共和之心]을 베풀어 **겸양의 덕**을 길러야 어진 정치를 행하는 기틀이 열리리라."

이때 맹세하고 폐백을 바친 자는 **대국이 둘, 소국이 스물, 읍락이 3,624곳**이었다.
• 재위 36년 계축(환기 5150, 신시개천 1850, 단기 286, BCE 2048)년에 달문단군께서 붕어하셨다. 계가鷄加 출신 한율翰栗이 즉위하셨다.

7세 단군 한율 재위 54년

甲寅元年이라. 丁未五十四年이라 帝崩하시니 于西翰이 立하시니라.

역주 • 한율단군의 재위 원년은 갑인(환기 5151, 신시개천 1851, 단기 287, BCE 2047)년이다.
• 재위 54년 정미(환기 5204, 신시개천 1904, 단기 340, BCE 1994)년에 임금께서 붕어하셨다. 우서한于西翰이 즉위하셨다.

※ **환국 오훈五訓**: ①매사에 정성과 믿음으로 행하여 거짓이 없게 하라[誠信不僞]. ②공경하고 근면하여 게으름이 없게 하라[敬勤不怠]. ③효도하고 순종하여 거역치 말라[孝順不違]. ④청렴하고 정의를 지켜 음란하지 말라[廉義不淫]. ⑤겸양하고 화평함으로써 싸움을 하지 말라[謙和不鬪].

※ **신시 오사神市五事**: ①우가牛加는 농사를 주관하고[主穀] ②마가馬加는 왕명을 주관하고[主命] ③구가狗加는 형벌을 주관하고[主刑] ④저가豬加는 질병을 주관하여 치료하고[主病] ⑤양가羊加는 선악을 맡아 다스린다[主善惡].(『태백일사』「환국본기」).

* **책화責禍**: 읍락邑落 사이의 경계를 중히 여겨 서로 침범하는 일이 없도록 엄금한 제도.
* **화백위공和白爲公**: '공공'에는 '정식으로 나타내다'라는 뜻이 있다. 따라서 '화백'을 임시적, 일시적 제도가 아니라, 공시적이며 항구적인 제도로 삼는다는 약속을 한 것으로 봐야 한다.

8세 단군 우서한(일명 오사함) 재위 8년

戊申元年이라. 定二十稅一之法하시고 廣通有無하사 以補不足하시니라.
己酉二年이라 是歲에 豊登하야 有一莖八穗러라.
辛亥四年이라 帝以微服으로 潛出國境하사 視察夏情而還하시고
大改官制하시니라. 甲寅七年이라 三足烏가 飛入苑中하니 其翼廣이 三尺이러라.
乙卯八年이라 帝崩하시니 太子阿述이 立하시니라.

역주 ● 우서한단군의 재위 원년은 무신(환기 5205, 신시개천 1905, 단기 341, BCE 1993)년이다. 임금께서 '20분의 1 세법'[21]을 정하시고, 물자가 있는 곳과 없는 곳을 서로 통하게 하여 부족한 것을 보충하게 하셨다.

● 재위 2년 기유(단기 342, BCE 1992)년에 풍년이 들어 줄기 하나에 이삭이 여덟 개씩 패었다.

● 재위 4년 신해(단기 344, BCE 1990)년에 임금께서 미복을 입고 몰래 국경을 벗어나 하夏나라의 실정을 살피시고 돌아와 관제를 크게 개혁하셨다.

● 재위 7년 갑인(단기 347, BCE 1987)년에 **삼족오**三足烏※가 동산에 날아들었는데 그 날개 길이가 석 자나 되었다.

● 재위 8년 을묘(환기 5212, 신시개천 1912, 단기 348, BCE 1986)년에 우서한단군께서 붕어하셨다. 태자 아술阿述께서 즉위하셨다.

9세 단군 아술 재위 35년

丙辰元年이라. 帝有仁德하사 民有犯禁者면 必曰
糞地雖汚나 降雨露有時라 하시고 置而不論이러시니
犯禁者가 乃化其德하야 淳厖之化가 大行하니라.
是日에 兩日並出하야 觀者如堵러라.
丁巳二年이라 靑海褥薩于捉이 擧兵犯闕이어늘 帝避于常春하사
創新宮于九月山南麓하시고 命遣于支于粟等하사 討誅之하시고 後三年에
還都하시니라. 庚寅三十五年이라 帝崩하시니 牛加魯乙이 立하시니라.

※ **삼족오**三足烏: 다리가 셋 달린 까마귀. 태양과 삼신사상을 상징한다.

역주 ● 아술단군의 재위 원년은 병진(환기 5213, 신시개천 1913, 단기 349, BCE 1985)년이다. 임금께서 어진 덕이 있어 백성 중에 **금법禁法***을 범한 자가 있으면 반드시 "분지糞地(오물 구덩이)가 비록 더러우나 비와 이슬이 가리지 않고 내리느니라" 하시고, 죄를 논하지 않으셨다. 금법을 범한 자가 그 덕에 감화되어 순박하고 후덕한 교화가 널리 행해졌다. 이 날 해가 둘이 나타나* 그것을 보는 사람들이 담처럼 늘어서서 큰 행렬을 이루었다.

● 재위 2년 정사(단기 350, BCE 1984)년에 청해靑海 욕살褥薩 우착于捉이 군사를 일으켜 대궐을 침범하였다. 임금께서 상춘으로 피난하여 구월산 남쪽 기슭에 새 궁궐을 세우시고, 우지于支와 우속于粟 등을 보내 우착을 토벌하여 죽이셨다. 그 후 3년 만에 다시 환도하셨다.

● 재위 35년 경인(환기 5247, 신시개천 1947, 단기 383, BCE 1951)년에 아술단군께서 붕어하셨다. 우가牛加 출신 노을魯乙이 즉위하셨다.

10세 단군 노을 재위 59년

辛卯元年이라. 始作大囿하사 養畜外之獸하시니라.
壬辰二年이라 親臨墟落하사 存問하시고 駕停野外하시니 賢者多歸之하니라.
乙未五年이라 宮門外에 設伸寃木하사 以聽民情하시니 中外大悅하니라.
丙午十六年이라 東門外十里에 陸地生蓮하고 不咸에 臥石自起하고
天河에 神龜가 負圖而現하니 圖如枾板이오 渤海沿岸에 金塊露出하니
數量이 十有三石이러라. 乙丑三十五年이라 始置監星하시니라.
己丑五十九年이라 帝崩하시니 太子 道奚가 立하시니라.

역주 ● 노을단군의 재위 원년인 신묘(환기 5248, 신시개천 1948, 단기 384, BCE 1950)년에 큰 동산을 만들어 처음으로 야생 동물을 기르셨다.

● 재위 2년 임진(단기 385, BCE 1949)년에 임금께서 친히 읍락에 행차하여 민정을 살피며 백성을 위로하시고 어가를 멈추고 야외에 머무르실 때 현자가 많이 따랐다.

● 재위 5년 을미(단기 388, BCE 1946)년, 궁문 밖에 **신원목**伸寃木▨을 세워 백성의 하소

---

*금법禁法: 고조선 고유의 법을 지칭함. 22세 색불루단군 때 시행된 팔조금법八條禁法 이전에 백성들이 지켜야 할 기본법이 있었음을 알 수 있다.
*해둘: 고대부터 해(태양)는 제왕을 상징한다. 해가 둘이 나타난 것은 두 왕의 대립, 즉 전란의 징조로 봤다.
▨신원목伸寃木: 백성의 억울함을 호소하도록 세워 둔 나무. 조선 시대 태종 때 시행된 신문고申聞鼓의 원형이라 할 수 있다.

연을 들으시니 모든 백성이 크게 기뻐하였다.
- 재위 16년 병오(단기 399, BCE 1935)년, 동문 밖 십 리 떨어진 땅 위에 연꽃이 피었고, **불함산**❋에서 누웠던 돌이 저절로 일어났으며, **천하**天河❋에서 신령스런 거북이 그림을 지고 나타났는데 그 모양이 윷판과 같았다. 또 발해 연안에서 금괴가 나왔는데 수량이 13석石이었다.
- 재위 35년 을축(단기 418, BCE 1916)년에 처음으로 별을 관측하는 **감성**監星²²⁾을 설치하셨다.
- 재위 59년 기축(환기 5306, 신시개천 2006, 단기 442, BCE 1892)년에 노을단군께서 붕어하셨다. 태자 도해道奚께서 즉위하셨다.

11세 단군 도해 재위 57년

국선소도 설치와 웅상의 유래

경인원년　　제명오가　　택십이명산지최승처　　설국선소도
庚寅元年이라. 帝命五加하사 擇十二名山之最勝處하사 設國仙蘇塗하실새
다 환 식 단 수　　택 최 대 수　　봉 위 환 웅 상 이 제 지　　명 웅 상
多環植檀樹하시고 擇最大樹하사 封爲桓雄像而祭之하시니 名雄常이라.
국 자 사 부 유 위 자　　헌 책 왈 유 아 신 시　　실 자 환 웅　　개 천 납 중
國子師傅有爲子가 獻策曰 惟我神市는 實自桓雄으로 開天納衆하사
이 전 설 계 이 화 지　　천 경 신 고　　조 술 어 상　　의 관 대 검
以佺設戒而化之하니 天經神誥는 詔述於上하고 衣冠帶劒은
낙 효 어 하　　민 무 범 이 동 치　　야 무 도 이 자 안　　거 세 지 인
樂効於下하야 民無犯而同治하고 野無盜而自安하야 擧世之人이
무 질 이 자 수　　무 겸 이 자 유　　등 산 이 가　　영 월 이 무　　무 원 부 지
無疾而自壽하고 無歉而自裕하야 登山而歌하며 迎月而舞하야 無遠不至하며
무 처 불 흥　　덕 교 가 어 만 민　　송 성　　일 어 사 해　　유 시 청
無處不興하야 德敎加於萬民하고 頌聲이 溢於四海니이다 하야 有是請하니라.

역주 ● 재위 원년인 경인(환기 5307, 신시개천 2007, 단기 443, BCE 1891)년에 도해단군께서 오가에게 명하여 12명산 가운데 가장 아름다운 곳을 택해 **국선소도**國仙蘇塗❋를 설치하게 하셨다. 그 둘레에 박달나무를 많이 심고, 가장 큰 나무를 택하여 환웅상桓雄像으로 모시고 제사를 지내셨다. 그 이름을 **웅상**雄常❋이라 하셨다.

❋**불함산**: 만주 하얼빈 완달산完達山을 말함.『산해경山海經』「대황북경大荒北經」에는 "거대한 황야의 한 가운데 불함산이 있으며 숙신씨(조선)국이 있다"라고 밝히고 있다.
❋**천하**天河: 송화강을 말함.
❋**국선소도**國仙蘇塗: 삼신상제님께 천제를 지내는 곳으로 '소도' 또는 '수두'라 한다. 삼신 신앙의 대표적인 성소. 큰 나무에 방울과 북을 매달고 주위에 금줄을 쳐서 사람의 출입을 금하며, 3월과 10월에 삼신상제님께 제사를 드렸다. 소도 신앙은 환국 시대에 비롯하였다.
❋**웅상**雄常:『산해경山海經』에도 "숙신(조선)국에는 백의민족이 살고 있다. 북쪽에 나무를 모시는데 이름을 웅상雄常이라 한다"라고 하여 웅상을 말하였다. 상常은 '항상 임재해 계신다[常在]'는 뜻이다(『태백일사』「삼신오제본기」).

국자랑國子郎*을 가르치는 사부師傅 유위자有爲子*가 헌책하여 아뢰었다.

"오직 우리 배달이 실로 환웅천황의 신시 개천 이래 백성을 모아 '전佺의 도'로써 계율을 세워 교화하였습니다. 『천부경』과 『삼일신고』[天經神誥]는 역대 성조들이 조명詔命으로 기록하였고, 의관을 갖추고 칼을 차고 다니는 풍속은 아래로 백성이 즐거이 본받았습니다. 이에 백성은 법을 범하지 않고 한결같이 잘 다스려졌으며, 들에는 도적이 없어 저절로 평안하게 되었습니다.

온 세상 사람이 병이 없어 저절로 장수를 누리고 흉년이 없어 저절로 넉넉하여, 산에 올라 노래 부르고 달맞이를 하면서 춤을 추며, 아무리 먼 곳이라도 그 덕화가 미치지 않은 데가 없고 어떤 곳이든 흥하지 않은 곳이 없었습니다. 이렇게 덕과 가르침이 만백성에게 미치고 칭송하는 소리가 사해에 넘쳤다 하옵니다."

그러고는 그렇게 다스려 주시기를 청하였다.

대시전의 위용

冬十月에 命建大始殿하시니 極壯麗라 奉天帝桓雄遺像而安之하시니
頭上에 光彩閃閃하야 如大日有圓光하사 照耀宇宙하시고
坐於檀樹之下桓花之上하사 如一眞神이 有圓心하사 持天符印하시고
標揭大圓一之圖旗於樓殿하시며 立號居發桓하시니라
三日而戒하시고 七日而講하사 風動四海하니라.

역주 그 해 겨울 10월, 임금께서 **대시전**大始殿*을 건축하도록 명하셨다. 대시전이 완성되니 그 모습이 지극히 웅장하고 화려하였다. **천제 환웅의 유상**遺像을 받들어 모시니 머리 위에 광채가 찬란하여 마치 태양이 온 우주를 환하게 비추는 것 같았다.

신단수 아래 환화桓花* 위에 앉아 계시니 마치 진신 한 분[一眞神]*이 원융무애한

※ **국자랑**國子郎: 국선國仙 또는 선랑仙郎이라 불리던 국자랑은 신라 시대 화랑의 모체이다. 국자랑의 전통은 고구려의 조의선인皂衣仙人, 신라의 화랑花郞, 백제의 무절武節로 계승되었다. 그 뒤로 명맥이 쇠잔하였으나 그 정신만은 한민족의 역사 의식 속에 깊이 박혀 조선 시대 선비의 저항 정신, 구한말의 항일 구국 운동과 3·1운동 등으로 민족의 위기 때마다 유감없이 표출되었다.

※ **유위자**有爲子: 발해인 대야발大野勃이 지은 『단기고사檀奇古史』에는 유위자를 11세 도해道奚단군의 태자의 스승이라 하였다. 공자의 10세손인 공빈孔斌이 지은 『동이열전東夷列傳』에는 "은殷의 탕湯왕을 보필하여 하夏나라의 마지막 왕 폭군 걸桀을 쫓아낸 명재상 이윤伊尹이 유위자의 문하에서 대도를 전수받았다"라고 하였다. 신교를 이론적으로 체계화시킨 분이 자부 선생이며, 학문적으로 집대성한 인물이 유위자이다(정명악, 『국사대전』 참조).

* **대시전**大始殿: 환웅을 모신 성전인 '환웅전'을 말한다. 대시전은 11세 도해단군 때에 처음 세웠고, 초기에 환웅상만 봉안했으나 후세에는 점차 충신, 열사도 함께 봉안하였다.

※ **환화**桓花: 훈화초薰華草 또는 목근지화木槿之華라고 했다(『산해경』 해외동경).

※ **진신**眞神: 살아 있는 신이라는 뜻.

마음으로 손에 **천부인**天符印을 쥐고 계시는 것 같았다. 누전樓殿에 대원일大圓一을 그린 기旗를 걸어 놓고 명호를 **거발환**居發桓이라 하셨다. 사흘 동안 재계하고 이레 동안 강론하시니, 그 덕화의 바람이 사해를 움직였다.

하늘·땅·사람의 창조 정신과 목적

其念標之文에 曰
「天은 以玄默爲大하니 其道也普圓이오 其事也眞一이니라.
地는 以蓄藏爲大하니 其道也効圓이오 其事也勤一이니라.
人은 以知能爲大하니 其道也擇圓이오 其事也協一이니라.
故로 一神降衷하사 性通光明하니 在世理化하야 弘益人間하라」하고
仍刻之于石하시니라.

역주 그 「염표문念標之文」*의 내용은 다음과 같다.

"하늘*은 아득하고 고요함[玄默]*으로 광대하니, 하늘의 도[天道]는 두루 미치어
원만(원융무애)하고, 그 하는 일은 참됨으로 만물을 하나 되게 함[眞一]이니라.
땅은 하늘의 기운을 모아서[蓄藏] 성대하니, 땅의 도[地道]는 하늘의 도를 본받아
원만하고, 그 하는 일은 쉼 없이 길러 만물을 하나 되게 함[勤一]이니라.
사람은 지혜와 능력이 있어[知能] 위대하니, 사람의 도[人道]는 천지의 도를 선택하여
원만하고, 그 하는 일은 서로 협력하여 태일의 세계[協一]를 만드는 데 있느니라.
그러므로 삼신[一神]께서 참마음을 내려 주셔서[一神降衷]*
사람의 성품은 삼신의 대광명에 통해 있으니[性通光明]
삼신의 가르침으로 세상을 다스리고 깨우쳐[在世理化]
인간을 널리 이롭게 하라[弘益人間]."

하고, 이 글을 그대로 돌에 새기셨다.

동방 문물의 중심지 송화강

丁巳二十八年이라 設所而聚方物하야 以閱珍奇하니 天下之民이 爭獻하야

※**염표문[念標之文]**: '생각 염念'자와 '나타낼 표, 드러낼 표標' 자로, 인류의 시원국가 환국으로부터 내려 오는 신교 문화의 진리 주제를 깨달아 마음에 아로새기고 생활화하여 진정한 백성이 되라는 글이다.
✽**하늘**: 삼신이 스스로 지니고 있는 조화 정신이 곧 천·지·인天地人 삼계 우주로 형상화된 것이다.
❋**현묵玄默**: 『회남자淮南子』「주술훈主術訓」에 "천도현묵天道玄默"이라는 말이 나온다.
❋**충衷**: 사람이 태어날 때 천부적으로 받은 중정中正의 덕성으로, 옳고 그름, 선악과 같은 상대 논리를 초월한 '중용의 지선至善한 마음자리'이다. 한마디로 참 마음자리를 말한다.

陳設如山하니라.丁卯三十八年이라 徵民丁하사 皆爲兵하시고
送選士二十人于夏都하시고 始傳國訓하사 以示威聲하시니라.

역주 • 재위 28년 정사(단기 470, BCE 1864)년에 장소를 마련하여 각지의 특산물을 모아 진기한 물건을 진열하게 하니, 천하의 백성이 다투어 바쳐 쌓은 것이 산과 같았다.

• 재위 38년 정묘(단기 480, BCE 1854)년에 장정을 징집하여 병사로 만드셨다. 선비 20명을 뽑아 하夏나라 수도로 보내 처음으로 국훈國訓을 전하여 위엄 있는 명성을 보여주셨다.

乙亥四十六年이라 設作廳于松花江岸하시니 舟楫器物이 大行于世하니라.
三月에 祭三神于山南하실새 供酒備膳하사 致詞而醮之하시고
是夜에 特賜宣醞하사 與國人環飲하시며 觀百戲而罷하시고 仍登樓殿하사
論經演誥하실새 顧謂五加曰 自今以後로 禁殺放生하고 釋獄飯丐하며
並除死刑하라 하시니 內外聞之하고 大悅하니라. 丙戌五十七年이라 帝崩하시니
萬姓이 慟之를 如考妣喪하야 三年憂하고 四海停聲樂하니라.
牛加 阿漢이 立하시니라.

역주 • 재위 46년 을해(단기 488, BCE 1846)년에 송화강변에 청사廳舍를 세워 배와 노, 기물器物을 생산하여 세상에 크게 쓰이게 하셨다.

3월에 산 남쪽에서 삼신께 제사 지낼 때 술과 음식을 준비하여 제문을 지어 초제醮祭를 지내시고, 이날 밤에 특별히 술을 하사하시어 백성과 함께 돌려가며 드셨다.

모든 유희가 끝난 뒤에 누대의 전각에 오르시어 『**천부경**』을 논하고 『**삼일신고**』를 강론하시고, 오가五加를 돌아보고 이렇게 말씀하셨다.

"이제부터 살생을 금하고 잡은 것은 놓아주며, 옥문을 열고, 거지에게 밥을 주고, 사형을 없애라."

나라 안팎에서 이 소식을 듣고 크게 기뻐하였다.

• 재위 57년 병술(환기 5363, 신시개천 2063, 단기 499, BCE 1835)년에 도해단군께서 붕어하시자 만백성이 통곡하기를 아비 어미의 상喪과 같이 하였다. 3년 동안 슬퍼하고 사해에 음악 소리가 그쳤다. 우가牛加 출신 아한阿漢이 즉위하셨다.

12세 단군 아한 재위 52년

丁亥元年이라. 戊子二年이라 夏四月에 一角獸가 見於松花江北邊하니라.
秋八月에 帝巡國中이라가 至遼河之左하사 立巡狩管境碑하시고
刻歷代帝王名號而傳之하시니 是金石之最也라 後에 滄海力士黎洪星이
過此라가 題一詩曰 村郊稱弁韓하니 別有殊常石이라 臺荒躑躅紅이오
字沒莓苔碧이라 生於剖判初하야 了興亡夕이라 文獻俱無徵이나
此非檀氏跡가 乙卯二十九年이라 命菁莪褥薩丕信과 西沃沮褥薩高士琛과
貊城褥薩突蓋하사 封爲列汗하시니라.
戊寅五十二年이라 帝崩하시니 牛加屹達이 立하시니라.

역주 • 아한단군의 재위 원년은 정해(환기 5364, 신시개천 2064, 단기 500, BCE 1834)년이다.

• 재위 2년 무자(단기 501, BCE 1833)년 여름 4월에 외뿔 달린 짐승이 송화강 북변에 나타났다. 가을 8월에 임금께서 나라를 순행하시다가 **요하**遼河*의 왼쪽에 이르러 **순수관경비**巡狩管境碑를 세우고, 역대 제왕의 명호를 새겨 전하셨다. 이것이 금석문 金石文㉘으로 가장 오랜 것이다. 후에 창해역사 여홍성黎洪星*이 이곳을 지나다가 시 한 수를 지었는데, 그 시는 이러하다.

> 이곳 들판 예로부터 변한이라 불렀는데 유난히 특이한 돌 하나 서 있구나.
> 토대는 무너져 철쭉꽃이 붉게 피었고 글자는 이지러져 이끼만 푸르네.
> 저 아득한 태고 시절에 만들어져 흥망의 역사 간직한 채 홀로 서 있구나.
> 문헌으로 고증할 길 없지만 이것이 단군왕검의 자취가 아니겠는가!

• 재위 29년 을묘(단기 528, BCE 1806)년에 조칙을 내려 청아菁莪 욕살 비신丕信과 서옥저西沃沮[23) 욕살 고사침高士琛과 맥성貊城 욕살 돌개突蓋를 열한列汗으로 봉하셨다.

---

* **요하**: 여기서 요하는 지금의 영정하永定河 또는 난하灤河를 말한다. 이 강을 경계로 동쪽을 요동, 서쪽을 요서라 한다. 요수가 지금의 요하로 고정된 것은 요遼(916~1125) 건국 이후의 일이다.

㉘ 금석문金石文으로 가장 오랜 것: 『단기고사』에는 아한단군이 유위자와 대화 후에 사방 국경에 비석을 세우고 제왕의 명호를 본국의 문자로 새겨 국문이 영원히 보전되게 하였다고 하였다.

※ **여홍성**黎洪星: 진秦나라가 강성하여 마침내 한韓·조趙·위魏·연燕·제齊·초楚 등 6국을 병탄하여 천하를 통일하자, 한인韓人 장량張良이 망한의 한을 품고 조선에 들어와 구원을 청하였다. 이에 왕모병王某丙이 창해역사 여홍성을 소개해 주었다. 여홍성은 120근 철퇴를 가지고 양무현陽武縣 박랑사博浪沙(하남성 원양현原陽縣의 동남)에서 진시황을 저격하였으나 부거副車(수행원의 수레)만 부수고 성공하지 못하였다(『사기』 「유후세가留侯世家」).

• 재위 52년 무인(환기 5415, 신시개천 2115, 단기 551, BCE 1783)년에 아한단군께서 붕어하셨다. 우가牛加 출신 흘달屹達이 즉위하셨다.

13세 단군 흘달(일명 대음달) 재위 61년

己卯元年이라. 甲午十六年이라 定州縣하사 立分職之制하시니 官無兼權하며 政無越則하며 民無離鄕하며 自安所事하야 絃歌溢域하니라 是歲冬에 殷人이 伐夏한대 其主桀이 請援이어늘 帝以邑借末良으로 率九桓之師하사 以助戰事하신대 湯이 遣使謝罪어늘 乃命引還이러시니 桀이 違之하고 遣兵遮路하야 欲敗禁盟일새 遂與殷人으로 伐桀하시고 密遣臣智于亮하사 率畎軍하시고 合與樂浪하사 進據關中邠岐之地而居之하시고 設官制하시니라. 戊戌二十年이라 多設蘇塗하사 植天指花하시고 使未婚子弟로 讀書習射하사 號爲國子郞하시니라. 國子郞이 出行에 頭揷天指花하니 故로 時人이 稱爲天指花郞이라. 戊辰五十年이라 五星이 聚婁하고 黃鶴이 來棲苑松하니라. 己卯六十一年이라 帝崩하시니 萬姓이 絶食而哭不絶이라. 仍命釋囚俘하고 禁殺放生하며 過歲而葬之하니라. 牛加古弗이 立하시니라.

역주 흘달단군의 재위 원년은 기묘(환기 5416, 신시개천 2116, 단기 552, BCE 1782)년이다.

• 재위 16년 갑오(BCE 1767)년에 임금께서 주현州縣을 정하고 관직을 분립하는 제도를 두셨다. 관官은 권한을 겸하지 못하게 하고 정치는 법도를 넘지 않게 하시므로, 백성은 고향을 떠나지 않고 스스로 하는 일을 편안하게 여기어 현악기에 맞추어 부르는 노래 소리가 나라에 넘쳐흘렀다.

이 해 겨울, 은殷나라 사람이 하夏나라를 치자 하나라 왕 걸桀(BCE 1818~BCE 1767)이 구원을 청하였다. 임금께서 읍차邑借 말량末良에게 구환의 병사를 이끌고 전투를 돕게 하셨다. 이에 탕湯이 사신을 보내 사죄하므로 군사를 되돌리라 명하셨다.

이때 걸이 약속을 어기고 군사를 보내어 길을 막고 맹약을 깨뜨리려 하였다. 그리하여 임금께서 마침내 은나라 사람과 함께 걸을 치는 한편,[24] 은밀히 신지臣智 우량

▣은殷: 건국 초기에 하남성 박亳(상구商丘)을 도읍으로 삼고 상商이라 하였다. 그 뒤 여러 차례 도읍을 옮겼는데 19세 반경盤庚왕이 은殷(하남성 안양)으로 옮긴 뒤 은이라 부르게 되었다고 한다. 일설에 주周나라 무왕武王이 상나라를 멸망시키고 격하시키기 위해 은이라 부르게 되었다고도 한다.

于亮을 보내어 견군畎軍*을 이끌고 **낙랑**樂浪²⁵⁾ 군사와 합세하여 관중*의 **빈**邠·**기**岐 땅을 점령하여 주둔시키고 관제官制를 설치하셨다.▨

● 재위 20년 무술(단기 571, BCE 1763)년에 소도蘇塗를 많이 설치하고 천지화天指花를 심으셨다. 미혼 소년들에게 독서와 활쏘기를 익히게 하고, 이들을 **국자랑**國子郎이라 부르셨다. 국자랑이 밖에 다닐 때 머리에 천지화를 꽂았기 때문에 당시 사람들이 **천지화랑**天指花郎이라 불렀다.

● 재위 50년 무진(단기 601, BCE 1733)년에 오성五星이 누성婁星*에 모이고, 황학黃鶴이 날아와 금원禁苑*의 소나무에 깃들었다.

● 재위 61년 기묘(환기 5476, 신시개천 2176, 단기 612, BCE 1722)년에 흘달단군께서 붕어하시자 만백성이 음식을 끊었고 울음소리가 그치지 않았다. 명을 내려 죄수와 포로를 석방하고, 살생을 금하고 방생하였다. 해를 넘겨서 장례를 치렀다. 우가牛加출신 고불古弗이 즉위하셨다.

14세 단군 고불 재위 60년

庚辰元年이라. 乙酉六年이라 是歲에 大旱이어늘 帝親禱天祈雨하실새
誓告于天曰「天雖大이나 無民이면 何施며 雨雖膏나 無穀이면 何貴리잇고
民所天者는 穀이오 天所心者는 人也니 天人一體인대 天何棄民이리잇고
乃雨滋穀하사 濟化以時하소서.」言訖에 大雨가 立降數千里하니라.

역주 ● 고불단군의 재위 원년은 경진(환기 5477, 신시개천 2177, 단기 613, BCE 1721)년이다.

● 재위 6년 을유(단기 618, BCE 1716)년, 이 해에 큰 가뭄이 들어 임금께서 친히 하늘에 기우제를 지내셨다. 하늘에 바친 「**서고문**誓告文」은 이러하다.

---

* **견군**畎軍: 견이畎夷의 군사. 견이는 동이東夷 9족 가운데 하나이다. 『후한서』「서강전西羌傳」에 "걸왕이 세상을 어지럽히자 견이가 빈과 기의 사이에 들어왔다"라고 하였다.

* **관중**: 지금의 섬서성 지역이다. 빈邠은 옛 나라 이름으로 주周나라 조상인 공류가 세웠다 한다. 빈邠은 섬서성 순읍현의 서쪽, 기岐는 섬서성 기산현의 동북에 있다.

▨ **하나라 정벌**: 탕湯임금을 도와 하나라를 무너뜨린 상(은)나라의 재상 이윤은 동방의 선인 유위자에게서 신교 문화를 전수 받았다. 그러므로 이윤은 고조선 중앙 정부와 상통하였을 것이며, 그런 관계에서 13세 흘달단군은 은나라가 하나라를 무너뜨리는 데 직접 개입한 것으로 보인다.

* **누성**婁星: 서쪽 방위에 위치한 별자리이다. 오성五星이 누성婁星에 모였다고 한 흘달단군 50년(BCE 1733)년의 기록은 전 한국천문연구원장 박석재도『개천기』서문에서 오성취루의 천문현상을 임의로 맞춘다는 것은 확률적으로 불가능하며, 우리 조상들은 당시에 이미 천문현상을 기록으로 남길 수 있는 조직과 문화를 소유하고 있었음을 알 수 있다고 하였다.

* **금원**禁苑: 궁궐 안에 있는 동산이나 후원. 내원內苑·봉원鳳苑·어원御苑이라고도 부른다.

하늘이 비록 크다 하여도 백성이 없으면 어찌 베풀 것이며
비가 비록 대지를 기름지게 하지만 곡식이 없으면 어찌 귀하겠사옵니까!
백성이 하늘처럼 섬기는 것은 곡식이요
하늘이 마음으로 삼는 바는 사람이옵니다.
하늘과 사람이 한 몸일진대 하늘이 어찌 백성을 버리시나이까!
어서 비를 내려 곡식이 잘 자라도록 하여
저희 백성을 제 때에 구제하여 주옵소서.

기도를 마치자 곧 큰 비가 수천 리에 내렸다.

辛酉四十二年이라 九月에 枯木生芽하고 五色大鷄가 生於城東子村家하니 見者가 誤指爲鳳하니라. 乙亥五十六年이라 遣官四方하사 査計戶口하시니 總一億八千萬口러라. 己卯六十年이라 帝崩하시니 代音이 立하시니라.

역주 ●재위 42년 신유(단기 654, BCE 1680)년 9월에 고목에서 싹이 돋았고, 오색찬란한 큰 닭이 성동자 마을의 한 집에서 태어났는데 보는 사람들이 봉鳳으로 잘못 알았다.

●재위 56년 을해(단기 668, BCE 1666)년에 사방으로 관리를 보내 호구를 조사하니 모두 1억 8천만 명이었다.

●재위 60년 기묘(환기 5536, 신시개천 2236, 단기 672, BCE 1662)년에 고불단군께서 붕어하셨다. 대음代音이 즉위하셨다.

15세 단군 대음(일명 후흘달) 재위 51년

庚辰元年이라. 殷主小甲이 遣使求和하니라. 是歲에 改八十稅一之制하니라. 辛巳二年이라 洪水大漲하야 民家多被害하니 帝甚憐恤하사 移其粟於蒼海蛇水之地하시고 均給于民하시니라. 冬十月에 養雲須密爾二國人이 來獻方物하니라.

역주 ●대음단군의 재위 원년은 경진(환기 5537, 신시개천 2237, 단기 673, BCE 1661)년이다. 은나라 왕 소갑小甲(7세, BCE 1666~BCE 1650)이 사신을 보내 화친을 청하였다. 이 해에 세제를 개혁하여 80분의 1 세법으로 고쳤다.

●재위 2년 신사(단기 674, BCE 1660)년, 홍수가 크게 나서 민가에 많은 피해를 주었

다. 임금께서 심히 불쌍히 여기시어 곡식을 **창해**蒼海·**사수**蛇水 **땅***으로 옮겨 백성에게 균등하게 나누어 주게 하셨다. 겨울 10월에 **양운**養雲·**수밀이**須密爾* 두 나라 사람이 와서 방물을 바쳤다.

己丑十年이라 帝西幸弱水하사 命臣智禹粟하사 採金鐵及膏油하시니라.
秋七月에 虞婁人二十家가 來投하니 命定着于鹽水近地하시니라.
丁未二十八年이라 帝登太白山하사 立碑하시고 刻列聖羣汗之功하시니라.
己未四十年이라 封皇弟代心하사 爲南鮮卑大人하시니라.
庚午五十一年이라 帝崩하시니 牛加尉那가 立하시니라.

역주 ● 재위 10년 기축(단기 682, BCE 1652)년에 임금께서 서쪽의 약수弱水에 순행하여, 신지 우속禹粟에게 명하여 금과 철과 기름을 채취하게 하셨다. 가을 7월에 우루虞婁 사람 20가구가 투항해 오므로 염수鹽水* 근처의 땅에 정착하게 하셨다.

● 재위 28년 정미(단기 700, BCE 1634)년에 임금께서 **태백산**에 올라 **옛 성조들과 여러 제후국 왕의 공적을 새긴 비석**을 세우셨다.

● 재위 40년 기미(단기 712, BCE 1622)년에 아우 대심代心을 **남선비국**南鮮卑國의 대인으로 봉하셨다.

● 재위 51년 경오(환기 5587, 신시개천 2287, 단기 723, BCE 1611)년에 대음단군께서 붕어하셨다. 우가 출신 위나尉那가 즉위하셨다.

16세 단군 위나 재위 58년

辛未元年이라. 戊戌二十八年이라 會九桓諸汗于寧古塔하사

---

*창해·사수: 창해는 일반적으로 발해로 본다. 『산해경』에 "북해, 즉 발해 안쪽에 뱀산이 있다. 그곳에서 사수가 나오는데 동쪽으로 흘러 바다로 들어간다"라는 기록이 있다. 사수는 단군조선의 번한 지역(중국 동북부 발해 연안)에서 찾을 수 있다.

*양운養雲·**수밀이**須密爾: 양운국養雲國과 수밀이국須密爾國은 본래 12환국에 포함되어 있었다. 이때까지도 그 이름이 계승되어 존속해 왔음을 알 수 있다. 그 밖에도 15세 대음단군 10년 조에 우루국이 보이고, 일군국·양운국이 21세 소태단군 49년 조에, 수밀이국·양운국·구다천국 등이 27세 두밀단군 원년 조에 나타난다. 그후 북부여 3세 고해사단군 49년 조에는 일군국이 보인다. 또 중국의『진서晉書』「사이전四夷傳」〈비리등 10국〉조에는 이들 가운데 비리국·양운국·구막한국·일군국이 나오는데, 2만~5만 호戶 정도의 소국으로 시베리아 등지에 있었음이 확인된다.

*염수鹽水: 최근 염수의 위치는 요하 상류 파림좌기巴林左旗(요나라 수도 상경 일대)로 밝혀졌다. 고구려 광개토열제가 후연後燕을 치기 전 군마를 얻기 위해 정복한 지역이기도 하다. 1930년대에 일제가 만주를 침략하기 위해 제작한 지도에서는 이 일대를 '고려 아이리(아이리는 몽골 말로 마을[營子]을 뜻함)'라고 표기하였다. 현지 주민들은 그 마을이 부근에 있는 '고려강'에서 딴 것이라고 증언했다 (KBS 1TV, 〈역사 스페셜〉, "대고구려 1부", 2000. 1. 1).

祭三神上帝하실새 配桓因桓雄蚩尤와 及檀君王儉而享之하시고
五日大宴하실새 與衆으로 明燈守夜하사 唱經踏庭하시며 一邊列炬하며
一邊環舞하야 齊唱愛桓歌하니 愛桓은 卽古神歌之類也라.
先人이 指桓花而不名하고 直曰花라 愛桓之歌에 有云
山有花여 山有花여 去年種萬樹하고 今年種萬樹라
春來不咸花萬紅하니 有事天神樂太平이로다.
戊辰五十八年이라 帝崩하시니 太子余乙이 立하시니라.

역주 ● 위나단군의 재위 원년은 신미(환기 5588, 신시개천 2288, 단기 724, BCE 1610)년이다.

● 재위 28년 무술(단기 751, BCE 1583)년에 임금께서 **구환족의 모든 왕**을 **영고탑**寧古塔[26]에 모이게 하여 삼신상제님께 천제를 지낼 때, 환인천제·환웅천황·치우천황(14세 환웅천황)과 단군왕검을 배향하셨다. 5일간 큰 연회를 베풀어 백성과 함께 불을 밝히고 밤을 새워 「천부경」을 노래하며 마당밟기를 하셨다.

한쪽에 횃불을 줄지어 밝히고, 다른 쪽에서 둥글게 춤을 추며[環舞]※ 「애환가愛桓歌(환화를 사랑하는 노래)」를 함께 불렀다. 「애환가」는 고신가古神歌의 한 종류이다. 옛사람들은 환화를 가리켜 이름을 짓지 않고 그냥 꽃이라 하였다. 애환가에 전하는 가사가 있으니 이러하다.

산에는 꽃 피네, 꽃이 피네. 지난해 만 그루 심고 올해도 만 그루 심었어라.
봄이 찾아와 불함산 꽃이 온통 붉으니 상제님 섬기고 태평세월 즐겨 보세.

● 재위 58년 무진(환기 5645, 신시개천 2345, 단기 781, BCE 1553)년에 위나단군께서 붕어하셨다. 태자 여을余乙께서 즉위하셨다.

17세 단군 여을 재위 68년

己巳元年이라. 庚申五十二年에 帝與五加로 歷巡國中이라가
至蓋斯城之境하시니 有靑袍老人이 獻賀曰

※ **영고탑**寧古塔: 영고탑은 구성舊城과 신성新城이 있다. 구성은 지금의 흑룡강성 해림시海林市 장정진長汀 鎭에 있다. 신성은 청淸나라 강희康熙 5년(1666)에 지금의 흑룡강성 영안시寧安市로 옮겼다.
※ **환무**環舞: 한가위 보름달 아래 둥근 환環을 이루어 손잡고 노래하는 강강수월래는 환桓의 광명 정신을 계승한 놀이 문화의 표상이다.

檀君世紀

長生仙人之國하야 樂爲仙人之氓이로다.
帝德無愆하시고 王道無偏하시니 民兮 隣兮여 不見愁苦로다.
責禍以信하시고 管境以恩하시니 城兮 國兮여 不見戰伐이로다.
帝曰 嘉納嘉納이로다 朕之修德이 日淺하야 恐無以報民之興望이로다.
丙子六十八年이라 帝崩하시니 太子冬奄이 立하시니라.

역주 • 여을단군의 재위 원년은 기사(환기 5646, 신시개천 2346, 단기 782, BCE 1552)년이다.

• 재위 52년 경신(단기 833, BCE 1501)년에 임금께서 오가와 함께 두루 나라를 순수巡狩하셨다. 개사성蓋斯城 부근에 이르시자, 푸른 도포를 입은 노인이 찬미하는 노래를 지어 바쳤다.

> 오랫동안 선인仙人의 나라에 살면서 기쁜 마음으로 선인 나라 백성이 되었네.
> 임금님 밝은 덕 어긋남 없고 임금님 훌륭하신 도 치우침 없으니
> 백성이여! 이웃이여! 근심과 괴로움을 볼 수 없어라.
> 책화로 믿음을 삼으시고 관경*으로 은혜를 베푸시네.
> 성이여! 나라여! 전쟁과 정벌 따위 볼 수 없어라.

임금께서 말씀하시기를, "암, 그래야지. 반드시 그렇게 해야지! 짐의 덕 닦음이 일천하여 백성이 바라는 바에 보답하지 못할까 두렵도다" 하셨다.

• 재위 68년 병자(환기 5713, 신시개천 2413, 단기 849, BCE 1485)년에 여을단군께서 붕어하셨다. 태자 동엄冬奄께서 즉위하셨다.

18세 단군 동엄 재위 49년

丁丑元年이라. 丙申二十年이라 支伯特人이 來獻方物하니라.
乙丑四十九年이라 帝崩하시니 太子緱牟蘇가 立하시니라.

역주 • 동엄단군의 재위 원년은 정축(환기 5714, 신시개천 2414, 단기 850, BCE 1484)년이다.

• 재위 20년 병신(단기 869, BCE 1465)년에 지백특支伯特 사람이 와서 방물을 바쳤다.

• 재위 49년 을축(환기 5762, 신시개천 2462, 단기 898, BCE 1436)년에 동엄단군께서 붕

＊관경管境: 관管은 '관할하다', '단속하다', '관장하다'라는 뜻이고, 경境은 '구역', '국경'을 의미한다. 따라서 '관경'은 국경이나 구역을 관할한다는 뜻이다. 고조선 국가 경영의 핵심은 나라를 삼신일체 원리로 다스린 삼한관경제에 있다.

어하셨다. 태자 구모소縊牟蘇가 즉위하셨다.

19세 단군 구모소 재위 55년

丙寅元年이라. 己丑二十四年이라 南裳人이 入朝하니라.
己未五十四年이라 支離叔이 作周天曆과 八卦相重論하니라.
庚申五十五年이라 帝崩하시니 牛加固忽이 효하시니라.

역주 • 구모소단군의 재위 원년은 병인(환기 5763, 신시개천 2463, 단기 899, BCE 1435)년이다.

• 재위 24년 기축(단기 922, BCE 1412)년에 남상인南裳人*이 입조하였다.

• 재위 54년 기미(단기 952, BCE 1382)년에 지리숙支離叔이 「**주천력**周天曆」과 「**팔괘상중론**八卦相重論」❋을 지었다.

• 재위 55년 경신(환기 5817, 신시개천 2517, 단기 953, BCE 1381)년에 구모소단군께서 붕어하셨다. 우가 출신 고홀固忽이 즉위하셨다.

20세 단군 고홀 재위 43년

辛酉元年이라. 辛未十一年이라 秋에 白日이 貫虹하니라.
丙申三十六年이라 修築寧古塔하시고 作離宮하시니라.
庚子四十年이라 共工工忽이 製獻九桓地圖하니라.
癸卯四十三年이라 四海未寧而帝崩하시니 太子蘇台가 효하시니라.

• 고홀단군의 재위 원년은 신유(환기 5818, 신시개천 2518, 단기 954, BCE 1380)년이다.

• 재위 11년 신미(단기 964, BCE 1370)년 가을에 태양이 무지개를 꿰뚫었다.

• 재위 36년 병신(단기 989, BCE 1345)년에 **영고탑을 개축**하시고 별궁[離宮]을 지으셨다.

• 재위 40년 경자(단기 993, BCE 1341)년에 공공共工인 공홀工忽이 「**구환지도**九桓地圖」를 만들어 바쳤다.

• 재위 43년 계묘(환기 5860, 신시개천 2560, 단기 996, BCE 1338)년, 사해가 평안하지 못할 때 고홀단군께서 붕어하셨다. 태자 소태蘇台께서 즉위하셨다.

*남상南裳: 현재의 베트남. 고대에는 양자강 유역 남쪽을 월상越裳이라고 불렀으며, 그 남쪽이 남상이다.
*팔괘상중론八卦相重論: 태호복희가 처음 팔괘를 그어 신교의 역易 철학 시조가 된 이후로, 주周나라 문왕과 주공을 거쳐 공자에 이르러 그 체계가 정립된 것으로 알려졌으나, 주나라 이전 은殷나라 때인 고조선 시대에 이미 팔괘에 대한 연구가 체계적으로 이루어졌음을 엿볼 수 있다.

21세 단군 소태 재위 52년

甲辰元年이라 殷主小乙이 遣使入貢하니라. 庚寅四十七年이라 殷主武丁이
旣勝鬼方하고 又引大軍하야 侵攻索度令支等國이라가 爲我大敗하고
請和入貢하니라. 壬辰四十九年이라 蓋斯原褥薩高登이 潛師하야
襲鬼方滅之하니 一羣養雲二國이 遣使朝貢하니라.
於是에 高登이 手握重兵하야 經畧西北地하니 勢甚强盛이라 遣人하야
請爲右賢王이어늘 帝憚之不允이라가 屢請乃許하시고 號爲豆莫婁라.

역주 ● 소태단군의 재위 원년은 갑진(환기 5861, 신시개천 2561, 단기 997, BCE 1337)년이다. 은나라 왕 소을小乙(21세)이 사신을 보내 조공을 바쳤다.

● 재위 47년 경인(단기 1043, BCE 1291)년에 은나라 왕 무정武丁(22세)이 전쟁을 일으켜 이미 귀방鬼方*을 물리치고 나서 다시 대군을 이끌고 **삭도**索度*와 **영지**令支▨ 등 여러 나라를 침공하다가 우리 군사에게 대패하여 화친을 청하고 조공을 바쳤다.

● 재위 49년 임진(단기 1045, BCE 1289)년에 개사원蓋斯原 욕살褥薩 고등高登*이 몰래 군사를 이끌고 귀방을 공격하여 멸망시키자, 일군一群·양운養雲 두 나라가 사신을 보내 조공을 바쳤다.

이때 **고등이 대군을 장악하고 서북 지방을 경략하니 세력이 더욱 강성해졌다.** 고등이 임금께 사람을 보내어 우현왕右賢王[27]이 되기를 주청하였다. 임금께서 꺼리시며 윤허하지 않으시다가 거듭 청하므로 윤허하시고, 두막루豆莫婁*라 불렀다.

乙未五十二年이라 右賢王高登이 薨하고 其孫索弗婁가 襲爲右賢王하니라.
帝巡狩國中이라가 南至海城하사 大會父老하사 祭天歌舞하시고 仍召五加하사
與之議傳位하실새 自謂老倦于勤이라 하시고 欲委政於徐于餘라 하시니라.

✱ **귀방**鬼方: 지금의 중국 산서성 북쪽 내몽골의 음산陰山산맥 일대에 살던 족속. 은나라 때는 빈邠 지역에 살던 주周나라 조상인 고공단보古公亶父가 이들의 침략을 피해 기산岐山 남쪽 위수渭水 지역으로 옮기기도 했다.

✱ **삭도**索度: 삭두索頭로, 『독사방여기요』에는 "산동성 임치현臨淄縣에 삭두성索頭城이 있다"라고 하였다.

▨ **영지**令支: 『한서』 「지리지」 〈요서군遼西郡·영지군令支郡〉 조를 보면 "고죽성孤竹城이 있다"라고 하였다. 지금의 하북성 천안현遷安縣 서쪽에 있다.

✱ **고등**: 22세 색불루단군의 할아버지이다.

✱ **두막루**豆莫婁: 『북사』에는 "두막루국은 물길에서 북쪽으로 1천리 되는 곳에 있으며, 옛날의 북부여이다"라고 하였다. 고구려 문자열제 때 부여가 멸망한 뒤 그 유민이 북으로 이동하여 두막루국을 세운 기록이 있다.

환살수백리이봉지　　명위섭주　　호왈기수
環薩水百里而封之하사 命爲攝主하시고 號曰奇首라 하시니라.
우현왕　문지　　견인　　　권제지　　　　제종불청
右賢王이 聞之하고 遺人하야 勸帝止之한대 帝終不聽하시니라.
어시　　우현왕　솔좌우급엽호수천　　　수즉위우부여신궁
於是에 右賢王이 率左右及獵戶數千하야 遂卽位于夫餘新宮하니
제부득이　　　전옥책국보　　　　폐서우여　　　위서인
帝不得已하사 傳玉冊國寶하시고 廢徐于餘하사 爲庶人하시니라.
제은어아사달　　이종　　　　시세　　백이숙제　　역이고죽군지자
帝隱於阿斯達하사 以終하시니라. 時歲에 伯夷叔齊가 亦以孤竹君之子로
손국이도　　　거동해빈　　　역전자급
遜國而逃하야 居東海濱하야 力田自給하니라.

역주 ● 재위 52년 을미(단기 1048, BCE 1286)년에 우현왕 고등이 훙서薨逝하고, 손자 색불루索弗婁가 우현왕을 계승하였다.

　임금께서 나라를 순수하시다가 남쪽 해성海城에 이르러 부로父老들을 크게 모아 하늘에 제사 지내고 노래와 춤을 즐기셨다. 이때 오가五加를 모아 놓고 옥좌를 양위할 일을 함께 의논할 때 "내가 이제 늙어 일하기가 고달프다"라고 말씀하시고, "서우여徐于餘*에게 정사를 맡기겠노라" 하셨다. 이에 살수薩水 주위의 땅 백 리를 분봉하여 섭주攝主로 삼고 기수奇首라 하셨다. 우현왕이 소식을 듣고 임금께 사람을 보내어 멈추시기를 청하였으나, 임금께서 끝내 듣지 않으시므로 우현왕이 좌우의 사람들과 사냥꾼 수천 명을 이끌고 부여 신궁夫餘新宮에서 단군으로 즉위하였다. 이에 임금께서 부득이 옥책玉冊과 국보國寶를 우현왕에게 전하고, 서우여를 폐하여 서인으로 만드셨다. 임금께서 아사달에 은거하여 그곳에서 최후를 마치셨다.

　이때 **백이**伯夷와 **숙제**叔齊[28]는 **고죽국**孤竹國[29]의 왕자로서 왕위를 사양하고 달아나 동해 쪽 물가에 살면서 스스로 밭을 일구어 먹고 살았다.

22세 단군 색불루 재위 48년

병신원년　　　제명수축녹산　　　개관제　　　　　추구월　친행장당경
丙申元年이라. 帝命修築鹿山하시고 改官制하시니라. 秋九月에 親幸藏唐京하사

＊**서우여**徐于餘: 21세 소태단군이 해성海城 욕살 서우여에게 제위를 선양하려 하자, 우현왕 색불루가 극력 반대하므로 마침내 서우여를 폐하여 서인으로 만드셨다. 이에 서우여는 몰래 좌원坐原으로 돌아가 수천 명과 모의하여 기병하였다. 그 후 색불루단군이 친히 삼한의 군대를 거느리고 토벌하려 할 때 먼저 사람을 보내 항복을 권하고, 비왕裨王으로 봉할 것을 약속하였다. 서우여가 이를 따르자 30세 번한 왕으로 임명하여 번조선番朝鮮을 다스리게 하였다(『태백일사』「삼한관경본기」〈마한세가〉상, 〈번한세가〉하 참조).

❋**섭주와 기수**: 섭주는 단군을 대행하는 사람이란 뜻. 24세 연나단군 때 나오는 섭정과 같은 뜻인 듯하다. 기수는 섭주가 관할하는 지역 이름이거나, 섭주의 보직 명칭일 것으로 추정한다.

❋**부여 신궁**: 단군조선의 두 번째 도읍지인 백악산 아사달(지금의 만주 농안農安 일대)에 있던 궁전. 22세 색불루단군 때 고조선의 도읍지가 되었고, 44세 구물단군 때는 장당경으로 도읍을 옮긴 뒤 국호를 개칭하여 대부여라 하였다. 대부여가 망한 뒤 옛 백악산에서 북부여가 건국되었다.

立廟祀高登王하시고 十一月에 親率九桓之師하사 屢戰破殷都러시니
尋和하시고 又復大戰하사 破之하시니라. 明年二月에 追至河上하사
而受捷賀하시고 遷弁民于淮岱之地하사 使之畜農하시니 國威大振하니라.
辛丑六年이라 臣智陸右가 奏曰 阿斯達은 千年帝業之地라
大運이 已盡하고 寧古塔은 王氣濃厚하야 似勝於白岳山하니
請築城移之하소서 한대 帝不許하시고 曰 新都已宅하니 更何他徙이리오.

檀君世紀

역주 ●색불루단군의 재위 원년은 병신(환기 5913, 신시개천 2613, 단기 1049, BCE 1285) 년이다. 임금께서 녹산鹿山*의 성성을 개축하게 하고 **관제를 개혁***하셨다. 가을 9월에 장당경에 행차하여 종묘宗廟를 세우고 (할아버지) 고등高登왕에게 제사를 지내셨다[立廟祀高登王].* 11월에 친히 구환의 군사[師]를 이끌고 여러 차례 전투를 벌여 **은나라 수도를 함락**하고 잠시 강화講和하였으나, 또 다시 싸워 크게 격파하셨다.

이듬해 2월에 황하 상류[河上]까지 추격하여 대첩의 하례賀禮를 받으시고, **회수와 태산 지역에 변한弁韓(번한) 백성을 이주시켜** 가축을 기르고 농사를 짓게 하시어 국위를 크게 떨쳤다.

●재위 6년 신축(단기 1054, BCE 1280)년에 신지 육우陸右가 주청하기를, "아사달은 천 년 제업帝業의 땅이나 대운이 이미 다했고 영고탑은 왕기가 농후하여 백악산보다 나으니, 청하옵건대 그곳에 성을 쌓고 천도하시옵소서" 하니, 임금께서 윤허하지 않고 말씀하시기를, "새 수도에 이미 자리를 잡았거늘 어찌 다시 다른 곳으로 옮기리오" 하셨다.

乙卯二十年이라 至是하야 藍國이 頗强하야 與孤竹君으로 逐諸賊하고
南遷하야 至奄瀆忽하야 居之하니 近於殷境이라. 使黎巴達로 頒兵하사
進據邠岐하시고 與其遺民으로 相結하사 立國稱黎하시니 與西戎으로
雜處於殷家諸侯之間하사 藍氏威勢甚盛하고 皇化가 遠及恒山以南之地하니라.

*녹산: 단군조선의 두 번째 도읍지인 백악산 아사달.
*관제 개혁: 『태백일사』「삼한관경본기」에 "5월에 제도를 고쳐 삼한을 삼조선이라 하셨는데, 조선은 관경管境(영토 관할)을 말한다. 정치는 천왕을 경유하여 삼한이 모두 하나로 통일되어 명령을 받았다. 여원흥을 마한 왕(20세)으로 삼아 막조선莫朝鮮을 다스리게 하고, 서우여를 번한 왕으로 삼아 번조선番朝鮮을 다스리게 하셨다. 이를 총칭하여 단군 관경檀君管境이라 하니 이것이 곧 진국辰國이다. 역사에서 일컫는 단군조선이란 바로 이것을 말한다"라고 하였다.
*입묘사고등왕立廟祀高登王: 『주서周書』와 『북사北史』에는 "(부여의 별종인) 고구려인들이 신묘神廟를 세워 고등신에게 제사지낸다"라고 하였다.

辛未三十六年이라 邊將申督이 因兵作亂이어늘 帝暫避于寧古塔하신대
民多從之하니라. 癸未四十八年이라 帝崩하시니 太子阿忽이 立하시니라.

역주 • 재위 20년 을묘(단기 1068, BCE 1266)년에 이르러 **남국**藍國이 자못 강성하여 **고죽국**孤竹國 왕과 더불어 모든 도적을 쫓아 버렸다. 남쪽으로 옮겨 **엄독홀**奄瀆忽에 이르러 머무르니 그곳은 은나라 국경과 가까운 곳이었다.

임금께서 여파달黎巴達로 하여금 병력을 나누어 **빈**邠·**기**岐 땅으로 진격하게 하시고, 그곳 유민과 서로 단합하여 나라를 세워, 그 이름을 **여**黎[30]라 하셨다. 이들을 서쪽 융족[西戎]과 더불어 은나라의 제후국들 안에 뒤섞여 살게 하셨다. 남씨의 위세가 매우 강성해지고, 임금의 덕화가 멀리 항산恒山* 이남의 땅까지 미쳤다.

• 재위 36년 신미(단기 1084, BCE 1250)년에 변방 장수 신독申督이 난을 일으켜 임금께서 잠시 영고탑으로 피난하시니 많은 백성이 뒤를 따랐다.

• 재위 48년 계미(환기 5960, 신시개천 2660, 단기 1096, BCE 1238)년에 색불루단군께서 붕어하셨다. 태자 아홀阿忽께서 즉위하셨다.

23세 단군 아홀 재위 76년

甲申元年이라. 命皇弟固弗加하사 治樂浪忽하시고 遣熊乫孫하사
與藍國君으로 觀南征之兵하시고 置六邑於殷地러시니 殷人으로 相爭不決이어늘
乃進兵攻破之하시니라. 秋七月에 誅申督하시고 還都하사 命釋囚俘하시니라.
乙酉二年이라 藍國君今達이 與靑邱君과 句麗君으로 會于周愷하고
合蒙古里之兵하야 所到에 破殷城栅하고 深入奧地하야 定淮岱之地하야
分封蒲古氏於淹하고 盈古氏於徐하고 邦古氏於淮하니
殷人이 望風惶㥘하야 莫敢近之하니라.
戊子五年이라 召二韓及五加하사 議停寧古塔移都事하시니라.
己亥七十六年이라 帝崩하시니 太子延那가 立하시니라.

역주 • 아홀단군의 재위 원년은 갑신(환기 5961, 신시개천 2661, 단기 1097, BCE 1237)년이다. 아우 고불가固弗加에게 명하여 **낙랑홀**樂浪忽을 다스리게 하시고, 웅갈손熊乫孫

---

* 항산: 산서성 혼원현渾源縣에 있다.

낙랑홀樂浪忽: 고대의 낙랑은 여러 곳이 있는데 단군조선 시대의 제후국이었다. 단군조선 때 습수濕水에 낙랑홀을 두었다. 홀은 성城을 뜻한다. 습수는 지금의 하북성 북부를 흐르는 영정하이다.

을 보내어 남국藍國 왕과 함께 남방을 정벌하는 군대를 살피게 하셨다.

　은나라 땅에 여섯 읍邑을 설치할 때, 은나라 사람과 서로 다투어 결판이 나지 않으므로 병력을 진군시켜 이를 격파하셨다.

　가을 7월에 임금께서 신독을 베고 환도하여 죄수와 포로를 석방하라고 명하셨다.

● 재위 2년 을유(단기 1098, BCE 1236)년, 남국 왕 금달今達이 청구국 왕, 구려국 왕과 더불어 주개周愷에서 만나 몽고리의 군대와 합세하여 이르는 곳마다 은나라 성책을 부수고 오지奧地로 깊숙이 들어갔다.

● 아홀단군께서 회대淮岱(회수와 태산) 땅을 평정하고 포고씨蒲古氏를 엄淹에, 영고씨盈古氏를 서徐[31]에, 방고씨邦古氏를 회淮*에 봉하시니 은나라 사람이 이것을 보고 겁내어 감히 근접하지 못하였다.

● 재위 5년 무자(단기 1101, BCE 1233)년에 임금께서 이한二韓(번한, 마한)과 오가五加를 불러 영고탑으로 도읍을 옮기는 일에 대한 의논을 중지시키셨다.

● 재위 76년 기해(환기 6036, 신시개천 2736, 단기 1172, BCE 1162)년 아홀단군께서 붕어하셨다. 태자 연나延那께서 즉위하셨다.

24세 단군 연나 재위 11년

경자원년　　　　　명황숙고불가　　　　위섭정　　　　　　신축이년　　　　　제한
庚子元年이라. 命皇叔固弗加하사 爲攝政하시니라. 辛丑二年이라 諸汗이
봉조　　　증설소도　　제천　　　국가　　　유대사이재즉첩도지
奉詔하야 增設蘇塗하고 祭天하며 國家에 有大事異災則輒禱之하야
정민지우일　　　　경술십일년　　　　제붕　　　　태자솔나　　입
定民志于一하니라. 庚戌十一年이라 帝崩하시니 太子率那가 立하시니라.

역주 ● 연나단군의 재위 원년은 경자(환기 6037, 신시개천 2737, 단기 1173, BCE 1161)년이다. 임금께서 숙부 고불가固弗加에게 명하여 섭정을 맡기셨다.

● 재위 2년 신축(단기 1174, BCE 1160)년에 모든 왕[汗]이 조칙을 받들어 **소도**蘇塗를 증설하여 하늘에 제사 지내고, 국가에 대사가 있거나 재앙이 있으면 곧 (하늘에) **기도**를 드리고 백성의 뜻을 하나로 모았다.

● 재위 11년 경술(환기 6047, 신시개천 2747, 단기 1183, BCE 1151)년에 연나단군께서 붕어하셨다. 태자 솔나率那께서 즉위하셨다.

＊ 회淮: 안휘성安徽省 회수 일대이다.
▨ 고조선 제후국의 은나라 정벌: 『후한서』 「동이열전」의 기록에는 "무을武乙 때에 이르러 은나라가 쇠폐해지자, 동이東夷(단군조선)가 점점 강성해져서 마침내 회수淮水와 태산 지방으로 옮기고 점차 중국 본토[中土]를 점거하여 살게 되었다. 소위 서이徐夷가 바로 이것이다"라고 하였다. 그런데 『후한서』의 기록은 은나라 27세 무을武乙(BCE 1196년경)왕 때 것이고, 『단군세기』의 23세 아홀단군 2년(BCE 1236)은 은나라 24세 조갑祖甲왕 23년에 해당하므로 약 40년의 차이가 난다.

25세 단군 솔나 재위 88년

辛亥元年이라. 丁亥三十七年이라 箕子가 徙居西華하야 謝絶人事하니라.
丁酉四十七年이라 帝在上蘇塗하사 講古禮라가 因問佞臣直臣之分하신대
三郞洪雲性이 進對曰 執理不屈者는 直臣也오 畏威曲從者는 佞臣也라
君源臣流니 源旣濁矣오 流豈求淸이면 是爲不可니 故로 君聖然後에
臣直이니이다 하니 帝曰 善哉라. 己酉五十九年이라 田穀이 豊登하야
有一莖五穗之粟이러라. 戊寅八十八年이라 帝崩하시니 太子鄒魯가 立하시니라.

역주 • 솔나단군의 재위 원년은 신해(환기 6048, 신시개천 2748, 단기 1184, BCE 1150)년이다.

• 재위 37년 정해(단기 1220, BCE 1114)년에 **기자**箕子[32]가 **서화**西華에 살면서 인사를 사절하였다.

• 재위 47년 정유(단기 1230, BCE 1104)년에 임금께서 **상소도**上蘇塗에서 **고례**古禮를 강론하시다가, 아첨하는 신하[佞臣]와 올곧은 신하[直臣]의 차이를 물으셨다. 삼랑三郞 홍운성洪雲性이 나아가 아뢰었다.

"올바른 이치를 굳게 지켜 굽히지 않는 자는 직신直臣이요, 권위를 두려워하여 자기 뜻을 굽혀 복종하는 자는 영신佞臣입니다. 임금은 근원이요 신하는 지류이니, 근원이 이미 탁하거늘 지류가 맑기를 바란다면 이는 옳지 않습니다. 그러므로 군왕이 성군이라야 신하가 올곧은 신하가 되는 것이옵니다."

임금께서 "그대 말이 옳도다" 하셨다.

• 재위 59년 기유(단기 1242, BCE 1092)년에 밭곡식이 잘 여물어 한 줄기에 다섯 이삭이 패었다.

• 재위 88년 무인(환기 6135, 신시개천 2835, 단기 1271, BCE 1063)년에 솔나단군께서 붕어하셨다. 태자 추로鄒魯께서 즉위하셨다.

26세 단군 추로 재위 65년

己卯元年이라. 秋七月에 白岳山溪谷에 白鹿二百이 作隊而來遊하니라.
癸未六十五年이라 帝崩하시니 太子豆密이 立하시니라.

▨서화西華: 지금의 하남성 개봉開封 남쪽에 있으며 그곳에 기자독서대가 있다. 기자묘는 산동성 조현에 있다.

역주 •추로단군의 재위 원년은 기묘(환기 6136, 신시개천 2836, 단기 1272, BCE 1062)년이다. 가을 7월에 백악산 계곡에 흰 사슴 200마리가 떼를 지어 와서 놀았다.

•재위 65년 계미(환기 6200, 신시개천 2900, 단기 1336, BCE 998)년에 추로단군께서 붕어하셨다. 태자 두밀豆密께서 즉위하셨다.

27세 단군 두밀 재위 26년

甲申元年이라. 天海水溢하고 斯阿蘭山이 崩하니라. 是歲에 須密爾國과 養雲國과 句茶川國이 皆遣使하야 獻方物하니라. 辛卯八年이라 太旱之餘에 大雨注下하야 民無收穫이어늘 帝命發倉周給하시니라.
己酉二十六年이라 帝崩하시니 奚牟가 立하시니라.

역주 •두밀단군의 재위 원년은 갑신(환기 6201, 신시개천 2901, 단기 1337, BCE 997)년이다. 천해天海의 물이 넘치고 사아란산斯阿蘭山*이 무너졌다. 이 해에 **수밀이국**須密爾國·**양운국**養雲國·**구다천국**句茶川國이 모두 사신을 보내 방물을 바쳤다.

•재위 8년 신묘(단기 1344, BCE 990)년에 심한 가뭄이 든 뒤에 큰비가 내려 백성들이 곡식을 거둬들이지 못하였다. 임금께서 곡물 창고를 열어 두루 나누어 주게 하셨다.

•재위 26년 기유(환기 6226, 신시개천 2926, 단기 1362, BCE 972)년에 두밀단군께서 붕어하셨다. 해모奚牟가 즉위하셨다.

28세 단군 해모 재위 28년

庚戌元年이라. 帝有疾이어시늘 使白衣童子로 禱天하신대 尋瘳하시니라.
庚申十一年이라 夏四月에 旋風大起하고 暴雨注下하니 陸上에 魚類亂墮하니라. 丁卯十八年이라 氷海諸汗이 遣使入貢하니라.
丁丑二十八年이라 帝崩하시니 摩休가 立하시니라.

역주 •해모단군의 재위 원년은 경술(환기 6227, 신시개천 2927, 단기 1363, BCE 971)년이다. 임금께서 병이 나자 흰옷 입은 동자[白衣童子]로 하여금 하늘에 기도하게 하니 얼마 되지 아니하여 나으셨다.

•재위 11년 경신(단기 1373, BCE 961)년 여름 4월에 회오리바람이 크게 일어나고 폭우가 쏟아져 땅 위에 물고기가 어지럽게 떨어졌다.

※ 사아란산斯阿蘭山: 바이칼 호 옆에 있는 샤안산맥.

• 재위 18년 정묘(단기 1380, BCE 954)년에 **빙해**氷海 **지역* 여러 왕**[汗]이 사신을 보내 조공을 바쳤다.

• 재위 28년 정축(환기 6254, 신시개천 2954, 단기 1390, BCE 944)년에 해모단군께서 붕어하셨다. 마휴摩休가 즉위하셨다.

29세 단군 마휴 재위 34년

戊寅元年이라. 周人이 入貢하니라. 乙酉八年이라 夏에 地震하니라.
丙戌九年이라 南海潮水가 退三尺하니라.
辛亥三十四年이라 帝崩하시니 太子奈休가 立하시니라.

역주 ▶ 마휴단군의 재위 원년은 무인(환기 6255, 신시개천 2955, 단기 1391, BCE 943)년이다. 주周나라 사람이 공물을 바쳤다.

• 재위 8년 을유(단기 1398, BCE 936)년 여름에 지진이 있었다.

• 재위 9년 병술(단기 1399, BCE 935)년에 **남해 조수**潮水**가 석 자 후퇴**했다.

• 재위 34년 신해(환기 6288, 신시개천 2988, 단기 1424, BCE 910)년에 마휴단군께서 붕어하셨다. 태자 내휴奈休가 즉위하셨다.

30세 단군 내휴 재위 35년

壬子元年이라. 帝南巡하사 觀靑邱之政하시고 刻石蚩尤天王功德하시니라.
西至奄瀆忽하사 會分朝諸汗하사 閱兵祭天하시고 與周人으로 修好하시니라.
丙辰五年이라 凶奴가 入貢하니라.
丙戌三十五年이라 帝崩하시니 太子登屼이 立하시니라.

역주 ▶ 내휴단군의 재위 원년은 임자(환기 6289, 신시개천 2989, 단기 1425, BCE 909)년이다. 임금께서 남쪽으로 순수하여 청구靑邱의 정치 상황을 돌아보고 돌에 **치우천황의 공덕**을 새기셨다. 서쪽으로 **엄독홀**에 이르러 분조分朝의 모든 왕을 모아 열병하신 후 하늘에 제사 지내고, 주周나라와 수교修交하셨다.

• 재위 5년 병진(단기 1429, BCE 905)년, **흉노**匈奴가 공물을 바쳤다.

• 재위 35년 병술(환기 6323, 신시개천 3023, 단기 1459, BCE 875)년에 내휴단군께서 붕어하셨다. 태자 등올登屼께서 즉위하셨다.

---

* 빙해氷海 **지역**: 바이칼을 비롯한 시베리아 지역.

31세 단군 등올 재위 25년

丁亥元年이라. 壬寅十六年이라 鳳鳴白岳하고 麒麟이 來遊上苑하니라.
辛亥二十五年이라 帝崩하시니 子鄒密이 立하시니라.

역주 ● 등올단군의 재위 원년은 정해(환기 6324, 신시개천 3024, 단기 1460, BCE 874)년이다.

● 재위 16년 임인(단기 1475, BCE 859)년에 봉황*이 백악산에서 울고 기린*이 상원上苑에 와서 놀았다.

● 재위 25년 신해(환기 6348, 신시개천 3048, 단기 1484, BCE 850)년에 등올단군께서 붕어하셨다. 아들 추밀鄒密께서 즉위하셨다.

32세 단군 추밀 재위 30년

壬子元年이라. 甲寅三年이라 鮮卑山酋長們古가 入貢하니라.
癸亥十二年이라 楚大夫李文起가 入朝하니라.
甲子十三年이라 三月에 日蝕하니라. 丙寅十五年이라 農作大饑러라.
辛巳三十年이라 帝崩하시니 太子甘勿이 立하시니라.

역주 ● 추밀단군의 재위 원년은 임자(환기 6349, 신시개천 3049, 단기 1485, BCE 849)년이다.

● 재위 3년 갑인(단기 1487, BCE 847)년에 **선비산**鮮卑山 추장 문고們古가 공물을 바쳤다.

● 재위 12년 계해(단기 1496, BCE 838)년에 초楚나라 대부 이문기李文起가 입조入朝하였다.

● 재위 13년 갑자(단기 1497, BCE 837)년 3월에 일식이 있었다.

● 재위 15년 병인(단기 1499, BCE 835)년에 농작물에 심한 흉년이 들었다.

● 재위 30년 신사(환기 6378, 신시개천 3078, 단기 1514, BCE 820)년에 추밀단군께서 붕어하셨다. 태자 감물甘勿께서 즉위하셨다.

✽ 봉황鳳凰: 성천자聖天子 하강의 징조로 나타난다고 하는 서조瑞鳥. 수컷을 봉鳳, 암컷을 황凰이라 한다.
✽ 기린麒麟: 성왕, 성인이 이 세상에 나기 전이나 출현할 때 나타나는 상서로운 동물. 수컷을 기麒, 암컷을 인麟이라 한다. 용, 거북, 봉황과 함께 사령四靈이라 불린다.
▨ 선비산鮮卑山: 선비족의 원 거주지. 지금의 내몽골 과이심우익科爾沁右翼 서쪽에 있다(『중국사고지도집』, 30쪽). 후에 고구려 2세 유리명열제가 선비鮮卑를 정벌하여 속국으로 삼았다(『삼국사기』, 「고구려본기」).

33세 단군 감물 재위 24년

임오원년 계미이년   주인   내헌호상지피
壬午元年이라. 癸未二年이라 周人이 來獻虎象之皮하니라.
무자칠년   영고탑서문외감물산지하   건삼성사   친제
戊子七年이라 寧古塔西門外甘勿山之下에 建三聖祠하시고 親祭하실새
유서고문   왈 삼성지존   여신제공   삼신지덕   인성익대
有誓告文하시니 曰「三聖之尊은 與神齊功하시고 三神之德은 因聖益大로시다
허조동체   개전일여   지생쌍수   형혼구연
虛粗同體하고 個全一如하니 智生雙修면 形魂俱衍이로세
진교내립   신구자명   승세이존   회광반궁
眞敎乃立하야 信久自明하고 乘勢以尊하니 回光反躬이로세
절피백악   만고일창   열성계작   문흥예악
截彼白岳이여 萬古一蒼이로다 列聖繼作하야 文興禮樂하니
규모사대   도술연굉
規模斯大하야 道術淵宏이로다
집일함삼   회삼귀일   대연천계   영세위법
執一含三하고 會三歸一하니 大演天戒하야 永世爲法이로다.」
을사이십사년   제붕   태자오루문   입
乙巳二十四年이라 帝崩하시니 太子奧婁門이 立하시니라.

역주 ● 감물단군의 재위 원년은 임오(환기 6379, 신시개천 3079, 단기 1515, BCE 819)년이다.

● 재위 2년 계미(단기 1516, BCE 818)년에 주周나라 사람이 와서 호랑이와 코끼리 가죽을 바쳤다.

● 재위 7년 무자(단기 1521, BCE 813)년에 **영고탑** 서문 밖 감물산甘勿山 아래에 **삼성사**三聖祠*를 세우고 친히 제사를 드렸는데, 그「**서고문**誓告文」에서 이렇게 말씀하셨다.

> 세 분 성조(환인·환웅·단군)의 높고도 존귀하심은
> 삼신과 더불어 공덕이 같으시고
> 삼신(상제님)의 덕은 세 분 성조로 말미암아 더욱 성대해지도다.
> 텅 빔(무)과 꽉 참(유)*은 한 몸이요[虛粗同體]
> 낱낱[個]과 전체[소]는 하나이니[個全一如].

---

*삼성사三聖祠: 문정창은 황해도 구월산에 삼성사를 설치한 사실에 대해 "조선 시대의 역사학자 안정복安鼎福은 구월산의 단군사당이 고려 시대에 처음 설치된 것이라 하였다. 고려 시대 때 황해도 구월산에 삼성사를 세운 것은 단군조선의 기원을 한반도 내로 국한시키려는 금金·원元나라 등의 상고사에 대한 삭제 작업 하에 불교를 국교로 하는 지배층과 불교도들이 이에 영향하여 이루어진 것이다. 이 나라 상고사의 삭제 작업을 불교적으로 체계 세워 장식하기 위한 역사왜곡에 그 목적이 있었으리라. 그러므로 황해도 구월산의 단군사당을 고조선에 관한 역사 사실의 하나인 양 취급하려는 일부 식민주의 사학자들의 노력은 허망한 일이라 할 것이다"라고 하였다(문정창,『단군조선사연구』, 106쪽).

*텅 빔[虛]과 꽉 참[粗]: 텅 빔은 무, 즉 본체를 말하며, 현상은 적迹과 실實, 즉 드러난 자취를 뜻한다. 허조虛粗는 허실정조虛實精粗의 줄임말이다. 이는『환단고기』에서 '무'와 '유'의 관계를 달리 표현한 것으로 본체[體]와 작용[用]의 관계를 말한다.

지혜와 삶 함께 닦아[智生雙修] 내 몸과 영혼 함께 뻗어나가네[形魂俱衍].
참된 가르침이 이에 세워져 믿음이 오래면 스스로 밝아지리라.
삼신의 힘을 타면 존귀해지나니 빛을 돌려 내 몸을 살펴보세.
저 높고 가파른 백악산은 만고에 변함없이 푸르구나.
역대 성조께서 대를 이어 예악을 찬란히 부흥시키셨으니
그 규모 이토록 위대하여 신교의 도술 깊고도 광대하여라.
하나[一氣] 속에 셋(삼신)이 깃들어 있고[執一含三],
세 손길로 작용하는 삼신은 하나의 근원으로 돌아가나니[會三歸一]※.
하늘의 계율 널리 펴서 영세토록 법으로 삼으리.

• 재위 24년 을사(환기 6402, 신시개천 3102, 단기 1538, BCE 796)년에 감물단군께서 붕어하셨다. 태자 오루문奧婁門께서 즉위하셨다.

34세 단군 오루문 재위 23년

丙午元年이라. 是歲에 五穀豊熟하고 萬姓歡康하야 作兜里之歌하니 其歌에 曰
天有朝暾하야 明光照耀하고 國有聖人하야 德敎廣被로다.
大邑國我倍達聖朝는 多多人이 不見苛政하야 熙皞歌之하니 長太平이로다.
乙卯十年이라 兩日이 並出하고 仍黃霧四塞하니라.
戊辰二十三年이라 帝崩하시니 太子沙伐이 立하시니라.

역주 • 오루문단군의 재위 원년은 병오(환기 6403, 신시개천 3103, 단기 1539, BCE 795)년이다. 이 해에 오곡이 풍성하게 잘 익어 만백성이 기뻐하며 「도리가兜里歌」*를 지어 부르니 그 가사는 이러하다.

하늘에 아침 해 솟아 밝은 빛 비추고
나라에 성인이 계셔 후덕한 가르침 널리 미치도다.
큰 나라 우리 배달 성조聖朝여!
많고 많은 사람들 가혹한 정치 당하지 않아
즐겁고 화평하게 노래하니 늘 태평성대로세!

※ 회삼귀일會三歸一 : 하나 속에 셋(조화造化·성性, 교화敎化·명命, 치화治化·정精)이 있고 셋은 그 근본이 하나[一神]의 조화로 돌아옴을 뜻한다.

* 도리가[兜里之歌] : 민족 음악은 배달국 신시 시대에 시작되었으며 당시의 명칭은 「공수貢壽」였다. 단군조선·고구려 때에는 온 백성이 한마음이 되어 부른 「어아가」가 있었다. 그리고 「도리가」도 이러한 노래의 하나이다.

• 재위 10년 을묘(단기 1548, BCE 786)년, 두 개의 해가 함께 뜨고 누런 안개가 사방을 덮었다.

• 재위 23년 무진(환기 6425, 신시개천 3125, 단기 1561, BCE 773)년에 오루문단군께서 붕어하셨다. 태자 사벌沙伐께서 즉위하셨다.

35세 단군 사벌 재위 68년

己巳元年이라. 甲戌六年이라 是歲에 有蝗蟲大水하니라. 壬午十四年이라 虎入宮殿하니라. 壬辰二十四年이라 有大水하야 山이 崩壞하고 谷이 充塡하니라. 戊午五十年이라 帝遣將彥波弗哈하사 平海上熊襲하시니라.

역주 • 사벌단군의 재위 원년은 기사(환기 6426, 신시개천 3126, 단기 1562, BCE 772)년이다.

• 재위 6년 갑술(단기 1567, BCE 767)년, 이 해에 누리가 날뛰고 홍수가 있었다.

• 재위 14년 임오(단기 1575, BCE 759)년에 범이 궁전에 들어왔다.

• 재위 24년 임진(단기 1585, BCE 749)년에 홍수가 나서 산이 무너지고 골짜기가 메워졌다.

• 재위 50년 무오(단기 1611, BCE 723)년에 임금께서 장수 **언파불합**彥波弗哈을 보내어 **바다 위의 웅습**熊襲(구마소)*을 **평정**하셨다.

甲戌六十六年이라 帝遣祖乙하사 直穿燕都하시니 與齊兵으로 戰于臨淄之南郊하야 告捷하니라. 丙子六十八年이라 帝崩하시니 太子買勒이 立하시니라.

역주 • 재위 66년 갑술(단기 1627, BCE 707)년에 임금께서 조을祖乙을 보내어 곧장 **연**燕**나라 수도**로 진격하게 하시니, **제**齊**나라** 군대와 더불어 임치臨淄(제나라 수도) 남쪽 들판에서 싸워 승리를 거두었다고 고하였다.

• 재위 68년 병자(환기 6493, 신시개천 3193, 단기 1629, BCE 705)년에 사벌단군께서 붕어하셨다. 태자 매륵買勒께서 즉위하셨다.

---

*웅습熊襲: 일본의 큐슈九州 지방에 있는 지명으로 '구마소'라 한다. 본래 큐슈 지방에 곰이 서식하지 않는데도 구마모토熊本·구마시로熊城·구마가와熊川 등 웅熊 자가 들어간 지명이 많다. 이것은 배달 환웅 시대 웅족熊族의 토템 신앙을 그대로 계승한 '단군조선의 부여계'가 일본으로 건너가 일본 고대 문명을 건설한 역사적 사실을 생생하게 반증하는 것이다(김향수, 『일본은 한국이더라』, 361쪽).

36세 단군 매륵 재위 58년

丁丑元年이라. 甲辰二十八年이라 有地震海溢하니라.
戊申三十二年이라 西村民家에 牛生八足犢하니라. 辛亥三十五年이라
龍馬가 出於天河한대 背有星文이라. 甲寅三十八年이라 遣陝野侯裵幋命하사
往討海上하시니 十二月에 三島悉平이러라. 戊辰五十二年이라 帝遣兵하사
與須臾兵으로 伐燕하신대 燕人이 告急於齊라 齊人이 大擧入孤竹이라가
遇我伏兵하야 戰不利어늘 乞和而去하니라.
甲戌五十八年이라 帝崩하시니 太子麻勿이 立하시니라.

역주 • 매륵단군의 재위 원년은 정축(환기 6494, 신시개천 3194, 단기 1630, BCE 704)년이다.

• 재위 28년 갑진(단기 1657, BCE 677)년에 지진과 해일이 일어났다.

• 재위 32년 무신(단기 1661, BCE 673)년에 서쪽 마을 민가에서 다리가 여덟 개 달린 송아지가 태어났다.

• 재위 35년 신해(단기 1664, BCE 670)년에 **용마**龍馬가 **천하**天河에서 나왔는데 등에 별 무늬가 있었다.

• 재위 38년 갑인(단기 1667, BCE 667)년, **협야후**陝野侯 **배반명**裵幋命*을 보내어 해상의 적을 토벌하게 하셨다. 12월에 **삼도**三島(일본을 구성하는 세 섬, 곧 큐슈, 혼슈, 시코쿠)를 모두 평정하였다.[33]

• 재위 52년 무진(단기 1681, BCE 653)년에 임금께서 병력을 보내 **수유국**須臾國* 군대와 더불어 **연**燕나라를 정벌하자 연나라 사람이 제齊나라에 위급을 고했다. 제나라 사람들이 대거 **고죽**孤竹으로 쳐들어오다가 아군의 복병을 만나 전세가 불리하자, 화친을 구걸하고 물러갔다.[34]

• 재위 58년 갑술(환기 6551, 신시개천 3251, 단기 1687, BCE 647)년에 매륵단군께서 붕어하셨다. 태자 마물麻勿께서 즉위하셨다.

✲ **협야후**陝野侯 **배반명**裵幋命: 『태백일사』「삼한관경본기」〈마한세가〉 하에는 "갑인(BCE 667)년에 협야후에게 명하여 전선 500척을 거느리고 해도海島를 거쳐 왜인의 반란을 평정하였다"라고 밝혔다. BCE 667년은 『일본서기』에 진무神武 왕이 등장하는 해이고, 협야후 배반명은 『일본서기』에 나오는 진무 왕, 즉 사노노미코토狹野尊이다.

✲ **수유국**須臾國: 우리가 알고 있는 기자는 상나라 말기의 인물로 이름은 '서여胥餘 또는 수유須臾'이다. 은나라가 망하자 이 기자의 일족은 번조선의 서쪽인 북경과 하북성 난하 일대로 망명해 단군조선의 작은 제후국으로 존재했다. 따라서 수유는 기자의 후예가 세운 나라로 추정할 수 있다.

檀君世紀

37세 단군 마물 재위 56년

_{을해원년} _{경오오십육년} _{제남순} _{지기수} _붕
乙亥元年이라. 庚午五十六年이라 帝南巡이라가 至淇水하사 崩하시니
_{태자다물} _입
太子多勿이 立하시니라.

역주 ●마물단군의 재위 원년은 을해(환기 6552, 신시개천 3252, 단기 1688, BCE 646)년이다.

●재위 56년 경오(환기 6607, 신시개천 3307, 단기 1743, BCE 591)년에 임금께서 남쪽으로 순수하시다가 기수淇水에 이르러 붕어하셨다. 태자 다물多勿께서 즉위하셨다.

38세 단군 다물 재위 45년

_{신미원년} _{을묘사십오년} _{제붕} _{태자두홀} _입
辛未元年이라. 乙卯四十五年이라 帝崩하시니 太子豆忽이 立하시니라.

역주 ●다물단군의 재위 원년은 신미(환기 6608, 신시개천 3308, 단기 1744, BCE 590)년이다.

●재위 45년 을묘(환기 6652, 신시개천 3352, 단기 1788, BCE 546)년에 다물단군께서 붕어하셨다. 태자 두홀豆忽께서 즉위하셨다.

39세 단군 두홀 재위 36년

_{병진원년} _{신묘삼십육년} _{제붕} _{태자달음} _입
丙辰元年이라. 辛卯三十六年이라 帝崩하시니 太子達音이 立하시니라.

역주 ●두홀단군의 재위 원년은 병진(환기 6653, 신시개천 3353, 단기 1789, BCE 545)년이다.

●재위 36년 신묘(환기 6688, 신시개천 3388, 단기 1824, BCE 510)년에 두홀단군께서 붕어하셨다. 태자 달음達音께서 즉위하셨다.

40세 단군 달음 재위 18년

_{임진원년} _{기유십팔년} _{제붕} _{태자음차} _입
壬辰元年이라. 己酉十八年이라 帝崩하시니 太子音次가 立하시니라.

역주 ●달음단군의 재위 원년은 임진(환기 6689, 신시개천 3389, 단기 1825, BCE 509)년이다.

●재위 18년 기유(환기 6706, 신시개천 3406, 단기 1842, BCE 492)년에 달음단군께서 붕어하셨다. 태자 음차音次께서 즉위하셨다.

41세 단군 음차 재위 20년

<ruby>庚戌元年<rt>경술원년</rt></ruby>이라. <ruby>己巳二十年<rt>기사이십년</rt></ruby>이라 <ruby>帝崩<rt>제붕</rt></ruby>하시니 <ruby>太子乙于支<rt>태자을우지</rt></ruby>가 <ruby>立<rt>입</rt></ruby>하시니라.

역주 • 음차단군의 재위 원년은 경술(환기 6707, 신시개천 3407, 단기 1843, BCE 491)년이다.

• 재위 20년 기사(환기 6726, 신시개천 3426, 단기 1862, BCE 472)년에 음차단군께서 붕어하셨다. 태자 을우지乙于支께서 즉위하셨다.

42세 단군 을우지 재위 10년

<ruby>庚午元年<rt>경오원년</rt></ruby>이라. <ruby>己卯十年<rt>기묘십년</rt></ruby>이라 <ruby>帝崩<rt>제붕</rt></ruby>하시니 <ruby>太子勿理<rt>태자물리</rt></ruby>가 <ruby>立<rt>입</rt></ruby>하시니라.

역주 • 을우지단군의 재위 원년은 경오(환기 6727, 신시개천 3427, 단기 1863, BCE 471)년이다.

• 재위 10년 기묘(환기 6736, 신시개천 3436, 단기 1872, BCE 462)년에 을우지단군께서 붕어하셨다. 태자 물리勿理께서 즉위하셨다.

43세 단군 물리 재위 36년

庚辰元年이라. 乙卯三十六年이라 隆安獵戶于和冲이 自稱將軍하고
聚衆數萬하야 陷西北三十六郡이어늘 帝遣兵不克이러시니
冬에 賊이圍都城急攻이라 帝與左右宮人으로 奉廟社主하시고
浮舟而下하사 之海頭하사 尋崩하시니라.
是歲에 白民城褥薩丘勿이 以命起兵하야 先據藏唐京하니
九地師가 從之하고 東西鴨綠十八城이 皆遣兵來援하니라.

역주 • 물리단군의 재위 원년은 경진(환기 6737, 신시개천 3437, 단기 1873, BCE 461)년이다.

• 재위 36년 을묘(환기 6772, 신시개천 3472, 단기 1908, BCE 426)년에 융안隆安의 사냥꾼 **우화충**于和冲[35]이 스스로 장군이라 칭하고 무리 수만 명을 모아 서북 36군郡을 함락시켰다. 임금께서 군사를 보내셨으나 이기지 못하였다. 겨울에 이 역적이 도성을 포위하고 급히 공격하므로 임금께서 좌우 궁인과 더불어 종묘와 사직의 신주神主*를

✱ 신주神主: 위패位牌를 말함.

받들고 배를 타고 내려가다가 해두海頭*에 이르렀는데 얼마 있지 않아 붕어하셨다. 이 해에 **백민성白民城** **욕살 구물**丘勿이 천명을 받들어 병사를 일으켜 먼저 **장당경**藏唐京*을 점령하자, 아홉 지역의 군사가 추종하고 동서압록의 열여덟 성이 모두 군사를 보내 원조하였다.

44세 단군 구물 재위 29년

丙辰元年이라. 三月에 大水가 浸都城하니 賊大亂이라.
丘勿이 率兵一萬하야 往討之하니 賊이 不戰自潰어늘 遂斬于和冲하니라.
於是에 丘勿이 爲諸將所推하야 乃於三月十六日에 築壇祭天하시고
遂卽位于藏唐京하사 改國號爲大夫餘하시고 改三韓爲三朝鮮하시니
自是로 三朝鮮이 雖奉檀君하야 爲一尊臨理之制나 而惟和戰之權은
不在一尊也라 七月에 命改築海城하사 爲平壤하시고 作離宮하시니라.

역주 ● 구물단군의 재위 원년은 병진(환기 6773, 신시개천 3473, 단기 1909, BCE 425)년이다. 3월에 홍수로 도성이 잠기자 역적들이 크게 어지러워졌다. 구물이 병사 1만 명을 이끌고 가서 토벌하자, 역적들은 싸워 보지도 못하고 스스로 궤멸하였다. 마침내 우화충을 잡아 참수하였다. 이에 구물이 모든 장수의 추대를 받아 **3월 16일**에 단을 쌓아 하늘에 제사 지내고 장당경에서 즉위하였다. 구물단군께서 국호를 **대부여**大夫餘로 바꾸고, **삼한**三韓을 **삼조선**三朝鮮*으로 바꾸셨다. 이로부터 삼조선이 비

고조선 체제의 변화

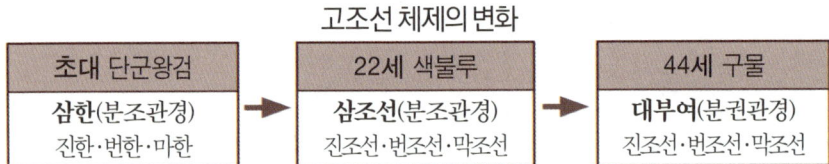

초대 단군왕검	22세 색불루	44세 구물
삼한(분조관경)	**삼조선**(분조관경)	**대부여**(분권관경)
진한·번한·마한	진조선·번조선·막조선	진조선·번조선·막조선

분조관경分朝管境**과 분권관경**分權管境 | 『태백일사』「소도경전본훈」에서는 "삼한이라는 말에는 '조정을 나누어 통치한다[分朝管境]'는 뜻이 있고, 삼조선은 '권력을 나누어 통치[分權管境]하는 제도를 둔다'는 말이다"라고 하였다.

---

* **해두**海頭: 이유립은 해두를 혼동강混同江 우측이라 하였는데, 역사적으로 흑룡강, 송화강, 압록강을 혼동강이라 불렀다.
* **백민성**白民城: 이유립은 장백산 남쪽이라 하였다.
* **장당경**: 단군조선의 세 번째 도읍지로 지금의 개원開原이다.
* **삼조선**三朝鮮: 고조선은 본래 삼한관경제를 시행하여 나라를 삼한으로 나누어 다스렸으나, 병권은 진한의 대단군이 행사하였다. 44세 구물단군 때에 이르러 삼조선 체제로 바뀌면서 삼조선(진·번·막조선)이 각기 전쟁 수행 권한을 갖게 되었다. 이 병권분립이 신교 삼신사상을 뿌리로 하는 삼한관경제를 붕괴시키는 결정적인 계기가 되었다.

록 대단군을 받들어 한 분이 다스리는 제도는 그대로 유지하였으나 화전和戰의 권한(병권兵權)은 단군 한 분에게 있지 않았다.

7월에 해성海城을 개축하여 **평양**平壤이라 하고 별궁[離宮]을 지으셨다.

> 丁巳二年이라 禮官이 請行三神迎鼓祭하니 乃三月十六日也라.
> 帝親幸敬拜하실새 初拜三叩하고 再拜六叩하고 三拜九叩가 禮也나 從衆하사
> 特爲十叩하시니 是爲三六大禮也라.
> 壬申十七年이라 遣監察官于州郡하사 糾察吏民하시고 擧孝廉하시니라.
> 戊寅二十三年이라 燕이 遣使賀正하니라.
> 甲申二十九年이라 帝崩하시니 太子余婁가 立하시니라.

역주 ● 재위 2년 정사(단기 1910, BCE 424)년에 예관禮官이 **삼신영고제**三神迎鼓祭를 올리기를 청하니 **3월 16일**(대영절大迎節)*이었다. 임금께서 친히 납시어 경배하실 때, 초배에 세 번 조아리고, 재배에 여섯 번 조아리고, 삼배에 아홉 번 조아리는 것이 예禮이지만, 무리를 따라 특별히 열 번 조아리셨다. 이것이 **삼육대례**三六大禮이다.

● 재위 17년 임신(단기 1925, BCE 409)년에 임금께서 각 주군州郡에 감찰관을 보내어 관리와 백성을 규찰糾察*하고, 효자와 청렴한 선비를 천거하게 하셨다.

● 재위 23년 무인(단기 1931, BCE 403)년에 연나라에서 사신을 보내 신년 하례를 올렸다.

● 재위 29년 갑신(환기 6801, 신시개천 3501, 단기 1937, BCE 397)년에 구물단군께서 붕어하셨다. 태자 여루余婁께서 즉위하셨다.

45세 단군 여루 재위 55년

> 乙酉元年이라. 築城長嶺狼山하니라.
> 辛丑十七年이라 燕人이 侵邊郡이어늘 守將苗長春이 擊敗之하니라.
> 丙辰三十二年이라 燕人이 倍道入寇하야 陷遼西하고 逼雲障이어늘
> 番朝鮮이 命上將于文言하야 禦之하고 眞莫二朝鮮이 亦派兵來救하고
> 設伏夾攻하야 破燕齊之兵於五道河하니 遼西諸城이 悉復하니라.

※ 대영절大迎節: 삼신영고제는 삼신상제님을 맞이하는 제천의식으로 해마다 3월 16일에 행하였는데, 이 날을 대영절이라 한다.

※ 규찰糾察: 죄상을 들추어 자세히 밝힌다는 뜻.

역주 • 여루단군의 재위 원년은 을유(환기 6802, 신시개천 3502, 단기 1938, BCE 396)년이다. 장령長嶺·낭산狼山*에 성을 쌓았다.

• 재위 17년 신축(단기 1954, BCE 380)년에 연나라 사람이 변방을 침범하자 그곳을 지키던 장수 묘장춘茆長春이 이를 쳐서 물리쳤다.

• 재위 32년 병진(단기 1969, BCE 365)년에 연나라 사람들이 이틀길을 하루에 달려 쳐들어와 요서를 함락하고 **운장**雲障 지방을 핍박하였다.

번조선番朝鮮 왕이 상장 우문언于文言에게 명하여 막게 하고, **진**眞·**막**莫 두 **조선**도 역시 군대를 보내 구원하였다. 복병을 두어 협공하여 연燕·제齊 두 나라의 군대를 오도하五道河*에서 깨뜨리고 요서 지방의 성을 모두 회복하였다.

정사삼십삼년　연인　패둔연운도　　조선　　장래습
丁巳三十三年이라 燕人이 敗屯連雲島하야 造船하고 將來襲할새
우문언　　추격대파　　사살기장
于文言이 追擊大破하고 射殺其將하니라.
신미사십칠년　　북막추장 액니거길　　내조　　헌마이백필
辛未四十七年이라 北漠酋長厄尼車吉이 來朝하야 獻馬二百匹하고
청공벌연　　　내 이 번조선 소장 신불사　　솔병일만
請共伐燕이어늘 乃以番朝鮮少將申不私로 率兵一萬하사
합공연상곡　　　발지　　　치성읍
合攻燕上谷하야 拔之하고 置城邑하니라.

역주 • 재위 33년 정사(단기 1970, BCE 364)년에, 연나라 사람들이 패한 뒤에도 연운도連雲島에 주둔하면서 배를 만들어 장차 쳐들어오려 하였다. 우문언이 추격하여 대파하고 그 장수를 쏘아 죽였다.

• 재위 47년 신미(단기 1984, BCE 350)년에 **북막**北漠▣ 추장 액니거길厄尼車吉이 내조來朝하여 말 2백 필을 바치고 함께 연燕을 치자고 청하였다. 이에 번조선 소장少將 신불사申不私로 하여금 병사 1만 명을 거느리게 하시니 연나라 **상곡**上谷*을 함께 공격하여 함락하고 성읍城邑을 설치하였다.

무인오십사년　　자상곡역후　연　연년내침　　　지시
戊寅五十四年이라 自上谷役後로 燕이 連年來侵이라가 至是하야
견사청화　　허지　　　부이조양이서　위계
遣使請和하니 許之하시고 復以造陽以西로 爲界하시니라.
기묘오십오년　　하　대한　　여유원옥　　대사
己卯五十五年이라 夏에 大旱이어늘 慮有寃獄하사 大赦하시고

＊장령·낭산: 장령은 지금의 길림성 장춘시 서쪽에 있고, 낭산은 백랑산白狼山으로 요령성 대릉하 상류에 있다.

＊오도하五道河: 이유립은 하북성 하간현河間縣을 흐르는 강이라 하였다.

▣북막北漠: 북쪽 사막이란 뜻으로 보통 고비 사막을 가리킨다. 따라서 여기서도 고비 사막을 비롯한 몽골 근처로 볼 수 있다.

＊상곡上谷: 지금의 북경 북쪽에 위치한 하북성 회래현懷來縣이다.

_{친 행 기 우} _{구 월} _{제 붕} _{태 자 보 을} _입
親幸祈雨하시니라. 九月에 帝崩하시니 太子普乙이 효하시니라.

역주 ● 재위 54년 무인(단기 1991, BCE 343)년, 상곡 싸움 이후로 연나라가 해마다 쳐들어오다가 이때에 사신을 보내 강화를 청하자, 이를 윤허하시고 다시 **조양**造陽*의 서쪽으로 경계를 삼으셨다.

● 재위 55년 기묘(환기 6856, 신시개천 3556, 단기 1992, BCE 342)년, 여름에 큰 가뭄이 들자 임금께서 원통하게 옥살이하는 사람이 있을까 염려하여 대사면을 내리고, 친히 납시어 기우제를 지내셨다.

9월에 여루단군께서 붕어하셨다. 태자 보을普乙께서 즉위하셨다.

46세 단군 보을 재위 46년

_{경 진 원 년} _{십 이 월} _{번 조 선 왕 해 인} _{위 연 소 견 자 객} _{소 해}
庚辰元年이라. 十二月에 番朝鮮王解仁이 爲燕所遣刺客의 所害하고
_{오 가 쟁 립} _{무 술 십 구 년} _{정 월} _{읍 차 기 후} _{이 병 입 궁}
五加爭立하니라. 戊戌十九年이라 正月에 邑借箕詡가 以兵入宮하고
_{자 이 번 조 선 왕} _{견 인 청 윤} _{제 허 지} _{사 견 비 연}
自以番朝鮮王으로 遣人請允한대 帝許之하시고 使堅備燕하시니라.

역주 ● 보을단군의 재위 원년은 경진(환기 6857, 신시개천 3557, 단기 1993, BCE 341)년이다. 12월에 번조선 왕 해인解仁*이 연나라에서 보낸 자객에게 시해弑害를 당하였다. 오가五加가 서로 권력을 다투었다.

● 재위 19년 무술(단기 2011, BCE 323)년 정월에 읍차邑借* **기후**箕詡가 병사를 이끌고 번조선 궁에 진입하여 스스로 70세 번조선 왕이 되고, 사람을 보내어 윤허를 청하였다. 임금께서 윤허하시고 연나라에 대한 방비를 강화하게 하셨다.

번조선 왕 기씨 계보
70세 기후箕詡 (BCE 323~BCE 315)
71세 기욱箕煜 (BCE 315~BCE 290)
72세 기석箕釋 (BCE 290~BCE 251)
73세 기윤箕潤 (BCE 251~BCE 232)
74세 기비箕丕 (BCE 232~BCE 221)
75세 기준箕準 (BCE 221~BCE 194)

_{정 사 삼 십 팔 년} _{도 성} _{대 화 진 소} _{제 피 어 우 해 성 이 궁}
丁巳三十八年이라 都城이 大火盡燒어늘 帝避御于海城離宮하시니라.
_{계 해 사 십 사 년} _{북 막 추 장 니 사} _{헌 악} _{내 수 이 후 상}
癸亥四十四年이라 北漠酋長尼舍가 獻樂한대 乃受而厚賞하시니라.
_{을 축 사 십 육 년} _{한 개} _{솔 수 유 병} _{범 궐 자 립} _{상 장 고 열 가}
乙丑四十六年이라 韓介가 率須臾兵하야 犯闕自立이어늘 上將高列加가

✱**조양**造陽: 상곡 지역 내에 있었으며, 북경 북쪽 만리장성 부근이다. 연나라 장수 진개秦介가 번조선에 인질로 붙잡혀 있다가 도망친 후 다시 침입하여, BCE 300년경에 번조선의 서쪽 변두리 땅 일부를 빼앗고서 축조한 연나라 장성의 서쪽 기점이다.

✱**해인**海仁: 일명 산한山韓. 번조선의 68세 왕이다. 연나라 자객에게 살해되었다.

✱**읍차**邑借: 국읍國邑의 군장君長에 대한 칭호의 하나이다. 가장 유력한 거수渠帥를 신지臣智라 하고, 제일 작은 지방의 군장을 읍차라 하였다.

起義하야 擊破之하고 帝還都하사 大赦하시니라.
自此로 國勢甚微하고 國用不敷러니 尋에 帝崩하시니 無嗣라
高列加가 以檀君勿理之玄孫으로 爲衆愛戴하시고 且有功하사 遂卽位하시니라.

역주 ● 재위 38년 정사(단기 2030, BCE 304)년에 도성(장당경)에 큰 불이 일어나 모두 타 버리자 임금께서 해성海城의 별궁으로 피하셨다.

● 재위 44년 계해(단기 2036, BCE 298)년에 북막 추장 이사尼솝가 음악을 지어 바치니 임금께서 이를 받으시고 후히 상을 내리셨다.

● 재위 46년 을축(환기 6902, 신시개천 3602, 단기 2038, BCE 296)년에 한개韓介가 **수유**須臾의 병사를 이끌고 궁궐을 침범하여 스스로 임금 자리에 올랐다. 이에 상장 **고열가**高列加가 의병을 일으켜 한개를 격파하였다. 임금께서 환도하고 대사면을 내리셨다. 이로부터 나라의 힘이 심히 미약해지고 살림살이가 넉넉지 못하더니 얼마 있지 않아 보을단군께서 붕어하셨다. 후사는 없었다.

고열가가 43세 물리勿理단군의 현손으로 백성의 사랑과 공경을 받고 또한 공로가 많으므로 드디어 추대를 받아 즉위하셨다.

47세 단군 고열가 재위 58년

丙寅元年이라. 己卯十四年이라 立檀君王儉廟于白岳山하사
令有司로 四時祭之하시고 帝는 歲一親祭하시니라.
己酉四十四年이라 燕이 遣使賀正하니라.
癸丑四十八年이라 十月朔에 日蝕하니라. 是歲冬에 北漠酋長阿里當夫가
請出師伐燕이어늘 帝不從하시니 自是로 怨不朝貢하니라.

역주 ● 고열가단군의 재위 원년은 병인(환기 6903, 신시개천 3603, 단기 2039, BCE 295)년이다.

● 재위 14년 기묘(단기 2052, BCE 282)년에 임금께서 백악산에 단군왕검의 사당을 세워 유사有司로 하여금 계절마다 제사 지내게 하시고, 임금께서는 일 년에 한 번씩 친히 제사를 드리셨다.

● 재위 44년 기유(단기 2082, BCE 252)년에 **연나라가 사신을 보내어 신년 하례를 올렸다**.

● 재위 48년 계축(단기 2086, BCE 248)년 10월 초하루에 일식이 있었다. 이 해 겨울에 북막 추장 아리당부阿里當夫가 연나라를 정벌하는데 출병해 주기를 청하였다. 임금

께서 응하지 않으시자, 원망하여 이후로 조공을 바치지 않았다.

壬戌五十七年이라 四月八日에 解慕漱가 降于熊心山하사
起兵하시니 其先은 槁離國人也시니라.
癸亥五十八年이라 帝仁柔不斷하사 令多不行하고
諸將恃勇하야 禍亂頻起하니 國用不敷하고 民氣益衰라
三月祭天之夕에 乃與五加로 議曰 昔에 我列聖이 肇極垂統하사
種德宏遠하사 永世爲法이러니 今에 王道衰微하야 諸汗爭强이로대
惟朕凉德이 懦不能理하며 無策招撫하야 百姓離散하니 惟爾五加는
擇賢以薦하라 하시고 大開獄門하사 放還死囚以下諸俘虜하시니라.

역주 ● 재위 57년 임술(환기 6959, 신시개천 3659, 단기 2095, BCE 239)년 4월 8일에 **해모수**가 **웅심산**熊心山으로 내려와 군사를 일으켰다. **해모수의 선조는 고리국**槁離國 **사람**이다.

● 재위 58년 계해(환기 6960, 신시개천 3660, 단기 2096, BCE 238)년, 임금께서 어질고 인자하시나 우유부단하여 명령이 제대로 이행되지 않을 때가 많았다. 그리하여 여러 장수가 자신의 용맹을 믿고 화란을 자주 일으켰다. 나라 살림은 쪼들리고 백성의 기운도 더욱 쇠약해졌다.

3월 제천祭天을 행한 날 저녁에, 임금께서 **오가**五加와 더불어 의논하여 말씀하셨다. "옛날 우리 성조들께서 **처음으로 법도를 만들고 국통**國統**을 세워 후세에 전하셨노라**. 덕을 펴심이 넓고도 멀리 미쳐 만세의 법이 되어 왔느니라. 그러나 이제 왕도가 쇠미하여 모든 왕[汗]이 세력을 다투고 있도다. 짐이 덕이 부족하고 나약하여 능히 다스릴 수 없고, 이들을 불러 무마시킬 방도도 없으므로 백성이 서로 헤어져 흩어지고 있느니라. 너희 오가는 현인을 택하여 단군으로 천거하라."

옥문을 크게 열어 사형수 이하 모든 포로를 석방하셨다.

翌日에 遂棄位入山하사 修道登仙하시니
於是에 五加가 共治國事六年이러라.
先是에 宗室大解慕漱가 密與須臾로 約하사 襲據故都白岳山하시고
稱爲天王郎하시니 四境之內가 皆爲聽命이러라. 於是에 封諸將하실새

檀君世紀

263

승수유후기비　위번조선왕　　왕수상하운장　　개북부여지흥
陛須臾侯箕丕하사 爲番朝鮮王하시고 往守上下雲障하시니 盖北夫餘之興이
시차　이고구려　내해모수지생향야　고　역칭고구려야
始此오 而高句麗는 乃解慕漱之生鄕也라 故로 亦稱高句麗也니라.

　　이튿날 임금께서 마침내 제위를 버리고 산으로 들어가 수도하여 선인仙人이 되셨다. 이에 **오가五加가 6년**(단기 2096, BCE 238~단기 2102, BCE 232) **동안 국사를 공동으로 집행**하였다. 이에 앞서 종실宗室인 대해모수께서 은밀히 **수유국須臾國**과 약속을 하고, 옛 도읍지 백악산을 습격하여 점거한 뒤에 스스로 **천왕랑**天王郎이라 칭하셨다. 사방에서 사람들이 모두 해모수의 명을 따랐다. 이때에 해모수께서 모든 장수를 봉하면서 **수유후**須臾侯 **기비**箕丕＊를 올려 세워 번조선 왕으로 삼아(단기 2102, BCE 232) 상·하운장＊을 지키게 하셨다. 대개 북부여[36]가 발흥한 것은 이때부터였다. 그리고 **고구려**는 해모수께서 태어난 고향이므로 북부여를 또한 고구려라고도 불렀다.

자 단군기원원년무진
自檀君紀元元年戊辰으로
지　금상천조후십이년계묘　　범삼천육백십육년야
至今上踐祚後十二年癸卯히 凡三千六百十六年也라
시세시월삼일　홍행촌수　서우강도지해운당
是歲十月三日에 紅杏村叟는 書于江都之海雲堂하노라.

　　단군기원檀君紀元 원년 무진(환기 4865, 신시개천 1565, BCE 2333)년부터 지금의 주상(고려 공민왕)께서 보위에 오르신 이후 12년째 되는 계묘(환기 8560, 신시개천 5260, 단기 3696, 서기 1363)년까지가 무릇 3,696년＊이라. 이 해 10월 3일에 홍행촌수紅杏村叟가 강화도의 해운당海雲堂에서 이 글을 쓰노라.

＊**기비**箕丕: 번조선 74세 왕으로 마지막 왕인 기준의 부왕父王.

＊**상·하 운장**: 진나라와 번조선의 국경 요새인 상운장과 하운장으로 장새障塞가 있던 곳. 지금의 난하 서쪽 연안에 있었다. 『사기』「조선열전」을 보면, 위만이 번조선에 망명할 때 "패수를 건너 진秦나라의 옛 공지空地인 상·하장에 거주하였다"라고 하였다.

고구려: 고구려의 본래 이름은 '고리', '구려'이다. 『삼성기』에는 고구려를 건국한 주몽이 해모수를 시조로 삼아 제사를 지냈다고 하였다. 해모수가 태어난 곳이 서압록의 고리이므로 후에 북부여를 고구려라고도 불렀는데, 주몽이 그 이름을 계승하여 고구려라 한 것이다. 고구려는 해모수의 북부여(원고구려), 주몽의 고구려(본고구려), 대중상의 대진국(후고구려)까지 합쳐서 1,165년(BCE 239~BCE 926)의 역사를 이어왔다. 후에 왕건이 고구려의 맥을 계승하여 고려라 하였으니, 고구려(고리, 구려, 고려)의 정신은 무려 1,631년(BCE 239~CE 1392)을 이어 온 것이다.

＊**3,696년**: BCE 2333+1363=3,696년이다. 원문에는 三千六百十六年이라 했는데, 九 자가 누락되었다. 단군기원 원년(BCE 2333)부터 공민왕 12년(1363)까지 3,696년이다.

1) 삼신三神

삼신에는 네 가지 뜻이 있다.

첫째, 우주의 창조 정신을 뜻한다. 이때 삼신은 조화造化, 교화敎化, 치화治化라는 '세 가지 창조성을 지닌 조화 정신三神'으로서 만물을 낳고 길러 내며 다스린다.

둘째, 천상의 궁궐에서 사람 모습을 하고 '우주 역사를 통치(주재)하시는 인격신'을 말한다. 우주의 삼신 정신을 주재하여 천·지·인 삼계를 다스리는 실제적인 하느님이 삼신상제님이다.

셋째, 한민족사의 뿌리 시대를 열어 주신 국조 삼신으로 환인(환국)─환웅(배달)─단군(조선) 삼성조를 일컫는다.

넷째, 자손 줄을 태워 주는 신, 보통 조상신을 말한다.

바로 이 '삼신의 우주관'을 모르기 때문에 지금의 역사학자, 철학자가 제 민족의 뿌리 정신을 철저히 망각한 것이다.

2) 무진戊辰

무진戊辰년은 초대 단군왕검께서 38세 되시던 해로 당唐나라 요임금 25(BCE 2333)년이다. 이 단군기원[檀紀] 원년에 대해서는 문헌 기록상 '당요唐堯 무진戊辰설(BCE 2333)'과 '당요 즉위 50년 경인庚寅설'로 나눌 수 있다. 그런데 '경인설'은, 『삼국유사』의 기록만 보더라도 '당요 50년'은 정사丁巳년이 되므로 잘못임을 알 수 있다.

'당요 무진설'은 다시 '당요 즉위 원년 무진설'과 '당요 25년 무진설'로 나누어진다. 이 무진년은 똑같이 BCE 2333년이므로, 요임금의 즉위 연대에 차이가 날 뿐이다. 단군왕검의 즉위 원년(고조선 개국 연도)을 '당요 즉위 원년 무진년'으로 기록하였다고 볼 수 있는 사서로는, 『삼국유사』에 인용된 『위서魏書』, 이승휴의 『제왕운기帝王韻紀』, 권람의 『응제시주應製詩註』, 조선의 『세종실록世宗實錄』 등이 있다. 그리고 '당요 25년 무진설'을 채용하고 있거나 해석상 이 기년紀年을 채택했다고 볼 수 있는 사서로는 『환단고기』를 비롯하여 『규원사화揆園史話』, 『단기고사檀奇古史』, 『동사연표東史年表』, 『동국통감東國通鑑』, 『동사강목東史綱目』과 그 외 20여 종이 있다. 중국의 정사正史에서는 당요 즉위 원년으로 무진년이 아니라 갑진甲辰(BCE 2357)년을 통용해 왔는데, 이 기년은 중국의 표준 기년과도 합치되는 역사적 근거를 가지고 있다(이상시, 『단군실사에 관한 문헌고증』). 이 갑진년에 단군왕검께서 대읍국의 비왕으로 봉해지셨기 때문에 "조선을 개국한 것이 당요와 같은 때이다[開國號朝鮮, 與高同時]"라고 한 것도 맞는 말이다.

3) 아사달

고조선의 도읍지를 가리키는 이름. 때로는 도성都城이나 도읍의 주산主山을 가리키기도 한다. 단군조선은 제정일치 사회로 신교문화가 지배하던 때이다. 아사달은 지리적 특성과 그 기능에 따라 여러 의미로 설명된다.

① 아사달은 밝고 환한 땅(산)이다.

아사달은 아시밝(첫 빛)에서 유래하였다. 아사달은 '아사+달'로 '아사'는 '아침[朝]', '밝음'을, '달'은 '산', '땅'을 뜻한다. 이를 한자로 나타낸 것이 '조선朝鮮'이다.

② 아사달은 신성한 곳이다.

겨레의 시조이자 하늘의 대행자가 머무는 곳이며 하늘(삼신상제)에 제사하고 조상을 섬기며 하늘의 뜻에 따라 다스림을 펼치던 곳이다. 『태백일사』 「삼한관경본기」에서는 '아사달은 삼신에게 제사지내는 곳'이라 했다.

③ 단군왕검이 머무는 도성이란 의미에서 임검성王儉城(왕검성王儉城, 왕험성王險城)으로 불린다. 『태백일사』 「삼한관경본기」에서는 "아사달은 삼신에게 제사지내는 곳이며 후세 사람들이 왕검성이라 일컬었는데 이는 왕검의 옛 집이 남아 있기 때문이다"라고 했다.

④ 아사달은 넓게 확 트인 땅이다.

아사달은, 몽골어나 거란어로 '확 트인 밝은 벌판이나 장소(나라)'를 뜻하는 '아사다라As-tala'와 음이 유사하다. 『요사遼史』에서는 '아사阿斯는 넓다, 혹은 관대하다는 뜻으로 사용된다'고 하였다. 이런 의미에서 아사달을 한자로 옮긴 것이 '평양平壤'이라 볼 수 있다.

이상을 종합하여 보면 단군왕검이 처음 도읍을 정한 아사달은, 햇빛이 밝게 비치는 확 트인 곳으로서 정교일체의 다스림 아래 하늘을 섬기고 조상을 숭배하며 신의 뜻에 따라 생활하던 성스러운 공간임을 알 수 있다.

4) 혈구穴口

강화도의 옛 이름이다. 마리산과 전등산 근처에 굴이 있어 혈구란 이름을 얻은 것이다. 구월산도 궐산闕山이라 하여 본래 굴산이었다. 환단 시대부터 열국 시대까지 수신영제隧神迎祭의 풍속이 있었는데『삼국지』「동이전」고구려 조를 보면 "고구려에는 나라의 동쪽에 큰 굴이 있으니 이를 수혈이라 하였다. 10월 국중대회에 수신을 맞이하여 나라 동쪽으로 돌려보내 제사를 지내는데 신좌에 나무로 수신을 안치하였다[國東有大穴, 名隧穴. 十月, 國中大會, 迎隧神, 還於國東上, 祭之, 置木隧於神坐]"라는 기록이 있고,『후한서』에도 같은 기록이 보인다. 정인보는 이 수혈영신 풍속을 삼신을 맞이하는 의식으로 보았다.『태백일사』「고구려국본기」에도 삼신상제님을 맞이하는 대영제전大迎祭典이 수혈에서 거행되었다고 하였다. 또한 신라에도 대사大祀 삼산三山 가운데 첫째가 혈례穴禮였다고 했다. 조선 중종 때 편찬된『신증동국여지승람』〈의성義城 산천山川〉조에는 "태일전太一殿은 빙혈氷穴 옆에 있다. 매년 상원上元에 임금께서 향을 내려 제사를 지낸다[太一殿, 在氷穴傍, 每歲上元, 降香以祭]"라고 하였다.

5) 참성단

강화도의 마리산에 대하여『고려사』「지리지」에서는 "마리산이 있다. 부府의 남쪽에 있다. 산 정상에는 참성단이 있는데, 세상에서 전하기를 단군께서 하늘에 제사지내시던 단이라고 한다[有摩利山, 在府南, 山頂有塹星壇, 世傳檀君祭天壇]"라고 하였다. 조선초 변계량이 지은〈삼청청사三淸靑詞〉에는 "참성에 제단이 있으니 춘추로 초례를 봉행하나이다. 이는 국법의 상례로서 나의 마음에 겸연하옴은 이곳은 신이 계시는 곳이라[塹城有壇, 又謹春秋之醮, 此國典之常爾. 於余心猶慊然, 玆卽所居]"라고 하여, 참성단이 천신, 즉 상제님께 제사를 지내는 곳임을 분명히 하였다.

참성단은 두 단으로 이루어졌는데 천원지방의 이치에 따라 상단은 방형方形, 하단은 원형圓形으로 되어 있다. 제례의 대상이 된 신격은 상단 4위, 하단 91위로 총 95위였다. 상단에는 포장을 치고 가장 높은 신격인 '호천금궐지존옥황대제昊天金闕至尊玉皇大帝'를 비롯하여 '중천자미북극대황대제中天紫微北極大皇大帝', '구진상궁남극천황대제勾陳上宮南極天皇大帝', '승천효법후토황지기承天效法后土皇地祇'를 모셨다. 하단에는 이십팔수, 노자, 염라대왕 등을 모셨다. 봄, 가을의 정기적인 제사 외에도 비를 비는 기우제, 이변을 소멸시키려는 해괴제解怪祭가 거행되기도 하였다.

6) 우순虞舜

유우씨有虞氏라고도 칭한다. 성은 요姚, 이름은 중화重華, 재위 기간은 48년(BCE 2255~BCE 2208)이고, 고수의 아들이다. 맹자는 순을 동이東夷인이라 하였다. 요임금 재위 70년에 발탁되어 섭정에 오르고, 요의 선양을 받아 제위에 올랐다. 순임금은 포판蒲阪(산서성 영제현 포주진)에 도읍하고, 일찍이 요임금도 등용하지 못했던 팔원팔개八元八愷의 유덕한 현자와 설·고요·후직·익·백이 등 우수한 인물을 새로이 등용함으로써 요의 무위의 정치[無爲之治]에다 문물 제도를 더하고 형벌 제도를 정비하였다. 또 순은 요의 신하인 공공·환두·곤 등을 귀양 보내거나 죽였다. 만년에 남방을 순행하다가 창오蒼梧(호남성 영원현寧遠縣)에서 죽어 구의산九嶷山에 묻혔다. 9년 홍수를 다스려 인망을 얻어 실권을 장악한 우禹의 핍박을 받아 제위에서 밀려나 창오에서 비명횡사하였다는 설도 있다.

7) 도산塗山

절강성浙江省의 회계산會稽山. 부루태자가 우禹에게 오행치수법(금간옥첩)을 전수한 곳이다. 도산에 파견된 부루태자가 우에게 금간옥첩을 전한 사실은『오월춘추』,『묵자』,『역대신선통감』,『세종실록』,『응제시주』,『동국여지승람』등에 수록되어 있다.

8) 유주幽州와 영주營州

유주幽州는 고대 중국 9주의 하나로『상서尙書』하서夏書 우공禹貢편에는 우가 천하를 9주로 나누었다고 하였는데,『이아爾雅』석지釋地에서 9주의 위치를 "황하 양 사이를 기주, 황하 이남을 예주, 황하 서쪽을 옹주, 한수 남쪽을 형주, 양자강 남쪽을 양주, 제수와 황하 사이를 연주, 제수 동쪽을 서주, 연 지역을 유주, 제 지역을 청주라고 한다[兩河間曰冀州, 河南曰豫州, 河西曰雍州, 漢南曰荊州, 江南曰揚州, 濟河間曰兗州, 濟東曰徐州, 燕曰幽州, 齊曰青州]"라고 하였다. 주나라 때 연의 세력은 지금의 북경지역까지 세력이 미치지 못했고 전국戰國시대에는 위읍魏邑으로 지금의 하남성 신향新鄕시 연진延津현 동북 일대였다. 황하 양 사이를 기주라고 하였으니 유주가 하북성 북부와 요령성일 수는 없으며 우순虞舜이 설치했다고 하는 유주는 하남성과 하북성 경계에 걸쳐 있었다.

영주營州에 대하여『상서尙書』순전舜傳에는 "처음으로 12주를 두었다[肇十有二州]"라고 하였다. 이에 대하여 동한東漢의 마융馬融과 정현鄭玄은 주석에서 12주 중에 영주가 있다고 하였다. 정현은 "청주淸州(현 산동성)에서 바다를 건너는데 제齊를 나누어 영주를 만들었다[青州越海而分齊爲營州]"라고 했다. 또 고대 9주의 하나로『이아爾雅』석지釋地에는 "제齊를 영주라고 한다

[齊曰營州]'라고 하여 제나라에 영주가 있었음을 알 수 있다. 따라서 2세 부루단군조에 '우순이 남국藍國 근처에 설치했다' 고 하는 영주는 현재의 요서遼西가 아닌 산동성에 있었다.

9) 남국藍國

단군조선의 제후국으로 동이 구족九族 가운데 남藍씨가 세운 나라. 산동성을 발원지로 하여 하북성에 있었다.

『후한서後漢書』「동이열전東夷列傳」에 "하의 걸桀왕이 포악하여 모든 동이가 침범해 오니 은나라 탕이 혁명을 하여 걸을 쳐서 평정하였다. 그 후 중정仲丁 대에 이르러 남이가 침범하기 시작했다. 이로부터 3백여 년간 복종하기도 하고 배반하기도 하였다. 무을武乙 대에 이르러 쇠약해지니 동이의 침범이 극심하더니 마침내 회수와 태산 지역으로 옮겨와 나누어 살면서 중토를 점거했다[桀爲暴虐, 諸夷內侵, 殷湯革命, 伐而定之. 至于仲丁, 藍夷作寇, 自是或服或畔, 三百餘年, 武乙衰敝, 東夷寖盛, 遂分遷淮岱, 漸居中土]"라고 하여 중원 동부지역이 하夏·상商의 영역이었던 것처럼 표현하고 있으나 애초부터 우리 동이족이 먼저 거주하고 있던 지역이다. 중국사서의 기록은 하나라와 상나라가 정치를 제대로 못하거나 고조선 제후국인 동이지역을 침범하면 천자국 고조선이 이를 격퇴하고 징벌했던 것을 말해 주는 것이다.

10) 신神과 왕王과 종倧과 전佺의 도

신神이란 천지 만물을 낳는 조화신造化神과 이를 주재하시는 인격신으로 삼신상제님을 말한다. 우주의 절대자는 이처럼 음양의 모습, 즉 '얼굴 없는 하느님(삼신)' 과 '얼굴 있는 하나님(삼신상제)' 으로 계시는 것이다.

왕王이란 삼신의 정신을 받아 지상의 만민을 통치하는 역사의 주재자로 사제를 겸한다.

종倧이란 천·지·인 삼재의 세 갈래 정신으로 분파된 신교의 한 맥이며, 인도人道의 정신에 뿌리를 둔 도맥이다.

전佺이란 신교의 세 도맥 전佺·선仙·종倧의 도道 가운데 인간[人]이야말로 하늘의 완전성[人+全]을 이룩할 수 있는 존재라는 가르침이다.

11) 거병해원去病解怨

거병해원去病解怨은 신교의 홍익인간, 재세이화의 정신을 실현하는 민중 구원의 핵심 이념이다. 선천 상극相克 시대의 사회 병리와 구조적 모순 때문에 한맺힌 민중의 원한을 풀어 주는 해원解寃 정신은 한민족의 위대한 역사 정신으로 발아되어 면면히 발전해 왔다.

그러나 대진국 멸망 후 대륙의 강토와 뿌리를 잃어 버리고 외래 사상, 외래 종교, 사대주의에 감염·중독된 약 1천 년 동안 신교의 이 해원 정신은 역대 통치자들의 역사의식 속에서 희석되었다. 다만 신교를 이은 민간 신앙 형태인 무속에 흘러 들어가 산 자와 죽은 자의 한恨을 풀어 주는 살풀이, 오귀굿 등으로 전승되어 왔다.

일찍이 이 해원 사상은 단군조선 시대의 '신원목'(10세 노을단군), 조선 시대의 '신문고' 등의 형태로 전해 내려왔다.

12) 진서眞書

전병훈은 『정신철학통편』에서 "동방의 현인 선진仙眞 최치원이 말하기를 '단군의 천부경 팔십일 자는 신지神志의 전문篆文인데 옛 비석에서 발견되었다. 그 글자를 해석해 보고 지금의 묘향산으로 추정되는 백산白山에 각을 해두었다'고 최치원은 말하였다"라고 했다(전병훈, 『정신철학통편』, 1920년).

최치원이 새겨 놓은 이 신지 글자에 대해서 1911년에 나온 김규진의 『서법진결』에서는 창힐전자라는 이름으로 11자를 소개하고 있다. 또 1914년 김교헌의 『신단실기』에는 원문은 소개되지 않고 언문도 아니고[非諺], 범자도 아니고[非梵], 전자라고도 할 수 없는[非篆] 신지 글자가 있었는데 '법수교 고비에 있었다' 는 기록이 나온다. 그리고 1926년도에 서예가인 백두용이 쓴 『해동역대명가필보』에는 『서법진결』과 같은 모양의 16자가 소개되고 있다. 1943년에 나온 『영변군지』에 소개할 때에 '다른 책에 이 16자 전자가 있다' 고 했다.

김규진의 1911년에 나온 서법진결에 소개된 신지 전자는 11자이다. 백두형의 해동명가에는 16자가 소개돼 있다. 이 16자와 11자 사이에는 같은 글자도 있고 다른 글자도 있다. 1940년대까지 신지 전자가 서로 다른 경로의 문헌으로 전수되어 왔다는 것을 알 수 있다.

이 신지 전자는 중국의 북송 시대에 서법書法을 다룬 『순화각첩淳化閣帖』과 섬서성 백수현에 있는 〈창성조적서비創聖鳥跡書碑〉에도 나온다.『순화각첩』에 '창힐의 글씨' 로 소개가 되고 있는데 〈창성조적서비〉에 실린 전자를 똑같이 옮겨 적은 것이다. 〈창성조적서비〉에는 28자가 새겨져 있는데 지금까지 알려진 신지전자는 중복된 글자를 빼면 31글자다.

『환단고기』에서는 현재 경남 남해군 상주면 양아리에 암각 되어 있는 그림을 신지씨가 만든 글자로 보고 있다.

13) 가림토加臨土

한글의 원형이며 모태 글자이다. 『세종실록』 103권 갑자년 2월 경자일 기록을 보면 "언문은 다 옛 글자에 근본한 것이요, 새로운 글자가 아니다[諺文皆本古字, 非新字也]."라고 하였고, "언문은 전조前朝부터 있었던 것을 빌어 쓴 것이다[借使諺文自前朝有之]"라고 하여, 이미 전 시대에 한글의 모체가 되는 문자가 있었음을 알 수 있다.

고준환은 "『환단고기』에 원형 한글을 뜻하는 말로 같은 의미인 가림토加臨土와 가림다加臨多라는 표현이 있다. 「단군세기」의 가림토나 「태백일사」의 가림다는 각기 다르게 전해져 오는 기록들 가운데 이암은 '가림토'를, 이맥은 '가림다'라는 표현을 참고한 것이다. 가림토는 가림(분별)하는 토대, 즉 땅이라는 의미로 그 뜻을 택해 토土를 썼고, 가림다는 가림하는다(따, 땅)라고 '다'를 썼으나 같은 뜻이다"라고 하였다 (고준환, 『신명나는 한국사』, 68쪽).

14) 욕살褥薩

고송무高松茂는 욕살은 '높은 군사'라는 뜻의 소그드어에서 찾아볼 수 있으며, 위구르어에는 '쇼드', 중국 자료에서는 '쇼드殺'로 표시한다고 지적했다(〈경향신문〉, 1985. 10. 24). 중국의 도독都督에 해당하는 관직. 고구려는 영토 확장과 더불어 효율적인 통치를 위하여 지방을 대성大城, 성城, 소성小城의 3단계로 나누고 중앙에서 관리를 보내 다스렸는데, 이 가운데 대성의 장관을 욕살이라 하였다. 대성은 지금의 군郡 규모의 여러 성을 통할하는 광역 행정 단위로서, 동서남북에 5부部가 있었고 각 부에 욕살이 파견되었다. 욕살은 행정·군사권을 함께 관장하였다.

15) 흉노匈奴

흉노의 신앙체계는 농경 사회의 지신地神이나 유목민의 토템 신앙보다는 천신天神 사상이 강한 것이 특징이다. 선우는 최고 통치자일 뿐만 아니라 천신의 아들로서 그 뜻을 지상에 펴는 제사장이요 대리자이기도 하다. 『사기』 「흉노열전」을 보면 선우는 한나라 황제에게 보내는 문서에서 늘 자신을 '하늘이 세운 흉노 대선우[天所立匈奴大單于]', '천지가 낳고 일월이 정한 흉노 대선우[天地所生日月所置匈奴大單于]'라고 자칭했다. 선우는 '탱리고도선우撐犂孤塗單于'의 약어이

다. '탱리撐犂'는 터키-몽골어에서 '하늘'을 뜻하는 '텡그리Tengri'의 음역이고 '고도孤塗'는 '아들'이란 뜻의 흉노의 왕을 뜻한다. **선우**의 공식 명칭은 '천지가 낳으시고 일월이 정해 주신 흉노 대선우'이다(이종호, 〈사상 최강의 고구려, 이유 있다〉, 국정뉴스 2005. 8. 1).

16) 몽고리한蒙古里汗

지금의 몽골 지역은 단군조선의 영역이었다. 한汗은 우두머리·군장君長이라는 뜻이며, 동북아시아 여러 민족이 군주를 부르는 공통어였다. 우랄-알타이어에서 '한'에 관계되는 말은 '간·칸·찬'이다. 신라의 관직명에 각간·이벌간·우벌찬 등이 있고, 몽골 제국의 네 왕국인 이루한·킵차크한·차카타이한·오고타이한 모두 군장을 의미하는 '한'을 쓰고 있다.

그런데 '몽골'이라는 명칭은 후대에 와서 역사에 등장한다. 이상시는 '고대에 몽골 지방에서 유목遊牧하고 있던 종족은 흉노匈奴의 선조인 훈육獯鬻·알유猰㺄였다. 몽골蒙古이라는 이름은 훨씬 후대인 당唐나라 때 '몽와蒙瓦'·'몽올蒙兀(Mongol)'이라는 명칭으로 처음 나타난 것'이라고 하였다(이상시, 『단군실사에 관한 문헌고증』).

그러나 몽골은 당나라 이전부터 존재했다고 봐야 한다. 흉노, 선비, 거란, 돌궐, 몽골은 본래 동북아 초원에 살던 다양한 유목족 가운데 일부였으나 인근 부족들을 통합하면서 각 시대별 초원 제국의 호칭이 되었다.

몽골은 흉노의 일부, 선비·돌궐·거란의 일부로 내려오다가 13세기에 마침내 유목 민족을 통일하여 몽골 제국元을 건설했던 것이다.

최근 몽골 지역 답사 내용을 보면 몽골 문화가 동방 고조선 민족의 신교 문화와 같은 뿌리임을 실감하게 한다. 백색 숭상, 천제天祭 문화, 고수레·돌장승·깃털 장식·씨름·샤먼 의식 등의 풍속, 청동기·빗살무늬 토기 등의 유적 유물, 몽골 반점, 용모, 언어, 설화, 신앙 등이 우리 한민족과 혈통적 친연성과 문화적 동질성을 공유한 동일문화권으로 해석되는 것이다.

17) 원공패전圓孔貝錢과 명도전

조개로 만든 돈이 아니라, 조개 모양의 돈을 주조했다는 것인데, 가운데에 둥근 구멍이 뚫렸다는 것이다. 패전貝錢이란 말이 조개에 무게를 두기 보다는 화폐의 의미로 쓰였을 것이다. 패전의 종류에는 재질에 따

라 석패전, 옥패전, 동패전, 골패전 등이 있다.

최근 명도전明刀錢을 고조선 화폐라고 주장하는 논의가 일고 있다. 1990년에 북한의 손량구는 평량評量화폐라는 논리로 명도전은 국적의 구별 없이, 즉 국가 표식이 없이 자유롭게 경제집단이 주조할 수 있고, 그래서 반드시 명도전은 연나라만 주조한 화폐가 아니라고 주장한다. 출토량만 보더라도 고조선 영역인 요동지방과 서북조선 일대에서는 22,265매가 출토되었고, 연나라 국경에 가까운 요서지방과 하북성에서 출토된 양은 겨우 7,368매 이다. 이것만 보아도 명도전의 주조국 내지 주조 집단이 비록 연나라에 있는 집단으로부터 시작되었다고 양보하더라도, 결국에는 고조선에서 더 많이 주조되었다는 것이다(손량구, 「료동지방과 서북조선에서 드러난 명도전에 대하여」, 『고고민속론문집』, 1990).

박선미는 명도전 유적은 전체적으로 유적의 분포와 특징에 따라 대릉하, 적봉지구, 요하이동~천산산맥, 요동반도~청천강 이북 등으로 구분되며, 크게 요하를 기준으로 하여 그 서쪽은 중국계 문화전통이, 그 동쪽은 고조선계 문화전통이 계승되고 있다고 보았다(박선미, 『고조선과 동북아의 고대 화폐』). 한편 허대웅은 명도전에 새겨져 있는 각종 고문자는 한자로도 해독할 수 없는 문자라는 점에서 그것이 고조선 문자라 제기하고 있다(허대웅, 『고조선문자』).

18) 하夏나라 정벌

4세 오사구단군 19년 조 기사는 하夏나라 5세 상相왕 때가 아니라 3세 태강太康왕 때의 사실로 보인다. 이와 같이 추측하는 근거는 『후한서後漢書』「동이열전東夷列傳」을 보면, "(하나라 3세 왕) 태강太康이 덕을 잃어 동이東夷가 배반하기 시작했다[太康失德, 夷人始畔]"라고 기록되어 있고, 그 주註에 "신하인 예羿에게 쫓겨났다[爲羿所逐也]"라고 한 것이다.

그런데 하나라 태강왕이 제후인 예羿에게 쫓겨난 해는 태강太康 19년(BCE 2170)으로, 곧 3세 가륵단군 13년(辛亥)에 해당한다. 그리고 4세 오사구단군 19년(BCE 2119)은 하나라 5세 상相왕 때로, 상이 신하인 한착寒浞의 아들 요澆에게 피살된 해이다. 그러므로 본서 『단군세기』와 위의 두 기록을 비교 검토하여 볼 때, 4세 오사구단군 19년 조의 기록은 51년 전인 3세 가륵단군 때의 기사를 잘못 기술한 것으로 보인다(이상시, 『단군실사에 관한 문헌고증』, 198~199쪽 참조).

19) 환화桓花

환화는 환국 시대부터 국화國花였다. 천지화天指花라고도 했는데, 지금의 무궁화이다. 국자랑이 이 꽃을 머리에 꽂고 다녔기 때문에 화랑花郞 또는 천지화랑이라고도 하였다. 『산해경』「해외동경海外東經」에는 "군자국君子國은 그 북쪽에 있는데, 관을 쓰고 검을 찼으며, … 훈화초(무궁화)가 있다[君子國在其北, 衣冠帶劍… 有薰華草]"라는 기록이 전한다. 이 구절에 대하여 구절에 대해 『산해경』 주석의 권위자인 진나라 때의 곽박郭璞은 '훈薰'이 '근堇'으로 되어 있기도 한다(薰, 或作堇)고 주석하였다.

환화를 진달래로 보는 설도 있다. 산동성 교남시膠南市에 있는 낭야대는 단군조선의 감우소監虞所가 있던 곳이다. 단군조는 이곳 낭야대에서 서방의 제후들로부터 정사를 보고 받았다. 현재 이곳 주산인 대주산大珠山에서는 해마다 진달래 축제를 벌인다. 주민의 말에 따르면 주변의 다른 산에는 진달래가 없는데 유독 대주산에만 진달래 꽃이 만발한다고 한다. 이것은 단군조선의 국화인 환화가 진달래라는 설을 뒷받침하는 증거로 추정할 수 있다.

20) 서효사誓效詞

6세 달문단군 때 신지 발리가 지은 이 「서효사」가 바로 저 유명한 「신지비사神誌秘詞」이다. 「서효사」는 '삼신께 제사 지낼 때 서원誓願하는 글'(『태백일사』「소도경전본훈」)이다.

「신지비사」는 『삼국유사』「보장봉로寶藏奉老 보덕이암普德移庵」조와 『고려사』「김위제전金謂磾傳」에서도 일부 기록을 볼 수 있다.

고려 숙종 때 「김위제전」에 인용된 「신지비사」에는 "如稱錘極器, 稱幹扶疎樑, 錘者五德地, 極器白牙岡, 朝降七十國, 賴德護神精, 首尾均平位, 興邦保太平, 若廢三諭地, 王業有衰傾."이라 하였다. 그 뜻은 단군조선의 삼한의 각 수도[三京]를 저울대[稱幹]·저울판[極器]·저울추[稱錘]에 비유하여, 삼신의 창조 원리를 적용한 신교의 삼신신앙이 영속되어 고조선 삼경三京의 균형이 잘 유지되면 삼한의 70국에게 조공을 받고 크게 번영하게 되며, 만약 삼신신앙이 쇠퇴하여 삼경의 균형이 깨어지면 바로 그날이 고조선의 종말이 된다고 후손들에게 경계한 것이다.

21) 20분의 1 세법

고조선 초기의 조세는 생산량의 20분의 1을 바치는 입일세卄一稅이다. 이것은 『맹자孟子』에서 보듯이 "나는 20분의 1의 세금을 받고자 하는데 어떻습니까?'라는 백규의 물음에 맹자가 대답하기를, "그대의 도는 맥貊나라의 방법이오[白圭曰 "吾欲二十而取一, 何如?" 孟子曰 "子之道, 貊道也."]'라고 한 기록에서 명백히 입증된다.

중국에서 정전법井田法은 하·은·주 3왕조에 걸쳐서 시행되었는데 당시 조선의 영향을 받아 10분의 1을 취하는 십일세什一稅였다. 그 후 전국 시대에 이르러 정전제가 붕괴되기에 이르자 맹자가 다시 균전제均田制를 주장하였는데, 20분의 1 세를 10분의 1로 바꾸어 고조선의 세법을 모방하였음을 감추고 선대 요·순의 유제遺制라 거짓말을 하였다.

22) 감성監星

천문 현상을 관측하고 기록하는 천문대였을 것이다. 『환단고기』에는 적지 않은 천문 기록이 실려 있다. 태풍, 가뭄, 홍수, 지진 등 자연재해뿐 아니라 일식, 오행성 결집, 강한 썰물, 두 해가 뜬 현상[兩日竝出] 등 특이한 천문 현상이 기록되어 있다. 박창범은 13세 흘달단군 50년(BCE 1733)의 '오성취루五星聚婁', 29세 마휴단군 9년(BCE 935)의 '남해조수퇴삼척南海潮水退三尺'이 실제로 일어난 현상이었을 가능성이 매우 높음을 과학적인 방법으로 입증하였다.

고대 한국의 천문에 관한 기록은 중국이나 일본보다 정확한 것으로 평가된다. 박창범 교수의 연구에 의하면 『삼국사기』에 실린 일식 기록의 실현율은 80%에 이르지만, 중국의 기록은 그보다 못한 78% ~63%이고, 일본의 기록은 35%에 불과하다(박창범, 『하늘에 새긴 우리역사』, 52쪽).

23) 서옥저西沃沮

옥저는 울창한 '삼림이 있는 지역'이란 뜻으로 4옥저가 있다. 동옥저는 함경도 지방, 남옥저는 요동 반도 지역, 북옥저는 남옥저 동북 800리로 서간도 지방이고, 서옥저는 지금의 만리장성 이남 지역이다.

『삼국유사』「기이紀異」말갈발해靺鞨渤海 조에 "송나라 소동파蘇東坡의 지장도指掌圖에 흑수黑水는 만리장성 북쪽에 있고 옥저는 만리장성 남쪽에 있다[指掌圖, 黑水在長城北, 沃沮在長城南]"라는 대목이 나오는데, 이는 바로 서옥저를 지칭한 말이다.

그리고 『삼국지』, 『후한서』의 〈동옥저〉 편에 보면 동옥저·남옥저·북옥저의 3옥저가 보인다. 즉 함경도에 위치한 동옥저 외에도 "북옥저는 일명 치구루이며, 남옥저에서 800여 리 떨어져 있다[北沃沮, 一名置溝婁,

去南沃沮八百餘里]"라고 하였다. 그런데 이들 사서는, 지역이 서로 다르고 다른 정치 단위임에도 위의 세 옥저를 한데 뒤섞어 서술해 놓고 있다. 그리하여 오늘날 한·중 고대 사서에 보이는 여러 옥저의 명칭이 모두 한반도 내에 위치한 동옥저를 지칭하는 것으로 인식하도록 만들었다.

24) 하나라 멸망과 은나라 건국

전한前漢 때 유향(劉向, BCE 77~8)이 저술한 『설원說苑』「권모權謀」에는 은殷나라를 연 성탕成湯이 하夏나라의 폭군 걸桀을 정벌하려 하니 재상 이윤伊尹이 말하기를, "하나라가 구이九夷 군대(단군조선 구환의 군대)의 도움을 받으므로 아직은 불가합니다"라고 간하였다 한다. 그런데 다음 해(乙未, BCE 1766)에 걸왕이 구이九夷 군대의 도움을 받지 못하게 되자, 마침내 탕임금이 군사를 일으켜 걸왕을 토벌하므로 걸이 남소南巢(지금의 안휘성 소현巢縣 동북)로 도망하였다[湯欲伐桀, 伊尹曰請阻乏貢職, 以觀其動, 桀慾起九夷之師, 伊尹曰未可, 彼猶能起九夷之師, 是罪在我也. 湯乃謝罪, 復入貢職, 明年又不貢職, 桀起九夷之師, 九夷之師不起, 伊尹曰可矣, 湯乃興師伐之, 遷桀南巢]"라고 하였다. 이 내용은 하나라 멸망과 은나라 건국에 관한 『단군세기』 13세 흘달단군 16년 조의 기사 내용을 뒷받침한다.

이와 같은 『설원說苑』의 기록은, 하·은 교체기에 성탕이 포악무도한 걸왕을 내쫓고 은 왕조를 세울 수 있었던 것은 두 나라 간의 패권 싸움에서 성패成敗의 관건을 쥐고 있던 구이九夷, 곧 단군조선의 강한 영향력 때문이라는 사실을 명백히 입증해 준다.

25) 낙랑樂浪

낙랑은 위만이 번조선을 찬탈해 다스렸던 왕험성王險城(번조선 말기의 수도로 지금의 하북성 창려昌黎) 지역이다. 본래 평양 일대에 있었던 낙랑은 고조선 삼한 중 변한番韓의 유민 최숭이 세운 '최씨 낙랑국'이며 낙랑군이 아니다. 현재의 평양지역을 낙랑군으로 보는 인식은 당나라 이후에 생겼으며, 그 이전에는 요동에 있다는 기록이 대부분이다.

현재 우리 주류사학계에서는 '낙랑국樂浪國'과 '낙랑군樂浪郡'을 구별하지 못하고 낙랑군이 한반도 대동강 일대에 있던 것으로 주장하고 있다. 즉 BCE 108년, 한漢나라 무제가 위만정권을 멸하고 설치한 네 개의 군郡 중 평안도 일대에 낙랑과 대방 두 군을 두었는데, 고구려 미천왕 14년(313)에 낙랑군을 축출하면서 모두 회복했다는 것이다.

주류사학계에서 대동강 일대를 낙랑군으로 보는 유력한 근거는 평양지역에서 출토된 유적과 유물이다. 이 지역 무덤들은 나무곽무덤, 귀틀무덤, 벽돌무덤 등 세 가지로 다른 지역 무덤과 형식이 다르다는 것이다. 그러나 북한 학자들에 의하면 광복이후 평양 일대의 무덤 3,000여 기를 발굴 조사하였는데, 나무곽무덤은 낙랑군을 설치했다는 한漢나라가 출현하기 훨씬 전인 BCE 3세기 이전에 지배적인 무덤 형태였다고 한다. 그리고 출토된 유물은 한나라 것과 다른 고조선의 대표적인 무기인 좁은 놋단검(세형동검)을 비롯한 조립식 쇠단검, 조립식 쇠장검, 질그릇과 마구 등이다 (리순진, 「평양일대 낙랑무덤에 대한 연구」).

또한 낙랑 유물이라고 주장하는 것 중에서 봉니封泥는 일제가 위조한 대표적 유물로 본다. 봉니는 문서를 운송하는 도중에 남이 보거나 위조하지 못하도록 죽간을 묶은 노끈 매듭에 진흙을 발라 도장을 찍은 것으로 그 서체나 모양도 다양하다. 그리고 봉니는 보내는 곳이 아니라 받는 곳에서 발견돼야 한다. 낙랑군 치소였다는 토성 터에서, 받는 곳인 관할 현에 있어야 할 봉니가 200여 개나 무더기로 발견되었는데 한 지역에서 이렇게 많은 수가 발견된 예는 없다. 그러한 봉니가 광복 후 북한이 발굴하는 과정에서는 하나도 나오지 않아 일제가 봉니를 위조하였다는 설은 더욱 설득력을 얻게 되었다. 게다가 다른 군으로부터 받은 봉니가 하나도 없다.

또 『삼국사기三國史記』 「고구려본기高句麗本紀」 동천왕 21년(247) 조를 보면, "왕은 환도성丸都城이 난리를 겪어 다시 수도로 할 수 없으므로 평양성을 쌓고, 백성과 종묘사직을 옮겼다[王以丸都城經亂, 不可復都, 築平壤聖, 移民及廟社]"라는 기록이 있다. 이것은 미천왕이 낙랑군을 축출하기 66년 전 일이므로 지금의 평양이 낙랑군 영역이었다면 남의 땅으로 수도를 옮겼다는 말이 되기 때문에 모순이 생긴다.

이 밖에도 기존학설에 오류가 많으나 주류사학계는 북한 학계의 최근 연구결과를 인정하려 들지 않는다. 그리고 자신들의 학설과 맞지 않는 기존 기록도 잘못된 것이라며 여전히 낙랑군이 평양 일대에 있다는 전제하에 끊임없이 모순되는 글만 되풀이 하고 있다.

26) 영고탑寧古塔

영고탑이라는 명칭의 등장하는 기록에 대해서 현재까지 통설로는 『흑룡강지명고석黑龍江地名考釋』에 나오는 "영고탑이라는 명칭은 『청대사지淸大事志』에서 처음 보인다. 청나라 만력萬曆36년(1608) 가을 9월에 호이객로呼爾喀路 사람들이 우리 영고탑성寧古塔城을 침입하였다. 이곳은 당시에 영고탑로寧古塔路라고 하는 곳이다[寧古塔名稱始見於于淸大事志, 萬曆三十六年秋九月, 呼爾喀路人侵我寧古塔城, 當卽所謂寧古塔路也]"라고 한 데서 찾는다.

여기서 말하는 '영고탑성' 이나 '영고탑로' 에 관련해서 『만주원류고滿洲源流考』에서는 『명실록明實錄』을 인용하여 "명나라 초기에 동해와집부東海窩集部를 설치했는데 여기에는 호이합呼爾哈, 혁실혁赫實赫, 영고탑寧古塔 등의 로路가 속한다[國初名東海窩集部, 所屬有呼爾哈, 赫實赫, 寧古塔等路]"라고 하였다. 따라서 영고탑이라는 명칭은 적어도 명나라 초기부터(1368년 명나라 건국) 사용되기 시작하여 『청대사지淸大事志』에서 말한 1608년보다 훨씬 앞섰음을 추론할 수 있다 (김석주·김남신, 「영고탑寧古塔에 대한 역사지리적고찰歷史地理的考察」, 『문화 역사 지리』 통권 42호, 2010).

영고탑은 그 명칭이 정사에 기록되기 이전부터 존재하였는데, 기록에 나오는 영고탑의 위치도 한 곳을 가리키는 것이 아니다. 하나는 현재의 흑룡강성黑龍江省 영안시寧安市와 해림시海林市에 속하는 지역을 가리키고, 다른 하나는 현재의 요령성遼寧省 신빈현新賓縣의 일부 지역을 가리킨다.

현재의 영고탑은 구성舊城과 신성新城으로 구분되는데 구성은 흑룡강성 영안시 고성촌古城村에 있다.

양빈楊賓의 『유변기략柳邊紀略』에서는 "영고탑이 라는 명칭은 언제부터 사용되었는지 모른다. 전하는 바에 따르면 어떤 노인이 아들 여섯 명이 있어 점차 이 지역을 영고탑이라고 부르게 되었다. 어떤 이는 육조六祖의 발상지라고 하지만 그것이 아니다[寧古塔之名, 不知始於何時, 寧古者漢言六, 塔者漢言個, 相傳, 有老者生六子, 遂以之名其地, 有指爲六祖發祥之地者非]"라고 하였다.

청조가 일어난 발원지는 현재의 흑룡강성의 영고탑이 아닌 요령성 신빈현 소자하蘇子河 상류 일대이다. 청나라 시조인 경조景祖와 그의 다섯 형제가 각각 여섯 개 성(六祖城)을 쌓고 살게 되면서 영고탑패륵寧古塔貝勒이라는 명칭이 생겼다. 청태조 누르하치는 영고탑패륵을 바탕으로 주변의 건주建州 여러 여진부락을 통일시키며 세력을 키워 1616년에 후금後金을 세웠다.

『단군세기』에 보면 "16세 위나尉那단군이 구환족의 모든 왕을 영고탑寧古塔에 모이게 하여 삼신상제님께 제사를 지냈다"라고 하였고, 44세 구물단군 재위 2년 (BCE 424) 3월 16일에 삼신영고제三神迎鼓祭를 올렸다고 하였다.

또 서진西晉(265~316)의 진수陳壽가 쓴 『삼국지三國志』「위서魏書」〈동이전東夷傳〉 부여전夫餘傳에는 "은나라 정월(殷正月, 음력 12월)에 하늘에 제사를 지내는데, 나라의 성대한 모임에는 날마다 먹고 마시며 노래하고 춤추는데, 이를 영고迎鼓라 한다[殷正月祭天, 國中大會, 連日飮食歌舞, 名曰迎鼓]"라고 하였다.

부여는 고조선을 이은 나라이므로 영고제는 곧 고조선의 제천행사이다. 따라서 영고탑이란 말은 삼신상제님께 천제인 영고제를 지내는 소도 제천단이 있던 성지를 일컫는 명칭(영고제를 지내던 터)인데, 후대에 여진족이 그 땅을 차지하면서 그들 언어와 발음이 같음으로 인해 와전된 것으로 봐야 한다. 즉 영고탑은 영고제迎鼓祭의 '영고迎鼓'가 원래 의미와 표기법이 잊혀져 '영고寧古'로, '장소'라는 우리말의 '터(장소)'를 特특, 태台, 탑塔 등으로 음사하면서 영고탑寧古塔'으로 정착됐다고 볼 수 있다. 그리고 『단군세기』에 '20세 고홀단군 36년에 영고탑을 개축했다'는 것은 소도 제천단을 다시 고쳐 쌓았다는 말이다.

현재 대부분의 학자들이 영고寧古가 6을 뜻한다는 것에 대해서는 동의하고 있다. 그것은 한자어 '영고寧古'가 만주어 '닝군Ninggun'으로서 숫자 여섯을 나타내기 때문이다. 그러나 영고탑이 만주말로 6개라는 뜻으로 쓰였다고 하여 그 이전에 다른 의미로도 존재했을 가능성까지 배제하는 것은 학자로서 좋은 태도가 아니다. 영고탑의 유래에 대해 여러 가지 설이 있음에도 위서론자들이 '영고탑'을 오직 청나라 때 만들어진 지명으로만 해석하려는 시도 자체가 서투른 지식의 오류인 것이다.

27) 좌·우현왕 제도의 기원

이 제도는 천자를 좌·우에서 보필하는 제도이다. 고조선 초기의 국가 통치제도는 진한의 천황(대단군)을 중심으로 번한과 마한의 왕(부단군)이 좌·우에서 각각 보좌하는 비왕裨王 제도였다. 또한 삼한에도 각기 좌·우 비왕을 두었는데 이를 좌·우현왕이라 한다. 비왕 제도는 이미 배달국 시대에 시작된 것으로 초대 단군왕검께서도 14세에 비왕이 되어 섭정하신 바 있다. 『사기』「조선열전」에도 비왕 제도가 있었음이 확인된다.

"섭하가 떠나서 국경에 이르렀는데, 패수에 당도해서 마부를 시켜 자신을 전송한 조선 비왕 장을 살해하고 곧바로 패수를 건너 말을 달려 변방으로 들어갔으며, 마침내 돌아와서 천자에게 '조선의 장수를 죽였습니다'라고 아뢰었다[何去至界上, 臨浿水, 使御刺殺送何者朝鮮裨王長, 卽渡, 馳入塞, 遂歸報天子曰 '殺朝鮮']."(『사기』「조선열전」)

이 제도는 신교의 삼신 사상을 기초로 해서 성립된 것으로, 흉노로 전파되었다. 특히 흉노의 우현왕은 좌현왕과 더불어 선우單于 아래 최고 직책이었다. 좌현왕을 좌도기왕左屠耆王이라고도 하였는데, 항상 선우의 태자를 좌현왕으로 임명하였으며, 선우의 유고有故 시 그 자리를 계승하였다. 백제의 전성기에도 좌·우현왕 제도가 있었다.

『송서宋書』「이만전夷蠻傳」에는 "그리하여 행관군장군우현왕 여기餘紀를 관군장군으로 임명하고, 행정로장군좌현왕 여곤餘昆과 행정로장군 여훈餘暈을 함께 정로장군으로 임명하였다[仍以行冠軍將軍右賢王餘紀爲冠軍將軍, 以行征虜將軍左賢王餘昆·行征虜將軍餘暈並爲征虜將軍]"라고 하였다. 『사기』「흉노열전匈奴列傳」에는, "좌우현왕, 좌우곡리왕, 좌우대장, 좌우대도위, 좌우대당호, 좌우골도후를 두었다. 흉노에서는 '현賢'을 일러 '도기屠耆'라고 하기 때문에 항상 태자를 좌도기왕으로 삼았다[置左右賢王, 左右谷蠡王, 左右大將, 左右大都尉, 左右大當戶, 左右骨都侯. 匈奴謂賢曰 '屠耆', 故常以太子爲左屠耆王]"라고 하였다.

28) 백이伯夷·숙제叔齊

백이의 이름은 윤允, 자字는 공신公信이고, 숙제의 이름은 지智 또는 치致, 자는 공달公達, 성은 묵태墨胎이다. 백이·숙제는 단군조선의 제후국인 고죽국孤竹國(지금의 하북성 난하 유역)의 왕자로서 동이東夷족이다.

주周나라 무왕이 은나라 폭군 주왕紂王을 정벌하려고 쳐들어오자 백이는 무왕武王의 말고삐를 잡고서 "왕이시여, 당신은 당신의 아버지[文王]가 돌아가시고 아직 상喪 중에 있는데 전쟁을 하려 하니 어찌 효孝라 할 수 있으며, 또 신하의 신분으로 군주를 침탈하려 하니 어찌 인仁이라 할 수 있겠소이까[及至, 西伯卒, 武王載木主, 號爲文王, 東伐紂. 伯夷·叔齊叩馬而諫曰: "父死不葬, 爰及干戈, 可謂孝乎? 以臣弑君, 可謂仁乎?" 左右欲兵之. 太公曰: "此義人也." 扶而去之]"(『사기』「백이열전伯夷列傳」) 하고 직언하였다. 그러자 곁에서 이 말을 듣고 있던 군사軍師 강태공이 의인의 말이라 하여 처벌을 면하게 해 주었다. 마침내 무왕이 은을 쳐서 천하의 반을 차지하자 백이·숙제는 이 역성혁명을 인정할 수 없다며 수양산首陽山으로 들어가 최후를 마쳤다.

훗날 성삼문이 서장관의 임무를 띠고 중국을 방문

했을 때 수양산을 지나가며 백이·숙제의 묘비를 보고 그 앞에서 시를 한 수 지었다.

當年叩馬敢言非하니 大義堂堂日月暉라
草木亦霑周雨露어늘 愧君猶食首陽薇아.

당년(은나라를 치러 갈 때)에 말고삐 붙잡고 그릇됨을 말할 때는 대의가 당당하여 일월같이 빛났건만 초목도 주나라의 비와 이슬을 먹고 자란 것이거늘 부끄럽게도 그대들은 어찌 수양산 고사리는 먹었는가?

이 시를 묘비에 붙여 놓고 왔는데, 그 후로 묘비에서 식은땀이 줄줄 흘렀다고 한다. 뒷날 한 선비가 그래도 후세의 사표가 된 분들인데 너무 곤란함을 겪는다고 생각하여 백이·숙제를 변명하는 글을 지었다.

葉周葉而不食하고 根殷根而採之라.
잎은 주나라 때 잎이라 먹지 않았고
뿌리는 은나라 때 뿌리이기에 캐어서 먹었노라.

이 글을 묘비에 붙이자 그때부터 식은땀이 흐르지 않았다고 한다.
백이·숙제는 은나라가 주나라 무왕에게 멸망당한 BCE 1122년 당시의 인물이다. 그런데 본서『단군세기』에는 소태단군 52년(BCE 1286) 조에 실려 있으므로 은나라 멸망 시점과 약 160년 차이가 난다.
지금까지도 단군조선이 한반도 북부에 있었다고 고집하며 '소한사관'인 반도사관에 중독되어 헤어나지 못하는 사대 식민주의 사학자들은 고죽을 황해도 해주海州의 옛 이름이라 주장하고 있다.

29) 고죽국孤竹國

중국 상말주초商末周初 시기에 고죽국孤竹國의 왕자로 알려진 백이伯夷와 숙제叔齊 이야기는 우리에게 잘 알려져 있다.『사기史記』「백이열전伯夷列傳」에 따르면 "백이와 숙제는 은殷나라 고죽군孤竹君의 아들이다. 부친은 작은 아들 숙제를 왕으로 세우려고 하였다. 부친이 돌아가자 숙제는 왕위를 맏형인 백이에게 양보했지만 백이는 부친의 명을 거역할 수 없다고 하면서 달아났다. 숙제 또한 왕위를 계승하지 않고 달아나자 중간 아들中子이 왕위를 계승하였다. 둘은 주周 문왕文王을 만나러 서쪽으로 가던 중 은나라를 토벌하러 가는 무왕武王을 만났다. 그들은 무왕에게 신하로서 군주를 살해하는 것은 인仁이 아니라며 만류하였다. 그 후 무왕이 주나라를 세우자 수양산首陽山에 들어가 고사리를 캐어 먹다 굶어 죽었다[伯夷叔齊, 孤竹君之二子也, 父欲立叔齊, 及父卒, 叔齊讓伯夷, 伯夷曰 "父命也" 遂逃去, 叔齊亦不肯立而逃之, 國人立其中子, 於是伯夷叔齊, 聞西伯昌善養老, 盍往歸焉及至, 西伯卒, 武王載木主, 號爲文王, 東伐紂. … 武王已平殷亂, 天下宗周, 而伯夷, 叔齊恥之, 義不食周粟, 隱於首陽山, 采薇而食之及餓且死]"라고 하였다.

일반적으로 고죽국은 상대商代 제후국으로서 북경北京 및 하북성 연산燕山 일대를 세력권으로 춘추시대까지 존속했다고 이해한다.『사기』「주본기周本紀」에서는 "고죽의 옛 성은 평주 노룡현에서 남쪽으로 12리 떨어진 곳에 있으며 은나라의 제후국으로 성은 묵태씨다[孤竹故城, 在平州盧龍縣, 南十二裏, 殷時諸侯國也, 姓墨胎氏]"라고 하였다. 또 "백이·숙제는 고죽에 있다[伯夷·叔齊在孤竹]"라고 하였는데,『사기집해』에서는 이를 "고죽은 요서군遼西郡 영지현令支縣이다[在遼西令支]"라고 설명하였다.『제왕세기帝王世紀』에는 "탕은 특별히 묵태墨台씨를 고죽에 봉하였다[湯, 特封墨台氏, 於孤竹]"라고 하였다. 그 위치에 대해『한서漢書』「지리지地理志」요서군遼西郡 조에서는 "영지令支에 고죽성이 있다. … 응소가 말하기를 옛 백이국으로 고죽성이 있다[令支, 有孤竹城. … 應劭曰 故伯夷國, 今有孤竹城]"라고 하였다. 춘추시기에는 산융山戎과 영지令支와 인접한 하북성河北省 노룡盧龍 일대를 주 근거지로 보고 있다. "桓公二十三年. 山戎伐燕, 燕告急于齊, 齊桓公救燕, 遂伐山戎, 至于孤竹而還."(『사기』「제태공세가齊太公世家」), "… 遂北伐山戎, 刜令支, 斬孤竹而南歸, 海濱諸侯莫敢不來服."(『국어國語』「제어齊語」)

30) 여黎

치우천황 때 구려九黎의 약칭.『상서尙書』에 "구려는 치우의 백성이다"라고 하였고, 왕동령도『중국민족사』에서 "구려는 치우의 백성이다"라고 하였다.『국어國語』「초어楚語」하편 위소韋昭의 주에는 "구려는 려黎씨 구인으로 치우의 무리이다[九黎, 黎氏九人, 蚩尤之徒也]"라고 하였다.

『태백일사』「삼한관경본기」를 보면 신시 배달 13세 사와라환웅 때 웅녀군熊女君의 후예를 '여黎군'라 했는데, 처음으로 단허檀墟에 봉함을 받아 '왕검'이 되었다고 하였다. 구려는 아마도 그 이름을 딴 것으로 보인다.

14세 치우천황 때 청동기를 사용한 우리나라는 '구리(구려)'라 불렀는데, 동銅을 '구리'라 부르는 것은 우연이 아닌 듯하다. 구려는 구환九桓, 구이九夷라고도 불렸으며 고구려(고려·고리· Korea)의 어원이 되었다.

한편 남국의 여파달이 빈·기에 웅거하며, 하나라 말

기부터 그곳에 거주해 오던 고조선 사람들과 힘을 합해 여黎국을 세운 사실은 한漢족 고대 사서에 엄연히 기록되어 있다. 『사기』「주본기周本紀」에 의하면 주周나라 선조인 고공단보古公亶父는 당시 빈邠에 거주하고 있었다. 훈육과 융적이 공격해 와 재물과 땅을 요구하자 고공단보는 싸우고자 하는 백성들을 만류하며 기산岐山으로 옮겨 갔다. 그러자 백성들 역시 따랐다고 한다「古公亶父復脩后稷·公劉之業, 積德行義, 國人皆戴之, 薰育戎狄攻之, 欲得財物, 予之. 已復攻, 欲得地與民, 民皆怒, 欲戰. 古公曰 : "有民立君, 將以利之. 今戎狄所爲攻戰, 以吾地與民. 民之在我, 與其在彼, 何異. 民欲以我故戰, 殺人父子而君之, 予不忍爲." 乃與私屬遂去豳, 度漆·沮, 踰梁山, 止於岐下. 豳人擧國扶老攜弱, 盡復歸古公於岐下」. 『사기』「주본기」의 주(『사기정의』)에서는 "기국耆國은 곧 여국이다耆國, 卽黎國也"라고 하였다. 「주본기」에 서백창(문왕)이 "견융을 토벌하고 이듬해에 기국耆國을 격파했다明年, 伐犬戎. … 明年, 敗耆國"라고 했는데, 이때 여국은 빈·기 땅에서 동쪽으로 멀리 물러나오게 되었다. 그 잔영이 지금까지도 여성黎城(산서성 여성현)이라는 지명으로 남아 있다. 『괄지지括地志』에 "옛 여성黎城은 여국黎國이다故黎城, 黎侯國也"라고 하였다.

31) 서徐

서徐는 남국의 제후가 회수와 태산 지방을 점령하여 회북淮北, 서주徐州에 세운 나라이다. 『사기정의』「주본기周本紀」에는 "『괄지지』에서 이렇게 말한다. 사주泗州 서성현徐城縣 북쪽 30리에 있는 옛 서국徐國은 바로 회이淮夷이다『括地志』云 : 泗州徐城縣北三十里古徐國, 卽淮夷也"라고 하였으니, 지금의 안휘성 사현泗縣 지방이다. '사주泗州'는 본래 '사수泗水'로 되어 있었으나 후대 학자들의 교감에 의해서 '사주泗州'로 고쳐졌다. 서국은 그 후 점차 강성해져 서언왕徐偃王(?~BCE 985) 때에는 주周나라 5세 목왕穆王(BCE 1001~947)과 일대 격전을 벌여 주나라의 동쪽 지역을 할양 받아 황지潢池(지금의 하남성 개봉부 봉구현 서남) 동쪽에 군림하면서 36개국 제후들에게 조공을 받는 '대서제국大徐帝國'을 건설하였다. 『후한서』「동이열전東夷列傳」에는 "목왕은 그의 기세가 한창 왕성함을 두려워하여 동방의 제후를 나누어 주고 서언왕이 주인 노릇을 하게 하였다. 언왕은 황지의 동쪽 사방 5백 리에 거처하면서 인의 정치를 행하자 육로로 해서 조근하는 곳이 서른 여섯 나라였다穆王畏其方熾, 乃分東方諸侯, 命徐偃王主之, 偃王處潢池東, 地方五百里, 行仁義, 陸地而朝者三十有六國"라고 하였다.

그런데 서언왕이 알에서 나왔다고 하는 난생卵生 설화가 있다. 중국 은나라·진秦나라의 시조와 졸본부여를 세운 동명왕東明王(후에 북부여 5세 고두막단군이 됨), 고구려의 시조 고주몽, 신라의 박혁거세, 가야의 김수로왕 등도 모두 난생 설화의 주인공이다. 난생 설화는 우리 동이족 고유의 것으로서, 이러한 왕조(중국 지역의 은·진·서나라)를 세운 민족이 만주 내몽골 방면에서 중국 본토에 진출한 동이東夷족임을 입증하는 것이라고 중국 학자들도 지적한다(박시인, 『알타이 인문연구』, 545~582쪽).

32) 기자箕子

기자箕子는 은나라 왕실의 근친인 '다자多子' 출신의 제후로서 성은 자子, 이름은 서여胥餘이다. 기箕는 나라 이름이고 자子는 작위爵位 명칭이다. 정인보는 기자의 '기'는 우리 고어의 '검'으로 천왕天王을 뜻한다고 했다. 다름아닌 단군이라는 뜻이다.

은나라 말기에 기자가 봉해졌던 기국箕國은 은나라 왕실의 직할지인 '하남성 상구현商丘縣'으로 추측되고 있다(윤내현, 『한국고대사신론』).

천관우는 기자조선설을 문헌 분석으로 제시하였는데 기자족箕子族의 첫 근거지는 지금의 산서성 태곡太谷 일대의 기국箕國이며, 은殷·주周가 모두 경시하지 못하는 일대세력으로 은의 제후국이 된 것은 은殷 말기부터 본다. 기자족은 신흥세력 주周의 압력으로 그 주력이 동방으로 이동하여 처음으로 정착한 곳은 난하灤河 하류라고 하였다. 또한 기자가 직접 영도하는 족단族團이 평양지역까지 바로 간 것이 아니고, 오랜 시간에 걸쳐 동진하여 마침내 평양지역에 도달하였다. 문헌상의 창려의 험독, 광녕의 험독, 집주의 험독, 낙랑의 험독 등은 모두 이동과정에서 일정기간 머무른 근거지로 보았다.

이형구는 하북성과 요서 일대에서 대거 발견된 기자를 비롯한 은대 유물들이 기자족의 이동과정을 말해주는 증거이며 발해연안 북부가 기자조선의 문화영역 내지 지리강역이라고 하였다. 기후방정에 새겨진 '기후箕侯'를 은殷이 망한 후에 상왕족인 기자를 대표로 하는 은나라 씨족들이 주周의 세력을 피해 원래 조상이 거주했던 발해연안 북부의 대릉하 유역으로 도망가 건국한 것이 기자조선이라는 것이다(이형구, 『발해연안 대릉하유역 기자조선의 유적·유물』).

윤내현은 상商나라 말, 기국箕國은 상왕商王의 직할지 내인 상읍商邑 부근인 하남성 상저현商邸縣 지역에 있었다고 보았다. 상나라가 주족周族에 의해 망하고

기국에 강성姜姓의 제후가 출현하자 기국의 통치권을 상실한 자성子姓의 기자는 일족과 서주西周왕실의 영향력이 미치지 않는 당시로서 가장 변방인 중국의 동북부 연산燕山지역으로 이동 자리 잡았는데 연후燕侯의 통제 하에 있는 것으로 보았다. 그 후 기자국은 난하灤河 동부 연안까지 세력을 확장하다가 BCE 3세기 초 연燕나라 장수 진개와 마지막 통치자인 준왕 때 연왕燕王 노관에게 난하 서부의 땅을 빼앗겼다고 했다. 그리고 기자국은 중국 변방의 작은 나라로 마지막 왕인 자준子準 때에 고조선의 변방으로 쫓겨 왔다가 오래지 않아서 멸망했다는 것이다. 또 한인漢人들이 기자의 통치자를 부르던 '조선후朝鮮侯 기자箕子'라는 것은 '조선국의 제후인 기자'라는 뜻으로 이해하였다. 따라서 기자나 기자국은 한국 고대사의 주류일 수 없으며 기자조선이라는 용어는 부당하다고 하였다.

남·북한 학계는 그동안 기자조선설을 부정해 왔다. 그것은 기자조선이 일제에 의해 조선사 말살 차원에서 연구되었고, 진秦(BCE 221~BCE 206)나라 이전 문헌에서는 전혀 언급되지 않았다. 그러다가 기자가 죽은 지 근 천여 년이 지난 서한西漢(BCE 206~CE 8) 때, 90세가 넘은 복생伏生에 의해 구술口述되어 편찬되었다는 『상서대전尙書大傳』에 처음 나타나기 때문이다. 후한後漢시대(25~220)에 편찬된 『한서漢書』에서는 기자가 조선으로 가서 '범금팔조犯禁八條'를 제정했다고 했고, 『삼국지三國志』는 『위략魏略』을 인용, 후대의 고조선 왕들을 기자의 후예로 기록하는 등 내용이 후대로 갈수록 상세해지는 기이한 현상이 나타나기 때문이다.

종래에 사대주의 사학자들은, 기자가 은나라 마지막 왕인 폭군 주紂왕에게 직간直諫을 하다가 노여움을 사서 숨어 있었는데 주나라 무왕武王이 은나라를 무너뜨리고 기자를 방문하자, 무왕에게 천하를 다스리는 대법大法인 '홍범구주洪範九疇'를 가르쳤으며, 이때 무왕이 "기자를 조선에 봉했으나 신하로 삼지는 않았다封箕子於朝鮮, 而不臣也"라고 한 『사기史記』「송미자세가宋微子世家」의 기록을 역사적인 사실인 양 주장해 왔다. 사대주의 신봉자들이 "조선에 봉하였다"는 구절을 인용하여 마치 단군조선을 주周나라의 속국인 양 취급하고, 기자가 고조선의 정통을 이은 것처럼 주장한 것이다. 그러나 『사기』의 이 기록은 본래 사마천의 조작이었다.

본서 『단군세기』에서는 "BCE 1122년에 은나라가 망하고 3년이 지난 BCE 1120년에 기자가 태항산 서북 땅에 가서 살다가 BCE 1114년에 다시 서화西華(지금의 하남성 개봉 남쪽)로 옮겨 살면서 인사를 일절 사절했다謝絶人事"라고 하여 기자조선을 강력히 부정하였다.

결론적으로 기자조선설은 일찍이 최남선도 지적한 바와 같이, 한국 고대사를 중국사에 흡수 동화시키기 위해 중화주의 천하 사상이 조작한 허구에 지나지 않는다. 사마천이 조작한 이 기자조선설은, 후대에 당唐나라와 일제 때에 사대 식민주의 사학이 공동으로 날조한 '낙랑군=평양설(한사군의 한반도 북부 위치설)'과, 일제가 한국 침략과 식민지 지배를 역사적으로 정당화·합리화시키기 위해 날조한 '임나일본부설(고대 일본의 한반도 남부 가야 지방 지배설)'과 함께 한·중·일 동양 역사상 3대 역사 조작극이라 말할 수 있다.

문헌과 고고학 유물을 수용한다고 해도 상나라 기내畿內인 하남성 중남부 지역에 살던 기자국의 후손 일부가 주나라를 피해 북경과 요서지역으로 이동, 정착하여 고조선의 제후국이 되어 왕 노릇을 하였다고 추정할 수는 있다.

33) 삼도三島

삼도는 크게 세 섬으로 이루어진 일본을 말한다.

여기서 일본 왕가의 기원과 일본의 고대 국가 형성에 얽힌 한민족과의 관계를 몇 가지만 예를 들어 살펴본다.

첫째, 35세 사벌단군 때 장군 언파불합을 보내 구마소熊襲(지금의 큐슈 지방)를 평정하였다.

둘째, 36세 매륵단군 때 협야후 배반명을 보내 삼도를 평정하였다. 배반명은 일본 왕가의 뿌리인 진무神武왕이 되었다.

셋째, 고주몽을 도와 고구려를 세운 건국 공신인 협보가 뒤에 구마모토熊本에 진출하여 다라국多羅國을 세웠다.

넷째, 선비 모용외에게 패한(285년) 연나부부여(망명부여 : 서부여)의 의라依羅왕이 무리 수천 명을 거느리고 바다를 건너가 일본을 정복하고 왕이 되었다(『대진국본기』 참조). 의라는 곧 『일본서기』에 나오는 15대 오진應神왕으로 일본 최초의 통일 왕조인 야마토大和 왜倭를 건설(370년)하였다.

이와 같이 『환단고기』는 일본 고대 문화사와, 지배층의 혈통은 우리 한민족의 조상들이라는 역사적 사실을 명백하게 밝히고 있다.

34) 동방 조선족의 국통國統을 어지럽힌 고질적인 중국의 사필 정신

36세 매륵단군 52년 조와 동일한 기록이 『사기』「제태공세가齊太公世家」 환공桓公 23년 조와 「연소공세가燕召公世家」 장공莊公 27년 조에도 보인다. 「제태공세가」에는 "산융山戎이 연나라를 치자 연나라가 위급함을 제나라에 알렸다. 제 환공이 연나라를 구하고자 드디어 산융을 치려고 고죽까지 이르렀다가 돌아갔다山戎伐燕﹐燕告急於齊﹐齊桓公救燕﹐遂伐山戎﹐至于孤竹而還"라고 하였다. 이처럼 『사기』에는 연제燕齊와 산융山戎의 전쟁이라 기록해 놓았지만, 일찍이 신채호는 『조선상고사』에서 이를 **단군조선과의 전쟁**이라 하였다. 『사기』「봉선서封禪書」에도 "환공이 말하기를 '과인이 북쪽으로 산융을 칠 때 고죽을 지나갔다'桓公曰﹕'寡人北伐山戎﹐過孤竹'"라고 하였다. 여기서 '산융'은 우리 단군조선을 말한다. 고조선을 비하하고 국력의 강성함을 은폐하기 위해 나라 이름을 산융이라 조작한 것이다.

우리는 이 기록에서도 **고조선의 존재를 의도적으로 숨겨 국통國統을 어지럽게 만들고 그 맥을 끊어 놓고자 한 사마천의 간교한 역사 왜곡 행태를 역력히 엿볼 수 있다.**

그러나 이 전쟁을 마지막으로 고조선의 중원 지배력은 크게 약화되기 시작하였다. 제나라 관중이 '동이족을 몰아내고 주 왕실을 보전하자'는 이른바 존왕양이尊王攘夷라는 기치를 내걸고 주나라 제후들을 규합하여 고조선에 집단 대항한 것이다. 이 사건은 기존의 한중 관계가 뒤집혀 훗날 중화주의가 출현하는 계기가 되었다. 『춘추좌전』에 따르면, 이후 주나라 제후국들과 대치하던 수遂·서徐·내萊·모牟·서舒 등 동이 열국(고조선 제후국)이 잇달아 자취를 감추고 고조선의 서토 세력권은 회이淮夷가 거주하는 회수淮水 일대로 크게 줄어들고 말았다.

이와 반대로 한족은 일진일퇴의 격전을 치르며 고조선 중심 질서에서 이탈·독립하는 한편, 동방 조선족의 문화유산을 흡수하여 자신들의 문화적 역량을 크게 도약시키는 계기를 만들었다.

35) 고조선의 쇠퇴 원인과 우화충의 반역 사건

단군조선은 어떻게 2천여 년간의 장구한 역사를 유지했으며, 왜 갑자기 쇠퇴의 길을 걷게 되었을까? 그 해답은 6세 달문단군 때 신지 발리가 지은 「서효사(일명 신지비사)」에 함축되어 있다. 단군조선은 「신지비사神誌秘詞」의 핵심 내용인, 신교神敎의 삼신사상에 기초하여 성립된 삼한관경제(진한·마한·번한)를 시행하고 삼경제도(소밀랑·백아강·안덕향)의 균형을 유지함으로써 한민족 역사상 최대의 전성기를 누렸다.

그러나 이 「신지비사」에서 이미 경계한 바와 같이 단군조선 말에 이르러 삼신사상이 쇠퇴하면서 삼한관경제가 와해되고, 단군조선도 종말을 맞이하게 된 것이다.

단재 신채호는 천일天一·지일地一·태일太一의 삼신사상에 의해 보좌역인 번한과 마한이, 우주 주재자이신 삼신상제님의 대행자로서 태일太一에 해당하는 진한(진왕=대단군, 천황)을 받들어 오다가, 단군조선 말에 이르러 삼신사상이 파탄나자 '삼한이 서로 진왕辰王이라 자칭'함으로써 단군조선의 삼한관경체제가 동시에 붕괴되었다고 주장하였다(신채호, 『독사신론』). 이러한 내부 분열과 대립 때문에 결국 단군조선은 몰락의 길을 걷게 된 것이다.

그리고 삼신사상에 기초한 삼한관경제를 무너뜨리는 직접적인 계기가 된 사건이 바로 '우화충의 역모 사건'이다. 한민족 역사의 대세를 놓고 볼 때, 이 우화충의 역모 사건과 단재 신채호가 '조선 역사상 1천 년 이래 제일 대사건'이라 명명한 고려 시대 중기의 '묘청의 난(사대주의자 김부식 일당에 의해 실패한 서경 천도 사건)'을 계기로 상실한 대륙을 향한 자주독립 정신의 불꽃은 그 명맥이 시들고 마침내 주먹만한 한반도 내에 주저앉아 모화사대의 길을 걷게 된 것이다.

36) 고대 한민족사의 잃어버린 고리, '북부여사'

북부여는 단군조선의 국통을 계승하여 해모수가 세운 나라이다. 시조 해모수단군이 BCE 239년에 북부여를 건국한 이래로, 고두막단군 이후의 후북부여, 해부루가 쫓겨가서 세운 가섭원부여(동부여), 동부여의 일족이 세운 연나부부여로 명맥을 유지하다가 494년에 고구려 21세 문자열제 때 완전히 합병되었다. 이 북부여의 존재 시기와 역대 제왕의 정확한 연대가 밝혀지면서 한민족의 국통이 '고조선—북부여—고구려'로 이어짐을 한눈에 볼 수 있게 되었다. 특히 뜬구름 잡는 식으로 막연했던 해모수·고두막한(동명왕)·고주몽의 관계, 또 정통 도가 사서에 대한 불신과 북부여사의 상실 때문에 사맥이 단절됨으로써 잘못 알고 있었던 한민족 고대사의 주요 의문점이 『북부여기』에서 처음으로 명백히 밝혀지고 있다.

北夫餘紀 북부여기

— 복애거사伏崖居士 범장范樟 찬撰 —

9천 년 한민족사의 잃어버린 고리, 부여사의 진실을 온전히 드러낸

범 장 范樟 (?~?)

| 본관 금성錦城 | 초명 세동世東 | 자 여명汝明 | 호 복애伏崖 | 시호 문충文忠

- 고려의 국운이 다하자 사관仕官의 뜻을 버리고 두문동杜門洞에 은거하여 충절을 지킨 두문동 72인 중 한 분이다.
- 범장 선생은 통곡하여 말하되 "백이伯夷는 누구이며 나는 누구인고 하니 그 품절品節이 이러하더라" 하였다. 태조 이성계가 세 번이나 불렀으나 출사하지 않고, 고향 금성錦城으로 돌아가 은거하였다.
- 『태백일사』「고려국본기」에 의하면 이명李茗과 함께 천보산天寶山 태소암太素庵에 머무를 때 소전거사에게서 많은 기고지서奇古之書―환·단 이후로 전해 내려오던 역사의 진결[桓檀傳授之眞訣]―를 얻었다.
- 이암은 『단군세기』를, 범장은 『북부여기』 상·하를 저술했고, 이명은 조선 숙종 때 북애北崖가 지은 『규원사화』의 저본底本이 된 『진역유기震域留記』 3권을 썼다고 한다.
- 사후 후덕군厚德君에 봉해졌고, 시호는 문충文忠이다. 묘는 고향인 현 광주광역시 광산구 덕림동 복만마을에 있다.

북부여 | 열국 분열 시대의 전개

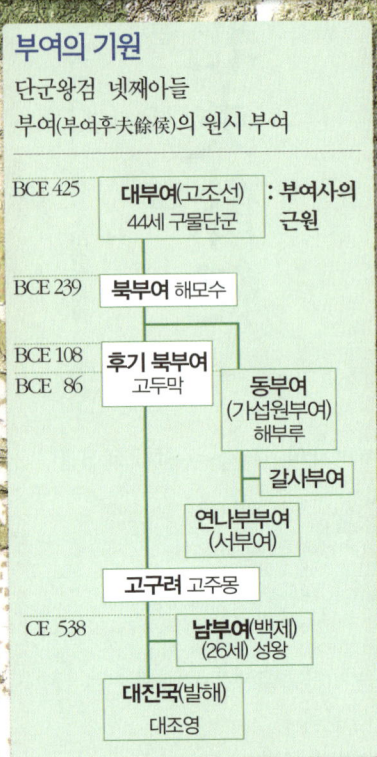

부여의 기원

단군왕검 넷째아들
부여(부여후夫餘侯)의 원시 부여

BCE 425	대부여(고조선) 44세 구물단군	: 부여사의 근원
BCE 239	북부여 해모수	
BCE 108 / BCE 86	후기 북부여 고두막	동부여 (가섭원부여) 해부루
		갈사부여
	연나부부여 (서부여)	
	고구려 고주몽	
CE 538	남부여(백제) (26세) 성왕	
	대진국(발해) 대조영	

한민족사에 등장하는 부여의 맥

바이칼 호

고 비 사 막

오환烏

흉노匈奴

수유

운중

상곡(탁록)

영정하

오르도스

황하

태원

조

황하

박랑사(신향시)

서안 장안

한漢

BCE 300년경 연나라 장수 진개에게 빼앗긴 지역 (조양~만번한)

북부여기 상

시조 단군* 해모수 재위 45년

壬戌元年이라. 帝는 天姿英勇하시고 神光射人하시니 望之若天王郎이러시라.
年二十三에 從天而降하시니 是檀君高列加五十七年壬戌四月八日也라.
依熊心山而起하사 築室蘭濱하시고 戴烏羽冠하시며 佩龍光劍하시며
乘五龍車하사 與從者五百人으로 朝則聽事하시고 暮則登天이러시니
至是卽位하시니라.

역주 ● 해모수단군의 재위 원년은 임술(환기 6959, 신시개천 3659, 단기 2095, BCE 239)년이다. 임금께서는 본래 타고난 기품이 영웅의 기상으로 씩씩하시고, 신령한 자태는 사람을 압도하여 바라보면 마치 **천왕랑**天王郎* 같았다. 23세에 천명을 좇아 내려오시니, 이때는 47세 고열가단군 재위 57년(단기 2095)으로 **임술년 4월 8일**[1]이었다.

임금께서 웅심산熊心山▧에서 기병하여 난빈蘭濱에 제실帝室을 지으셨다. 머리에 **오우관**烏羽冠을 쓰고 허리에 용광검龍光劍을 찼으며 오룡거五龍車를 타고 다니시니, 따르는 사람이 5백여 명이었다. 아침이 되면 정사를 돌보시고, 날이 저물면 하늘의 뜻에 따르셨다. 이 해에 이르러 즉위하셨다.

癸亥二年이라 是歲三月十六日에 祭天하시고 設烟戶法하사 分置五加之兵하시고
屯田自給하사 以備不虞하시니라. 己巳八年이라 帝率衆하사 往諭故都하신대
五加가 遂撤共和之政하니 於是에 國人이 推爲檀君하니
是爲北夫餘始祖也시니라. 冬十月에 立公養胎母之法하시고
敎人에 必自胎訓始하시니라. 壬申十一年이라 北漠酋長山只喀隆이
襲寧州하야 殺巡使穆遠登하고 大掠而去하니라.

＊단군: 북부여 시대에도 역대 임금이 고조선의 제도를 계승하여 스스로 단군이라 칭했다.
※천왕랑天王郎: 국자랑國子郎이라고도 한다. 신교의 근원 정신을 바탕으로 하여 환국 시대 말에 배달국을 연 핵심 집단인 제세핵랑濟世核郎의 맥을 이었다. 배달의 제세핵랑→고조선의 국자랑國子郎→북부여의 천왕랑天王郎→고구려의 조의선인皁衣仙人→백제의 무절武節과 신라의 화랑花郎→고려의 재가화상在家和尙 또는 국선仙仙, 선랑仙郎으로 이어져 왔다. 그 뒤로 사대주의의 소한사관에 민족의 혼을 빼앗겨 명맥이 쇠잔하였으나 신교의 낭가, 상무 정신만은 한민족의 기층 문화 속에 뿌리 내려 조선 시대의 선비정신, 구한말 항일독립운동과 3·1운동 등으로 민족의 위기 때마다 유감없이 표출되었다.
▧웅심산熊心山: 지금의 길림성 서란舒蘭.

역주 ● 재위 2년 계해(단기 2096, BCE 238)년 **3월 16일** 대영절大迎節에 임금께서 하늘에 제를 올리시고, 연호법烟戶法※을 만들어 백성을 살피셨다. 오가五加*의 군대를 나누어 배치하고 둔전屯田*으로 자급하게 하여 뜻밖의 사태에 대비하셨다.

● 재위 8년 기사(단기 2102, BCE 232)년에 임금께서 무리를 거느리고 옛 수도에 가서 오가를 설득하시니, 오가가 드디어 **공화정**共和政을 **철폐**하였다. 이때 나라 사람들이 단군으로 추대하여 받드니, 이분이 바로 북부여의 시조이시다.

겨울 10월에 태아를 가진 임신부를 보호하는 법[公養胎母之法]을 만들고 사람들을 가르칠 때 반드시 **태교***부터 **시작**하게 하셨다.

● 재위 11년 임신(단기 2105, BCE 229)년에 북막北漠 추장 산지객륭山只喀隆이 영주寧州*를 습격하여 순사巡使 목원등穆遠登을 죽이고 크게 약탈한 뒤 돌아갔다.

```
경진십구년         비훙       자준      습부봉위번조선왕       견관감병
庚辰十九年이라 丕薨하니 子準이 襲父封爲番朝鮮王하고 遣官監兵하사
우치력어비연              선시   연    견장진개         침아서비
尤致力於備燕하시니라. 先是에 燕이 遣將秦介하야 侵我西鄙하고
지만번한       위계       신사이십년        명제천우백악산아사달
至滿番汗하야 爲界하니라. 辛巳二十年이라 命祭天于白岳山阿斯達하시고
칠월       기신궐삼백육십육간         명위천안궁
七月에 起新闕三百六十六間하고 名爲天安宮하니라.
계미이십이년       창해역사여홍성       여한인장량
癸未二十二年이라 滄海力士黎洪星이 與韓人張良으로
저격진왕정우박랑사중           오중부거
狙擊秦王政于博浪沙中이라가 誤中副車하니라.
```

역주 ● 재위 19년 경진(단기 2113, BCE 221)년에 기비箕丕가 훙서薨逝※하자 아들 준準※

※ **연호법**烟戶法: 연호는 밥짓는 연기를 인가人家의 상징으로 삼은 말. 호戶·가家와 같은 뜻이다.
* **오가**五加: 환국 시대 이후 배달 시대의 삼한三韓(풍백·우사·운사)·오가五加(마가·우가·구가·저가·계가) 제도 → 단군조선의 삼한관경(진한·번한·마한), 삼경三京제와 오가 제도→ 북부여의 오부五部 제도 → 고구려의 삼경오부三京五部와 백제의 오부제로 계승·발전되었다. 다시 대진국(발해)의 오경五京제와 신라의 오소경五小京제로 이어졌고, 요遼·금金나라가 대진국의 오경제를 그대로 답습하였다.
* **둔전**屯田: 각 지방 주둔병의 군량을 자급하고 각 관아의 경비를 충당하기 위해 미간지를 개척하여 경작케 한 전답.
* **태교**: 태교에 대한 기록은 동양의 『여범女範』이나 『내칙內則』 등에 단편적으로 전해져 왔다. 그러나 종합적이고 체계적인 서술은 조선 시대 실학 사상가로 유명한 유희柳僖의 어머니 사주당師朱堂 이씨가 지은 『태교신기胎敎新記』가 처음이다. 태교는 "첫째, 자녀 교육은 그 후천성을 기르는 데 있으며, 둘째, 부모된 자로 태교를 소홀히 함은 스스로 의무를 포기하는 것이다"라고 하였다(이원호, 『태교胎敎』, 177~179쪽).
* **영주**寧州: 이유립은 요遼나라 때 설치한 영강주寧江州인 현재의 길림성 부여현夫餘縣을 영주로 비정.
※ **훙서**薨逝: 제후나 왕공, 귀인의 죽음을 이르는 말.
※ **준왕**: 준왕은 부단군으로 '번조선의 75세 마지막 왕'이다. 지금의 중·고등학교 교과서에는 준왕이 위만에게 망한 단군조선의 마지막 천제(단군)로 기술되어 있다. 이처럼 잘못된 역사를 가르치게 된 것은 한민족의 국통國統이 지금까지 왜곡되어 올바로 정립되지 않았기 때문이다.

이 아버지의 뒤를 이어 번조선 왕❋으로 책봉되었다. 임금께서 관리를 파견해 군대를 감독하게 하여 연나라의 침입❋에 대비하는 데 더욱 힘쓰게 하셨다. 이에 앞서 연나라가 장수 진개秦介[2]를 보내 번조선 서쪽 변방[西鄙]❋을 침범하여 **만번한**滿番汗[3]에 이르러 그곳을 국경으로 삼았다.

● 재위 20년 신사(단기 2114, BCE 220)년에 임금께서 **백악산 아사달**에서 천제를 지내도록 명하셨다. 7월에 궁궐 **366칸**❋을 새로 짓고 이름을 **천안궁**天安宮이라 하였다.

● 재위 22년 계미(단기 2116, BCE 218)년에 창해역사 여홍성黎洪星이 **한**韓나라❋ 사람 장량張良(?~BCE 186)과 함께 박랑사博浪沙에서 진왕秦王❋ 정政을 저격하였으나 수행하던 수레[副車]를 잘못 맞혔다.

壬辰三十一年이라 陳勝이 起兵하니 秦人이 大亂일새 燕齊趙民의
亡歸番朝鮮者가 數萬口라 分置於上下雲障하고 遣將監之하니라.
己亥三十八年이라 燕盧綰이 復修遼東故塞하고 東限浿水하니
浿水는 今潮河也라. 丙午四十五年이라 燕盧綰이 叛漢하야 入凶奴하니
其黨衛滿이 求亡於我어늘 帝不許시라 然이나 帝以病으로 不能自斷하시고
番朝鮮王箕準이 多失機하야 遂拜衛滿爲博士하야 劃上下雲障而封之하니라.
是歲冬에 帝崩하시니 葬于熊心山東麓하고 太子慕漱離가 立하시니라.

역주 ● 재위 31년 임진(단기 2125, BCE 209)년에 진승陳勝❋이 병사를 일으키자 진秦나라 사람들이 큰 혼란에 빠졌다. 이에 연燕·제齊·조趙나라 백성 가운데 번조선으로 망명해 온 자가 수만 명이었다. 준왕이 곧 상·하 **운장**雲障에 나누어 수용하고 장수

❋ **번조선 왕**: 삼조선 체제는 북부여 시대(BCE 238~ BCE 194)에도 존속하다가 위만의 번조선 찬탈로 완전히 무너지게 되었다.

❋ **연나라의 침입**: 이 기사는 번조선 71세 왕 기욱箕煜 때인 BCE 300년경에 발생한 사건을 기록한 것이다. 연나라는 BCE 222년 진秦나라에게 망했다.

❋ **서비**西鄙: '서쪽 궁벽한 변방'이라는 뜻으로 현 북경 부근을 흐르는 백하白河 일대를 가리킨다. 바로 이곳에 훗날 위만이 망명하여 살던 상·하 운장上下雲障이 있었다.

❋ **궁궐 366칸**: 『삼국유사』와 『삼성기』 등에는 신시 배달 시대를 여신 환웅천황께서 '인간 세상의 360여 가지 일[人事]'을 주관하였다는 기록이 있다. 역수曆數는 이미 환웅천황의 신시개천 때부터 사용하였다. 이것이 단군조와 단군의 제후인 요·순에게 전승되어 발전된 것이다.

❋ **한韓나라**: 전국 시대 때 칠웅(秦楚燕齊韓魏趙)의 하나.

❋ **진왕**秦王: 자칭 '시황제始皇帝'일 뿐, 한민족사 입장에서는 '진왕'이다.

❋ **진승**陳勝(?~BCE 208): 하남성 등봉현登封縣의 빈농 출신으로 오광吳廣과 함께 진秦나라에서 농민 반란을 일으켰으나 6개월 만에 실패하였다. 이 사건을 발단으로 각지에서 반란이 일어났고, 유방·항우 등이 군사를 일으켜 저 유명한 초한전楚漢戰 시대가 열렸다.

● 재위 38년 기해(단기 2132, BCE 202)년에 연나라 노관盧綰이 다시 요동의 옛 요새※를 수리하고 패수浿水[4]를 동쪽 경계로 삼았다. 패수는 지금의 조하潮河※이다.

● 재위 45년 병오(단기 2139, BCE 195)년에 연나라 노관이 한漢나라를 배반하고 흉노로 달아나자 그 일당인 **위만이** 우리나라에 망명을 구하였다. 임금(해모수단군)께서 이를 허락하지 않으셨으나, 병이 들어 능히 스스로 결단을 내리지 못하셨다.

번조선 왕 기준이 (물리칠 수 있는) 기회를 여러 번 놓치고 마침내 위만을 박사博士로 삼고 상하 운장을 떼어 주어 지키게 하였다.

이 해(환기 7003, 신시개천 3703, 단기 2139, BCE 195) 겨울에 해모수단군께서 붕어하시니 웅심산 동쪽 기슭에 장사 지냈다. 태자 모수리慕漱離께서 즉위하셨다.

北夫餘紀

2세 단군 모수리 재위 25년

丁未元年이라. 番朝鮮王箕準이 久居須臾하야 嘗多樹恩하고 民皆富饒러라
後에 爲流賊所敗하야 亡入于海而不還이라 諸加之衆이 奉上將卓하야
大擧登程하야 直到月支立國하니 月支는 卓之生鄕也오 是謂中馬韓이라
於是에 弁辰二韓이 亦各以其衆으로 受封百里하야
立都自號하며 皆聽用馬韓政令하야 世世不叛하니라.

역주 ● 모수리단군의 재위 원년은 정미(환기 7004, 신시개천 3704, 단기 2140, BCE 194)년이다. 번조선 왕 기준이 오랫동안 **수유**須臾※에 있으면서, 일찍이 백성에게 은혜를 많이 베풀어 모두 풍요롭고 생활이 넉넉하였다.

후에 기준箕準이 떠돌이 도적 위만에게 패하여 바다로 들어가 돌아오지 않았다. 이에 오가의 무리가 **상장**上將 **탁**卓을 받들고 대규모로 여정에 올라 곧바로 **월지**月支※에 이르러 나라를 세웠다. 월지는 탁이 태어난 곳이다. 이를 일러 **중마한**中馬韓[5]이라 한다. 이때 변한과 진한도 각각 그 백성과 함께 백 리 땅에 봉함을 받아 도읍을 정하고 나라를 세웠다. **변한·진한은** 모두 마한의 정령政令을 따라서 그대로 행하고 세세토록 배반하지 않았다.

※ **요동의 옛 요새**: 지금의 하북성 옥전현玉田縣의 서쪽에 있는 계현薊縣이다.
※ **조하**潮河: 지금의 북경 동쪽과 천진 북쪽을 흐르는 조백하潮白河이다.
※ **수유**須臾: 하북성 난하 유역에 있던 나라. 중국과의 무역을 통해 부를 축적하여 번조선의 중심 세력으로 성장하였다. 전국칠웅과 겨루며 고조선의 방패 노릇을 하였고, 대단군의 허락을 받아 번조선을 통치하였다. 진조선 내정에도 개입하여 해모수가 북부여를 건국하는 데 힘을 보태기도 하였다.
※ **월지**月支: 지금의 전북 익산으로 추정. 번조선의 유민들이 상장上將 탁卓을 받들고 월지국月支國을 세웠다.

戊申二年이라 帝遣上將延佗勃하사 設城柵於平壤하사 以備賊滿하시니
滿이 亦厭苦하야 不復侵擾하니라. 己酉三年이라 以海城으로 屬平壤道하사
使皇弟高辰으로 守之하시니 中夫餘一域이 悉從糧餉하니라. 冬十月에
효京鄕分守之法하시니 京則天王이 親總衛戌하시고 鄕則四出分鎭하시니
恰如柶戲觀戰하고 龍圖知變也라. 辛未二十五年이라 帝崩하시니
太子高奚斯가 立하시니라.

역주 • 재위 2년 무신(단기 2141, BCE 193)년에 임금께서 상장上將 연타발延佗勃을 보내 평양平壤에 성책城柵을 세워 도적 위만을 대비하게 하셨는데, 위만도 싫증이 나고 괴롭게 여겨서 다시는 침노하여 어지럽히지 않았다.

• 재위 3년 기유(단기 2142, BCE 192)년에 임금께서 해성海城을 평양도平壤道에 부속시켜 아우 고진高辰(해모수의 차남, 고주몽의 증조부)으로 하여금 지키게 하셨다. 이때 중부여中夫餘 사람들이 모두 식량 조달에 참여하였다.

겨울 10월에 **수도와 지방을 나누어 지키는 법**[京鄕分守之法]을 제정하여 수도는 천왕이 친히 군사를 거느려 위수를 총괄하고, 지방은 사방 네 개 구역[四出]으로 나누어 (오가가) 진수鎭守하게 하셨다. 그 모습이 마치 윷놀이에서 말판 싸움을 보는 듯 했으며, (천지의 창조 설계도인) **용도**龍圖로써 변화의 법칙을 알아내는 것과 같았다.

• 재위 25년 신미(환기 7028, 신시개천 3728, 단기 2164, BCE 170)년에 모수리단군께서 붕어하셨다. 태자 고해사高奚斯께서 즉위하셨다.

3세 단군 고해사 재위 49년

壬申元年이라. 正月에 樂浪王崔崇이 納穀三百石于海城하니라.
先是에 崔崇이 自樂浪山으로 載積珍寶而渡海하야
至馬韓하야 都王儉城하니 是檀君解慕漱丙午冬也라.
癸丑四十二年이라 帝躬率步騎一萬하사 破衛賊於南閭城하시고

- 연타발: 고구려의 개국 공신인 연타발과 동명이인이다.
- 평양平壤: 해성海城을 평양도에 속하게 하였다는 대목으로 보아, 여기서 평양은 지금의 **만주 요령성 해성에서 가까운 지역**임을 알 수 있다. 요양遼陽을 평양으로 추정하기도 한다.
- 중부여中夫餘: 이유립은 요령성 해성이남 요동반도와 평안도를 중부여라 하였다.
- 진수鎭守: 군대를 요충지에 주둔시켜 엄중히 지킴.
- 용도龍圖: 배달국 5세 태우의환웅의 막내아들인 태호복희가 천하天河, 곧 송화강에서 하늘로부터 받은 **우주 창조의 설계도인 용마하도**龍馬河圖를 줄인 말.

치 리　　　　　경 신 사 십 구 년　　　일 군 국　　견 사　　　헌 방 물
　置吏하시니라. 庚申四十九年이라 一羣國이 遣使하야 獻方物하니라.
　　시 세 구 월　　　제 붕　　　　　태 자 고 우 루　　입
　是歲九月에 帝崩하시니 太子高于婁가 立하시니라.

역주 ● 고해사단군의 재위 원년은 임신(환기 7029, 신시개천 3729, 단기 2165, BCE 169)년이다. 정월에 **낙랑 왕 최숭**崔崇[6]이 해성에 곡식 3백 석을 바쳤다. 이에 앞서 최숭은 **낙랑산**樂浪山*에서 진귀한 보물을 싣고 바다를 건너 마한馬韓에 이르러 **왕검성**王儉城*에 도읍하였다. 이때는 해모수단군 재위 45년 병오(BCE 195)년 겨울이었다.

● 재위 42년 계축(단기 2206, BCE 128)년에 임금께서 친히 보병과 기병 1만 명을 거느리고 남려성南閭城[7]에서 도적 위만을 격퇴하고 관리를 두어 다스리게 하셨다.

● 재위 49년 경신(환기 7077, 신시개천 3777, 단기 2213, BCE 121)년에 **일군국**一羣國에서 사절을 보내 방물을 바쳤다. 이 해 9월에 고해사단군께서 붕어하셨다. 태자 고우루高于婁께서 즉위하셨다.

4세 단군 고우루(일명 해우루) 재위 34년

　　신 유 원 년　　　　견 장　　토 우 거 불 리　　탁 고 진　　　수 서 압 록
　辛酉元年이라. 遣將하사 討右渠不利어시늘 擢高辰하사 守西鴨綠하신대
　　증 강 병 력　　　다 설 성 책　　　능 비 우 거　　　유 공　　　승 위 고 구 려 후
　增强兵力하고 多設城柵하야 能備右渠하야 有功하니 陞爲高句麗侯시니라.
　　계 해 삼 년　　　　우 거 적　　대 거 입 구　　　아 군 대 패
　癸亥三年이라 右渠賊이 大擧入寇하야 我軍大敗하니
　　해 성 이 북 오 십 리 지 지　　　진 위 노 유
　海城以北五十里之地가 盡爲虜有하니라.
　　갑 자 사 년　　　제 견 장　　　공 해 성 삼 월 이 불 극
　甲子四年이라 帝遣將하사 攻海城三月而不克시니라.

● 고우루단군의 재위 원년은 신유(환기 7078, 신시개천 3778, 단기 2214, BCE 120)년이다. 임금께서 장수를 보내 우거右渠를 토벌하게 했으나 이기지 못하였다. 이에 **고진**高辰을 발탁하여 서압록*을 지키게 하셨는데, 고진이 점차 병력을 증강시키고 성책을 많이 설치하여 능히 우거의 침입에 대비하여 공을 세웠다. 고진의 벼슬을 높여 **고구려후**高句麗侯[8]로 삼으셨다.

● 재위 3년 계해(단기 2216, BCE 118)년에 우거의 도적떼가 대거 침략해 왔다. 우리 군

✽**낙랑산**樂浪山: 지금의 하북성 창려 지역에 있다. 위만정권의 수도인 왕험성도 이 지역에 있었다. 위만이 번조선을 침탈하기 직전에 최숭은 한반도 평양으로 이주해 와서 나라를 세우고 고향 지명을 따서 나라 이름을 '낙랑'이라 지었다.

✽**왕검성**王儉城: 마한 왕검성(백아강)은 낙랑 왕 최숭이 도읍했던 곳으로 지금의 평양.

▨**고진**高辰: 북부여 2세 모수리단군의 아우.

✽**서압록**: 고대에는 지금의 압록강뿐 아니라 요하와 송화강, 흑룡강도 압록으로 불렀다. 『삼국유사』 「순도조려順道肇麗」에 "요수遼水는 일명 압록鴨綠이었는데, 지금은 안민강安民江이라 부른다"라고 밝히고 있다. 동압록은 지금의 압록강이고, 서압록은 지금의 요하이다.

한무제의 위만정권 침입(BCE 109~BCE 108) | BCE 109년, 위만의 손자 우거右渠 때 한무제가 좌左장군 순체荀彘에게 군사 5만을 주어 육로로, 누선樓船장군 양복에게 수군 7천을 보내 바닷길로 위만정권의 수도 왕험성을 공격하게 하였다. 한나라는 초기에 패하였으나 1년이 넘는 교전 끝에 이간책으로 위만정권 지도층을 분열시켜 결국 우거를 죽였다(BCE 108). 한나라는 그 여세를 몰아 북부여로 쳐들어왔으나 서압록 출신 고두막한이 거병하여 한나라의 침략을 막아냈다. 고두막한은 졸본卒本에 나라를 열어 (BCE 108) 졸본부여라 하고, 스스로 동명왕東明王이라 칭하였다.

사가 대패하여 해성 이북 50리 땅이 전부 약탈당하고 점령되었다.

• 재위 4년 갑자(단기 2217, BCE 117)년에 임금께서 장수를 보내어 해성을 공격했으나 석 달이 지나도록 함락하지 못하였다.

丙寅六年이라 帝親率精銳五千하사 襲破海城하시고 追至薩水하시니
九黎河以東이 悉降하니라.
丁卯七年이라 設木柵於坐原하시고 置軍於南閭하사 以備不虞하시니라.
癸酉十三年이라 漢劉徹이 寇平那하야 滅右渠러니 仍欲易置四郡하야
盛以兵으로 四侵이라. 於是에 高豆莫汗이 倡義起兵하야
所至에 連破漢寇할새 遺民이 四應하야 以助戰하니 軍報大振하니라.

역주 ● 재위 6년 병인(단기 2219, BCE 115)년에 임금께서 친히 정예 군사 5천 명을 거느리고 해성을 격파하고, 계속 추격하여 살수薩水에 이르셨다. 이로써 구려하九黎河 (지금의 요하) 동쪽이 전부 항복하였다.

● 재위 7년 정묘(단기 2220, BCE 114)년에 임금께서 좌원坐原*에 목책을 설치하고 남려南閭에 군대를 배치하여 뜻밖의 사태에 대비하셨다.

● 재위 13년 계유(단기 2226, BCE 108)년에 한漢나라 유철劉徹(무제)*이 평나平那▨를 침범하여 우거를 멸하더니 그곳에 4군四郡9)을 설치하려고 군대를 크게 일으켜 사방으로 쳐들어왔다. 이에 **고두막한이 구국의 의병을 일으켜** 이르는 곳마다 한나라 도적을 격파하였다. 이때 유민이 사방에서 호응하여 전쟁을 지원하니 군세를 크게 떨쳤다.

北夫餘紀

갑오삼십사년　　시월　　동명국고두막한　　사인래고　　왈
甲午三十四年이라 十月에 東明國高豆莫汗이 使人來告하야 曰
아시천제자　　장욕도지　　왕기피지　　　제난지
我是天帝子라 將欲都之하노니 王其避之하라 한대 帝難之러시니
시월　　제우환성질이붕　　　황제해부루　　입
是月에 帝憂患成疾而崩하시고 皇弟解夫婁가 立하시니라.
동명왕　　이병협지불이　　군신　파난지　　국상아란불　주왈
東明王이 以兵脅之不已어늘 君臣이 頗難之러가 國相阿蘭弗이 奏日
통하지빈가섭지원　　유지　　토양고유　　의오곡　　가도
通河之濱迦葉之原에 有地하니 土壤膏腴하야 宜五穀하니 可都라 하야
수권왕이도　　　시위가섭원부여　혹운동부여
遂勸王移都하니 是謂迦葉原夫餘오 或云東夫餘라.

역주 ● 재위 34년 갑오(단기 2247, BCE 87)년 10월에 **동명국**東明國 **고두막한**이 사람을 보내어 고하기를, "나는 **천제의 아들**[天帝子]이로다. 장차 여기에 도읍하고자 하나니, 임금은 이곳을 떠나도록 하시오"* 하니, 임금께서 난감하여 괴로워하셨다.

이 달에 고우루단군께서 근심과 걱정으로 병을 얻어 붕어하셨다. 아우 해부루解夫婁가 즉위하였다.

동명왕 고두막한이 군대를 보내어 계속 위협하므로 임금과 신하들이 몹시 난감하였다. 이때 국상國相 아란불阿蘭弗이 주청하기를 "통하通河 물가에 **가섭원**迦葉原*이란 곳이 있는데, 토양이 기름져서 오곡이 자라기에 적합하니 가히 도읍할 만한 곳입니다"라고 하였다. 임금께 권유하여 마침내 도읍을 옮기니, 이 나라를 **가섭원 부여**迦葉原夫餘, 혹은 **동부여**東夫餘라 한다.

✽ **좌원**坐原: 대릉하大凌河 상류 능원현凌源縣 지역으로 추정.
✽ **유철**劉徹(BCE 156~BCE 87): 전한前漢의 7세 황제인 무제(재위 BCE 141~BCE 87).
▨ **평나**: 지금의 하북성 창려昌黎.
✽ 이 말은 북부여의 시조 해모수가 아란불阿蘭弗에게 한 것으로 『삼국사기』 등에 기록되어 있다.
✽ **가섭원**迦葉原: 지금의 만주 흑룡강성 통하현通河縣으로 차릉岔陵이라고도 한다.

북부여기 하

5세 단군 고두막(일명 두막루) 동명왕 재위 22년, 북부여 단군 재위 27년

癸酉元年은 是爲檀君高于婁十三年이라. 帝爲人豪俊하시고 善用兵이러시니
嘗見北夫餘衰하고 漢寇熾盛하사 慨然有濟世之志러시니 至是하야
卽位於卒本하시고 自號東明하시니 或云高列加之後也라.

역주 ● 고두막단군의 재위 원년은 계유(환기 7090, 신시개천 3790, 단기 2226, BCE 108)년이다. 이때는 북부여 고우루단군 13년이다. 임금께서는 사람됨이 호방하고 영준하며 용병用兵을 잘 하셨다. 일찍이 북부여가 쇠하면서 한나라 도적이 불길처럼 성하게 일어나는 것을 보고 분개하여 개연히 세상을 구제하겠다는 큰 뜻을 세우셨다.

이에 졸본卒本*에서 즉위하고 스스로 호를 동명東明*이라 하셨다. 어떤 사람은 이분을 고열가(고조선의 마지막 47세 단군)의 후예라 말한다.

乙亥三年이라 帝自將傳檄하사 所至에 無敵하니 不旬月에 衆至五千이라.
每與戰에 漢寇가 望風而潰하니 遂引兵하시고 渡九黎河하사
追至遼東西安平하시니 乃古藁離國之地라. 甲午二十二年은
是爲檀君高于婁三十四年이라. 帝遣將하사 破裵川之漢寇하시고
與遺民幷力하야 所向에 連破漢寇하고 擒其守將하야 拒以有備하니라.

역주 ● 재위 3년 을해(단기 2228, BCE 106)년에 임금께서 스스로 장수가 되어 격문을 돌리니 이르는 곳마다 대적할 자가 없었다. 한 달이 채 안 되어[不旬月] 군사가 5천 명에 이르렀다. 싸울 때마다 한나라 도적이 멀리서 바라보기만 하여도[望風] 스스로

✽졸본: 고구려의 시조 고주몽이 도읍한 곳. 광개토대왕 비문에 나타난 홀본忽本과 같은 말이다. 이유립은 두만강 부근의 수분하 지역으로, 학계에서는 지금의 환인桓仁으로 추정하고 있다.

✽동명東明: 동명국(졸본부여)을 세운 고두막한의 호. 『삼국사기』에는 동명과 고구려를 건국한 주몽을 같은 인물로 기록해 놓았다. 김천령金千齡(연산군 때의 문관)이 지은 부賦에서 "동명이 창업하고 주몽이 계승하였다"라고 하여, 동명과 주몽이 전혀 다른 인물임을 전하였다.

▨불순월不旬月: 순월旬月은 만 1개월. '불순월不旬月'은 한 달이 채 안 되었음을 의미한다.

✽구려하九黎河: 현 요하의 옛 이름. 지금의 요하가 북부여와 고구려 당시에 구려하九麗河(句麗河), 고구려하高句麗河로 불렸음은 『중국고금지명대사전』의 「요하」 조에 "옛 이름은 대요수이며, 또한 구려하·구류하·거류하라 불렀다"라는 구절을 통해 확인할 수 있다.

무너졌다. 임금께서 마침내 군대를 이끌고 구려하九黎河*를 건너 계속 추격하여 요동遼東 서안평西安平에 이르셨다. 그곳은 바로 옛 **고리국**藁離國 땅이다.

● 재위 22년 갑오(단기 2247, BCE 87)년, 이 해는 4세 고우루단군 34년이다. 임금께서 장수를 보내 배천裵川의 한나라 도적을 격파하고, 유민과 합세하여 가는 곳마다 한나라 도적을 연달아 쳐부수었으며, 그 수비 장수를 사로잡아 방비를 갖추어 적을 막기에 힘쓰셨다.

乙未二十三年이라 北夫餘가 擧城邑降하고 屢哀欲保한대 帝聽之하사
降封解夫婁爲侯하시고 遷之岔陵하시니라. 帝前導鼓吹하사
率衆數萬而入都城하사 仍稱北夫餘하시니라. 秋八月에 與漢寇로
屢戰于西鴨綠河之上하사 大捷하시니라. 壬寅三十年이라 五月五日에 高朱蒙이
誕降于岔陵하시니라. 辛酉四十九年이라 帝崩하시니
以遺命으로 葬于卒本川하고 太子高無胥가 立하시니라.

역주 ● 재위 23년 을미(단기 2248, BCE 86)년에 북부여가 성읍을 바쳐서 항복하고 왕실만은 보존시켜 주기를 여러 번 애원하였다. 고두막단군께서 들어 주시어, 해부루解夫婁의 봉작을 낮추어 제후로 삼아 **차릉**岔陵으로 이주해 살게 하셨다. 임금께서 북 치고 나팔 부는 악대[鼓吹]*를 앞세우고 무리 수만 명을 이끌고 도성에 입성하셨다. 나라 이름을 여전히 **북부여**北夫餘라 칭하셨다. 가을 8월에, 한나라 도적과 여러 번 서압록하西鴨綠河 강가에서 싸워 크게 승리를 거두셨다.

● 재위 30년 임인(환기 7119, 신시개천 3819, 단기 2255, BCE 79)년 5월 5일에 **고주몽**高朱蒙이 **차릉**岔陵에서 태어났다.

● 재위 49년 신유(환기 7138, 신시개천 3838, 단기 2274, BCE 60)년에 고두막단군께서 붕어하셨다. 유명遺命에 따라 졸본천卒本川에 장사를 지냈다. 태자 고무서高無胥께서 즉위하셨다.

北夫餘紀

■ 서안평西安平: 내몽고 임황臨潢으로 지금은 임동林東 또는 파림좌기巴林左旗라 한다. 종래 학계에서는 서안평西安平이 평안도 의주 맞은편 압록강 변에 있다고 하였다. 그러나 한漢나라 때 요동군遼東郡 서안평현西安平縣이 압록강 변에 있었다는 기록은 그 어디에서도 찾을 수 없다. 서안평의 위치는 『요사遼史』「지리지地理志」에 "상경 임황부는 본래 한漢나라의 요동군 서안평 땅이다[上京臨潢府 本漢遼東郡西安平之地]"라고 하였다. 『태백일사』「대진국본기」에도 "서경西京 압록부는 본래 고리국이요, 지금의 임황臨潢이다. 임황은 후에 요遼나라 상경 임황부가 되었는데, 곧 옛날의 서안평이다"라고 하였다. 이상의 기록에서 한나라 때 요동군이 지금의 요하 동쪽에 있지 않고 '난하 동쪽'에 있었음을 분명히 알 수 있다. 고구려 당시 요수遼水는 지금의 요하가 아니라 난하였다.

* 고취鼓吹: 북, 나팔 등 악기를 연주하는 음악대를 말한다.

6세 단군 고무서 재위 2년

壬戌元年이라 帝卽位于卒本川하시고 與父老로 會于白岳山하사
立約祭天하시고 頒行事例하시니 內外大悅하니라. 帝生而有神德하사
能以呪術로 呼風喚雨하시고 善賑하사 大得民心하사 有小解慕漱之稱이시라.
時에 漢寇騷亂하야 遍于遼左러니 屢戰得捷하시니라.

역주 ● 고무서단군의 재위 원년은 임술(환기 7139, 신시개천 3839, 단기 2275, BCE 59)년이다. 임금께서 졸본천에서 즉위하셨다. 부로父老들과 더불어 **백악산**에 모여 규약을 정하고 천제를 지내셨다.

여러 가지 사례를 반포하여 널리 행하게 하시니 안팎에서 모두 크게 기뻐하였다.

임금께서는 태어날 때 신령스러운 덕을 갖추시어 능히 주술呪術로써 바람을 부르고 비를 내리게 하시며[呼風喚雨], 자주 곡식을 풀어 백성을 구휼하시니 민심을 크게 얻어 소해모수小解慕漱라는 칭호가 붙게 되었다. 이때에 한나라 도적이 요하遼河 동쪽*에서 분란을 일으키므로 여러 번 싸워서 승리를 거두셨다.

癸亥二年이라 帝巡到寧古塔하사 得白獐하시니라.
冬十月에 帝崩하시니 高朱蒙이 以遺命으로 入承大統하시니라.
先是에 帝無子러시니 見高朱蒙하시고 爲非常人이라 하사 以女妻之시라
至是卽位하시니 時年이 二十三이시라 時에 下夫餘人이 將欲殺之어늘
奉母命하사 與烏伊摩離陝父等三人으로 爲德友하시고 行至岔陵水하사
欲渡無梁이라 恐爲追兵所迫하야 告水曰 我是天帝子오 河伯外孫이니
今日逃走에 追者垂及하니 奈何오 於是에 魚鼈이 浮出成橋하야 始得渡하시고
魚鼈이 乃解하니라.

역주 ● 재위 2년 계해(환기 7140, 신시개천 3840, 단기 2276, BCE 58)년에 임금께서 순행하시다가 **영고탑**에 이르러 흰 노루를 얻으셨다.

겨울 10월에 고무서단군께서 붕어하셨다. 고주몽高朱蒙이 유명遺命을 받들어 대통을 이으셨다.

---

*요하 동쪽: 여기서는 난하의 동쪽을 말한다. 지리에서 동쪽을 '좌'라고 하여 산동을 '산좌山左', 강동을 '강좌江左'라 불렀다. 따라서 '요좌遼左'는 '요동' 혹은 '요하 동쪽'을 말한다.

이에 앞서 고무서단군에게는 대를 이을 아들이 없었는데, 고주몽이 보통사람이 아님을 알아보시고 공주와 맺어 주어 아내로 삼게 하셨다. 이에 이르러 즉위하니 당시 나이 23세*였다.

당시 동부여 사람들이 주몽을 죽이려 하므로, 주몽이 어머니의 명을 받들어 오이烏伊, 마리摩離, 협보陝父* 세 사람과 친구의 의를 맺고 함께 길을 떠났다. **차릉수**岔陵水에 이르러 강을 건너려 하였으나 다리가 없었다. 뒤쫓아 오는 군사들에게 붙잡힐까 두려워하여 강에 고하기를, "**나는 천제**(천상 상제님)**의 아들***이요, **하백의 외손**으로 오늘 달아나는 길인데 쫓는 자가 다가오고 있으니 어찌하리까?" 하니, 물속에서 물고기와 자라가 수없이 떠올라 다리가 되었다. 주몽이 물을 건너자 물고기와 자라가 곧 흩어졌다.

광개토태왕비에서는 고구려 추모왕이 천제의 아들[天帝之子]임을 천하에 공표하였다. 그리고 1935년 길림성 집안현에서 발견된 고구려 광개토태왕 때 북부여 수사守事인 모두루의 무덤 안쪽 벽에 묵서墨書된 묘지명墓誌銘에서는 '일월지자日月之子'라는 말을 사용하였다. 일월지자라는 말은 천제지자天帝之子와 같은 의미로, 고구려가 환국 이래로 내려온 신교의 광명사상에 입각한 천손天孫 의식을 강하게 갖고 있었음을 말해 준다.

* **23세**: 앞에서 임인(BCE 79)년에 태어났다고 했으므로 22세라야 맞으나 당시의 10월 세수歲首로 계산을 하면 23세가 맞다. 23세를 그대로 인정하면 갑자(BCE 57)년에 등극한 것이 된다.
* **협보**: 주몽을 도운 고구려의 창업 공신. 후에 일본 큐슈九州에 건너가 다파라국多婆羅國을 세웠다(『태백일사』,「고구려국본기」).
* **차릉수**: 지금의 송화강. 광개토대왕 비문에는 엄리대수奄利大水로 나온다. 중국 문헌에는 엄사수奄淲水 · 엄체수奄滯水 · 시엄수施掩水라 하였다.
* **천제의 아들[天帝之子]**: 고구려 시조 고주몽이 "나는 천제의 아들이다[我是天帝之子]"라고 말한 바 있고, 광개토대왕 비문에도 같은 기록이 있다. 동한東漢(25~220)의 채옹蔡邕(132~192)이 지은 『독단獨斷』 상권에도 "천자는 동이족이 부르던 호칭이다. 하늘을 아버지로 땅을 어머니로 하는 까닭에 천자라 부른다[天子, 夷狄之所稱, 父天母地, 故稱天子]"라고 하여, 천자天子라는 말이 중국 것이 아니라 본래 우리 동방 조선족[東夷]의 말임을 밝히고 있다. 이것은 본래 우리 나라가 '천자 나라[天子國]였다'는 역사적 사실을 명백히 밝혀 주는 기록인 것이다.

가섭원부여기

시조 해부루 재위 39년

乙未元年이라. 王이 爲北夫餘所制하야 從居迦葉原하니 亦稱岔陵이라
宜五穀하고 尤多麥하며 又多虎豹熊狼하야 便於獵하니라.
丁酉三年이라 命國相阿蘭弗하야 設賑하고 招撫遠近流民하야
使及時飽暖하며 又給田耕作하니 不數年에 國富民殷이라
時에 有時雨滋岔陵하야 民歌王正春之謠하니라.

역주 ● 시조 해부루왕의 재위 원년은 을미(환기 7112, 신시개천 3812, 단기 2248, BCE 86)년이다. 왕이 북부여의 제재를 받아 **가섭원**迦葉原[10]으로 옮겨 살게 되었다. 가섭원을 **차릉**岔陵이라고도 부른다.

이곳은 토지가 기름져서 오곡이 자라기에 적합하였는데, 특히 보리가 많이 났다. 또 호랑이, 표범, 곰, 이리가 많아 사냥하기에 좋았다.

● 재위 3년 정유(단기 2250, BCE 84)년에 국상 아란불阿蘭弗에게 명하여 구휼을 베풀고 원근의 유민을 불러 위로하며, 굶주리거나 추위에 떨지 않게 하였다. 또 밭을 나누어 주어 농사를 짓게 하니, 몇 해 지나지 않아 나라가 부유해지고 백성이 번성하였다. 때를 맞추어 비가 내려 차릉을 축축이 적시므로 백성이 「왕정춘王正春」이라는 노래를 불러 왕을 찬양하였다.

壬寅八年이라 先是에 河伯女柳花가 出遊라가 爲夫餘皇孫高慕漱之所誘하야
强至鴨綠邊室中而私之하고 仍升天不歸오 父母는 責其無媒而從之하야
遂謫居邊室하니라. 高慕漱는 本名弗離支니 或曰高辰之孫이라.
王이 異柳花하야 同乘還宮而幽之러니 是歲五月五日에 柳花夫人이
生一卵하야 有一男子가 破殼而出하시니 是謂高朱蒙이시오
骨表英偉하시고 年甫七歲에 自作弓矢하사 百發百中하시니
夫餘語에 善射爲朱蒙故로 以名云이라.

역주 ● 재위 8년 임인(단기 2255, BCE 79)년, 이에 앞서 **하백의 딸**[河伯女] 유화柳花가 밖에 나가 놀다가 부여의 황손 **고모수**高慕漱의 꾐에 빠졌다. 고모수는 강제로 유화

를 압록강* 변에 있는 궁실로 데려가 은밀히 정을 통하고 하늘로 올라가서 돌아오지 않았다[升天不歸].᠌ 유화의 부모는 중매도 없이 고모수를 따라간 것을 꾸짖고 먼 곳으로 쫓아 보냈다. 고모수의 본명은 **불리지**弗離支인데 혹자는 **고진**高辰(북부여 2세 모수리단군의 아우)**의 손자**라 한다.

해부루왕이 유화를 이상하게 여겨 수레에 태워 환궁하여 궁에서 나가지 못하게 하였다. 이 해 5월 5일, 유화 부인이 알 하나를 낳았는데 한 사내아이가 껍질을 깨고 나왔다. 이 아이가 바로 **고주몽**高朱蒙이니 골격이 뚜렷하고 늠름하며 위엄이 있었다. 나이 겨우 7세에 스스로 활과 화살을 만들어 백 번을 쏘면 백 번을 다 맞추었다. 부여 말[夫餘語]에 '**활 잘 쏘는 사람을 주몽이라**'하므로 이름을 그렇게 불렀다.

甲辰十年이라 王老無子라 一日에 祭山川求嗣라 所乘馬가 至鯤淵하야
見大石하고 相對俠淚라 王이 怪之하야 使人轉其石하니 有小兒가
金色蛙形이라 王이 喜曰 此乃天이 賚我令胤乎인저.
乃收而養之하야 名曰金蛙라 하고 及其長하야 立爲太子하니라.

역주 ●재위 10년 갑진(단기 2257, BCE 77)년이었다. 해부루왕이 늙도록 대를 이을 아들이 없어서, 하루는 산천에 후사를 기원하는 제사를 지냈다. 곤연鯤淵*이라는 곳에 이르렀는데, 왕이 탄 말이 큰 돌을 보더니 그 앞에 마주서서 눈물을 흘렸다. 왕이 괴이하게 여겨 사람을 시켜 그 돌을 굴려 보게 하였더니, 거기에 한 아이가 있었는데 금색의 개구리 모양이었다. 왕이 기뻐하며 "이것은 하늘이 과인에게 대를 이을 아들을 내려 주신 것이로다" 하고, 아이를 거두어 길렀다. 이름을 금와金蛙*라 하였는데 장성하자 태자로 삼았다.

壬戌二十八年이라 國人이 以高朱蒙으로 爲不利於國이라 하야 欲殺之한대
高朱蒙이 奉母柳花夫人命하사 東南走하사 渡淹利大水하시고
到卒本川이라가 明年에 開新國하시니 是爲高句麗始祖也시니라.
癸酉三十九年이라 王이 薨하니 太子金蛙가 立하니라.

﹡**압록강**: 여기서는 지금의 송화강을 가리킨다.
᠌**승천불귀**升天不歸: 고모수가 갑작스런 변고로 죽은 것으로 여겨진다.
✲**곤연**鯤淵: 흑룡강성 영안현寧安縣 서남쪽에 있는 경박호鏡泊湖로 추정. 이유립은 박노철의 설을 인용하여 흑룡강성 가목사佳木斯시와 학강鶴岡시 사이의 학립鶴立에 있다고 하였다.
✲**금와**金蛙:『삼국유사』는 금와왕이 유화부인을 만나 주몽을 낳았다 하여, 대소와 주몽을 형제로 잘못 서술하였다.

• 재위 28년 임술(단기 2275, BCE 59)년에 사람들이 고주몽을 나라에 이롭지 않다고 여겨 죽이려 하였다. 이에 고주몽이 어머니 유화 부인의 명을 받들어 동남쪽으로 달아나 엄리대수淹利大水*를 건너 졸본천卒本川에 도착했다. 이듬해 새 나라를 여시니, 이분이 곧 고구려의 시조이시다.

• 재위 39년 계유(환기 7150, 신시개천 3850, 단기 2286, BCE 48)년에 해부루왕이 훙서薨逝하였다. 태자 금와金蛙가 즉위하였다.

2세 금와 재위 41년

> 갑술원년   왕   견사고구려   헌방물
> 甲戌元年이라. 王이 遣使高句麗하야 獻方物하니라.
> 정유이십사년   유화부인 훙   고구려   이위병수만
> 丁酉二十四年이라 柳花夫人이 薨하니 高句麗가 以衛兵數萬으로
> 반장우졸본   명이황태후례   천취산릉   건묘사우기측
> 返葬于卒本하시고 命以皇太后禮로 遷就山陵하시며 建廟祠于其側하시니라.
> 갑인사십일년   왕 훙   태자대소 입
> 甲寅四十一年이라. 王이 薨하니 太子帶素가 立하니라.

역주 • 금와왕의 재위 원년은 갑술(환기 7151, 신시개천 3851, 단기 2287, BCE 47)년이다. 왕이 고구려에 사신을 보내 방물을 바쳤다.

• 재위 24년 정유(단기 2310, BCE 24)년에 유화 부인이 세상을 떠났다. 고구려에서는 위병衛兵 수만 명으로 호위하게 하여 영구靈柩를 졸본으로 모셔 와서 장사를 지냈다. 주몽 성제께서 황태후의 예로써 모후母后의 영구를 모셔 와 능陵을 조성하고 그 곁에 묘사廟祠를 지으라 명하셨다.

• 재위 41년 갑인(환기 7191, 신시개천 3891, 단기 2327, BCE 7)년에 금와왕이 훙서하였다. 태자 대소帶素가 즉위하였다.

3세 대소 재위 28년

> 을묘원년   춘정월   왕   견사고구려   청교질자
> 乙卯元年이라. 春正月에 王이 遣使高句麗하야 請交質子한대
> 고구려열제   이태자도절 위질   도절 불행   왕 에지
> 高句麗烈帝가 以太子都切로 爲質이러시니 都切이 不行하니 王이 恚之하야
> 동시월   이병오만   왕침졸본성   대설 다동사   내퇴
> 冬十月에 以兵五萬으로 往侵卒本城이라가 大雪로 多凍死하야 乃退하니라.
> 계유십구년   왕   침공고구려   지학반령하   우복병   대패
> 癸酉十九年이라 王이 侵攻高句麗하야 至鶴盤嶺下하야 遇伏兵하야 大敗하니라.

역주 • 대소왕의 재위 원년은 을묘(환기 7192, 신시개천 3892, 단기 2328, BCE 6, 고구려 2

---

*엄리대수: 광개토대왕 비문에서는 '부여夫餘 엄리대수'라고 분명히 기록했다. 여기서 부여는 흑룡강성 통하현 지역에 위치한 동부여이므로, 엄리대수는 곧 송화강으로 추정된다.

세 유리명열제 14)년이다. 봄 정월에 왕이 고구려에 사신을 보내 왕자를 볼모로 교환하자고 청하였다. 고구려 열제烈帝*(2세 유리명열제)께서 태자 도절都切을 볼모로 삼으셨는데 도절이 가지 않으므로 왕이 노하였다. 겨울 10월에, 왕이 군사 5만 명을 거느리고 졸본성을 쳐들어갔으나 큰 눈이 와서 얼어 죽는 군사가 많아 물러났다.

● 재위 19년 계유(단기 2346, CE 13)년에 왕이 고구려를 침공하였는데, 학반령鶴盤嶺 밑에 이르러 복병을 만나 크게 패하였다.

壬午二十八年이라. 二月에 高句麗가 擧國來侵한대
王이 自率衆出戰이라가 遇泥淖하니 王御馬陷하야 不得出이라
高句麗上將怪由가 直前殺之한대 我軍이 猶不屈하야 圍數重이러니
適에 大霧七日하야 高句麗烈帝가 潛師夜脫하사 從間道而遁去하시니라.
夏四月에 王弟가 與從者數百人으로 奔至鴨綠谷하야 見海頭王出獵하고
遂殺之하야 而取其民하며 走保曷思水濱하야 立國稱王하니 是爲曷思라

역주 ● 재위 28년 임오(단기 2355, CE 22, 고구려 대무신열제 5)년 2월에 고구려가 국력을 다하여 쳐들어왔다. 왕이 몸소 군사를 이끌고 나가 싸우다가 왕이 탄 말이 진구렁에 빠져서 나올 수가 없었다. 이때 고구려 상장 괴유怪由*가 곧장 나아가 왕을 죽였다.

부여군은 오히려 굴복하지 않고 고구려군을 여러 겹으로 에워쌌다. 마침 짙은 안개가 7일 동안 계속되자 고구려 열제께서 밤을 틈타 군사를 비밀리에 움직여 포위망을 벗어나 샛길로 달아나셨다. 여름 4월, 왕의 **아우**가 추종자 수백 명과 더불어 길을 떠나 압록곡鴨綠谷에 이르렀다. 마침 사냥 나온 해두국海頭國 왕을 보고, 그를 죽이고 그 백성을 취하여 **갈사수**曷思水▨ 가로 달아나 나라를 세우고 스스로 왕이라 일컬었다. 이 나라가 바로 **갈사국**(갈사부여)이다.

至太祖武烈帝隆武十六年八月하야 都頭王이 見高句麗日强하고
遂擧國自降하니 凡三世歷四十七年而國絶이오. 命都頭爲于台하사
賜第宅하시고 以琿春으로 爲食邑하사 仍封爲東夫餘侯하시니라.

✽**열제**烈帝: '위대한 임금'이라는 뜻으로, 고구려 역대 임금에 대한 일반적인 호칭.
✽**괴유**: 고구려 3세 대무신열제 때 상장군으로, 『삼국사기』를 보면 키가 9척이나 되며 칼을 잘 쓴다고 하였다.
▨**갈사수**: 동만주 지방의 강으로 생각되나 어느 강인지 확실하지 않다. 이유립은 우수리강烏蘇里江이라 하였다.

> **역주** ● 고구려 6세 태조무열제太祖武烈帝 융무隆武 16(단기 2401, CE 68)년 8월에 이르러 도두都頭왕(갈사국 3세)이 고구려가 날로 강성해지는 것을 보고 마침내 나라를 바치고 항복하니, 시조로부터 3세, 역년 47년 만에 나라가 없어지고 말았다.
>
> 이때 고구려 열제께서 도두를 우태于台*로 삼아 살 집을 주고, 혼춘琿春*을 식읍食邑으로 주어 **동부여후**東夫餘侯로 봉하셨다.

```
추칠월       왕종제      위국인왈     선왕        신시국망      인민     무소의
秋七月에 王從弟가 謂國人曰 先王이 身弑國亡하야 人民이 無所依하고
갈사     편안       불능자국     오역재지노하       무망흥복
葛思는 偏安하야 不能自國하고 吾亦才智魯下하야 無望興復하니
영항이도존           이고도인민만여구      투고구려       고구려      봉위왕
寧降以圖存이라 하고 以故都人民萬餘口로 投高句麗한대 高句麗가 封爲王하사
안치연나부          이기배      유낙문        사성낙씨         후   초자립
安置椽那部하시고 以其背에 有絡文하야 賜姓絡氏러시니 後에 稍自立하야
자개원서북       사도백랑곡      우근연지지       지문자열제명치갑술
自開原西北으로 徙到白狼谷하고 又近燕之地러니 至文咨烈帝明治甲戌하야
이기국        절입우고구려        연나부낙씨     수불사
以其國으로 折入于高句麗하니 椽那部絡氏가 遂不祀하니라.
```

> **역주** 이 해 가을 7월에 대소왕의 **종제**從弟가 백성에게 일러 말하기를 "우리 선왕先王께서 시해를 당하시고 나라는 망하여 백성이 의지할 곳이 없고, 갈사국은 한쪽에 치우쳐 있어 안락하기는 하나 스스로 나라를 이루기 어렵도다. 나 또한 재주와 지혜가 부족하여 나라를 다시 일으킬 가망이 없으니 차라리 항복하여 살기를 도모하자"라고 하였다.
>
> 드디어 옛 도읍의 백성 1만여 명과 함께 고구려에 투항하니, 고구려에서는 그를 왕으로 봉하여 **연나부**椽那部*에 살게 하였다. 또 그의 등에 띠 같은 무늬가 있어 낙씨絡氏 성을 내려 주었다.
>
> 그 후에 차츰 자립하여 개원開原 서북에서 백랑산白狼山* 계곡으로 옮겨갔는데 연燕나라와 가까운 곳이었다. 고구려 21세 문자열제文咨烈帝 명치明治 갑술(환기 7691, 신시개천 4391, 단기 2827, CE 494)년에 이르러 나라가 고구려에 굴복하여 들어가니 연나부의 낙씨는 마침내 망했다.

✽ **우태**于台: 고구려의 관직명. 『삼국사기』 「잡지雜志(직관하職官下)」에 인용된 『책부원귀』에는 "고구려는 후한 때 나라에서 관직을 설치하였는데, 상가·대로·패자·고추대가·주부·우태·사자·조의·선인이다"라고 했다. 학계에서는 우태優台(于台)가 원래 부족의 우두머리, 족장을 뜻하는 말로 환나부, 비류나부와 같은 고구려의 5부를 각각 통할하는 직책이라 추정한다.

✽ **혼춘**: 만주 길림성 연길시延吉市 동쪽에 있다. 만주 말로 '변두리 땅'이란 뜻이다.

✽ **연나부**椽那部: 이 연나부 지명을 따서 연나부부여라고도 한다.

✽ **백랑산**: 지금은 백록산白鹿山 또는 대양산大陽山이라 부르며, 몽골어로는 포호도布虎圖라 한다. 지금의 요령성 객좌현성略左縣城에서 남서쪽으로 26km 떨어진 대릉하 서쪽 강변에 있다. 한나라 시대에는 백랑산白狼山이라 불렀다. 연나부부여가 이곳에 정착한 뒤로 **서부여**라고도 한다.

주註

1) 음력 4월 8일

흔히 석가탄신일이라 한다. 1956년 네팔의 수도 카투만두에서 열린 제4차 불교대회에서 세계 공통 불탄일을 양력 5월 15일로 확정한 바 있다(『불교사전』 참조). 이와 같이 석가탄일이 4월 8일이라는 것은 그 출처가 불확실하다. 우리 민족이 관등경축觀燈慶祝하는 4월 8일은 불교의 도래 이전부터, 천제天帝의 아들[天王郞]인 북부여의 시조 해모수단군의 하강일下降日로 우리 민족 전래의 대축제일이었다(송호수, 『한민족의 뿌리사상』). 고려 초부터 있었던 불교의 연등회는 본래 음력 정월 보름에 시행하다가 후에 음력 2월 보름으로 바뀌었고, 나중에는 4월 초파일로 바뀌었다(『새국어사전』).

2) 진개秦介(秦開)

BCE 300년경 연나라 소왕昭王 때 고조선(번조선)에 인질로 붙잡혀 있던 연나라 장수. 정사인 진수의 『삼국지』에는 '진개秦開'로 나온다. 『위략魏略』에는 "진개가 조선에 볼모로 붙잡혀 있었다[燕有賢將秦開, 爲質於朝鮮]"라고 기록되어 있다. 『사기』「흉노열전匈奴列傳」에는 "그 뒤에 연나라에는 훌륭한 장수 진개가 있었는데 호胡에 인질이 되었으며, 호에서는 그를 대단히 믿었다[其後燕有賢將秦開, 爲質於胡, 胡甚信之]"라고 하였다. 또 "연나라의 북쪽에는 동호와 산융이 있었다[燕北有東胡·山戎]"라고 하였다.

『사기』는 조선을 동호東胡라 기록하고 「조선전」이 아니라 「흉노전」에 기재하여 고조선의 실체를 은폐한 것이다. 사마천이 『사기』를 저술한 당시 한漢나라는 위만정권을 쳐서 우거를 멸하고, 군현을 설치·확대하기 위해 북부여와 전쟁을 벌이고 있었다.

한편 진개는 볼모로 있을 때 번조선의 실정을 세세히 정탐하였다가 후에 다시 쳐들어와 변방의 1천 여리 땅을 빼앗았다.

3) 만번한滿番汗

『사기』「흉노열전匈奴列傳」에서 "연나라 때 진개가 동호를 습격하여 깨뜨리고 조양造陽에서 동쪽으로 양평襄平까지 장성을 쌓았다[其後燕有賢將秦開, 爲質於胡, 胡甚信之, 歸而襲破走東胡, 東胡卻千餘里, … 燕亦築長城, 自造陽至襄平]"라고 하였다. 양평에 대해서 『후한서後漢書』「원소류표열전袁紹劉表列傳」의 주석에서는 "양평현으로 요동군에 속해 있었다. 그 성이 지금의 평주平州 노룡현盧龍縣 서남에 있다[襄平, 縣, 屬遼東郡, 故城在今平州盧龍縣西南]"라고 하였다. 노룡현 위치는 현재의 하북성 진황도시秦皇島市 경내로 연나라가 한반도 북부까지 점령했다는 기존설은 성립할 수 없는 것이다. 따라서 연나라의 진개가 점령한 만번한의 위치는 하북성 장가구시와 북경시, 당산시에 이르는 지역이라고 봐야 한다.

이유립은 만滿을 하북성 보정시保定市 만성현滿城縣으로, 번番을 반현潘縣이 있던 하북성 회래현懷來縣으로 비정하였다.

4) 패수浿水

BCE 200년경 북부여의 제후국인 번조선과 중국 한漢나라가 국경선을 이루던 강이다. 『사기』「조선열전」을 보면 "진秦나라가 연燕나라를 멸망시키고 요동 밖의 먼 지역까지 복속시켰으나, 한漢나라가 일어나자 그곳이 멀어 지키기 어려우므로 다시 요동의 옛 요새를 수리하고 패수浿水에 이르러 국경을 삼아 연나라를 복속시켰다[秦滅燕, 屬遼東外徼. 漢興, 爲其遠難守, 復修遼東故塞, 至浿水爲界, 屬燕]"라고 하였다.

윤내현은 이렇게 밝힌다. "이 패수에 대해서는 오랫동안 쟁점이 되어 온 것으로서 요동遼東에 있다는 설, 낙랑군에 있다는 설, 대릉하설, 대동강설 등이 있다. 이와 같은 혼란을 야기시킨 것은 원래 패수가 어느 특정한 강을 지칭하는 고유명사가 아니라 일반적으로 강을 지칭하는 보통명사였기 때문이다. 퉁구스 계통 종족의 언어를 보면 강江을 만주어로 畢拉(중국어 음으로 삘라), 솔론索倫어로는 必拉(삘라), 오로촌鄂倫春어로는 必雅拉(삐얄라)라 하는데, 고대 한국어로는 펴라·피라·벌라 등이었다. 강에 대한 언어인 벌라를 향찰鄕札식으로 기록함으로써 후에 여러 강이 동일한 명칭으로 나타나게 되어 혼란을 주게 된 것으로 여겨진다"(윤내현, 『한국고대사신론』, 231쪽).

기존 학계에서는 이 패수를 평안도 청천강이라 하였는데, 이것은 사대 식민주의 사관이 날조한 소위 '한사군의 한반도 북부설'을 끝까지 고수하기 위해 아무런 근거도 없이 꿰맞춘 낭설에 불과하다. 북부여 당시 북부여 제후국 번조선과 한나라의 국경선이던 패수는 바로 지금의 하북성 조백하潮白河이다.

5) 중마한

삼한에는 세 가지가 있다.
① 전삼한은 단군조선 시대의 삼한관경인 진한·번한·마한을 말한다. ② 후삼한은 신라·가야·백제이다. ③ 삼한(남삼한)은 고조선의 전삼한 체제가 무너진 후 전삼한 유민들이 한강 이남으로 내려와 세운

나라로, 이것이 현행 교과서에서 말하는 소위 '삼한 연맹의 나라'이다.

이때 '중마한中馬韓'은 상장上將 탁을 중심으로 한 월지국月支國(지금의 익산)이다.

만주 대륙의 전삼한 시대에서 후삼한 시대로 전환한 것은 한민족사의 역사 무대가 한반도로 축소되는 소한사관 시대로 들어서는 씨를 잉태한 것이다. 통일신라와 대진(발해)이 남북으로 자리를 잡은 남북국 시대가 막을 내린 후로는 본격적인 한반도 중심 역사 시대로 들어서게 된다.

6) 낙랑 왕 최숭崔崇

위만의 번조선 찬탈 직전, 번조선 수도인 왕험성王險城의 백성들이 지금의 평양으로 옮겨와 낙랑국樂浪國(BCE 195~CE 37)을 세웠다.

일찍이 단재 신채호 선생이 『조선상고사』와 『조선사연구초』에서 지적했듯이, 지금의 교과서에 나오는, 중국과 일본이 날조한 소위 한사군의 '낙랑군'은 '낙랑국'과 엄연히 다르다(한반도 북부에는 애초에 한사군이 없었다). 우리가 잘 알고 있는 '호동 왕자와 낙랑 공주' 이야기는 바로 낙랑국을 무대로 한 것이다.

낙랑국을 세운 사람은 번조선 유민인 최숭이다. 낙랑국의 영역은 처음에는 오늘날의 평안도 일대에 그쳤다. 그러나 『삼국사기』에 신라와 싸운 기록을 보면 그 영역이 강원도 일부까지 넓어졌음을 알 수 있다. 뿐만 아니라 『태백일사』「고구려국본기」에서 3세 대무신열제가 낙랑국을 정벌한 기록을 보면 낙랑국이 요동반도까지 진출했다는 것을 알 수 있다.

7) 남려성南閭城

『한서漢書』 무제기武帝紀 원삭元朔 원년(BCE 128) 조에 "가을에… 동이의 예군濊君 남려南閭 등이 28만 명을 데리고 투항해 와서 창해군을 삼았다"라고 하였다. 학계에서는 창해군蒼海郡을 지금의 하북성 창주시滄州市 일대로 본다. 그런데 북부여와 창해군 사이에는 우거정권이 막고 있었으므로 여기서는 한나라에 투항한 남려와 구분되는 북부여의 제후국으로 추정할 수 있다.

8) 고구려후高句麗侯

고구려의 어원은 배달국 14세 치우천황 때(BCE 2700년경)의 구려九黎이다. 중국 사서에서도 고주몽성제의 고구려 개국 이전인 BCE 2세기 말에 이미 고구려라는 명칭이 등장한다. BCE 107년 한무제가 북부여의 영토 일부(요하 서쪽~대릉하)를 빼앗고 설치

했다고 하는 현도군에도 고구려현이 있었다. 당시 현도군에는 고구려高句麗·상은태上殷台·서개마西蓋馬라는 세 현縣이 있었다. 동한東漢의 응소應劭는 이 고구려현에 대해 "옛 구려句麗는 오랑캐다[應劭曰: 故句驪胡]"라고 주석하였는데 현도군이 설치되기 이전에 이미 고구려가 존재했음을 보여주는 기록이다.

본문에서 보는 바와 같이 해모수의 둘째 아들인 고진이 고구려후로 봉해졌는데, 후에 고진의 증손자인 고주몽이 북부여의 대통을 이어 '고구려'라는 나라 이름을 정함으로써 고구려는 제후국이 아니라 민족 전체의 영도국으로서 위상을 얻게 되었다.

『환단고기』에서는 고주몽성제가 고구려를 건국하기 약 50년 전에 서한西漢의 침략을 받아 그 일부가 현도군에 속하게 된 원래의 고구려를 '고구려', '고리槀離', '구려句麗'라 표기하였다. 북부여의 해모수단군과 고두막단군도 본래 고리국 혈통이다.

고리국은 문헌에 따라 북이北夷의 삭리국索離國(『후한서』)·탁리국橐離國(『논형』, 『양서』)·고리국槀離國(『위략』) 등으로 표기되었다. 중국 사학자 김육불은 이러한 여러 이름을 모두 고리의 동음이사同音異寫로 보았다.

『단군세기』 23세 아홀단군 조에는 고리(구려)국 사람들이 은나라에 쳐들어가 회대淮岱 지역에 진출한 사실을 기록했다. **회대 지역으로 옮겨간 사람들이 바로 서이徐夷가 되었다.** 서언왕徐偃王 출생 설화가 고두막단군이나 고주몽성제의 탄생 설화와 유사한 것은 이 때문이다.

또한 『일주서逸周書』「왕회王會」편에는 주周나라가 은나라를 멸하고 나서 온 나라의 축하를 받은 성주대회成周大會에 대한 기록이 있다. 그 기록에는 "동북 지역에 고이高夷가 있었다"라고 하였다. 이 고이高夷에 대한 공조孔晁의 주석에 "동북의 이夷로서 고구려이다[高夷, 東北夷高句驪]"라고 하였다. 『수서隋書』「배구전裵矩傳」에는 "고려는 본래 고죽국孤竹國이다[高麗之地, 本孤竹國也]"라고 하였다.

9) 한사군

한국 고대사에서 가장 큰 쟁점 가운데 하나가 바로 한사군이다. 지난날 중국 사가들과 일제 어용 사학자, 그리고 이 땅의 반민족 사가들까지 한사군 문제를 왜곡하여 우리 고대사를 식민지 역사로 만들어 버렸다. 그들은 한사군이 한반도에 있었다는 주장을 관철시키기 위해 사서 날조는 물론 유물 조작도 서슴지 않았던 것이다.

北夫餘紀 주註

그러나 최근에 그 허구성이 만천하에 드러났다. 복기대가 「임둔태수장을 통해 본 한사군의 위치」라는 논문에서 '임둔태수장臨屯太守章'이 요하 서쪽 금서錦西시에서 출토된 사실을 폭로하자 기존의 학설은 설 땅을 잃게 되었다. 묘청의 북벌 운동 실패 이후 근 천 년 동안 우리 역사를 그늘지게 했던 반도사관의 장막이 걷히기 시작한 것이다.

중국이 동북공정을 추진하여 '한강 이북을 중국이 차지하였던 영토'라고 주장하는 근원에는 한사군이 있다. 우리나라 사학계에서 주류를 이루는 학자들은 북한 평양 지역에 있는 중국계 유적·유물들을 '한반도 한사군설'의 결정적인 근거로 삼고 있다. 1915년 조선총독부에서 평양과 황해도 지역을 낙랑·대방군으로 못 박은 것을 현재까지 정설로 따르고 있는 것이다.

그러나 최근 북한은 이 지역에서 발굴된 유물의 연대를 BCE 3세기 이전부터 BCE 1세기 말까지로 발표하였다. 낙랑군이 설치되었다는 BCE 108년보다 훨씬 앞선 시대의 것이며 한사군이 설치된 지 얼마 안 되어 사라진 유물이라는 것이다. 한사군을 설치했다는 당시의 인물 사마천도 『사기』 「조선열전」에서 "드디어 조선을 정벌하고 사군을 삼았다遂定朝鮮, 爲四郡"라고만 하고 사군의 이름을 적지 않았다. 또한 평양에 낙랑군이 있었다는 중국 기록은 하나도 없다. 그럼에도 일제는 정치적 목적으로 조선사편수회를 두고 우리 역사를 왜곡하였다. 한사군을 한반도 내로 끌어들여 '우리 역사가 식민지에서 시작된 것으로 조작'하였다.

이덕일은 중국이 밑돌을 깔고 일제가 못을 박아 왜곡시킨 '평양 지역 한사군'은 광복 후에도 조선사편수회 촉탁이었던 이병도와 그 제자들이 주류를 형성한 우리나라 학계의 정설이 되어 역사의 뿌리를 단절시켜 버렸다고 개탄했다(이덕일, 『한국사, 그들이 숨긴 진실』, 40~60쪽).

10) 가섭원迦葉原

해부루가 북부여 5세 단군으로 즉위한 고두막에게 나라(북부여)를 넘기고 강봉降封되어 이주한 곳. 『삼국사기』 「고구려본기」 〈동명왕〉 조에도 나와 있으나 그 위치는 밝히지 않았다. 식민주의 사관을 가진 이들이 함경도 동해안으로 추측하고 있으나 근거가 희박하다. 신채호는 우리 고어古語에 삼림을 '갓' 혹은 '가시'라 하는데, 함경도, 길림 동북부, 연해주 남단 등에 수목이 울창하여 수천 리의 삼림바다森林海를 이루

기 때문에 '가시라'는 삼림국森林國이라는 뜻이라 하였다. 가시라를 이두로 표기하면 갈사국曷思國, 가서라迦西羅, 하서량河西良 등이 되는데, 이런 명칭은 『삼국사기』 「고구려본기」와 「지리지」에 보이며, 대각국사가 지은 『삼국사三國史』에서는 「가섭원기加葉原記」라 하였다(신채호, 『조선상고사』 상, 164쪽).

太白逸史 태백일사

一 일십당주인 十堂主人 이맥李陌 찬撰 —

한민족 신교문화의 집대성자
이 맥 李陌 (1455~1528)

| 본관 고성固城 | 자 정부井夫 | 호 일십당一十堂 | 행촌 이암의 현손玄孫

- 조선 연산군 때 문과에 급제하고(1498), 연산군이 총애하는 장숙용張淑容(장녹수)이 개인 집을 너무 크게 짓자 직간直諫하다가 연산군의 미움을 사서 괴산으로 귀양갔다(1504). 2년 후인 중종 원년(1506)에 소환되었고, 중종 14년(1519)에 찬수관撰修官이 되어 내각內閣의 비장 서적을 열람하고 귀양살이 시절에 고로古老들에게 들은 내용을 바탕으로 66세 때인 1520년에 『태백일사』를 지었다.
- 9천 년 동방 한민족사의 불멸의 혈맥을 펼친 8권의 보서를 『태백일사』로 구성한 것이다. 처음에는 세상에 내놓을 수 없어 비장서秘藏書로 집 안에 깊숙이 감추었다.
- 74세를 일기로 세상을 떠났다. 묘소는 1990년에 충남 연기군 서면 용암리로 이장되었다.

太白逸史 目錄
태백일사 목록

- 三神五帝本紀 第一
  삼신오제본기 제일
- 桓國本紀 第二
  환국본기 제이
- 神市本紀 第三
  신시본기 제삼
- 三韓管境本紀 第四
  삼한관경본기 제사
- 蘇塗經典本訓 第五
  소도경전본훈 제오
- 高句麗國本紀 第六
  고구려국본기 제육
- 大震國本紀 第七
  대진국본기 제칠
- 高麗國本紀 第八
  고려국본기 제팔

太白逸史 第一

三神五帝本紀 삼신오제본기

- 「삼신오제본기」는 9천 년 전 환국 이래 한민족의 정신사를 이끌어 온 신교문화의 주제 내용과 그 핵심 기틀을 우주관, 신관, 인성론, 수행론, 인류의 기원 등 다방면에 걸쳐 전해 주는 사서이다.
- 삼신일체의 도[三神一體之道]와 천지의 오제五帝와 오령五靈 사상은 음양오행이 중국에서 이뤄진 것이 아니라 한민족 신교 철학의 우주관, 자연관임을 결정적으로 드러낸다.
- 특히 삼신이 낳은 천지인天地人 삼재 각각의 가치와 덕성에서 진眞·선善·미美의 출원을 구하는 대목은, 이 편이 주는 놀라움 가운데 하나이다.
- 「삼신오제본기」를 「환국본기」 앞에 놓은 것은 단순히 삼신오제라는 일개 학설을 전하려는 것이 아니라 환국과 배달과 조선의 상고 시원 문명 세계를 설명하려는 의도로 보인다. 이 「삼신오제본기」는 인류사의 삼성조 시대의 우주관과 신관과 역사관을 신교 원형 문화의 통합적 시각에서 정리한 총론 장이다.

'우주의 주재자' 삼신상제님의 조화 권능

表訓天詞에 云「大始에 上下四方이 曾未見暗黑하고 古徃今來에
只一光明矣러라. 自上界로 却有三神하시니 卽一上帝시오 主体則爲一神이시니
非各有神也시며 作用則三神也시니라. 三神이 有引出萬物하시며
統治全世界之無量智能하사 不見其形軆하시나 而坐於最上上之天하시니
所居는 千萬億土라 恒時에 大放光明하시며 大發神妙하시며 大降吉祥하시고
呵氣以包萬有하시며 射熱以滋物種하시며 行神以理世務시니라.

역주 『표훈천사表訓天詞』*에 이렇게 기록되어 있다.

대시大始*에 상하와 동서남북 사방에는 아직 암흑이 보이지 않았고, 언제나 오직 한 광명뿐이었다. 천상 세계에 '문득' 삼신이 계셨으니 곧 한 분 상제님[三神卽一上帝]이시다. 주체는 일신(한 분 상제님)이시니, 각기 따로 신이 있는 것이 아니라 작용으로 보면 삼신이시다.

삼신三神은 조화로 만물을 빚어 내고, 헤아릴 수 없는 지혜와 능력으로 온 세상을 다스리지만 그 형체를 드러내지 않으신다. 가장 높고 높은 하늘에 앉아계시니, 그곳은 천만억토이다. 삼신은 항상 광명을 크게 방출하고 신묘한 기운을 크게 발하며 상서로운 기운을 크게 내리신다. 기를 불어넣어 만유를 감싸고, 열을 내뿜어 만물의 종자를 자라게 하며, 신명神明[1]들로 하여금 삼신상제님*의 천명天命을 집행하게 하여 세상 일을 다스리신다.

오령과 방위의 주재자

未有氣而始生水하사 使太水로 居北方司命하야 尙黑하시고
未有機而始生火하사 使太火로 居南方司命하야 尙赤하시고

✱표훈천사表訓天詞: 표훈은 『해동고승전』에 나오는 신라 십성十聖(아도·안함·의상·원효 등)의 한 사람으로 경덕왕 때 불국사 주지였다. 세조 3년(1457)과 성종 원년(1470)에 전국에 수서령收書令을 내릴 때 수서 목록 중에 『표훈천사』가 들어 있는 것으로 보아 표훈의 저작이 조선 시대까지도 남아 있었음을 알 수 있다.

✱대시大始: 태시太始와 같다. 도가道家에서는 전통적으로 '태역太易→태초太初→태시太始'라는 3단계를 거쳐서, 천지일월天地日月이 형성되는 태소太素 단계에서 우주가 현실적인 생성·창조 운동을 시작하였다'고 말한다(『열자列子』「천서天瑞」편 참조. 각 단계의 구체적인 변화 내용은 한동석, 『우주 변화의 원리』참조).

✱삼신: 여기서는 우주의 주재자로서 하느님을 뜻한다. 삼신은 곧 상제님이다. 상제님은 우주자연과 인간 역사의 창조 원리를 3수 또는 3단계(生-長-成) 원리로 주관하시기 때문에, 3수로 신묘한 창조[三神]를 하신다. 또 창조의 원리적인 면을 강조하여 상제님을 삼신으로 표현하기도 한다.

未有質而始生木하사 使太木으로 居東方司命하야 尙靑하시고
未有形而始生金하사 使太金으로 居西方司命하야 尙白하시고
未有體而始生土하사 使太土로 居中方司命하야 尙黃하시니
於是에 遍在天下者는 主五帝司命하시니 是爲天下大將軍也시며
遍在地下者는 主五靈成効하시니 是爲地下女將軍也시니라.

> **역주** 태초에 기氣가 있기 전에 처음으로 수기水氣를 생生하여 이 **태수**太水로 하여금 **북방**에 자리잡고 천명을 맡아 **흑**黑색을 주관하게 하셨다.
>
> 생명의 기틀[機]이 있기 전에 처음으로 화기火氣를 생하여 이 **태화**太火로 하여금 **남방**에 자리잡고 천명을 맡아 **적**赤색을 주관하게 하셨다.
>
> 생명의 바탕[質]이 있기 전에 처음으로 목기木氣를 생하여 이 **태목**太木으로 하여금 **동방**에 자리잡고 천명을 맡아 **청**靑색을 주관하게 하셨다.
>
> 생명의 형상[形]이 있기 전에 처음으로 금기金氣를 생하여 이 **태금**太金으로 하여금 **서방**에 자리잡고 천명을 맡아 **백**白색을 주관하게 하셨다.
>
> 이 네 기운을 조화시킬 주체[體]가 있기 전에 처음으로 (중성의 조화 기운인) 토기土氣를 생하여 이 **태토**太土로 하여금 **중앙**의 방위에 자리잡고 천명을 맡아 **황**黃색을 주관하게 하셨다.
>
> 이때에 천하에 두루 계시며 **다섯 임금**[五帝]이 맡은 사명을 주관하는 분은 **천하대장군**天下大將軍※이시며, 지하에 두루 계시며 **다섯 성령**[五靈]이 이루는 공덕을 주관하는 분은 **지하여장군**地下女將軍이시다.

삼신과 오제와 오령

稽夫三神호니 曰天一과 曰地一과 曰太一이시니 天一은 主造化하시고
地一은 主敎化하시고 太一은 主治化하시니라.
稽夫五帝호니 曰黑帝와 曰赤帝와 曰靑帝와 曰白帝와 曰黃帝시니
黑帝는 主肅殺하시고 赤帝는 主光熱하시고 靑帝는 主生養하시고

※**천하대장군**: 천하대장군은 천상 신명계 신병神兵의 총책임자이다. 신도의 깊은 섭리가 신교를 통해 민간풍속이 된 것이다. 마을 어귀에 악귀와 재앙을 쫓는 수호신으로서 장승을 세웠다. 천하대장군과 지하여장군은 신교 문화가 민족의 심성 속에 살아남아 생활 속에 정착된 대표적인 사례이다. 천하대장군과 지하여장군을 동네 어귀에 세우는 풍속은 인디언과 중남미 문화에서도 발견된다. 9천 년 전에 환국 문명이 베링 해협을 건너가 아메리카 뿌리 문화에 영향을 주어, 아직도 장승에 해당하는 토템 기둥이 남아 있는 것이다(안경전, 『이것이 개벽이다』 하, 694~695쪽).

백제   주성숙   황제   주화조
白帝는 主成熟하시고 黃帝는 主和調하시니라.
계부오령   왈태수   왈태화   왈태목   왈태금   왈태토
稽夫五靈호니 曰太水와 曰太火와 曰太木과 曰太金과 曰太土시니
태수   주영윤   태화   주용전   태목   주영축
太水는 主榮潤하시고 太火는 主鎔煎하시고 太木은 主營築하시고
태금   주재단   태토   주가종
太金은 主裁斷하시고 太土는 主稼種하시니라.
어시   삼신   내독오제   명각현궐홍통   오령
於是에 三神이 乃督五帝하사 命各顯厥弘通하시며 五靈으로
계성궐화육   일행위주   월행위야   후측성력
啓成厥化育하시니 日行爲晝하고 月行爲夜하며 候測星曆하고
한서기년   어구출선   이수해   농구출승   이수륙
寒暑紀年하니라. (漁區出船하야 以守海하고 農區出乘하야 以守陸하니라.)

역주 곰곰이 생각해 보건대, **삼신**三神*은 천일天一과 지일地一과 태일太一*이시다.

천일天一은 (만물을 낳는) **조화**造化를 주관하시고,

지일地一은 (만물을 기르는) **교화**敎化를 주관하시고,

태일太一은 (세계를 다스리는) **치화**治化를 주관하신다.

곰곰이 생각해 보건대, **오제**五帝는 흑제黑帝와 적제赤帝와 청제靑帝와 백제白帝와 황제黃帝이시다.

흑제黑帝는 (겨울의) **숙살**肅殺을 주관하시고, **적제**赤帝는 (여름의) **광열**光熱을 주관하시고,

청제靑帝는 (봄의) **생양**生養을 주관하시고, **백제**白帝는 (가을의) **성숙**成熟을 주관하시고,

황제黃帝는 (하·추 교역기에) **조화**調和를 주관하신다.

곰곰이 생각해 보건대, **다섯 성령**[五靈]*은 태수太水와 태화太火와 태목太木과 태금太金과 태토太土이시다.

태수太水는 **영윤**榮潤을 주관하시고, **태화**太火는 **용전**鎔煎을 주관하시고,

태목太木은 **영축**營築을 주관하시고, **태금**太金은 **재단**裁斷*을 주관하시고,

태토太土는 **가종**稼種을 주관하신다.

이에 삼신께서 다섯 방위의 주재자인 **오제**五帝를 통솔하여 저마다 그 맡은 바 사명을 두루 펴도록 명령하시고, **오령**五靈에게 만물 화육의 조화 작용을 열어서 공덕을 이루

---

* **삼신**三神: 이때의 삼신은 천지인 삼재가 지니고 있는 창조와 변화의 조화정신을 말한다. 이를 주재하는 하나님을 삼신상제님이라 한다.

* **태일**太一: 천지와 하나된 인간의 위격. 인간은 천지의 궁극적인 목표와 이상을 실현하는 주체이기 때문에 천지의 정신[天一, 地一]보다 더 크고 존엄하여 인일人一이라 하지 않고 태일太一이라 한다. 여기서는 태일신太一神을 말한다.

* **다섯 성령**[五靈]: 오행五行의 지극히 신령스러운 조화의 영체靈體. 중국에서 발전한 단순한 천지의 조화 기운으로서의 오행 개념이 아니다.

* **재단**裁斷: 지구와 우주의 1년 중 가을철에는 천지에서 숙살 기운을 내려쳐 인간과 만물을 개벽하여 모든 생명의 종種의 진화와 성장 과정을 마무리짓고 완성시킨다. 이를 재단이라 한다.

게 하셨다. 이에 태양이 운행하여 낮이 되고, 달이 운행하여 밤을 이루고, 별의 역수를 측정하고 한서寒暑를 기준으로 하여 1년을 삼았다.(어장에서는 배를 띄워 바다를 지키고, 농장에서는 수레를 타고 나가 땅을 지켰다.)

만물의 창조 원리 : 삼신일체의 도

대의재　삼신일체지위서물원리　이서물원리지위덕위혜위력야
大矣哉라 三神一體之爲庶物原理하고 而庶物原理之爲德爲慧爲力也여
외탕호충색우세　현묘호불가사의지위운행야
巍湯乎充塞于世여 玄玅乎不可思議之爲運行也여
연　서물　각유수　이수　미필진궐서물야
然이나 庶物이 各有數로대 而數가 未必盡厥庶物也며
서물　각유리　이리　미필진궐서물야
庶物이 各有理로대 而理가 未必盡厥庶物也며
서물　각유력　이력　미필진궐서물야
庶物이 各有力이로대 而力이 未必盡厥庶物也며
서물　각유무궁　이무궁　미필진궐서물야
庶物이 各有無窮이로대 而無窮이 未必盡厥庶物也니라.

역주 위대하도다! 삼신일체三神一體*가 만물의 창조 원리가 되고, 만물의 원리가 덕[德]과 지혜[慧]와 창조력[力]이 됨이여!

높고 크도다, (삼신일체의 원리가) 세상에 충만함이여!

현묘하도다, (삼신일체 원리의) 불가사의한 운행이여!

만물이 각기 수數*를 머금고 있으나 반드시 그 수만으로 만물의 무궁한 신비를 완전히 밝힐 수 없고, 만물이 각기 변화의 원리[理]를 머금고 있으나 그 원리만으로 만물의 신비를 다 밝혀 낼 수 없으며, 만물이 제각기 창조력을 머금고 있으나 그 조화의 창조력만으로 그 속에 깃든 오묘함을 다 나타낼 수 없도다. 만물은 제각기 끊임없이 생성되고 있으나 무궁한 생성²⁾만으로 만물의 조화를 다 헤아릴 수 없도다.

만물의 존재 원리 - 개벽·진화·순환

주세위생　귀천위사　사야자　영구생명지근본야
住世爲生이오 歸天爲死니 死也者는 永久生命之根本也라
고　유사필유생　유생필유명　유명필유언　유언필유행야
故로 有死必有生하고 有生必有名하고 有名必有言하고 有言必有行也라.

三神五帝

✱삼신일체三神一體: 우주 생명의 바탕자리는 근원적인 하나의 창조 정신[一神]으로 이루어져 있는데, 본연의 바탕자리와 현실적인 변화 원리가 서로 다른 것이 아니라 일체라는 말이다. 우주가 창조와 변화 운동을 시작하면, 일신은 세 가지 작용의 신묘한 원리[三神]로 드러난다. 달리 말하여 삼신의 작용은 근원으로 보면 하나이다[三神一體].

✱수數: 신교의 자연관·우주관에서 수數는 진리의 표상이다. 천지를 변화시키는 생명의 율동[象]은 수의 법칙으로 전개되므로 자연의 변화 현상과 원리를 수리로써 알 수 있다. 즉 우주의 생명[理·氣]은 상象으로 나타나며, 상은 수로 나타난다. 우주의 생명[理氣]→상象→수數 논리로써 천지의 법도와 인간의 명수命數를 밝히는 것을 신교의 상수철학이라 한다.

譬諸生木컨대 有根必有苗하고 有苗必有花하고 有花必有實하고
有實必有用也오. 譬諸日行컨대 有暗必有明하고 有明必有觀하고
有觀必有作하고 有作必有功也니라. 則凡天下一切物이 有若開闢而存하며
有若進化而在하며 有若循環而有하나라.
惟元之氣와 至妙之神이 自有執一舍三之充實光輝者하야 處之則存하고
感之則應하야 其來也에 未有始焉者也며 其往也에 未有終焉者也니
通於一而未形하며 成於萬而未有하나라.」

> **역주** 세상에 머무름이 생명이요, 하늘로 돌아감이 죽음이다[歸天爲死].* 죽음*이란 영원한 생명의 근본이다.
>
> 그러므로 죽음이 있으면 반드시 생명이 있고, 생명이 있으면 반드시 이름이 있고, 이름이 있으면 반드시 말이 있고, 말에는 반드시 행동이 뒤따른다.
>
> 살아 있는 나무에 비유한다면, 뿌리가 있으면 반드시 싹이 트고, 싹이 트면 반드시 꽃이 피고, 꽃이 피면 반드시 열매를 맺고, 열매를 맺으면 반드시 쓰임이 있는 것과 같다.
>
> 태양의 운행에 비유해 보면, 밤의 어둠이 있으면 반드시 낮의 밝음이 뒤따르고, 대낮의 광명이 비치면 반드시 만물을 볼 수 있고, 만물을 볼 수 있으면 반드시 어떤 일을 하게 되고, 일을 하게 되면 반드시 공功을 이루게 되는 것과 같다.
>
> 즉 무릇 천하의 만물이 개벽을 따라서 생존하고, 진화를 따라서 존재하며, 순환을 따라서 있게 되는 것과 같은 것이다.[3]
>
> 오직 생명의 으뜸 되는 '기氣'와 '지극히 오묘한 신神'은 스스로 하나[一氣]를 잡아 셋[三神]을 품고 있는[執一舍三]▩ 충만한 대광명을 가지신 분이라서, 이 광명의 삼신이 머무르면 만물이 존재하고, 그분을 느끼면 응하신다. 삼신이 오실 때는 홀연하여 비롯함이 없고, 가실 때는 아무런 자취가 없으니, 하나[一氣]로 관통하였으나 형체가 없고, 만물을 이루되 소유하지 않으신다.

* **귀천위사歸天爲死**: 인간과 만물이 지상에 한 생명체로 태어남은 탄생 이전의 죽음을 통해 이루어진다. 다시 말하면 인간이 지상에 태어난다는 것은 천상(신명계)에서 신명이 죽음을 통해 지상으로 내려오는 사건이다. 인간으로서 죽는 일은 이미 태어나는 순간에 정해진다. 죽음은 곧 천상 신명으로 태어나는 것을 의미한다. 이처럼 죽음과 삶은 동시성을 가진다.
* **죽음**: 여기서는 세속 인간의 허망한 죽음을 뜻하는 것이 아니라, 천지와 하나 되어 천지의 뜻을 이루며 살다가는 태일太一 인간의 죽음의 정신을 말한다.
▩ **집일함삼執一舍三**: 신교에서 우주의 창조 정신은 첫째로 만유의 생명을 창조하는 조화造化, 둘째로 창조한 만물을 기르고 가르치는 교화敎化, 셋째로 인간과 만물을 주재하여 통치하는 치화治化이다.

진아 성취의 3관, 3방, 3문 작용

大辯經에 曰「惟天一神이 冥冥在上하사 乃以三大三圓三一之爲靈符者로
大降降于萬萬世之萬萬民하시니 一切가 惟三神所造오
心氣身이 必須相信이나 未必永劫相守하며 靈智意三識이
卽爲靈覺生三魂이나 亦因其素以能衍하며
形年魂이 嘗與境으로 有所感息觸者오 而眞妄相引하야 三途乃岐하니
故로 曰有眞而生하고 有妄而滅이라 於是에 人物之生이 均是一其眞源하니라.

역주 『대변경大辯經』*에 이렇게 기록되어 있다.

오직 하늘에 계신 한 분 하느님[天一神=三神上帝]이 깊고 깊은 천상에 계시어 하늘·땅·인간의 웅대함[三大]※과 원만함[三圓]*과 하나됨[三一]*을 삼신의 신령한 근본 법도[靈符]로 삼으시고, 이를 영원무궁토록 온 세계의 모든 백성에게 크게 내리시니, **만유는 오직 삼신께서 지으신 것이다.**

'마음과 기운과 몸[心·氣·身]'은 반드시 서로 의지해 있으나 영원토록 서로 지켜주는 것은 아니다.

'**영식**靈識※과 **지식과 의식**[靈·智·意]※'의 세 가지 앎의 작용[三識]은 **영혼과 각혼과 생혼의 삼혼**三魂4)을 생성하지만, 이 또한 삼식三識의 바탕에 뿌리를 두고 뻗어 나간다.

생명의 집인 육신과 목숨과 혼이 주위 환경과 부딪히면 사물과 접촉하는 경계를 따라 '**느낌과 호흡과 촉감**[感·息·觸]' 작용이 일어나고, **삼진**三眞[性·命·精]과 **삼망**三妄[心·氣·身]이 서로 이끌어 **삼도**三途 작용[感·息·觸]으로 갈라진다. 그러므로 **삼진**三眞의 작용으로 영원한 생명이 열리고, **삼망**三妄으로 소멸이 이루어진다. 그래서 인간과 만물의 생명은 모두 **진리의 한 본원 자리에 뿌리를 내리고 있는 것이다.**

✱『대변경大辯經』: 우주의 진리(삼신의 우주 정신과 역사 정신)의 대의를 대변한 경전. 조선 세조 3년, 전국에 수서령收書令을 내릴 당시 수서 목록에 포함되어 있어, 당시까지『대변경』이 전해 내려왔음을 알 수 있다.
※**삼대**三大: 천天은 현묵玄默, 지地는 축장畜藏, 인人은 지능知能.
✲**삼원**三圓: 천天은 보원普圓, 지地는 효원效圓, 인人은 택원擇圓.
✱**삼일**三一: 천天은 진일眞一, 지地는 근일勤一, 인人은 협일協一(11세 도해단군 염표문).
※**영식**靈識: 삼신의 성령으로 만물의 참모습을 환히 앎.
※**영지의**靈智意: 영혼은 육체와 일체가 되어 병진竝進하며, 수행을 통하여 영대가 트여 우주의 진리 자리에 이르렀을 때 우주의 영靈과 합일되는 차원에 이른다. 만물의 마음을 통해 체험해 보면, 이 영spirit은 우주 만물이 생명으로 태어나 자란 과거의 모든 시간대를 환히 밝게 비춰 주는 우주의 거울과 같은 것으로 우주의 조화신의 지혜 그 자체이다.

性命精이 爲三關이오 關은 爲守神之要會니 性不離命하며 命不離性하니
精在其中이니라. 心氣身이 爲三房이오 房은 爲化成之根源이니
氣不離心하며 心不離氣하니 身在其中이니라. 感息觸이 爲三門이오
門은 爲行途之常法이니 感不離息하며 息不離感하니 觸在其中이니라.

역주 '성품[性]*과 목숨[命]과 정기[精]'는 신(삼신)과 합일되기 위해 반드시 굳게 지켜야 할 '세 관문[三關]'이니, 관문이란 신神을 지키는 가장 중요한 길목(요체)을 말한다. 성품은 타고난 목숨과 분리될 수 없고, 목숨은 타고난 성품과 분리될 수 없으니, 성과 명의 중심에 정기가 있다.

'마음[心]*과 기운[氣]과 몸[身]'은 신이 머무는 '현묘한 세 방[三房]'이니, 방房이란 변화를 지어내는 근원을 말한다. 기는 마음을 떠나 존재할 수 없고, 마음은 기를 떠나 있을 수 없으니, 마음과 기의 중심에 우리의 몸이 있다.

'느낌[感]*과 호흡[息]과 촉감[觸]'은 신의 조화 세계에 들어갈 수 있는 '세 문호[三門]'이니, 문門이란 삼신의 도를 실행하는 영원불변의 법도이다. 감각은 호흡 작용과 분리되지 않으며, 호흡 작용은 감각과 분리되지 않나니, 촉감이 그 가운데에 있는 것이다.

性은 爲眞理之元關이오 心은 爲眞神之玄房이오 感은 爲眞應之妙門이니
究理自性이면 眞機大發하고 存神求心이면 眞身大現하고
化應相感이면 眞業大成이니라. 所驗有時하고 所境有空하니 人在其間이니라.
庶物之有虛粗同體者는 惟一氣而已오 惟三神而已라.
有不可窮之數하며 有不可避之理하며 有不可抗之力하야
有或善不善이 報諸永劫하며 有或善不善이 報諸自然하며
有或善不善이 報諸子孫이니라.」

❋**성품[性]**: 성性의 순수한 뜻은 '만물을 창조하는 우주의 마음자리'이다. 인간이 천지로부터 부여 받은 성과 본질적으로 동일하며, 인간은 이 천지광명의 본래 성품의 이상을 실현(본연의 자리를 되찾아 완성하는 것, 현실적으로는 역사의 완성이다)하는 천명天命을 안고 있다.

❋**마음[心]**: 심위법본心爲法本, 곧 '마음은 우주 만법(모든 진리)의 근본이다'라는 『법구경法句經』의 명언과 같이, 심心은 현상계의 모든 사물과 상대를 초월한 본연의 진리 바탕 자리이다.

❋**느낌[感]**: 우주는 천지(자연)라는 객관 세계와 주체인 인간의 주관 세계와 음양 일체의 관계로 이루어져 있다. 인간은 천지의 목적과 이상을 실현시키는 진리의 주체이다. 천지의 대도大道를 깨달아 천지의 이상을 구현시키려면 우주의 조화신인 상제님으로부터 삼신의 조화 기운을 받아 영靈이 되는 체험을 해야 한다.

역주 성품[性]은 진리를 체험하는 으뜸 관문[元關]이요,
　　　마음[心]은 참신[眞神]이 머무시는 현묘한 안식처[玄房]요,
　　　느낌[感]은 삼신상제님의 성령이 감응하는 오묘한 문[妙門]이다.

그러므로 이치를 탐구할 때 너의 성품[性]에서 구하면 삼신의 참 기틀이 크게 발현되고, 삼신의 보존을 마음[心]에서 구하면 참(진리의) 몸[法身]인 너의 참모습이 크게 드러나고, 삼신 성령에 응하여 서로 느끼게[化應相感][5] 되면 천지 대업을 크게 이루리라.

(삼신의 깨달음을) 체험하는 데는 깨달음의 특정한 그 때가 있고, (삼신에 대한 깨달음의) 경지가 펼쳐지는 데는 특정한 신교 문화의 공간이 있으니, 인간은 그 가운데 있다.

만물 속에 정신(무형)과 물질(유형)이 일체로 깃들어 있는 것은 오직 일기一氣일 따름이요, 오직 삼신일 따름이다.

여기에는 다함이 없는 수數의 법칙과 피할 수 없는 변화 이치[理]와 감히 막을 수 없는 창조력[力]이 깃들어 있다. 그리하여 선악을 막론하고 그 응보가 영원토록 작용하게 되고, 그 보답을 저절로 받게 되며, 그 응보가 자손에게까지 미치느니라.

> 經에 云「人物이 同受三眞이나 惟衆은 迷地하야 三妄이 着根하고
> 眞妄이 對하야 作三途하니라. 父道는 法天하야 眞一无僞하고
> 師道는 法地하야 勤一无息하고 君道는 法人하야 協一无違니라.」

역주 『경經』▩에 이렇게 기록되어 있다.

사람과 만물이 다 같이 삼진三眞[性命精]을 부여받았으나, 오직 사람만이 지상에 살면서 미혹되어 삼망三妄[心氣身]이 뿌리를 내리고,[6] 이 삼망이 삼진과 서로 작용하여 삼도三途[感息觸]의 변화 작용을 짓게 된다.

아버지의 도[父道]는 하늘의 도道를 본받아 참됨으로 하나가 되니 거짓이 없으며, 스승의 도[師道]는 땅의 덕德을 본받아 부지런함으로 하나가 되니 태만함이 없으며, 임금의 도[君道]는 사람의 도덕을 근본에 두고 화합하여 하나가 되니 어긋남이 없다.

진·선·미는 삼신의 창조 덕성

> 高麗八觀記의 三神說에 云「上界主神은 其號曰天一이시니
> 主造化하사 有絶對至高之權能하시며 無形而形하사
> 使萬物로 各通其性하시니 是爲淸眞大之體也시오

三神五帝

▩ 경經: 교화경敎化經『삼일신고』를 가리킨다. 이 구절은『삼일신고』제5장 인물人物편에 나온다.

下界主神은 其號曰地一이시니 主敎化하사 有至善惟一之法力하시며
無爲而作하사 使萬物로 各知其命하시니 是爲善聖大之體也시오
中界主神은 其號曰太一이시니 主治化하사 有最高無上之德量하시며
無言而化하사 使萬物로 各保其精하시니 是爲美能大之體也시니라.
然이나 主體則爲一上帝시니 非各有神也시며 作用則三神也시니라.

역주 『고려팔관기高麗八觀記』의 「삼신설三神說」[7]에 이렇게 기록되어 있다.

상계 주신上界主神은 천일天一로 불리시니, 조화造化를 주관하시고 절대지고의 권능을 갖고 계신다. 일정한 형체는 없으나 뜻대로 형상을 나타내시고 만물로 하여금 제각기 그 성품[性]을 통하게 하시니, 이분은 청정함[淸]과 참됨[眞]의 대본체[淸眞大之體]이다.

하계 주신下界主神은 지일地一로 불리시니, 교화敎化를 주관하시고 지선유일至善惟一의 법력이 있으시다. 함이 없으시되 만물을 짓고 만물로 하여금 각각 그 목숨[命]을 알게 하시니, 이분은 선함[善]과 거룩함[聖]의 대본체[善聖大之體]이다.

중계 주신中界主神은 태일太一로 불리시니, 치화治化를 주관하시고 최고 무상의 덕德을 간직하고 말없이 만물을 교화하신다. 만물로 하여금 각기 그 정기[精]를 잘 보존케 하시니, 이분은 아름다움[美]과 능함[能 지혜]의 대본체[美能大之體]이다.

그러나 주체는 '한 분 상제님[一上帝]'이시니, 신이 각기 따로 있는 것이 아니라 작용으로 보면 삼신이시다.

삼신의 창조 정신을 각기 계승한 환인·환웅·단군

故로 桓仁氏는 承一變爲七과 二變爲六之運하사 專用父道而注天下하신대
天下化之하며 神市氏는 承天一生水와 地二生火之位하사
專用師道而率天下하신대 天下效之하며 王儉氏는
承徑一周三과 徑一匝四之機하사 專用王道而治天下하신대 天下從之하니라.」

역주 그러므로 환인께서는 1수水가 7화火로 변하고, 2화火가 6수水로 변하는 물과 불의 순환의 운運을 계승하여, 오직 아버지의 도[父道]를 집행하여 천하 사람들의 뜻을 하나로 모으시니 온 천하가 그 덕에 감화되었다.

신시 환웅[神市氏]께서는 하늘이 물을 창조[天一生水]하고, 땅이 불을 화생[地二生火]하는 천지의 물과 불의 근원적 생성 원리를 계승하여, 오직 스승의 도[師道]를 집행하여 천하를 거느리시니 온 천하가 그를 본받았다.

단군왕검께서는 둥근 하늘과 방정한 땅의 창조 덕성[天圓地方]*을 계승하여, 오로지 왕도王道를 집행하여 천하를 다스리시니 온 천하가 순종하였다.

인류 문명의 뿌리 시대를 개벽한 환인천제·환웅천황·복희씨

五帝說에 云「北方司命曰太水오 其帝曰黑이시오 其號曰玄妙眞元이시오
其佐曰桓仁은 在蘇留天하시니 是爲大吉祥也시니라.
東方司命曰太木이오 其帝曰靑이시오 其號曰同仁好生이시오
其佐曰大雄은 在太平天하시니 是爲大光明也시니라.
南方司命曰太火오 其帝曰赤이시오 其號曰盛光普明이시오
其佐曰庖犧는 在元精天하시니 是爲大安定也시니라.
西方司命曰太金이오 其帝曰白이시오 其號曰淸淨堅虛시오
其佐曰治尤는 在鈞和天하시니 是爲大嘉利也시니라.
中方司命曰太土오 其帝曰黃이시오 其號曰中常悠久시오
其佐曰王儉은 在安德天하시니 是爲大豫樂也시니라.」

역주 『고려팔관기』의 「오제설五帝說」에 이렇게 기록되어 있다.

북방사명*은 태수太水요, 이를 다스리는 임금은 흑제黑帝시요, 그 호號는 현묘진원玄妙眞元◉이시다. 그 보좌는 환인으로 소류천蘇留天에 계시니, 이분은 대길상大吉祥이시다.

동방사명은 태목太木이요, 이를 다스리는 임금은 청제靑帝시요, 그 호는 동인호생同仁好生*이시다. 그 보좌는 환웅으로 태평천太平天에 계시니, 이분은 대광명大光明이시다.

남방사명은 태화太火요, 이를 다스리는 임금은 적제赤帝시요, 그 호는 성광보명盛光普明◉이시다. 그 보좌는 포희庖犧(태호복희)로 원정천元精天에 계시니, 이분은 대안정大安定이시다.

서방사명은 태금太金이요, 이를 다스리는 임금은 백제白帝시요, 그 호는 청정견허淸淨堅虛◉

三神五帝

✱ 천원지방天圓地方: 경일주삼徑一周三은 원圓의 이치로 지름과 둘레의 비율이 1대 3이다. 양은 하나를 하나로 삼으므로 셋을 하나로 나누면 3이 되니, 곧 천원天圓과 삼천三天의 이치이다. 경일잡사徑一匝四는 방방의 이치로 한 변과 둘레의 비율이 1대 4가 된다. 그런데 음은 둘을 하나로 삼으므로 넷을 둘로 나누면 2가 되니 곧 지방地方과 양지兩地의 이치가 된다. 3과 2를 더하면 5로서 황극이 되는데, 황극은 만물의 변화운동의 본체이다.

❋ 사명司命: ①생살권生殺權을 가진 사람이나 사물. ②사람의 생명을 주관하는 신. ③별 이름.

◉ 현묘진원玄妙眞元: 참으로 오묘한 진리의 근원.

✱ 동인호생同仁好生: 한결같은 어짊으로 살리기를 좋아함.

◉ 성광보명盛光普明: 찬란한 빛으로 세상을 두루 밝힌다.

◉ 청정견허淸淨堅虛: 만물을 청정하고 굳게 여물게 하여 통일한다.

이시다. 그 보좌는 치우治尤로 균화천鈞和天에 계시니, 이분은 대가리大嘉利*이시다.

중방사명은 태토太土요, 이를 다스리는 임금은 황제黃帝시요, 그 호는 중상유구中常悠久*이시다. 그 보좌는 왕검으로 안덕천安德天에 계시니 이분은 대예락大豫樂*이시다.

천지 5방위 조화기운을 표상하는 영물

五帝注에 曰「五方이 各有司命하니 在天曰帝시오 在地曰大將軍이시니
督察五方者는 爲天下大將軍이시오 督察地下者는 爲地下女將軍也시니
龍王은 玄龜시니 主善惡하시며 朱鵲은 赤熛시니 主命하시며 靑龍은 靈山이시니
主穀하시며 白虎는 兵神이시니 主刑하시며 黃熊은 女神이시니 主病하시니라.」

역주 『오제주五帝注』에 이렇게 기록되어 있다.

오방五方에 저마다 사명이 있으니, 하늘에서는 제帝이시요, 땅에서는 대장군大將軍이시다. 오방을 감찰하는 이는 천하대장군天下大將軍이시고, 지하를 감찰하는 이는 지하여장군地下女將軍이시다.

용왕龍王 현귀玄龜는 선악을 주관하시고, 주작朱鵲 적표赤熛는 왕명을 주관하시며, 청룡靑龍 영산靈山은 곡식을 주관하시고, 백호白虎 병신兵神은 형벌을 주관하시며, 황웅黃熊 여신女神은 질병을 주관하신다.

사신도四神圖
강서대묘江西大墓 고구려 벽화 (평안남도 남포시)

백호도白虎圖   주작도朱鵲圖
청룡도靑龍圖   현무도玄武圖

삼신산과 그 이름의 유래

三神山이 爲天下之根山이니 以三神名者는 盖自上世以來로
咸信三神이 降遊於此하사 化宣三界三百六十萬之大周天하시니
其体는 不生不滅이시오 其用은 無窮無限이시오 其檢理는 有時有境하사
神之至微至顯과 神之如意自在를 終不可得以知也니라.

*대가리大嘉利: 크게 아름답고 이롭다.
*중상유구中常悠久: 항상 중도의 정신을 간직하여 영원불멸하다.
*대예락大豫樂: 크게 기쁘고 즐겁다.

역주 삼신산三神山은 온 천하의 근원이 되는 산이다. 산에 삼신을 붙여 이름 지은 까닭은, 삼신께서 이 산에 내려와 노니시며 조화의 권능과 성덕으로 천지인 **삼계의 360만 대우주에 조화를 널리 베푸신다**고 태고 이래 모든 사람이 믿어 왔기 때문이다.

삼신의 본체는 생겨나지도 소멸하지도 않으시며, 그 작용은 무궁하고 무한하시다. 만물을 살펴 다스리시는 창조원리는 시공의 흐름 속에 오묘히 잠겨 있어, 삼신의 지극한 미묘함과 지극한 나타나심과 뜻대로 자재自在하심을 필경 쉽게 체험하여 알 수는 없다.

> 其迎也에 優然而如有見하며 其獻也에 愾然而如有聞하며
> 其讚也에 欣然而如有賜하며 其誓也에 肅然而如有得하며
> 其送也에 恍然而如有慊하나니
> 是爲萬世人民之所以認識追仰於順和信悅之域者也니라.
> 三神은 或說에 有以三爲新하고 新爲白하며 神爲高하고 高爲頭故로
> 亦稱白頭山이라. 又云蓋馬는 奚摩離之轉音이니 古語에 謂白爲奚하고
> 謂頭爲摩離也니 白頭山之名이 亦起於是矣니라.

역주 삼신을 영접하면 어렴풋이 그 모습이 보이는 듯하며,
　　　삼신께 정성을 들이면 삼신의 숨결이 아련히 들리는 듯하며,
　　　삼신을 찬미하면 기뻐하시어 은총을 내리시는 듯하고,
　　　삼신께 맹세하면 숙연하여 삼신께서 그 뜻을 받아들이시는 듯하며,
　　　삼신이 떠나실 땐 아쉬움으로 허전한 듯하니,*

이것이 그 오랜 세월 동안 백성들이 삼신산을 '순종과 화합과 믿음과 기쁨의 성지'로 인식하고 추앙해 온 까닭이다.

삼신三神에 대해 어떤 사람은, "삼三은 새롭다[新]는 뜻이고, 새롭다[新]는 말은 희다[白]는 뜻이며(三→新→白), 신神은 높다[高]는 뜻이요, 높다는 말은 머리[頭]라는 뜻이다(神→高→頭). 그러므로 삼신산을 또한 백두산白頭山이라 칭한 것이다"라고 하였다.

또 말하기를, "개마蓋馬는 '해마리'의 전음轉音이다. 고어古語에 흰[白] 것은 해奚요, 머리[頭]는 마리摩離라 하였으니, 백두산의 이름이 또한 여기에서 비롯되었다"라고 하였다.

---

*제사 지낼 때 제단에 강림한 신명과의 작별을 사신辭神이라 한다. 그때의 심정을 이른 말.

인류 시원 조상의 혼례

人類의祖를 曰那般이시니 初與阿曼으로 相偶之處를 曰阿耳斯庀오
亦稱斯庀麗阿也라 日에 夢得神啓하사 而自成昏禮하시고
明水告天而環飮하실새 山南에 朱鵲이 來喜하고 水北에 神龜가 呈瑞하고
谷西에 白虎가 守峘하고 溪東에 蒼龍이 升空하고 中有黃熊이 居之러라.

역주 인류의 조상은 나반那般이시다. 나반께서 아만阿曼*과 처음 만나신 곳을 아이사비阿耳斯庀라 부르고 또 사비려아斯庀麗阿라 하기도 한다.

하루는 꿈에 천신의 계시*를 받아 스스로 혼례를 올리시고, 청수淸水를 떠놓고 하늘에 고하신 다음 돌려가며 드셨다.

이때, 산의 남쪽에 주작朱鵲이 날아와 기뻐하고, 강의 북쪽에는 신귀神龜가 와서 서기瑞氣를 나타내었다. 골짜기의 서쪽에는 백호白虎가 산모퉁이를 지키고, 시내의 동쪽에서 창룡蒼龍이 하늘에 올랐다. 중앙에는 황웅黃熊이 거하였다.

환국의 3대 성산과 초대 환인 안파견

天海와 金岳과 三危太白은 本屬九桓하니 而蓋九皇六十四民이 皆其後也라
然이나 一山一水에 各爲一國하고 羣女羣男이 亦相分境하야
從境而殊하고 國別積久에 創世條序를 後無得究也라
久而後에 有帝桓仁者出하사 爲國人所愛戴하시니 曰安巴堅이시오
亦稱居發桓也시라. 蓋所謂安巴堅은 乃繼天立父之名也오
所謂居發桓은 天地人定一之號也라.
自是로 桓仁의 兄弟九人이 分國而治하니 是爲九皇六十四民也라.

역주 천해天海와 금악산과 삼위산, 태백산*은 본래 **구환**九桓에 속하니, **구황**九皇

---

* **아만**阿曼: 아만의 고향은 바이칼 호 서북쪽의 사납아斯納阿로 샤얀[斯阿蘭]이라고도 한다(이유립,『대배달민족사』「인仁」, 248쪽).
* **아이사비**阿耳斯庀: 사비려아斯庀麗阿라고도 한다. 본서「삼신오제본기」에서는 이곳을 송화강 또는 천하(바이칼호)로 보고 있다. 이유립은 아이숲(원시림, 수릿벌)이라 해석하였다.
* **천신의 계시**: 주로 밤에 꿈속에서 받는 가르침인 몽교夢敎를 통해 나타난다. 인간의 영대가 열리면 대소 사건에 천지기운이 응하는 것을 신명의 체험을 통해 보여 주신다.
* 금악산은 지금의 알타이산이다. 삼위산은 감숙성 돈황현에 있고, 태백산은 백두산이다.『삼국유사』「고조선」조에 '삼위태백'이 나오는데 대다수 국사학자들은 '삼위'가 산 이름인 줄도 모르고 있다.

육십사민六十四民[8]은 모두 나반과 아만의 후손이다.

그러나 산과 강을 끼고 제각기 한 나라를 형성하여 남녀 무리가 땅의 경계를 나누고, 그 경계를 따라 서로 다른 나라가 형성되어 오랜 세월이 흐르면서, 창세가 이루어진 과정의 구체적인 역사는 훗날 알 수 없게 되었다. 오랜 세월이 지난 후에 환인이 나타나 백성의 사랑을 받아 추대되셨다. 이분을 일러 **안파견**安巴堅이라 하고, 또 **거발환**居發桓이라고도 불렀다. 안파견이란 곧 '**하늘을 받들어 아버지의 도를 확립시킨다**'는 뜻의 이름이고, 거발환이란 '**천·지·인을 일체로 정한다**'는 뜻의 호칭이다.

이로부터 환인의 형제 아홉 분이 나라를 나누어 다스리셨다.

이로써 구황九皇 육십사민六十四民이 되었다.

환국의 구환족에서 시작된 인류 창세기

窃想컨대 三神이 生天造物하시고 桓仁이 敎人立義하시니 自是로 子孫相傳하야
玄玅得道하야 光明理世하고 旣有天地人三極大圓一之爲庶物原義하니
則天下九桓之禮樂이 豈不在於三神古祭之俗乎아

역주 곰곰이 생각해 보건대, 삼신이 하늘을 생겨나게 하고 만물을 지으셨으며, 환인이 정의의 푯대를 세우도록 사람들을 가르치셨다. 이로부터 자손이 그 정신을 서로 전하여 삼신(상제님)의 현묘한 도를 깨달아 광명 사상으로 세상을 다스렸다[光明理世]. 이미 하늘과 땅과 사람의 **삼극**三極과 **대원일**大圓一이라는 만물의 원뜻을 갖추고 있으니, 천하 구환족의 예악이 어찌 삼신께 천제를 드리는 옛 풍속에 있지 않았겠는가?

傳에 曰「三神之後를 稱爲桓國이오 桓國은 天帝所居之邦이라」하고 又曰
「三神은 在桓國之先하사 那般이 死爲三神이시라」하니
夫三神者는 永久生命之根本也라. 故로 曰人物이 同出於三神하야
以三神으로 爲一源之祖也라. 桓仁이 亦代三神하사 爲桓國天帝하시니
後에 稱那般하야 爲大先天하고 桓仁으로 爲大中天하니라. 桓仁이 與桓雄治尤로
爲三皇하시니 桓雄은 稱大雄天이시오 治尤는 爲智偉天이시니
乃黃帝中經之所由作也라. 三光五氣가 皆在視聽感覺而世級日進하야
攢火焉하며 發語焉하며 造字焉하야 優勝劣敗之相競이 始乎起耳라.

역주 『전傳』에, "삼신의 후예를 환국이라 부르고, **환국은 천제께서 거주하시는 나라다**"라고 하였고, 또 말하길 "삼신은 환국보다 먼저 계셨으며, **나반**이 죽어서 삼신이 되셨다"라고 하였으니, 무릇 삼신이란 영원한 생명의 근본이다. 그러므로 "사람과 만물이 함께 삼신에서 생겨나니, 삼신이 바로 모든 생명의 근원이 되는 조상[一源之祖]이다"라고 하였다. 환인은 삼신을 대행하여 환국의 천제가 되셨다.

후세에 **나반**을 **대선천**大先天이라 부르고, **환인**을 **대중천**大中天이라 불렀다. 환인은 **환웅·치우**와 더불어 **삼황**三皇이 되고, **환웅**을 **대웅천**大雄天이라 부르고 **치우**를 **지위천**智偉天이라 불렀으니 이것이 『황제중경黃帝中經』이 만들어진 유래이다.

삼광오기三光五氣가 모두 보고 듣고 느끼고 깨치는 데 작용하면서 세상이 날로 진보하여, 불을 만들고, 말을 하고, 문자를 만들어 내니 우승열패優勝劣敗의 상호 경쟁이 일어나기 시작하였다.

단군왕검의 동방 문명권 대통일과 단군 숭보의 전통

熊族之中에 有檀國이 最盛하고 王儉이 亦自天而降하사
來御于不咸之山이어시늘 國人이 共立하야 爲檀君하니 是謂檀君王儉也시니라.
生而至神하시고 兼聖圓滿하사 統合九桓하시고 三韓으로 管境하시며
復神市舊規하사 天下大治하니 擧世가 視同天神하야
自是로 崇報之禮가 永世不替者也라.

역주 웅족熊族 가운데 **단국**檀國이 가장 번성하였다. 왕검께서 하늘에서 내려와 불함산에 오시니, 나라 사람이 모두 추대하여 단군으로 모셨다. 이분이 단군왕검이시다. 왕검께서는 날 때부터 지극히 신령하고 성덕을 겸비하여 원만하셨다. 구환족을 통합하여 **삼한**三韓으로 나누어 다스리고, 배달 신시의 옛 법도를 회복하시니 천하가 태평하였다.

온 세상이 단군왕검을 천신처럼 받드니, 이로부터 단군성조의 은혜에 보답하여 숭배하는 예법[崇報之禮]이 영세토록 변하지 않았다.

구환족 5대 종족의 특징

蓋九桓之族이 分爲五種하니 以皮膚色貌로 爲別也라
皆其俗이 就實究理하야 策事而求其是則同也니 夫餘爲俗이 水旱兵疾에
國王이 有責하고 忠邪存亡에 匹夫同歸하니 是其一證也니라.

色으로 族하니 如黃部之人은 皮膚稍黃하고 鼻不隆하며 頰高髮黎하고
眼平睛黑이오 白部之人은 皮膚晳하고 頰高鼻隆하며 髮如灰오
赤部之人은 皮膚銹銅色하고 鼻低而端廣하며 顙은 後傾하고 髮은 捲縮하며
貌는 類黃部之人이오 藍部之人은 一云風族이오 又棕色種이니
其皮膚는 暗褐色이오 貌는 猶黃部之人也니라.

> **역주** 구환족을 분류하면 다섯 종족인데 이는 피부색과 용모로 구별된다. 이들의 풍속은 현실의 실상을 좇아 이치를 궁구[就實究理]하고 일을 헤아려서 그 옳은 방도를 찾고자 하는 것이 같았다. 부여의 풍속에 홍수·가뭄·전쟁·질병이 생기면 국왕이 그 책임을 지고, 나라에 충성하면 살고 거역하면 죽는 책임이 필부에게까지 돌아갔으니 이것이 그 하나의 증거가 될 것이다.
>
> 피부색으로 종족을 나눈다. 황색黃色인은 피부가 조금 누렇고 코가 높지 않으며 광대뼈가 나오고 머리털이 검다. 눈 언저리는 평평하고 눈동자의 색은 흑색이다. 백색白色인은 피부가 밝은 백색이고 광대뼈가 나오고 코가 높다. 머리털은 잿빛과 같다. 적색赤色인은 피부가 녹슨 구릿빛(검붉은 색)이고 코가 낮고 코끝이 넓다. 이마는 뒤로 기울고 머리털은 곱슬이며 용모가 황색인과 비슷하다. 남색藍色인은 일명 풍족風族 또는 종색棕色(갈색) 종이라고도 한다. 피부는 암갈색이고 용모는 황색인과 같다.

삼한의 고유한 풍속(국풍) - 소도제천

三韓古俗이 皆十月上日에 國中大會하야 築圓壇而祭天하고 祭地則方丘오
祭先則角木이니 山像과 雄常이 皆其遺法也라.
祭天에 韓이 必自祭하시니 其禮甚盛을 可知也라.
是日에 遠近男女가 皆以所産으로 薦供하고 鼓吹百戲가 是俱라
衆小諸國이 皆來獻하야 方物珍寶를 環積邱山하니 蓋爲民所禳이오
乃所以繁殖管境이오 而蘇塗祭天은 乃九黎敎化之源也라.
自是로 責禍善隣하며 有無相資하며 文明成治하며
開化平等하니 四海之內에 莫不崇飾祀典者也니라.

> **역주** 삼한의 옛 풍속에, 10월 상일上日에는 모두가 나라의 큰 축제에 참여하였다.

이때 둥근 단을 쌓아 하늘에 제사 지내고, 땅에 대한 제사는 네모진 언덕에서 지내며, 조상에 대한 제사는 각목角木✽에서 지냈다. 산상山像과 웅상雄常은 모두 이러한 풍속으로 전해 오는 전통이다.

제천할 때는 임금[韓]께서 반드시 몸소 제사 지내시니, 그 예가 매우 성대하였음을 가히 짐작할 수 있다. 이 날에는 먼 곳과 가까운 곳에 사는 남녀가 모두 생산물을 올리고, 북치고 악기를 불며 온갖 놀이를 즐겼다.

주변의 많은 소국이 일제히 와서 지방의 특산물과 진귀한 보물을 바치니 언덕과 산처럼 둥글게 쌓였다. 백성을 위해 빌어서 재앙을 물리치는 일이 곧 관경管境을 번영케 하는 것이다. 그리하여 **소도**9)에서 올리는 **제천 행사**는 바로 **구려**九黎✽를 **교화하는 근원**이 되었다. 이로부터 책화責禍 제도로 이웃나라와 선린善隣하고, 있고 없는 것을 서로 바꾸어 도와 주었으며, 밝게 다스리고 평등하게 교화하였다. 이에 온 나라에서 이 **소도제천 예식**을 숭상하지 않는 곳이 없었다.

신교의 민간신앙 : 터줏대감과 성조대군

祝兒之生을 曰三神이오 祝禾之熟을 曰業이라. 山은 爲羣生通力之所오
業은 爲生産作業之神이니 故로 亦稱業主嘉利라 發願垈土를 曰土主大監이오
發願家宅을 曰成造大君이니 亦歲成嘉福之神也시니라.
墓園漁獵과 戰陣出行에 皆有祭하니 祭必擇齊以利成也니라.

역주 아이를 낳게 해 달라고 빌 때는 삼신✽을 찾고, 벼가 잘 익기를 기원 할 때는 **업신**業神🅐을 찾았다. 산은 뭇 생명이 삶을 영위하는 곳이요, **업은 생계와 노동을 주관하는 신**으로 **업주가리**業主嘉利라 일컫기도 한다. 집터에 대해 소원을 빌 때 **터줏대감**[土主大監]을 찾고, 집에 대해 소원을 빌 때는 **성조대군**成造大君✽을 찾았으니, 이분들 또한 **해마다 좋은 복을 이루게 하는 신**[嘉福之神]이시다. 묘소에 가거나 고기잡이·사냥·전쟁에 나갈 때, 진을 칠 때, 길을 떠날 때 모두 제사를 지냈다. 제사 지낼 때는

✽**각목**角木: 조상의 무덤을 표시하기 위한 조형물인지, 무덤 주위에 심은 나무인지 정확히 알 수 없다.

✽**구려**九黎: 동이東夷의 아홉 겨레. 구려라는 명칭은 치우천황 때 비롯되었다. 이것이 변하여 고구려→고려→코리아로 불리게 된 것이다. 『서경書經』「여형呂刑」편의 공영달 주석에 "구려 임금의 호칭을 '치우'라 한다", 『사기집해』「오제본기五帝本紀」에는 공안국孔安國의 말을 인용하여 "구려의 임금 호칭이 치우이다"라고 하였다. 왕동령王桐齡의 『중국민족사』에도 "구려의 임금을 치우라 한다"라고 하여, 구려가 동이족임을 밝혔다.

✽**삼신**: 우리 민족은 자손을 타 내리는 신명神明을 '삼신할매'라 불러 왔다.

🅐**업신**業神: 민간신앙에서 가업家業을 지키는 영물靈物이나 신神을 업, 또는 업신業神이라 한다.

✽**성조대군**成造大君: 성조成造는 단군왕검의 신하로 건축의 시조이다. 4천여 년 동안 한민족은 이분을 '성조대군', '성주신[成造神]'으로 받들고 가택 수호신으로 모셔 왔다.

반드시 택일을 하고, 목욕재계를 하여야 원하는 바를 이룰 수 있었다.

고조선 삼한 시대의 자치제도 조직 원리

蘇塗之立에 皆有戒하니 忠孝信勇仁五常之道也라.
蘇塗之側에 必立扃堂하야 使未婚子弟로 講習事物하니
蓋讀書習射馳馬禮節歌樂拳搏(並劍術)六藝之類也라.
諸邑落이 皆自設三老하니 三老는 亦曰三師라 有賢德者와 有財施者와
有識事者를 皆師事之가 是也오. 又有六正하니 乃賢佐忠臣과 良將勇卒과
明師德友가 是也라. 又殺生有法하니 上自國王으로 下至庶民히
須自擇時與物而行之하야 一不濫殺하니 自古로 夫餘에 有馬不乘하며
禁殺放生者가 亦其義也라 故로 不殺宿하며 不殺卵은 是擇時也오
不殺幼하며 不殺益은 是擇物也니 重物之義가 可謂至矣로다.

역주 소도가 건립된 곳에는 모두 계율을 두었는데, 충·효·신·용·인忠孝信勇仁이라는 **오상의 도**[五常之道]가 그것이다. 소도 곁에는 반드시 **경당**扃堂을 세워 미혼 자제로 하여금 사물事物㉘을 익히게 하였는데, 대개 독서·활쏘기·말달리기·예절·가악·권박(검술을 겸함)으로 **육예**六藝㉙의 종류였다.

모든 읍락이 자체적으로 **삼로**三老를 두었는데, 삼로를 **삼사**三師라고도 하였다. 어진 덕이 있는 자[賢德者]와 재물을 베푸는 자[財施者], 사리를 잘 아는 자[識事者]를 모든 사람이 스승처럼 섬기는 것이 그것이다.

또 **육정**六正이 있었는데, 어진 보필자[賢佐]와 충신[忠臣]과 뛰어난 장수[良將]와 용감한 병사[勇卒]와 훌륭한 스승[明師]과 덕 있는 친구[德友]가 그것이다.

또 살생에 법도가 있어, 위로 국왕에서 아래로 서민에 이르기까지 반드시 때와 사물을 택해서 이를 실행하여, 살아있는 것은 하나도 함부로 죽이지 않았다. 예로부터 부여에서는 말이 있어도 타지 않았고, 살생을 금하여 방생하였으니 이 또한 그러한 뜻이다.

그러므로 잠자는 짐승을 죽이지 않고 알을 깨뜨리지 않음은 때를 선택한 것[擇時]이요, 어린 것을 죽이지 않고 사람에게 유익한 것을 죽이지 않음은 사물을 선택한

㉘ **사물**事物: 유형·무형의 모든 일과 물건.
㉙ **육예**六藝: 『주례周禮』 「대사도大司徒」에는 "세 번째가 육예六藝로, 예禮·악樂·사射·어御·서書·수數이다"라고 나오는데, 단군조선 시대의 신교에 그 근원을 두고 있음을 알 수 있다.

것[擇物]이니, 만물의 생명을 귀하게 여기는 뜻이 지극하였다고 말할 수 있다.

화랑의 원형, 배달 시대의 천왕랑

源花는 稱女郞이오 男은 曰花郞이니 又云天王郞이라.
自上으로 命賜烏羽冠하야 加冠에 有儀注라. 時에 封大樹하야
爲桓雄神像而拜之라 神樹를 俗謂之雄常이니 常은 謂常在也라.

역주 원화源花는 **여랑**女郞을 말하고, 남자는 **화랑**花郞[10]이라 하는데 **천왕랑**天王郞이라고도 하였다. 임금으로부터 오우관烏羽冠을 하사 받아 썼는데 관을 쓸 때 예식을 거행하였다. 이때 큰 나무를 봉하여 환웅신상桓雄神像으로 삼아 여기에 배례를 올렸다. 이러한 **신수**神樹를 세속에서 **웅상**雄常*이라 불렀는데, 상常이란 '항상 임하여 계신다[常在]'는 뜻이다.

태초 인간이 탄생한 곳

河伯은 是天河人이니 那般之後也라 七月七日은 卽那般渡河之日也니
是日에 天神이 命龍王하사 召河伯入龍宮하시고 使之主四海諸神하시니라.
天河는 一云天海니 今日北海가 是也라. 天河注에 曰
「天道는 起於北極故로 天一生水오 是謂北水니 盖北極水는 精子所居也니라.」

역주 하백은 천하天河사람으로, 나반의 후손이다.

7월 7일[11]은 곧 **나반께서 천하를 건너신 날**이다. 이날 천신께서 용왕에게 명하여 하백을 용궁으로 불러 사해四海의 모든 신을 주재하게 하셨다.

천하를 일설에 천해天海라고도 하는데, 지금의 **북해**北海이다.

『천하주天河注』에 이런 설명이 있다.

천도天道는 북극에서 변화 운동을 시작하는 까닭으로, 하늘의 통일 운동이 물을 화생하는데[天一生水] 이를 북수北水라 부른다. 이 **북극수**北極水※는 (선천 개벽기에※ 인간을 처음 화생化生하는) **생명**[精]**의 씨**[子]**가 머무는 성소**聖所이다.

---

*웅상雄常: 『단군세기』 11세 도해단군 조에서는 "재위 원년인 경인(환기 5307, 신시개천 2007, 단기 443, BCE 1891)년에 임금께서 오가에게 명하여 12명산 가운데 가장 아름다운 곳을 택해 국선소도國仙蘇塗를 설치하게 하셨다. 그 둘레에 박달나무를 많이 심고, 가장 큰 나무를 택하여 환웅상桓雄像으로 모시고 제사를 지내셨다. 그 이름을 웅상雄常이라 하셨다"라고 하였다.

※북극수北極水: 선천개벽이 일어난 후 태초에 인간은 북극수의 조화로 탄생하였다.
※선천개벽: 우주의 1년에서 인간이 태어나는 천지 봄의 시작을 말한다.

1) 신명神明

신교神敎의 신관을 이해하려면 천신天神, 일신一神, 삼신三神, 삼신상제三神上帝, 상제上帝 등 신神에 대한 여러 가지 개념의 차이점을 알아야 한다. 천신·일신·삼신이라는 세 가지 개념은 우주 자체의 창조 원리와 우주의 정신 자체를 말하며 때로는 주재신으로도 말한다. 사람 모습을 한 인격적인 주재자를 삼신상제 또는 상제라 부른다.

그리고 삼신이나 일신이란, 체體와 용用의 3三과 1一의 법칙에 따라 우주 자체의 창조 원리의 특성을 설명하는 개념이다. 보통 우주와 역사를 주재하시는 인격적인 하느님을 간단히 상제라 부른다. 신도神道에는 삼신상제님을 보필하여 그 어명을 집행하는 각 부서가 무수하다. 여기에 속한 다수의 신神 또는 신명神明은 상제님의 어명을 집행하여 현실적인 자연의 변화와 지상의 인사(인간 역사의 운로)를 이끌어 나간다. 그러므로 신교神敎의 신관은 상제님을 중심으로 한 일원적 다신관一元的 多神觀이다.

2) 무궁한 생성의 조화

『주역』「계사전」에서는 천지 자체가 지니고 있는 생명의 본성을 "생생지위역生生之謂易"이라 하였다. 즉, 천지는 무수한 생명체를 낳고 또 낳는 끊임없는 창조 운동을 하는 것이다. 우주가 변화하는 마음자리가 곧 역易이다. 우주는 대국적인 면에서 만물을 무한히 낳고 길러낸다. 물론 변화의 각 마디는 엄밀하게 인과 법칙으로 규정되어 있다. 본문에서 '만물은 각기 무궁하다[庶物各有無窮]'고 한 것은, 우주의 1년 사계절 가운데 봄·여름 선천 시대에 인간과 만물의 종자가 제각기 천지 기운을 받고 생겨나 무한히 번식하며 발전해 나가는 우주의 변화상을 지적한 것이다.

3) 순환 운동과 만물

우주는 개벽·진화·순환 운동을 통해 일체 만물을 낳아[生] 기르고[長] 열매 맺고[斂] 거둬들인다[藏]. 신교 우주관의 바탕인 '시간의 순환성'을 통해서만 이러한 운동과 작용의 깊은 의미를 통찰할 수 있다. 우주의 시·공간이란 직선적으로 무한히 변화하는 것이 아니라 일정한 변화의 마디(우주의 1년은 129,600년)를 따라 순환하며 발전한다. 전반기인 봄·여름 선천 시대에는 인류가 화생(창조)되고 일정한 시간 마디 - 우주의 한 달(10,800년) - 마다 중개벽을 통해 발전·진화하며, 우주의 여름에서 가을로 바뀌는 후천개벽을 지나면 인류의 역사가 통일되어 완성된다. 이처럼 순환과 진화와 개벽이라는 세 운동이 일체가 되어 인류 문명이 전개되고 큰 변화가 이루어지는 것이다.

4) 삼혼三魂

인간의 육신 속에는 천지의 정신을 담는 두 존재로서 혼魂과 백魄이 있는데, 삼혼칠백三魂七魄이라 하여 세 혼과 일곱 넋으로 말한다. 혼기魂氣가 작용하는 곳은 오장五臟 가운데 간肝이고 체백體魄이 작용하는 곳은 폐肺이다. 인간은 사후에 단순히 땅 속으로 돌아가 사라지는 것이 아니다. 혼은 천상으로 올라가 신이 되고 넋은 땅으로 돌아가 귀가 된다. 인간 생명이 죽음이라는 통과의례를 거쳐 천지의 지극한 존재인 신神과 귀鬼로 다시 태어나 새 생명으로 진화를 거듭하는 것이 진정한 천지 생명의 모습이다.

5) 화응상감化應相感

천변만화가 일어나는 도의 세계는 단순히 이성적이고 합리적인 사고 작용으로 그 실체를 알 수는 없다. 우주 생명의 핵심 정신인 삼신三神의 조화 속에 나의 영혼이 직접 응하여 이를 느낌으로써만 진리를 체득하여 세계 창생을 건지고, 궁극적으로 스스로 진리 세계를 실현해 나갈 수 있다. 즉 이 삼신의 도통 기운을 받지 않고는 우주가 본래 갖고 있는 궁극적인 진리의 전모를 알 수 없는 것이다.

6) 정精·기氣·신神

옛 사람들은 정精·기氣·신神을 삼보三寶라 하였다. 정精은 후천적으로 음식물의 정미精微한 것에서 얻는 물질로서 인체 활동의 물질적인 기초가 된다. 기氣는 음식물의 정기가 하늘 기운과 합쳐서 생리 작용의 추동력推動力을 발휘하는 주요한 물질이다. 신神은 정精과 기氣의 협동으로 이루어지는 것으로서 인체의 정신적인 사유 의식思惟意識을 통괄한다.

정을 과도하게 손상하면 기의 생산이 저하되고, 또 한 기를 손상하면 정의 발생을 저하시킴과 동시에 신의 기능도 활발하지 못하게 하는 결과를 가져온다. 그런데 과도한 정신 활동으로 인하여 '신'이 손상되면 정과 기에도 영향을 미쳐 형체마저 쇠약해진다.

이처럼 정·기·신은 서로 기르며 협동하는 것으로, 본래 체體와 용用의 순환 운동으로 하나를 이룬다. 음식물을 섭취하여 그 정미精微한 것이 정이 되고, 정이 다시 기로 화化하고, 이것이 후천 통일 운동을 해서 신이 되는 것이다.

7)「삼신설三神說」

기독교의 성부聖父·성자聖子·성신聖神이라는 성삼위聖三位, 불교의 법신불法身佛·보신불報身佛·화신불化身佛이라는 삼신불三身佛, 유교의 무극無極·태극太極·황극皇極이라는 삼극三極 정신은 모두 조화신·교화신·치화신이라는 신교의 삼신일체 원리에서 발전하였다.

8) 구황九皇 64민六十四民

『태백일사』의 특징은 우주관을 바탕으로 역사와 정치의 문제를 풀어나가는 것이다. 여기서의 핵심은 '9'와 '64'라는 숫자에 있다. 『주역』의 대전제는 건괘乾卦의 용구원리用九原理이다. 건괘는 나머지 63괘의 근거이자 생명의 씨앗에 해당한다. 그래서 "천지의 으뜸가는 원리인 건원은 아홉 수를 사용하는 데서 하늘의 보편적인 법칙을 알 수 있다[乾元用九, 乃見天則]"라고 말했던 것이다. 따라서 태극의 1이 분화하면 극한수인 9로 나아가고, 64는 건괘를 바탕으로 현실에 전개되어 나타난 생명의 질서라 할 수 있다. '9'가 낙서 원리에 근거한 분화의 논리라면, '64'는 팔괘에 기반한 분화의 논리이므로 「삼신오제본기」에 나타난 우주관은 하도낙서와 괘도 원리의 원형이라고 할 수 있다.

9) 소도蘇塗

소도에 관한 기록은 『진서晉書』, 『후한서』, 『삼국지』에 수록되어 있는데 그 내용에는 큰 차이가 없다. 『삼국지』 「위지 동이전魏志東夷傳」 마한조馬韓條를 보면, "나라의 읍락에서는 천신께 제사를 지낸다. 이때 한 사람을 천군天君으로 세워 제사를 주관하게 하였다. 여러 나라에 각기 별읍別邑이 있어 이를 소도라 부르고, 큰 나무를 세워 방울과 북을 달아 놓고 신을 섬긴다. 도망자가 이곳에 이르면 돌려보내지 않아 도둑질을 일삼았다. 소도를 세운 뜻은 부도浮屠를 세운 뜻과 같은 점이 있으나 선과 악을 행하는 것에는 서로 차이가 있다[國邑各立一人主祭天神, 名之天君. 又諸國各有別邑, 名之爲蘇塗. 立大木, 縣鈴鼓, 事鬼神, 諸亡逃至其中, 皆不還入, 好作賊. 其立蘇塗之義, 有似浮屠, 而所行善惡有異]"라고 했다.

『태백일사』를 보면, "소도에는 모두 계율이 있었다. 충忠·효孝·신信·용勇·인仁의 오상의 도[五常之道]가 그것이다. 또 소도 옆에는 반드시 경당을 세워 미혼 자제로 하여금 사물을 익히게 하였는데 이는 독서, 활쏘기, 말달리기, 예절, 가악歌樂, 권박검술을 겸함으로 육예六藝의 종류였다"라는 내용이 있다. 경당은 문무를 겸비[文武竝進]한 인재를 양성하는 곳이었다.

10) 화랑

화랑도를 일명 국선도國仙道, 풍월도風月道, 풍류도風流道라고도 하였다. 진흥왕 37년(576)에 조직된 청소년 수양 단체이다. 본래 배달 신시 시대의 천왕랑(또는 국자랑)에서 비롯하였다. 고조선 시대에도 삼랑三郞이 있었으며 북부여 시조 해모수단군도 천왕랑이었다. 신라의 화랑은 진흥왕 때 그 명맥을 이어 국가적으로 다시 편제編制한 데 불과하다. 그리고 화랑의 지도이념이라 할 수 있는 세속오계世俗五戒도 이미 널리 알려져 있던 소도의 계율인 오상五常(忠孝信勇仁)과 같은 내용이다.

화랑의 전통은 다시 고려 시대의 선인仙人 또는 재가화상在家和尙, 윤관이 9성을 정벌할 때 있었던 항마군降魔軍 그리고 대몽항쟁 때의 삼별초로 이어져 내려왔다. 그 뒤로 명맥이 쇠잔하였으나 그 정신만은 한민족의 의식 속에 깊이 잠재되어 민족의 위기 때마다 유감없이 표출되었다.

11) 7월 7일七月七日과 칠성七星 문화

태고부터 인류는 동서고금을 막론하고 칠성 신앙과 칠성 문화를 지니고 있었다. 칠성은 인간의 수명과 화복을 관장하는 별로 알려져 있다. 『태상현령북두본명연생경太上玄靈北斗本命延生經注』에서는 "그러므로 북두칠성은 하늘 한가운데 머물고 사방을 돌면서 모든 인간의 생사와 화복을 주관한다[故北斗居中天, 旋回四方, 主一切人民生死禍福]"라고 하였다. 북두칠성이 우리 삶에 중요한 의미를 지니는 것은 우주 만물을 주관하는 주재자가 계신 별자리이기 때문이다. 따라서 칠성 또는 북두칠성은 인간이 궁극적으로 돌아가야 할 본래의 고향이다.

민간에서는 칠석날 밤에 뒤뜰의 장독대나 상에 정화수를 올려 놓고 칠성님께 축원을 올렸다. 이것은 칠성 문화에 따라 민간 신앙화된 것이다.

太白逸史 第二

桓國本紀 환국본기

- 『환국본기』는 인류 문화의 모태이며 한민족의 뿌리 나라인 환국의 역사를 담고 있다. 환국의 위치를 파내류산으로 소개한 이 책은 환국의 역년이 초대 안파견환인에서 지위리환인까지 7세에 걸쳐 3,301년에 이른다고 밝힌다.
- 이 책은 환국의 통치자를 지칭하는 '환인'의 의미와 선출 방법 그리고 환국을 구성하는 열두 나라의 이름과 그 위치를 밝혀 준다.
- 말미에 다른 사서를 인용하여 환桓의 뜻을 '온전한 하나 됨이며 광명'이라 밝히면서 신교의 우주 일월광명 사상을 전한다.

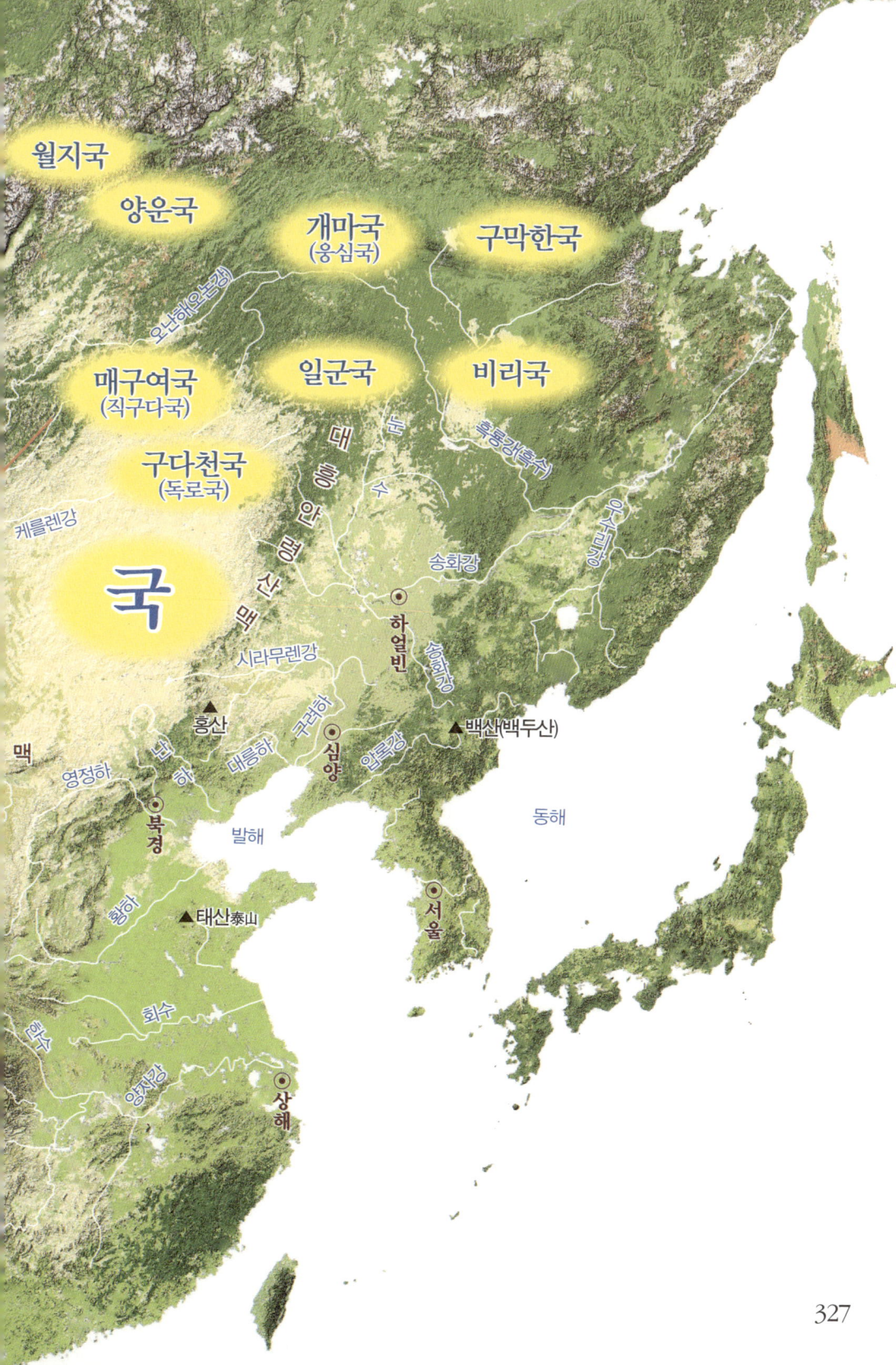

인류 창세 문명의 아버지, 환인천제

朝代記에 曰「昔에 有桓仁하시니 降居天山하사 主祭天神하시며
定命人民하시며 攝治羣務하시니 野處而無蟲獸之害하며
群行而無怨逆之患하야 親疎無別하며 上下無等하며 男女平權하며
老少分役하니라.

역주 『조대기朝代記』*에 이렇게 기록되어 있다.

옛날에 환인이 계셨다. 천산天山에 내려와 거처하시며, 천신께 지내는 제사를 주관하셨다. 백성의 목숨을 안정되게 보살피고, 세상의 뭇 일을 겸하여 다스리셨다. 사람들이 비록 들에 거처하나 벌레와 짐승의 해가 없었고, 무리지어 행동해도 원망하거나 반역할 근심이 없었다. 사람들이 사귐에 친하고 멀리하는 구별이 없고, 높고 낮음의 차별이 없으며, 남자와 여자의 권리가 평등하고, 노인과 젊은이가 소임을 나누었다.

當此之世하야 雖無法規號令이나 自成和樂循理하야 去其病而解其寃하며
扶其傾而濟其弱하야 一無憾且怫異者러라.
時에 人皆自號爲桓하고 以監羣爲仁하니 仁之爲言은 任也니 弘益濟人하고
光明理世하야 使之任其必仁也라.

역주 당시에는 비록 법규와 명령이 없었으나 백성들 스스로가 화평하고 즐거워하며 도리에 순종하였고, 병을 제거하고 원한을 풀어 주며, 다친 자를 돕고 약한 자를 구제하니, 원한을 품거나 도리에 어긋나는 일을 저지르는 자가 한 사람도 없었다.

당시 사람들은 모두 스스로 환桓이라 부르고, 무리를 다스리는 사람을 인仁이라 하였다. 인仁이란 '임무를 맡는다'는 뜻이다.

환인桓仁*이라 부른 이유는 널리 이로움을 베풀어 사람을 구제하고, 큰 광명으로 세상을 다스려서 맡은 바 임무를 수행함에 반드시 어진 마음으로 하였기 때문이다.

---

* 『조대기朝代記』: 대진(발해) 유민의 사서史書로 보인다. 고려 말에 이명李茗이 지은 『진역유기』(3권)의 저본이 되었다. 또 조선 세조가 8도 관찰사에게 명하여 거두어 들이도록 한 20여 종의 비기祕記 가운데 하나이다. 북애노인의 『규원사화』에는 "발해의 왕자 대광현大光顯을 비롯하여 고려에 귀화한 사람이 많았는데, 그 중에는 공후公侯·경상卿相과 선비가 많았다. 청평 이명이 기록한 것은 대개 발해인이 비장祕藏한 것에 의거한 것이다"라고 하였다.

* 환인桓仁: 환인천제의 권능이 인간 세상에 내재하여 보편화되는 과정을 의미한다. 환인桓人 중에서 감군의 지도자를 환인桓仁이라 부른다.

故로 五加와 衆이 交相選於大衆할새
以必求業故하야 愛憎有別하고 各以其所心으로 主辦之而自擇이라
其所求鵠은 惟在九桓爲公하야 大同歸一焉者니 則亦當自較得失하야
無一人異然後에 從之하고 諸衆도 亦不敢遽下獨術以處之라.

역주 그리하여 오가五加와 무리가 서로 번갈아 백성에서 환인을 선출할 때, 반드시 그 사람의 업적을 살펴서 좋아함과 싫어함을 구별하고, 각자 마음으로 판별하여 스스로 선택하였다.

이렇게 환인을 선출하는 궁극 목적[其所求鵠]*은 오직 공公을 위해 구환족[九桓]이 대동단결하여 한마음이 되는 데 있었다. 또한 마땅히 대상자의 잘잘못[得失]을 비교하여 반대하는 자가 한 사람도 없은 연후에야 선출하였고, 다른 모든 무리도 감히 성급하게 독단적인 방법으로 처리하지 않았다.

蓋處衆之法이 無備有患이오 有備無患이니 必備豫自給하고 善羣能治하면
萬里同聲에 不言化行이라 於是에 萬方之民이 不期而來會者가 數萬이라
衆이 自相環舞하고 仍以推桓仁하야 坐於桓花之下積石之上케 하고
羅拜之하니 山呼聲溢하고 歸者如市라 是爲人間最初之頭祖也시니라.」

역주 대개 백성을 다스리는 법은 준비가 없으면 우환이 뒤따르고[無備有患] 준비를 잘 하면 우환이 없으리니[有備無患] 반드시 미리 준비하여 넉넉하게 하며, 무리를 잘 다스려 만리나 떨어져 있는 사람도 한마음 한뜻이 되어 말하지 않아도 교화가 행해지게 하였다. 이때에 만방의 백성이 기약하지 않았는데도 와서 모인 자가 수만 명이 되었고, 서로 둥글게 모여 춤을 추며 환인을 추대하였다. 환인께서 환화桓花(무궁화) 아래 돌을 쌓고 그 위에 앉으시니, 모두 늘어서서 절을 하였다. 기뻐하는 소리가 온 산에 가득하고, 귀화해 오는 자들이 저자를 이루었다. 이분이 바로 **인류 최초의 우두머리** 조상이시다.

12 환국과 그 위치

三聖密記에 云「波奈留山之下에 有桓仁氏之國하니 天海以東之地를
亦稱波奈留國也라 其地廣이 南北五萬里오 東西二萬餘里니 摠言桓國이오

---

* 기소구곡其所求鵠: '그것이 추구하는 목표는(이렇게 환인을 선출하는 목적은)'이라는 뜻. ①기其: 대명사. 앞에 나온 선출 방식을 가리킴. ②곡鵠: 과녁이나 정곡을 뜻하는 말인데, 여기서는 의미가 확대되어 목적이나 목표란 뜻으로 쓰임.

分言則卑離國과 養雲國과 寇莫汗國과 勾茶川國과 一群國과
虞婁國一云卑那國과 客賢汗國과 勾牟額國과 賣勾餘國一云稷臼多國과
斯納阿國과 鮮卑爾國一云豕韋國一云通古斯國과 須密爾國이니
合十二國이 是也라. 天海는 今曰北海라.」

역주 『삼성밀기三聖密記』에 이렇게 기록되어 있다.

파내류산波奈留山* 아래에 '환인씨의 나라'가 있다. 천해天海 동쪽 땅을 또한 파내류국波奈留國이라 부르는데, 그 땅의 넓이가 남북으로 5만 리요 동서로 2만여 리이다.※

이 땅을 모두 합하여 말하면 환국桓國이요, 나누어 말하면, 비리국, 양운국, 구막한국, 구다천국, 일군국, 우루국(일명 비나국*), 객현한국, 구모액국, 매구여국(일명 직구다국), 사납아국, 선비이국*(일명 시위국 또는 통고사국), 수밀이국이니 합하면 열두 나라이다.

천해는 오늘날 말하는 북해北海이다.

密記注에 曰「蓋馬國은 一云熊心國이니 在北蓋馬大嶺之北하야
距勾茶國이 二百里오 勾茶國은 舊稱瀆盧國이니 在北蓋馬大嶺之西하고
月漬國은 在其北五百里하고 稷臼多國은 或稱賣勾餘國이니 舊在五難河라가
後에 爲瀆盧國所破하야 遂移于金山居之라
勾茶國은 本艾蒜所産也니 艾는 煎服以治冷하고 蒜은 燒食以治魔也라.」

역주 『삼성밀기三聖密記』의 주注에 이렇게 기록되어 있다.

개마국蓋馬國은 일명 웅심국熊心國으로 북개마대령北蓋馬大嶺※의 북쪽에 있으며, 구다국勾茶國과 2백 리 떨어져 있다.

구다국의 옛 명칭은 독로국瀆盧國※으로 북개마대령의 서쪽에 있다.

---

* **파내류산波奈留山**: 중앙아시아에 있는 천산天山.
※ **남북으로 5만 리 동서로 2만여 리**: 이것은 단일통치 영역이라기보다는 정신·사상적으로 영향이 미치는 범위로 추정할 수도 있다.
* **비나국卑那國**: 『삼성기』에서는 필나국畢那國이라 하였다.
* **선비이국鮮卑爾國**: 『삼성기』에서는 선패국鮮稗國이라 하였다.
※ **북개마대령北蓋馬大嶺**: 지금의 만주 대흥안령산맥.
※ **독로국瀆盧國(구다국)**: 지금의 만주 대흥안령산맥 서쪽에 있던 나라. 독로는 '텃물=텃내[城川]'란 뜻이다. 12환국 중에 수밀이·양운·구다천국 등이 27세 두밀단군 원년에 조공을 바쳤다는 기록으로 보아 구다국(독로국)도 단군조선 시대까지 남아 있었을 것으로 추측된다. 그 후 단군조선이 무너지면서 변한·진한의 유민이 현재의 경상남도 지역으로 내려와 후삼한의 하나인 변한을 형성할 때, 만주에 있던 구다국의 일부도 합류하여 내려와 자기들이 살던 옛 나라 이름을 정착지에서 그대로 사용하였는데, 이 독로국의 위치는 지금의 부산시 동래구 일대로 추정된다.

월지국月漬國은 구다국 북쪽 5백 리에 있다.

직구다국稷臼多國은 매구여국賣勾餘國이라고도 부르는데 옛날에는 오난하五難河에 있었으나, 후에 독로국에게 패하여 마침내 금산金山(알타이 산)*으로 옮겼다.

구다국은 본래 쑥과 마늘이 나는 곳이다. 쑥은 달여 먹어 냉冷을 치료하고, 마늘은 구워 먹어 마魔를 다스린다.

환국의 통치자 7세 환인

朝代記에 曰「昔에 有桓國하니 衆이 富且庶焉이라 初에 桓仁이 居于天山하사 得道長生하사 治身無病하시며 代天興化하사 使人無兵하시니 人皆作以勤하야 自無飢寒也라 傳赫胥桓仁. 古是利桓仁. 朱于襄桓仁. 釋提壬桓仁. 邱乙利桓仁하야 至智爲利桓仁하니 或曰 檀因이라 傳七世하야 歷三千三百一年이오 或曰六萬三千一百八十二年이라.

역주 『조대기朝代記』에 이렇게 기록되어 있다.

옛적에 환국이 있었다[昔有桓國]. 백성들은 풍요로웠고 인구도 많았다. 처음에 환인께서 천산에 머무시며 도를 깨쳐 장생하시니, 몸을 잘 다스려 병이 없으셨다. 하늘(삼신상제님)을 대행하여 널리 교화를 일으켜 사람들로 하여금 싸움이 없게 하셨다. 모두 부지런히 힘써 생산하여 굶주리고 추위에 떠는 일이 저절로 사라졌다.

(초대 안파견환인에서) 혁서赫胥환인, 고시리古是利환인, 주우양朱于襄환인, 석제임釋提壬환인, 구을리邱乙利환인을 이어 지위리智爲利환인 혹은 단인檀因에 이르렀다. 7세를 전하니, 역년이 3,301년 혹은 63,182년이다.

桓國에 有五訓하고 神市에 有五事하니 所謂五訓者는 一曰誠信不僞오 二曰敬勤不怠오 三曰孝順不違오 四曰廉義不淫이오 五曰謙和不鬪라

---

*금산金山: 일명 금악산金岳山. 알타이 산으로 불리며 러시아와 몽골, 카자흐스탄, 중국에 걸쳐 있는 2천 킬로미터가 넘는 산맥이다. 알타이Altay는 몽골어나 돌궐어에서 '황금'이란 뜻이다. 경주김씨의 시조인 김알지에 대해서도 알에서 태어났기 때문에 '알지'라는 이름을 붙인 것이 아니라, '알타이'란 말을 한자로 '알지'라 표기한 것으로 보기도 한다.

환국의 일곱 분(7세) 환인과 일본 창세기의 족보: 『일본서기日本書紀』와 『고사기古事記』에 일본 건국신화의 신이 7세(대)로 되어 있어 매우 주목할만 하다. 그런데 신세神世 7대가 처음 3대까지는 독화신獨化神이었다가 4대부터 비로소 음양의 남녀신으로 되었다는 사실이 특이하다. 이것은 우리 한민족 고유의 음양오행의 상수象數철학에 영향을 받아 성립된 것이다. 이와 같이 일본 창세기의 신세 7대는 환국의 7세 환인과 유사성이 크다. 일본 역사는 우리 조상들이 건너가 이룩한 것이기 때문에 일본의 창세기에서도 한민족의 뿌리 역사가 당연히 그대로 반영되어 있는 것이다.

所謂五事者는 牛加主穀하며 馬加主命하며 狗加主刑하며 猪加主病하며
羊加一作鷄加主善惡이라.」

역주 환국에 오훈五訓*이 있고 배달에 오사五事*가 있었다. 이른바 오훈이란, 첫째, 매사에 정성과 믿음으로 행하여 거짓이 없게 하고, 둘째, 공경하고 근면하여 게으름이 없게 하고, 셋째, 효도하고 순종하여 거역하지 말고, 넷째, 청렴하고 의를 지켜 음란하지 말고, 다섯째, 겸양하고 화평하게 지내어 싸움을 하지 말라는 것이다.

이른바 **배달**의 오사란, 우가牛加는 곡식을 주관하고[主穀], 마가馬加는 왕명을 주관하고[主命], 구가狗加는 형벌을 주관하고[主刑], 저가猪加는 질병을 주관하고[主病], 양가羊加(혹은 계가鷄加)는 선악을 주관하는[主善惡] 것을 말한다.

환의 뜻과 광명 신앙

桓國注에 曰「桓者는 全一也며 光明也니 全一은 爲三神之智能이요
光明은 爲三神之實德이니 乃宇宙萬物之所先也니라.」

역주 『환국주桓國注』에 이렇게 기록되어 있다.

환桓은 **온전한 하나됨**[全一]이며 **광명**이다.

온전한 하나 됨이란 삼신의 지혜와 권능이고,

광명은 삼신이 지닌 참된 덕성이니, 곧 우주 만물보다 앞선다.

朝代記에 曰「古俗이 崇尙光明하야 以日爲神하고 以天爲祖하야
萬方之民이 信之不相疑하고 朝夕敬拜하야 以爲恒式하니라.
太陽者는 光明之所會요 三神之攸居니 人得光以作이면 而無爲自化라 하야
朝則齊登東山하야 拜日始生하고 夕則齊趨西川하야 拜月始生하니라.
先是에 桓仁이 生而自知하사 化育五物하시며 敷演五訓하시며
主治五事하시니 五加와 衆이 皆勤苦어늘 使至善修行하사
開心光明하시며 作事吉祥하시며 住世快樂하시니라.

＊환국 오훈五訓: 성신불위誠信不僞, 경근불태敬勤不怠, 효순불위孝順不違, 염의불음廉義不淫, 겸화불투謙和不鬪.
※배달 오사五事: 주곡主穀, 주명主命, 주형主刑, 주병主病, 주선악主善惡.
▨가加: 한韓·간干·한邯·금今 등, 만몽계통어滿蒙系統語의 한汗·가한可汗 등과 같은 말로서 귀인貴人·대인大人을 일컫는 말이다. 본디 씨족이나 부족의 장長을 뜻한 말이었으나 국가 조직의 발달과 더불어 대관大官·장관長官의 직명職名으로 바뀌었다.

역주 『조대기朝代記』에 이렇게 기록되어 있다.

옛 풍속에 광명을 숭상하여 태양을 신으로 삼고, 하늘을 조상으로 삼았다. 만방의 백성이 이를 믿어 서로 의심하지 않았으며, 아침저녁으로 경배함을 일정한 의식으로 삼았다. **태양은 광명이 모인 곳으로 삼신께서 머무시는 곳이다.** 그 광명을 얻어 세상 일을 하면 함이 없이 저절로 이루어진다 하여, 사람들은 아침이 되면 모두 함께 동산東山에 올라갓 떠오르는 해를 향해 절하고, 저녁에는 모두 함께 서천西川*으로 달려가 갓 떠오르는 달을 향해 절하였다.

이에 앞서 환인께서는 태어나면서 스스로 깨달은 분이시다. **오물五物**※을 기르고, **오훈**을 널리 펴고, **오사**를 주관하여 다스리셨다. 오가와 무리가 모두 부지런히 애쓰거늘, 수행을 통해 지극한 선에 이르게 하시고, 광명으로 지혜를 열게 하시고, 하는 일마다 상서롭게 하시며, 세상에서 유쾌하고 즐거이 살게 하셨다.

桓仁이 高御上上天하사 惟意懇切百途가 咸自和平이어시늘
時에 稱天帝化身而無敢叛者오 九桓之民이 咸率歸于一하니라.」

桓國

역주 환인께서는 높고 높은 하늘[上上天] 나라에 임어해 계시며 오직 온 천하가 모두 저절로 화평해지기를 간절히 생각하시니, 이때에 백성이 환인을 천제(천상 상제님)의 화신이라 부르며 감히 거역하는 자가 없었고, 구환의 백성이 모두 하나가 되었다.

＊동산東山과 서천西川: 모두 고유명사(지명)일 수도 있고, 동쪽에 있는 산과 서쪽에 있는 강을 뜻할 수도 있다.

※오물五物: ①행行(걸어다니는 동물), 저저(나는 조류), 화化(화생化生-알에서 나오는 생물), 유游(바닷속 어류), 재栽(식물). ②목木, 화火, 토土, 금金, 수水.

太白逸史 第三

神市本紀_{신시본기}

- 「신시본기」는 환웅이 다스린 배달의 역사이다. 배달은, 환웅이 환국으로부터 종통의 상징인 천부天符, 인印을 받고 동방을 개척하여 백두산에 도읍하였다. 우리 민족을 '배달민족'이라 하듯, 배달은 한민족의 정체성을 말하는 대명사이다.
- 초대 거발환환웅의 동방 문명 개척과 14세 치우천황의 서토 정벌의 역사가 신화의 윤색을 벗고 사실적으로 기술되어 있다.
- 「환국본기桓國本紀」가 인류 창세 역사와 조화문명의 황금시절에 대한 기록이라면 「신시본기」는 인간의 정신과 문명을 열어 나간 교화문명 시대에 대한 기록이다.

신시 배달 | 동방 문화 개창과 치우천황의 서방 개척

환

알타이 산맥

금악산(알타이 산)

천산 天山

천산맥

타클라마칸 사막
(타림분지)

고비 사막

배달국 치우천황 서방 이동

삼위산 三危山
납림동굴(돈황)

음

황하강

양자강

삼황三皇	수인씨 (연대 미상)
	태호복희 (BCE 3528~BCE 3413)
	염제신농 (BCE 3218~BCE 3078)
	황제헌원 (BCE 2692~BCE 2593)
	: 황제헌원은 삼황 또는 오제로 분류하기도 한다.
오제五帝	소호금천 (BCE 2598~BCE 2514)
	전욱고양 (BCE 2513~BCE 2436)
	제곡고신 (BCE 2435~BCE 2365)
	요 (BCE 2357~BCE 2258)
	순 (BCE 2255~BCE 2208)

유망 : 염제신농의 8세 후손 (BCE 2758~BCE 2688)

※ 중국에서 표기하는 삼황오제 연대는 『죽서기년』에 의거하여 산정한 것이므로 『환단고기』의 연대와 차이가 있다.

환웅천황의 동방 문명 개창

배달 개창기의 취화법

震域留記의 神市紀에 云 「桓雄天皇이 見人居已完과 萬物各得其所하시고
乃使高矢禮로 專掌饒養之務하시니 是爲主穀이나 而時에 稼穡之道가
不備하고 又無火種爲憂라. 一日에 偶入深山하야 只看喬木荒落하야
但遺骨骸오 老幹枯枝가 交織亂叉라.
立住多時에 沈吟無語러니 忽然大風吹林하야 萬竅怒號하고 老幹相逼하야
擦起火光하니 閃閃爍爍하야 乍起旋消라 乃猛然惺悟曰 是哉是哉라
是乃取火之法也라 하고 歸取老槐枝하야 擦而爲火나 功猶不完일새
明日에 復至喬林處하야 徘徊尋思가 忽然一個條紋虎가 咆哮躍來어늘
高矢氏가 大叱一聲하고 飛石猛打하니 誤中岩角하야 炳然生火라
乃大喜而歸하야 復擊石取火하니 從此하야 民得火食하고
鑄冶之術이 始興이오 而制作之功이 亦漸進矣러라.

역주 『진역유기震域留記』* 「신시기神市紀」에 이렇게 기록되어 있다.

환웅천황께서 사람의 거처가 이미 완비되고 만물이 각기 제자리를 얻은 것을 보시고, 고시례高矢禮*로 하여금 음식과 양육[饒養]의 일을 전담하게 하셨다. 이분이 주곡主穀 벼슬을 맡았으나, 당시 씨 뿌리고 거두는 법이 갖추어지지 못하였고 또 불씨[火種]가 없어 걱정하였다.

어느 날 우연히 깊은 산에 들어갔다가 높고 큰 나무가 말라 황량하게 줄기를 드러내고 오래된 나무 줄기와 말라버린 가지가 서로 얽혀 어지러이 흩어져 있는 것을 보았다.

오랫동안 말없이 우두커니 서서 깊이 생각하는데 홀연 거센 바람이 숲 속에 불어닥치니, 땅 위의 온갖 구멍이 성내어 부르짖고[萬竅怒號]* 오래된 나무줄기가 서로 마찰하여 불꽃

---

*『진역유기震域留記』: 고려 말 청평산인淸平山人 이명李茗이 저술한 책.

*고시례高矢禮: 초대 배달 환웅 때의 주곡관主穀官으로 불[火]을 발견하고 농업을 주관[主穀]하였다. 그 후 고조선 시대에도 고시라는 분이 농사일을 주관하였다. 이후 들에서 농사짓고 산에서 나무하던 사람들이 음식을 먹을 때에는 항상 음식을 던지며 "고시레!" 또는 "고수레"라 하였다. 이것은 농사짓고 화식火食하는 법을 가르쳐 준 은혜를 잊지 못하여 형성된 풍습이 지금까지 전해온다.

*만규노호萬竅怒號: 『장자莊子』 「제물론齊物論」에 나오는 표현이다.

을 일으켰다. 불꽃은 번쩍번쩍 빛나며 잠깐 일더니 곧 꺼졌다. 이에 문득 깨닫고 말하기를, "이것이다! 이것이다! 이것이 바로 불을 얻는 방법이로다" 하고, 오래된 홰나무 가지를 가지고 집에 돌아와 나뭇가지를 마찰하여 불을 만들었다. 그러나 여전히 불을 일으키는 방법이 불편하였다.

다음날 다시 높고 큰 나무가 우거진 곳에 이르러 이리저리 배회하며 깊이 생각하는데, 홀연 줄무늬 호랑이 한 마리가 울부짖으며 달려들었다. 고시씨高矢氏가 크게 한 번 소리를 지르고 돌을 집어 힘껏 던졌으나 빗나가 바위 귀퉁이에 맞고 불이 번쩍 일어났다. 이에 몹시 기뻐하며 돌아와 다시금 돌을 부딪쳐서 불을 얻었다.

이로부터 백성이 음식을 불에 익혀 먹게 되었다. 쇠를 녹이고 단련하는 기술이 비로소 일어나기 시작하여 물건을 만드는 기술도 점차 나아지게 되었다.

태고 문자의 창시

환웅천황 우부명신지혁덕 작서계 개신지씨
桓雄天皇이 又復命神誌赫德하사 作書契하시니 蓋神誌氏가
세장주명지직 전장출납헌체지무 이지빙후설
世掌主命之職하야 專掌出納獻替之務나 而只憑喉舌이오
증무문자기존지법 일일 출중수렵 홀견경기일척빈록
曾無文字記存之法이라. 一日에 出衆狩獵할새 忽見驚起一隻牝鹿하고
만궁욕사 선실기종 내사처수탐 편과산야 지평사처
彎弓欲射라가 旋失其蹤이라. 乃四處搜探하야 遍過山野라가 至平沙處하야
시견족인란쇄 향방자명 내부수침음 선부맹성왈기존지법
始見足印亂鎖하니 向方自明이라. 乃俯首沈吟이라가 旋復猛惺曰記存之法이
유여사이이부 유여사이이부
惟如斯而已夫인저 惟如斯而已夫인저.

神市

역주 환웅천황께서 또 다시 **신지**神誌* **혁덕**赫德에게 명하여 문자[書契][1)]를 만들게 하셨다. 신지씨神誌氏는 대대로 **주명**主命 직책을 관장하여 왕명을 출납하고 천황을 보좌하는 일을 전담하였으나, 다만 말에만 의지할 뿐 문자로 기록하여 보존하는 방법이 없었다.

어느 날 무리를 떠나 홀로 사냥할 때, 별안간 놀라서 달아나는 암사슴 한 마리를 보고 활을 당겨 맞추려다가 그만 그 자취를 잃어버렸다. 곧 사방을 수색하며 여기저기 산야를 다니다가 평평하게 모래가 평평하게 펼쳐져 있는 곳에 이르러 발자국이 흩어져 있는 것을 보고 간 곳을 분명히 알 수 있었다.

이에 고개를 숙이고 골똘히 생각하다가 문득 깨닫고 말하기를, "기록하여 보존하는 방법은 오직 이와 같을 뿐이로다. 이와 같을 뿐이로다"라고 하였다.

***신지**神誌: 왕명을 주관[主命]하는 관명으로서 대대로 사관史官의 직책을 맡았다. 신지 혁덕이 문자(녹도문)를 처음 만들었으며, 초대 환웅천황의 명에 따라 이 문자로 『천부경』과 『삼일신고』 두 경전을 기록하였다.

시일 파렵이귀 반복심사 광찰만상 부다일 오득창성문자
是日에 罷獵而歸하야 反復審思하고 廣察萬象하야 不多日에 悟得創成文字하니

시위태고문자지시의 단후세 연대막원 이태고문자
是爲太古文字之始矣라. 但後世에 年代邈遠하야 而太古文字가

몰민부존 억역기조성야 유유불편이연여
沒泯不存하니 抑亦其組成也가 猶有不便而然歟아.

역상문남해도낭하리지계곡 급경박호선춘령
亦嘗聞南海島郎河里之溪谷과 及鏡珀湖先春嶺과

여부오소리이외암석지간 시혹유발견조각 비범비전
與夫烏蘇里以外岩石之間에 時或有發見彫刻이나 非梵非篆이오

인막능효 차비신지씨지소작고자여
人莫能曉하니 此非神誌氏之所作古字歟아.

어시 이갱한오국지미진 오족지불강야
於是에 而更恨吾國之未振과 吾族之不强也로다.

[역주] 이 날 사냥을 마치고 돌아와 골똘히 생각하며 온갖 사물의 형상을 널리 관찰하였다. 며칠이 지나지 않아 깨달음을 얻어 문자를 창제하니, 이것이 태고 문자의 시작이다. 다만 그 후로 너무 오랜 세월이 흘러 지금은 태고 문자가 사라져 남아 있지 않다. 아마도 그 구조가 쓰기에 불편한 점이 있어서 그렇게 된 듯하다.

일찍이 남해도 낭하리郎河里*의 계곡과 경박호鏡珀湖*·선춘령先春嶺과 저 오소리烏蘇里* 등과 그 외 지역의 암석에 문자가 조각된 것이 간혹 발견되었다는 말을 들은 적이 있다. 그 문자는 범어梵語(산스크리트어)도 아니고, 전서篆書*도 아니어서 사람들이 쉽게 알아보지 못하였다. 아마 이것이 신지씨가 만든 옛 문자가 아니겠는가.

그럼에도 불구하고 우리나라가 국세를 떨치지 못하고 우리 민족이 강성하지 못한 것이 더욱 한스럽다.

배달족의 문명화 과정과 동이 명칭의 유래

환웅천황 사풍백석제라 수제조수충어지해
桓雄天皇이 使風伯釋提羅로 雖除鳥獸蟲魚之害시나

이인민 유재동굴토혈지중 하습외풍지기 핍인성질
而人民이 猶在洞窟土穴之中하야 下濕外風之氣가 逼人成疾하고

차금수충어지속 일경군축 점자퇴피장닉 불편어도살공궤
且禽獸蟲魚之屬이 一經窘逐하야 漸自退避藏匿하야 不便於屠殺供饋라.

어시 사우사왕금 영조인거 주치우마구돈조호지수
於是에 使雨師王錦으로 營造人居하야 主致牛馬狗豚雕虎之獸하야

이목축이용 사운사육약비 정남녀혼취지법언
而牧畜利用하시며 使雲師陸若飛로 定男女婚娶之法焉하시고

이치우 즉세장병마도적지직언
而治尤는 則世掌兵馬盜賊之職焉하시니라.

* 낭하리郎河里: 지금의 행정 구역명은 경상남도 남해군 상주면 양아리良阿里.
* 경박호: 지금의 흑룡강성 영안현寧安縣 서남쪽에 있다.
* 오소리: 흑룡강성과 연해주 경계의 우수리강.
* 전서篆書: 한자 서체(전서篆書, 예서隸書, 해서楷書, 행서行書, 초서草書)의 하나로 대전大篆과 소전小篆이 있다.

역주 환웅천황께서 풍백風伯※ 석제라釋提羅를 시켜 비록 새, 짐승, 벌레, 물고기의 해는 없애게 하셨으나, 그래도 사람들은 아직 동굴과 움집 속에서 거처하였다. 땅의 습기와 바깥바람의 기운이 사람에게 침범하여 질병을 일으키고, 또 금수와 벌레와 물고기 무리가 한 번 쫓겨난 뒤로 점차 인간을 피해 숨어버려 잡아먹기가 용이하지 않았다.

그리하여 우사雨師 왕금王錦을 시켜 사람이 살 집을 짓고, 소와 말, 개, 돼지, 독수리, 호랑이 같은 짐승을 잡아 길러서 이용하게 하셨다.

운사雲師 육약비陸若飛를 시켜 '남녀가 혼인하는 법'을 정하게 하시고, 치우治尤로 하여금 대대로 '병마와 도적을 잡는 직책'을 관장하게 하셨다.

> 자차 치우 고시 신지지묘에 번연최성 급지치우천왕 등극
> 自此로 治尤·高矢·神誌之苗裔가 繁衍最盛하고 及至治尤天王이 登極하사
> 조구치이채동철 연철이작도극대노 이수렵정전 뇌이위신
> 造九治以採銅鐵하시고 鍊鐵以作刀戟大弩하사 而狩獵征戰에 賴以爲神하시니
> 원외제족 심외대궁지위 문풍담한자 구의 고 피위아족위이
> 遠外諸族이 甚畏大弓之威하야 聞風膽寒者가 久矣라. 故로 彼謂我族爲夷하니
> 설문소위이 종대종궁 위동방인자 시야 내지공구씨
> 說文所謂夷는 从大从弓하야 爲東方人者가 是也라. 乃至孔丘氏가
> 춘추지작 이이지명 수여융적 병위성조지칭 석재
> 春秋之作하야 而夷之名이 遂與戎狄으로 並爲腥臊之稱하니 惜哉로다.」

역주 이때부터 치우, 고시, 신지의 후손이 가장 번성하였다.

치우(14세 환웅)천황이 등극하여 구치九治(채광 기계)를 만들어서 구리와 철을 캐시고, 철을 단련하여 칼과 창과 큰 쇠뇌[大弩]※를 만들게 하셨다. 사냥을 가거나 전쟁을 할 때 이것에 신처럼 의지하니, 주위 모든 부족이 대궁大弓의 위력을 몹시 두려워하여 소문만 듣고도 간담이 서늘해진 지 오래다.

그리하여 저들이 우리 민족을 '이夷'[2]라 불렀다. 『설문해자說文解字』※에 이른바 "이夷는 '큰 대大' 자와 '활 궁弓' 자를 합한 자(夷=大+弓)로 '동방 사람[東方人]'을 뜻한다"라는 것이 이것이다. 그러나 공자가 『춘추春秋』[3]를 지을 때 이夷라는 명칭을 융적戎狄과 함께 오랑캐의 칭호로 썼으니 참으로 애석한 일이다.

이주족인 웅족의 정착과 환족으로의 귀화

> 삼성밀기 왈 환국지말 유난치지강족 환지 환웅 위방
> 三聖密記에 曰「桓國之末에 有難治之强族하야 患之러니 桓雄이 爲邦에

※ 풍백風伯·우사雨師·운사雲師: 배달국 신시 시대에 신교의 삼신 신앙을 바탕으로 한 국가 통치제도의 기본 조직으로 입법관, 행정관, 사법관을 말한다. 풍백은 입약立約, 우사는 시정施政, 운사는 행형行刑을 맡았는데 이것이 3백伯에 해당한다. 조화-교화-치화의 3화化로 볼 수 있다. 이것은 천지인天地人 3신神에서 나온 것이다. 이 셋을 삼한三韓이라고도 한다(이강식, 『한국고대조직사상사』, 280-281쪽).

※ 쇠뇌[大弩]: 여러 개의 화살을 잇달아 쏘는 활의 한 종류.

※ 『설문해자說文解字』: 후한後漢 시대 허신許愼이 지었다. 한자 자전字典의 원조이다. 『설문해자』에 "이夷는 평안함이다. 큰 대 자와 활 궁 자를 합한 자로 동방 사람이다"라고 하였다.

乃以三神設敎하시고 而聚衆作誓하사 密有剪除之志하시니라.
時에 族號不一하야 俗尙漸歧하니 原住者는 爲虎오 新移者는 爲熊이라.
然이나 虎性은 嗜貪殘忍하야 專事掠奪하고 熊性은 愚憨自恃하야 不肯和調하니
雖居同穴이나 久益疎遠하야 未嘗假貸하며 不通婚嫁하며 事每多不服하야
咸未有一其途也러라. 至是하야 熊女君이 聞桓雄有神德하고 乃率衆往見曰
願賜一穴廛하사 一爲神戒之氓이노이다 하거늘 雄이 乃許之하시고 使之奠接하사
生子有産하시고 虎는 終不能悛하야 放之四海하시니 桓族之興이 始此하니라.」

> **역주** 『삼성밀기三聖密記』에 이렇게 기록되어 있다.
>
> 환국 말기에 다스리기 어려운 강한 족속[强族]이 있어 이를 근심하던 차에 환웅께서 나라를 다스림에 삼신의 도로써 가르침을 베푸시고[以三神設敎], 백성을 모아 맹세하게 하시니, 이때부터 은밀히 그 강족을 제거하려는 뜻을 두셨다.
>
> 당시 부족 호칭이 통일되지 않고 풍속은 점점 갈라졌다. 원주민은 호족虎族이고, 새로 이주해 온 백성은 웅족熊族*이었다. 호족은 성품이 탐욕스럽고 잔인하여 오직 약탈을 일삼았고, 웅족은 성품이 고집스럽고 우둔하여 서로 잘 어울리지 못하였다. 두 부족이 비록 한 고을에 살았으나 시간이 지날수록 더욱 소원해져서 서로 물건을 빌리거나 빌려 주지 않았고 혼인도 하지 않았으며, 매사에 서로 승복하지 않아, 한 길을 같이 간 적이 없었다. 이러한 지경에 이르자 웅족 여왕[熊女君]이, 환웅천황께서 신령한 덕이 있으시다는 소문을 듣고 무리를 거느리고 찾아와 천황을 뵙고 "원컨대 살 터전을 내려 주시어 저희도 한결같이 삼신의 계율을 지키는 **신시의 백성**이 되게 해 주옵소서"라고 간청하였다. 환웅천황께서 이를 허락하시고 살 곳을 정해주시어 자식을 낳고 살게 하셨다. 그러나 호족은 끝내 성질을 고치지 못하므로 사해四海 밖으로 추방하시니, **환족의 흥성**이 이때부터 시작되었다.

초대 거발환(배달) 환웅의 동방 문명 개척

朝代記에 曰「時에 人多産乏하야 憂其生道之無方也러니 庶子之部에
有大人桓雄者가 探聽輿情하시고 期欲天降하사 開一光明世界于地上하실새

---

*웅족熊族: 김성호는 한반도에 분포한 웅계熊系 지명을 60여 개 들었는데(김성호, 『비류백제와 일본의 국가기원』), 이는 우리 민족이 검(곰)을 토템으로 했음을 뜻한다. 또 일본 큐슈九州는 본래 곰이 서식하지 않는 아열대 지방인데도 그곳에 웅熊 자 명칭(熊本·熊城·熊野·熊田·熊川·熊谷·熊之平 등)이 많은 것은 이 지역이 배달국 환웅 시대의 웅녀족 또는 검족과 관계가 있음을 뚜렷이 입증하는 것이다(송호수, 『한민족의 뿌리사상』, 34쪽).

時에 安巴堅이 遍視金岳·三危·太白하시고 而太白은 可以弘益人間이라 하야
乃命雄曰 如今에 人物이 業已造完矣니 君은 勿惜勞苦하고 率衆人하야
躬自降往下界하야 開天施敎하고 主祭天神하야 以立父權하며
扶携平和歸一하야 以立師道하며 在世理化하야 爲子孫萬世之洪範也어다.

역주 『조대기朝代記』에 이렇게 기록되어 있다.

당시 사람은 많고 물자는 적어 살아갈 방법이 없음을 걱정하였더니, 서자부庶子之部의 대인 환웅이 민정을 두루 살펴 듣고 천계에서 내려와 지상에 광명 세상을 열고자 하셨다. 이때 **안파견** 환인께서 **금악산**金岳山과 **삼위산**三危山과 **태백산**太白山을 두루 살펴보시고, "태백산은 가히 널리 인간을 이롭게 할 수 있는 곳이로다"라고 하셨다. 이에 환웅에게 명하여 말씀하시기를,

"이제 인간과 만물이 제자리를 잡았으니, 그대는 노고를 아끼지 말고 무리를 거느리고 몸소 하계에 내려가 새 시대를 열어[開天] 가르침을 베풀고, **천신에게 제사를 지내 부권**父權**을 세우라**. 노인은 부축하고 어린이는 이끌어 평화롭게 하나 되게 하여 **사도**師道를 세우고 세상을 신교의 진리로 다스려 깨우쳐서[在世理化]※ 자손만대의 홍범으로 삼을지어다." 하셨다.

乃授天符印三個하사 遣往理之하신대 雄이 率徒三千하사
初降于太白山神壇樹下하시니 謂之神市라 將風伯·雨師·雲師하시고
而主穀하시며 主命하시며 主刑하시며 主病하시며 主善惡하시며
凡主人間三百六十餘事하사 在世理化하사 弘益人間하시니
是謂桓雄天王也시니라.

역주 그리고 환웅에게 **천부**天符와 **인**印 세 개를 주시고 세상에 보내어 다스리게 하셨다. 환웅께서 **무리 3,000**※명을 거느리고 처음으로 태백산 신단수 아래에 내려오시니, 이곳을 **신시**神市라 한다.

또한 **풍백·우사·운사**를 거느리시고, (오가五加에게) 농사·왕명·형벌·질병·선악을 주장하게 하시고, 인간의 360여 가지 일⁴⁾을 주관하여 신교神敎의 진리로써 정치와 교화를 베풀어 인간을 널리 이롭게 하시니, 이분이 바로 환웅천황이시다.

神市

▨ 재세이화: 세상을 삼신 상제님의 신교 진리로 다스려 깨우치는 것을 말한다.
※ 무리 3,000: 이유립은 무리 3,000을 제세핵랑군濟世核郞軍이라 하였다. 여기서 3수에는 중요한 의미가 있다. 3수는 창조, 개창, 시작을 의미하는데 역사의 첫 출발을 나타내는 동방의 창조수[生數]이다.

時에 有一熊一虎가 同隣而居러니 常祈于神壇樹하고 而又請於桓雄하야
願化爲天戒之氓이어늘 雄이 乃以神呪로 換骨移神하시고 又以神遺로
得驗靈活하시니 乃其艾一炷와 蒜二十枚也라.
仍戒之曰 爾輩食之하라 不見日光百日이라야 自由成眞하고 平等濟物하야
便得化人踐形之大人者也니라. 熊與虎兩家가 皆得而食之하고 忌三七日하야
務自修鍊이러니 而熊은 耐飢寒痛苦하야 遵天戒하고 守雄約하야
而得健者之女容하고 虎則誣慢不能忌하야 違天戒而終不得與之贊天業하니
是는 二姓之不相若也라.

역주 이때 웅족과 호족[一熊一虎]이 이웃하여 살았다. 항상 신단수에 와서 기도하며 환웅께 "하늘의 계율을 지키는 신시의 백성이 되기를 원하옵니다" 하고 간청하였다. 환웅께서 **신령한 주문**[神呪]*으로 체질을 개선시켜 신명을 통하게 하셨다. 또 삼신이 내려 주신 물건으로 신령한 삶을 얻게 하시니, 바로 쑥 한 단과 마늘 스무 개였다.

그리고 경계하여 말씀하시기를 "너희들은 이것을 먹을지어다. 100일 동안 햇빛을 보지 말고 기도하라. 그리하여야 스스로 참을 이루고 만물을 고르게 구제하며, 진정한 사람다운 인격을 갖춘 대인이 되리라" 하셨다.

웅족과 호족 양가는 이것을 먹고 **삼칠일**(21일) 동안 삼가며 스스로 수련에 힘썼다. 웅족은 굶주림과 추위와 고통을 참으며 하늘의 계율을 준수하고, 환웅과 한 언약을 지켜서 건강한 '여자의 모습'을 얻었으나, 호족은 거짓과 태만으로 하늘의 계율을 어겨 끝내 천업天業을 함께 이루지 못하였다. 이것은 두 부족의 천성이 서로 다르기 때문이었다.

熊氏諸女가 自執愚强而無與之爲歸故로 每於壇樹下에 群聚以呪願하야
有孕有悵이어늘 雄이 乃假化爲桓하사 得管境而使與之婚하사 孕生子女하시니
自是로 群女群男이 漸得就倫하니라. 其後에 有號曰檀君王儉이
立都阿斯達하시니 今松花江也라 始稱國하야 爲朝鮮하니
三韓·高離·尸羅·高禮·南北沃沮·東北夫餘·濊與貊이 皆其管境也니라.」

*신주神呪: ① 신교의 수행 방법은 주문을 반복하여 소리내어 읽는 것이다. ② 신교에서 갈라져 나간 불교, 유교, 도교, 기독교의 수행법은 한마디로 신교의 수행 방법과 그 맥과 뿌리를 같이한다. 즉 불교의 진언밀교眞言密敎, 도교의 복식호흡법과 주문, 기독교의 주기도문과 기도법인 '아멘', '할렐루야'까지도 우주의 성신을 응기시키는 일종의 주문이요 수행법이다.

역주 웅씨족 여성들은 고집이 세고 어리석음이 지나쳐서 이들과 혼인하려는 사람이 없었다. 그래서 매양 신단수 아래에 함께 모여 주문을 읽으며 아기를 가져 환웅의 백성이 되기를 기원하였다. 환웅께서 임시로 이들을 환족 백성으로 귀화시켜 살 곳을 주시고[得管境]* 환족 남자와 혼인하게 하여 자녀를 낳게 하시니, 이로부터 모든 남녀가 점차 인륜의 도를 얻게 되었다.

그 후 단군왕검이라 불리는 분이 아사달에 도읍을 세우시니 지금의 송화강이다. 이때 비로소 나라 이름을 조선이라 칭하시니 삼한三韓, 고리高離, 시라尸羅, 고례高禮, 남·북옥저, 동·북부여, 예濊와 맥貊[5]이 모두 그 관할 영토[6]였다.

신교의 제사 문화와 책력의 기원 : 칠회제신력

神市之世에 有七回祭神之曆하니 一回日에 祭天神하고 二回日에 祭月神하고
三回日에 祭水神하고 四回日에 祭火神하고 五回日에 祭木神하고
六回日에 祭金神하고 七回日에 祭土神하니 蓋造曆이 始於此라.

역주 신시 시대에 칠회제신력七回祭神曆이 있었다. 첫째 날에 천신(삼신 상제님)께, 둘째 날에 월신月神께, 셋째 날에 수신水神께, 넷째 날에 화신火神께, 다섯째 날에 목신木神께, 여섯째 날에 금신金神께, 일곱째 날에 토신土神께 제사 지냈다. **책력***을 짓는 방법이 여기에서 비롯하였다.

然이나 舊用癸亥라가 而檀君邱乙이 始用甲子하시고 以十月로 爲上月하시니
是謂歲首오 六癸는 自神市氏로 命神誌所製오 而以癸爲首하니 癸는 啓也오
亥는 核也니 日出之根이라. 故로 癸爲蘇羅오 甲爲淸且伊오 乙爲赤剛이오
丙爲仲林이오 丁爲海弋이오 戊爲中黃이오 己爲烈好遂오 庚爲林樹오
辛爲强振이오 壬爲流不地며 亥爲支于離오 子爲曉陽이오 丑爲加多오
寅爲萬良이오 卯爲新特白이오 辰爲密多오 巳爲飛頓이오 午爲隆飛오
未爲順方이오 申爲鳴條오 酉爲雲頭오 戌爲皆福이라.

역주 그러나 예전에는 계해를 쓰다가, (5세) 구을단군께서 처음으로 갑자를 쓰시

---

* **득관경**得管境: 여기서 관경管境은 영토를 관할한다는 뜻이 아니라 웅씨족 여자들이 살 곳을 얻었다는 뜻으로, 환웅께서 살 곳을 주셨다는 의미이다.
* **책력**: 중국학자 쉬량즈徐亮之는 『중국사전사화中國史前史話』에서 "중국의 역법은 동이로부터 시작되었다"라고 하였다.

고 10월을 상달[上月]로 삼으시니 이것이 한 해의 처음[歲首]이 되었다. 6계六癸는 신시(배달) 환웅[神市氏]께서 신지神誌에게 명하여 지은 것으로 그때부터 계癸로써 첫머리를 삼았다. 계癸는 계啓의 뜻이며, 해亥는 핵核(씨, 종자)의 뜻이니 '해가 뜨는 뿌리[日出之根]'라는 말이다.

그러므로 계癸는 소라蘇羅요, 갑甲은 청차이淸且伊, 을乙은 적강赤剛, 병丙은 중림仲林, 정丁은 해익海弋, 무戊는 중황中黃, 기己는 열호수烈好遂, 경庚은 임수林樹, 신辛은 강진强振, 임壬은 유불지流不地이다.

또 해亥는 지우리支于離요, 자子는 효양曉陽, 축丑은 가다加多, 인寅은 만량萬良, 묘卯는 신특백新特白, 진辰은 밀다密多, 사巳는 비돈飛頓, 오午는 융비隆飛, 미未는 순방順方, 신申은 명조鳴條, 유酉는 운두雲頭, 술戌은 개복皆福이다.

인류 전쟁의 시초

神市肇降之世에 山無蹊逕하고 澤無舟梁하며 禽獸成羣하고 草木遂長하야
處與禽獸羣하며 族與萬物幷하야 禽獸之隊를 可依羈而遊하며 烏鵲之巢를
可攀援而闚라 飢食渴飮에 時用其血肉하며 織衣耕食에 隨便自在하니
是謂至德之世라. 民居不知所爲하며 行不知所之하야 其行塡塡하며
其視顚顚하야 含哺而熙하며 鼓腹而遊하며 日出而起하며 日入而息하나니
蓋天澤洽化而不知竇之者也라.

역주 신시 환웅께서 처음 세상에 내려오셨을 때, 산에는 길이 없고 못에는 배와 다리가 없었으며, 금수는 무리를 이루고 초목이 무성하였다. 사람이 금수와 더불어 함께 살았고, 만물과 어우러져 같이 살았다. 짐승 떼에 굴레를 씌워 놀고 까마귀와 까치의 둥지에 기어 올라가서 살펴보았다. 배고프면 먹고 목마르면 마시며, 때로 짐승의 피와 고기를 이용하였다. 옷을 짓고 농사지어 먹으며 편한 대로 자유롭게 사니,이때를 '지극한 덕이 베풀어지는 세상[至德之世]'이라 일렀다.

백성이 살면서도 할 일을 모르고, 다니면서도 갈 곳을 모르며, 행동은 느리고 만

▨상달上月: 배달 신시 시대 때부터 음력 10월을 한 해의 첫머리[歲首]로 삼아 상달이라 하였다. 천지 기운의 변화에 따라 음력 4월에 음陰 기운이 처음으로 태동하기 시작하고, 음력 10월에 양陽 기운이 최초로 태동하기 시작하기에 10월을 첫머리로 한 것이다. 그리하여 매년 10월이 되면 항상 국가적인 행사[國中大會]를 열어 삼신상제님께 천제를 지냈다. 뿐만 아니라 중국의 진시황, 한고조 등도 신교의 종주국인 조선을 본받아 10월을 한 해의 첫머리로 삼았다.

✽일출지근日出之根: 육십갑자에서 하단 맨 끝인 계해癸亥년부터 다음 회 육십갑자년의 천지 기운이 태동하기 시작한다는 말. 해亥가 뿌리가 되는 근본 이유는 북방의 해·자·축亥子丑 가운데 해수亥水에서 동방 삼목三木의 기운이 동동하기 때문이다.

족하며, 보는 것은 소박하고 무심하였다. 오직 배불리 먹고 기뻐하며, 배를 두드리고 놀았다. 해 뜨면 일어나 일하고 해 지면 쉬니, 하늘의 은택이 넘쳐흘러 궁핍을 알지 못하는 시대였다.

<blockquote>
降及後世하야 民物益繁하며 素樸漸離하야 鼕躄踐踐하며 勞勞孜孜하야도
始以生計爲慮라 於是에 耕者爭畝하며 漁者爭區하야
非爭而得之則將不免窘之矣라. 如是以後에 弓弩作而鳥獸遁하며
網罟設而魚鰕藏하고 乃至刀戟甲兵으로 爾我相攻하야 磨牙流血하며
肝腦塗地하니 此亦天意固然이오 於是乎 知戰爭之不可免也라.
</blockquote>

역주 후세로 내려오면서 만물과 백성이 더욱 번성하자 소박한 기풍은 점점 사라지고, 열심히 노력하며 수고로이 일하지 않으면 살기가 어렵게 되어 비로소 생계를 걱정하게 되었다.

그리하여 농사짓는 자는 이랑을 두고 다투고 고기잡는 자는 구역을 두고 다투어, 싸워서 얻지 않으면 궁핍을 면할 수 없었다.

그 후에 활과 쇠뇌가 만들어지자 새와 짐승이 숨고, 그물이 펼쳐지자 물고기가 숨어 버렸다. 심지어 창칼과 갑옷으로 무장하고 서로 공격하여 이를 갈며 피를 뿌리고, 간과 뇌가 땅에 쏟아지니, 이 또한 하늘의 뜻이 (선천의 상극질서로) 본래 그러했기 때문[天意固然]이다. 이러한 상황에 이르자 전쟁을 면할 수 없음을 알게 되었다.

<blockquote>
今夫究其源則盖一源之祖也라. 然이나 地旣分東西하야 各據一方하야
土境逈殊하고 人煙不通하야 民知有我而不識有他故로
狩獵採伐之外에 曾無險陂라.
降至數千載之後하야 而世局已變하니 仲國者는 西土之寶庫也라.
沃野千里에 風氣恢暢하고 我桓族之分遷該域者가 垂涎而轉進하며
土着之民이 亦湊集而萃會於是焉이라
黨同讐異하야 干戈胥動하니 此實萬古爭戰之始也니라.
</blockquote>

※ 천의고연天意固然: 천지(역사)의 창조 정신 자체가 태초부터 그렇게 조판되어 있다는 말. 인간과 만물을 낳아서 기르는 천지의 창조 원리는 반드시 분열·대립하는 상극相克의 발전 과정을 거친 다음에 통일·완성하는 상생相生 과정이 있다. 천지의 창조 정신을 인간이 주체가 되어 실현시켜 나가는 선천의 상극 역사 정신을 신채호는 "아我와 비아非我의 투쟁", 토인비는 "도전과 응전"이라고 규정하였다.

역주 지금 인류의 근원을 상고해 보면 모두 **한 뿌리의 조상**[一源之祖]이다. 그러나 땅덩어리가 동서로 나뉘면서 각기 한 곳에 웅거하고 지역의 경계가 아주 단절되어 사람이 서로 왕래하지 않았다. 그리하여 사람들은 자신이 있는 것만 알고 다른 사람이 있는 것을 알지 못하였다. 그러므로 수렵하고 나무를 채벌하는 외에 다른 험난한 일이 없었다.

수천 년이 지나고, 세상 판도가 이미 변하자 **중국**[仲國]※은 당시 **서쪽 땅**[西土]※의 보고寶庫였다. 기름진 땅이 천 리요, 기후가 좋아 우리 환족이 그 땅에 이주할 때 앞을 다투어 나아갔고, 토착민도 몰려들어 그곳에 모여 살았다. 자기 편이면 돕고, 뜻을 달리하면 원수처럼 여겨 싸움이 일어났으니, 이것이 바로 **만고 전쟁의 시초**✱이다.

5세 태우의환웅의 막내아들, 태호복희

自桓雄天皇으로 五傳而有太虞儀桓雄하시니 敎人에 必使黙念淸心하사
調息保精하시니 是乃長生久視之術也라. 有子十二人하니
長曰多儀發桓雄이시오 季曰太皞시니 復號伏羲시라 曰에 夢三神이
降靈于身하사 萬理洞徹하시고 仍住三神山하사 祭天이라가 得卦圖於天河하시니
其劃이 三絶三連이오 換位推理에 妙合三極하야 變化無窮하니라.

신시

역주 환웅천황으로부터 5세를 전하여 태우의太虞儀 환웅이 계셨다. 사람들을 가르치실 때, 반드시 생각을 고요히 가라앉혀 마음을 깨끗하게 하고, 호흡을 고르게 하여 정기를 잘 기르게 하셨으니, 이것이 바로 **장생의 법방**이다.

태우의환웅의 아들은 열둘이었는데 맏이는 다의발多儀發환웅이시요, 막내는 태호太皞이시니 복희伏羲라고도 불렸다. 태호복희씨가 어느 날 삼신께서 성령을 내려

태호복희 | 하남성河南省 회향현 천하제일묘天下第一廟. 중국에서 태호복희를 모신 사당 중 가장 큰 사당으로 천하제일묘라는 별칭으로 불린다. 폐허였던 복희묘에서 목숨을 구한 주원장이 훗날 왕위에 오르고 중수했다는 전설이 내려온다.

※ **중국仲國**: 여기서 '가운데 중中'이 아니라 '버금 중仲' 자로 쓴 것은 당시의 사대모화 사상을 비판하고 민족적 자존심을 살리려는 의도로 보인다.

※ **서토西土**: 당시 배달 시대에는 중국, 중화라는 이름조차 없었다. 단지 동방 배달의 제후가 맡아 다스리는 서쪽 땅이 있었을 뿐이다.

✱ 우주변화의 원리에서 보면 우주 일년은 선천先天과 후천後天 시대로 구분된다. 선천의 천지 질서는 상극相克, 후천은 상생相生의 질서가 주장主掌한다. 상극 질서가 문명 속에서 펼쳐지면서 모순과 갈등이 발생하고 이것이 쌓여 전쟁이 일어나는데, 전쟁은 새 기운을 여는 계기가 되기도 한다.

주시는 꿈을 꾸고 천지만물의 근본 이치를 환히 꿰뚫어 보시게 되었다. 이에 **삼신산**三神山*에 가시어 하늘에 제사 지내고 **천하**天河*에서 괘도卦圖를 얻으셨다. 그 획은 세 개는 끊어지고[三絶] 세 개는 이어지는[三連] 음양 원리로 이루어졌다. 그 위치를 바꾸어▨ 추리함은 오묘하게 **삼극**三極*과 부합하여 변화가 무궁하였다.

密記에曰「伏羲는 出自神市하사 世襲雨師之職하시고 後에 經靑邱樂浪하사
遂徙于陳하시니 並與燧人有巢로 立號於西土也시라 後裔가 分居于風山하야
亦姓風이러니 後에 遂分爲佩·觀·任·己·庖·理·姒·彭 八氏也오 今山西濟水에
羲族舊居가 尙在하니 任·宿·須句·須臾等國이 皆環焉이니라.」

[역주] 『밀기密記』에 이렇게 기록되어 있다.

복희는 신시에서 출생하여 우사雨師 직책을 대물림하셨다. 후에 청구, 낙랑을 지나 진陳 땅에 이주하여 수인燧人, 유소有巢와 함께 서쪽 땅[西土]에서 나라를 세우셨다.

그 후예가 풍산에 나뉘어 살면서 역시 풍風으로 성을 삼았다. 후에 패佩·관觀·임任·기己·포庖·리理·사姒·팽彭 여덟 씨족으로 나뉘어졌다. 지금의 산서山西 제수濟水*에 희족羲族의 옛 거주지가 아직 남아 있는데, 임任·숙宿·수구須句·수유須臾 등의 나라가 모두 에워싸고 있다.

大辯經에曰「伏羲는 出於神市而作雨師하사 觀神龍之變而造卦圖하시고
改神市癸亥而爲首甲子하시며 女媧는 承伏羲制度하고 朱襄은
仍舊文字而始傳六書하니라. 伏羲陵은 今在山東魚臺縣鳧山之南하니라.」

[역주] 『대변경大辯經』에 이렇게 기록되어 있다.

복희는 신시에서 출생하여 우사 관직을 맡으셨다. 신룡神龍의 변화를 관찰하여 괘도卦圖를 만들고, 신시 시대의 계해를 고쳐 갑자로 첫머리를 삼으셨다. 여와女媧(복희의 여동생)[7]

✽ **삼신산**: 신교 도맥道脈의 주산主山인 백두산.
✽ **천하**天河: 중국에서는 대개 황하를 천하天河라 불렀다. 지금까지도 하도河圖를 황하에서 얻었다고 주장한다. 그러나 여기서 천하는 송화강으로 보는 것이 옳다.
▨ 팔괘八卦의 상象으로 바꾸는 것을 말함.
✽ **삼극**: 천지인 삼재三才와 무극無極·태극太極·황극皇極의 도道 자리.
✽ **산서제수**山西濟水: 산서성에서 발원하여 황하를 가로질러 산동성 아래에서 다시 솟아나 흐른다. 임任은 산동성 제령시濟寧市이고 숙宿, 수구須句, 수유須臾(산동성 비현費縣의 북쪽) 등은 모두 산동성에 있어 '산서제수'는 '산동제수山東濟水'의 오기誤記인 듯하다.
▨ **수유須臾**: 여기서 수유는 전유顓臾의 오기인 듯하다. 『좌전左傳』 「희공僖公 21년」조에는 "임任·숙宿·수구須句·전유顓臾는 풍성風姓이다"라고 하였다. 전유는 『논어주소論語注疏』 「계씨季氏」편에 나오는 전유顓臾로 세주細注에 "전유顓臾는 복희의 후예이며, 풍성風姓의 나라이다"라고 하였다.

神市

는 복희의 제도를 계승하고, 주양朱襄은 옛 문자를 기본으로 하여 처음으로 육서六書를 세상에 전하였다. 복희씨의 능은 지금의 산동성山東省 어대현魚臺縣 부산鳧山 남쪽에 있다.※

神農이 起於列山하시니 列山은 列水所出也라. 神農은 少典之子이시오
少典은 與少皥로 皆高矢氏之傍支也시니라 蓋當世之民이 定着爲業하야
漸至成阜하고 穀麻藥石之術이 亦已稍備하니 日中爲市하야 交易以退也라.

역주 신농神農은 **열산**列山※에서 창업을 하셨는데, 열산은 열수列水가 흘러나오는 곳이다. 신농[8]은 **소전**少典※의 아들이시고, 소전은 소호少皥※와 함께 모두 **고시씨**高矢氏✱의 방계 자손이시다.

당시 백성이 정착하여 각기 생업에 종사하여 점차 인구가 증가하였다. 곡식과 삼을 많이 생산하고, 각종 의약과 치료법[藥石]도 점점 갖추어지자, 한낮에 저자(시장)를 열어 교역을 하고 돌아갔다.

염제신농 | 섬서성陝西省 보계시寶鷄市 염제신농 사당에 모셔져 있는 신농씨 상像.

14세 치우천황의 서쪽 영토 대정벌

及至楡罔하야 爲政束急하니 諸邑携二하야 民多離散하고 世道多艱이라
我蚩尤天王이 承神市之餘烈하사 與民更張하사 能得開天知生하시며
開土理生하시며 開人崇生하시니 衆物原理가 盡自檢察하야 德無不至하며
慧無不宜하며 力無不備라 乃與民分治하시고 虎据河朔하사
內養兵勇하시며 外觀時變하시니라.

역주 **유망**楡罔✱에 이르러 정치의 속박이 가혹해지자 여러 읍락이 사이가 나빠져

※**복희릉**伏羲陵: 지금의 산동성 미산현微山縣 양성향兩城鄕 유장촌劉莊村에 복희묘伏羲廟가 있는데, 무덤 위에 묘당을 만들었다. 부산鳧山은 오리가 나는 모습 같다고 하여 붙여진 이름이다. 부산의 지맥이 뻗어 와서 복희묘를 병풍처럼 둘러싸고 있는데, 주민들은 이 산을 봉황산鳳凰山이라 한다. 복희씨가 이 곳에서 팔괘를 그렸다 하여 팔괘산八卦山이라 부르기도 한다.

※**열산**列山: 지금의 호북성 수주시隨州市 여산진厲山鎭.

※**소전**少典: 신시 배달의 혈통으로,『사기색은』「삼황본기」에는 "염제신농씨는 성이 강이며, 어머니는 여등이다. 여등은 유와씨의 딸로서 소전의 왕비인데, 신룡에 감응해서 염제(석년)를 낳았다"라고 하였다.

※**소호**少皥: 소호금천少昊金天. 공자에게 동이족의 천자 제도를 전수한 담자郯子의 조상.

✱**고시씨**高矢氏: 초대 환웅천황 때 불을 발견하고 주곡主穀 임무를 맡았던 고시례高矢禮를 말한다.

✱**유망**楡罔: 염제신농의 후손으로 약 500년 계속된 염제신농국의 마지막(8세) 임금이다.

백성이 많이 흩어지고, 세상살이가 심히 어렵게 되었다.

우리 치우천황께서 배달 신시의 웅렬한 기상을 계승하여 백성과 함께 이를 새롭게 펼치실 때, **하늘의 뜻을 밝혀 생명의 의미를 알게 하시고**[開天知生], **땅을 개간하여 뭇 생명을 다스리게 하시고**[開土理生], **사람의 마음을 열어 생명을 존중하게 하시니**[開人崇生], 백성이 만물의 원리를 스스로 살필 수 있게 되었다. 이렇듯 그분의 덕이 미치지 않은 곳이 없고, 지혜가 적합하지 않음이 없으며, 역량이 온전히 갖추어지지 않음이 없었다. 이에 백성과 더불어 나라를 나누어 다스리시고, 호랑이처럼 늠름하게 **황하 북쪽**[河朔]*에 웅거하여 안으로 군사를 용맹하게 훈련시키고 밖으로 시국의 변화를 관망하셨다.

及楡罔衰政하야 乃興兵出征하실새 選兄弟宗黨中可將者八十一人하사
部領諸軍하시고 發葛盧山之金하사 大制釖鎧矛戟大弓楛矢시라
一并齊整하시고 拔涿鹿而登九渾하사 連戰而捷하시니 勢若疾風하사
慴伏萬軍하시고 威振天下시라 一歲之中에 九拔九諸侯之地하시고
更就雍狐之山하사 以九治로 發水金石金하사 而制芮戈雍狐之戟하시고
更整師躬率하사 而出陣洋水하사 殺至空桑하시니
空桑者는 今之陳留오 楡罔所都也라

역주 유망의 정치력이 쇠약해지자 치우천황께서 군사를 일으켜 출정하셨다. 형제와 부계 일족[宗黨] 중에서 장수가 될 만한 인물 81명을 뽑아 모든 군사를 거느리게 하시고, **갈로산**葛盧山*의 쇠를 캐어 칼과 갑옷과 창과 큰 활과 호시楛矢(싸리나무로 만든 화살)를 많이 제작하셨다. 그리고 전군을 모아 대오를 정비하여 탁록涿鹿을 함락시키고, 구혼九渾에 올라 싸울 때마다 승리를 거두셨다. 그 형세가 자못 질풍과 같아 만군을 복종시키고 천하에 위엄을 떨치셨다.

1년 사이에 아홉 제후의 땅을 함락시키고, 다시 **옹호산**雍狐山*에 나아가 구치九治로써 수금水金과 석금石金을 캐어 예과芮戈와 옹호극戟*을 만드셨다. 다시 군사를 정

---

* 하삭河朔: 중국 황하의 북쪽 지역을 말한다(『중문대사전』 제5권).
* 갈로산葛盧山: 『관자管子』 권23 「지수地數」 제77에서는 '치우천황이 갈로산(『사기』의 노산盧山)의 쇠를 채취하여 칼, 투구, 갑옷, 창 등을 만들었다'고 하였다. 『중국사고지도집』에는 산동성 청도靑島시 부근에 갈로산이 표기되어 있다.
* 옹호산雍狐山: 『관자』 「지수」에는 '치우가 옹호산雍狐山에서 쇠를 캐어 옹호창과 예과芮戈를 만들었다'고 하였다.
* 과戈와 극戟: 과戈는 창날이 일一자가 아니라 가지(갈고리)처럼 옆으로 뻗은 형태이고, 극戟은 앞으로 뻗은 긴 창날 옆에 가지처럼 칼날이 더 달려 있는 형태이다.

비하여 몸소 거느리고 양수洋水로 출진하여 빠르게 **공상**空桑※까지 진격하셨다. 당시 공상은 지금의 진류陳留로 유망의 도읍지였다.

是歲之中에 兼倂十二諸侯之國하실새 殺得伏尸滿野하니 西土之民이
莫不喪膽奔竄이라. 時에 楡罔이 使少昊로 拒戰한대
天王이 揮芮戈雍狐之戟하사 與少昊로 大戰하실새 又作大霧하사 使敵將兵으로
昏迷自亂하니 少昊가 大敗하야 落荒而走入空桑하야 偕楡罔出奔이라.
蚩尤天王이 乃卽祭天而誓告天下泰平하시고 更復進兵하사 圍迫涿鹿하사
一擧而滅之하시니 管子所謂 天下之君이 頓戰하고
一怒에 伏尸滿野者가 是也라.

역주 이 해에 치우천황이 12제후의 나라를 모두 병합하실 때 죽은 시체가 들판에 가득하니, 서토西土(지금의 중국땅)의 백성들이 간담이 서늘하여 도망하지 않는 자가 없었다. 이때 유망楡罔이 소호少昊[9]로 하여금 막아 싸우게 하였다. 이에 천황께서 예과와 옹호극을 휘두르며 소호와 크게 싸울 때, 큰 안개를 일으켜 적의 장수와 병졸로 하여금 혼미하여 자중지란을 일으키게 하니 소호가 대패하여 황급히 공상空桑으로 들어가 유망과 함께 달아났다.

치우천황이 즉시 하늘에 제사 지내어 천하를 태평하게 할 것을 맹세하여 고하시고, 다시 진군하여 탁록을 포위 압박하여 일거에 멸망시키셨다.

『관자管子』*에 "천하의 임금 곧 치우천황이 급작스럽게 싸우며 한 번 노하심에 죽어 넘어진 시체가 들판에 가득하였다"라고 한 것은 바로 이것을 말한다.

헌원을 토벌하여 신하로 삼다 : 중화문명의 발상지 탁록

時에 有公孫軒轅者가 土着之魁라 始聞蚩尤天王이 入城空桑하사
大布新政하고 而敢有自代爲天子之志하야 乃大興兵馬하야 來與欲戰이라
天王이 先遣降將少昊하사 圍迫涿鹿而滅之로시대 軒轅이 猶不自屈하야
敢出百戰이어늘 天王이 動令九軍하사 分出四道하시고 自將步騎三千하사

※ **공상**空桑: 공상은 두 곳이 있는데, 산동성 곡부현曲阜縣과 하남성 진류현陳留縣이다. 일반적으로 산동성 지방을 말하지만 여기서는 하남성 진류현을 가리킨다.

* **『관자管子』**: 춘추 시대 제齊나라의 정치가 관중(?~BCE 645)이 부민富民·치국治國·경신敬神·포교布敎를 서술하고 패도정치를 역설한 책이라 하나, 관중 사후 그의 제자와 문인들이 집필했다는 의견이 지배적이다.

直與軒轅으로 連戰于涿鹿 有熊之野하실새 縱兵四襲하사 斬殺無算이오
又作大霧하사 咫尺難辨而督戰하시니 賊軍이 乃心慌手亂하야 奔竄逃命하니
百里에 兵馬가 不相見이라.

역주 이때 공손公孫 **헌원**軒轅*이라는 자가 있었는데 토착민의 우두머리였다. '치우천황께서 공상에 입성하여 새로운 정치를 크게 펴신다'는 소식을 듣고도 감히 스스로 천자가 되려는 뜻을 품고 병마를 크게 일으켜 치우천황과 승부를 겨루려 하였다.

천황께서 항복한 장수 소호少昊를 먼저 보내 탁록을 포위하여 멸하려 하실 때, 헌원이 오히려 항복하지 않고 감히 수 많은 전쟁에 나섰다.

천황께서 9군九軍에 명하여 네 길로 나누어 진군하게 하시고, 몸소 보병과 기병 3천을 거느리고 곧장 탁록의 **유웅**有熊▨ 들판에서 여러 번 헌원과 맞붙어 싸울 때, 군사를 풀어 사방에서 협공하여 참살하시니 그 수를 헤아릴 수 없었다.

또 큰 안개를 일으켜 지척을 분간하지 못하게 하고 전투를 독려하시니, 적군은 두렵고 손이 떨려 바쁘게 도망쳐 백 리 안에 병마가 보이지 않았다.

於是에 冀兗淮岱之地가 盡爲所據오 乃城於涿鹿하시고 宅於淮岱하시니
軒轅之屬이 皆稱臣入貢이라. 蓋當時西土之人이 徒憑矢石之力하고
不解鎧甲之用이라가 又値蚩尤天王之法力高强하고
心驚膽寒하야 每戰輒敗라.

역주 이에 기주冀州·연주兗州·회수淮水·태산泰山 땅을 모두 차지하고, 탁록에 성을 쌓으시고 회대淮岱(회수와 태산)에 집을 지으시니 헌원의 무리가 모두 신하를 칭하며 조공을 바쳤다. 대체로 당시 서쪽 땅의 사람들은 한갓 화살과 돌팔매[矢石]만 믿고 갑옷의 사용을 알지 못하였다. 또한 치우천황의 뛰어나고 강력한 법력에 부딪혀서, 두려운 마음이 들고 간담이 서늘하여 싸울 때마다 번번이 패하였다.

雲笈軒轅記之所謂 蚩尤始作鎧甲兜鍪로시대 時人이 不知하야

神市

---

* **황제헌원**黃帝軒轅: 성은 공손公孫, 이름은 헌원軒轅. 중국에서는 태호복희·염제신농과 함께 삼황三皇의 한 인물로 불러왔다. 현재 대만의 중등학교 역사 교과서에는 황제헌원을 중국 한족漢族의 실질적인 시조라고 하나, 황제의 혈통은 웅씨족 후손인 소전에서 갈려 나간 별파別派이다.

▨ **유웅**有熊: 황제헌원의 호이자 그의 도읍지 이름. 지금의 하남성 신정현新鄭縣. 여기서는 하북성 탁록 지방을 말한다.

以爲銅頭鐵額者라 하니 亦可想見其狼狽之甚矣로다.
蚩尤天王이 益整軍容하사 四面進擊하시니 十年之間에 與軒轅으로
戰七十三回로시대 將無疲色하고 軍不退後라
軒轅이 旣屢戰敗나 尤益大興士馬하고 効我神市하야 而廣造兵甲이오
又制指南之車하야 敢出百戰이어늘 天王이 赫然震怒하사 使兄弟宗黨으로
務要大戰而立威하사 使軒轅之軍으로 不敢生意於追襲하시고 與之大戰하사
混殺一陣然後에 方熄하시니라.

역주 『운급雲笈』· 「헌원기軒轅記」에 "치우가 처음으로 갑옷과 투구를 만들었는데, 당시 사람들이 이를 알지 못해 **동두철액**銅頭鐵額(구리 머리에 무쇠 이마)[10]이라 여겼다"라고 하였으니, 적의 낭패가 얼마나 심하였겠는지 가히 상상할 수 있다.

치우천황이 더욱 군용을 정비하여 사방으로 진격하셨다. 10년 동안 헌원과 73회*를 싸웠으나 장수는 피로한 기색이 없었고, 군사는 물러날 줄 몰랐다.

헌원은 여러 번 싸워 천황에게 패하고도 군사를 더욱 크게 일으켰다. 우리 배달을 본받아 무기와 갑옷을 많이 만들고, 또 **지남거**指南車*를 만들어 감히 싸움마다 출전하였다.

이에 천황께서 불같이 진노하여 형제 종족으로 하여금 대격전에 힘써 싸우게 하여 위엄을 확고히 세우셨다. 그리하여 헌원의 군사로 하여금 감히 추격하거나 습격할 엄두를 내지 못하게 하시고, 더불어 대전을 치러 한바탕 몰아쳐서 휩쓸어 버리신 뒤에야 비로소 싸움을 그치셨다.

是役也에 我將蚩尤飛者가 不幸有急功하야 陣沒하니 史記所謂 擒殺蚩尤者는
蓋謂此也라 天王이 赫怒動師하사 新造飛石迫擊之機하사 成陣聯進하시니

* 『운급雲笈』: 『운급칠첨雲笈七籤』. 송宋나라 진종眞宗 때 장군방張君房이 비각도서祕閣道書를 교정하여 요점을 뽑아 만든 122권의 책. 11세기 초 북송北宋의 장군방張君房의 감수하에 편술된 도교 경전의 요약서이다.
* 치우천황과 황제헌원의 전투 상황에 대해 『사기』 「천관서天官書」에는 "진시황의 시대에 … 그 후에 진나라가 마침내 전쟁을 통해 여섯 왕(육국)을 멸망시키고 전 중국을 병합하였으며, … 초나라를 확대시키려는 세력들이 함께 일어나 30년 동안 병사들이 서로 짓밟은 것을 이루 다 셀 수 없다. 치우 이래로 아직까지 이와 같은 경우는 없었다"라고 하였다. 탁록대전은 진시황의 6국 병탄 통일 전쟁과, 5년간 73회를 싸운 항우와 유방의 초한전, 그리고 유비·조조·손권의 삼국 쟁패전 이전의 중국 5천 년 역사상 최초이자 최대의 전쟁이었다.
* 지남거指南車: 수레 위에 신선의 목상을 얹고 손가락이 항상 남쪽을 가리키도록 만든 수레. 헌원이 탁록에서 싸울 때, 치우천황이 일으키는 짙은 안개를 만나자 지남거를 만들어 병사들에게 방향을 알려 주었다고 한다.

적진 종불능항야 어시 분견정예 서수예탁지지
賊陣이 終不能抗也라. 於是에 分遣精銳하사 西守芮涿之地하시고
동취회대 위성읍 이당헌원동침지로 급지붕서수천재
東取淮岱하사 爲城邑하사 而當軒轅東侵之路하시니 及至崩逝數千載로대
이유유만장광열 능기감어후인자야
而猶有萬丈光烈이 能起感於後人者也라.

역주 이 싸움에서 우리 장수 치우비蚩尤飛라는 자가 급히 공을 세우려다가 불행히도 전쟁터에서 죽었다. 『사기史記』에 이른바 "치우를 사로잡아 죽였다[금살치우擒殺蚩尤]"라고 한 구절은 바로 이것을 두고 한 말이다. 천황께서 진노하여 군사를 일으키고, 새로 비석박격기飛石迫擊機를 만들어 진을 치고 나란히 진격하시니, 적진이 마침내 대항하지 못하였다. 이에 정예병을 나누어 파견하여 서쪽으로 예芮와 탁涿을 지키게 하시고, 동쪽으로 회대淮岱(회수와 태산)를 취하여 성읍을 만들어 헌원이 동쪽으로 침투할 길을 막으셨다. 천황께서 붕어하신 지 수천 년이 지났지만, 진실로 길이 남을 찬란한 그 위엄이 후세인의 가슴 속에 감동을 불러일으킨다.

치우천황릉의 위치와 천황에 대한 서방 한족의 전설적 추앙

금거한서지리지 기릉 재산동동평군수장현궐향성중 고칠장
今據漢書地理志컨대 其陵이 在山東東平郡壽張縣闕鄉城中하니 高七丈이오
진한지제 주민 유상이시월제지 필유적기 출여필강
秦漢之際에 住民이 猶常以十月祭之면 必有赤氣가 出如疋絳하니
위지치우기 기영혼웅백 자여범인 형이
謂之蚩尤旗라 其英魂雄魄이 自與凡人으로 逈異하사
역수천세이유불민자여 헌원 이시삭연 유망 역종이영추의
歷數千歲而猶不泯者歟아. 軒轅이 以是索然이오 楡罔이 亦從以永墜矣니라.
치우천왕지여열 세습능진 진유유청 성위불추
蚩尤天王之餘烈이 世襲能振하야 盡有幽靑하야 聲威不墜하니
헌원이래 세부자안 종기세이미상안침이와
軒轅以來로 世不自安하야 終其世而未嘗安枕而臥하니라.

역주 지금 『한서漢書』「지리지地理志」에 따르면 치우천황의 능은 산동성 동평군東平郡 수장현壽張縣 궐향성闕鄉城에 있으며, 높이는 7장丈이라 한다. 진한秦漢 시대에

※ **금살치우擒殺蚩尤**: 사마천의 『사기』 「오제본기」에는 "탁록 들판에서 치우와 싸웠다. 드디어 치우를 사로잡아 죽였다"라고 하여, 마치 헌원이 치우천황을 사로잡아 죽인 것처럼 기록하였다. 이것은 사마천이 역사적 사실을 왜곡시킨 대표적인 기록 중의 하나이다.

※ **예芮, 탁涿**: 예는 지금의 산서성 예성현芮城縣이며, 탁은 하북성 탁록현이다.

✤ **『한서漢書』**: 후한後漢 시대에 반고班固가 저술한 기전체紀傳體의 역사서. 『전한서前漢書』 또는 『서한서西漢書』라고 한다. 120권으로 되어 있다.

✤ **궐향성闕鄉城**: 闕(궐)자는 '闞(감)'자의 오기일 가능성이 크다. 『사기』 「봉선서」에서는 "치우 묘는 동평륙東平陸의 감향監鄉에 있는데 제나라의 서쪽 변경이다"라고 하였다. 이 구절에 대해 『사기색은』에서는 『황람皇覽』을 인용하여 "치우총은 동평군 수장현 감향闞鄉성 안에 있다"라고 주석을 달았다. 이로 볼 때, '감향監鄉' 혹은 '감향闞鄉'으로 썼던 것이 확실하다. 치우천황의 능은 현재 산동성 문상현汶上縣 남왕진南旺鎭에 실재한다.

주민들이 항상 10월에 제사를 지냈는데, 반드시 붉은 기운이 진홍색 비단처럼 뻗치므로 이를 **치우기**蚩尤旗※라 불렀다.

아마도 그분의 영웅적인 기백은 보통 사람과 아주 달라 수천 년이 지나도 없어지지 않으리라. 헌원은 이 뒤로 쇠미해졌고, 유망도 따라서 영구히 몰락하였다.

치우천황의 웅렬하심은 대대로 온 천하를 진동시켰다. 특히 **유주**幽州, **청주**青州※ 지방에서 그 명성과 위엄이 지속되니, 헌원 이래 대대로 스스로 불안하여 그 치세가 끝날 때까지 베개 베고 편안히 잠을 잔 적이 없었다.

史記所謂 披山通路에 未嘗寧居오 邑于涿鹿之河하야 遷徙往來에
無常定處오 以師兵으로 爲營衛者라 하니 盖其戰兢之意를 歷歷可觀이오
而尙書呂刑에 亦云「若有古訓하야 惟蚩尤作亂이라」하니
彼之畏威奪氣而世傳其訓하야 以爲後人戒者가 亦甚矣로다.
其後三百年은 無事하고 只與顓頊으로 一戰破之라. 盖自神市開天으로
傳十八世하야 歷一千五百六十五年이오 而始有檀君王儉이 以熊氏神王으로
遂代神市하사 統一九域하시고 分三韓以管境하시니 是謂檀君朝鮮也니라.

역주 『사기史記』에 이른바, "산을 헤쳐 길을 내어도 편안히 안주하지 못하고, 탁록의 강가에 도읍하고 이리저리 옮겨다니며 일정한 곳에 살지 못하며, 항상 군사로 보호하여야 했다" 하였으니, 헌원이 얼마나 전전긍긍하였는지 역력히 엿볼 수 있다.

『상서尙書』※·「여형呂刑」에 또한 이르기를, "옛 가르침에 다만 치우가 난을 일으켰다"라고 했으니, 저들이 치우천황의 위엄을 두려워하여 기운을 잃고, 대대로 이 교훈을 전하여 후인을 크게 경계하였음을 엿볼 수 있다. 그 후 300년 동안은 전쟁이

※**치우기**蚩尤旗: 『사기집해』와 북애의 『규원사화』에는 "치우의 무덤은 동평군東平郡 수장현壽張縣 감향성 안에 있다. 진秦·한漢 때에 주민들이 항상 시월에 제사를 지냈는데, 반드시 붉은 기운이 진홍색 비단처럼 뻗치므로 사람들이 이것을 치우기라 했다"라고 하였다. 이 치우기는 제사 지낼 때 능릉에서 솟아오르는 붉은 기운을 말한다. 청淸나라 때 만든 『강희자전』에는 "치우蚩尤는 별의 이름이다"라고 하였다. 사마천의 『사기』「천관서天官書」에 "치우기는 빗자루와 유사하고, 뒷부분이 굽어 마치 깃발처럼 생겼다. 이 별이 출현하면 제왕이 사방을 정벌한다"라고 기록하였다. 이때 치우기는 혜성을 말하는 것이다.

※**유주**幽州, **청주**青州: 각기 12주州의 하나로 순임금이 기주冀州를 나누어 동북 땅을 유주라 하였다. 유주는 하북성 남부이고, 청주는 지금의 산동 반도이다.

※**상서**尙書: 오경五經의 하나인 『서경書經』을 흔히 『상서尙書』라 부른다. 진秦나라 이전에는 모두 서書라 하였으니, 『서경』이나 『상서』는 후세에 생긴 이름이다. 상서는 『묵자墨子』의 명귀明鬼 편에 처음 나오는 말인데, 일반적으로 '옛날 책'이란 뜻으로 쓰인 것이다.

없었고, 다만 **전욱**顓頊※과 한 번 싸워 이를 격파하였을 뿐이다.

초대 환웅천황께서 신시를 개척하여 새 시대를 여시고 18세를 전하니, 역년이 1,565년이다. 바야흐로 단군왕검께서 웅씨 비왕神王으로 신시 배달을 대신하여 구환족이 사는 모든 지역을 통일하시고 강역을 **삼한으로 나누어 다스리시니**[三韓管境] 이를 일러 단군조선이라 한다.

삼 한 비 기　왈　복 희　　기 수 봉 어 서 비　　위 직 진 성
三韓秘記에 曰「伏羲가 旣受封於西鄙하사 位職盡誠하시니
불 용 간 과　　일 역 화 복　　수 대 수 인　　　호 령 역 외
不用干戈시나 一域化服이오 遂代燧人하사 號令域外하시니라.
후　　유 갈 고 환 웅　　여 신 농 지 국　　　획 정 강 계　　공 상 이 동　　속 아
後에 有葛古桓雄이 與神農之國으로 劃定疆界하시니 空桑以東이 屬我니라.

> **역주** 『삼한비기三韓秘記』에 다음과 같이 기록되어 있다.
> 복희께서 서쪽 변방에 봉함을 받아 직책에 정성을 다하시니, 무기를 쓰지 않고도 그 지역 백성이 감화되어 따랐다. **수인씨**燧人氏*11)를 대신하여 영토 밖까지 호령하셨다. 후에 갈고葛古환웅(10세)께서 신농의 나라와 국경을 정하시니 **공상**空桑의 **동쪽***이 우리 땅으로 귀속되었다.

우 수 전 이 지 자 오 지 환 웅　　신 용 관 절　　기 두 액 동 철　　　능 작 대 무
又數傳而至慈烏支桓雄이 神勇冠絶하사 其頭額銅鐵이시오 能作大霧하시며
조 구 치 이 채 광　　　주 철 작 병　　조 비 석 박 격 지 기　　　천 하 대 외 지
造九冶以採礦하사 鑄鐵作兵하시고 造飛石迫擊之機하시니 天下大畏之하야
공 존 위 천 제 자 치 우　　부 치 우 자　　속 언 뇌 우 대 작　　산 하 개 환 지 의 야
共尊爲天帝子蚩尤하니 夫蚩尤者는 俗言雷雨大作하야 山河改換之義也라.
치 우 천 왕　　견 신 농 지 쇠　　　수 포 웅 도　　누 기 천 병 어 서 하
蚩尤天王이 見神農之衰하시고 遂抱雄圖하사 屢起天兵於西하사
진 거 회 대 지 간　　　급 헌 원 지 립 야　　직 부 탁 록 지 야
進據淮岱之間하시고 及軒轅之立也에 直赴涿鹿之野하사
금 헌 원 이 신 지　　　후　　견 오 장 군　　서 격 고 신　　유 공
擒軒轅而臣之하시고 後에 遣吳將軍하사 西擊高辛하사 有功하니라.」

> **역주** 또 몇 세를 지나 자오지慈烏支환웅(14세)에 이르렀다. 이분은 신령한 용맹이 더없이 뛰어나시고, 머리와 이마를 구리와 철로 투구를 만들어 보호하셨다. 능히 짙은 안개를 일으키고, **구치**九冶(채광 기계)를 만들어 채광하시고, 철을 녹여 무기를 만드시고 또 비석

※**전욱고양**顓頊高陽: 황제헌원의 손자이자, 창의昌意의 아들. 호는 고양高陽이다. 『산해경』「대황북경」에는 "부우산附禺山에 전욱과 구빈九嬪이 안장되었다"라고 하였는데 현재는 안양시安陽市 내황현內黃縣 양장진梁莊鎭에 제곡릉帝嚳陵과 함께 있다.

***수인씨**燧人氏: 『한비자』에 따르면 "유소有巢씨가 백성에게 집얽기를 가르쳤다. 다음으로 수인燧人씨가 천수天水에서 나왔는데 불火을 만들고, 별을 이십팔수二十八宿로 나누고, 한 해를 사철로 나누었으며, 각 계절을 90일로 정하였다"라고 하였다.

※**공상**空桑의 **동쪽**: 현재 중국 하남성 동쪽인 산동성, 안휘성, 강소성 지역.

박격기를 만드셨다. 천하가 크게 두려워하여 모두 이분을 받들어 천제의 아들 치우[天帝子蚩尤]라 하였다. 대저 치우라는 말은 속언으로 '뇌우가 크게 일어 산하가 뒤바뀐다'는 뜻이다.

치우천황께서 신농神農의 나라가 쇠약해짐을 보시고 드디어 웅도雄圖를 품고, 서방에서 자주 천병天兵을 일으켜 진격하여 회수와 태산 사이를 점령하셨다. 헌원이 등극하자 곧바로 탁록의 광야에 나아가 헌원을 사로잡아 신하로 삼으셨다. 후에 오吳장군을 보내어 서쪽으로 고신高辛▨ 땅을 쳐서 전공을 세우게 하셨다.

배달과 단군조선의 통치 정신

大辯經에 曰「神市氏는 以佺修戒하사 敎人祭天하시니 所謂佺은 從人之所自全하야 能通性以成眞也오. 靑邱氏는 以仙設法하사 敎人管境하시니 所謂仙은 從人之所自山하야 (山은 産也라) 能知命以廣善也오. 朝鮮氏는 以倧建王하사 敎人責禍하시니 所謂倧은 從人之所自宗하야 能保精以濟美也라. 故로 佺者는 虛焉而本乎天하고 仙者는 明焉而本乎地하고 倧者는 健焉而本乎人也니라.」

역주 『대변경大辯經』에 다음과 같이 기록되어 있다.

신시씨神市氏(배달 초대 환웅)는 **전佺**의 도*로써 계율을 닦아 사람들에게 **제천**祭天을 가르치셨다. 이른바 **전佺**이란 사람의 본래 온전한 바탕을 따라 능히 **본성**에 통해[通性] **참됨**[眞]을 이루는 것이다.

청구씨靑邱氏(14세 치우천황)는 **선仙**의 도로써 법을 세워 사람들에게 **천하를 나누어 다스리는 법도**[管境]를 가르치셨다. 선仙이란 사람이 본래 저마다 타고난 바를 따라서 자신의 **참된 영원한 생명력**을 깨달아[知命] 널리 **선善**을 베푸는 것이다.

조선씨朝鮮氏(단군왕검)는 **종倧**의 도로써 왕을 세워 사람들에게 **책화**[責禍]를 가르치셨다. 종倧이란 사람이 (우주 안에서) 스스로 으뜸 되는 바에 따라 **정기를 잘 보존**[保精]하여 (대인이 되어) **아름다움**[美]을 실현하는 것이다.

그러므로 (이러한 전佺과 선仙과 종倧의 도道 가운데) **전佺**은 텅 빈 자리로 **천도**天道에 근본을

▨ 고신: 여기서는 고신을 지명으로 봐야 옳을 듯하다. 제곡고신은 치우천황보다 250년 이후 사람이다.
✽ 전佺·선仙·종倧 3도는 신교 도맥의 전모를 밝혀 주는 핵심 내용이다. 배달 시대부터 신교 삼신三神은 천지인天地人 삼계 정신으로, 전佺과 선仙과 종倧의 도로 나타난다. 전佺과 선仙은 각기 천天의 창조 정신과 지地의 조화 정신에 근원을 두며, 종倧은 천지의 주체인 인간의 지고한 존엄성을 가리킨다. 전도는 천인합일로 신인神人을 이상으로 하고, 선도는 선인仙人의 길을, 종도는 천지의 이상을 실현하는 대인大人의 도를 세웠다.

두고, 선仙은 광명 자리로 **지도**地道에 근본을 두며, 종倧은 천지 도덕의 삶을 실현하는 강건한 자리로 **인도**人道에 근본을 둔다.

환인·환웅·단군·왕검의 의미

注에 曰「桓仁은 亦曰天神이시니 天은 即大也며 一也오
桓雄은 亦曰天王이시니 王은 即皇也며 帝也오
檀君은 亦曰天君이시니 主祭之長也오 王儉은 亦即監群이시니 管境之長也니라.
故로 自天光明을 謂之桓也오 自地光明을 謂之檀也니 所謂桓은
即九皇之謂也라 韓은 亦即大也니 三韓曰 風伯雨師雲師오 加는 即家也니
五加曰 牛加主穀하며 馬加主命하며 狗加主刑하며 猪加主病하며
鷄加主善惡也니 民有六十四하고 徒有三千이라.

역주 『대변경』의「주注」에 이렇게 기록되어 있다.

환인桓仁은 천신天神이라고도 하니 천天은 곧 큼[大]이며, 하나[一]이다.

환웅桓雄은 천왕天王이라고도 하니 왕王은 곧 황皇이며, 제帝이다.

단군檀君은 천군天君이라고도 하니 제사를 주관하는 제사장이시다.

왕검王儉은 감군監群이라고도 하는데, 나라를 다스리는 군주이시다.

그러므로 하늘에서 내려오는 광명을 환桓이라 하고, 땅의 광명을 단檀이라 한다. 이른바 환桓은 곧 구황九皇을 말하는 것이다.

한韓*은 또 크다[大]는 뜻이다. 삼한三韓은 풍백·우사·운사를 말하기도 한다. 가加는 가家라는 뜻이다. 오가五加는 곧 곡식을 주관[主穀]하는 우가牛加, 어명을 주관[主命]하는 마가馬加, 형벌을 주관[主刑]하는 구가狗加, 질병을 주관[主病]하는 저가猪加, 선악을 주관[主善惡]하는 계가鷄加를 말한다. 백성은 64겨레요, 무리는 3천이었다.

개천·개인·개지의 뜻

遣往理世之謂開天이니 開天故로 能創造庶物이니 是虛之同體也오
貪求人世之謂開人이니 開人故로 能循環人事니 是魂之俱衍也오
治山通路之謂開地니 開地故로 能開化時務니 是智之雙修也니라.」

---

*한韓: 천지 광명(환단)의 주인으로서, 천지 역사의 주체이자 세계 문명의 주체가 된다. 그러므로 한韓에는 시작, 근본, 통일[一也], 천자[王也], 중심[中也], 세계의 광명[明也]이라는 다양한 뜻이 있다.

역주 성인을 보내어 세상을 다스리는 것을 일러 **개천**開天이라 하니, 하늘을 열었기 때문에 만물을 창조할 수 있다. 이것이 곧 이 세상이 하늘의 이법(천리)과 부합되어 하나로 조화[虛粗同體]되는 것이다.

인간의 본래 성(인간 속에 있는 삼신의 마음)을 여는 것을 **개인**開人이라 하니, 사람들의 마음자리를 열어 주기 때문에 세상일이 잘 순환하게 된다. 이로써 형체와 함께 영혼이 성숙해[形魂俱衍] 가는 것이다.

산을 다스려 길을 내는 것을 일러 **개지**開地라 하니, 땅을 개척하기 때문에 능히 때에 알맞은 일을 지어서 세상일이 변화할 수 있게 한다. 이러한 개척의 삶을 통해 지혜를 함께 닦게[智生雙修] 된다.

한민족 역사 속의 백두산의 의미

三韓秘記에 曰「盖白頭巨岳이 盤居大荒之中하야 橫亘千里하고
高出二百里하야 雄偉嶝峻하며 蜿蜒磅礴하야 爲倍達天國之鎭山이오
神人陟降이 實始於此어늘 豈以區區妙香山이 只係狼林西走之脉으로
而能得叅於如許聖事耶아

역주 『**삼한비기**三韓秘記』*에 이렇게 기록되어 있다.

백두산이라는 거대한 산악이 광활한 대지 가운데 장중하게 자리잡아 가로로 천 리를 뻗고, 높이는 2백 리를 우뚝 솟았다. 웅장한 고산준령이 꿈틀거리며 널리 덮어 배달 천국의 **진산**鎭山*이 되었다.

신인神人이 오르내린 곳이 실로 여기에서 비롯하거늘, 어찌 구구하게 묘향산이 단지 낭림산맥이 서쪽으로 뻗은 맥에 매여 있다는 사실 하나로 환웅천황께서 강림하신 일과 관련이 있다고 할 수 있겠는가?

世俗이 旣以妙香山으로 爲太白則其見이 只局於東鴨綠水以南一隅之地오
便唱山之祖宗崑崙하야 欣欣然以小中華自甘하고 宜其貢使北行이
歷累百年이로대 而不爲之恥하니 是乃廢書而長嘆者也라

---

* 『**삼한비기**三韓秘記』: 고려 시대에 김부식이 『삼국사기』를 지을 때만 해도 『삼한고기三韓古記』, 『해동고기海東古記』, 『삼국사三國史』 등이 남아 있었다. 이 『삼한비기』는 본문의 내용으로 보아 『삼국유사』 이후에 나온 사서이고, 삼한三韓이라는 명칭을 붙인 것으로 볼 때 우리나라 고대사의 뿌리를 밝힌 도가 사서道家史書임이 분명하다.

* **진산**鎭山: 한 국가나 도시 또는 각 지방에 있는 주산主山.

然이나 今東方諸山이 以太白으로 爲名者가 頗多오
世俗이 率以寧邊妙香山으로 當之는 實由於一然氏三國遺事之說이나
而彼等眼孔이 如豆如太하니 安足以與之論哉아
今白頭山은 上有大澤하야 周可八十里오 鴨綠松花豆滿諸江이
皆發源於此하니 曰天池오 卽桓雄氏乘雲天降處也라.
妙香山은 曾無一小洿하고 且不爲桓雄天皇肇降之太白山이니 不足論也라.

역주 세속에서 묘향산을 태백산이라 한다면, 그 소견은 동압록강 이남의 한 모퉁이 땅에 국한시키는 것이 된다. 또한 산의 조종은 곤륜산崑崙山이라 하여, (우리가) 소중화를 기꺼이 감수하고 중국에 조공을 바친 것이 수백 년이 지났으되 오히려 부끄러워할 줄 모르니, 이는 글을 폐하고 크게 통탄할 일이로다.

그러나 지금 동방의 여러 산 가운데 태백산으로 불리는 곳이 자못 많다. 세속에서는 대개 영변의 묘향산으로 말하기도 하나, 이것은 실로 일연이 쓴 『삼국유사』에서 비롯된 것이다. 저들의 눈알이 마치 콩알 같고 팥알 같으니 어찌 더불어 의논할 수 있겠는가.

지금 백두산 꼭대기에는 큰 못이 있어 둘레가 80리요, 압록강·송화강·두만강이 모두 여기에서 발원한다. 그 못을 천지天池라 부르는데, 바로 환웅 신시씨께서 구름을 타고 하늘에서 내려온 곳이다. 묘향산은 조그마한 웅덩이 하나 없고, 또 환웅천황이 내려오신 **태백산**도 아니니 거론할 것도 없다.

魏書勿吉傳에 曰「國南에 有徒太山하니 魏言太皇이라 有虎豹熊狼호대
不害人하며 人이 不得上山溲溺하고 行遶者는 皆以物盛去라」하니
盖桓雄天皇之肇降이 旣在此山이오 而又此山이 爲神州興王之靈地니
則蘇塗祭天之古俗이 必始於此山이오 而自古桓族之崇敬이 亦此山始하야
不啻尋常也라 且其禽獸도 悉沾神化하야 安棲於此山而未曾傷人하며
人도 亦不敢上山溲溺而瀆神하야 恒爲萬世敬護之表矣라.

역주 『위서魏書』*「물길전勿吉傳」에 이렇게 기록되어 있다.

---

* 『위서魏書』: 북제北齊의 위수魏收가 왕명을 받아 551년에 편찬을 시작하여 554년에 완성한 북위北魏의 정사正史이다. 그러나 위수가 주관적으로 사실을 왜곡하여 서술하였다 하여 예사穢史, 즉 더러운 역사서라는 비난을 받았다.

나라 남쪽에 도태산徒太山이 있는데, 위魏나라에서는 태황산太皇山이라 부른다. 호랑이, 표범, 곰, 이리가 있지만 사람을 해치지 않는다. 사람들이 산에 올라 오줌을 누지 아니하고, 산길을 가는 사람은 모두 가져간 물건을 담아 갔다.

환웅천황이 처음 내려오신 곳이 이 산이다. 또 이곳은 신주神州(배달)의 왕업이 흥한 신령한 땅이니, 소도蘇塗에서 제천하는 옛 풍속은 필시 이 산에서 시작된 것이리라.

그리고 예로부터 환족이 삼신상제님을 숭배하고 공경함이 또한 이 산에서 비롯하였으니 평범한 산이 아닐 뿐만 아니라, 금수조차 모두 신령한 감화에 젖어 이 산에서 편안히 살며 일찍이 사람을 해치지 아니하였다. 사람도 이 산에 올라 감히 오줌을 누어 신을 모독하지 않았으니, 만세에 걸쳐 항상 공경하고 수호하는 표상이 되었다.

삼신산과 동북방의 광명 정신

蓋我桓族이 皆出於神市所率三千徒團之帳이오 後世以降으로
雖有諸氏之別이나 實不外於桓檀一源之裔孫也라 神市肇降之功憲을
當必傳誦而不忘이니 則先王先民이 指其三神古祭之聖地하야 曰三神山者가
亦必矣니라. 蓋神市以降으로 神理聖化之漸이 逐歲而尤復益深하고
立國經世之大本이 自與人國으로 逈異하야 其神風聖俗이 遠播於天下하니
天下萬邦之人이 有慕於神理聖化者는 必推崇三神하야 至有東北은
神明舍之稱焉이라.

역주 우리 환족은 모두 신시 배달 환웅께서 거느린 무리 3천 명의 후손이다. 후세에 비록 여러 부족으로 나뉘었으나 실로 **환단일원桓檀一源의 후손**에서 벗어나지 않는다.

신시 환웅께서 처음 강세하신 공덕을 반드시 후세에 전하고 입으로 외고 잊지 말아야 하니 선왕선민先王先民이 옛날 삼신께 제사 지내던 이 성지를 가리켜 삼신산이라 한 것은 실로 당연한 일이다.

신시 환웅께서 강림하심으로써 신령한 다스림과 거룩한 교화의 은택이 세월의 흐름에 따라 더욱 깊어 갔다. 나라를 세워 세상을 다스리는 큰 근본이 다른 나라와 판이하게 달라 우리의 신이한 기풍과 거룩한 풍속이 멀리 온 천하에 전파되었다. 이에 천하만방의 백성 중에 신령한 다스림과 거룩한 교화를 흠모하는 자는 반드시

삼신을 숭배하였고, **동북방을 신명이 머무는 곳***이라 일컬었다.

> 及其末流之弊則漸陷於荒誕不經하야 愈出愈奇하고 怪誕無稽之說이
> 迭出於所謂燕齊海上의 怪異之方士하니 蓋其地가 與九桓神市로 相接하고
> 民物之交가 特盛하야 自能風聞驚奇라 又復推演附會하야 曰三神山은
> 是蓬萊方丈瀛洲니 在渤海中云云하야 以惑世主也라. 然이나 當時之人이
> 東至海上하야 一望無所際涯而渤海之中에 更不知有他海故로 輒曰三神山은
> 亦在渤海中云云이나 實則非三神山이 各在三島山也라.

역주 그러나 세월이 흐르면서 (이러한 사실이 잊혀지고) 폐단이 생겨나 점점 근거 없고 허황된 길로 빠져 들어갔다. 시간이 지날수록 더욱 괴이하고 허무맹랑한 이야기가 연燕·제齊 두 나라의 바닷가에 사는 괴짜 방사들에게서 번갈아 나왔다. 그 땅이 구환, 신시와 서로 인접하고, 사람과 물자의 교류가 특히 성한 곳이었기 때문이다. 그들은 풍문으로만 듣고도 기이함에 깜짝 놀랐는데 여기에 다시 미루어 부연하고 억지로 끌어다 붙여서 "삼신산은 봉래산, 방장산, 영주산으로 발해 가운데 있다" 운운하여 당시의 임금을 미혹하게 하였다.

그러나 당시 사람들이 동쪽 바닷가에 이르러 바라보니 끝없이 아득하기만 하여 발해 가운데 다른 바다가 있음을 알지 못했다. 그러므로 툭하면 "삼신산 역시 발해 가운데에 있다" 운운하나, 사실 삼신산은 각각 세 섬[三島]에 있는 산을 일컫는 것이 아니다.

> 蓬萊는 蓬勃萊徑之處니 卽天王所降이오 方丈은 四方一丈之閣이니
> 卽蘇塗所在오 瀛洲는 瀛環洲島之貌니 卽天池所出이니 摠言爲三神山이오
> 而三神은 卽一上帝也시니라. 然이나 尤其荒惟者는 不知三神之源委하고
> 而乃金剛曰蓬萊오 智異曰方丈이오 漢挐曰瀛洲가 是也라.

역주 봉래蓬萊는 쑥대가 우뚝우뚝 자라고 묵은 풀이 길에 황량하게 우거진 곳이라는 뜻으로 곧 천황이 내려오신 장소요, 방장方丈은 사방이 일 장一丈씩 되는 누각

---

* 동방의 배달, 조선의 문명은 신교를 문화 창조의 생명으로 하였다. 동양의 동북방은 우주 삼신의 성령이 내리는 인류 문명의 개척지이다. 이를 공자는 주역에서 간도수艮度數로 규정하였다. 간도수란, 동북방 문명이 세계 문명을 창조하고 그 성숙을 주도함을 뜻한다. 공자는 앞으로 동이족 한국의 종교 문명으로 전 인류 문화를 개벽시켜 세계 통일 문명을 건설할 이 개벽의 성지를 "역사의 큰 문[艮爲廠門]"이라 한 바 있다.

이라는 뜻으로 곧 소도가 있는 곳이요, 영주瀛洲는 바다가 섬에 둘러싸인 모습이니 곧 천지天池가 나오는 곳이다. 이를 총괄하여 **삼신산**이라 한다. **삼신은 곧 한 분 상제님**[三神卽一上帝]이시다. 그렇건만 더욱 황당하고 괴이한 것은 삼신의 본래 의미조차 알지 못하고 도리어 금강산을 봉래산이라 하고, 지리산을 방장산, 한라산을 영주산이라 부른다는 사실이다.

史記封禪書에 曰「其傳에 在渤海中하니 蓋嘗有至者오 諸仙人과 及不死之藥이 皆在焉이오 其物禽獸는 盡白이오 而黃金白銀으로 爲宮闕云云」하고
又仙家書에 曰「三神山에 有還魂不老等草하니 一名眞丹이라」
今白頭山에 自古로 有白鹿白雉 或白鷹之屬하니 括地志所云에
有鳥獸草木皆白이 是也라. 又白頭山一帶에 多産山蔘하니 世人이
擬之不老草라 山氓이 欲採取則必先沐浴潔齊하고 而祭山然後에 敢發하니
其還魂不老之名이 亦想源於此也라.
世紀에 云「檀君烏斯丘元年에 北巡而得靈草云이라」하니 則此又驗也니라.

역주 사마천의 『사기』 「봉선서封禪書」에 이렇게 기록되어 있다.

전해 오는 말에 삼신산은 발해 가운데 있는데 일찍이 그곳에 가 본 자가 있고, 뭇 신선과 불사약이 그곳에 있으며, 그곳의 사물과 금수는 모두 희고, 황금과 백은으로 궁궐을 지었다 한다.

또 『선가서仙家書』에 이렇게 기록되어 있다.

삼신산에 환혼초還魂草와 불로초不老草 등이 자라므로 일명 진단眞丹이라고도 한다.

지금의 백두산에는 예부터 흰 사슴, 흰 꿩, 흰 매 등이 있었다. 『**괄지지**括地志』*에 "새와 짐승과 초목이 다 희다"라고 한 것은 이를 말함이다.

또 백두산 일대에 산삼이 많이 나서 세상 사람들은 그것을 불로초라 여겼다. 산사람이 산삼을 캐고자 할 때에는 반드시 먼저 목욕재계하고 산에 제사를 지낸 뒤에 산행을 떠나니, 환혼·불로라는 이름이 붙은 것은 생각컨대 여기서 비롯한 것이다.

『단군세기』에 이르되, "오사구단군(4세) 원년에 임금께서 북쪽을 순수하시다가 영초靈草를 얻었다"라고 했으니 이것이 또한 그 증거이다.

---

* 『괄지지括地志』: 당 태종이 넷째 아들 위왕魏王 태泰를 시켜 만든 550권으로 된 지리서. 『괄지지』에서 처음으로 "고구려의 도읍인 평양성은 한나라의 낙랑군 왕험성이다"라고 날조하였다. 이후 중국의 여러 정사正史에서 그대로 답습하여 평양이 낙랑군 자리였다고 왜곡되어 버렸다.

시월제천 수위천하만세지유속 차내신주특유지성전
十月祭天은 遂爲天下萬世之遺俗이니 此乃神州特有之盛典이오
이비외방지가비야 태백산 독압곤륜지명 역유여의
而非外邦之可比也니 太白山이 獨壓崑崙之名이라도 亦有餘矣라.
고지삼신산자 즉태백산야 역금백두산야
古之三神山者는 卽太白山也니 亦今白頭山也라
개상세신시지인문교화 지우근세 수부득건행
蓋上世神市之人文敎化가 至于近世하야 雖不得健行이나
이천경신고 유유전어후세 거국남녀 역개숭신어잠묵지중
而天經神誥가 猶有傳於後世하고 擧國男女가 亦皆崇信於潛黙之中하니
즉인간생사 필왈삼신소주 소아십세이내 신명안위 지우준용
卽人間生死를 必曰三神所主오 小兒十歲以内의 身命安危와 智愚俊庸을
실탁어삼신 부삼신자 즉창우주조만물지천일신야
悉托於三神하니 夫三神者는 卽創宇宙造萬物之天一神也시니라.

역주 10월에 천제를 지내는 풍속은 마침내 천하만세에 전해 내려오는 고유한 풍속이 되었다. 이것은 우리 **신주**神州❇︎에만 있는 독특하고도 성대한 의식으로 다른 나라와 가히 비교할 바가 아니다.

태백산은 홀로 곤륜산의 이름을 누르고도 남음이 있도다. 옛날의 삼신산은 곧 태백산이고, 지금의 **백두산**이다.

그 옛날 배달 때의 인문 교화가 근세에 와서 비록 널리 행해지지 못하고 있으나, 『**천부경**』과 『**삼일신고**』가 후세까지 전해져 온 나라의 남녀가 모두 은연 중에 믿고 받들며, "인간의 생사는 반드시 삼신께서 주관하신다" 하고, 열 살 안 된 어린아이의 신명의 안위와 슬기로움과 어리석음, 뛰어남과 용렬함을 모두 삼신께 맡겼다. 대저 **삼신은 우주 만물을 창조하신** 일신 하느님이시다.

중국 한족에게 전파된 삼신상제님 신앙

석 사마상여 위한주유철왈 폐하겸양이불발야 계삼신지환
昔에 司馬相如가 謂漢主劉徹曰 陛下謙讓而弗發也하야 挈三神之驩이라 하고
위소주 삼신 상제 삼신지설 조이전파어피경야 명의
韋昭注에 「三神은 上帝시니라」 하니 三神之說이 早已傳播於彼境也가 明矣로다.

역주 옛적에 **사마상여**司馬相如✳︎가 한漢나라 왕 유철劉徹[武帝]에게 말하기를, "폐하께서는 겸양하시어 (봉선을 하기 위해) 출발하지 않으시니 이는 삼신의 환심을 끊으시는 것입니다"라고 하였다. 또 위소韋昭의 주注에, "**삼신은 상제님**✳︎**이시다**"라고 하였

❇︎ **신주**神州: ①신령한 나라 ②삼신의 본 고향 ③신교의 종주국 ④배달의 왕업이 흥한 신령한 땅이라는 뜻으로 우리나라를 말한다. 고대에 중국과 일본도 흉내내어 그들 나라를 신주라 칭했다.

✳︎ **사마상여**司馬相如(BCE 179~BCE 117): 사천성 성도成都 사람. 전한前漢 경제景帝·무제武帝 때의 문인文人으로 사부辭賦에 뛰어났다.

✣ **삼신은 상제님**: 본문 내용은 『사기』「사마상여열전」에 인용된 것이다. 사마상여가 한무제에게 올린 말 중에 삼신三神이라는 말이 있다. 삼국 시대의 학자 위소韋昭(?~273)의 주注에는 "삼신은 상제님이시다"라고 하였다. 또한 『사기』「봉선서」와 「천관서」를 보면 우리의 신교 삼신 사상과 오행 철학이 가득 차 있어 한무제 당시까지도 중국 전역에 삼신 사상이 널리 전파되어 뿌리 내려 있었음을 알 수 있다.

으니, 삼신설三神說이 일찍이 중국에 전파된 것이 분명하다.

震域留記에 曰「齊俗에 有八神之祭하니 八神者는 天主·地主·兵主·陽主·陰主·月主·日主·四時主也라 天好陰故로 祭之必於高山之下와 小山之上하니 乃祭天太白山之麓之遺法也오 地貴陽故로 祭之必於澤中方丘하니 亦卽祭天塹城之壇之餘俗也니라

역주 『진역유기震域留記』에 이렇게 기록되어 있다.

제齊나라 풍속에 **팔신제**八神祭가 있으니, 팔신은 **천주**天主·**지주**地主·**병주**兵主·**양주**陽主·**음주**陰主·**월주**月主·**일주**日主·**사시주**四時主이다.

하늘은 음陰을 좋아하므로 반드시 높은 산 아래와 작은 산 위에서 제사 지내는데, 곧 태백산 기슭에서 천제를 지내던 유법遺法이다.

땅은 양陽을 귀하게 여기므로 반드시 못[澤] 가운데 모난 언덕에서 제사 지내는데, 또한 참성단에서 제천하던 풍속이 전해진 것이다.

天主는 祠三神하고 兵主는 祠蚩尤하니 三神은 爲天地萬物之祖也시오 蚩尤는 爲萬古武神勇强之祖시니라 作大霧하시고 驅水火하시며 又爲萬世道術之宗하사 喚風雨하시고 招萬神하시니 是以로 大始之世에 恒爲天下戎事之主시니라 海岱之地에 旣爲奄藍陽介嵎萊徐淮八族之所宅하니 則八神之說이 萌於八族하야 而盛行於當時也라.」

역주 **천주**는 삼신께 제사를 지내고, **병주**는 **치우천황**께 제사를 지내니, 삼신은 천지만물의 조상이시고, 치우는 만고의 무신용강武神勇强의 비조鼻祖이시다.

큰 안개를 일으키고, 물과 불을 마음대로 부리시고 또 만세 도술의 종장이 되어 풍우風雨를 부르고, 만신萬神을 부르셨다. 이 때문에 상고 시대에 항상 **천하 군무**軍務**의 주장**[天下戎事之主]이 되셨다.

해대海岱* 지방에 엄奄·남藍·양陽·개介·우嵎·내萊·서徐·회淮 팔족이 살았는데, 팔신설八神說이 이 팔족에서 생겨 당시에 성행하였다.

＊**해대**海岱: 중국 동해東海와 태산泰山 사이로 지금의 산동성山東省과 강소성江蘇省 지방이다.

유방 수비이계 이기병어풍패 즉풍패지속 사치우야 고 방
劉邦이 雖非夷系나 而起兵於豐沛하니 則豐沛之俗이 祠蚩尤也라 故로 邦이
역인속이사치우 이혼고기 수이시월지패상 여제후
亦因俗以祠蚩尤하고 而釁鼓旗하야 遂以十月至灞上하야 與諸侯로
평함양 이립위한왕즉인이시월 위세수 차수습진정삭
平咸陽하고 而立爲漢王則因以十月로 爲歲首하니 此雖襲秦正朔이나
이역인숭경동황태일 경사치우야 후사세 진역 이정
而亦因崇敬東皇太一하며 敬祠蚩尤也라 後四歲에 秦域이 已定에
즉령축관 입치우지사어장안 기경치우지독 여차
則令祝官으로 立蚩尤之祠於長安하니 其敬蚩尤之篤이 如此하니라.

역주 유방劉邦(BCE 247?~BCE 195)은 동이 계통은 아니지만 **풍패**豐沛*에서 병사를 일으켰다. 풍패에는 치우천황께 제사를 지내는 풍속이 있기 때문에, 유방은 이 풍속에 따라 치우천황께 제사 지내고 북과 깃발에 희생犧牲의 피를 발랐다.

드디어 10월에 **패상**灞上*에 이르러 제후와 더불어 함양(秦의 수도)을 평정하고 한왕漢王이 되어 10월을 한 해의 첫머리로 삼았다. 이것은 비록 진秦나라의 역법을 답습한 것이지만, **동황태일**東皇太一*을 숭상하고 경배하며 치우천황께 지극한 공경심으로 제사 지낸 것과 연관이 있다.

4년 후에 진나라 땅을 평정하고 축관祝官(제사를 담당한 관원)에게 치우 사당을 장안長安에 짓게 하였으니, 치우천황을 돈독히 공경함이 이와 같았다.*

진천문지 치우기 유혜 이후곡 상기
晉天文志에 「蚩尤旗는 類彗나 而後曲하야 象旗하고
소현지방 하유병운 즉내치우천왕 상위열수야
所見之方에 下有兵云이라」 하니 則乃蚩尤天王이 上爲列宿也시라.

역주 『진서晉書』「천문지天文志」에, "치우기蚩尤旗는 혜성慧星(살별)*과 비슷하나 뒤가 굽어 그 모습이 깃발과 같고, 이 별이 나타나는 지방에서는 전쟁이 일어난다"라고 하였으니, 치우천황이 천상에서 별의 주재자가 된 것이다.

神市

＊**풍패**豐沛: 풍현과 패현. 강소성江蘇省 서주시徐州市의 서북에 있다.
※**패상**灞上: 섬서성陝西省 장안현長安縣의 동쪽에 있다.
＊**동황태일**東皇太一: 신교神敎 삼신 사상의 우주관에서 천지인天地人 삼재三才의 창조 정신을 천일天一·지일地一·태일太一로 말한다. 이 가운데 태일은 천지의 주체이다. 동황태일은 삼한 중에 진한辰韓의 대왕[天王, 대단군]이 되어 천하를 다스리신 단군왕검을 말한다. 초楚나라 사람들은 길한 날, 좋은 때를 가려 삼가 공경하는 마음으로 '상황上皇'인 동황태일에게 제사를 지냈다. 왕일王逸은 『초사초楚辭注』에서 "태일은 별 이름이니, 하늘의 존귀한 신이다. 사당이 초나라의 동쪽에 있어 동제에게 배향한 것이다. 그러므로 동황이라 한다"라고 하였다.
＊한고조 유방이 패공沛公이 되었을 때 치우천황에게 제사 지낸 일은 『사기』에도 기록되어 있다. 『사기』「한고조본기」에는 "고조가 처음에 군사를 일으킬 때 치우에게 제사를 지내고 북과 깃발에 희생의 피를 발랐다"라고 하였다.
※**혜성**彗星: 일반적으로 상극相克의 변혁 기운을 몰고 오는 별로 알려져 있다. 혜성은 "옛것을 제거하고 새것을 편다"는 뜻이다(『중문대사전』 제3권). 옛날부터 혜성이 나타나는 지역에는 커다란 변란이 일어난다고 하였다.

通志 氏族畧에「蚩氏는 蚩尤之後라」하고 或曰「蒼頡이 與高辛으로
亦皆蚩尤氏之苗裔로 生大棘城하야 而轉徙於山東淮北者也라」하니
蓋蚩尤天王之英風雄烈이 播傳遠域之深을 推此可知也니라.
燕齊之士가 沉惑於神異証讖之說이 亦尙矣라 自齊威燕昭之時로
遣使求三神山하고 秦漢之際에 宋無忌·正伯僑·充尙·羨門子高·最後之徒는
則燕人也오 文成·伍利·公孫卿·申公之屬은 皆齊人也라.

역주 『**통지**通志』*「씨족략氏族略」에, "치씨蚩氏는 치우의 후손이다"라고 하였고, 어떤 사람은 "창힐蒼頡과 고신高辛이 다 치우의 후손으로 대극성大棘城*에서 태어나 산동, 회수 북쪽에 옮겨 살았다"라고 하였다. 이로 미루어 치우천황의 영웅적인 풍채와 굳세고 맹렬한 기상이 아주 멀리까지 전파되었음을 알 수 있다.

연燕나라, 제齊나라의 방사들이 신비하고 이상하게 꾸며낸 이야기에 현혹된 이후로 오랜 세월이 흘렀다. 제齊 위왕威王과 연燕 소왕昭王 때부터 사신을 보내 삼신산을 찾았는데, 진한秦漢 때에 송무기宋無忌, 정백교正伯僑*, 극상克尙*, 선문자고羨門子高*와 최후最後* 같은 무리는 연나라 사람이고, 문성文成*, 오리伍利, 공손경公孫卿, 신공申公* 같은 무리는 다 제나라 사람이다.

동방 한민족의 신교 문화를 전파한 강태공

昔에 呂尙이 亦蚩尤氏之後라 故로 亦姓姜이니 蓋蚩尤가 居姜水而有子者는
皆爲姜氏也라. 姜太公이 治齊에 先修道術하야 祭天於天齊池하고

---

* **통지**通志: 남송南宋 때 정초鄭樵가 지은 것으로 삼황三皇 때부터 수隋나라에 이르기까지 역대를 통괄적으로 기록한 역사책(전 200권). 당나라 두우의 『통전通典』과 원元나라 마단림의 『문헌통고文獻通考』와 더불어 삼통三通이라 불린다.
* 대극성大棘城: 대릉하 중류의 조양朝陽 부근에 있었다. 하북성 창려현昌黎縣으로 보는 사람도 있다.
* 송무기宋無忌: 『사기색은史記索隱』「봉선서封禪書」에, 『노자계경老子戒經』에서 '월중선인月中仙人 송무기'라 하고, 또 「백택도白澤圖」에서는 '火之精,曰宋無忌'라 했다" 하여 송무기를 화선火仙이라 칭하고 있다.
* 정백교正伯僑: 『사기색은』「봉선서」에 "사마상여司馬相如가 말하기를, 정백교는 옛 선인古仙人이다"라고 하였다.
* 극상克尙: 『사기』「봉선서」에서는 충상充尙이라 기록되어 있다.
* 선문자고羨門子高: 『사기』「진시황본기」에 "시황이 갈석에 가서 연나라 사람 노생盧生에게 선문고羨門高를 찾으라 하였다"라고 하였다.
* 최후最後: 『사기색은』「봉선서」에는 "복건服虔은 최후를 제외한 네 사람으로 말하고, 소안小顔은 최후까지 합하여 다섯 사람으로 보고 있다. 유백장劉伯莊 역시 후자의 주장을 따르고 있다"라고 하여 최후를 인명으로 보는 견해와 단순한 어사語詞로 보는 두 가지 주장이 있다.
* 문성文成: 한나라 때 제齊나라 사람으로 선술仙術에 뛰어나 한무제에게 총애를 받았다.
* 신공申公: 중국 전한前漢 시대의 문신으로, 노魯나라 사람이고 이름은 배培라 하였다.

이역수봉어제　팔신지속　우성어차지　후세기지　다호도술자
而亦受封於齊하니 八神之俗이 尤盛於此地오 後世其地에 多好道術者가
　출　　여신선황로　　혼회부연　　우위지윤식
出하야 與神仙黃老로 混會敷演하야 尤爲之潤飾하니
즉차우강태공　위지조속야
則此又姜太公이 爲之助俗也니라.

역주 옛날 **여상**呂尙(강태공) 역시 **치우의 후손**이다. 그래서 성이 강姜*인데, 치우가 강수姜水에 살면서 낳은 아들이 모두 강씨姜氏가 되었다. 강태공이 제나라를 다스릴 때 먼저 도술을 닦고 천제지天齊池에서 천제를 올렸다. 또한 제齊에 봉토封土를 받으니 **팔신**八神**의** 풍속이 제나라에서 더욱 성행하였다. 후에 그 땅에 도술을 좋아하는 자가 많이 나와 신선 황로黃老(황제와 노자)와 뒤섞이고 부연하여 더욱 풍속을 윤색시켜 놓았으니 이것은 강태공이 그 풍속을 장려했기 때문이다.

상작음부경주　　　조술자부삼황지의　　즉연제지사
嘗作陰符經注하야 祖述紫府三皇之義하니 則燕齊之士가
안득이불호괴이부탄지설재　차기오행치수지법　황제중경지서
安得以不好恠異浮誕之說哉아. 且其五行治水之法과 黃帝中經之書가
우출어태자부루　　이우전지어우사공
又出於太子扶婁오 而又傳之於虞司空하고
후　부위기자지진홍범어주왕자　역즉황제중경　오행치수지설
後에 復爲箕子之陳洪範於紂王者가 亦卽黃帝中經과 五行治水之說이니
즉개기학　본신시구정균전지유법야
則蓋其學이 本神市邱井均田之遺法也니라.

역주 일찍이 강태공이 『음부경주陰符經注』를 지어 자부紫府 선생의 『삼황내문三皇內文』의 뜻을 조술祖述하였으니 연나라·제나라 선비가 어찌 괴이하고 허황한 이야기를 좋아하지 않았겠는가?

또 **오행치수법**과 『**황제중경**黃帝中經』이 부루태자(2세 단군)에게서 나와 우虞 사공司空에게 전해졌는데, 후에 기자箕子가 은나라 주왕紂王(BCE 1154~BCE 1123)에게 진술한 **홍범구주**洪範九疇[12] 또한 『황제중경』과 오행치수설이다.* 대저 그 학문은 본래 배달 신시 시대의 구정법邱井法과 균전법均田法에서 전해 내려온 법이다.

삼신을 수호하는 벼슬 삼랑

밀기　　운　고자　사사무출향　　합장일처　　표위지석　　　후변위단
密記에 云「古者에 徙死無出鄕하고 合葬一處하야 表爲支石이러니 後變爲壇하야
칭지석단　　　역제석단　　　재산정이참산위성단자　왈천단
稱支石壇이오 亦祭夕壇이라.」在山頂而塹山爲城壇者를 曰天壇이오

*강姜: 염제신농炎帝神農씨의 성으로 현전하는 최고最古의 성씨. 동이족인 소전少典씨가 8세 안부련安夫連환웅의 명으로 중국 섬서성의 강수姜水에 가서 살았으므로 성을 강姜씨라 했다.
*본서 「신시본기」에는 기자가 은나라 마지막 왕인 폭군 주왕紂王에게 홍범구주를 진술한 것으로 기록되어 있다. 훗날 은나라가 망하자 기자는 주周나라 무왕에게 홍범구주를 전수하였다. '주紂'는 '주周'의 오기誤記인 듯하다.

神市

재산곡이식목위토단자　왈신단　　금승도　혼이제석칭단
在山谷而植木爲土壇者를 曰神壇이니 今僧徒가 混以帝釋稱壇하니
즉비고야　　호수삼신　　이리인명자　　위삼시랑　　본삼신시종지랑
則非古也라. 護守三神하야 以理人命者를 爲三侍郞이니 本三神侍從之郞이오

역주 『밀기密記』에 이렇게 기록되어 있다.

옛날에 장사를 지낼 때는 마을을 떠나지 않고 한 곳에 합장하여 지석(고인돌)으로 표시를 하였다. 이것이 후에 변하여 단壇이 되었는데, 지석단支石壇 또는 제석단祭夕壇이라 불렸다.

산꼭대기에 땅을 파서 성단城壇을 만든 것을 천단天壇이라 하고, 산골짜기에 나무를 세워 토단土壇을 쌓은 것을 **신단**神壇*이라 한다. 지금의 승려들은 이를 혼동하여 제석帝釋을 단壇이라 칭하는데, 옛날 우리의 고유한 법이 아니다.

삼신을 수호하여 인명을 다스리는 자를 **삼시랑**三侍郞이라 하는데, 본래 삼신을 시종侍從하는 벼슬이다.

신시

삼랑　　본배달신　　역세습삼신호수지관야　　　고려팔관잡기　　역왈
三郞은 本倍達臣이니 亦世襲三神護守之官也니라. 高麗八觀雜記에 亦曰
　삼랑　　　배달신야　　　주가종재리자　　위업　　주교화위복자　　위랑
「三郞은 倍達臣也라」하니 主稼種財利者는 爲業이오 主敎化威福者는 爲郞이오
　주취중원공자　　위백　　즉고발신도야　　개능강령예언
主聚衆願功者는 爲伯이니 卽古發神道也라 皆能降靈豫言하야
다신리누중야　　금혈구　　유삼랑성　　성자　　즉삼랑숙위지소야
多神理屢中也라 今穴口에 有三郞城하니 城者는 卽三郞宿衛之所也오
낭자　　즉삼신호수지관야　　불상　　시입야　　건사칭대웅
郞者는 卽三神護守之官也라 佛像이 始入也에 建寺稱大雄하니
차승도지습고잉칭　　　이본비승가언야
此僧徒之襲古仍稱이오 而本非僧家言也라.
우운　승도유생　개예어낭가　　　이차가지야
又云「僧徒儒生이 皆隷於郞家라」하니 以此可知也라.

역주 **삼랑**三郞[13]은 본래 배달倍達의 신하이며, **삼신을 수호하는 관직**을 세습하였다. 『고려팔관잡기高麗八觀雜記』에도 역시 "삼랑은 배달국의 신하이다"라고 기록되어 있다.

곡식 종자를 심어 가꾸고 재물을 다스리는 일을 주관하는 자를 **업**業이라 하고, 백성을 교화하고 형벌과 복을 주는 일을 맡은 자를 **낭**郞이라 하고, 백성을 모아 삼신께 공덕을 기원하는 일을 주관하는 자를 **백**伯이라 하니, 곧 옛날의 **광명**[發]◎ **신도**神道이다. 모두 영靈을 받아 예언을 하였는데 신이한 이치가 자주 적중하였다.

＊**신단**神壇: 나무를 세워서 토단土壇을 쌓은 것이다. 실제로 일본의 2대 신사 중 하나인 이즈모出雲 신사는 나무를 세워서 단을 만들었다. 일본 내 10만 여개 신사의 원조인 이즈모 신사는 본래 한반도에서 전해진 천신天神(삼신상제님)을 모시던 사당이다.
◎**발**發: '밝다'는 뜻으로 음차한 것이다.

지금 강화도 혈구에 삼랑성三郞城이 있는데, 성城은 삼랑三郞이 머물면서 호위하는 곳이요, **낭郞은 삼신을 수호하는 관직**이다.

불상이 처음 들어왔을 때 절을 지어 **대웅**大雄이라 불렀다. 이것은 승려들이 옛 풍속을 따라 그대로 부른 것이요, 본래 승가僧家의 말이 아니다. 또 "승도僧徒와 유생儒生이 모두 낭가郞家에 예속되었다"라고 하였으니 이로써도 잘 알 수 있다.

고구려 때의 능묘 법제는 천하의 으뜸

或云「古者에 人民이 散處溪谷하야 葬無定地하야
上自國王으로 皆遷置於隧穴하고 並配天神以祭라가 後或有平地而葬之하고
環植檀柳松栢以識라 是以로 神市之世에 無陵墓之制라.
後至中古하야 國富族强하니 養生得贍하고 送死亦侈하야 祭之有禮하며
治墓頗隆하야 或圓或方에 克厥侈飾하며 高大廣狹이 方正有規하며
內壁外墳이 均整兼巧러니 至于高句麗하야 陵墓規制가 冠於天下라.」

역주 어떤 사람이 이렇게 말하였다.

옛날에는 백성이 계곡에 흩어져 살아 일정한 곳에 장사 지내지 않았다. 위로 국왕부터 모두 수혈隧穴에 옮겨 천신과 짝하여 제사를 지내다가 후에는 더러 평지에 장사 지내고, 박달나무·버드나무·소나무·잣나무를 빙 둘러 심어 표시를 해 두기도 하였다. 이 때문에 신시 시대에는 능묘陵墓 제도가 없었다.

그 후 중고中古 시대에 이르러 국가와 부족이 강성하여 사는 것이 풍족해지자 장사 지내는 것도 사치스럽게 되었다. 예를 갖추어 제사를 지내고, 묘지도 성대하게 단장하여 둥글거나 혹은 모나게 하고 사치스럽게 장식을 덧붙였다. 높고 크고 넓고 좁은 것이 방정하여 일정한 법이 있었고, 내벽과 외분이 모두 잘 정비되고 꾸며졌다.

이후 고구려 시대에 이르러 능묘의 법제가 천하에 으뜸이 되었다.

神市

주註

1) 서계書契

 사물을 표시하는 부호로, 곧 문자를 말한다. 환웅천황의 명을 받아 신지 혁덕이 만든 녹도문鹿圖文이 문자의 기원이다. 이것을 복희씨, 창힐 등이 서토西土에 보급시켜 훗날 상商나라 갑골문의 뿌리가 되었다. 녹도문의 원형은 고조선에 그대로 계승되었다.
 『평양지』의 기록에 따르면, 조선 선조 16년에 평양 법수교 밑에서 발굴된 세 조각의 석비石碑 속에서 문자가 나왔다고 하며, 백두용白斗鏞의 『해동역대명가필보海東歷代名家筆譜』에 고조선 신지神誌 전자篆字로 소개된 바 있다. 또한 평안북도 용천군 신암리와 요령성 여대시 윤가혼에서 출토된 고조선 토기에도 녹도문이 새겨져 있다. 그런데 이 녹도문은 현재 중국 섬서성 백수현白水縣에 남아 있는 창성조적서비倉聖鳥跡書碑에 새겨진 창힐 문자와 일치한다. 이것은 우리나라가 문자를 창안한 종주임을 입증하는 실례實例이다.

2) 이夷

 '동이東夷'의 '이'에는 여러 가지 의미가 있다.
 첫째, '활을 사용하는 동쪽 사람'이라는 뜻이 있다. 허신許愼이 편찬한 『설문해자說文解字』에서는 "동방지인야東方之人也, 종대종궁從大從弓"이라고 풀이하였다. 즉 '이'는 대大, 즉 사람人을 따르고 궁弓을 따르는 것으로, '동이'는 큰 활을 쏘는 동쪽 사람이란 뜻이다.
 둘째, '신을 대신하는 사람'이란 의미가 있다. 상대에 동이는 '인방人方', '시방尸方'이라 불리기도 했다. 이때 '시尸'는 단지 주검을 말하는 것이 아니라, 제사 때 신을 대신하는 시동으로 '신을 대신하는 사람, 신의 대리인'을 뜻한다.
 셋째, '인仁'의 의미를 가진다. '이夷'란 글자 자체에 어질다는 뜻이 있다.
 『후한서』「동이열전」의 주에 인용된 『죽서기년竹書紀年』에 의하면, 황하 유역 하류와 강회 유역에서 활약한 동이는 모두 9종으로, 견이畎夷, 우이于夷, 방이方夷, 황이黃夷, 백이白夷, 적이赤夷, 현이玄夷, 풍이風夷, 양이陽夷이다. 동이라는 호칭을 쓰기 전에 동방민족의 호칭을 그냥 이夷라 하였고, 이夷 자 앞에 지역 등의 특징 명칭을 덧붙여 불렀던 것으로 보인다.
 한나라 이후에 쓴 사서에 나오는 '동이'는, 전국시대까지 중국의 동부지방에서 활약한 '동이'의 의미와 전혀 다르다. 진나라 이후 만주와 한반도에 살던 조선족과 숙신과 동호의 후신은 물론 일본 등지에 살던 족속들을 화하족 우위의 중화사상中華思想에 따라 '동쪽 오랑캐'란 뜻으로 사용하였다.

3) 『춘추春秋』

 공자가 지은 중국 노魯나라 역사서로 오경五經의 하나이다. 노나라 은공隱公 1년에서 애공哀公 14년까지 12대 242년간의 사적事跡을 노나라 사관이 편년체로 기록한 것을 공자가 다시 윤리적 입장에서 정사선악正邪善惡의 가치 판단을 내려 저술하였다.
 『춘추』는 중국 후대 역사 기록의 정형이 되기도 하였으나, 후세 사가史家들에 의해 춘추 3대 필법, 즉
 (1) 중국을 위해 수치를 감춘다[爲中國諱恥].
 (2) 중국을 높이고 외국을 낮춘다[秤華夏而陋夷狄].
 (3) 중국은 상세히, 외국은 간단히 쓴다[詳內略外]
 라는 원칙 아래 기술된 것이란 비판을 받기도 한다. 그러나 공자는 『춘추』를 지은 후에 "후세에 나를 알아 주는 것도 『춘추』뿐이고, 또한 나에게 죄 주는 것도 『춘추』뿐이다[孔子曰 知我者其惟春秋乎! 罪我者其惟春秋乎!]"(『孟子』「滕文公篇」下)라는 말로, 역사가로서 떳떳하고 공명정대한 역사의식을 가지고 있다고 자평自評하였다.

4) 360여사三百六十餘事

 이 내용은 일연이 지은 『삼국유사三國遺事』에도 똑같이 나온다. 360은 시공간과 밀접하게 연관된 숫자이다. 1°씩 360번을 거듭하면 360°의 공간이 만들어지고, 시간의 기본 단위인 하루를 360번 거듭하면 360일의 1년이 형성되기 때문이다. 따라서 360은 천지가 운행하는 시공의 형식이자 내용이다. 또한 360일은 사계절이 변함없이 둥글어 가는 한 해의 날수로서 천도의 운행 주기이다. 360일 중에서 전반기 180일의 봄과 여름은 양이 주관하고, 후반기 180일 곧 가을과 겨울은 음이 주관한다. 동지冬至를 기점으로 양이 싹트기 시작하면서 낮이 점점 길어지고, 하지夏至를 기점으로 음이 싹트기 시작하면서 밤이 점점 길어진다. 『주역』에서는 건乾의 책수策數는 216이요, 곤坤의 책수策數는 144이므로 건곤의 책수는 1년의 날수인 360일에 해당된다고 했다. 360일이라는 말에서 역수曆數의 원형(현실적인 시간의 성립 근거)이 신시 배달 초기부터 존재했다는 사실이 입증되는 셈이다. 공간의 완전형이 360°라면 시간의 원형 역시 360일이라는 등식이 성립한다. 결국 신교 문화에는 시간과 공간의 원리[曆數]를 바탕으로 인간 역사를 다스리는 이치가 담겨 있다고 할 수 있다.

5) 예와 맥

예맥족濊貊族을 웅족과 호족으로 보기도 하는데 예맥족은 넓은 의미에서 동이족이다. 이 예맥족이 맨 먼저 요령 일대에 터전을 마련하였다. 학계에서는, 예맥족은 발달된 농경문화의 경제력을 기반으로 하여, 먼저 홍도紅陶를 사용하는 종족과 문화를 흡수하면서 문화 기반을 넓히고 우리 민족의 주류를 형성하였다고 본다. 따라서 예맥족은 배달국과 고조선을 이룬 중심세력으로 추정된다.

동북아시아의 강대한 중심 세력을 결집한 부여·고구려에 원래 살고 있던 종족이 예족이고, 서쪽에서 이동해 들어와 예족과 융합하여 부여와 고구려를 건국한 종족이 맥족이라는 견해가 일반적으로 받아들여지고 있다.

6) 고조선의 관할 영토

『세종실록지리지世宗實錄地理志』〈평안도平安道 평양부平壤府〉에 '立國號曰朝鮮, 朝鮮·尸羅·高禮·南北沃沮·東北扶餘·濊與貊, 皆檀君之理』, 『제왕운기帝王韻紀』「전조선기前朝鮮紀」에는 '名檀君, 據朝鮮之域爲王, 故尸羅·高禮·南北沃沮·東北扶餘·穢與貊, 皆檀君之壽也'라는 기록이 나온다. 여기서 '삼한'은 남삼한으로 지금의 한반도이다. '시라'는 신라를 말하는데 일찍이 길림吉林 일대에서 경주로 이주해 왔다. '고례'는 고구려, '남옥저'는 요동반도 일대, '북옥저'는 서간도西間島, '동부여'는 하얼빈 동쪽 통화현, '북부여'는 장춘長春 일대이다.

조선 시대 이종휘의 『수산집修山集』에도 "檀君時有別部曰: 濊貊·肅愼·夫餘·沃沮·韓, 皆臣朝鮮, 出貢賦如郡縣"이라 하였다. 그런데 『사기』, 『한서』, 『삼국지』 등 중국 사서에서는 단군조선을 동이東夷, 동호東胡, 숙신肅愼 예濊·맥貊 등 다른 이름으로 표기하였다. 그리고 단군조선의 수많은 대소大小 제후국을 마치 독립국인 것처럼 서술함으로써 단군조선의 통일된 모습은 물론 국호國號와 강성한 국력을 의도적으로 감추어 버렸다. 그리하여 후세인들이 단군조선의 실존은 물론, 그 '통일된 대제국'의 본래 면모를 전혀 인식하지 못하게 되었다. 한민족의 뿌리를 거세하여 불구로 만들고 만 것이다.

7) 여와女媧

태호복희의 여동생. 『강감금단綱鑑金丹』에는 "태호복희가 죽은 뒤에 여동생인 여와가 무진년(BCE 3413)에 임금이 되었다"라고 하였다. 사마천의 『사기』에도 "태호복희가 죽은 뒤에 여러 신하가 여와를 임금으로 받들었다. 그때 호남성 형산衡山의 앞쪽에 있던 막배를 신하로 삼아 정치를 잘하였고, 후에 하남성 유성柳城에 도읍하였으며, 생황笙簧이라는 악기를 만들었다. 15년간 통치하다가 죽으니 나이는 143세였다"라고 하였다.

이 여와는 『구약성경』의 「창세기」에 나오는 '야훼'와 유음어類音語이다. 동한東漢 응소應劭가 지은 『풍속통의風俗通義』와 고구려 을파소가 전한 『참전계경』에는 『구약』의 「창세기」와 유사한 기록이 나온다. 『풍속통의』에는 "천지가 개벽되어 사람이 있지 아니하였는데 여와가 황토를 다져 사람을 만드시고 힘께 진흙 중에서 사람을 건져 내었다"라고 하였고, 『참전계경』에는 "여와가 흙을 이겨 사람 형상을 만들고 혼을 불어넣어 7일 만에 이루어 마쳤다"라고 하였다.

8) 염제신농炎帝神農

염제신농炎帝神農(BCE 3218~BCE 3078)은 사람들에게 처음으로 농사법을 가르쳐 주었으므로 신농神農이라 하고, 화덕火德에 의해 임금이 되었으므로 염제炎帝라 한다. 8세 안부련환웅(BCE 3240~BCE 3167) 때 소전少典이 천황의 명을 받아 섬서성 강수姜水에 가서 군사를 감독하였는데, 그곳(섬서성 보계시寶鷄市 상양산尙羊山)에서 낳은 아들 중에 맏이가 석년石年(염제신농)이고 둘째가 욱勗(공손公孫씨의 조상)이다. 신농씨는 강수姜水에서 살아 강姜을 성으로 삼았다.

9) 소호금천少昊金天

『강감금단綱鑑金丹』에 따르면 고시씨高矢氏의 방계 후손인 소호금천少昊金天(BCE 2598~BCE 2514)은 황제헌원의 맏아들로 황제를 이어 임금이 된 오제五帝 중의 한 사람이다. 『제왕세기帝王世紀』에서 "소호제少昊帝의 자字는 청양靑陽이고 성姓은 희姬씨이다. 소호가 곧 현효玄囂이고 궁상窮桑을 다스리다가 제위帝位에 올라 곡부曲阜에 도읍하였다"라고 하였고, 사마천의 『사기』에도 헌원의 맏아들이 현효, 청양靑陽이라 하고 그 주석에서도 현효(청양)가 곧 소호라 하였다.

그러나 사마천의 『사기』에는 오제에서 빠져 있어 황제의 계통이 아님을 나타내고 있다. 또한 소호는 헌원의 계통을 이은 전욱고양과 대립 관계에 있었고, 오직 태호복희의 법을 닦았기 때문에 소호少昊라 부른 것이다. 즉 태호의 다음 가는 사람이란 뜻에서 소호라 하고, 금덕金德에 의해 임금이 되어 금천金天이라 하였다(『강감금단』;『중국고금지명대사전』참조).

10) 동두철액銅頭鐵額

배달 시대 청동기 문화의 대명사이다. 문헌 기록상 우리나라 최초의 청동기 문화는 지금부터 4,700년 전 배달의 14세 치우천황 때에 시작되었다. 본서에 기록된 바와 같이(『사기정의史記正義』와 『규원사화』에도 기록되어 있다) '동두철액'이라 한 기사 내용은, 『관자』「지수地數」에서 "치우천황이 갈로산·웅호산의 쇠와 수금을 캐어 투구·갑옷·칼·창 등을 만들었다[葛盧之山發而出水, 金從之, 蚩尤受而制之以爲劍鎧矛戟]"라고 한 기록과 함께 이를 명확히 입증하고 있다.

또 철기 문화도 우리 나라에서 먼저 시작되어 중국 지역에 보급되었다. 그것은 철鐵의 옛 글자[古字]가 '동이족의 쇠'를 뜻하는 '철(銕=金+夷)'이라는 사실이 명백히 증명한다. 치우천황이 처음 철을 발굴했기 때문에 이 글자(銕)가 만들어진 것이다.

11) 수인씨燧人氏

『한비자』「오두五蠹」편에서는 "상고 시대에는 사람이 적고 금수가 많아서 사람들이 금수와 벌레, 뱀을 이기지 못하였다. 성인이 출현하여 나무를 얽어 둥지 집을 만들어 많은 해로움을 피하게 하였더니 사람들이 이를 기뻐하여 그로 하여금 천하를 다스리게 하고 그를 유소씨라고 불렀다. 사람들이 열매와 조개를 먹었는데, 비린내가 나고 악취가 나서 복부와 위를 다치게 해 질병에 많이 걸렸다. 성인이 출현하여 나무를 비벼서 불을 얻어 비린내를 없앴더니 사람들이 이를 기뻐하여 그로 하여금 천하를 다스리게 하고 그를 수인씨라고 불렀다[上古之世, 人民少而禽獸衆, 人民不勝禽獸蟲蛇. 有聖人作, 搆木爲巢以避群害, 而民悅之, 使王天下, 號之曰有巢氏. 民食果蓏蚌蛤, 腥臊惡臭而傷害腹胃, 民多疾病. 有聖人作, 鑽燧取火以化腥臊, 而民說之, 使王天下, 號之曰燧人氏]"라고 하였다.

12) 홍범구주洪範九疇

『서경』에 나오는 홍범구주는 낙서 원리와 밀접한 연관이 있고, 낙서 원리는 문왕팔괘도와 깊은 연관이 있다. 『서경』 '홍범편'에 따르면, 옛날 우임금이 낙수洛水에서 올라온 거북의 등껍질에 새겨진 무늬를 보고 치수 사업에 성공했다고 하였다. 낙서는 하늘의 의지를 읽을 수 있는 일종의 계시록啓示錄이다.

기자는 홍범 사상을 체계화하여 원시 유학을 새롭게 정립하는 데 기여하였다. 기자는 조국 은나라가 멸망하는 모습을 목격한 비운의 왕족이었다. 당시 중국 서북부에서 힘을 기르던 문왕文王의 아들 무왕武王이 혁명에 성공하자마자 기자를 방문하여 세상을 다스리는 대경대법大經大法을 물었는데, 그 대답이 바로 홍범이었다. 기자는 무왕을 위해 아홉 범주로 우주와 역사와 정치의 요체를 설명하였다.

이러한 홍범구주의 사상 연원은 단군왕검의 맏아들 부루태자가 도산에서 사공司空 우禹에게 전해 준 치수治水 방법이 담긴 금간옥첩金簡玉牒에서 찾을 수 있다. 금간옥첩의 내용은 오행치수의 비결과 나중에 기자가 주周나라 무왕武王에게 전한 홍범구주洪範九疇이다.

홍범 사상의 핵심은 아홉 범주[九疇] 가운데 가장 중앙에 있는 황극皇極이다. 주자朱子(1130~1200)는 이 황극을 세상을 다스리는 실질적 권한을 가진 천자天子로 인식한 반면에, 육상산陸象山(1139~1192)은 우주의 마음과 도덕의 본질인 '중中'으로 해석하였다. 주자가 정치와 역사 현실에 초점을 맞추어 해석하였다면, 육상산은 오로지 철학적인 풀이에 매달렸다고 할 수 있다.

13) 삼랑三郞

삼랑은 배달倍達의 신하臣下이기도 하고, 관직명이기도 하다. 삼랑에 속한 사람은 '삼신三神을 수호하여 인명人命을 다스리는 직분'을 맡았고, 그 관직은 세습되었다. 곡식의 종자를 뿌려 가꾸고 재물을 다스리는 일을 관리하는[稼種財利] 자를 '업業'이라 하고, 세상에 삼신의 진리를 전하고 잘못한 자를 형벌로 다스려 사회기강을 잡으면서 잘한 자에게 상을 내리는 일[教化威福]을 맡은 자를 '낭郞'이라 하며, 백성들을 모아 삼신께 공덕을 기원하는 일을 주관하는[聚衆願功] 자를 '백伯'이라 하였다. '업', '낭', '백'은 모두 삼랑이다.

삼신을 수호하여 인명을 다스리는 관직인 삼랑은 환국, 배달, 단군조선으로 그 맥이 전수되고 고구려, 신라, 조선으로 이어지면서 한국의 주체적인 전통사상 곧 낭가사상으로 구체화되었다.

太白逸史 第四

三韓管境本紀 삼한관경본기

- 고조선은 삼신의 우주관인 천지인 삼계의 '천일天一·지일地一·태일太一' 정신에 따라 전 영역을 삼한三韓(진한眞韓·번한番韓·마한馬韓)으로 나누어 다스렸다. 이를 삼한관경제三韓管境制라 한다.
- 「삼한관경본기」는 삼한관경인 진한·번한·마한의 삼한 중 번한과 마한에 대한 기록으로 『단군세기』의 보충 자료가 된다.
- 마한과 번한의 역대 왕의 치세를 기록하면서, 단군조선의 도읍 과정과 국제國制의 변화, 나라의 몰락 과정을 상세히 소개한다.
- 특히 하·은·주 등 중국과의 대외교섭사에 대해서도 새로운 사실을 밝히고 있으므로 한국 고대사 및 고대 한중 관계에 대한 중요한 역사적 자료가 된다.

배달을 계승한 단군왕검, 송화강 아사달에서 건국

환웅천황의 제천 행사

太白山이 北走하야 屹屹然立於斐西岬之境하야
有負水抱山而又回焉之處하니 乃大日王祭天之所也라
世傳桓雄天王이 巡駐於此하사 佃獵以祭하실새 風伯은 天符刻鏡而進하고
雨師는 迎鼓環舞하며 雲師는 佰劒陛衛하니라. 蓋天帝就山之儀仗이
若是之盛嚴也라 山名曰不咸이오 今亦曰完達이니 音近也니라

역주 태백산(백두산)이 북쪽으로 달려가 우뚝 솟은 장엄한 모습이 **비서갑**斐西岬 경계에까지 이어졌고, 그곳에 물을 등지고 산을 안고서 다시 꺾어져 감돈 곳이 있는데, 바로 **대일왕**大日王(환웅천황)께서 천제를 올리시던 곳이다.

세상에 이런 말이 전해 온다.

환웅천황이 이곳에 순행하여 머무시면서 사냥하여 제사 지내실 때, 풍백은 『**천부경**天符經』을 거울에 새겨 진상하고, 우사는 북에 맞추어 둥글게 춤을 추고, 운사는 백 명을 칼로 무장시켜 제단 밑에 늘어서서 지켰다.

상제님께 천제天祭를 올리러 산에 가실 때 의장이 이처럼 성대하고 엄숙하였다. 이 산의 이름이 **불함**不咸이다. 지금은 완달完達이라 하는데, 그 음이 비슷하다.

비서갑의 초대 왕검이 된 웅족 여왕

後에 熊女君이 爲天王所信하야 世襲爲斐西岬之王儉하니 王儉은
俗言大監也라 管守土境하고 除暴扶民하야 以天王이 諭國人之意로
戒之曰 父母는 可敬也며 妻子는 可保也며 兄弟는 可愛也며 老長은 可隆也며
少弱은 可惠也며 庶衆은 可信也라 하고
又制醫藥工匠養獸作農測候禮節文字之法하니
一境化之하야 遠近之民이 皆不相疑也러라.

역주 후에 웅족 여왕[熊女君]이 천황께 신임을 받아 비서갑의 왕검을 세습하였다. 왕검王儉을 세속 말로 대감大監이라 한다.

왕검은 영토를 관장하고 지키며, 포악한 것을 물리치고 백성을 보살폈다.

일찍이 천황께서 백성에게 유시諭示한 뜻을 받들어 자기 백성에게 이렇게 가르쳤다.

"부모를 공경하고, 처자를 잘 보호하여라. 형제를 사랑하고 아끼며, 노인과 어른을 잘 받들어라. 어린아이와 약한 자에게 은혜를 베풀고, 뭇 백성은 서로 믿어야 하느니라."

또 의약과 물건 만드는 법, 짐승을 기르고 농사짓는 법, 기후 관측과 예절과 문자의 법을 만드니, 맡아 다스리는 땅이 교화되어 원근 백성이 모두 서로 의심치 않게 되었다.

한족 시조 헌원은 웅씨족 소전의 후손

熊氏之所分을 曰少典이니 安夫連桓雄之末에 少典이 以命으로
監兵于姜水하고 其子神農이 嘗百草 制藥하고 後에 徒列山하야 日中交易하니
人多便之라 少典之別派를 曰公孫이니 以不善養獸로 流于軒丘하니
軒轅之屬이 皆其後也라.

역주 웅씨족에서 갈려 나간 후손 중에 **소전**少典이 있었다. 안부련환웅(8세) 말기에 소전이 명을 받고 **강수**姜水※에서 군병을 감독했다. 소전의 아들 **신농**神農은 온갖 풀을 맛보아 약을 만들었다. 후에 **열산**列山▩으로 이주하여 한낮에 시장을 열어 물건을 교역하게 하였는데※, 백성이 이를 매우 편리하게 여겼다.

소전에서 갈라진 파로 공손公孫이란 인물이 있었다. 짐승을 잘 기르지 못해 **헌구**軒丘※에 귀양가서 살았는데, 헌원軒轅의 족속이 모두 그 후손이다.

구환을 통일하신 신인 왕검 : 국조 단군

斯瓦羅桓雄之初에 熊女君之後를 曰黎니 始得封於檀墟하야 爲王儉하야
樹德愛民하니 土境이 漸大하고 諸土境王儉이 來獻方物하야
以歸化者가 千餘數라 後四百六十年에 有神人王儉者가 大得民望하사

※ **강수**姜水: 섬서성 기산현岐山縣 서쪽에 있는 기수岐水를 말한다.

▩ **열산**列山: 일명 여산礪山. 신농씨가 일어난 곳으로 신농씨를 여산씨礪山氏 혹은 열산씨라고도 불렀다.

※ **일중교역**日中交易: 본래 『주역周易』「계사전繫辭傳」하편에 나오는 '일중위시교역이퇴日中爲市交易而退'이다. 공자는 신농씨가 시장을 개설한 사실에 대해서 "태호복희씨가 죽고 염제신농씨가 일어났다. … 한낮에 시장을 열어 천하의 백성을 불러들이고, 천하의 재물을 모아 서로 교역交易한 후에 돌아가게 하였다"라고 하였다.

※ **헌구**軒丘: 헌원이 도읍한 곳인 유웅有熊을 말한다. 지금의 하남성 신정현新鄭縣. 여기에 궁산窮山이 있는데 궁산 가까이 있는 언덕을 '헌원의 언덕[軒轅之丘]'이라 한다(『중국고대신화』, 190쪽).

三韓管境

陛爲裨王이라가 居攝二十四年에 熊氏王이 崩於戰하고
王儉이 遂代其位하사 統九桓爲一하시니 是爲檀君王儉也시니라.

역주 사와라환웅(13세) 초기에 **웅족 여왕의 후예를 여**黎라 하였는데, 처음으로 단허檀墟에 봉함을 받아 **왕검**이 되었다.

왕검이 덕을 베풀고 백성을 사랑하므로 영토가 점점 넓어졌다. 여러 지역 왕검이 와서 방물을 바쳤고, 귀화하는 자가 천여 명이었다.

그 뒤 460년이 지나 **신인**神人 **왕검**이 출현하여 백성에게 신망을 크게 얻어 비왕裨王(부왕)에 올라 24년간 섭정하였다.

웅씨 왕이 전쟁에서 죽자 왕검이 드디어 그 자리를 계승하여 구환九桓을 통일하였다. 이분이 **단군왕검**이시다.

乃召國人하사 立約曰 自今以後로 聽民爲公法하노니 是謂天符也라
夫天符者는 萬世之綱典이오 至尊所在하니 不可犯也라 하시고
遂與三韓으로 分土而治하실새 辰韓은 天王自爲也시라
立都阿斯達하시고 開國하사 號朝鮮하시니 是爲一世檀君이시오
阿斯達은 三神所祭之地로 後人이 稱王儉城하니
以王儉舊宅이 尙存故也니라.

역주 이때에 나라 사람들을 불러 이렇게 공약하셨다.

"오늘 이후로는 백성의 뜻을 들어 공법을 삼노니, 이를 천부天符(하늘의 법)라 이르노라. 무릇 천부는 만세불변의 기본 경전이요, 지극한 존엄성이 담겨 있으니 범해서는 아니 되느니라."

마침내 **삼한***으로 영토를 나누어 다스릴 때 진한辰韓은 천왕께서 친히 맡아서 통치하셨다. 도읍을 아사달에 세우고 나라를 열어 조선이라 하니, 이분이 바로 **1세 단군**이시다. **아사달은 '삼신께 제사 지내는 곳'**으로 후세 사람들이 **왕검성**王儉城이라 불렀는데, 그 까닭은 왕검의 옛 집이 그대로 남아 있었기 때문이다.

✽**삼한**三韓: 삼신의 우주관인 천지인 삼계의 '天一·地一·太一' 정신에 따라 고조선 전 영역을 삼한三韓(진한·번한·마한)으로 나누어 다스렸다. 이 제도를 삼한관경제三韓管境制라 한다.

마한세가 상

웅 호 교 쟁 지 세　　　　환 웅 천 왕　　　상 미 군 림　　　　묘 환　　내 구 황 지 일 야
熊虎交爭之世에 桓雄天王이 尚未君臨하시니 苗桓이 乃九皇之一也라
재 석　　　이 위 아 환 족　　　유 목 농 경 지 소　　이 급 신 시 개 천　　　이 토 위 치
在昔에 已爲我桓族의 遊牧農耕之所오 而及神市開天하야 以土爲治하니
일 적 이 음 립　　　십 거 이 양 작　　　무 궤 이 충 생 언
一積而陰立하고 十鉅而陽作하야 无匱而衷生焉하니라.

역주 웅족과 호족이 서로 다투던 때는 환웅천황께서 아직 나라를 다스리기 이전이다. 묘환苗桓은 환국 시절 구황九皇족의 하나로 그 땅은 옛적에 이미 우리 환족이 유목과 농경을 하던 곳이다. 배달 신시가 개천되자 처음으로 토土의 중정中正의 덕으로 다스렸다[以土爲治].*

1(태극[水])이 만물을 낳아서 기르는(先天生長) 운동이 쌓여 그 궁극에 천지의 결실하는 음 기운(무극) 10이 성립하고[陰立], 이 10(무극)이 크게 열려서 만물이 다시 양 기운 1(태극)로 통일된다(후천 결실 수렴 운동). 이러한 1과 10의 순환 운동 속(중도의 덕을 지닌 5토土)에서 **천지의 참마음**[衷]이 생겨난다.

황제헌원이 신시 배달에 와서 도를 닦다

봉 조　　췌 서 어 백 아 강　　　선 인　　내 왕 어 법 수 교　　　법 수　　선 인 명 야
鳳鳥가 聚捿於白牙岡하고 仙人이 來往於法首橋하니 法首는 仙人名也라
인 문　　조 이 발 달　　오 곡　　풍 숙　　적 이 시 시　　자 부 선 생
人文이 早已發達하고 五穀이 豊熟하니 適以是時에 紫府先生이
조 칠 회 제 신 지 력　　　진 삼 황 내 문 어 천 폐　　　천 왕　　가 지
造七回祭神之曆하고 進三皇內文於天陛하니 天王이 嘉之하사
사 건 삼 청 궁 이 거 지　　　공 공 헌 원 창 힐 대 요 지 도　　개 래 학 언
使建三淸宮而居之하시니 共工軒轅倉頡大撓之徒가 皆來學焉하니라.
어 시　　작 사 희　　이 연 환 역　　개 신 지 혁 덕 소 기 천 부 지 유 의 야
於是에 作柶戲하야 以演桓易하니 蓋神誌赫德所記 天符之遺意也라.

역주 봉황새가 백아강白牙岡에 모여 깃들고, 선인이 법수교法首橋*를 왕래하였다.

＊이토위치以土爲治: 토土는 오행五行에서 사상四象(水火木金)의 근본이다. 토土로써 다스림의 근본을 삼았다는 것은 두 가지를 뜻한다. 현실계에서는 중정의 덕성인 5토, 정신계에서는 인간의 심법이다. 5토土는 만물을 분열·생장시키고 10토土는 만물의 생명을 수렴·통일한다.

＊법수교法首橋: 평양에 있었던 옛날 다리 이름.

법수는 신선 이름이다. 일찍이 인문이 발달하였고 오곡이 잘 익었다.

마침 이때 자부 선생이 **칠회제신력**七回祭神曆을 만들고 『삼황내문三皇內文』을 천황께 바쳤다. 천황께서 기뻐하시고 삼청궁三淸宮[1]을 지어 기거하게 하셨다.

공공共工·헌원·창힐·대요의 무리가 찾아와서 모두 자부 선생에게 배웠다. 그때 **윷놀이**를 만들어 「**환역**桓易」을 자세히 설명[演繹]하였는데, 대체로 (초대 환웅 때) 신지神誌 혁덕赫德이 기록한 『천부경』이 전하는 취지이다.

> 석자   환웅천왕   사천하지대   비일인   소능이화   장풍백 우사
> 昔者에 桓雄天王이 思天下之大는 非一人이 所能理化라 하시고 將風伯·雨師·
> 운사   이주곡 주명·주형·주병·주선악   범주인간삼백육십여사
> 雲師하사 而主穀·主命·主刑·主病·主善惡하시고 凡主人間三百六十餘事하시며
> 작력   이삼백육십오일오시사십팔분사십육초   위일년야
> 作曆하사 以三百六十五日五時四十八分四十六秒로 爲一年也하시니
> 차 내 삼신일체 상존 지 유법 야
> 此乃三神一體上尊之遺法也니라.

역주 옛적에 환웅천황께서 천하가 광대하여 한 사람이 능히 다스릴 수 없다고 생각하셨다. 이에 풍백과 우사와 운사를 거느리시고, (오가五加에게) 농사·왕명·형벌·질병·선악을 주관하게 하시고, 인간 세상의 360여 가지 일을 주관하시며, 책력을 지어 365일 5시간 48분 46초를 1년으로 삼으셨다. 이것이 바로 **삼신과 하나 되어 천상에 계시는 상제님**[三神一體上尊]께서 남겨 주신 법도이다.

> 고   이삼신입교   내작포념지표   기문 왈
> 故로 以三神立敎하사 乃作布念之標하시니 其文에 曰
> 일신강충   성통광명   재세이화   홍익인간
> 「一神降衷하사 性通光明하니 在世理化하야 弘益人間하라」 하니라.
> 자시 소도지립   도처가견   산상 웅상   산정개유
> 自是로 蘇塗之立이 到處可見이오 山像과 雄常이 山頂皆有하며
> 사래지민   환취허락   사가동정   이십세일   시화연풍
> 四來之民이 環聚墟落하야 四家同井하며 二十稅一하니 時和年豊하고
> 노적구산   만성 환강지   작태백환무지가   이전
> 露積邱山이라 萬姓이 歡康之하야 作太白環舞之歌하야 以傳하니라.

역주 그러므로 천황께서 삼신(상제님)의 도로써 가르침을 세우고[三神立敎], 그 품고 계신 뜻을 전하는 글[念標文]을 지으시니 그 「염표문」에 이렇게 기록되어 있다.

> 삼신[一神]께서 참마음을 내려 주셔서[一神降衷]
> 사람의 본성은 본래 신의 광명에 통해 있으니[性通光明]
> 삼신의 가르침으로 세상을 다스려 깨우쳐서[在世理化]
> 천지광명(환단)의 뜻과 대이상을 성취하는 홍익인간의 길을 갈지어다[弘益人間].

---

[1] 공공共工: 일반적으로 관명이지만 여기서는 인명으로 중국 신화에서는 수신水神으로 등장한다.

이때부터 소도가 건립되어 도처에서 볼 수 있었고, 산상山像과 웅상雄常이 산꼭대기마다 세워졌다. 사방에서 모여든 백성이 둥글게 마을을 이루고 네 집이 정전井田의 단위를 이루어 농사를 짓고, 조세는 20분의 1을 바쳤다.※ 사시가 고르고 풍년이 들어 집 밖에 곡식을 산더미처럼 쌓아 놓으니 온 백성이 기뻐하여 「태백환무太白環舞」라는 노래를 지어 후세에 전하였다.

치우천황의 헌원 토벌 - 탁록 대전쟁

> 계유치우씨   작조구치이채광   주철작병
> 繼有蚩尤氏가 作造九冶以採礦하시며 鑄鐵作兵하시며
> 우제비석박격지기   천하막감수지   시 헌구불복
> 又制飛石迫擊之機하시니 天下莫敢讋之라 時에 軒丘不服이어늘
> 치우궁솔왕정지   대전어탁록   탁록 금산서대동부야   장전
> 蚩尤躬率往征之하사 大戰於涿鹿하시니 涿鹿은 今山西大同府也라 將戰하실새
> 작탁록격   내소팔십일종당대인   선이반시치우형상
> 作涿鹿檄하시고 乃召八十一宗黨大人하사 先以頒示蚩尤形像하시고
> 구명서이고지
> 具命誓而告之하시니

역주 이어서 치우천황이 계셨는데 구치九冶를 만들어 광석을 캐고 철을 주조하여 병기를 만드셨다. 또 비석박격기를 만드시니 천하에서 감히 대항하는 자가 없었다. 이때 헌구(황제헌원, 중화 한족의 시조)가 불복하므로 치우천황께서 친히 군사를 거느리고 탁록에서 대전쟁을 벌이셨다. 탁록은 지금의 산서성 대동부大同府이다.※

전투를 시작하려 할 때 「탁록격문涿鹿檄文」을 짓고, 종당대인宗黨大人※ 81명을 소집하여 먼저 치우천황의 형상을 그려 반포하고, 아울러 신하들에게 경계의 글을 내려 알리셨다.

> 치우천왕   왈이헌구   명청짐고   일지유자   유짐일인
> 蚩尤天王이 曰爾軒丘아 明聽朕誥하라 日之有子에 惟朕一人이
> 위만세위공지의   작인간세심지서
> 爲萬世爲公之義하야 作人間洗心之誓하노니
> 이헌구   모아삼신일체지원리   태기삼륜구서지행
> 爾軒丘는 侮我三神一體之原理하고 怠棄三倫九誓之行하니
> 삼신   구염기예   명짐일인   행삼신지토
> 三神이 久厭其穢하사 命朕一人하사 行三神之討하시니
> 이조이세심개행   자성구자   강재이뇌   약불순명   천인함노
> 爾早已洗心改行하야 自性求子면 降在爾腦오 若不順命이면 天人咸怒하리니

※ 20분의 1세: 배달 시대에 이미 생산량의 20분의 1을 바치는 조세 제도가 있었다. 단군조선 때에도 이 제도가 계승, 유지되었다(『단군세기』). 반면 중국에서는 단군 조선의 세법을 모방하여 하·은·주 3대 왕조 때부터 10분의 1을 거두는 정전법을 실시하였다.

※ 탁록: 여기에서는 지금의 산서성 대동大同으로 말하고 있으나, 현재 알려진 탁록은 하북성 탁록현 동남쪽에 있는 반산진礬山鎭이다.

※ 종당대인宗黨大人: 종가宗家의 계통에서 최고 우두머리(연장자)가 되는 사람.

기명지불상   이무가구호재   어시   헌구내평복   천하종아언
其命之不常을 爾無可懼乎哉아 於是에 軒丘乃平服하고 天下宗我焉하니라.

역주 치우천황께서 말씀하셨다.

"너, 헌구는 짐의 말을 똑똑히 들으렷다! 태양(하늘)의 아들은 오직 짐 한 사람이니라. 짐이 천자로서 이 세상을 만세토록 공의公義롭게 하기 위하여 인간의 마음을 닦는 경계의 글(훈계문)을 짓노라.

너, 헌구는 우리의 **삼신일체 원리**를 우습게 알고 태만하여 **삼륜구서**三倫九誓를 실행하지 않았느니라. 이에 삼신상제님께서 오랫동안 너의 더러운 행위를 싫어하여 짐 한 사람에게 명하시어 '삼신의 토벌'을 행하게 하셨노라. 네가 하루속히 불의한 마음을 씻고 행동거지를 뜯어고쳐 타고난 삼신의 본성에서 진리의 열매(씨)를 구하여라. 그러면 상제님의 성령이 너의 머리에 내려 오시리라. 만일 네가 천명天命을 따르지 아니하면 하늘과 사람이 함께 노하여 네 목숨이 온전치 못하리니 너는 두렵지도 않으냐?"

이때에 헌구가 평정되어 복종함으로 천하가 우리 배달을 종주로 받들게 되었다.

선인 유위자가 전한 천지 대도의 말씀

시   유위자   은어묘향산   기학   출어자부선생야
時에 有爲子가 隱於妙香山하니 其學이 出於紫府先生也라
과현웅씨군   군 청위아진도호   대왈 도지대원   출호삼신야
過見熊氏君한대 君이 請爲我陳道乎아 對曰 道之大原이 出乎三神也로이다.
도기무대무칭   유대비도   유칭역비도야   도무상도   이수시
道旣無對無稱하니 有對非道오 有稱亦非道也로이다. 道無常道나 而隨時가
내도지소귀야   칭무상칭   이안민   내칭지소실야
乃道之所貴也오 稱無常稱이나 而安民이 乃稱之所實也로이다.
기무외지대   무내지소   도내무소불함야
其無外之大와 無內之小에 道乃無所不含也로이다.

역주 이때 유위자*가 묘향산에 은거하고 있었는데, 그의 학문은 자부 선생에게서 나온 것이다. 지나는 길에 웅씨 임금을 알현하니, 임금이 "나를 위해 도道를 설명해 주겠소?"라고 청하였다.

이에 이렇게 대답하였다.

"도의 큰 근원은 삼신에서 나옵니다[道之大原 出乎三神]. 도에는 이미 대립도 없고 이름도 없으니, 대립이 있으면 도가 아니요, 이름이 있어도 도가 아닙니다. 도에는 고정불변의 도가 없으나 **천지의 때를 따르는 것**이 도가 귀하게 여기는 바입니다.

---

*유위자有爲子: 『단군세기』에는 11세 단군 때에 국자랑을 가르친 스승[國子師傅]으로 묘향산에 은거한 선인仙人이라 하였다. 또 공자의 10세손인 공빈孔斌이 지은 『동이열전東夷列傳』에는 "유위자는 하늘이 낳은 성인으로 훌륭한 이름이 중국에도 넘쳐 흘렀다. 이윤이 그의 문하에서 학업을 전수받아 은나라 탕왕의 훌륭한 재상이 되었다"라고 하였다.

도에는 일정한 이름이 없으나 백성을 평안하게 함이 도의 이름이 담고 있는 바입니다. 밖이 없는 극대 세계와 안이 없는 극미 세계에 이르기까지 도가 품지 않는 바가 없습니다.

天之有機_{천지유기}는 見於吾心之機_{현어오심지기}하고 地之有象_{지지유상}은 見於吾身之象_{현어오신지상}하고
物之有宰_{물지유재}는 見於吾氣之宰_{현어오기지재야}니 乃執一而舍三_{내집일이함삼}하고 會三而歸一_{회삼이귀일야}也니이다.
一神所降者_{일신소강자}는 是物理也_{시물리야}니 乃天一生水之道也_{내천일생수지도야}오 性通光明者_{성통광명자}는 是生理也_{시생리야}니
乃地二生火之道也_{내지이생화지도야}오 在世理化者_{재세이화자}는 是心理也_{시심리야}니 乃人三生木之道也_{내인삼생목지도야}니이다.
盖大始_{개대시}에 三神_{삼신}이 造三界_{조삼계}하실새 水以象天_{수이상천}하시고 火以象地_{화이상지}하시고 木以象人_{목이상인}하시니
夫木者_{부목자}는 柢地而出乎天_{저지이출호천}하야 亦如人_{역여인}이 立地而出_{입지이출}하야 能代天也_{능대천야}로이다 하야늘
君曰 善哉_{군왈 선재}라 言乎_{언호}여.

역주 하늘에 있는 기틀이 내 마음의 기틀에 나타나고, 땅에 있는 상象(변화의 움직임)이 내 몸의 상에 나타나며, 만물의 주재는 내 몸의 기氣의 주재에서 나타나니, 이것이 바로 하나[一氣]에는 셋(삼신)이 깃들어 있고[執一含三]*, 세 손길로 작용하는 삼신이 하나의 근원으로 돌아가는 원리[會三歸一]*입니다.

일신이 내려 주신 바가 **만물**의 이치[物理]이니 바로 천일天一이 (또는 하늘이 1로서) 물[水]을 생生하는 도입니다. 인간의 본래 성품이 광명에 통해 있는 것이 **생명의 이치**[生理]이니 바로 지이地二가 (또는 땅이 2로서) 불[火]을 생生하는 도입니다. 세상을 삼신상제님의 가르침으로 다스려 깨우치는 것이 **마음의 이치**[心理]이니, 바로 인삼人三(또는 사람이 3으로서)이 나무[木]를 생生하는 도입니다. 대개 대시에 삼신상제님께서 천지인 삼계를 만드실 때, 물[水]로써 하늘[天]을 상징하고, 불[火]로써 땅[地]을 상징하고, 나무[木]로써 사람[人]을 상징하였습니다. 무릇 나무란 땅에 뿌리를 내리고 하늘로 솟아나온 것인데, 사람이 땅에 우뚝 서서 하늘을 대신하는 것과 같습니다."

웅씨 임금이 말하였다. "참으로 좋은 말씀이오."

고조선 마한 수도의 위치와 역대 왕의 치적

檀君王儉_{단군왕검}이 旣定天下_{기정천하}하시고 分三韓而管境_{분삼한이관경}하실새 乃封熊伯多_{내봉웅백다}하사

---

* 집일함삼執一含三 : 우주의 한 조화 기운은 (삼위三位 정신으로 자존하는) '세 가지 창조 정신三神'을 머금고 있다.

* 회삼귀일會三歸一 : 세 가지 창조 원리는 수렴해서 보면, 본래의 '시원의 조화 세계, 일기一氣 속의 일신一神'으로 돌아간다.

> 위마한   도어달지국   역명왈 백아강야
> 爲馬韓하시고 都於達支國하시니 亦名曰 白牙岡也라
> 등마한산   제천   천왕   하조왈 인 시경즉연추자형
> 登馬韓山하사 祭天하실새 天王이 下詔曰 人이 視鏡則姸醜自形하고
> 민   시군즉치란현정   시경   수선시형   시군   수선시정
> 民이 視君則治亂見政하나니 視鏡에 須先視形하고 視君에 須先視政이어다.
> 마한   상차왈 성재   언호   성주   능종중의고   도대
> 馬韓이 上箚曰 聖哉라 言乎시여 聖主는 能從衆議故로 道大하고
> 암군   호용독선고   도소   가무내성이불태호
> 暗君은 好用獨善故로 道小하나니 可無內省而不怠乎니이다.

역주 단군왕검께서 천하를 평정하고 삼한으로 나누어 다스릴 때, 웅백다熊伯多를 마한 왕(부단군)으로 임명하셨다. 도읍을 달지국達支國에 정하였는데, **백아강**白牙岡이 라고도 불렀다. 마한산에 올라 천제를 지내실 때 천왕(단군왕검)께서 조칙을 내려 이 렇게 말씀하셨다.

"사람이 거울을 보면 잘나고 못난 모습이 저절로 드러나고, 백성이 임금을 보면 세상이 잘 다스려지고 어지러운 것이 정사에 나타나나니, 거울을 볼 때는 반드시 먼저 자신의 모습을 보고, 임금을 볼 때는 반드시 먼저 정사를 보아야 하느니라."

마한 왕(웅백다)이 차자箚子를 올려 이렇게 아뢰었다.

"거룩하신 말씀입니다. 성군은 뭇 사람의 의견을 잘 좇으므로 도가 높아지고, 어 리석은 임금은 독선을 좋아하므로 도가 작아지나니, 참으로 자신을 돌이켜 살펴서 게으르지 않도록 해야 할 것입니다."

(1) 삼랑성과 제천단을 쌓다

> 단군왕검오십일년   천왕   명운사배달신   축삼랑성우혈구
> 檀君王儉五十一年에 天王이 命雲師倍達臣하사 築三郞城于穴口하시고
> 설제천단우마리산   발강남민정팔천인   이조역
> 設祭天壇于摩璃山하실새 發江南民丁八千人하사 以助役하시니라
> 신유삼월   천왕   친행마리산   제천   웅백다 훙
> 辛酉三月에 天王이 親幸摩璃山하사 祭天하시니라. 熊伯多가 薨하니
> 재위오십오년   자노덕리 입   노덕리 훙   자불여래 입
> 在位五十五年이라 子盧德利가 立하니라 盧德利가 薨하니 子弗如來가 立하니라
> 시단군부루십이년임자   추시월 이명   반칠회력우민
> 是檀君扶婁十二年壬子라. 秋十月에 以命으로 頒七回曆于民하고
> 명년춘삼월   시교민종류우백아강 작도정
> 明年春三月에 始敎民種柳于白牙岡하고 作都亭하니라.
> 병진   각립삼일신고비어남산   경신 작도전   기해 입소도
> 丙辰에 刻立三一神誥碑於南山하고 庚申에 作稻田하고 己亥에 立蘇塗하야
> 시삼륜구서지훈   치화대행
> 施三倫九誓之訓하니 治化大行하니라.

역주 단군왕검 51년(단기 51, BCE 2283)에 천왕께서 운사 배달신에게 명하여 혈구

※ **차자**箚子: 임금께 올리는, 간단한 서식으로 쓴 상소문.

穴口에 삼랑성을 축조하고 마리산에 제천단을 설치할 때 강남의 장정 8,000명을 동원하여 조역助役하게 하셨다.

(91세 되시던) 신유(단기 54, BCE 2280)년 3월에 천왕께서 친히 마리산에 행차하여 천제를 올리셨다.

웅백다가 세상을 떠나니 단군왕검 재위 55년(단기 55년, BCE 2279)이었다. 아들 노덕리盧德利(2세 왕)가 계승하였다. 노덕리가 세상을 뜨자 아들 불여래弗如來(3세 왕)가 즉위하니 부루단군(2세) 12년 임자(단기 105, BCE 2229)년이었다.

가을 10월에 (단군의) 명을 받들어 **칠회력七回曆**을 백성에게 널리 반포하였다. 다음해 봄 3월에, 처음으로 백성으로 하여금 백아강에 버드나무를 심게 하고 도정都亭을 지었다.

병진(단기 109, BCE 2225)년에 **삼일신고비三一神誥碑**를 새겨서 남산에 세우고, 경신(단기 113, BCE 2221)년에 논[稻田]※을 개간하였다. 기해(단기 152, BCE 2182)년에 소도를 세워 **삼륜구서三倫九誓의 가르침**을 베푸니 나라를 다스리는 덕화가 널리 미쳤다.

(2) 3세 가륵단군의 중도 일심 정신에 대한 성훈

```
단군가륵삼년   불여래   훙    자두라문    입
檀君嘉勒三年에 弗如來가 薨하니 子杜羅門이 立하니라.
을사구월    천왕   칙왈 천하대본   재어오심지중일야
乙巳九月에 天王이 敕曰 天下大本이 在於吾心之中一也니
인실중일즉사무성취   물실중일즉체내경복       군심  유위
人失中一則事無成就하고 物失中一則體乃傾覆하나니라. 君心은 惟危하고
중심  유미   전인통균    입중물실연후    내정우일야
衆心은 惟微하니 全人統均하야 立中勿失然後라야 乃定于一也니라
유중유일지도   위부당자   위자당효   위군당의   위신당충
惟中惟一之道는 爲父當慈하고 爲子當孝하며 爲君當義하고 爲臣當忠하며
위부부당상경    위형제당상애     노소당유서    붕우당유신
爲夫婦當相敬하고 爲兄弟當相愛하며 老少當有序하고 朋友當有信이니라.
```

역주 가륵단군(3세) 3년(단기 154, BCE 2180)에 불여래가 세상을 떠나고 아들 두라문杜羅門(4세 왕)이 즉위하였다. 을사(단기 158, BCE 2176)년 9월에 천왕께서 조칙을 내려 말씀하셨다.

"천하의 대본大本은 내 마음의 '중도 일심[中一] 자리'에 있느니라. 사람이 중도 일심을 잃으면 어떤 일도 성취할 수 없고, 만물이 중도 일심을 잃으면 그 몸이 넘어지고 엎어지느니라. 임금의 마음은 위태롭고 백성의 마음은 은미하니, 모든 사람이 균일

※ 칠회력七回曆: 14세 치우천황 때 자부紫府 선생이 일월日月의 운행 경로와 도수를 측정하고 수화목금토水火木金土 오행五行의 수리數理를 살펴 만들었다. 이것은 배달 시대에 이미 있던 '칠회제신七回祭神의 역曆'에 연원을 둔 것이다. 칠회력은 곧 칠성력七星曆을 말한다.

※ 도전稻田: 벼를 심은 밭. 지금부터 4천 년 전 고조선 초기에 이미 벼농사를 지을 정도로 발전된 농업 경제 단계에 돌입하였음을 알 수 있는데, 이러한 사실은 고고학적으로도 공인되고 있다.

하게 갖고 나온 천부의 성품을 잘 닦고 간직하여 그 조화의 중심 자리를 확립해서 잃지 않은 연후에야 일심 자리에 확고히 안주할 수 있느니라.

중정과 일심[中一]의 도는 아비된 자 마땅히 자애롭고, 자식된 자 마땅히 효도하며, 임금된 자 마땅히 의롭고, 신하된 자 마땅히 충성하며, 부부된 자 마땅히 서로 공경하고, 형제된 자 마땅히 서로 우애하고, 노인과 젊은이가 마땅히 차례를 잘 지키고, 친구끼리 마땅히 서로 믿음을 가지는 것이니라.

칙신공검　　　수학련업　　　계지발능　　　홍익상면　　　성기자유
飭身恭儉하며 修學鍊業하며 啓智發能하며 弘益相勉하야 成己自由하며
개물평등　　　이천하자임　　　당존국통　　　엄수헌법　　　각진기직
開物平等하야 以天下自任하며 當尊國統하며 嚴守憲法하야 各盡其職하고
장근보산　　　어기국가유사지시　　　사신전의　　　모험용진
獎勤保産이라가 於其國家有事之時에 捨身全義하며 冒險勇進하야
이부만세무강지운조야　　　시　짐　여이국인
以扶萬世无疆之運祚也어다. 是는 朕이 與爾國人으로
절절패복이물체자야　　　서기일체완실지지의언　　　기흠재
切切佩服而勿替者也니라. 庶幾一體完實之至意焉이니 其欽哉어다.

[역주] 몸을 삼가 공손하고 검소하며, 학문을 잘 닦고 맡은 소임을 연마하여 지혜와 능력을 계발하고, 널리 이롭도록 서로 권면하고, **자신을 완성하여 자유자재하며**[成己自由],[3] **만물의 뜻을 열어 고르고 한결같이 하라**[開物平等].[4] 그리하여 천하의 일을 자임하고, **국통**國統을 존중하고, 국법을 확실히 지켜 각자 자기 직분을 다하고, 부지런함을 권면하여 생산을 보존하라. 국가에 일이 있을 때 몸을 던져 의義를 실천하고, 위험을 무릅쓰고 용맹히 전진하여 만세토록 무궁한 복을 마련할지니라.

이는 짐이 너희 백성과 함께 간절하게 마음에 새겨 소홀히 하지 않는 것이니라. 너희가 한 몸이 되어 완전하게 실천하기를 지극한 뜻으로 바라노니, 이를 잘 공경하여 받들지어다."

(3) 살수에서 배를 건조함

두라문　홍　　자을불리　입　　을불리　홍　　자근우지　입
杜羅門이 薨하니 子乙弗利가 立하니라. 乙弗利가 薨하니 子近于支가 立하니
내단군오사구을유야　　　경인　　　견민정삼십인　　　조선박우살수
乃檀君烏斯丘乙酉也라. 庚寅에 遣民丁三十人하야 造船舶于薩水하니
내진한남해안야　　　임자　한　이명　　　입상춘　　　조제삼신우구월산
乃辰韓南海岸也라. 壬子에 韓이 以命으로 入常春하야 助祭三神于九月山하고
시월　기이궁어모란봉중록　　　위천왕순주지소
十月에 起離宮於莪芇峰中麓하야 爲天王巡駐之所하니라.
매당삼월　　　명마한　　　열무전렵　　　십육일　　　제천기린굴
每當三月이면 命馬韓하사 閱武佃獵하시고 十六日에 祭天麒麟窟하실새
사조의가관지례　　　잉가무백희이파
賜皁衣加冠之禮하시고 仍歌舞百戲而罷하시니라.

甲寅에 近于支가 薨하니 子乙于支가 立하니라. 乙于支가 薨하니 弟弓戶가 立하니라
弓戶가 薨하니 無嗣라 杜羅門之弟杜羅時의 曾孫莫延이 以命으로
入承馬韓하니라. 戊申에 檀君于西翰이 巡駐白牙岡하사 命劃田授土하사
四家作區하시니 區出一乘하사 分守鄕衛하시니라.

역주 두라문(4세 왕)이 세상을 뜨자 아들 을불리乙弗利(5세 왕)가 즉위하였다. 을불리가 세상을 떠나 아들 근우지近于支(6세 왕)가 즉위하니, 오사구단군(4세) 을유(단기 198, BCE 2136)년이었다.

경인(단기 203, BCE 2131)년에 장정 30명을 보내 살수薩水에서 배를 건조하게 하였는데, 그곳은 진한辰韓의 남해안이다.

임자(단기 225, BCE 2109)년에 마한 왕이 (4세 단군의) 명을 받고 상춘常春에 들어가 구월산에서 삼신께 제사드리는 일을 도왔다.

10월에 모란봉 산기슭에 별궁[離宮]을 지어 천왕(오사구단군)께서 순수巡狩하실 때 머무실 장소로 삼았다.

(단군께서) 매년 3월에 마한에 명하여 친히 군대를 사열하시고 사냥을 하셨다. 16일에 **기린굴**麒麟窟*에서 천제를 올릴 때 **조의**皂衣를 하사하고 관을 씌우는 예식(관례)을 행하셨다. 이어서 가무와 온갖 놀이를 행하고 파하셨다.

갑인(단기 227, BCE 2107)년에 근우지가 세상을 떠나고 아들 을우지乙于支(7세 왕)가 즉위하였다. 을우지가 세상을 떠나니 아우 궁호弓戶(8세 왕)가 즉위하였다. 궁호가 세상을 떠나니 자손이 없어 두라문(4세 왕)의 아우 두라시杜羅時의 증손 막연莫延(9세 왕)이 명을 받들어 마한의 왕위를 계승하였다.

무신(단기 341, BCE 1993)년에 우서한단군(8세)께서 백아강에 순행하여 머무시며, 밭의 경계를 정해 땅을 나누어 주고 네 집을 한 구역으로 정하도록 명하셨다. 그리고 각 구역에서 일승一乘씩 내어 마을을 나누어 지키게 하셨다.

(4) 11세 단군 때 환도桓道 문명이 번성함

檀君魯乙壬寅에 莫延이 薨하니 弟阿火가 立하니라. 時에 檀君道奚가
方銳意開化하사 平等爲治하시니라. 以命으로 建大始殿于大聖山하고
作大橋于大同江하며 三忽爲佺하야 設局堂하며 定七回祭神之儀하며

---

*기린굴麒麟窟: 『삼국지』「위지魏志」동이전에 "나라의 동쪽에 큰 굴(大穴=기린굴)이 있는데 수혈隧穴이라 한다[其國東有大穴, 名隧穴]"라고 하고, 고구려에서는 10월에 국중대회[國中大會=東盟]를 열어 이 기린굴에서 천제를 올린다고 하였다.

강 삼 륜 구 서 지 훈　　환 도 문 명 지 성　　문 우 역 외　　하 주 근　　견 사 헌 방 물
講三倫九誓之訓하니 桓道文明之盛이 聞于域外라 夏主厪이 遣使獻方物하니라.

역주 노을단군(10세) 임인(단기 395, BCE 1939)년에 막연이 세상을 떠나고 아우 아화阿火(10세 왕)가 즉위하였다.

이때 도해단군(11세)께서 강력한 의지로 개화에 힘써 평등하게 다스리실 때, (단군의) 명을 받들어 대성산大聖山* 기슭에 대시전大始殿을 짓고 대동강에 큰 다리를 건설하였다. 세 고을마다 전佺을 두어 경당扃堂*을 설립하고 칠회 제신 의례[七回祭神之儀]를 정하여 삼륜구서三倫九誓의 가르침을 강론하니, 환도 문명桓道文明이 번성하여 국경 밖까지 소문이 나게 되었다. 하夏나라 왕 근厪*이 사신을 보내 방물을 바쳤다.

정 사　　아 화　　흥　　자 사 리　　입　　　　단 군 아 한 을 묘　　사 리　　흥
丁巳에 阿火가 薨하니 子沙里가 立하니라. 檀君阿漢乙卯에 沙里가 薨하니
제 아 리　　입　　단 군 고 불 을 유　　아 리　　흥　　　자 갈 지　　입
弟阿里가 立하니라. 檀君古弗乙酉에 阿里가 薨하니 子曷智가 立하니라.
갈 지　　흥　　단 군 대 음 무 신　　자 을 아　　입　　　　기 유　　탐 모 라 인
曷智가 薨하니 檀君代音戊申에 子乙阿가 立하니라. 己酉에 耽牟羅人이
헌 마 삼 십 필　　　을 아　　흥　　단 군 여 을 신 미　　자 두 막 해　　입
獻馬三十匹하니라. 乙阿가 薨하니 檀君余乙辛未에 子豆莫亥가 立하니라.
임 신 삼 월 십 육 일　　친 행 마 리 산　　　제 삼 신 우 참 성 단
壬申三月十六日에 親幸摩璃山하사 祭三神于塹城壇하시니
은 주 외 임　　견 사 조 제
殷主外壬이 遣使助祭하니라.

역주 정사(단기 470, BCE 1864)년에 아화가 세상을 떠나고 아들 사리沙里(11세 왕)가 즉위하였다. 아한단군(12세) 을묘(단기 528, BCE 1806)년에 사리가 세상을 떠나고, 아우 아리阿里(12세 왕)가 즉위하였다. 고불단군(14세) 을유(단기 618, BCE 1716)년에 아리가 세상을 떠나고 아들 갈지曷智(13세 왕)가 즉위하였다. 갈지가 세상을 뜨니 대음단군(15세) 무신(단기 701, BCE 1633)년에 아들 을아乙阿(14세 왕)가 즉위하였다.

기유(단기 702, BCE 1632)년에 탐모라耽牟羅* 사람이 말 30필을 바쳤다. 을아가 세상을 뜨니, 여을단군(17세) 신미(단기 784, BCE 1550)년에 아들 두막해豆莫亥(15세 왕)가 즉위하였다.

임신(단기 785, BCE 1549)년 3월 16일에 여을단군께서 친히 마리산에 행차하여 참

✽**대성산**: 영류산嬰留山이라고도 한다. 고구려 장수열제 때 이곳에 대성산성을 쌓았다고 전한다. 평양성 북쪽 10리에 있다.

✽**경당扃堂**: 고구려 때에는 평민 자제를 교육시키는 사학私學 기관으로 경당을 전국 각처에 설치하였고, 중앙에는 귀족 자제를 교육하는 관학官學인 태학太學을 두었다.

✽**근厪**: 하나라 13세 왕.

✽**탐모라**: 탐라耽羅, 둔라屯羅라고도 하며 지금의 제주도이다. 『고려사』「지리지」에는 탐라라는 국호를 신라 시대에 처음으로 사용했다고 하였으나, 15세 대음단군 때에 이미 탐라·탐모라라는 명칭이 쓰였음을 알 수 있다(정명악, 『국사대전』).

성단에서 삼신께 천제를 지내실 때, 은나라 왕 외임外壬*이 사신을 보내 제사를 도왔다.

> 豆莫奚가 薨하니 戊寅에 子慈烏漱가 立하고 薨하니 己丑에 子瀆盧가 立하니라
> 瀆盧가 薨하니 檀君固忽庚午에 子阿婁가 立하니라. 阿婁가 薨하니
> 戊午에 弟阿羅斯가 立하니라. 是歲에 高登이 叛據開城하야 抗命天王이어늘
> 馬韓이 方擧兵討之할새 到紅石嶺界하야 聞天王이 許高登爲右賢王하고
> 乃止하니라. 乙未에 天王이 欲讓禪于海城 褥薩徐于餘이어시늘
> 馬韓이 諫不可로대 而不允하시고 及索弗婁之立하야 而馬韓이 整師躬率하고
> 往戰于海城이라가 戰敗不還하니라.

역주 두막해가 세상을 뜨자 무인(단기 851, BCE 1483)년에 아들 자오수慈烏漱(16세 왕)가 즉위하였다. 자오수가 세상을 뜨니 기축(단기 922, BCE 1412)년에 아들 독로瀆盧(17세 왕)가 즉위하였다. 독로가 세상을 뜨니 고홀단군(20세) 경오(단기 963, BCE 1371)년에 아들 아루阿婁(18세 왕)가 즉위하였다. 아루가 세상을 뜨니 무오(단기 1011, BCE 1323)년에 아우 아라사阿羅斯(19세 왕)가 즉위하였다.

이 해(단기 1011, BCE 1323)에 고등高登이 개성開城※에서 반역하여 천왕(21세 소태단군)에게 항명하였다. 마한 왕이 바야흐로 군사를 일으켜 고등을 치려 하는데, 홍석령紅石嶺※에 이르러 천왕께서 고등을 **우현왕**右賢王으로 삼을 것을 윤허하셨다는 소식을 듣고 중지하였다.

을미(단기 1048, BCE 1286)년에 천왕(21세 소태단군)께서 해성 욕살* 서우여徐于餘에게 선양하려 하시자 마한 왕이 불가하다고 간했으나 허락하지 않으셨다. 색불루※가 (22세 단군으로) 즉위하자 마한 왕이 군사를 정비하여 몸소 이끌고 가서 해성에서 일전을 겨뤘으나 싸움에서 패하여 돌아오지 못하였다.

---

* **외임**外壬: 상(은殷)나라 11세 왕.
※ **개성**開城: 요령성 개원開原.
* **홍석령**紅石嶺: 관전현寬甸縣 홍석납자紅石拉子에 있는 고개.
* **욕살**: 고구려 때에도 지방을 5부五部로 나누어 다스리고, 그 장관을 욕살이라 하였다.
※ **색불루**: 고조선 시대에 처음으로 혁명을 일으켜 제위를 물려받았다. 도읍지를 백악산(녹산)으로 옮기고 국제를 '삼한三韓'에서 '삼조선三朝鮮'으로 고쳤다. 그러나 전 영토는 여전히 '삼한관경三韓管境' 체제로 다스렸다.

마한세가 하

- 삼한에서 삼조선 시대로 전환 -

檀君索弗婁가 承祖父功하사 手握重兵하시니 辰韓이 自潰하고
二韓도 亦未一勝而敗滅하니라 前帝가 使人傳玉冊國寶하사 以讓하신대
新帝가 相都於白岳山이어시늘 諸褥薩이 執不可라 黎元興·蓋天齡等이
奉詔諭之하니 於是에 諸褥薩이 畢服하니라.

역주 색불루단군께서 조부(우현왕 고등)의 공덕을 계승하여 병권을 장악하니, 진한이 스스로 무너지고 마한·번한 역시 한 번도 이기지 못하고 패멸하였다. 이에 전제前帝(21세 소태단군)께서 사람을 보내어 옥책玉冊과 국보國寶를 전하고 선양하셨다.

새로 등극한 임금(색불루)께서 도읍터를 백악산으로 정하시자 모든 욕살이 불가하다고 하였다. 여원흥黎元興과 갑천령蓋天齡 등이 조칙을 받들어 설득하니 마침내 모든 욕살이 복종했다.

22세 색불루 단군, 백악산 아사달로 천도

丙申元年正月에 遂卽位于鹿山하시니 是爲白岳山阿斯達也라.
三月에 下詔曰 邇者에 阿斯達이 使人傳玉冊國寶하야 以讓하고
前帝가 今雖襲號以尊이시나 而其海內山川이 旣歸名帳하니
祭天之禮는 當在國典하야 不可濫也니 必須徵古實하야 以達誠敬者라
今當祭迎하야 前徃擇齊하야 審掃神域하고 潔備牲幣하야 用答三神이어다.
於是에 帝擇齊七日하시고 授香祝于黎元興하사 至十六日하야 早朝에
敬行祀事于三韓大白頭山天壇하시고 帝는 親祭于白岳山阿斯達하시니라.

역주 재위 원년 병신년(단기 1049, BCE 1285) 정월에, 색불루단군께서 마침내 녹산鹿山에서 즉위하시니 이곳이 백악산 아사달이다.

3월에 조칙을 내려 이렇게 말씀하셨다.

"근자에 아사달(수도)에서 사람을 보내 옥책과 국보를 짐에게 전하여 제위를 선양하였느니라. 전제前帝(21세 소태단군)께서 아직 존호를 사용하고 계시지만 해내海內의

산천과 백성의 명부[名帳]가 이미 짐에게 돌아왔으니, 하늘에 제사 지내는 예법은 나라의 전례典禮에 합당하게 하여 너무 지나치게 하지 말지어다. 반드시 옛 전통을 잘 헤아려서 정성과 공경을 지극히 하라. 이제 천제일(대영절大迎節, 3월 16일)*을 맞이하여 먼저 가서 몸과 마음을 재계하며, 천제 지낼 장소[神域]를 살펴 잘 청소하고, 희생과 폐백을 깨끗하게 준비하여 삼신께 보답토록 하라."

이때에 임금(색불루 단군)께서 7일을 택해 재계하시고, 향과 축문을 여원흥에게 내려 주시며 16일 이른 아침에 삼한의 대백두산 천단天壇에서 제사를 봉행하게 하고, 임금께서는 몸소 백악산 아사달에서 제사를 지내셨다.

其白頭山誓告之文에 曰「朕小子檀君索弗婁는 拜手稽首하나이다.
自天帝子之修我以及民은 必自祭天以敬이니 皇上이 受三神明命하사
普恩大德이 旣與三韓五萬里之土境으로 共享弘益人間故로
遣馬韓黎元興하야 致祭于三神一體上帝之壇하나이다.
神其昭昭하사 體物無遺하실새 潔齊誠供하오니 降歆默佑하사
必能賁飾新帝之建極하시고 世保三韓千萬年無疆之祚業하시며
年穀豊熟하고 國富民殷하야 庶昭我聖帝空我存物之至念하소서.」

역주 그 백두산「서고문誓告文」에 이렇게 기록되어 있다.

소자 단군 색불루는 두 손 모아 머리를 조아려 절하나이다.

천자天子의 수신修身이 백성에게 미침은 반드시 공경스럽게 하늘에 제사 지냄에서 비롯하나, 황상皇上(시조 단군)께서 삼신의 밝으신 천명을 받아 보은대덕으로 이미 삼한의 5만 리 강토와 더불어 다 함께 '홍익인간'의 큰 뜻을 누려 왔습니다. 그리하여 마한 여원흥을 보내 삼신일체 상제님의 제단에 제사를 올립니다.

상제님의 성신은 밝고 밝으시어 만유에 그 은혜를 베푸심이 빠뜨림이 없으십니다. 이에 심신을 깨끗이 재계하고 정성스럽게 제물을 바치오니 강림하여 흠향하시고 말없이 도우시어 반드시 새로 보위에 오른 임금의 건국建極을 보살펴 주옵소서!

세세토록 삼한의 왕업을 천만 년 무궁토록 보존케 하옵시고, 매년 풍년이 들어 나라는 부강해지고 백성은 번영하게 하여 우리 성제聖帝(시조 단군)께서 품으셨던, 나를 비우고 만물을 살리는[空我存物] 지극한 생각을 밝혀 주옵소서.

＊음력 3월 16일: 한맞이 또는 대영절大迎節., '삼신일체三神一體 상제님을 크게 맞이하는 날'이다.

나라의 제도를 삼한에서 삼조선으로 개편

五月에 改制三韓하사 爲三朝鮮하시니 朝鮮은 謂管境也라 眞朝鮮은 天王이
自爲하시니 而地則仍舊辰韓也며 政由天王하야 三韓이 皆一統就令也라.
命黎元興하사 爲馬韓하사 治莫朝鮮하시고 徐于餘로 爲番韓하사
治番朝鮮하시니 總之하야 名曰檀君管境이니 是則辰國이오
史稱檀君朝鮮이 是也라.

역주 5월에 제도를 고쳐 삼한을 삼조선이라 하셨는데, 조선은 **관경**管境(영토 관할)을 말한다. 진조선은 천왕(22세 단군)께서 친히 다스리고, 통치 영역은 옛날 진한의 땅 그대로이다. 정치는 천왕에게서 나오니 삼한이 모두 하나로 통일되어 명령을 받았다.

여원흥을 마한 왕(20세)으로 삼아 막조선莫朝鮮을 다스리게 하고, 서우여를 번한 왕으로 삼아 번조선番朝鮮을 다스리게 하셨다. 이를 총칭하여 **단군 관경**檀君管境이라 하니 이것이 곧 **진국**辰國▨이다. 역사에서 일컫는 단군조선은 바로 이것을 말한다.

元興이 旣受大命하야 鎭守大同江하니 亦稱王儉城이라.
天王이 亦以每年仲春에 必巡駐馬韓하사 勤民以政하시니
於是에 藉供厚斂之弊가 遂絶하니라. 先是에 有詔曰 惟朕一人之養으로
煩民以斂이면 是乃無政也니 無政이면 而君이 何用哉아 하시고
嚴命罷之하시니라. 戊子에 馬韓이 承命入京師하야 諫以寧古塔遷都로
爲不可라한대 從之하시니라 元興이 薨하니 己丑에 子阿實이 立하니라
阿實이 薨하니 弟阿闍가 立하니라

역주 원흥이 임금의 명을 받고 대동강을 굳게 지키니, 이곳을 왕검성이라고도 불렀다. 천왕께서 매년 중춘仲春에 반드시 마한을 순행하여 머물며 백성을 위해 부지런히 정사에 힘쓰셨다. 이에 지나치게 많이 올리고, 많이 거둬들이는 폐단이 마침내 없어지게 되었다.

이에 앞서 조칙을 내려 이렇게 말씀하셨다.

▨ 진국辰國: '辰'은 '신'으로도 발음하는데 '大, 上'의 뜻이다. 단군조선의 삼한三韓을 합하여 말하면 진국辰國이고 나누어 말하면 삼한이다. 『삼국지』「한전韓傳」에는 "진한은 옛날의 진국이다"라고 하였다. 여기서 말하는 진국辰國은 '대국, 상국上國, 또는 종주국'이란 뜻이다.

"오직 짐 한 사람을 봉양하기 위해 거두는 일로 백성을 번거롭게 한다면, 이는 바른 정사가 아니니라. 바른 정사가 이루어지지 않는다면 임금이 무슨 소용이 있으리오."

그러고는 엄명을 내려 이를 그만두게 하셨다.

무자(단기 1101, BCE 1233)년에, 마한 왕이 명을 받들어 천자의 수도[京師]에 들어가 영고탑으로 천도하는 것은 불가하다고 간하니 이를 따르셨다. 원흥이 세상을 떠나고 기축(단기 1102, BCE 1232)년에 아들 아실阿實(21세 왕)이 즉위하였다. 아실이 세상을 뜨자 아우 아도阿闍(22세 왕)가 즉위하였다.

己卯에 殷이 滅하니 後三年辛巳에 子胥餘가 避居太行山西北地이어늘
莫朝鮮이 聞之하고 巡審諸州郡하야 閱兵而還하니라
阿闍가 薨하니 庚戌에 子阿火只가 立하니라
阿火只가 薨하니 丙戌에 弟阿斯智가 立하니라
阿斯智가 薨하니 檀君摩休丁亥에 兄之子阿里遜이 立하니라
阿里遜이 薨하니 子所伊가 立하니라 所伊가 薨하니 丁亥에 子斯虞가 立하니라

역주 기묘(단기 1212, BCE 1122)년에 은나라가 멸망하였다. 3년이 지난 신사(단기 1214, BCE 1120)년에, **자서여**子胥餘(기자)*가 태항산太行山 서북 땅에 피하여 사는데, 막조선莫朝鮮 왕이 전해 듣고 모든 주군州郡을 순행하여 살피고 군대를 사열하고 돌아왔다.

아도가 세상을 뜨자 경술(단기 1243, BCE 1091)년에 아들 아화지阿火只(23세 왕)가 즉위하였다. 아화지가 세상을 뜨고 병술(단기 1279, BCE 1055)년에 아우 아사지阿斯智(24세 왕)가 즉위하였다. 아사지가 세상을 뜨니 마휴단군(29세) 정해(단기 1400, BCE 934)년에 형의 아들 아리손阿里遜(25세 왕)이 즉위하였다.

아리손이 세상을 뜨자 아들 소이所伊(26세 왕)가 즉위하였다. 소이가 세상을 뜨고 정해(단기 1580, BCE 754)년에 아들 사우斯虞(27세 왕)가 왕위에 올랐다.

협야후가 왜인의 반란을 평정함

戊子에 周主宜臼가 遣使賀正하니라 斯虞가 薨하니 甲辰에 子弓忽이 立하니라
甲寅에 命陜野侯하사 率戰船五百艘하야 往討海島하야 定倭人之叛하시니라

---

*자서여子胥餘: 기자의 성은 자子, 이름은 서여胥餘. 기자의 기箕는 국명國名이고, 자子는 작위爵位이다. 기자는 은殷나라 왕실의 혈족인 다자多子 출신의 제후로서 은나라 마지막 왕인 폭군 주왕紂王 때 세 사람의 현자(비간, 기자, 미자) 가운데 한 사람이다.

弓忽이 薨하니 子東杞가 立하니라 東杞가 薨하니 檀君多勿癸酉에
子多都가 立하니라 多都가 薨하니 壬辰에 子斯羅가 立하니라
斯羅가 薨하니 子迦葉羅가 立하니라
迦葉羅가 薨하니 甲寅에 子加利가 立하니라
乙卯에 隆安獵戶數萬이 叛하야 官兵이 每戰不利라
賊이 遂迫都城甚急일새 加利가 亦出戰이라가 中流矢而薨하니라

역주 무자(단기 1581, BCE 753)년에, 주周나라 임금 의구宜臼*가 사신을 보내 새해 축하 인사를 올렸다. 사우가 세상을 뜨자 갑진(단기 1657, BCE 677)년에 아들 궁홀弓忽(28세 왕)이 즉위하였다.

갑인(단기 1667, BCE 667)년에 협야후陝野侯*에게 명하여 전선 500척을 거느리고 가서 **해도**海島*를 쳐서 왜인의 반란을 평정하게 하셨다.[5]

궁홀이 세상을 뜨고, 아들 동기東杞(29세 왕)가 즉위하였다. 동기가 세상을 뜨자 다물단군(38세) 계유(단기 1746, BCE 588)년에 아들 다도多都(30세 왕)가 즉위하였다. 다도가 세상을 뜨니 임진(단기 1825, BCE 509)년에 아들 사라斯羅(31세 왕)가 즉위하였다. 사라가 세상을 뜨고 아들 가섭라迦葉羅(32세 왕)가 즉위하였다. 가섭라가 세상을 뜨자 갑인(단기 1907, BCE 427)년에 아들 가리加利(33세 왕)가 즉위하였다.

을묘(단기 1908, BCE 426)년에 융안隆安 사냥꾼 수만 명이 반란을 일으켰는데, 관병이 이들과 싸울 때마다 이기지 못하였다. 드디어 반란군이 도성을 공격하여 상황이 매우 위급해지자, 가리가 출전하였다가 날아오는 화살을 맞고 세상을 떠났다.

고조선의 몰락 - 우화충의 대역모와 기후의 반란

丙辰에 上將丘勿이 遂斬獵戶頭目宇和冲하고 移都藏唐京할새
先以加利之孫典奈로 入承莫朝鮮하니 自是로 國政이 益衰하니라
典奈가 薨하니 子進乙禮가 立하니라
進乙禮가 薨하니 乙卯에 子孟男이 立하니라
戊戌에 須臾人箕詡가 兵入番韓하야 以據하고 自稱番朝鮮王이러니

---

*의구宜臼: 주周나라 13세 평왕平王의 이름.

*협야후陝野侯: 배반명裵幋命을 말함. 『일본서기』에 나오는 사누노미코토狹野尊로서 일본 왕가의 뿌리인 진무神武 왕이다. BCE 667년은 『일본서기』에 진무神武 왕이 등장하는 해이다.

*해도海島: 곧 삼도三島로 오늘날의 일본 열도이다.

연 견사 여아 공벌지 막조선 부종
燕이 遣使하야 與我로 共伐之라 한대 莫朝鮮이 不從하니라
계해 단군고열가 수기위 입아사달
癸亥에 檀君高烈加가 遂棄位하시고 入阿斯達이어시늘
진조선 여오가 종정 종미복이종언
眞朝鮮이 與五加로 從政이러니 終未復而終焉하니라.

역주 병진(단기 1909, BCE 425)년에 상장上將 구물丘勿(후에 44세 단군으로 즉위)이 마침내 사냥꾼 두목 우화충于和冲*을 죽이고 도읍을 장당경으로 옮겼다. 먼저 가리의 손자 전내典柰로 하여금 막조선을 계승(막조선 34세 왕)하게 하였는데, 이때부터 국정이 더욱 쇠퇴하였다.*

전내가 세상을 떠나고, 아들 진을례進乙禮(35세 왕)가 즉위하였다. 진을례가 세상을 뜨자, 을묘(BCE 366)년에 아들 맹남孟男(36세 왕)이 즉위하였다.

무술(단기 2011, BCE 323)년에 수유須臾 사람 기후箕詡가 군사를 이끌고 번한에 들어가 웅거하고 스스로 번조선 왕이라 하였다. 연燕나라에서 사신을 보내 아군과 함께 이를 정벌하자고 하였으나 막조선이 응하지 않았다.

계해(단기 2096, BCE 238)년에 고열가단군(47세)께서 마침내 제위를 버리고 아사달에 은둔하셨다. 진조선은 오가五加가 공동으로 집행하는 공화정共和政 체제(단기 2096, BEC 238~단기 2102, BEC 232)를 (6년 동안) 유지하다가 끝내 국력을 회복하지 못하고 종말을 고했다.

---

* 우화충의 역모는 단군조선을 무너뜨리는 직접적인 계기가 되었을 뿐 아니라 한민족 역사상 하나의 큰 획을 긋는 대사건이다. 그것은 한민족의 위대한 신교의 중핵인 삼신 사상에 따른 통치 체제가 처음으로 크게 쇠퇴하는 계기가 되었다.

* 44세 구물단군 이전에는 진조선의 천왕(대단군) 한 분만이 삼한(삼조선)의 병권을 집행하였으나 이때부터 삼조선이 각기 전쟁 수행 권한을 갖게 되어 삼한 관경제가 붕괴되는 원인이 되었다.

三韓管境

번한세가 상

요·순은 단군조선의 제후

蚩尤天王이 西征涿芮하시고 南平淮岱하사 披山通道하시니 地廣萬里라
至檀君王儉하야 與唐堯로 並世하니 堯德이 益衰하야 來與爭地不休라
天王이 乃命虞舜하사 分土而治하시고 遣兵而屯하사 約以共伐唐堯하시니
堯乃力屈하야 依舜而保命하야 以國讓하니라.
於是에 舜之父子兄弟가 復歸同家하니 盖爲國之道는 孝悌爲先이라.

역주 치우천황께서 서쪽으로 **탁예**涿芮*를 정벌하고, 남쪽으로 **회대**淮岱(회수와 태산)를 평정하여 산을 헤치고 길을 내시니 그 영토가 만 리였다. 단군왕검 때는 당요唐堯(당나라 요임금)와 같은 때인데, 요의 덕이 갈수록 쇠하여 영토 분쟁이 끊이지 않았다.

이에 천왕(단군왕검)께서 우순虞舜(우나라 순임금)에게 명령하여 영토를 나누어 다스리게 하고, 군사를 보내 주둔시키셨다. 우순과 함께 당요를 정벌할 것을 언약하시니, 요임금이 힘에 굴복하고 순에게 의탁하여 목숨을 보존하고자 나라를 넘겨 주었다[國讓]. 이때 순 부자와 형제가 다시 돌아가 한집안을 이루니, 대저 나라를 다스리는 도는 부모에게 효도하고 형제간에 우애있게 함을 우선으로 하기 때문이다.

9년 홍수를 다스리기 위한 도산 회의

及九年洪水하야 害及萬民故로 檀君王儉이 遣太子扶婁하사 約與虞舜으로
招會于塗山하실새 舜이 遣司空禹하야 受我五行治水之法하고 而功乃成也라.
於是에 置監虞於琅耶城하야 以決九黎分政之議하니 卽書所云
東巡望秩肆覲東后者가 此也라. 辰國은 天帝子所治故로
五歲에 巡到琅耶者一也오 舜은 諸侯故로 朝覲辰韓者四也라.

역주 9년 동안 홍수가 일어나 그 재앙이 만민에게 미치므로 단군왕검께서 태자 부루를 보내어 우나라 순임금[虞舜]과 약속하게 하시고, **도산**塗山 회의를 소집하셨다. 순임금이 사공司空 우禹를 보내어 우리의 **오행치수법**五行治水法*을 받아 치수에

＊**탁예**涿芮: 하북성 탁록과 산서성 예성현芮城縣.
＊**오행치수법**五行治水法: 신교의 오행 사상을 원리로 하여 홍수를 다스리는 방법. 오행의 상생相生·상극相克에서 토극수土克水(흙이 물을 이긴다)하는 상극 원리를 홍수를 다스리는 데에 적용한 것이다.

낭야대 정상에 있는 진왕(진시황)의 석상 | 진왕이 서복에게 불사약을 구해오라고 명을 내리는 모습이다. 진왕은 중국을 통일한 후 이곳을 세 번 다녀갔다.

성공하게 되었다. 이때 감우소監虞所*를 **낭야**琅耶**성**에 설치하여 **구려**九黎 **분정**에서 논의된 일을 결정하였다. 『서경』에 이른바 "순임금이 **동쪽으로 순행하여 멀리 산천을 바라보며 제사 지내고, 동방 천자를 알현하였다**[東巡望秩 肆覲東后]"라는 구절[6]은 바로 이 내용을 말한 것이다. 진국辰國(단군조선)은 **천제(상제님)의 아들**[天帝子=天子]이 다스리므로 5년에 한 번 낭야를 순행하였으나, 순舜은 (조선의) 제후이므로 진한에 조근朝覲*한 것이 네 번이었다.

초대 번한 왕은 치우천황의 후손 치두남

어시 단군왕검 택치우후손중 유지모용력자 위번한
於是에 檀君王儉이 擇蚩尤後孫中에 有智謀勇力者하사 爲番韓하사
입부험독 금역칭왕검성야 치두남 치우천왕지후야
立府險瀆하시니 今亦稱王儉城也라. 蚩頭男은 蚩尤天王之後也라
이용지 저문어세 단군 내소견이기지 즉배위번한
以勇智로 著聞於세러니 檀君이 乃召見而奇之하사 卽拜爲番韓하시고
겸대감우지정 경자 축요중십이성 험독 영지 탕지 용도
兼帶監虞之政하시니라 庚子에 築遼中十二城하니 險瀆·令支·湯池·桶道·
거용 한성 개평 대방 백제 장령 갈산 여성 시야
渠鄘 汗城·蓋平·帶方·百濟·長嶺·碣山·黎城이 是也라.
두남 훙 자낭야 입 시세경인삼월 개축가한성
頭男이 薨하니 子琅邪가 立하니라 是歲庚寅三月에 改築可汗城하야
이비불우 가한성 일명낭야성 이번한낭야 소축고 득명야
以備不虞하니라 可汗城은 一名琅邪城이니 以番韓琅邪의 所築故로 得名也라.

역주 이때 단군왕검께서 치우천황의 후손 중에서 지모와 용력이 뛰어난 자를 택하여 번한 왕으로 임명하고 **험독**險瀆*에 수도를 세우시니, 지금은 **왕검성**이라 칭한

✽ 감우소監虞所: 우순의 정치를 감독하던 곳.
❋ 낭야성琅耶城: 지금의 산동성 제성현諸城縣 동남에 있다. 원명은 가한성可汗城. 번한의 2세 낭야琅邪 왕이 개축하였다. 일찍이 오늘의 산동·안휘·강소·절강성 일대에 진출하여 살던 동이 조선족을 나누어 다스린 단군조선 분조分朝의 치소治所였다.
✽ 조근朝覲: 제후가 입궐하여 천자를 배알하는 것을 말한다.
✽ 험독險瀆: 번한의 수도. 지금의 하북성 개명開꺅 동북쪽 70리에 있는 탕지보湯池堡(현 당산시)를 말한다. 번조선 말기·위만정권 때의 수도를 지금의 하북성 창려昌黎로 옮겼는데, 역시 험독(왕검성)이라 불렀다.

다. **치두남**蚩頭男은 치우천황의 후손이다. 용맹과 지혜로 세상에 소문이 자자하였다. 단군께서 불러 만나 보시고 기특하게 여겨 곧 번한 왕으로 임명하고 아울러 우순의 정치를 감독하게 하셨다.

경자(단기 33, BCE 2301)년에, 요수遼水❋ 주위에 12성을 쌓으니 험독險瀆, 영지令支, 탕지湯池, 용도桶道, 거용渠廧, 한성汗城, 개평蓋平, 대방帶方, 백제百濟, 장령長嶺, 갈산碣山, 여성黎城이 그것이다.

치두남이 세상을 뜨자 아들 낭야琅邪(2세 왕)가 즉위하였다. 이 해 경인(단기 83, BCE 2251)년 3월에 가한성可汗城을 개축하여 뜻밖의 사태에 대비하였다. 가한성은 일명 **낭야성**琅邪城이라 하는데, 번한 왕 낭야가 쌓아서 낭야성이라는 이름을 얻었다.

甲戌에 太子扶婁가 以命으로 往使塗山할새 路次琅邪하야 留居半月하야
聽聞民情하니 虞舜이 亦率四岳하야 報治水諸事하니라
番韓이 以太子命으로 令境內하야 大興局堂하고 幷祭三神于泰山하니
自是로 三神古俗이 大行于淮泗之間也라.

[역주] 갑술(단기 67, BCE 2267)년에, 부루태자가 명을 받고 특사로 도산에 갈 때 도중에 낭야에 들러 반 달 동안 머무르며 백성의 사정을 묻고 들었다. 이때 우순이 사악四岳❋을 거느리고 치수에 대한 모든 일을 보고하였다. 번한 왕이 태자의 명으로 경내境內에 경당局堂을 크게 일으키고, 아울러 **태산에서 삼신(상제님)께 천제를 올렸다.** 이로부터 삼신을 받드는 옛 풍속이 회수淮水와 사수泗水 지역 일대에서 크게 행하여졌다.

오행치수의 묘법 전수

太子가 至塗山하사 主理乃會하실새 因番韓하사 告虞司空曰
予는 北極水精子也라 汝后請予하야 以欲導治水土하야 拯救百姓일새
三神上帝가 悅予徃助故로 來也라 하고 遂以王土篆文과 天符王印으로 示之曰
佩之則能歷險不危하며 逢凶無害오 又有神針一枚하니 能測水深淺하야
用變無窮이오 又有皇矩倧寶하니 凡險要之水를 鎭之永寧이라
以此三寶로 授汝하노니 無違天帝子之大訓이라야 可成大功也리라.

❋요수遼水: 지금의 하북성 난하.
❋사악四岳: 요순 시대의 관직 이름. 큰 산 네 곳을 나누어 관장한 제후이다.

역주 태자가 도산에 도착하여 주장[主理]의 자격으로 회의를 주관하실 때 번한 왕을 통해 우사공虞司空에게 말씀하셨다.

"나는 **북극수의 정기를 타고난 아들**이니라. 너희 임금(순임금)이 나에게 수토水土를 다스려 백성을 구해 주기를 청원하니, 삼신상제님께서 내가 가서 도와 주는 것을 기뻐하시므로 왔노라."

천자국의 문자[王土篆文(고조선 신지 전자)]로 된 **천부**天符와 **왕인**王印을 보여 주시며 이렇게 말씀하셨다.

"이것을 차면 험한 곳을 다녀도 위험하지 않고, 흉한 것을 만나도 피해가 없으리라. 또 신침神針 하나가 있으니 능히 물이 깊고 얕음을 측정할 수 있으며 그 쓰임이 무궁하니라. 또 황구종皇矩倧이란 보물은 모든 험한 물을 진압하여 오래도록 잔잔하게 할 것이니라. 이 세 가지 보물[三寶]을 너에게 주노니, **천제자**天帝子(단군왕검)의 거룩하신 말씀[大訓]을 어기지 말아야 가히 큰 공덕을 이룰 수 있으리라."

```
어시    우사공    삼육구배이진왈 근행천제자지명이오
於是에 虞司空이 三六九拜而進曰 勤行天帝子之命이오
좌아우순개태지정    이보삼신윤열지지언    자태자부루
佐我虞舜開泰之政하야 以報三神允悅之至焉호리이다. 自太子扶婁로
수금간옥첩    개오행치수지요결야    태자    회구려어도산
受金簡玉牒하니 蓋五行治水之要訣也라 太子가 會九黎於塗山하시고
명우순    즉보우공사례    금소위우공    시야
命虞舜하사 卽報虞貢事例하시니 今所謂禹貢이 是也라.
낭야    훙    계묘    자물길    입
琅邪가 薨하니 癸卯에 子勿吉이 立하니라
물길    훙    갑오    자애친    입
勿吉이 薨하니 甲午에 子愛親이 立하니라
애친    훙    자도무    입    도무    훙    계해    자호갑    입
愛親이 薨하니 子道茂가 立하니라 道茂가 薨하니 癸亥에 子虎甲이 立하니라
정축    천왕    순도송양    득질이붕    번한    견인치상
丁丑에 天王이 巡到松壤이라 得疾而崩하시니 番韓이 遣人治喪하고
분병계엄    호갑    훙    단군달문기축    자오라    입
分兵戒嚴하니라 虎甲이 薨하니 檀君達門己丑에 子烏羅가 立하니라
```

역주 우사공이 **삼육구배**三六九拜를 하고 나아가 아뢰었다.

"삼가 천제자(단군왕검)의 어명을 잘 받들어 행할 것이요, 또 저희 우순(순임금)께서 태평스런 정사를 펴시도록 잘 보필하여 삼신상제님께서 진실로 기뻐하시도록 지극한 뜻에 보답하겠사옵니다."

부루태자로부터 『**금간옥첩**金簡玉牒』[7]을 받으니, 곧 **오행치수의 요결**이었다. 태자께서 **구려**九黎를 도산에 모아 놓고, **우순에게 명하여 조공 바친**[虞貢] **사례를 보고하**

※ **구려**九黎: 단군조선의 분조分朝 지역에 살던 동이 한민족을 부르던 호칭. 중국 본토에 진출하여 지금의 산동성에서 양자강 일대까지 널리 분포하여 살던 배달겨레를 지칭한 말이다.

게 하시니, 오늘날 이른바 「우공禹貢」*이란 이러한 역사적 사실을 말한다.

낭야가 세상을 떠나니, 계묘(단기 96, BCE 2238)년에 아들 물길勿吉(3세 왕)이 즉위하였다. 물길이 세상을 떠나자 갑오(단기 147, BCE 2187)년에 아들 애친愛親(4세 왕)이 계승하였다. 애친이 세상을 떠나고 아들 도무道茂(5세 왕)가 즉위하였다. 도무가 세상을 떠나자 계해(단기 236, BCE 2098)년에 아들 호갑虎甲(6세 왕)이 즉위하였다.

정축(단기 250, BCE 2084)년에 천왕(5세 구을단군)께서 순행하시다가 송양松壤*에서 병을 얻어 붕어하시자, 번한 왕이 사람을 보내 초상을 치르고 군사를 나누어 엄히 경계하였다. 호갑이 세상을 뜨자 달문단군(6세) 기축(단기 262, BCE 2072)년에 아들 오라烏羅(7세 왕)가 즉위하였다.

甲午에 夏主少康이 遣使賀正하니라 烏羅가 薨하니 丙戌에 子伊朝가 立하니라
伊朝가 薨하니 檀君阿述丙寅에 弟居世가 立하니라 居世가 薨하니
辛巳에 子慈烏斯가 立하니라 慈烏斯가 薨하니 乙未에 子散新이 立하니라
散新이 薨하니 戊子에 子季佺이 立하니라
庚寅에 以命으로 設三神壇于湯池山하고 徙官家하니 湯池는 古安德鄕也니라.

역주 갑오(단기 267, BCE 2067)년에 하나라 왕 소강少康*이 사신을 보내어 신년 하례를 올렸다. 오라가 세상을 뜨자, 병술(단기 319, BCE 2015)년에 아들 이조伊朝(8세 왕)가 계승하였다. 이조가 세상을 떠나고 아술단군(9세) 병인(단기 359, BCE 1975)년에 아우 거세居世(9세 왕)가 즉위하였다.

거세가 세상을 뜨자 신사(단기 374, BCE 1960)년에 아들 자오사慈烏斯(10세 왕)가 즉위하였다. 자오사가 세상을 떠나고 을미(단기 388, BCE 1946)년에 아들 산신散新(11세 왕)이 즉위하였다. 산신이 세상을 떠나니 무자(단기 441, BCE 1893)년에 아들 계전季佺(12세 왕)이 계승하였다. 경인(단기 443, BCE 1891)년에 명을 받아 **탕지산**湯池山에 삼신

*우공禹貢:『서경』의「하서夏書」우공禹貢 편은 본래 하나라 우임금이 종주국인 단군조선에 조공하는 품목이나 예절을 기록한 것으로 추정된다. 그러나 지금의『서경』에서는 그러한 흔적을 거의 찾아볼 수 없고, 도리어 우임금이 백성들에게서 거두어 들일 공물의 양이나 종류를 적은 기록으로 둔갑시켜 놓았다. '우공禹貢'은 본래 우虞(순임금) 시대의 사관이 기록한 것인데, 후에 우禹가 치수의 공로가 있다 하여『서경』의「하서夏書」로 편입되었다는 것이다. 후세에『서경』이 쓰여질 때 유학자들이 우禹임금을 높이기 위해서 '우공虞貢'을 '우공禹貢'으로 바꾼 것이다. 이처럼『서경』의 우공禹貢은 우공虞貢의 와전訛傳이다. 우공虞貢은 말 그대로 '순임금이 조공 바친 사례를 기록한 글'이란 뜻이다(이유립,『대배달민족사』「천天」, 358~359쪽).

*송양松壤: 강동현의 옛 이름. 5세 구을단군이 묻힌 곳은 현 평안도 강동군 대박산이다. 북한에서 복원한 것은 구을단군릉으로 추정된다. 1530년에 완성된『신증동국여지승람』에는 "대총大塚: 하나는 현의 서쪽 3리 되는 곳에 있으며, 둘레는 4백10자인데, 속언에 단군묘라고 전한다"라고 기록되어 있다.

*소강少康: 하나라 6세 왕.

단을 세우고 관가를 옮겼다. 탕지는 옛날의 **안덕향**安德鄕이다.

번한 15세 왕 소전, 성탕을 도와 하나라 폭군 걸을 정벌함

薨하니 丁巳에 子伯佺이 立하니라 伯佺이 薨하니 乙未에 仲弟仲佺이 立하니라
薨하니 辛卯에 子少佺이 立하니라 甲午에 遣將蚩雲出하야 助湯伐桀하고
乙未에 遣墨胎하야 賀湯卽位하니라 少佺이 薨하니 甲戌에 子沙奄이 立하니라
薨하니 弟棲韓이 立하니라 薨하니 丁丑에 子勿駕가 立하니라
薨하니 辛巳에 子莫眞이 立하니라 薨하니 丁卯에 子震丹이 立하니라

역주 계전이 세상을 떠나고 정사(단기 470, BCE 1864)년에 아들 백전伯佺(13세 왕)이 왕위에 올랐다. 백전이 세상을 떠나자, 을미(단기 508, BCE 1826)년에 둘째 아우 중전仲佺(14세 왕)이 계승하였다. 중전이 세상을 떠나니 신묘(단기 564, BCE 1770)년에 아들 소전少佺(15세 왕)이 계승하였다.

갑오(단기 567, BCE 1767)년에 장수 치운출蚩雲出을 보내 탕湯을 도와 걸桀을 정벌하였다. 을미(단기 568, BCE 1766)년에 묵태墨胎※를 보내 (은나라 시조) 탕임금의 즉위를 축하하였다.

소전이 세상을 떠나고 갑술(단기 607, BCE 1727)년에 아들 사엄沙奄(16세 왕)이 즉위하였다. 사엄이 세상을 떠나자 아우 서한棲韓(17세 왕)이 즉위하였다. 서한이 세상을 떠나고 정축(단기 670, BCE 1664)년에 아들 물가勿駕(18세 왕)가 즉위하였다. 물가가 세상을 떠나니 신사(단기 734, BCE 1600)년에 아들 막진莫眞(19세 왕)이 왕위에 올랐다. 막진이 세상을 뜨자 정묘(단기 780, BCE 1554)년에 아들 진단震丹(20세 왕)이 즉위하였다.

是歲에 殷主太戊가 來獻方物하니라. 薨하니 癸酉에 子甘丁이 立하니라
薨하니 子蘇密이 立하니라 癸巳三年에 以殷不貢으로 往討北亳하니
其主河亶甲이 乃謝하니라. 蘇密이 薨하니 子沙豆莫이 立하니라
薨하니 季父甲飛가 立하니라 薨하니 庚申에 子烏立婁가 立하니라
薨하니 子徐市가 立하니라 薨하니 戊申에 子安市가 立하니라
薨하니 己丑에 子奚牟羅가 立하고 薨하니라

※ **묵태**墨胎: 단군조선의 제후국이던 고죽국孤竹國 임금의 성씨. 백이伯夷의 이름은 묵태윤墨胎允, 숙제叔齊의 이름은 묵태지墨胎智, 이들의 아버지 이름은 묵태초墨胎初이다.

역주 이 해에 은나라 왕 태무太戊*가 와서 방물을 바쳤다. 진단이 세상을 뜨자 계유(단기 786, BCE 1548)년에 아들 감정甘丁(21세 왕)이 즉위하였다. 감정이 세상을 떠나고 아들 소밀蘇密(22세 왕)이 즉위하였다.

계사 3년(단기 866, BCE 1468)에, 은나라가 조공을 바치지 않으므로* 은의 수도 북박北亳을 치니, 은나라 왕 하단갑河亶甲(12세 왕)이 사죄하였다.

소밀이 세상을 떠나니 아들 사두막沙豆莫(23세 왕)이 즉위하였다. 사두막이 세상을 떠나고 계부 갑비甲飛(24세 왕)가 즉위하였다. 갑비가 세상을 뜨자 경신(단기 893, BCE 1441)년에 아들 오립루烏立婁(25세 왕)가 즉위하였다. 오립루가 세상을 떠나고 아들 서시徐市(26세 왕)가 즉위하였다. 서시가 세상을 뜨니 무신(단기 941, BCE 1393)년에 아들 안시安市(27세 왕)가 즉위하였다. 안시가 세상을 떠나자 기축(단기 982, BCE 1352)년에 아들 해모라奚牟羅(28세 왕)가 왕위에 오르고 그 해에 세상을 떠났다.

> 단군소태오년 이우사소정 출보번한 개고등
> 檀君蘇台五年에 以雨師小丁으로 出補番韓하시니 蓋高登이
> 매탄기지모출중 이권제출보 시 은주무정 방욕흥병
> 每彈其智謀出衆하야 而勸帝出補러라. 時에 殷主武丁이 方欲興兵이어늘
> 고등 문지 수여상장서여 공파지 추지삭도
> 高登이 聞之하고 遂與上將西余로 共破之하고 追至索度하야
> 종병분략이환 서여 습파북박 잉둔병우탕지산
> 縱兵焚掠而還하니라. 西余는 襲破北亳하고 仍屯兵于湯池山이라가
> 견자객 살소정 병재병갑이거
> 遣刺客하야 殺小丁하고 幷載兵甲而去하니라.

역주 소태단군(21세) 5년(단기 1001, BCE 1333)에, 우사雨師 소정小丁을 출보出補*시켜 (29세) 번한 왕으로 임명하셨다. 고등高登이 늘 소정의 지모가 출중함을 꺼려서 임금께 권하여 출보시킨 것이다.

이때 은나라 왕 무정武丁이 전쟁을 일으키려 하였다. 고등이 이를 전해 듣고 상장上將 서여西余와 함께 격파하고, **삭도**索度까지 추격하여 군사를 풀어 불지르고 약탈한 뒤에 돌아왔다. 서여가 북박을 습격해 격파하고, 군사를 탕지산(번한 수도 안덕향)에 주둔시켰다. 자객을 보내 소정小丁을 죽이고, 아울러 무기와 갑옷을 싣고 돌아갔다.

---

* 태무太戊(BCE 1637~BCE 1563): 은나라 9세 왕.
* 은나라의 조공: 이것은 단군조선이 그 당시 동방의 종주국宗主國이요 주위의 모든 나라에게 조공을 받는 천자국天子國임을 증명하는 대목이다. 이전의 요·순 그리고 하夏·주周에 이르기까지 조선에 조공을 바쳤다. 고조선은 모든 문물 제도와 문화를 고대 중국에 전해 준, 저들의 '스승의 나라'임을 『환단고기』는 밝혀 주고 있다.
* 북박北亳: 은殷나라의 수도로 지금의 하남성 상구현商丘縣.
* 출보出補: 중앙 관직에 있는 관리가 지방 관직으로 임명되어 나가는 것을 말한다.

번한세가 하

색불루단군이 국가 제도를 개편하고 혁명가 서우여를 번한 왕에 임명함

檀君索弗婁가 初幷三韓하시고 大改國制하실새 殷主武丁이 遣使來하야
約貢하니라. 先是에 廢徐于餘하사 爲庶人이러시니 徐于餘가 潛歸坐原하야
與獵戶數千으로 謀起兵하니 蓋天齡이 聞하고 卽徃伐이라가 敗沒于陣하니라.
帝親率三軍하사 徃討之하실새 乃先遣勸降하시고 約封爲裨王하신대
再諭以聽이러니 至是하야 命徐于餘하사 爲番韓하시니라.

역주 색불루단군(22세)께서 일찍이 삼한을 아우르고 나라의 제도[國制]를 크게 고치실 때, 은나라 왕 무정이 사신을 보내 와서 조공을 바칠 것을 약속하였다. 이에 앞서 서우여徐于餘를 폐하여 서인으로 만드셨다.

서우여가 몰래 좌원坐原*으로 돌아가 사냥꾼 수천 명과 함께 군대를 일으키려고 모의하였다. 갑천령이 그 소식을 전해 듣고 즉각 가서 쳤으나, 패하여 진중에서 죽었다. 색불루단군께서 친히 3군을 거느리고 가서 치려 하실 때, 먼저 사람을 보내 항복할 것을 권하고 비왕裨王으로 봉할 것을 약속하셨다. 다시 설득하시자 말씀을 따랐다. 이때 서우여를 (30세) 번한 왕으로 임명하셨다.

(1) 고조선의 8조 금법

四年己亥에 眞朝鮮이 以天王勅文으로 傳曰 爾三韓은 上奉天神하고
接化羣生하라 하신대 自是로 敎民호대 以禮義田蠶織作弓矢字書오
爲民設禁八條하니

역주 색불루단군 4년 기해(단기 1052, BCE 1282)년에, **진조선**眞朝鮮이 천왕(색불루단군)의 칙문을 전하였다. 그 칙문에서 말하기를, "너희 삼한은 **위로 천신을 받들고**, 아래로 뭇 백성을 맞아 잘 교화하라"라고 하였다. 이로부터 백성에게 예절과 의리, 농사, 누에치기, 길쌈, 활쏘기, 글자를 가르쳤다. 또 백성을 위하여 **금팔조**禁八條*를 정하였는데, 그 내용은 다음과 같다.

✽ **좌원**坐原: 이유립은 대릉하 상류의 능원현凌源縣으로 보고 있다.
✽ **금팔조**禁八條: 지금의 국사 교과서에 나오는 고조선의 8조금법八條禁法을 말한다. 『환단고기』에는 『한서』「지리지」에 빠져 있는 나머지 5개 항목까지 모두 상세히 열거되어 있다. 후대에 중국 사가들은 『삼국지』「위지동이전」등 사서에서 기자가 조선에 와서 8조 금법을 제정했다고 날조했다.

相殺에 以當時償殺하고 相傷에 以穀償하고 相盜者는 男沒爲其家奴오
女爲婢하며 毁蘇塗者는 禁錮하고 失禮義者는 服軍하고 不勤勞者는 徵公하고
作邪淫者는 笞刑하고 行詐欺者는 訓放이러니 欲自贖者는 雖免爲公民이나
俗猶羞之하야 嫁娶에 無所售라 是以로 其民이 終不相盜하야 無門戶之閉오
婦人은 貞信不淫하며 闢其田野都邑하며 飮食以籩豆하니 有仁讓之化러라.

역주 ◇제1조: 살인한 자는 즉시 사형에 처한다.
◇제2조: 상해를 입힌 자는 곡식으로 보상한다.
◇제3조: 도둑질 한 자 중에서 남자는 거두어들여 그 집의 노奴(남자 종)로 삼고 여자는 비婢(여자 종)로 삼는다.
◇제4조: 소도를 훼손한 자는 금고禁錮 형에 처한다.
◇제5조: 예의를 잃은 자는 군에 복역시킨다.
◇제6조: 게으른 자는 부역에 동원시킨다.
◇제7조: 음란한 자는 태형笞刑으로 다스린다.
◇제8조: 남을 속인 자는 잘 타일러 방면한다.

자신의 잘못을 속죄한 자는 비록 죄를 면해 공민이 될 수 있었지만, 당시 풍속이 이것을 수치스럽게 여겨 시집가고 장가들 수 없었다.

이리하여 백성이 마침내 도둑질하지 않았고, 문을 닫고 사는 일이 없었으며, 부인은 정숙하여 음란하지 않았다. 전야田野와 도읍을 개간하고, 음식을 그릇에 담아 먹었으며, 어질고 겸양하는 교화가 이루어졌다.

辛丑에 殷主武丁이 因番韓하야 上書天王하고 獻方物하니라.
丙申에 徐于餘가 薨하니 丁酉에 阿洛이 立하니라
薨하니 丁丑에 率歸가 立하니라 薨하니 甲子에 任那가 立하니라
辛未에 以天王詔로 築天壇于東郊하고 祭三神할새 衆이 環舞擊鼓以唱하니 曰
精誠乙奴 天壇築爲古 三神主其祝壽爲世
皇運乙 祝壽爲未於 萬萬歲魯多
萬民乙 睹羅保美御 豊年乙 叱居越爲度多

역주 신축(단기 1054, BCE 1280)년에 은나라 왕 무정이 번한 왕을 통해 천왕에게

글을 올리고 방물을 바쳤다.

병신(단기 1109, BCE 1225)년에 서우여가 세상을 떠났다.

정유(단기 1110, BCE 1224)년에 아락阿洛(31세 왕)이 즉위하였다.

아락이 세상을 뜨니 정축(단기 1150, BCE 1184)년에 솔귀率歸(32세 왕)가 계승하였다.

솔귀가 세상을 뜨자 갑자(단기 1197, BCE 1137)년에 임나任那(33세 왕)가 즉위하였다.

신미(단기 1204, BCE 1130)년에 천왕(25세 솔나단군)의 조칙으로 동쪽 교외에 천단天壇을 쌓고 **삼신께 제사** 지낼 때, 많은 사람이 둥글게 모여 춤을 추고 북을 치며 노래를 불렀다.

정성으로 천단을 쌓고 삼신님께 장수를 축원하세.

황운皇運을 축수함이여! 만만세로다.

만민을 돌아봄이여! 풍년을 즐거워하도다.

> 任那가 薨하니 丙申에 弟魯丹이 立하니라 北漠이 入寇어늘 遣路日邵하야
> 討平之하니라. 薨하니 己酉에 子馬密이 立하니라
> 薨하니 丁卯에 子牟弗이 立하고 乙亥에 置監星하니라.
> 牟弗이 薨하니 丁亥에 子乙那가 立하고 甲午에 周主瑕가 遣使朝貢하니라.

역주 임나任那가 세상을 떠나고 병신(단기 1229, BCE 1105)년에 아우 노단魯丹(34세 왕)이 즉위하였다. 북막北漠이 침범하므로 노일소路日邵를 보내어 쳐서 평정하였다.

노단이 세상을 뜨니 기유(단기 1242, BCE 1092)년에 아들 마밀馬密(35세 왕)이 즉위하였다.

마밀이 세상을 뜨자 정묘(단기 1260, BCE 1074)년에 아들 모불牟弗(36세 왕)이 즉위하였다. 을해(단기 1268, BCE 1066)년에 천문을 관측하는 감성監星을 설치하였다.

모불이 세상을 떠나고 정해(단기 1280, BCE 1054)년에 아들 을나乙那(37세 왕)가 즉위하였다. 갑오(단기 1287, BCE 1047)년에 주나라 임금 하瑕*가 사신을 보내 조공을 바쳤다.

(2) 소련과 대련 형제를 군자로 섬긴 번한

> 乙那가 薨하니 丁卯에 子麻維麻가 立하니라 薨하니 己巳에 弟登那가 立하니라
> 李克會가 啓請建少連大連之廟하고 定行三年喪한대 從之하니라.

＊ 하瑕(BCE 1052~BCE 1002): 주나라 4세 소왕昭王.

三韓管境

> 역주 을나가 세상을 떠나고 정묘(단기 1320, BCE 1014)년에 아들 마유휴麻維庥(38세 왕)가 즉위하였다. 마유휴가 세상을 떠나자 기사(단기 1322, BCE 1012)년에 아우 등나 登那(39세 왕)가 즉위하였다. 이극회李克會가 소련少連과 대련大連[8]의 사당을 세우고, 3년상을 정하여 시행하기를 청하니 왕께서 이를 따랐다.

```
薨하니 戊戌에 子奚壽가 효하니라 壬寅에 遣子勿韓하야 徃九月山하야
助祭三聖廟하니 廟在常春朱家城子也라 奚壽가 薨하니
己未에 子勿韓이 효하니라 薨하니 己卯에 子奧門婁가 효하니라 薨하니
丁卯에 子婁沙가 효하니라 戊寅에 入覲天朝하야 與太子登屼과 少子登里로
閒居別宮이라가 乃獻歌太子兄弟하니 曰
```

> 역주 등나가 세상을 떠나고 무술(단기 1351, BCE 983)년에 아들 해수奚壽(40세 왕)가 즉위하였다. 임인(단기 1355, BCE 979)년에 아들 물한勿韓을 구월산에 보내어 삼성묘三聖廟*에 제사 지내는 것을 돕게 하였다. **삼성묘**는 상춘常春의 주가성자朱家城子에 있다.
> 해수가 세상을 뜨자 기미(단기 1372, BCE 962)년에 아들 물한勿韓(41세 왕)이 즉위하였다. 물한이 세상을 떠나자 기묘(단기 1392, BCE 942)년에 아들 오문루奧門婁(42세 왕)가 즉위하였다. 오문루가 세상을 떠나자 정묘(단기 1440, BCE 894)년에 아들 누사婁沙(43세 왕)가 즉위하였다. 무인(단기 1451, BCE 883)년에, 누사가 천조天朝(진조선 조정)에 들어가 천왕(30세 내휴단군)을 뵙고, 태자 등올登屼과 소자少子 등리登里와 함께 별궁에서 한가롭게 지내다가 태자 형제에게 이렇게 노래를 지어 올렸다.

```
兄隱伴多是 弟乙 愛爲古     弟隱味當希 兄乙 恭敬爲乙支尼羅
恒常毫毛之事魯西         骨肉之情乙 傷厄 勿爲午
馬度五希閒 同槽奚西 食爲古   鴈度 亦一行乙 作爲那尼
内室穢西非綠 歡樂爲那       細言乙良 愼聽勿爲午笑
```

> 역주 형은 반드시 아우를 사랑하고 아우는 마땅히 형을 공경할지니라.
> 항상 작은 일로써 골육의 정을 상하게 하지 마소.

*삼성묘三聖廟: 황해도 은율군殷栗郡 구월산에 삼성사三聖祠가 있는데, '삼성조三聖祖이신 환인·환웅·단군에게 제사 지내는 곳'이다. 이 삼성사는 본래 '만주 상춘 구월산'에 있었던 것으로, 단군조선의 삼한관경 체제가 무너지자 그 유민이 한반도로 내려와 다시 삼성사를 지어 삼성조를 제사 지내게 된 것이다. 이것이 오랫동안 인습이 되어 황해도 구월산의 삼성사만 생각하게 되었고, 단군조선의 도읍까지도 지금의 대동강 평양으로 잘못 인식하게 만든 요인이 되었다.

말도 오히려 같은 구유에서 먹고 기러기도 역시 한 줄을 지어 가니
방 안에서는 비록 즐거우나 이간하는 말일랑 삼가 듣지 마소.

삼한 전역에서 시행된 왕문의 이두법

妻沙가 薨하니 乙未에 子伊伐이 立하니라 丙申에 漢水人王文이 作吏讀法하야
以獻한대 天王이 嘉之하사 命三韓하사 如勅施行케 하시니라.

역주 누사가 세상을 떠나자 을미(단기 1468, BCE 866)년에 아들 이벌伊伐(44세 왕)이 즉위하였다. 병신(단기 1469, BCE 865)년에 한수漢水* 사람 왕문王文*이 이두법을 만들어 올리니 천왕(31세 등올단군)께서 기뻐하시고 삼한에 명하여 시행하게 하셨다.

己未에 遣上將高力合하사 與淮軍으로 敗周하니라. 伊伐이 薨하니
辛酉에 子阿勒이 立하니라 丙寅에 周二公이 遣使하야 獻方物하니라.
阿勒이 薨하니 己丑에 子麻休一云麻沐이 立하니라
薨하니 丙辰에 子多斗가 立하니라 薨하니 己丑에 子奈伊가 立하니라
薨하니 己未에 子次音이 立하니라 薨하니 己巳에 子不理가 立하니라
薨하니 乙巳에 子餘乙이 立하니라 薨하니 甲戌에 奄婁가 立하니라

역주 기미(단기 1492, BCE 842)년에 상장上將 고력합高力合을 보내어 회군淮軍과 합세하여 주周나라를 격퇴하였다. 이벌이 세상을 뜨니 신유(단기 1494, BCE 840)년에 아들 아륵阿勒(45세 왕)이 즉위하였다.

병인(단기 1499, BCE 835)년에 주나라의 이공二公(주공周公과 소공召公)이 사절을 보내어 방물을 바쳤다. 아륵이 세상을 떠나고 기축(단기 1522, BCE 812)년에 아들 마휴麻休(일명 마목, 46세 왕)가 즉위하였다.

마휴가 세상을 떠나자 병진(단기 1549, BCE 785)년에 아들 다두多斗(47세 왕)가 즉위하였다. 다두가 세상을 뜨니 기축(단기 1582, BCE 752)년에 아들 내이奈伊(48세 왕)가

✽ **한수漢水**: 지금의 대릉하(이유립, 『대배달민족사』).

✽ **왕문王文**: 2,900년 전 31세 등올단군 때 사람으로 이두법의 창시자. 일반적으로는 한자를 국어의 문장 구성법에 따라 고치고 이에 토를 붙인 것이다. 일반적으로 이두법은 신라 말의 설총薛聰이 처음 시작한 것으로 알려져 있으나, 이보다 약 1,600여년이 앞선 (BCE 865) 단군조선 때에 만들어져 보급되었다. 북한산에 세운 진흥왕 순수비문巡狩碑文(568, 진흥왕 29)에도 이두가 나오는데, 이것은 설총 이전에 이미 이두문이 쓰였다는 증거이다.

▨ **회군淮軍**: 淮는 지금의 중국 회수淮水 일대에 있었던 단군조선의 제후국. 이 지역은 단군조선의 분조分朝 지역 중에서도 핵심 요충지로서, 주周나라에 대항한 대표적인 세력의 하나였다.

즉위하였다.

　내이가 세상을 떠나자 기미(단기 1612, BCE 722)년에 아들 차음次音(49세 왕)이 즉위하였다. 차음이 세상을 떠나자 기사(단기 1622, BCE 712)년에 아들 불리不理(50세 왕)가 즉위하였다.

　불리가 세상을 떠나니 을사(단기 1658, BCE 676)년에 아들 여을餘乙(51세 왕)이 즉위하였다. 여을이 세상을 떠나고 갑술(단기 1687, BCE 647)년에 엄루奄婁(52세 왕)가 즉위하였다.

> 戊寅에 匈奴가 遣使番韓하야 求見天王하고 稱臣貢物而去하니라.
> 奄婁가 薨하니 子甘尉가 立하니라 薨하니 戊申에 子述理가 立하니라
> 薨하니 戊午에 子阿甲이 立하니라 庚午에 天王이 遣使高維先하사
> 頒桓雄蚩尤檀君王儉三祖之像하사 以奉官家하시니라.

역주 무인(단기 1691, BCE 643)년에 흉노[9]가 번한에 사신을 보내어 천왕을 뵙기를 구하고, 스스로 신하라 칭하고 공물을 바치고 돌아갔다. 엄루가 세상을 떠나고 아들 감위甘尉(53세 왕)가 즉위하였다.

　감위가 세상을 뜨자 무신(단기 1721, BCE 613)년에 아들 술리述理(54세 왕)가 즉위하였다. 술리가 세상을 떠나자 무오(단기 1731, BCE 603)년에 아들 아갑阿甲(55세 왕)이 즉위하였다.

　경오(단기 1743, BCE 591)년에 천왕(37세 마물단군)께서 사신 고유선高維先을 보내어 환웅천황·치우천황·단군왕검 세 분 성조의 상像을 반포하여 관가에서 받들게 하셨다.

노자는 풍이족 혈통

> 阿甲이 薨하니 癸酉에 固台가 立하니라 薨하니 丁亥에 子蘇台爾가 立하니라
> 薨하니 乙巳에 子馬乾이 立하니라 薨하니 丙辰에 天韓이 立하니라
> 薨하니 丙寅에 子老勿이 立하니라 薨하니 辛巳에 子道乙이 立하니라
> 癸未에 魯人孔丘가 適周하야 問禮於老子李耳하니 耳父의 姓은 韓이오
> 名은 乾이니 其先은 風人이라 後에 西出關하야 由內蒙古而轉至阿踰佗하야
> 以化其民하니라.

역주 아갑이 세상을 뜨고 계유(단기 1746, BCE 588)년에 고태固台(56세 왕)가 즉위하

내몽골자치구 적봉시 인근 삼좌점에서 발견된 약 4천 년 전 청동기 시대에 쌓은 석성石城 유적 | 이 유적에는 방어 시설인 치稚가 있어 고구려 성의 원형으로 여겨진다. 성 안에서 4백여 가구가 살았던 거주지가 발견되었다. 이 성은 고조선이 건국되던 시기의 유적으로, 고대 국가가 이미 형성되어 있었다는 중요한 증거이다.

였다. 고태가 세상을 떠나자 정해(단기 1760, BCE 574)년에 아들 소태이蘇台爾(57세 왕)가 즉위하였다. 소태이가 세상을 떠나고 을사(단기 1778, BCE 556)년에 아들 마건馬乾(58세 왕)이 즉위하였다. 마건이 세상을 떠나자 병진(단기 1789, BCE 545)년에 천한天韓(59세 왕)이 계승하였다. 천한이 세상을 떠나고 병인(단기 1799, BCE 535)년에 아들 노물老勿(60세 왕)이 즉위하였다. 노물이 세상을 떠나자 신사(단기 1814, BCE 520)년에 아들 도을道乙(61세 왕)이 즉위하였다.

계미(단기 1816, BCE 518)년에 노나라 사람 공자가 주나라에 가서 노자 이이李耳[10]에게 예를 물었다. 이耳의 아버지는 성이 한韓이고 이름이 건乾인데, 선조는 **풍이족*사람**[風人]이다. 노자는 후에 서쪽으로 관문을 지나 내몽고를 경유하여 여기저기 전전하다가 **아유타**阿踰佗에 이르러 그곳 백성을 교화하였다.

三韓管境

```
도을   훙     병신    자 술휴    입      훙      경오    자 사량     입
道乙이 薨하니 丙申에 子 述休가 효하니라 薨하니 庚午에 子 沙良이 효하니라
훙     무자   자 지한   입      훙      계묘   자 인한    입
薨하니 戊子에 子 地韓이 효하니라 薨하니 癸卯에 子 人韓이 효하니라
훙     신사   자 서울   입      훙      병오   자 가색    입
薨하니 辛巳에 子 西蔚이 효하니라 薨하니 丙午에 子 哥索이 효하니라
훙     경진   자 해인   입      일명 산한      시세    위 자객 소해
薨하니 庚辰에 子 解仁이 효하니 一名 山韓이라 是歲에 爲 刺客 所害하니라.
```

역주 도을이 세상을 떠나고 병신(단기 1829, BCE 505)년에 아들 술휴述休(62세 왕)가 즉위하였다. 술휴가 세상을 떠나자 경오(단기 1863, BCE 471)년에 아들 사량沙良(63세

---

* 풍이족風夷族: 『규원사화揆園史話』에 "…뒷날 견이와 풍이는 따로 서남으로 옮겨가서 항시 중토의 여러 부족들과 서로 엎치락뒤치락 세력을 다투었는데, 풍이는 바로 치우씨의 일족이다"라고 하였다.

왕)이 즉위하였다. 사량이 세상을 떠나자 무자(단기 1881, BCE 453)년에 아들 지한地韓 (64세 왕)이 즉위하였다. 지한이 세상을 떠나자 계묘(단기 1896, BCE 438)년에 아들 인한人韓(65세 왕)이 즉위하였다. 인한이 세상을 떠나자 신사(단기 1934, BCE 400)년에 아들 서울西蔚(66세 왕)이 즉위하였다. 서울이 세상을 떠나고 병오(단기 1959, BCE 375)년에 아들 가색哥索(67세 왕)이 즉위하였다. 가색이 세상을 떠나자 경진(단기 1993, BCE 341)년에 아들 해인解仁(68세 왕)이 즉위하였는데, 일명 산한山韓이라 한다. 이 해에 해인이 자객에게 살해되었다.

70세 번조선 왕이 된 수유 사람 기후

辛巳에 子水韓이 立하니라 壬午에 燕이 倍道入寇하야 攻安寸忽하고
又入險瀆이어늘 須臾人箕詡가 以子弟五千人으로 來助戰事하니
於是에 軍勢稍振이라 乃與眞番二韓之兵으로 夾擊大破之하고
又分遣偏師하야 將戰於薊城之南이어늘
燕이 懼하야 遣使乃謝하고 以公子로 爲質하니라.
戊戌에 水韓이 薨하니 無嗣라 於是에 箕詡가 以命으로 代行軍令하니
燕이 遣使賀之하니라. 是歲에 燕이 稱王하고 將來侵이라가 未果하고
箕詡도 亦承命正號하야 爲番朝鮮王하고 始居番汗城하야 以備不虞하니라.

역주 신사(단기 1994, BCE 340)년에 아들 수한水韓(69세 왕)이 즉위하였다. 임오(단기 1995, BCE 339)년에 연나라가 이틀 길을 하루에 달려 쳐들어와 안촌홀安寸忽을 공격하고 험독險瀆까지 쳐들어왔다. 이때 **수유 사람**[須臾人] **기후**가 젊은 청년[子弟] 5천 명을 거느리고 와서 전쟁을 도우니 군세가 조금 진작되었다.

이에 진한·번한의 군사와 함께 협공하여 크게 격파하였다. 또 한 무리의 군사를 나누어 보내 계성薊城 남쪽에서 싸우려 하니, 연나라가 두려워하여 사신을 보내어 사죄하고 공자公子를 인질로 보냈다.✱

무술(단기 2011, BCE 323)년에 수한이 세상을 떠나니 후사가 없었다. 그리하여 기

▨ **안촌홀安寸忽:** 번조선의 첫 번째 수도인 안덕향(번한성). 지금의 하북성 개평開平 동북 70리에 있는 탕지보湯池堡이고, 고구려 때의 안시성安市城이다. 『삼국사기』 「지리지」 4에는 "안시성은 옛 안촌홀이다[安市城舊安寸忽]"라고 하였다.

✵ **계성:** 연나라 수도. 지금의 하북성 북경.

✱ **고조선에 인질로 잡혀 있었던 진개秦開:** 번조선과 연나라의 전쟁에서 번조선이 승리하자 연나라의 공자와 장수 진개를 인질로 붙잡아 두었으나 진개는 도망쳐 귀국한 후에 다시 쳐들어와서 번조선의 서쪽 변방 모퉁이 땅을 탈취하였다(BCE 300년경).

후가 명을 받들어 군령을 대행하였다. 연나라가 사신을 보내 하례하였다.

이 해에 연이 왕이라 칭하고 장차 침범하려다가 그만두었다. 기후도 명을 받들어 왕호를 써서 (70세) 번조선 왕[11]이 되고, 비로소 번한성番汗城㊟에 머물면서 뜻밖의 사태에 대비하였다.

기비의 도움으로 해모수(북부여 시조)가 대권을 잡아 고조선을 계승함

箕詡가 薨하니 丙午에 子箕煜이 立하니라 薨하니 辛未에 子箕釋이 立하니라
是歲에 命州郡하야 擧賢良하니 一時被選者가 二百七十人이라
己卯에 番韓이 親耕于郊하고 乙酉에 燕이 遣使納貢하니라.
箕釋이 薨하니 庚戌에 子箕潤이 立하니라 薨하니 己巳에 子箕丕가 立하니라
初에 箕丕가 與宗室解慕漱로 密有易璽之約하고 勤贊佐命하니 使解慕漱로
能握大權者는 惟箕丕其人也라. 箕丕가 薨하니 庚辰에 子箕準이 立하니라
丁未에 爲流賊衛滿所誘敗하야 遂入海而不還하니라.

역주 기후가 세상을 뜨자 병오(단기 2019, BCE 315)년에 아들 기욱箕煜(71세 왕)이 즉위하였다. 기욱이 세상을 떠나고 신미(단기 2044, BCE 290)년에 아들 기석箕釋(72세 왕)이 즉위하였다. 이 해에 각 주와 군에 명하여 어질고 현명한 인재를 추천하게 하였는데, 일시에 선발된 자가 270명이었다.

기묘(단기 2052, BCE 282)년에 번한 왕이 친히 교외에서 밭을 갈았다.

을유(단기 2058, BCE 276)년에 연나라가 사신을 보내 공물을 바쳤다.

기석이 세상을 떠나고 경술(단기 2083, BCE 251)년에 아들 기윤箕潤(73세 왕)이 즉위하였다. 기윤이 세상을 뜨자 기사(단기 2102, BCE 232)년에 아들 기비箕丕(74세 왕)가 즉위하였다.

일찍이 기비가 종실宗室 사람 해모수와 함께 몰래 옥새를 바꿔치려는 (새 나라를 열자는) 약속을 하고, 힘을 다해 천왕天王이 되는 것을 도와 주었다. 해모수로 하여금 능히 대권을 잡을 수 있게 한 사람은 오직 기비 그 사람이었다.

기비가 세상을 떠나고 경진(단기 2113, BCE 221)년에 아들 기준箕準(75세 왕) 이 즉위하였다. 정미(단기 2140, BCE 194)년에 떠돌이 도적[流賊] 위만에게 속아 패하여 마침내 배를 타고 바다로 가서 돌아오지 않았다.

㊟ **번한성番汗城**: 번조선의 첫 번째 수도. 지금의 하북성 개평開平 동북쪽 70리에 위치.

주註

1) 삼청궁

14세 치우천황 때의 신선인 자부 선생이 거처하던 곳으로 청구국 대풍산 남쪽에 있었다고 한다.

도교의 삼청三淸은 신교의 삼신三神 사상에서 발원하여 중화 문화의 시조인 황제헌원을 통해 들어간 것이다. 그러나 후에 고대사와 한민족사의 뿌리(신교 문화)가 거세되고 황로(황제 · 노자)학의 '중국판 도교'가 역수입되어 들어왔다.

2) 삼륜구서三倫九誓의 가르침

기해己亥(BCE 2182)년은 3세 가륵단군 원년이다. 이때 베푼 삼륜구서三倫九誓의 가르침은 일찍이 배달 신시 시대에 비롯되었다.

삼륜三倫은 ①父子愛之綱 ②君民禮之綱 ③師徒道之綱(會三經)이고, 구서九誓는 ①孝慈順禮 ②友睦仁恕 ③信實誠勤 ④忠義氣節 ⑤遜讓恭謹 ⑥明知見witt ⑦勇膽武俠 ⑧廉直潔淸 ⑨正義公理이다(「소도경전본훈」).

이러한 신교의 윤리규범은 곧 후세에 유교 윤리의 근간이 되었다. 유교에서는 공맹孔孟의 도道가 요堯 · 순舜에서 나왔고 멀리 황제黃帝(헌원)에까지 거슬러 올라간다고 가르쳐 왔다. 그러나 이들은 모두 배달과 단군조선을 '스승의 나라'로 하여 동방 한민족의 선진 신교 문화를 가져간 것이 역사적 진실이다.

뒷날 유교의 삼강오륜三綱五倫은 이 삼륜구서三倫九誓를 그대로 옮겨 적은 것이라 해도 전혀 지나친 말이 아니다. 또 44세 구물단군께서 꿈에 천제天帝에게 신교의 가르침[夢敎]을 받아 내정을 혁신하고 구서지회九誓之會를 열어 크게 발전시켰는데, 이것이 저 유명한 부여구서夫餘九誓이다.

이와 같이 우리나라에서는 유불선 삼교三敎가 들어오기 훨씬 이전에 환국오훈桓國五訓과 삼륜구서三倫九誓, 부여구서夫餘九誓, 고구려의 다물오계多勿五戒 같은 신교神敎의 윤리 · 도덕 규범이 있었고, 그것을 전 국민을 교화하는 근본 정신으로 삼았던 것이다.

3) 성기자유成己自由

고문헌에서 '자유'라는 표현은 '자기가 주인이 되다', 혹은 '제한과 구속을 받지 않다'는 뜻을 갖는다. 중국 위진남북조 시대에 나온 시선집『옥대신영玉臺新詠』에는 '공작동남비孔雀東南飛'라는 유명한 고시가 수록되어 있는데, 여기에 "내가 마음속으로 오랫동안 분함을 품고 있었는데 네가 어찌 멋대로 할 수 있는가[吾意久懷忿, 汝豈得自由]"라는 구절이 있다.

4) 개물평등開物平等

고문헌에서 평등은 '서로 같다'는 뜻을 나타낸다. 위진남북조 때 인도 승려 구나브리티求那毘地가 492년에 한문으로 번역한『백유경百喩經』「이자분재유二子分財喩」편에 "너희에게 서로 똑같이 물건을 나누는 법을 가르쳐 주리니 지금 갖고 있는 모든 물건을 부수어 이등분하라[敎汝分物使得平等, 現所有物破作二分]"라는 구절이 나온다. 또 인도 승려 구마라습鳩摩羅什이 한문으로 번역한『금강경』「정심행선분淨心行善分」편에 "이 법은 차별이 없이 높고 낮음이 없다[是法平等, 無有高下]"라는 말이 나온다.

5) 일본 왕가의 뿌리, 한국

고대 일본사는 한민족의 이민 개척사에 지나지 않는데 이것은 몇 가지 사실로 입증된다.

우선 일본으로 건너 간 신교의 삼신 신앙에서 확인할 수 있다.

『고사기古事記』에는 일본의 신화가 조화삼신으로 시작되었음을 기록하였다. 또한『일본서기』'신대기'를 보면, 조화삼신에 이어 신세 7대가 보인다. 이것은 당연히 7세 환인시대에 뿌리를 두고 기록한 것으로 일본의 건국신화가 한민족 역사를 모방한 사실을 뚜렷이 드러낸다.

고천원에서 일본 땅으로 내려온 신은 아마테라스 오오카미의 후손 니니기노미코토이다. 니니기는 고천원에서 큐슈의 히무카日向 다카치호高千穗의 구시후루다케久士布流多氣에 내려왔다. '일본 민족은 한반도에서 건너온 기마민족' 임을 주장한 에가미나미오江上波夫는 가락국의 수로首露왕이 내려온 구지봉龜旨峰과 연결하여 '구시후루'는 '구지의 마을'이 된다고 하였다. 그리고 니니기노미코토가 하늘에서 내려올 때, 거울 · 칼 · 구슬이라는 세 가지 신의 보물[三種의 神器]를 갖고 왔다. '삼종의 신기'는 환웅천황이 지상에 내려올 때 천부인天符印 3개를 가지고 왔다는 내용과 유사하다. 또 니니기노미코토는 자신이 내려온 곳을 "여기는 카라구니韓國를 향하고 있고, … 아침 해가 바로 쬐는 나라, 저녁 해가 비치는 나라이니라. 그러므로 여기는 매우 좋은 땅"이라고 표현했다. 그렇다면 한국이 고천원, 곧 하늘나라인 것이다.

다음으로 일본 왕가 혈통의 뿌리도 한국이다.『단군세기』를 보면, 35세 사벌단군은 재위 50년(BCE 723)에 장군 언파불합彦波弗哈을 보내어 일본 큐슈九州 남부의 구마소熊襲를 평정하였고, 36세 매륵단군은 38년(BCE 667)에 협야후陜野侯 배반명裵幋命을 보내 삼도三島(일본열도)를 평정케 하였다. 이 배반명이 바로 일본 왕가의 뿌리인 초대 진무神武(狹野) 왕이다. 일본 왕가의 뿌리가 백제계라는 것은 이제 우리 학계에서도 인정하는 사실이다.

고대 한일관계사는 단순히 문화교류의 차원이 아니다.「대진국본기」에 의하면 의려국 왕자 오라가 일본으로 건너가 15세 오진應神 왕이 되었고, 삼신의 부명三神符命에 응하다 하여 응신應神이라 하였다고 한다. 2001년 12월에는 일본의 아키히토 왕(125세)이, "나의 조상인 간무桓武 왕의 어머니가 백제 무령왕의 자손"이라 고백하여 자신도 백제계의 피를 이어받았음을 시인한 바 있다.

6) 동순망질 사근동후東巡望秩 肆覲東后

'동순망질 사근동후'라는 구절은『서경』「우서虞書」의「순전舜典」에 나온다. "(순임금이) 동쪽 지역을 순수하여 태산泰山에 이르러 시柴 제사를 지내고, 산천을 바라보며 차례대로 제사한 뒤 동방의 천자를 찾아뵈었다[東巡守至于岱宗, 柴, 望秩于山川, 肆覲東后]." 여기서 동후東后는 결코 제후가 아니다. 그런데 중국 사가들은 한결같이 동후를 '동방의 제후[東方之諸侯也]'라 해석해 왔다.

여기서 '후后' 자는 『강희자전康熙字典』에서 밝힌 것처럼 군주君主를 지칭하는 말이다. 제후를 말하는 것이 결코 아니다. 또 '근覲' 자는 '하현상下見上', 즉 아랫사람이 윗사람에게 문안 드린다는 말이다.『강희자전』은 "천자가 즉위하면 제후들이 북면하여 천자께 알현하는 것을 일러 근覲이라 한다[天子當佐而立, 諸侯北面, 而見天子曰覲]"라고 하였으니, '제후인 순임금이 그 종주국의 천자인 단군왕검을 알현하였다'는 것이 '사근동후'의 본뜻이다.

『서경』의 이 구절이야말로 고대 한·중 관계사를 사실 그대로 극명하게 밝힌 매우 주목할 만한 대목이다.『서경』본래의 뜻을 살려 원문을 해석하면, "순임금이 요임금에게서 왕위를 물려받은 뒤에 차례로 천신과 산천에 제사를 지내고 동방의 천자이신 단군왕검을 찾아뵈었다[肆覲東后]"가 된다.

7) 금간옥첩金簡玉牒

창수사자 부루태자가 도산에서 사공司空 우禹에게 전해 준 치수治水의 비결.『세종실록지리지』에는 이러한 사실을 "우왕은 부루에게서 금간옥첩을 받았다. 우는 제후를 도산으로 불러 모았다[禹王自夫婁, 受金簡玉牒, 禹會諸侯, 塗山也]"라고 하였고,『오월춘추吳越春秋』에서는 "구악산九嶽山 동남쪽에 있는 천주산天柱山을 완위산宛委山이라 하는데 적제赤帝께서 이 산위의 대궐에 살고 계신다. 절벽 꼭대기에 책이 한 권 있으니, 꽃무늬가 있는 옥으로 받치고 반석으로 덮어 놓았다. 이 책은 금간으로서 청옥으로 글자를 쓰고 백은으로 엮었으며, 글자가 모두 양각으로 되어 있다[在於九山東南天柱, 號曰宛委, 赤帝在闕. 其巖之巔, 承以文玉, 覆以磐石, 其書金簡, 青玉爲字, 編以白銀, 皆琢其文]"라고 하였다. 여기서 말하는『황제중경』은 금간金簡과 옥첩玉牒으로 되어 있는 오행치수의 비결로 후에 기자箕子가 설한 홍범구주洪範九疇이다.

『서경』「홍범」에는, 무왕武王이 기자箕子에게 천도天道를 물으니 기자가 "옛적에 곤鯀이 홍수를 막아 다스려 오행五行의 이치를 어지럽히니, 제帝가 크게 노하시어 홍범구주를 주지 않았사온데 (중략) 우禹가 이에 일어나니, 제는 우에게 홍범구주를 내리시어 세상의 질서를 바로잡았습니다"라고 답했다. 홍범의 아홉 가지 규범 가운데 첫째가 바로 오행이다.

8) 3년상 제도의 기원과 신교 제사 문화

소련과 대련은 동양 고전에서 하늘이 낸 효자, 즉 '천종지효天縱之孝'라 하여 효孝의 대명사로 불리며, 특히 상례喪禮를 잘한 인물로 유명하다. 이들은 2세 부루단군 때의 중신重臣이었다(『단군세기』). 대련은 태백산(백두산) 4대 신선[四仙] 가운데 한 사람이다.

공자는『예기禮記』에서 "소련·대련은 거상을 잘 하였는데, 3일을 게을리 하지 않고 3개월을 해태하지 않으며 3년을 슬퍼하였다. 그들은 동이東夷 사람이다[少連大連善居喪, 三日不怠, 三月不解, 期悲哀, 三年憂, 東夷之子也]"라고 하였다(『예기禮記』「잡기雜記」하편下篇). 공자는 이를 윤리의 시초라 칭송하고 소련·대련을 성인이라 하였다. 이와 같이 3년간 거상하는 상례는 본래 유교에서 나온 것이 아니라, 신교를 종주로 하는 단군조선에서 처음 나온 신교 문화의 제사 풍속이다.

9) 흉노

BCE 3세기 말부터 CE 1세기 말까지 몽골고원·만리장성 일대를 중심으로 활약한 유목 기마 민족遊牧騎馬民族이다. 주대周代에 중국의 북변을 위협하던 험윤·훈육 등의 후예라고도 한다. 흉노족이 형성한 국가를 뜻하기도 한다.

흉노는 중국 한漢나라 때 전성기를 맞이하였고 한나라가 흉노에게 조공하는 일이 빈번하였다. 후에 흉노는 남북으로 분열되었다.

북흉노는 선비족·오환·남흉노 연합군에게 쫓겨 중앙아시아로 밀려나게 되었다. 로마제국의 멸망을 초래한 게르만족의 이동(375)은 흉노족(훈족)이 서쪽으로 패주하게 된 것이 발단이었다. 훈족의 왕 앗틸라는 로마제국 깊숙이 진격하여 제국 전역을 유린하여 유럽인을 공포에 떨게 했다. 그리고 이들의 후예는 핀란드, 에스토니아 등의 나라를 세웠다. 남흉노는 서진西晉의 쇠약을 틈타 화북을 침략하여 5호 16국을 세운 뒤 중국에 동화되어 사라졌으나 그 일부는 서쪽으로 이동하여 헝가리 민족(마쟈르족)의 시원이 되었다. 지금은 혼혈이 되어 유럽인과 형태적으로 크게 구별이 안 되지만, 언어학적으로는 구별이 뚜렷하여 어순이 한국어와 유사하고 우리와 마찬가지로 성을 먼저 쓰고 이름을 뒤에 쓴다.

10) 노자 이이李耳

노자의 아버지는 동이 9족 가운데 풍이風夷족 출신이다. 노자는 본래 성이 한韓이지만 '동방[木]의 아들[子]'이라는 뜻에서 이李씨로 바꿨다. 『사기』「노자열전老子列傳」에서는 "노자는 초나라 고현 여향 곡인리 사람이다. 성은 이씨이고, 이름은 이, 자는 담이며, 주나라에서 장서를 담당하는 사관이다[老子者, 楚苦縣厲鄕曲仁里人也. 姓李氏, 名耳, 字聃, 周守藏室之史也]"라고 하였다.

노자 『도덕경』(81장) 전편에 흐르는 사상도, 배달의 신교 문화를 전수 받은 동이족 출신 황제헌원의 신선 도가 사상을 계승한 것이다. 노자의 사상, 문화는 모두 동이족 조선의 신교 문화 토양에서 나온 것이다.

환국의 구전지서口傳之書인 『천부경』(81자)의 정신을 이어, 동방 의학과 우주 원리의 성서聖書인 『황제내경』과 『도덕경』이 모두 81편으로 이루어졌다는 사실도 결코 우연이 아니다.

11) 번조선 왕

『삼국지』「오환선비동이전烏丸鮮卑東夷傳」의 주석으로 인용한 『위략魏略』에는 "옛적 기자의 후손인 조선후朝鮮侯는, 주周나라가 쇠약해지는 것을 보고 연燕나라가 왕을 자칭하면서 동쪽으로 침략하려 하자, 그 또한 왕을 자칭하고 군사를 일으켜 연나라를 공격하여 주나라 왕실을 받들려고 하였다[昔箕子之後朝鮮侯, 見周衰, 燕自尊爲王, 欲東略地, 朝鮮侯亦自稱爲王, 欲興兵逆擊燕以尊周室]"라는 기록이 있다. 이 기록에서 명백히 알 수 있는 것은, 중화의 대국주의 사관이 고조선을 주나라에 종속된 제후국으로 날조하였을 뿐만 아니라, 번조선의 말기 왕들을(70세 기후~75세 기준)을 기자의 직계 후손으로 조작하고 동시에 그들이 마치 고조선 전체의 단군 천왕인 양 왜곡하였다는 사실이다. 이처럼 『태백일사』「삼한관경본기」번한세가 하下는, 번조선의 제후국으로서 지금의 하북성 난하 유역에 있던 수유국인 기후가 70세 번조선 왕으로 즉위할 당시의 대내외적인 정치 상황을 기록함으로써 중화 사가들이 멋대로 왜곡하고 날조한 사실을 처음으로 명확히 밝혀 준다.

太白逸史 第五

蘇塗經典本訓
소도경전본훈

- '소도蘇塗'는 삼신상제님께 제사 지내는 거룩한 장소이고 '소도경전본훈'이란 소도에서 사용되던 경전의 근본 가르침이라는 뜻이다.
- 「소도경전본훈」에서는 홍익인간 이념의 유래를 밝혔다. 즉 홍익인간의 통치 정신은 환인천제께서 환웅천황에게 전수하신 심법이다.
- 한민족의 소의경전所依經典인 『천부경天符經』, 『삼황내문경三皇內文經』, 『삼일신고三一神誥』, 『신지비사神誌秘詞』, 『참전계경參佺戒經』 등의 기원과 그 내용을 자세히 전하고 있다.
- 특히 9천년 전 환국 때부터 구전되어 내려온 『천부경』은 우주 만물의 근원과 조화와 만물 창조의 법칙을 1에서 10까지 수로써 드러내 주었다. 『천부경』은 삼신상제님께서 천지의 주권자로서 내려 주신 통치 섭리를 선포한 경전이다.

삼신상제 제천행사를 참관한 선인 발귀리의 송가

神市之世에 有仙人發貴理가 與大皞로 同門受學하고 而道旣通에
遊觀乎方渚風山之間하야 頗得聲華라.
及觀阿斯達祭天하고 禮畢而仍作頌하니 其文에 曰
「大一其極이 是名良氣라 無有而混하고 虛粗而妙라
三一其體오 一三其用이니 混妙一環이오 體用無歧라
大虛有光하니 是神之像이오 大氣長存하니 是神之化라
眞命所源이오 萬法是生이니 日月之子오 天神之衷이라
以照以線하야 圓覺而能하며 大降于世하야 有萬其衆이니라
故로 圓者는 一也니 無極이오 方者는 二也니 反極이오 角者는 三也니 太極이니라.」

역주 신시 시대에 선인 발귀리發貴理*가 있었다. 대호大皞(태호太皞, 태호복희太昊伏羲)와 동문수학하였는데, 도를 통한 후에 방저方渚와 풍산風山*지역을 유람하며 자못 명성을 얻었다. 아사달※에 와서 제천 행사를 보고 예식이 끝난 후에 찬송하는 글을 지었다. 그 글은 이러하다.

> 만물의 큰 시원[大一]이 되는 지극한 생명이여!
> 이를 양기良氣* 라 부르나니 무와 유가 혼연일체로 있으며
> 텅 빔[虛]과 꽉 참[粗]이 오묘하구나.
> 삼(三神)은 일(一神)로 본체[體]를 삼고 일(一神)은 삼(三神)으로 작용[用]을 삼으니
> 무와 유, 텅 빔과 꽉 참(정신과 물질)이 오묘하게 하나로 순환하고
> 삼신의 본체와 작용은 둘이 아니로다.
> 우주의 큰 빔 속에 밝음이 있으니,※ 이것이 신의 모습이로다.
> 천지의 거대한 기[大氣]는 영원하니 이것이 신의 조화로다.

* **발귀리**: 배달 5세 태우의환웅 때의 신선. 뒷날 14세 치우천황 때의 신선인 자부 선생은 그의 후손이다. 성지聖地 태백산(백두산) 아래에 사선각四仙閣이 있는데, 4선四仙은 발귀리發貴理, 자부선인紫府仙人, 대련大連, 을보륵乙普勒이다(이유립, 『커발한문화사상사』 2권, 24쪽).
* **풍산**: 대릉하大陵河상류로 추정. 중국에서는 산서성 임분臨汾시에 있는 인조산人祖山을 가리킨다.
* **아사달**: '삼신상제님께 제사 지내는 곳'(「삼한관경본기」)으로, 여기서는 지금의 만주 하얼빈哈爾濱이다. 그때는 배달 시대이므로 백두산으로도 볼 수 있다.
* **양기良氣**: 우주의 조화 기운[氣]과 그 창조 원리[理]가 일체一體로 존재하는 조화의 힘(에너지)을 말한다.
* **큰 빔 속에서 빛나는 밝음**: 우주의 본성은 허虛와 무無이다. 따라서 우리의 마음을 크게 비우고 세상을 건지겠다고 발심發心하고 참마음과 정성을 갖고 진실하게 생활을 하면, 우주의 모습이 대광명임을 체험할 수 있다.

참 생명이 흘러나오는 시원처요, 만법이 이곳에서 생겨나니
일월의 씨앗이며, 천신(상제님)의 참 마음이로다!
만물에 빛을 비추고, 생명선을 던져 주니
이 천지조화(의 광명과 대기大氣)* 대각하면 큰 능력을 얻을 것이요
성신이 세상에 크게 내려 만백성 번영하도다.
그러므로 원圓(○)은 하나[一]이니 하늘의 '무극無極 정신'을 뜻하고,
방方(□)은 둘[二]이니 하늘과 대비가 되는 땅의 정신[反極]※을 말하고,
각角(△)은 셋[三]이니 천지의 주인인 인간의 '태극太極 정신'이로다.⊛

夫弘益人間者는 天帝之所以授桓雄也오 一神降衷하사 性通光明하니
在世理化하야 弘益人間者는 神市之所以傳檀君朝鮮也라.
桓易은 出於雨師之官也니 時에 伏羲爲雨師하야 以養六畜也라.
於是에 見神龍之逐日하야 日十二變色하고 乃作桓易하니
桓은 卽與羲로 同義也오 易은 卽古龍本字也라.

역주 대저 **홍익인간 이념**[1]은 환인천제께서 환웅에게 내려주신 가르침이다. 삼신[一神]께서 참마음을 내려 주시어 사람의 성품이 신의 대광명에 통해 있으니, 삼신상제님의 진리(신교)로 세상을 다스리고 깨우쳐 **천지광명**(환단)**의 꿈과 대이상을 실현하는 홍익인간이 되라는 가르침**은 신시 배달이 단군조선에 전수한 심법이다.

환역桓易[2]은 관원인 우사에게서 나왔다. 당시에 복희伏羲께서 우사가 되어 육축六畜*을 기르셨다. 이때에 신룡神龍이 태양을 따라 하루에 열두 번 색이 변하는 것을 보고 환역을 지으셨다. 환桓은 희羲와 같은 뜻이요, 역易은 옛적에 쓰인 용龍 자의 원 글자이다.

9년 홍수를 다스린 오행치수법의 기원과 전수

紫府先生은 發貴理之後也니 生而神明하고 得道飛昇이라.
嘗測定日月之纏次하고 推考五行之數理하야 著爲七政運天圖하니

*여기서는 지순지묘至純至妙한 우주의 순수 조화 정신(우주 정신)을 말한다.
※땅은 하늘의 뜻에 순종하여 그것을 이룬다. 따라서 반극反極은 하늘의 무극으로 돌아간다[返]는 뜻도 포함한다.
⊛천원지방天圓地方이라는 동양의 상징 체계는 신교 문명의 원[天]·방[地]·각[人] 사상에서 비롯한 것이다. 10월에 국중대회를 열 때 둥근 단[圓丘]을 쌓아 하늘에 제사 지내고, 네모난 단[方丘]을 쌓아 땅에 제사 지냈다.
*육축六畜: 집에서 기르는 여섯 가지 동물로 소, 말, 양, 돼지, 개, 닭을 이른다.

是爲七星曆之始也라. 後에 蒼其蘇가 又復演其法하야 以明五行治水之法하니
是亦神市黃部之中經來也라. 虞人姒禹가 到會稽山하야 受敎于朝鮮하고
因紫虛仙人하야 求見蒼水使者扶婁하야 受黃帝中經하니
乃神市黃部之中經也라 禹取而用之하야 有功於治水하니라.

역주 자부 선생※은 발귀리의 후손이다. 태어나면서 신명神明하여 도를 통해 신선이 되어 승천하였다. 일찍이 일월의 운행 경로와 그 운행 도수[纏次]를 측정하고, 오행의 수리數理를 추정하여 「칠정운천도七政運天圖」를 지으니 이것이 **칠성력의 기원**이다.

뒤에 창기소蒼其蘇가 다시 그 법을 부연하여 오행치수법을 밝혔는데, 이것 역시 배달 신시 시대의 『황부중경黃部中經』3)에서 유래하였다. 우虞나라 순임금이 보낸 우禹가 회계산✤에 가서 조선의 가르침을 받을 때, 자허紫虛 선인을 통해 창수蒼水사자인 부루태자를 찾아 뵙고 『황제중경黃帝中經』을 전수 받으니, 바로 배달의 『황부중경』이다. 우가 이것을 가지고 가서 치수하는 데 활용하여 공덕을 세웠다.

桓易은 體圓而用方하야 由無象以知實하니 是天之理也오
羲易은 體方而用圓하야 由有象以知變하니 是天之體也오
今易은 互體而互用하야 自圓而圓하며 自方而方하며 自角而角하니
是天之命也라.

역주 환역桓易은 체원용방體圓用方, 즉 둥근 하늘을 창조의 본체로 하고, 땅을 변화의 작용으로 하여 모습이 없는 것[無象]에서 우주 만물의 실상을 아는 것이니, 이것이 **하늘의 이치**[天理]이다.

희역羲易은 체방용원體方用圓, 즉 땅을 변화의 본체로 하고, 하늘을 변화 작용으로 하여 모습이 있는 것[有象]에서 천지의 변화를 아는 것이니, 이것이 **하늘의 실체**[天體]이다.

지금의 역[周易]은 호체호용互體互用, 즉 체體와 용用을 겸비하여(체도 되고 용도 되어) 있다. 사람의 도는 천도天道의 원만(○)함을 본받아 원만해지며 지도地道의 방정(□)함을 본받아 방정해지고, 천지와 합덕하여 하나(천지인 삼위일체, △)됨으로써 영원한 대광명의 존재[太一]가 되나니, 이것이 **하늘의 명령**[天命]이다.4)

※ 자부紫府 선생: 14세 치우천황 때의 신선. 일찍이 황제헌원, 공공, 대요, 창힐 등에게 동방의 대도大道를 전수하였다.
✤ 회계산: 일명 도산塗山. 절강성浙江省 소흥현紹興縣 동남쪽에 있다.

　　　　연　　　　천지원　　　자시일대허무공이이　　　　기유체호
　然이나 天之源은 自是一大虛無空而已니 豈有體乎아.
　　　천　　　자시본무체　　이이십팔수　　　내가위체야
　天은 自是本無體오 而二十八宿가 乃假爲體也니라.
　　개천하지물　　유호명즉개유수언　　　유수즉개유력언
　蓋天下之物이 有號名則皆有數焉이오 有數則皆有力焉이라
　기언유수자즉유유한무한지수　　우언유력자즉유유형무형지별
　旣言有數者則有有限無限之殊하고 又言有力者則有有形無形之別하나니
　　고　　천하지물　　이기유　　언지즉개유지　　　이기무　　언지즉개무지
　故로 天下之物이 以其有로 言之則皆有之하고 以其無로 言之則皆無之니라.

역주 그러나 하늘의 근원은 한결같이 크고[一大] 허虛하고 무無하며 공空하니, 어찌 본체가 따로 있으리오! 하늘은 본래 근원적인 실체를 갖고 있지 않으나 천지 변화의 운동에는 **이십팔수*** 별자리가 가상의 실체 노릇을 하고 있다.

　대개 천하의 만물 중에 이름이 있는 것에는 모두 수數▨가 붙어 있고, 이 수가 붙어 있는 것에는 모두 **힘[力: 생명력]**이 깃들어 있다. 이미 수가 있다고 말한 것은 곧 유한과 무한의 구분이 있고, 생명력이 있다고 말한 것은 곧 유형과 무형의 구별이 있나니 그 있음[有]으로 말하면 천하 만물은 모두 있는 것이요, 그 없음[無]으로 말하면 만물은 그 형체가 모두 없어지게 되는 것이다(유로 보면 만물은 끊임없이 생성순환이 지속되어 유형의 세계가 영원히 살아 있고, 무로 보면 결국 형체가 다 무너져서 만물은 무로 돌아가는 것이다. 그러므로 인간은 삼신의 도를 닦아 영원한 생명을 성취해야 한다는 뜻이다).

『천부경』의 유래

　천부경　　천제환국구전지서야　　　환웅대성존　　천강후　　명신지혁덕
　天符經은 天帝桓國口傳之書也니라 桓雄大聖尊이 天降後에 命神誌赫德하사
　이녹도문　　　기지　　　최고운치원　　　역상견신지전고비　　　갱부작첩
　以鹿圖文으로 記之러니 崔孤雲致遠이 亦嘗見神誌篆古碑하고 更復作帖하야
　이전어세자야　　연　　　지본조　　　전의유서
　而傳於世者也라 然이나 至本朝하야 專意儒書하고
　갱불여조의상문이욕존자　　　기역한재
　更不與皂衣相聞而欲存者하니 其亦恨哉로다
　이고　　　특표이출지　　　이시후래
　以故로 特表而出之하야 以示後來하노라.

역주 『천부경』은 천제 환인의 환국 때부터 구전되어 온 글이다. 환웅 대성존께서 하늘의 뜻을 받들어 (태백산으로) 내려오신 뒤에 신지神誌 혁덕赫德에게 명하여 이를 녹도문鹿圖文으로 기록하게 하셨는데, 고운孤雲 **최치원**[5]이 일찍이 신지의 전고비篆古

---

* **이십팔수**: 천상 하늘의 대행자인 이십팔수 별자리는 황도黃道를 따라서 천구天球를 28등분한 것이다. 동에 각角·항亢·저氐·방房·심心·미尾·기箕, 북에 두斗·우牛·여女·허虛·위危·실室·벽壁, 서에 규奎·루婁·위胃·묘昴·필畢·자觜·삼參, 남에 정井·귀鬼·유柳·성星·장張·익翼·진軫이다.

▨ 『유경도익類經圖翼』에서는 "수는 기가 아니면 운행될 수 없고, 기는 수가 아니면 증명될 수 없다"라고 하였다. 이 말은 우주의 조화 정신[理·氣]을 이성적·논리적으로 인간이 인식할 수 있게 하는 원리와 과정을 말한다. 곧 이理→기氣→상象→수數로 전개되는 상수象數 철학의 체계를 말한다.

碑[6]를 보고 다시 첩帖으로 만들어 세상에 전하였다.

그러나 본조本朝(한양 조선)에 이르러 세상사람이 오로지 유가 경전에만 뜻을 두고, 조의皁衣의 정신을 되살려 다시 서로 들어 보고 보존하려는 자가 없으니 이 또한 참으로 한스러운 일이다. 그러므로 특별히 이를 들춰 내어 후손에게 전하고자 한다.

> 천부경 팔십일자
> 天符經八十一字
>
> 일 시 무시일 석삼극 무진본
> 一은 始나 無始一이오 析三極하야도 無盡本이니라.
>
> 천 일 일 지 일 이 인 일 삼 일적십거 무궤화삼
> 天의 一은 一이오 地의 一은 二오 人의 一은 三이니 一積十鉅라도 无匱化三이니라.
>
> 천 이 삼 지 이 삼 인 이 삼
> 天도 二로 三이오 地도 二로 三이오 人도 二로 三이니
>
> 대 삼 합 육 생 칠 팔 구 운 삼 사 성 환 오 칠
> 大三合六하야 生七八九하고 運三四하야 成環五七이니라.
>
> 일 묘 연 만 왕 만 래 용 변 부 동 본
> 一이 妙衍하야 萬往萬來라도 用變不動本이니라.
>
> 본 심 본 태 양 앙 명 인 중 천 지 일
> 本은 心이니 本太陽하야 昂明하고 人은 中天地하야 一이니
>
> 일 종 무 종 일
> 一은 終이나 無終一이니라.

역주 『천부경天符經』*(팔십일자)[7]

하나*는 천지만물 비롯된 근본이나 무에서 비롯한 하나이어라.

이 하나가 나뉘어져 천지인 삼극으로 작용해도 그 근본은 다할 것이 없어라.▩

하늘은 창조운동 뿌리로서 첫째 되고 땅은 생성운동 근원되어 둘째 되고

사람은 천지의 꿈 이루어서 셋째 되니✻

하나가 생장하여 열까지 열리지만✻ 다함없는 조화로서 3수의 도 이룸일세.

하늘도 음양운동 3수로 돌아가고 땅도 음양운동 3수로 순환하고

사람도 음양운동 3수로 살아가니

천지인 큰 3수 마주합해 6수되니[8] 생장성 7·8·9를 생함이네.

---

*『천부경天符經』: 하늘의 뜻과 만물 창조의 법칙을 전해주는 경전. 하늘의 신권을 드러내는 권위의 상징으로 보면, 온 우주를 다스리시는 상제님께서 천지의 주권자로서 내려 주신 통치 섭리를 선포한 경전이다.

*'하나(한·일一)'는 서수(1, 2, 3)의 의미를 넘어 우주만물이 태어난 생명의 근원, 창조의 근원, 절대 유일자를 상징한다. 하늘과 땅과 인간과 신들이 탄생하는 근원으로서 하나, 우주 탄생의 궁극의 시원 경계를 상징한다. 말하자면 우주의 근원적 실재다.『환단고기』에서는 이것을 일태극一太極, 신神, 도道, 환桓, 한韓으로 상징하여 표현하며 무無와의 관계를 중시하고 있다.

▩하늘과 땅과 인간, 그 근원은 절대 유일자의 신성과 이법과 생명력을 그대로 가지고 있다는 뜻이다.

✻천지인天地人의 일一, 이二, 삼三: 하늘은 양의 근본[一]이요, 땅은 음의 근본[二]이요, 인간은 천지의 합덕[三]으로 생겨난 존재임을 말하는 것으로 보기도 한다.

✻일적십거一積十鉅: 천일天一과 지이地二가 합덕合德하여 인삼人三이라는 인간과 만물이 태어나는 선천先天 개벽과, 분열 발달한 자연과 인간 문명이 혁신 통일되는 후천後天 개벽의 전 과정을 말한다.

천지만물 3과 4수 변화마디 운행하고 5와 7수 변화원리 순환운동 이룸일세.[9)]
하나는 오묘하게 순환운동 반복하여 조화작용 무궁무궁 그 근본은 변함없네.*
근본은 마음이니 태양에 근본두어 마음의 대광명은 한없이 밝고 밝아
사람은 천지중심* 존귀한 태일이니 하나는 천지만물 끝을 맺는 근본이나
무로 돌아가 마무리된 하나이니라.

자부 선생과 삼황내문의 유래

三皇內文經은 紫府先生이 授軒轅하야 使之洗心歸義者也라
先生이 嘗居三淸之宮하시니 宮在靑邱國大風山之陽이라 軒侯가 親朝蚩尤라가
路經名華하야 有是承聞也라 經文은 以神市鹿書로 記之하야 分爲三篇이러니
後人이 推演加註하야 別爲神仙陰符之說하고 周秦以來로
爲道家者流之所托하야 間有鍊丹服食과 許多方術之說이 紛紜雜出하야
而多惑溺하고 至於徐福韓終하야는 亦以淮泗之産으로 素有叛秦之志라가
至是하야 入海求仙爲言하고 仍逃不歸하니 日本紀伊에 有徐市題名之刻하고
伊國新宮에 有徐市墓祠云이라 徐福은 一稱徐市이오 市福은 音混也라.

역주 『삼황내문경』은 자부 선생이 황제헌원에게 전해 주어[10)] 그로 하여금 마음을 닦아 의로운 정신으로 돌아가게 한 책이다. 선생이 일찍이 **삼청궁**三淸宮에 거처하였는데, 삼청궁은 청구국 대풍산大風山의 남쪽에 있었다. 당시 제후이던 헌원이 친히 치우천황을 찾아뵙다가 도중에 선생의 명성을 듣고 찾아가서 가르침을 전해 들은 것이다. 경문은 신시 시대의 **녹서**鹿書로 기록되어 세 편으로 나뉘어 있다. 후세 사람이 이 글을 부연하고 주註를 덧붙여 별도로 신선음부神仙陰符의 설을 만들었다. 주周와 진秦 시대 이래로 도가 학파가 이것에 의탁하였다. 이따금 단약丹藥을 만들어서 불사약으로 먹기도 하였고, 그 외 허다한 방술方術의 설*이 어지러이 뒤섞여

---

* **용변부동본**用變不動本: 19세기 우주개벽사상에 의하면 천지의 작용과 본체가 가을(후천)개벽을 맞아 서로의 역할을 맞바꾼다. 즉, '작용이 변하여 움직이지 않는 본체가 된다'로 해석할 수 있다.
* **중천지**中天地: 천지의 이법과 조화기운, 천지합덕의 원리에 적중하여 관통한다는 뜻. 그 주체가 바로 천지의 뜻과 궁극의 이상을 완성하는 진정한 일자一者, 천지의 뜻을 이루는 가장 지극한 존재, 태일太一의 인간이다.
* **녹서**鹿書: 초대 환웅천황 때 발명한 녹도문鹿圖文.
* **방술**方術의 설: 연단·복식·방술은 모두 도가道家의 수련 방법. 연단은 단약丹藥을 복용함으로써 신선이 되는 것이고, 복식은 호흡을 고르게 하고 마음을 비움으로써 신선의 경지에 도달하는 호흡수련법이며, 방술은 도가의 여러 가지 술법術法을 말한다.

蘇塗經典

나돌아 이에 미혹되어 빠지는 자가 속출하였다.

서복徐福과 한종韓終* 역시 회사淮泗* 지역 출신이다. 본래 진秦나라에 모반하려는 뜻을 품고 있다가 '바다로 들어가 신선을 찾는다'고 말하고는 도망쳐서 돌아오지 않았다. 일본의 기이紀伊*에는 서불徐市의 이름을 새겨 놓은 조각이 있다. 이국伊國*의 신궁新宮에는 서불의 무덤과 사당이 있다고 전한다. 서복은 일명 서불이라 부르는데, 이는 불市과 복福의 음이 비슷하여 혼동된 것이다.

삼일신고의 내력과 근본 정신

三一神誥는 本出於神市開天之世오 而其爲書也니라.
蓋以執一含三하고 會三歸一之義로 爲本領하고
而分五章하야 詳論天神造化之源과 世界人物之化하니

역주 『삼일신고』는 본래 신시개천 시대에 세상에 나왔고, 그때에 글로 지어진 것이다. **집일함삼**執一含三과 **회삼귀일**會三歸一의 뜻을 근본 정신으로 삼고, 다섯 장으로 나누어 '하늘과 신, 조화의 근원', '세계와 인물의 조화'에 대해 상세히 논하였다.

其一曰 虛空은 與一始無로 同始하고 一終無로 同終也니
外虛內空에 中有常也오.
其二曰 一神은 空往色來에 似有主宰니 三神爲大시나 帝實有功也시오.
其三曰 天宮은 眞我所居니 萬善自足하야 永有快樂也오.
其四曰 世界는 衆星屬日하니 有萬羣黎의 大德이 是生也오.
其五曰 人物은 同出三神하니 歸一之眞이 是爲大我也니라.
世或以三一神誥로 爲道家醮青之詞하니 則甚誤矣라.
吾桓國은 自桓雄開天으로 主祭天神하시며 祖述神誥하시며
恢拓山河하시며 教化人民하시니라.

---

* **서복徐福과 한종韓終**: 서복徐福(또는 서불徐市)은 진시황 때의 방사方士. 진시황이 서복·한종韓終 무리에게 동남동녀 각 500명을 주며 바다로 나가 신선불사약을 구해 오라 명하였지만 이들은 귀국하지 않고 도망하였다. 서복은 왜국倭國으로 가서 왕이 되었다 한다(이익, 『성호사설星湖僿說』; 이능화, 『조선도교사』).
* **회사淮泗**: 회수淮水(강소성 소재)와 사수泗水(산동성 소재).
* **기이紀伊**: 지금의 일본 혼슈本州 와카야마현和歌山縣 키이紀伊 반도.
* **이국伊國**: 이세伊勢라고도 한다. 지금의 일본 미에현三重縣 지역에 있었다.

역주 첫째 장 허공虛空은, 우주 시공이 '일시무一始無'의 무無와 함께 시작하고, '일종무一終無'의 무無와 함께 끝나니,* 이 우주는 외허내공外虛內空한 상태에서 **중도의 조화 경계**에 항상 머물러 있음을 밝히고 있다.

둘째 장 **일신一神**은, 공과 현상이 끊임없이 오고 감[空往色來]에 한 분 신이 **우주를 주재**하고 계신 듯하니, (우주 그 자체의 조화 정신인) 삼신三神이 비록 위대하시나 사실은 이 **삼신의 주재자이신 상제님**께서 (우주가 품은 꿈의 낙원 세계를) **지상에 실현하는 공덕을 이루신다**는 내용이다.

셋째 장 **천궁天宮**은, **참된 나[眞我]**가 머무는 곳이니, 온갖 선이 스스로 갖추어져 **영원한 즐거움이 있음**을 밝히고 있다.

넷째 장 **세계世界**는, 뭇별이 태양에 속해 있고, 수많은 인간을 길러 내어 우주 역사의 이상을 실현하는 큰 공덕이 여기에서 이루어진다는 것을 밝히고 있다.

다섯째 장 **인물人物**은, 인간과 만물이 모두 **삼신에서 생겨났으니**, 그 근본[一神]으로 돌아가는 진리가 '**큰 나[大我]**'**가 되는 길**임을 밝혀 주고 있다. 세상에서 혹 『삼일신고』를 도가의 초청사醮靑詞라고도 하지만, 이것은 아주 잘못된 것이다.

우리 환국은, 환웅천황께서 배달을 개천할 당시부터 천신께 제사를 지내 오셨고, 『삼일신고』를 지으셨으며, 산하를 널리 개척하시고 백성을 교화하셨다.

오호　　　신시천황지건호　　　금기몽삼신상제　　　계무량홍조
嗚呼라 神市天皇之建號가 今旣蒙三神上帝하사 啓無量洪祚하시고
초무웅호　　　이안사해　　　상위천신　　　계홍익지의　　　하위인세
招撫熊虎하사 以安四海하시며 上爲天神하사 揭弘益之義하시고 下爲人世하사
해무고지원　　어시　　인자순천　　　세무위망　　　무위자치
解無告之怨하시니 於是에 人自順天하고 世無僞妄하야 無爲自治하며
무언자화　　　속중산천　　　불상침섭　　　귀상굴복　　　투사구급
無言自化하며 俗重山川하야 不相侵涉하며 貴相屈服하야 投死救急하며
기균의식　　　우평권리　　　동귀삼신　　　교환서원　　　화백위공
旣均衣食하고 又平權利하며 同歸三神하야 交歡誓願하며 和白爲公하야
책화보신　　　통력이사　　　분업상자　　　남녀개유직분
責禍保信하며 通力易事하야 分業相資하며 男女皆有職分하며
노소동향복리　　　인여인　　　무상쟁송　　　국여국　　　무상침탈
老少同享福利하야 人與人이 無相爭訟하며 國與國이 無相侵奪하니
시위신시태평지세야
是謂神市太平之世也니라.

蘇塗經典

역주 아아! 배달의 천황※께서 나라를 처음 세우실 때 이미 **삼신상제님의 은총을**

---

*일시무一始無·일종무一終無는 모든 것이 '하나'에서 무한히 펼쳐져 드러나고 결국 하나로 돌아간다는 뜻으로 우주는 시작도 끝도 없음을 밝힌 중요한 내용이다.

※초대 환웅천황은 검족(웅족)과 불족(호족)을 통합하여 배달을 건국하셨기 때문에 신불환웅이라고도 한다(검=神).

입어 무량한 큰 복을 열어 주시고, 웅족과 호족을 불러 어루만져 사해를 평안하게 하셨다. 위로 천신을 위해 홍익인간 이념을 내걸고, 아래로 인간 세상을 위해 무고한 원한을 풀어 주셨다. 그리하여 사람들이 스스로 하늘의 뜻에 순종하므로 세상에는 거짓됨과 망령됨이 없고, 행위를 하지 않아도 나라가 저절로 다스려지고 말하지 않아도 스스로 교화되었다. 산천을 중시하여 서로 침범하거나 간섭하지 않으며, 서로 굽히는 것을 존귀하게 여기고 목숨을 던져 위기에 빠진 사람을 구하였다.

이미 먹고사는 생활 수준이 고르고, 또 권리를 평등하게 누리며, 모두 삼신상제님께 귀의하여 서로 사귀어 기뻐하고 삼신께 소원을 빌었다. **화백**和白[11]으로 공의를 삼고, **책화**責禍로 신의를 보존하였다. 모두 힘을 합하여 일을 처리하고 분업하여 서로 도왔다. 남녀가 모두 자기 직분을 다하고, 노소가 다 함께 복리를 누렸다. 사람끼리 서로 다투어 송사하지 않고, 나라끼리 서로 침탈하지 않았으니, 이때를 '신시 태평 시대'라 부른다.

삼일신고 총삼백육십육자
三一神誥 總三百六十六字

제일장 허공 삼십육자
第一章 虛空 三十六字

제왈 이오가 중 창창 비천 현현 비천 천 무형질
帝曰 爾五加와 众아 蒼蒼이 非天이며 玄玄이 非天이라 天은 兂形質하며

무단예 무상하사방 허허공공 무부재 무불용
兂端倪하며 兂上下四方하고 虛虛空空하야 兂不在하며 兂不容이니라.

제이장 일신 오십일자
第二章 一神 五十一字

신 재무상일위 유대덕대혜대력 생천 주무수무세계
神이 在無上一位하사 有大德大慧大力하사 生天하시고 主無数無世界하시며

조신신물 섬진무루 소소령령 불감명량
造甡甡物하시니 纖塵無漏하며 昭昭靈靈하사 不敢名量이라

성기원도 절친견 자성구자 강재이뇌
聲氣願禱면 絶親見이리니 自性求子면 降在爾脳시니라.

제삼장 천궁 사십자
第三章 天宮 四十字

천 신국 유천궁 계만선 문만덕 일신유거 군령제철
天은 神國이라 有天宮하야 階萬善하며 門萬德하니 一神攸居오 羣靈諸喆이

호시 대길상대광명처 유성통공완자 조 영득쾌락
護侍하나니 大吉祥大光明處라 惟性通功完者라야 朝하야 永得快樂이니라.

역주 삼일신고三一神誥 (총366자)

제1장 **허공**虛空 (36자)

천제께서 이렇게 말씀하셨다. "너희 오가五加와 백성들아! 저 푸르고 푸른 것이 하늘이 아니며, 저 아득하고 아득한 것도 하늘이 아니니라. 하늘은 형체와 바탕이 없고, 처음과 끝도 없으며, 위아래와 동서남북도 없느니라. 또한 겉도 비고 속도 비

어서[虛虛空空] 있지 않은 곳이 없고, 감싸지 않는 바가 없느니라."

제2장 일신一神 (51자)*

"상제님(하느님)은 위 없는 으뜸 자리에 계시어 큰 덕과 위대한 지혜와 무한한 창조력으로 하늘을 생겨나게 하시고, 헤아릴 수 없이 많은 세계를 주재하시느니라. 많고 많은 것을 지으시되 티끌만 한 것도 빠뜨림이 없고, 무한히 밝고 신령하시어 감히 이름 지어 헤아릴 수 없느니라.

소리와 기운으로만 기도하면 상제님을 친견할 수 없으리니, 너의 타고난 삼신의 본성에서 진리의 열매(씨)를 구하여라. 그러면 **상제님의 성령이 너희 머리에 내려 오시리라.**"

제3장 천궁天宮 (40자)

"하늘은 상제님[一神]이 계시는 나라이니라. 여기에 천상의 궁전이 있어 온갖 선善으로 섬돌을 쌓고, 온갖 덕으로 문을 삼으니, **한 분 상제님[一神]이 임어하여 계신 곳**이요, 뭇 신령과 철인이 모시고 있어, 크게 길하고 상서롭고 크게 광명한 곳이라.

오직 본성에 통하고, 천지(삼신)에 공덕을 완수한 자[性通功完者]라야 이곳에 들어와 영원한 즐거움을 얻으리라."

```
제 사 장 세 계 칠 십 이 자
第四章 世界 七十二字
이 관 삼 열 성 신    수 무 진    대 소    명 암    고 락    부 동
爾觀森列星辰하라 數兀盡하고 大小와 明暗과 苦樂이 不同하니라.
일 신    조 군 세 계    신    칙 일 세 사 자    할 칠 백 세 계    이 지 자 대
一禮이 造羣世界하시고 禮이 勅日世使者하사 牽七百世界하시니 爾地自大나
일 환 세 계    중 화 진 탕    해 환 육 천    내 성 현 상
一丸世界니라. 中火震盪하야 海幻陸遷하야 乃成見像하나니라.
신    가 기 포 저    후 일 색 열    행 저 화 유 재    물    번 식
禮이 呵氣包底하시고 煦日色熱하시니 行著化游栽의 物이 繁殖하나니라.
```

역주 제4장 세계世界 (72자)*

"너희들은 무수히 널려 있는 저 별을 보아라. 그 수가 다함이 없나니, 크고 작음, 밝음과 어두움, 괴로움과 즐거움이 같지 않으니라. 상제님께서 뭇 세계를 지으시고, 그 중에 태양 세계[日世界]를 맡은 사자에게 명령을 내려 700 세계를 거느리게 하셨으니, 너희 땅 그 자체는 큰 것처럼 보이나 하나의 둥근 환약만 한 세계이니라.

조화를 간직한 태초의 불덩이리[中火]가 터지고 퍼져서 바다로 변하고 육지가 되어 마침내 드러난 형상을 이루었느니라. 우주의 조화신이 기운을 불어 밑동까지 싸고, 태양의 빛과 열을 쬐니, 땅 위를 다니고[行], 하늘을 날고[翥], 탈바꿈하고[化], 물

---

*51자: '主無數無世界'에서 '無'자가 추가되어 52자가 되었다. 대종교 등 다른 판본과 비교해본 바 본래 '主無數世界'여야 한다. 필사 과정에서 추가된 것으로 본다.

*72자: '勅日世使者'에서 '界'자가 빠져 71자가 되었다. 대종교 등 다른 판본과 비교해본 바 본래 '勅日世界使者'여야 한다. 필사 과정에서 누락된 것으로 본다.

속에서 살고[游], 땅에 뿌리 내린[栽] 온갖 생물[五物]*이 번식하였느니라."

第五章 人物 一百六十七字 (제오장 인물 일백육십칠자)

人物이 同受三眞이나 惟众은 迷地하야 三妄이 着根하고
眞妄이 對하야 作三途니라. 曰性命精이니 人은 全之하고 物은 偏之니라.
眞性은 善兄惡하니 上嚞이 通하고 眞命은 淸兄濁하니 中嚞이 知하고
眞精은 厚兄薄하니 下嚞이 保하나니 返眞하야 一檀이니라.

역주 제5장 인물人物 (167자)

"사람과 만물이 다 같이 삼진三眞(성품[性]과 목숨[命]과 정기[精])을 부여받았으나, 오직 사람만이 지상에 살면서 미혹되어 삼망三妄(마음[心]과 기운[氣]과 몸[身])이 뿌리를 내리고, 이 삼망三妄이 삼진三眞과 서로 작용하여 삼도三途(느낌[感]과 호흡[息]과 촉감[觸])의 변화 작용을 짓게 되느니라."

천제께서 다시 말씀하셨다. "삼진은 **성품**[性]과 **목숨**[命]과 **정기**[精]이니, 사람은 이를 온전히 다 부여받았으나 만물은 치우치게 받았느니라.

참된 성품[眞性]은 선하여 악함이 없으니, 상등 철인[上哲]은 이 본성자리를 통하고, 참 목숨[眞命]은 맑아 흐림이 없으니, 중등 철인[中哲]은 이 타고난 목숨의 경계 자리를 깨닫고, 참 정기[眞精]는 후덕하여 천박함이 없느니라. 하등 철인[下哲]은 이 본연의 순수한 정기를 잘 수련하여 보호하느니라. 이 삼진을 잘 닦아 본연의 모습으로 돌아갈 때 상제님[一神]의 조화 세계에 들어갈 수 있느니라."

曰心氣身이니 心은 依性이나 有善惡하니 善福惡禍하고 氣는 依命이니
有淸濁하니 淸壽濁夭하고 身은 依精이나 有厚薄하니 厚貴薄賤이니라.
曰感息觸이니 轉成十八境하니 感엔 喜懼哀怒貪厭이오 息엔 芬彌寒熱震濕이오
觸엔 聲色臭味淫抵니라. 众은 善惡과 淸濁과 厚薄이 相雜하야 從境途任走하야
墮生長肖病歿의 苦하고 嚞은 止感하며 調息하며 禁觸하야 一意化行하고

---

*오행五行과 오물五物: 오행은 우주 만물을 이루는 다섯 가지 원소로 목木, 화火, 토土, 금金, 수水를 말한다. 인간과 만물은 화생할 때 오행 영기靈氣의 천지 조화 기운을 받았다. 동식물은 오행 기운 중에 한 가지씩 편벽되게 받아 가지고 나왔는데, 동물은 동방 목木 기운, 조류는 남방 화火 기운, 갑각류는 서방 금金 기운, 어류는 북방 수水이다. 인간은 수화목금 사상四象 기운과 이를 조화·통일하는 중앙 토土 기운을 고르게 받아 생겨났다. 이 때문에 인간은 만물의 영장이자 천지의 주인이다. 한마디로 인간은 소우주로서, 대우주인 천지의 이상과 목적을 실현하는 우주의 대행자요, 주인인 것이다.

개망즉진　　발대신기　　성통공완　시
改妄卽眞하야 發大神機하나니 性通功完이 是니라.

역주 또 말씀하셨다. "삼망은 **마음**[心]과 **기운**[氣]과 **몸**[身]이니라. **마음**은 타고난 (조화신에 근원을 둔) **성품**[性]에 뿌리를 두지만 선과 악이 있으니, 마음이 선하면 복을 받고 악하면 화를 받느니라. **기**[氣]는 타고난 **삼신의 영원한 생명**에 뿌리를 두지만 맑음과 탁함이 있으니, 기운이 맑으면 장수하고 혼탁하면 일찍 죽느니라. **몸은 정기에 뿌리**를 두지만 후덕함과 천박함이 있으니, 자신의 정기를 잘 간직해 두텁게 하면 귀[貴]티가 나고, 정기를 소모시키면 천박해지느니라."

또 말씀하셨다. "삼도는 **느낌**[感]과 **호흡**[息]과 **촉감**[觸]의 작용이니라. 이것이 다시 변화하여 열여덟 가지 경계를 이루니, **느낌**에는 기쁨과 두려움과 슬픔과 노여움과 탐욕과 싫어함이 있고, **호흡**에는 향내와 숯내[芬爛]*와 차가움과 더움과 마름과 젖음이 있고, **촉감**에는 소리와 빛깔과 냄새와 맛과 음탕함과 살 닿음[抵]*이 있느니라. 창생은 마음의 선악과 기운의 맑고 탁함과 몸의 후덕함과 천박함이 서로 뒤섞인 경계의 길을 따라 제멋대로 달리다가, 나고 자라고 늙고 병들고 죽는 고통에 떨어지느니라. 그러나 철인은 **감정을 절제하고**[止感], **호흡을** (천지의 중도에 맞춰) **고르게 하며**[調息], **촉감과 자극을 억제하여**[禁觸], **오직 한 뜻**[一心]으로 매사를 행하고 삼망을 바로잡아 삼진으로 나아가 비로소 자신 속에 깃들어 있는 **대신기**大神機(우주 삼신의 조화 기틀)를 발현시키나니, **삼신이 부여한 대광명의 성품을 깨닫고 그 공덕을 완수한다**[性通功完]는 것은 이를 두고 하는 말이니라."

신지비사의 전래와 내용

신지비사　　단군달문시인신지발리　소작야　본삼신고제서원지문야
神誌秘詞는 檀君達門時人神誌發理의 所作也니 本三神古祭誓願之文也라
부상고제천지의　　요재위민기복　　축신흥방야
夫上古祭天之義는 要在爲民祈福하고 祝神興邦也어늘
금호사지인　　장신지비사　　여도참성점　　상출입　　추수부연
今好事之人이 將神誌秘詞하야 與圖讖星占으로 相出入하고 推數敷演하야
언기진단구변지도　　우작감결예언지선하　　역류의재
言其震檀九變之圖하고 又作鑑訣預言之先河하니 亦謬矣哉로다.

역주 『신지비사神誌秘詞』*는 (6세) 달문단군 때 사람인 신지神誌 발리發理가 지은

---

*『신지비사』의 전래와 기록: 단군조선 때 사관史官인 역대 신지神誌(또는 臣智)들이 10월 소도蘇塗 대제大祭 때에, 우주 창조와 단군조선의 건설, 산천 지리의 명승名勝과 후인에게 감계鑑戒할 일을 노래하였다. 후세 문사들이 그 노래를 이두문吏讀文이나 한자로써 오언시五言詩로 기록하여 비장祕藏하였기 때문에 『신지비사神誌秘詞』 또는 『해동비록海東祕錄』이라 하였다. 조선 태종 때 유학을 장려하고 그 외의 것을 배척하여 많은 사서를 소각할 때 없어졌다(신채호, 『조선상고사』). 『신지비사』는 『삼국유사』, 보장봉로寶藏奉老·보덕이암普德移庵 조와 『고려사』 권122 김위제金謂磾(고려 숙종 때 사람) 조에 보이고, 『해동비록』은 『고려사』 권12 예종睿宗 조와 권96 김인존전金仁存傳에 나온다.

것이다. 이것은 본래 옛적에 삼신께 제사 지낼 때 서원하던 글이다. 무릇 상고 시대에 하늘에 제사 지낸 근본 뜻은 백성을 위해 복을 빌고 나라가 잘 되도록 신께 축원드리는 것이었다. 그런데 오늘날 일을 벌이기 좋아하는 자들이 『신지비사』가 도참圖讖과 성점星占*과 서로 같은 점도 있고 다른 점도 있음을 가지고, 사리를 추측하고 설명을 덧붙여서 진단구변도震檀九變圖라 하고, 또 감결鑑訣과 예언의 처음이라 하는데 모두 잘못된 것이다.

> 기왈 칭간 부소량자   시위진한고도   역즉단군조선소도아사달   시야
> 其曰秤幹扶蘇樑者는 是謂辰韓古都니 亦卽檀君朝鮮所都阿斯達이 是也오
> 역즉금송화강합이빈야   기왈추자오덕지자   시위번한고도
> 亦卽今松花江哈爾濱也라. 其曰錘者五德地者는 是謂番韓古都니
> 금개평부동북칠십리소재   탕지보   시야   기왈극기백아강자
> 今開平府東北七十里所在의 湯池堡가 是也며 其曰極器白牙岡者는
> 시위마한고도   금대동강야   내마한웅백다   제천마한산   즉차
> 是謂馬韓古都로 今大同江也니 乃馬韓熊伯多의 祭天馬韓山이 卽此라.
> 절이삼한지세   비제형석즉부소량   여국지칭간
> 窃以三韓地勢로 譬諸衡石則扶蘇樑은 如國之秤幹하고
> 오덕지   여국지추자   백아강   여국지극기
> 五德地는 如國之錘者하고 白牙岡은 如國之極器하니
> 삼자결일   형불칭물   국불보민야
> 三者缺一하면 衡不稱物하고 國不保民也니라.

역주 『신지비사』에서 **저울대 부소량**扶蘇樑이라 한 것은 **진한의 옛 수도**를 말한다. 그곳은 바로 **단군조선이 도읍한 아사달**이며, 지금의 **송화강 하얼빈**이다.

저울추 오덕지五德地라 한 것은 **변한의 옛 수도**를 말한다. 그곳은 지금의 개평부* 동북쪽 70리에 있는 **탕지보**이다.

저울판 백아강白牙岡이라 한 것은 **마한의 옛 수도**를 말한다. 지금의 **대동강**으로, 마한의 웅백다가 하늘에 제사 지내던 **마한산**이 바로 그곳이다.

가만히 삼한의 지세를 저울에 비유해 보면 부소량은 '나라의 저울대'와 같고, 오덕지는 '나라의 저울추'와 같고, 백아강은 '나라의 저울판'과 같다. 이 셋 가운데 하나라도 없으면, 저울이 물건을 달 수 없듯이 나라가 백성을 보호할 수 없다.

> 삼신고제지서원   유재삼한관경   윤열민중지의야
> 三神古祭之誓願이 惟在三韓管境과 允悅民衆之義也니
> 신지비사소전   역불외호시언   즉위국일념   병장충의
> 神誌秘詞所傳이 亦不外乎是焉이오 則爲國一念이 幷奬忠義하야
> 제이열신   원이수복   신필강충   복필흥방   직실이행
> 祭以悅神하며 願以受福하면 神必降衷하시며 福必興邦하리니 直實以行이니라.

---

*도참과 성점: 도참은 천문과 지리를 통하여 인사의 흥망과 땅의 길흉 등을 예언하는 것이고, 성점은 천체의 운행을 보고 인생과 사회 현상을 예언하는 점성술이다.
*개평부: 지금의 하북성 당산시唐山市 지역. 시행정 구역에 개평구開平區가 있어 그 흔적을 엿볼 수 있다.

^{사 부 징 실} ^{행 불 구 시} ^{즉 소 징 소 구 자 종 하 득 공 호}
事不徵實하고 行不求是하면 則所徵所求者從何得功乎아.

역주 옛날 삼신상제님께 제사 지낼 때 서원한 것은 오직 삼한으로 나눈 영토를 잘 다스리는 것과 백성을 진실로 기쁘게 하는 것이었다. 『신지비사』가 전하는 바도 여기에서 벗어나지 않는다.

나라를 위하는 일념으로 충忠과 의義를 함께 장려하고, 제사를 지내 신을 기쁘게 하고 복을 내려 주시기를 기원하면, 신은 반드시 '**참된 마음**[衷]'을 내려 주시고, 복은 반드시 나라를 흥하게 할 것이다. 그러므로 제사를 올바르고 참되게 행해야 한다.

만일 삼신상제님을 섬기되 진실되게 행하지 아니하고, 실천하되 바른 길을 구하지 않는다면, 행동하고 구하는 바가 무엇을 좇아 공덕을 이룰 수 있겠는가?

문자의 기원과 그 자취

^{아 국 문 자} ^{자 고 유 지} ^{금 남 해 현 낭 하 리 암 벽} ^{유 신 시 고 각}
我國文字가 自古有之하니 今南海縣郞河里岩壁에 有神市古刻하고
^{부 여 인 왕 문 소 서 지 법} ^{유 부 의 전} ^{자 부 선 생 지 내 문}
夫餘人王文所書之法이 類符擬篆하고 紫府先生之内文과
^{태 자 부 루 지 오 행} ^{개 출 어 환 단 지 세} ^{이 은 학 한 문} ^{개 왕 문 유 범 야}
太子扶婁之五行이 皆出於桓檀之世오 而殷學漢文이 盖王文遺範也라.

역주 우리나라의 문자는 옛날부터 있었으니, 지금 남해현 낭하리 암벽에 신시 시대의 옛 글자가 새겨져 있다. 부여 사람 왕문이 쓴 서법은 부符나 전서篆書와 비슷하다. 또 **자부 선생의 『삼황내문』과 부루태자의 오행은 모두 환단桓檀 시대에 나온 것**이다. 은나라의 갑골문에서 유래한 한문漢文은 왕문이 남긴 법이다.

^{유 기} ^운 ^{신 획} ^{증 재 태 백 산 청 암 지 벽} ^{기 형 여}
留記에 云「神劃이 曾在太白山靑岩之壁하야 其形如ㄱ하니
^{세 칭 신 지 선 인 소 전 야} ^{혹 자} ^{이 시} ^{위 조 자 지 시}
世稱神誌仙人所傳也라 或者가 以是로 爲造字之始하니
^{즉 기 획} ^{직 일 곡 이 지 형} ^{기 의} ^{유 관 제 지 상}
則其劃이 直一曲二之形이오 其義는 有管制之象이오
^{기 형 기 성} ^{우 사 출 어 계 의 연 자 야}
其形其聲은 又似出於計意然者也라.」
^고 ^{이 신 인 지 덕} ^{애 구 인 세 이 준 언} ^{즉 진 교 지 행 야}
故로 以神人之德으로 愛求人世以準焉이니 則眞敎之行也에
^{필 인 사 개 정 야} ^{현 능 재 위} ^{노 유 공 양} ^{장 자 복 의}
必人事皆正也라 賢能在位하며 老幼公養하며 壯者服義하며
^{다 자 권 화} ^{간 사 식 송} ^{간 과 폐 모} ^{시 역 이 화 지 일 도 야}
多者勸化하며 姦詐息訟하며 干戈閉謀하니 是亦理化之一道也니라.

역주 『**유기**留記』[※]에 이렇게 기록되어 있다.

[※]『유기』: 『진역유기』로 본다.

蘇塗經典

신령한 글자 획이 일찍이 태백산의 푸른 암벽에 새겨져 있었는데, 그 형태가 ㄱ 자와 같다. 세상에서는 이것을 신지 선인이 전한 것이라 하고, 혹자는 이것을 문자의 기원으로 삼는다. 그 획이 곧게 나가서 굽은 형으로, 관제管制하는 뜻이 있으며, 그 형태와 소리는 어떤 의도된 뜻에서 나온 것 같다.✽

그러므로 신인神人의 덕으로 이 세상을 구하고자 법도를 만들어 놓은 것이니, 즉 신교의 참된 가르침이 행해짐에 반드시 인사人事도 모두 바르게 되었을 것이다. 현자와 유능한 자가 벼슬자리에 있고, 노인과 어린이를 공동으로 부양하고, 장정이 의무를 다하고, 많이 가진 자가 베풀어 주고, 간사한 자가 송사를 그치고, 전쟁 도모를 막으니, 이것이 신교의 진리로 세상을 다스려 교화하는 한결같은 도리였던 것이다.

大辯說註에 曰「南海縣郞河里之溪谷岩上에 有神市古刻하니
其文에 曰桓雄出獵하사 致祭三神하시니라」
又曰「大始傳古는 只憑口舌이라니 久而後에 乃形以爲畵하고
又復畵變而爲之字라 하니 蓋文字之源이 莫非出於國俗之所尊信也라」

역주 『대변설大辯說』✽ 주註에 이렇게 기록되어 있다.

남해현 낭하리의 계곡 바위 위에 신시 시대의 옛 글자가 새겨져 있는데, 그 글에 환웅께서 사냥을 나가서 삼신께 제사를 올리셨다고 하였다.

또 이렇게 기록되어 있다.

아득한 태고 시절에는 옛 일들이 입에만 의지해 전해 오다가 오랜 세월이 지난 후에 그 형태를 본떠서 그림을 그리고 다시 그림이 변해 글자가 되었으니, 문자가 생긴 근원은 나라의 풍속을 높이 받들고 믿은 데서 나오지 않은 것이 없다.

하늘의 삼신, 땅의 삼한, 사람의 삼진

自一氣而析三하니 氣는 卽極也오 極은 卽無也라 夫天之源이 乃貫三極하야
爲虛而空하니 幷內外而然也오 天之宮이 卽爲光明之會오 萬化所出하니
天之一神이 能體其虛而乃其主宰也니라. 故로 曰一氣는 卽天也며 卽空也라.
然이나 自有中一之神而能爲三也니 三神은 乃天一地一太一之神也라.

✽ ㄱ 자의 형태와 뜻을 설명.
✽ 『대변설大辯說』: 세조가 팔도 관찰사에게 명하여 거두어들이도록 한 20여 종의 비기祕記, 참서讖書 가운데 하나. 『세조실록』 권7, 세조 3년 5월 무자戊子 조를 보면 조선 시대까지도 이 책이 남아 있었음을 알 수 있다.

> 一氣之自能動作하야 而爲造敎治三化之神하시니 神은 卽氣也오
> 氣는 卽虛也오 虛는 卽一也라. 故로 地有三韓하야 爲辰弁馬三京之韓하니
> 韓은 卽皇也오 皇은 卽大也오 大는 卽一也라.

역주 우주의 한 조화기운[一氣]에서 세 가지 신령한 변화 원리가 일어난다. 이 기운[氣]은 실로 지극한 존재로, 그 지극함이란 곧 (유·무를 포용한) 무를 말한다. 무릇 하늘의 근원은 천·지·인 삼극三極을 꿰뚫어 허하면서 공*하니 안과 밖을 아울러서 그러한 것이다.

천궁天宮은 광명이 모이고 온갖 조화가 나오는 곳이다. 하늘에 계시는 한 분 상제님[一神]께서 능히 이러한 허虛를 몸으로 삼아 만유를 주재하신다. 따라서 이 우주의 한 조화기운이 곧 하늘이고, 또한 우주 생명의 공空인 것이다. 그러나 저절로 중도 일심[中一]의 경계에 머무는 신이 계셔서 능히 삼신이 되시니, **삼신**은 곧 **천일**天一·**지일**地一·**태일**太一의 **신**이다.

우주의 한 조화기운[一氣]이 스스로 운동하고 만물을 창조하여 조화造化·교화敎化·치화治化라는 세 가지 창조 원리를 지닌 신이 되신다. 이 신은 곧 우주의 기요, 기는 허요, 허는 곧 하나이다. 그러므로 땅에 삼한이 있으니 삼한은 삼경三京이 있는 진한辰韓·변한弁韓·마한馬韓을 말한다.* 한韓은 역사의 통치자인 **황**皇(임금)이라는 뜻이 있다. 이 황은 **크다**大는 뜻이며, 크다大는 것은 (시작과 뿌리와 통일을 의미하는) **하나**一라는 뜻이다[한韓=황皇=대大=일一].

> 故로 人有三眞하야 爲性命精三受之眞하니 眞은 卽衷也오 衷은 卽業也오
> 業은 卽續也오 續은 卽一也라 然이나 一始一終이 回復其眞也며
> 卽一卽三이 對合於善也오 微粒積粒이 一歸之美也라
> 乃性之所善也오 乃命之所淸也오 乃精之所厚也니
> 更復何有曰有曰無也哉아.
> 眞之爲不染也니 其染者는 爲妄也오 善之爲不息也니 其息者는 爲惡也오
> 淸之爲不散也니 其散者는 爲濁也오 厚之爲不縮也니 其縮者는 爲薄也니라.

역주 그러므로 사람에게는 삼진三眞이 있으니 성품과 목숨과 정기[性命精] 세 가지

---

* 허虛와 공空의 정신: 만물의 본성은 그 근원으로 보면 허虛하고 공空하다는 말.
※ 앞에 나오는 「신지비사」에서 부소량은 진한고도辰韓古都, 오덕지는 변한고도番韓古都, 백아강은 마한고도馬韓古都라 했으니, 부소량·오덕지·백아강이 바로 삼경이다.

蘇塗經典

를 부여받아 참[眞]됨을 실현한다. 참이란 바로 하늘이 내려 준 참마음[衷]이다. 이 참마음을 밝혀 세상사에 참여하여 큰 업적을 이루면 그 업적은 지속되고, 지속되면 모두 하나가 된다. 그러나 모든 일이 한 번 시작하고 한 번 끝맺는 것[一始一終]은 바로 삼신께서 내려 주신 **참[眞]**을 회복하는 끊임없는 과정이다(그것이 우주의 역사이다).

그러므로 일신 즉 삼신이요 삼신 즉 일신[卽一卽三]이 되는 창조 원리(삼신일체 신관과 우주생명관)를 잘 지켜 살아가는 것은 삼신(대자연)의 **선**[善]에 부합한다. 작은 낟알이 풍성한 알곡이 되어 본래의 제 모습(근원 씨앗)으로 돌아가는 것이 곧 하나로 돌아가는 **아름다움**[美]이다. 이것은 하늘에서 부여받은 인간의 성품이 본래 선하고, 생명은 본래 맑고, 정기는 두터운 까닭이다. 그런데 어찌하여 다시 유有가 어떻고 무無가 어떻다고 말을 하는가?

성품·목숨·정기 삼진의 참됨은 더럽혀지지 않나니, 더럽혀지는 것은 거짓된 것이다.
(본성이) 선한 것은 쉬지 않나니, 쉬는 것은 악한 것이다.
(목숨이) 맑은 것은 흩어지지 않나니, 흩어지는 것은 흐린 것이다.
(정기가) 두터운 것은 오그라들지 않나니, 오그라드는 것은 얇은 것이다.

> 所以執一含三者는 乃一其氣而三其神也오 所以會三歸一者는
> 是亦神爲三而氣爲一也니라 夫爲生也者之體가 是一氣也니
> 一氣者는 內有三神也오 智之源이 亦在三神也니 三神者는 外包一氣也라
> 其外在也一하고 其內容也一하고 其統制也一하야
> 亦皆舍會而不歧焉하니 其爲字之源이 舍會執歸之義가 存焉也니라.

역주 이처럼 우주와 인간이 **집일함삼**執一舍三*의 **원리**로 이루어져 있는 까닭은, **우주의 기는 하나로되, 그 속에 깃든 우주의 조화 성신은 세 가지 손길**[三神]**로 창조 작용을 하는 신이기 때문이다.**

또 **회삼귀일**會三歸一*하는 까닭은, **신이 세 가지 창조 정신으로 작용하는 삼신으로 계시지만 신이 자유자재하는 조화기운은 일기**一氣**로 존재하기 때문이다.** 무릇 만물의 생명을 이루는 본체는 바로 **이 우주에 충만한 한 기운**[一氣]**이니, 이 속에는 삼신이 계신다.** 지혜의 근원 또한 이 삼신에 있으니, 삼신은 밖으로 우주의 한 조화기운[一氣]에

---

* **집일함삼**執一舍三: 하나 속에 셋[조화造化·성性, 교화敎化·명命, 치화治化·정精]이 있고 셋은 그 근본이 하나[一神]의 조화다. 즉 우주가 생겨나는 조화 정신, 본체에는 세 가지의 창조와 변화 원리(작용, 用)가 함축되어 있다.

* **회삼귀일**會三歸一: 우주 근원의 조화 세계[一神]에는 세 신성[三神]이 담겨 있고, 이 삼신 원리를 일체로 보면 본래의 한 조화신[一神]으로 돌아간다는 의미이다.

싸여 계시다. 그 밖에 있는 것도 하나요, 그 안에 담고 있는 것도 하나이며, 그 통제하는 것(근본 정신) 또한 하나이다.

모든 것은 삼신의 창조 원리를 간직하여 서로 나누어질 수 없으니, 문자가 만들어진 근원에도 이러한 '집일함삼'하고 '회삼귀일'하는 뜻이 담겨 있는 것이다.

한글의 원형 가림다와 후세의 자취

神市에 有算木하고 蚩尤는 有鬪佃目하고 夫餘에 有書算하니
其曰算木은 一二三三ㅅ丅ㅜㅠㅣ也오.
其曰佃目은 ㅋㅎㄹㅉㅉㅇㅅㅂㅇㅎ也라. 檀君世紀檀君嘉勒二年에
三郎乙普勒이 譔正音三十八字하니
是謂加臨多라 其文에 曰

ㆍㅣㅡㅏㅓㅗㅜㅑㅕㅛㅠㅈㅋ
ㅇㄱㄴㅁㅿㅈㅊㅿㅿㆆᄼM
ㅁㄹㅂㅍㅈㄱㅊㅅㄲㅌㅍㅍ

역주 배달 신시 때에 산목算木이 있었고, 치우천황 때에 투전목鬪佃目*이 있었으며, 부여 때 서산書算이 있었다.

산목算木은 一二三三ㅅ丅ㅜㅠㅣ이고,

전목佃目은 ㅋㅎㄹㅉㅉㅇㅅㅂㅇㅎ이다.

『단군세기』를 보면, 가륵단군(3세) 2년에 삼랑 을보륵이 정음 38자를 지어 가림다加臨多라 하였다. 그 글자는 옆과 같다.

ㆍㅣㅡㅏㅓㅗㅜㅑㅕㅛㅠㅈㅋ
ㅇㄱㄴㅁㅿㅈㅊㅿㅿㆆᄼM
ㅁㄹㅂㅍㅈㄱㅊㅅㄲㅌㅍㅍ

李太白全書玉塵叢談에 云「渤海國이 有書於唐하니 擧朝無解之者라
李太白이 能解而答之라」하고
三國史記에 云「憲康王十二年春에 北鎭이 奏호대 狄國人이 入鎭하야
以片木掛樹而去라 遂取以獻하니 其木書十五字에 云호대
寶露國이 與黑水國人으로 共向新羅國和通이라」

＊산목算木과 투전목鬪佃目: 보통 산대라 부른다. 중국에서 주판이 전래되기 전에 우리나라에서는 수천 년 동안 산목으로 계산하였다. 산목에서 사용하는 숫자는 〈一二三三ㅅ丅ㅜㅠㅣ〉이다. 후에는 그 용도가 바뀌어 점을 치는 점구占具로도 이용되었다. 투전이란 노름이 있었는데, 이 투전 도구에도 투전목鬪佃目이라는 기호가 그려져 있었다. 투전목은 본래 약 4,700년 전 배달의 14세 치우천황 때에 비롯한 것인데 후에 노름으로 변질되었다(박성수,『단군기행』, 148쪽 참조).

蘇塗經典

역주 『이태백 전서』의 「옥진총담玉塵叢談」에서는 이렇게 말한다.

발해국에서 당나라에 글을 써서 보냈는데,* 온 조정에 그 뜻을 아는 자가 없었다. 이태백이 능히 이를 해석하여 답하였다.

『삼국사기』[13]의 기록은 이러하다.

헌강왕(신라 49세 왕, ?~886) 12년 봄에, 북진北鎭에서 '대진국大震國 사람이 우리 땅에 들어와 편목을 나무에 걸어 놓고 돌아갔습니다'라고 아뢰고 편목을 왕께 갖다 바쳤다. 그 나무에 쓰여진 열다섯 글자의 내용은 곧 '보로국이 흑수국 사람과 함께 신라국과 화친을 하고자 한다'는 것이었다.

且高麗光宗時에 張儒가 接伴使로 著聞이라 初에 避亂하야 到吳越이러니
越氏에 有好事者가 刻東國寒松亭曲於琴底하고 漂逆波하니 越不得解其辭라
適遇張儒하야 拜問其辭한대 張儒가 卽席에 以漢詩로 解之하니 曰
月白寒松夜오 波晏鏡浦秋라 哀鳴來又去는 有信一沙鷗라 하니
蓋琴底所刻文이 疑古加臨多之類也니라.

역주 또 고려 광종 때는 장유張儒가 접반사接伴使*로 명성이 났는데, 초기에 난을 피해 오吳·월越에 가 있었다. 월나라 사람 중에 일을 벌이기를 좋아하는 자가 있어 우리 동국東國의 「한송정곡寒松亭曲」*을 거문고 밑에 새겨 역류하는 물결 위에 띄워 놓았다. 월나라 사람들이 그 뜻을 풀지 못하던 차에 마침 장유를 만나 절하고 그 문장의 뜻을 물었다. 장유가 즉석에서 한시로 풀어 말하기를,

　한송정 달 밝은 밤에 물결 고요한 경포대의 가을,
　슬피 울며 오가는 것은 가을의 마음 실어 나르는
　저 백사장의 갈매기 한 마리.

라고 하였으니, 아마 거문고 밑에 새겼던 글은 옛날의 가림다 종류인 것 같다.

동방 한민족 시원 문자의 발전 과정

元董仲三聖記注에 云「辰餘倭國이 或橫書하며 或結繩하며 或鍥木호대
惟高麗는 摸寫穎法하니 想必桓檀上世에 必有文字摸刻也라」하니라

＊ 대진국(발해)의 문자는 청나라 때 김육불金毓黻이 지은 『발해국지장편渤海國志長編』 권 20에도 20여 자가 소개되었는데, 전자篆字도 예자隸字도 아닌 독특한 문자이다.
＊ 접반사接伴使: 외국 사신을 접대하던 임시 관직.
＊ 한송정곡寒松亭曲: 작자 미상의 고려 초기 가요.

崔致遠이 嘗得神誌古碑所刻之天符經하야 更復作帖하야 以傳於世하니
卽與郞河里岩刻으로 的是皆實跡也라.

역주 원동중 『삼성기』의 「주注」에 다음과 같이 기록되어 있다.

고조선의 진한辰韓과 부여[餘]와 왜국倭國은 혹 횡서하고 혹 노끈을 맺고[結繩]❋, 혹은 나무에 문자를 새겼는데[鍥木], 오직 고구려는 붓글씨를 썼다[摸寫穎法].❋ 생각컨대 필시 환단桓檀의 상고 시절에 문자를 본떠서 새기는 방법이 있었으리라.

일찍이 최치원이 신지神誌가 옛 비문에 새겨 놓은 『천부경』을 얻어 다시 첩帖❋으로 만들어 세상에 전했으니, 낭하리 바위에 새겨져 있는 글자와 함께 확실히 모두 실제했던 자취이다.

世傳神市에 有鹿書하고 紫府有雨書하고 蚩尤有花書라 하니 鬪佃文束이
卽其殘痕也라 伏羲有龍書하고 檀君이 有神篆하니 此等字書가
遍用於白山黑水靑邱九黎之域이라. 夫餘人王文이 始以篆爲煩하야
而稍省其劃하고 新作符隸而書라 秦時에 程邈이 奉使於肅愼이라가
得王文隸法於漢水하고 又因其劃而小變之形하니 是今之八分也라.
晉時에 王次仲이 又作楷書하니 次仲은 王文之遠裔也라
今究其字之所源則皆神市之遺法이오 而今漢字가 亦承其支流也明矣라.

역주 세상에서 전하기를 신시 시대에 녹서鹿書가 있었고, 자부 선생 때 우서雨書가 있었고, 치우천황 때 화서花書가 있었다고 했는데, 투전문鬪佃文 등은 바로 그것이 오늘날 남아 있는 흔적이다.

복희 때 용서龍書가 있었고 단군 때 신전神篆이 있었는데, 이러한 문자가 백두산, 흑룡강, 청구, 구려 지역에서 널리 사용되었다.

부여 사람 왕문王文이 처음으로 전서篆書가 복잡하다 하여 그 획수를 약간 줄여 새로 부예符隸를 만들어서 사용했다.

진秦나라 때 정막程邈❋이 사신으로 숙신에 왔다가 한수漢水에서 왕문의 예서 필법

❋ **결승結繩**: 문자가 없던 시대에 새끼나 가죽끈을 매어 그 매듭의 수나 간격 등으로 의사소통을 하던 방법.
❋ **모사영법摸寫穎法**: 목판에 판각되었거나 바위에 암각된 원본을 붓으로 베껴 쓰는 방법.
❋ **첩帖**: 문서, 장부, 표제, 탁본 등을 뜻한다. 여기서는 갱부작첩更復作帖이라 했으므로 단순히 탁본이 아니라 최치원이 한문으로 번역하여 두루마리를 만든 것으로 생각된다.
❋ **정막程邈**: 진秦나라 때 하두下杜 사람. 전서篆書에서 번잡한 것을 생략하여 예서隸書를 만들었다고 하나 사실은 왕문王文의 예법隸法을 배워 간 것이다.

蘇塗經典

[隸法]을 얻어 그 획을 조금 변형시켰는데, 이것이 지금의 팔분八分*체이다.

진晉나라 때 왕차중王次仲이 해서楷書를 만들었는데, 차중은 왕문의 먼 후손이다. 이제 그 글자의 내력을 고찰해 보면 모두 배달 신시 시대부터 전해 내려온 법이다. 지금의 한자도 역시 그 한 갈래를 계승한 것이 분명하다.

『삼일신고』 정신의 뿌리는 『천부경』의 중일 정신

> 三一神誥는 舊本에 無分章이라가 杏村先生이 始分章하니
> 一曰虛空이오 二曰一神이오 三曰天宮이오 四曰世界오 五曰人物이니라.
> 夫虛空은 爲天之質量이오 一神은 爲天之主宰시오
> 天宮은 爲天造化之所備也오 世界는 爲萬世人物之市也오
> 人物은 宇宙三界之元勳也라.

역주 『삼일신고』는 옛 판본에 장이 나뉘어 있지 않았다. 행촌 선생이 처음으로 장을 나누어 1장은 허공, 2장은 일신, 3장은 천궁, 4장은 세계, 5장은 인물이라 하였다. 허공虛空은 하늘의 바탕이고, 일신一神은 하늘의 주재자이시고, 천궁天宮은 하늘의 조화가 갖추어진 곳이고, 세계世界는 만세의 인물이 출현하는 큰 저자[市]이고, 인물人物은 우주 삼계에서 가장 존귀한 존재이다.

> 蓋太白眞敎는 源於天符而合於地轉하고 又切於人事者也라
> 是以로 發政이 莫先於和白이오 治德이 莫善於責禍하니 在世理化之道가
> 悉準於天符而不偏하고 取於地轉而不息하고
> 合於人情而不違也니 則天下之公論이 有何一人異哉아.

역주 무릇 대광명의 동방 신교의 참된 가르침[太白眞敎]은 하늘의 법(천부天符)에 근본을 두고, 만물을 기르는 땅의 덕성[지전地轉, 坤德]에 부합하며, 또 인사人事에도 절실한 도리이다. 이 때문에 **정치를 시행함에는 화백보다 앞서는 것이 없고, 덕으로 다스림에는 책화責禍보다 더 좋은 것이 없다.**

상제님이 내려 주신 신교의 진리로 세상을 다스려 깨우치는 재세이화在世理化의

---

* 팔분八分: 전서篆書와 예서隸書의 중간쯤 되는 한자 서체. 예서 이분二分과 전서 팔분八分을 섞어서 장식적인 효과를 낸 서체로, 중국 한나라 채옹이 만들었다고 한다.
* 왕차중王次仲: 중국 후한의 장제(章帝, 재위 75~86) 때의 서예가.
* 해서楷書: 한자 서체의 하나. 예서에서 온 것으로 정자正字로 똑똑히 쓴 글씨.

도는 모두 하늘의 법[天符]에 근본을 두어 거짓되지 않고, 만물을 기르는 땅의 덕성을 본받아 게으르지 않으며, 인정에 합치하여 어긋나지 않는다. 이러하니 천하의 공론이 어찌 한 사람이라도 다를 수 있겠는가?

> 神誥五大之旨訣이 亦本於天符오 神誥之究竟이
> 亦不外乎天符中一之理想也니 始知字之源이 久矣오 字之義가 大矣니라.
> 世傳牧隱李穡과 伏崖范世東이 皆有天符經註解云이나
> 而今에 不見이오 今時俗이 雖一字之書라도 不合於程朱則衆矢蝟集하고
> 儒鋒方厲하니 其欲傳天經神誥之訓이나 豈容易得論哉아.

역주 『삼일신고』의 5대 종지(근본 뜻)도 『천부경』에 뿌리를 두고, 『삼일신고』의 궁극적인 정신 역시 『천부경』의 중일中─ 정신의 이상에서 벗어나지 않는다. 그러므로 그 근원이 오래고, 그 문자의 뜻이 실로 광대함을 알 수 있으리라.

세상에서 전하기를 목은牧隱 이색李穡과 복애伏崖 범세동范世東이 모두 『천부경 주해』를 남겼다고 하나 오늘날 찾아볼 수 없다. 지금의 시대 풍조가 한 자의 글이라도 정주학程朱學※에 부합하지 않으면 뭇사람의 비판이 화살처럼 쏟아지고, 유가의 예봉이 금시라도 날아올 듯하니, 『천부경』과 『삼일신고』의 가르침을 전하고자 한들 어찌 쉽게 논할 수 있으리오?

배달 시대부터 내려온 민족 음악

> 神市之樂을 曰貢壽오 或云供授오 又曰頭列이니 衆이 回列以唱聲하야
> 使三神大悅하고 代言國祚吉昌과 民心允悅也라. 白虎通疏義에 曰朝離오
> 通典 樂志에 曰侏離오 三國史記에 曰兜率이라 하니 盖有祈神歡康하고
> 知足循理之義也라. 檀君扶婁時에 有於阿之樂하니 盖神市古俗이오
> 祭迎三神之歌라 則其曰大祖神은 謂三神이 爲天之主宰者也시니라

蘇塗經典

역주 신시 배달 시대의 음악을 공수貢壽 혹은 공수供授 또는 두열頭列(두레)이라 했다. 사람들이 둥글게 모여 노래를 불러 삼신을 크게 기쁘게 해 드리고, 나라에 복을 내려 길하고 창성하게 하고, 백성의 마음을 진실로 기쁘게 해 달라고 대신 말하였다.

※ 정주程朱: 중국 송宋나라의 성리학자 정호程顥(정명도, 1032~1085), 정이程頤(정이천, 1033~1107) 형제와 주희朱熹(1130~1200).

『백호통소의白虎通疏義』*에는 조리朝離라 하고, 『통전通典』*「악지樂志」*에는 주리侏離라 하며, 『삼국사기』에는 도솔兜率이라 하였으니, 대체로 '신에게 삶의 기쁨과 평안함을 빌며, 분수를 알고 천리를 좇는다'는 뜻이 담겨 있다.

부루단군 때에 **어아지악**於阿之樂*이 있었는데, 이것은 신시의 옛 풍속으로 제사를 지내면서 **삼신을 맞이하는 노래**이다. 가사에 나오는 **대조신**大祖神은 삼신을 말하는데 **하늘의 주재자(상제님)**이시다.

故로 以太陽으로 爲儀象하고 以光熱로 爲功能하고 以生化發展으로 爲情志하고
以禍福報應으로 爲正義하나니 自是로 俗尙이 叅佺有戒하고 皂衣有律하나니
衣冠者는 必帶弓矢하고 能射者는 必得高位하야
善心은 爲修行之本하고 貫革은 爲假想之惡魁하나니라.

역주 그러므로 태양을 삼신상제님의 모습으로 여기고 태양의 빛과 열을 삼신의 공능功能으로 여기며, 만물이 생겨나 자라고 발전해 가는 모습에서 삼신의 심정과 뜻을 헤아리고, 재앙과 행복이 우리 인생에 보응하는 것을 삼신상제님의 정의로 여겼다. 이때부터 세상에서는 **참전**叅佺*에게 지켜야 할 계戒가 있고, **조의**皂衣에게 율律이 있어 숭상하였는데, 의관을 갖춘 자는 반드시 활과 화살을 차고 다니고, 활을 잘 쏘는 사람은 반드시 높은 지위를 얻었다. **착한 마음을 수행의 근본으로 삼고**, 과녁을 악의 우두머리로 가정하고 활을 쏘았다.

祭祀必謹하야 使知報本하며 一心團結하야 自當接化羣生하며 內修外攘이
皆得時宜하니 則倍達國光榮이 百百千千年所積高之大恩德을
豈可一刻忘諸아. 古者祭天에 有舞天之樂하니 如遼史禮志所云繞天이 是也라

※『백호통소의白虎通疏義』: 후한後漢 때 반고班固가 지은『백호통』에 주해를 붙인 책.『백호통』은 중국 오경五經에 보이는 작爵·호號·시諡·오사五祀 등의 항목에 대하여 옛 뜻을 해석한 책이다.

✱ 통전通典: 당나라의 두우杜佑(735~812)가 지은 200권의 책. 권 185, 186의 변방邊防 1, 2(東夷)는 특히 우리나라 고대사 자료가 된다.

※ 악지樂志: 당唐나라 재상 두우杜佑가 편찬한 제도사制度史.

✱ 어아지악於阿之樂: 배달 환웅 시대 이후로 천제를 지내면서 '삼신상제님을 맞이할 때 부르던 제천가祭天歌'. 해마다 전국 각지에서 국중대회國中大會를 여는데, 이때「어아가」를 불러 삶의 근원적인 뿌리(삼신상제님)에 감사하며, 신인神人이 서로 합일하는 경지에 이르게 된다. 특히 고구려 광개토대왕은 전쟁에 임하는 군사들에게 항상 천악天樂, 즉「어아가」를 부르도록 하여 사기를 돋우었고, 친히 마리산 참성단으로 말을 달려 삼신상제님께 천제를 드릴 때도 이 노래를 불렀다(「고구려국본기」).

✱ 참전叅佺: 고구려 명재상 을파소가 국상國相이 되어 어린 영재들을 뽑아 선인 도랑仙人徒郞으로 삼았는데, 이들 중 '교화를 주관하는 자'를 참전이라 하였다(『태백일사』「고구려국본기」참조).

^{부제자} ^{필선상생} ^{욕치여상생지성야} ^{입주설상} ^{이천공자}
夫祭者는 必先象生이니 欲致如常生之誠也오 立主設床하야 以薦供者는
^{내욕표친견지의야} ^{추원보본자} ^{기욕중금생이속유후지훈야}
乃欲表親見之儀也오 追遠報本者는 其欲重今生而續有後之訓也니라.

역주 제사를 지낼 때는 반드시 근신해서 근본에 보은하는 것을 알게 하고, 한마음으로 단결하여 스스로 뭇생명과 어울렸다. 안으로 덕을 닦고 밖으로 외적을 물리치는 것이 모두 때에 알맞게 이루어졌으니, 배달의 영광이 수천 년 동안 높이 쌓여 이루어진 큰 은덕임을 어찌 한시라도 잊을 수 있으리오.

옛적에 하늘에 제사 지낼 때에는, **하늘맞이 음악**[舞天之樂]이 있었다. 『요사遼史』 「예지禮志」에 전하는 **요천**繞天이 바로 이것이다. 대저 우리 민족의 제사는 반드시 먼저 살아 계신 것과 같이 하였으니, 항상 조상이 살아 계신 것처럼 정성을 들이려는 것이다. 신주神主를 모시고, 상을 차리고 제물을 올리는 것은 친견하는 듯한 예의를 나타내고자 함이다. 돌아가신 분을 추모하여 **선령의 은혜에 보답**[追遠報本]**하는 것은 지금의 삶을 소중하게 여기고 후손으로 하여금 가르침을 계승하게 하려는 것이다.**

단군조선 후기의 국제와 호칭 변경

^{대변경} ^운 ^{단군구물} ^{개국호} ^{위대부여} ^{개도장당경}
大辯經에 云「檀君丘勿이 改國號하사 爲大夫餘하시고 改都藏唐京하시니라」하니
^{금위개원} ^{역칭평양} ^{삼조선지칭} ^{시어단군색불루이미비}
今爲開原이오 亦稱平壤이라 三朝鮮之稱이 始於檀君索弗婁而未備하고
^{지시이비} ^{삼한} ^{유분조관경지의} ^{삼조선} ^{유분권관경지제야}
至是而備하니 三韓은 有分朝管境之意오 三朝鮮은 有分權管境之制也라
^{선시} ^{대교다단} ^{인무능행자} ^{자연침이래} ^{전화천지}
先是에 大敎多端하야 人無能行者러니 自燕侵以來로 戰禍荐至하고
^{세연불숙} ^{우실치화} ^{국력익쇠}
歲連不熟하며 又失治化하야 國力益衰라.

역주 『대변경大辯經』*에, "구물단군(44세)께서 국호를 바꾸어 **대부여**라 하고, 도읍을 장당경으로 옮기셨다"라고 했는데, 그곳은 지금의 **개원**開原이고, **평양**❋으로도 불렸다. **삼조선**이라는 명칭은 색불루단군(22세) 때에 시작되었으나 그 제도는 미비하였는데, 이때에 이르러 완전하게 정비되었다. 삼한이라는 말에는 '**조정을 나누어 통치한다**[分朝管境]'는 뜻이 있고, 삼조선은 '**권력을 나누어 통치**[分權管境]하는 제도를 둔다'는 말이다. 이에 앞서 우리 민족의 위대한 가르침[大敎]이 여러 갈래로 나뉘어 능히 실행하는 사람이 없더니 연나라의 침략을 받은 이후로는 전화戰禍가 거듭되고 해마다 흉년이 들었으며, 또 정치와 교화를 그르쳐 국력이 더욱 쇠퇴하였다.

※『대변경大辯經』: 우주의 대진리(삼신의 우주 정신과 역사 정신)의 대의를 대변한 경전.『대변설大辯說』과 같은 책으로 보인다.

❋고대에 평양으로 불린 곳은 여러 곳이다. 가장 널리 알려진 대동강 평양 외에 본서만 보더라도 지금의 요령성 해성海城 지역(『북부여기』상), 개원開原 등이 평양으로 불렸음을 알 수 있다.

蘇塗經典

대부여의 정신 교육 - '아홉 가지 계율을 맹세[九誓]하는 글'

日에 帝得天帝之夢教하시고 因欲改新大政하사 命天帝廟庭에
立大木懸鼓하시고 三七爲期하야 序齒相飮하시며 勸化成册케 하시니
是爲九誓之會라 每以九誓之文으로

역주 어느 날 구물단군께서 꿈에 천상의 상제님께 가르침[夢教]을 받고, 정치를 크게 혁신하려 하셨다. 그리하여 명을 내려 천제의 묘정廟庭에 큰 나무를 세워 북을 매달게 하고, **삼칠일**(21일)을 기약하여 나이 순서에 따라 서로 술을 마시게 하며 교화에 힘쓰시어 그 내용을 책으로 만들게 하시니, 이것이 **구서지회**九誓之會(아홉 가지 계율을 맹세하는 모임)이다. 모일 때마다 이 구서九誓의 글로써 백성을 교화하셨다.

初拜而誓於衆曰 勉爾孝于家하라. 家有父母妻子하니 則誠心誠敬하야
推以友愛하며 誠奉祭祀하야 以報一本하며 敬接賓客하야 以善鄕隣하며
勸敎子弟하야 以養英才하라. 皆人倫敎化之大者也니
是孝慈順禮之敢不修行乎아. 衆이 一齊應聲曰諾이니이다 否者는 逐之하소서.

역주 ● 초배初拜를 하고 무리에게 맹세하여 이르시기를, "너희는 집에서 부모에게 효도하도록 힘쓸지어다. 가정에는 부모와 처자가 있으니 성심誠心과 성경誠敬을 다하여 우애 있게 지내라. 정성을 다해 제사를 받들어 네 생명의 근본 뿌리(조상과 삼신상제님)에 보답하여라. 손님을 공손히 접대하여 마을 사람과 친하게 지내고, 자식을 잘 권하고 가르쳐서 영재英才로 기르도록 하여라. 이 모두 인륜 교화의 대강령大綱領이니, 이러한 효도와 자애로움과 순종과 예의[孝慈順禮]를 누가 감히 수행하지 않겠느냐?" 하셨다.

사람들이 일제히 소리쳐 대답하기를, "옳습니다. 따르지 않는 자는 쫓아내야 할 것입니다"라고 하였다.

再拜而誓曰 勉爾友于兄弟하라. 兄弟者는 父母之所分也니 兄之所好는
則弟之所好也오 弟之所不好는 則兄之所不好也라. 物來之好不好는
人我相同也니 自身而及物하고 自親而及疎하야 以如是之道로
推之鄕國則鄕國을 可興也며 推之天下則天下를 可化也니
是友睦仁恕之敢不修行乎아 衆이 應聲曰諾이니이다 否者는 逐之하소서.

역주 ● 재배再拜를 하고 맹세하여 이르시기를, "너희는 집에서 형제 사이에 우애 있게 지내도록 힘쓸지어다. 형제는 부모가 나누어진 바이니 형이 좋아하는 것은 아우도 좋아하는 것이요, 아우가 싫어하는 것은 형도 싫어하는 것이니, 어떤 일을 좋아하고 싫어함은 누구를 막론하고 같은 것이니라. 내 몸에서 시작하여 사물에 미치게 하고, 친한 사람부터 시작하여 친하지 않은 사람에게까지 미치게 하여야 하느니라. 이 같은 도리로써 나라 일을 미루어 헤아린다면 나라를 흥하게 할 수 있으며, 천하를 미루어 살핀다면 천하를 크게 감화시킬 수 있느니라. 이러한 '우애와 화목과 어진 마음과 용서하는 도리[友睦仁恕]'를 누가 감히 수행하지 않겠느냐?" 하셨다.

사람들이 대답하기를, "옳습니다. 따르지 않는 자는 쫓아내야 할 것입니다"라고 하였다.

三拜而誓曰 勉爾信于師友하라. 師友者는 道法之所立也니 德義相磨와 過失相警과 學問樹立과 事業成就者가 皆師友之力也라 是信實誠勤之敢不修行乎아. 衆이 應聲曰 諾이니이다 否者는 逐之하소서.

역주 ● 삼배三拜를 하고 맹세하여 이르시기를, "너희는 스승과 벗에게 믿음으로 행동하도록 힘쓸지어다. 스승과 벗이 도법道法을 세우느니라. 덕과 의를 서로 연마하고, 잘못을 서로 경계하며, 학문을 정립하고 사업을 이루는 것이 모두 스승과 벗의 힘이니라. 이러한 '믿음과 진실과 성실과 근면[信實誠勤]'을 누가 감히 수행하지 않겠느냐?" 하셨다.

사람들이 대답하기를, "옳습니다. 따르지 않는 자는 쫓아내야 할 것입니다"라고 하였다.

四拜而誓曰 勉爾忠于國하라. 國者는 先王之所設也오 今民之所食也니 改新國政하야 增進國富하며 護守國土하며 恢張國權하야 以固國勢하고 以光歷史者가 皆國之來也라. 是忠義氣節之敢不修行乎아. 衆이 應聲曰 諾이니이다 否者는 逐之하소서.

蘇塗經典

역주 ● 사배四拜를 하고 맹세하여 이르시기를, "너희는 나라에 충성하도록 힘쓸지어다. 나라는 선왕께서 세우신 것이요, 오늘날 백성이 먹고사는 곳이니라. 국정을 쇄신하여 나라의 부를 증진하고 국토를 수호하며 국권을 크게 넓혀야 할 것이니라. 이렇게 나라의 힘을 굳건히 하고 역사를 빛내는 것은 모두 국가의 내일을 위함이니라. 이러한 '충성과 정의와 기개와 절개[忠義氣節]'를 누가 감히 수행하지 않겠느냐?" 하셨다.

사람들이 대답하기를, "옳습니다. 따르지 않는 자는 쫓아내야 할 것입니다" 하였다.

五拜而誓曰 勉爾遜于羣一云卑下하라. 羣者는 皆天帝之民이니
與我同受三眞者也라 主性之所本也오 國力之所係也니 上不遜則下離하고
右不遜則左脫하며 前不遜則後退하고 下不遜則上厭하며 左不遜則右落하고
後不遜則前疎라 今遜讓相尊하야 合羣通力하면 則外侮를 可止也며
內治를 可修也니 是遜讓恭謹之敢不修行乎아.
衆이 應聲曰 諾이니이다 否者는 逐之하소서.

역주 ● 오배五拜를 하고 맹세하여 이르시기를, "너희는 세상 사람(혹은 비천한 사람)에게 공손히 대하도록 힘쓸지어다. 사람은 모두 상제님의 백성이며, 나와 더불어 똑같이 세 가지 참됨三眞(본성·목숨·정기)을 받았느니라. 하늘의 참 성품을 근본으로 하여 태어났으니, 국력이 사람에게 매여 있느니라.

윗사람이 겸손하지 않으면 아랫사람이 떠나고, 오른쪽이 불손하면 왼쪽이 이탈하느니라. 앞에서 불손하면 뒤에서 물러나고, 아랫사람이 불손하면 윗사람이 싫어하며, 왼쪽이 불손하면 오른쪽이 떨어지고, 뒤에서 불손하면 앞에서 멀어지느니라. 이제 겸손하고 사양하며 서로 존중하고 세상 사람과 모든 일에 힘을 합하면, 밖으로 다른 나라의 업신여김을 그치게 하고 안으로 정치가 잘 이루어지게 되리라. 이러한 '겸손과 겸양과 공경과 삼감[遜讓恭謹]'을 누가 감히 수행하지 않겠느냐?" 하셨다.

사람들이 대답하기를, "옳습니다. 따르지 않는 자는 쫓아내야 할 것입니다"라고 하였다.

六拜而誓曰 勉爾明知于政事하라. 政事者는 治亂之所關也니
風伯之立約과 雨師之施政과 雲師之行刑이 各有職權하야 不相侵越也라
今에 知見高邁하며 言路廣採하며 技藝鍊磨하며 經驗致積하면
則國務를 可均也며 民事를 可舒也니 是明知達見之敢不修行乎아.
衆이 應聲曰 諾이니이다 否者는 逐之하소서.

역주 ● 육배六拜를 하고 맹세하여 이르시기를, "너희는 정사政事를 분명하게 잘

알도록 힘쓸지어다. 정사는 세상이 잘 다스려지는 것과 어지러워지는 것[治亂]의 관건이니라. 풍백이 공약(법)을 제정하고[立約], 우사가 정사를 베풀고[施政], 운사가 형벌을 집행[行刑]하는 것은 각자의 직권이 따로 있어서 그렇게 하는 것이니, 서로 월권하지 말아야 하느니라. 이제 지식과 견문을 고매하게 하고 언로[言路]를 널리 수렴하고, 기예技藝를 연마하고 경험을 잘 쌓으면, 나라 일이 균형을 이루고 백성이 행하는 모든 일이 순조로이 펼쳐지리라. 이러한 '밝은 지혜와 탁월한 식견[明知達見]'을 누가 감히 수행하지 않겠느냐?" 하셨다.

사람들이 대답하기를, "옳습니다. 따르지 않는 자는 쫓아내야 할 것입니다" 하였다.

七拜而誓曰 勉爾勇于戰陣하라.
戰陣者는 存亡之所決也니 國不存 則君父가 貶爲木偶하고
主不立則妻子가 沒爲人奴也라. 應事接物이 皆莫非吾道也며
售世傳教가 亦莫非吾事也니 與其無國而生하며 無主而存으론
寧若有國而死하며 有主而終乎아.
今에 劃然有空我犧牲之風하야 規制整肅하며 善群自治하야 而賞與罰이
必須正平하며 人與我가 亦信義相濟하면 則亭毒群倫하야 能福千萬人也라.
是勇膽武俠之敢不修行乎아. 衆이 應聲曰 諾이니이다 否者는 逐之하소서.

역주 ● 칠배七拜를 하고 맹세하여 이르시기를, "너희는 전쟁터에서 용감하도록 힘쓸지어다. 전쟁터는 나라의 존망이 결정되는 곳이니라. 나라가 없으면 임금과 아비는 허수아비로 전락하고, 가주家主가 자리를 잡지 못하면 처자는 남의 노비가 되느니라. 일을 처리하고 사물을 접하는 일이 모두 우리 도道가 아님이 없고, 대대로 신교의 가르침을 자손에게 전해야 하는 것 또한 반드시 우리가 해야 할 일임을 명심할지어다. 나라 없이 살고 주권 없이 살아남는 것보다는 차라리 나라를 보존하고 죽으며 주권을 세우고 생을 마치는 것이 나으니라.

이제 분명히 나를 비우고 희생하는 기풍을 일으켜, 몸과 마음을 정숙하게 다스리고, 무리를 잘 다스리고 자신을 잘 다스려 상과 벌이 반드시 바르고 공평해질 것이다. 남과 내가 신의를 잘 지키면, 뭇백성이 잘 길러져서 천만 사람이 능히 복을 받게 될 것이다. 이러한 '용기와 담대와 강건과 의협 정신[勇膽武俠]'을 누가 감히 수행하지 않겠느냐?" 하셨다.

사람들이 대답하기를, "옳습니다. 따르지 않는 자는 쫓아내야 할 것입니다" 하였다.

八拜而誓曰 勉爾廉于身하라. 行不廉 則良心自昧하고 能廉則神明自通하며
偏嗜私利 則必瘻病하고 獨善自矜 則必腐敗하나니라.
蠢蠢自足하야 自害害人하며 因循相積하면 沈溺莫救者也라.
是廉直潔清之敢不修行乎아. 衆이 應聲曰 諾이니이다 否者는 逐之하소서.

역주 ● 팔배八拜를 하고 맹세하여 이르시기를, "너희는 몸가짐에 청렴하도록 힘쓸지어다. 행동이 청렴하지 않으면 양심이 저절로 어두워지고, 능히 청렴하게 행하면 너의 신명神明이 저절로 통하느니라. 사리사욕을 지나치게 좋아하면 반드시 몹쓸 병이 나고, 독선과 아집으로 자만심에 빠지면 반드시 정신이 부패하게 되느니라. 어리석게 스스로 자만에 빠지면 자신과 남을 해치게 될지라. 이러한 구습이 계속 쌓이면 깊이 빠져들어 구제할 도리가 없게 되느니라. 이러한 '청렴과 강직과 순결과 맑은 마음[廉直潔清]'을 누가 감히 수행하지 않겠느냐?" 하셨다.

사람들이 대답하기를, "옳습니다. 따르지 않는 자는 쫓아내야 할 것입니다" 하였다.

九拜而誓曰 勉爾義于職業하라. 人之作職就業이 必有責任하니
一有不義而却失自盡이면 則必有侮謔而毁壞며
若有正義而公信食力이면 則誰可凌侮而侵奪也哉아.
義者는 羣力之所起也오 正氣之所發也니
捲之以藏于九竅하며 擴之以盈于天地者也라. 是正義公理之敢不修行乎아.
衆이 應聲曰 諾이니이다 否者는 逐之하소서.

역주 ● 구배九拜를 하고 맹세하여 이르시기를, "너희는 직업을 가짐에 의롭게 행하도록 힘쓸지어다. 사람이 직업을 가지면 반드시 책임이 뒤따르느니라. 만일 불의하여 스스로 최선을 다하는 것을 잃어버린다면, 반드시 모멸 받고 조롱거리가 되어 무너져 버리리라. 만일 정의롭게 행하여 모든 사람이 자신의 힘으로 노력하여 먹고 산다는 것을 믿어 준다면, 그 누가 업신여기고 강제로 빼앗을 수 있겠느냐?

의로움이란 여러 사람의 단합된 힘이 일어나는 곳[群力之所起]이고, 정도正道의 기운이 발하는 곳[正氣之所發]이니, 이것을 줄이면 인체의 아홉 구멍에 감추어지고 늘이면 천지에 가득 차게 되느니라. 이처럼 정의롭고 보편적인 이치를 누가 감히 수행하지 않겠느냐?"라고 하셨다.

사람들이 대답하기를, "옳습니다. 따르지 않는 자는 쫓아내야 할 것입니다" 하였다.

自是로 俗尚이 淳厚하야 勇於公戰하며 勤於公利하며 敏於公事하며
明於公德하야 善業勸而過失規하며 自成禮義慈愛之俗하야
同歸于三神歸命之化也러라.

역주 이때부터 세속에서는, 순박하고 인정이 두텁고, 나라를 위한 전쟁에 임하면 용감히 나서고 사람들이 공리公利에 힘쓰고, 공적인 일을 민첩하게 하고, 공덕公德에 밝아져, 좋은 일을 서로 권장하고, 허물과 잘못을 서로 바로잡아 주는 것을 숭상하였다. 그리하여 저절로 예의 바르고, 의롭고 어질고 서로 사랑하는[禮義慈愛] 풍속을 이루어 백성이 다 함께 삼신상제님께 귀의하여 교화에 젖어들게 되었다.

한민족 신교의 예법

檀君世紀에 曰「交拇加右手하야 行三六大禮라」하니 交拇者는 右拇는 點子하고 左拇는 點亥하야 而加右手하야 作太極形也라. 古者에 跪必先揖也오 拜必先揖而跪也니 乃禮之常也라. 揖之爲言은 聚也니 聚心拱手而念天也오 跪者는 順也니 順氣合膝而謝地也오 拜者는 獻也니 獻身叩頭而報先也라. 獻은 一作現也니 頭至手曰拜手오 頭至地曰叩頭니 叩頭는 卽稽顙也라.

역주 『단군세기』에 이르기를, "엄지손가락을 교차하고 오른손을 왼손 위에 포개고 삼육대례三六大禮를 행하였다"라고 했다. 엄지를 교차한다는 말은 오른쪽 엄지로 자子를 가리키고, 왼손 엄지로 해亥를 가리키게 하고 오른 손을 포개어 태극 형상을 만드는 것이다.

 옛날에는 꿇어앉을 때 반드시 먼저 공손히 조아리며 읍揖을 하고, 절을 할 때도 반드시 먼저 읍을 하고 꿇어앉았는데, 이것이 예의 변하지 않는[常] 원칙이었다.

 읍揖이란 말은 '모은다[聚]'는 뜻인데, 마음을 모으고 두 손을 마주잡아 하늘을 사모하는 것이다.

 궤跪란 '순종한다[順]'는 뜻으로, 기운을 순하게 하고 무릎을 모아 땅에 감사하는 것이다.

 배拜란 '드린다[獻]'는 뜻이니, 몸을 바치고 머리를 조아려 선령에게 보답하는 것이다.

 헌獻은 혹 현現이라고도 한다. 머리가 손에 이르는 것을 배수拜手라 하고, 머리가 땅에 이르는 것을 고두叩頭라 한다. 고두는 즉 이마가 땅에 닿도록 몸을 굽혀서 절하는 것이다.

참전계경의 유래와 근본 정신

參佺戒經은 世傳乙巴素先生所傳也라.
先生이 嘗入白雲山하야 禱天이라가 得天書하니 是爲叅佺戒經이라.
大始에 哲人이 在上하사 主人間三百六十餘事하시니 其綱領이 有八條하니
曰誠과 曰信과 曰愛와 曰濟와 曰禍와 曰福와 曰報와 曰應이라

역주 『참전계경』은 을파소* 선생이 전하여 대대로 내려온 것이다. 선생이 일찍이 백운산에 들어가 하늘에 기도하다가 천서天書를 얻었는데, 이것이 『참전계경』이다.

태고 시절에는 철인이 윗자리에 앉아서 인간의 360여 가지 일을 주관하였는데, 그 강령은 **여덟 조목**으로 성誠·신信·애愛·제濟·화禍·복福·보報·응應이다.

誠者는 衷心之所發이오 血誠之所守니 有六體四十七用하고
信者는 天理之必合이오 人事之必成이니 有五團三十五部하고
愛者는 慈心之自然이오 仁性之本質이니 有六範四十三圍하고
濟者는 德之兼善이오 道之賴及이니 有四規三十二模하고
禍者는 惡之所召니 有六條四十二目하고 福者는 善之餘慶이니
有六門四十五戶하고 報者는 天神이 報惡人以禍하고 報善人以福하니
有六階三十及하고 應者는 惡受惡報하고 善受善報하니 有六果三十九形이라.
故로 天雖不言이시나 陟降周護하시나니 知我者는 昌하고 求是則實이니
一以叅佺하야 全人受戒니라.

▨『참전계경』:『천부경』,『삼일신고』와 함께 한민족 3대 경전으로 꼽힌다. 을파소가 백운산白雲山(지금의 평안도 천마산天摩山)에서 기도하여 얻은 천서天書라 전하나 을파소 자신은 "배달 환웅 시대 때 이미 참전계로써 교화대행敎化大行하였다"라고 하였다. 그러므로 이미 그 이전에 있었던 것을 을파소가 경전으로 다듬어 완성한 것으로 보인다. 참전계의 '전佺'은 '지智·덕德·체體 삼육三育을 겸전한, 완전하고 건전한 인격자'라는 의미이니, 참전계는 곧 '완전한 인간(佺=人+全)에 이르기 위해 지키고 연마해야 할 계율'이라는 뜻이다.

*을파소(?~203): 고구려 9세 고국천열제 때의 명재상. 압록곡鴨綠谷 사람으로 유리명열제 때의 대신인 을소乙素의 손자. 고국천열제 13년(191)에 각 부部로 하여금 유능한 인재를 천거하게 했는데 사부四部에서 안유晏留를 천거하자 안유는 다시 을파소를 천거하였다. 열제가 을파소를 불러 중외대부中畏大夫 벼슬과 우태于台 작위를 주었으나 사양하였다. 열제가 그 마음을 알아차리고 국상國相에 임명하였다. 을파소가 성경신誠敬信을 다하여 나라를 받들며, 정교政敎를 명백히 하고 상벌賞罰을 신중히 하였으므로 천하가 태평성대를 이루었다.

역주 ● **정성**[誠]이란 참마음 속에서 일어나는 것이고, 혈성血誠으로 지키는 바이다. 여기에는 6체體 47용用의 가르침이 있다.

● **믿음**[信]이란 하늘의 이치와 반드시 부합하고 인간사를 반드시 성사시키는 것이다. 여기에는 5단團 35부部의 가르침이 있다.

● **사랑**[愛]이란 자비심이 자연스럽게 일어나는 것이요, 어진 성품의 본질이다. 여기에는 6범範 43위圍의 가르침이 있다.

● **구제**[濟]란 덕성이 갖추어진 선행으로, 도가 널리 남에게 미치는 것이다. 여기에는 4규規 32모模의 가르침이 있다.

● **화**禍란 악이 부르는 것이다. 여기에는 6조條 42목目이 있다.

● **복**福이란 착한 일을 하여 자손이 받는 경사이다. 여기에는 6문門 45호戶가 있다.

● **보**報란 천신이 악한 사람에게는 화로써 보답하고, 착한 사람에게는 복으로써 보답하는 것이다. 여기에는 6계階 30급級이 있다.

● **응**應이란 악은 악으로써 보답을 받고, 선은 선으로써 보답을 받는 것이다. 여기에는 6과果 39형形이 있다.

그러므로 하늘이 비록 말씀은 하지 않으시나 오르내리며 두루 보살펴 주시나니, 자신을 아는 자는 창성하고 옳은 것을 구하면 반드시 열매를 맺으리라. 한결같이 참전參佺으로써 모든 사람이 계戒를 받았다.

배달 시대의 신교 교육 정신 : 오사팔훈

乙巴素가 籤之曰 神市理化之世에 以八訓으로 爲經하고
五事로 爲緯하야 敎化大行하고 弘益濟物하니 莫非參佺之所成也라.
今人이 因此佺戒하야 益加勉修己하면 則其安集百姓之功이 何難之有哉아.

역주 을파소가 이렇게 자신의 의견을 적었다.

"배달 시대에 신교의 진리로 세상을 다스리던 시절에는 **팔훈**八訓을 **날줄로 삼고 오사**五事를 **씨줄로 삼아** 교화가 크게 시행되고 세상을 널리 이롭게 하는 홍익인간 정신으로 만물을 구제하였으니, 『참전계경』의 내용으로 이루어지지 않은 바가 없었다.

오늘을 사는 사람들이 이 **전계**佺戒로 더욱 힘써서 자신을 수양한다면, 백성을 평안하게 하는 공덕을 실현하는 데 무슨 어려움이 있겠는가?"

주註

1) 홍익인간 이념

 환인께서 처음 여신 재세이화·홍익인간은 본래 환국의 7세 지위리환인께서 배달을 여신 초대 환웅천황에게 전수하신 가르침이다. 일연의『삼국유사』「고조선 조」에도 환인께서 환웅에게 전수하신 역사 개창의 이념이라 기록하였다. 지금까지도 단군왕검께서 처음 펼친 가르침으로 잘못 가르치고 있는데, 바로잡아야 할 국통國統에 관한 중대한 문제이다. "삼신상제님의 진리(신교)로써 백성을 교화하고[在世理化], 인간을 널리 이롭게 한다[弘益人間]"는 위대한 한민족의 인간 구원 정신은 수천 년간 민족의 가슴속 깊이 아로새겨져 면면히 이어져 왔다.

2) 환역桓易과 윷

 환역이란 우리나라 고유의 역학을 말한다. 역학은 환역과 복희역과 금역 세 종류로 나눌 수 있다. 환역과 복희역과 금역은 각기 원圓과 방方과 각角으로, '천지리天之理'와 '천지체天之體'와 '천지명天之命'을 드러내는 것이다. 원과 방과 각은 우주만물이 생성하고 순환하는 자연의 법칙을 형상화한 것으로, 우주의 중심에서 만물이 시작되고 끝나는, 『천부경』에서 밝힌 이치를 잘 드러내 주고 있다.

 윷놀이는 인류 역사상 가장 오래된 민속놀이이면서 동시에 우주만물의 변화 원리를 탐색하는 가장 철학적인 문화이다. 윷놀이는 천문 역법과 역학의 수리철학을 담고 있다. 뿐만 아니라 윷놀이는 대동세계와 이상세계의 지향을 목적으로 삼는다. 『단군세기』에 따르면, 천하天河에서 거북이 윷판을 지고 나왔다고 한다.

 1648년에 간행된 김육의『송도지』에는 김문표金文豹(1568~1608)의 '사도설'이 실려 있다. 김문표는 윷판의 둥근 외곽은 하늘을, 네모진 속은 땅을 형상하고, 안팎으로 늘어선 점은 이십팔수로서 북극성이 제자리에 있고 뭇 별이 그것을 향해 있는 모습을 형상한 것이라 했다. 윷판을, 북두칠성의 운행원리를 활용한 것이라 볼 수 있다는 것이다. 또한 윷가락이나 말의 모양과 숫자에는 음양오행의 심오한 이치가 담겨 있다. 윷놀이는 천시天時를 점쳐 한 해의 흉작과 풍년을 미리 알아보기 위한 것이다. 요컨대, 윷판은 하늘과 땅이 들어 있는 작은 우주이다. 윷판에서 큰 동그라미 모양의 방은 우주의 중심 별인 추성樞星을 뜻하고, 주위 28점은 이십팔수에 해당한다. 넷으로 나뉜 안쪽은 밭과 사계절을 뜻하고, 태양의 소장주기消長週期와 음양오행의 변화 원리를 뜻한다.

 『태백일사』에서는『천부경』이 나온 뒤에 일반 대중을 위하여 윷놀이를 고안하였고, 윷놀이를 통해 우주만물의 변화 원리를 담고 있는 환역을 알기 쉽게 풀이하였다고 했다. 다시 말해 윷은 환역을 대중화시키기 위해 만든 민중역인 것이다. 신시 배달 시대의 우사인 복희가 환역을 만들고, 같은 시대의 선인인 발귀리의 후손 자부 선생이 윷놀이를 만들어 환역을 더욱 발전시켰다. 일월의 운행도수를 측정하고 오행의 수리를 미루어서 천문 역법을 발달시킨 것이다. 뒷날 창기소蒼其蘇가 자부 선생의 환역 사상을 계승하여 오행치수의 법을 밝혔다고 한다.

 따라서 윷판과 윷놀이는 우리 민족 고유의 역학체계를 잘 보여주는 매우 소중한 문화유산이라 하겠다.

3)「황부중경」과 음양오행 사상의 뿌리

 고조선에는 황청적백현黃靑赤白玄으로 오부五部가 있었다. 오부의 대가大加는 중부中部의 황제를 비롯한 동·서·남·북의 청백적현靑白赤玄 오제五帝이다. 원래 신계神界에 오제五帝가 있어 오색五色·오행五行·오음五音 등을 나누어 관장하는데, 이를 표준으로 하여 인간 세상人卿의 통치체제를 정하였던 것이다. 청淸나라의 고증학자考證學者 모기령毛奇齡이 지적한 바와 같이, 오행五行·오례五禮·오음五音과 구가九歌·구주九州·구공九功과 같이 '5·9 양수兩數'를 문물 제도에 활용하는 것은 하夏나라 우禹임금 이전에는 없었다. 중국에서 헌원軒轅을 황제黃帝라 하고, 태호복희를 청제靑帝라 한 것은 하우夏禹가 오제五帝의 명칭을 단군조선에서 수입해 간 뒤의 일이다. 『황제중경』이란 곧 '조선 황부黃部의 성경聖經'이란 말이다.

 신시 배달 시대 황부의 중경을 황제중경黃帝中經이라고도 하였다.

4) 원圓·방方·각角

 원·방·각의 의미를 미국 수학자 마이클 슈나이더는 이렇게 말한다. "원은 숫자 1을 상징하며 모든 도형이 나온 모체다. 원은 완전함의 극치를 나타내는 상징으로서 천국, 낙원, 영원함 등을 나타낸다. 네모[方]는 땅을 상징하고, 세모[角]는 어떤 사물의 완성된 상태를 뜻한다"(Michael Schneider,『A Beginner's Guide to Constructing the Universe』).

 하늘·땅·인간의 삼위일체를 나타내는 세모가 항상 원 안에 그려지는 것은, 인간은 천지부모를 한순간도 떠날 수 없고, 인간의 자기실현은 인간이 천지와 하나 되는 삶을 살 때 이루어진다는 것을 기하학적으로 보여주기 위한 것이다.

5) 최치원과 『천부경』의 유래

최치원(857~?)은 신라 말의 유학자이다. 당唐나라에 유학하여 관직에 오르고 귀국하여 시독侍讀 겸 한림학사翰林學士가 되었으나, 골품제骨品制를 시행한 정계에 실망하고 가야산에 들어가 신선이 되었다(『삼국유사』).

최치원이 한문으로 번역하여 전한 『천부경』을, 『환단고기』를 편술한 운초 계연수가 1916년 9월 9일에 묘향산에서 발견하였다. 이를 일명 묘향산 석벽본石壁本이라 하는데, 본서 『태백일사』에 실린 천부경 원본과 전문全文이 일치한다.

천부경의 다른 본本으로는 『최문창후전집崔文昌侯全集』(성균관대학교 대동문화연구원大東文化硏究院 영인影印)에 나와 있는 고운孤雲 선생 사적事蹟본과 노사蘆沙(기정진奇正鎭, 1798~1879)본이 있다. 전자는 고운 문집 뒷편에 붙어 있는데 고운의 친필이 아니라 1925년에 후손인 최국술崔國述이 다른 판본을 인용하여 편찬한 것으로 석벽본과 일곱 자가 서로 다르다. 그런데 일곱 자 모두 음은 같고 글자만 달라 어떤 사람이 암송한 것을 전한 것으로 보인다. 하지만 고운 선생의 사적본은 문맥상으로 볼 때 석벽본에서 나온 것이라고 할 수 있다. 후자인 노사蘆沙본은 지금도 적지 않게 유포되어 있는데 석벽본과 차이는 "앙명인중천지일昻明人中天地一"의 '지地'가 '중中'으로 되어 있다는 점이다. 노사계에서는 천부경을 흔히 전비문篆碑文으로 부른다고 한다(단군교, 『부흥경략復興經略』, 26쪽).

그러나 위의 세 가지 본이 모두 최치원이 각비刻碑했다는 사실은 일치한다. 이 중 묘향산 석벽본, 즉 본서 『태백일사』에 실린 것이 널리 통용되고 있다(송호수, 『한민족의 뿌리사상』, 46~49쪽).

6) 신지의 전고비

최치원이 발견한 고비古碑에 『천부경』을 전문篆文으로 표기한 신지와, 환웅천황의 명을 받아 『천부경』을 녹서鹿書로 표기한 신지는 같은 인물이 아니다. 『고조선기』에 "신지는 청석靑石에다 삼일신고를 그려서 전했다"라고 되어 있으나 여기서도 인명은 들어 있지 않다. 그러나 『천부경』과 『삼일신고』가 항상 동시에 강설講說된 전례를 볼 때, 『천부경』도 단군조선에서 『삼일신고』와 동시에 처음으로 청석에 전문篆文으로 각자刻字된 것이라 생각된다. 다만 고운이 발견한 그 전문각비와 단군 개국 초의 각비刻碑가 같은 것인지 알 수 없다(송호수, 『한민족의 뿌리사상』, 74쪽).

7) 『천부경』의 구성과 의의

『천부경』은 총 81자로 되어 있고, 일반적으로 상경上經, 중경中經, 하경下經으로 구분한다. 상경은 우주만물의 본체를 근원적으로 밝히므로 천도天道의 근간이 되고, 중경은 그 현상의 변화를 근원적으로 밝히므로 지도地道의 근간이 되며, 하경은 천지가 합일된 태일의 존재를 밝히므로 인도人道의 근간이 된다.

경학사에서 볼 때 『천부경』은 네 가지 주요 특징이 있다. 첫째, 인류의 시원 국가라 불리는 환국桓國에서 나온 인류 최초의 경전이다. 둘째, '하늘의 신권을 드러내는 권위의 상징체계'로서 상제님께서 하늘의 이치와 섭리를 인류에게 선포하신 계시록이다. 셋째, 우주변화의 신비를 수로써 선언하고 수로써 인식해야 하므로 천지만물을 무궁무진한 상징성과 함축성으로 해석한다. 넷째, 유무有無가 합일된 하나에서 시작하여[一始] 무한히 전개되고 결국에는 하나로 매듭지어짐[一終]을 밝히고 있기 때문에 가장 보편적인 우주론이라 할 수 있다.

8) 대삼합육大三合六

대삼大三은 서수적 의미의 3이 아니라 만물이 태어나 변화해가는 3수 원리이다. 하늘의 원리도 3수 정신[天三]이고, 땅의 변화도 3수 정신이며[地三], 인간의 정신도 3수 정신[人三]이다. 천지의 3수 정신을 합해도 6이고, 천인의 3수 정신을 합해도[天人合一] 6이며, 지인의 3수 정신을 합해도 6이다. 다만 이어지는 생칠팔구生七八九의 의미로 보면 천지의 합수인 6으로 볼 수 있다.

9) 운삼사運三四 성환오칠成環五七

운삼사運三四에서 '삼三'은 본체로 말하면 삼극(무극, 태극, 황극)이고, 현실적으로 말하면 삼재(하늘, 땅, 인간)이다. '사四'는 시간 변화에 따른 생장염장生長斂藏의 운동 마디가 그 중심 의미이다. 운삼사란 자연계의 창조·변화와 현실 역사가 운동하여 돌아가는 내적인 진리 구성 틀이다. 오칠五七에서 '오五'는 5황극五皇極인데, 만유의 창조·변화를 주재하여 목적으로 이끌도록 하는 운동의 본체이며, '칠七'은 실제로 작용하여 성숙으로 이끌어 내는 7황극七皇極이다. 성환오칠成環五七이란 자연과 역사의 전체가 실질적으로 오칠五七의 구조로 순환·변화해서 성숙되는 외적인 변용의 구성 틀을 말한다. 그러므로 운삼사 성환

오칠이란 자연계의 창조·변화와 현실 역사가 삼사三四로 운동하고 오칠五七로 순환하여 창조·변화의 목적을 이룬다는 뜻으로 파악할 수 있다.

10) 배달에서 신교의 대도를 전수 받은 황제헌원

『환단고기』외에도 신교의 대도를 전수받은 황제헌원에 대한 기록이 있다. 중국 진晉나라 갈홍葛弘(283~343)은 『포박자抱朴子』에서 배달의 14세 치우천황 때 국사國師 자부 선생이 황제헌원에게 『삼황내문』을 전수했다고 하는 역사적 사실을 명확히 밝혔다. 즉 "옛적에 황제헌원이 있었는데 동방의 청구국(치우천황 때의 우리 국호)에 이르러 풍산을 지나다가 자부 선생을 만나 뵙고 삼황내문을 전수 받았다[昔有黃帝, 東到靑丘, 過風山, 見紫府先生, 受三皇內文, 以核召萬神]『抱朴子』內篇, 「地眞」 第十八」라고 하였다. 『운급칠첨雲笈七籤』에도 동일한 기록이 있다.

11) 화백和白

만장일치의 회의 제도. 화백회의는 씨족공동사회의 독특한 유제遺制로서 중대 사건이 있어야 개최되었다. 신라 때 일종의 회의 제도를 또한 화백이라 했다. 모든 백관이 참여하였으며 한 사람의 반대가 있어도 결정을 내리지 않았다. 이 원칙은 귀족뿐 아니라 신라 전 사회에서 널리 행해졌고 각계 각층의 독재력 발생을 억제하는 구실을 하였다. 유사한 제도로 고구려에는 제가회의, 백제에는 정사암政事岩 등이 있었다(정명악, 『국사대전國史大全』, 11쪽). 본서의 기록과 같이, 화백 또한 화랑제도와 마찬가지로 그 기원이 배달시대까지 거슬러 올라감을 알 수 있다. 『삼국지三國志』 「동이전東夷傳」 고구려高句麗 조에는 "감옥이 없고, 죄가 있으면 제가가 논의하여 사형에 처하고 처자는 몰수하여 노비로 삼는다[無牢獄, 有罪諸加評議, 便殺之, 沒入妻子爲奴婢]"라고 하였다. 『삼국유사』 「남부여南扶餘」 전백제前百濟 조에는 "호암사에 정사암이란 바위가 있는데, 나라에서 재상을 논의하면 선발되어야 할 사람의 이름을 3,4명 써서 함에 넣어 바위 위에 두고, 조금 뒤에 열어 보아 이름 위에 도장 찍힌 자국이 있는 사람을 재상으로 삼았기 때문에 정사암이라 이름 지었다[虎嵓寺有政事嵓, 國家將議宰相, 則書當選者名或三四, 函封置嵓上, 須臾取看, 名上有印跡者爲相, 故名之]"라고 하였다.

12) 일신一神

우리 민족은 수천 년 전부터 우주를 구성하는 기본 요소인 하늘·땅·인간이라는 삼재의 구조 속에서 창조주를 인식하고 체험하면서 신을 천일天一·지일地一·태일太一의 삼신상제님으로 모셨다. 여기서 '일一'은 '하늘과 땅과 인간이 생겨난 바탕은 그 본질이 동일한 한 하나님'[一神]이라는 의미이다. 한 하나님인 삼신의 본성과 덕성과 지혜와 광명이, 하늘땅과 그 이상을 실현하는 인간 속에 각각 동일하게 들어 있음을 뜻한다. 이 삼신이 인간 속에 들어와 그대로 내주內住해 살아 있으니, 인간 내면에 깃든 삼신의 성령을 세 가지 참된 것, 즉 삼진三眞(性·命·精)이라 한다. 삼신의 창조 신성은 고려시대 행촌 이암에 의해 '조화신造化神', '교화신敎化神', '치화신治化神'으로 체계화되었다. 삼신은 만물을 낳고조화, 父道, 길러 내고교화, 師道, 다스리는치화, 君道 세 가지 창조 덕성으로 작용하며 자신을 드러낸다는 것이다. 이맥은 「삼신오제본기」에서 "대시大始에 상하와 동서남북 사방에는 일찍이 암흑이 보이지 않고, 언제나 오직 한 광명이 있었다. 천상 세계에 '문득' 삼신이 계셨으니 곧 한 분 상제님[三神卽一上帝]이시다. 주체는 일신一神으로 각기 다른 신이 있는 것이 아니며, 작용으로 보면 삼신三神이시다"라고 하였다. 동방 신교문화에서는 대자연 속의 순수 조화신인 원신元神을 삼신이라 하였고, 이 삼신과 '하나' 되어 천상 보좌에서 우주 자연 질서와 인간 역사를 총체적으로 다스리는 인간 형상을 하고 계신 주신으로서 참 하나님을 '삼신상제님' 또는 '상제님' 이라 불러왔다.

13) 『삼국사기三國史記』

고려 인종 때 김부식金富軾(1075~1151)이 쓴 책으로 고구려·백제·신라 삼국에 관한 역사를 다루었다. 유교의 합리주의와 사대 사상에 입각하여 썼다는 평을 받고 있다. 『삼국사기』를 편찬할 때 인용한 사료는 『구삼국사舊三國史』·『삼한고기三韓古記』·『해동고기海東古記』 등으로, 우리 고유사서라고는 하나 극히 단편적으로 언급하였을 뿐이고, 대부분 기록에 중국의 이십오사를 인용하였다. 특히 진수陳壽의 『삼국지三國志』를 그대로 베껴 쓰기도 하여 역사적 주체성을 외면하고, 한낱 '중국에 예속된 역사로서의 한국사'로 전락시켜 버렸다.

『삼국사기』가 비록 현존하는 우리나라 최고最古의 역사책이라고는 하나, 한민족사의 뿌리인 환인·환웅 시대뿐만 아니라 고조선의 역사까지도 완전히 삭제하여 한국사를 '뿌리 없는 역사', '머리 없는 역사'로 만들어 버리고 말았다.

太白逸史 第六

高句麗國本紀 고구려국본기

- 『고구려국본기』는 동북아의 중심 세력으로 대륙을 호령한 위대한 나라 고구려의 기원과 그 웅혼한 기상을 자세히 전한다.
- 특히 고구려 시조인 고주몽과 해모수, 소서노와의 관계를 밝힘으로써 기존 사서의 오류를 바로잡아 준다.
- 고구려의 위대한 성황 광개토열제가 이룬 동방 대통일의 위업과 을파소, 을지문덕, 연개소문, 양만춘 등 성웅들의 공적을 자세히 기록하였다.
- 고구려와 거의 동시대에 개국한 백제와 신라의 기원을 밝혔다.
- 왜를 정복하여 속지로 삼았다는 기록은, 광개토태왕비 비문과 연관된 왜에 대한 논란을 불식拂拭시킨다.

고구려 동북아 대통일 위업과 다물多勿[復舊土] 정신의 실현

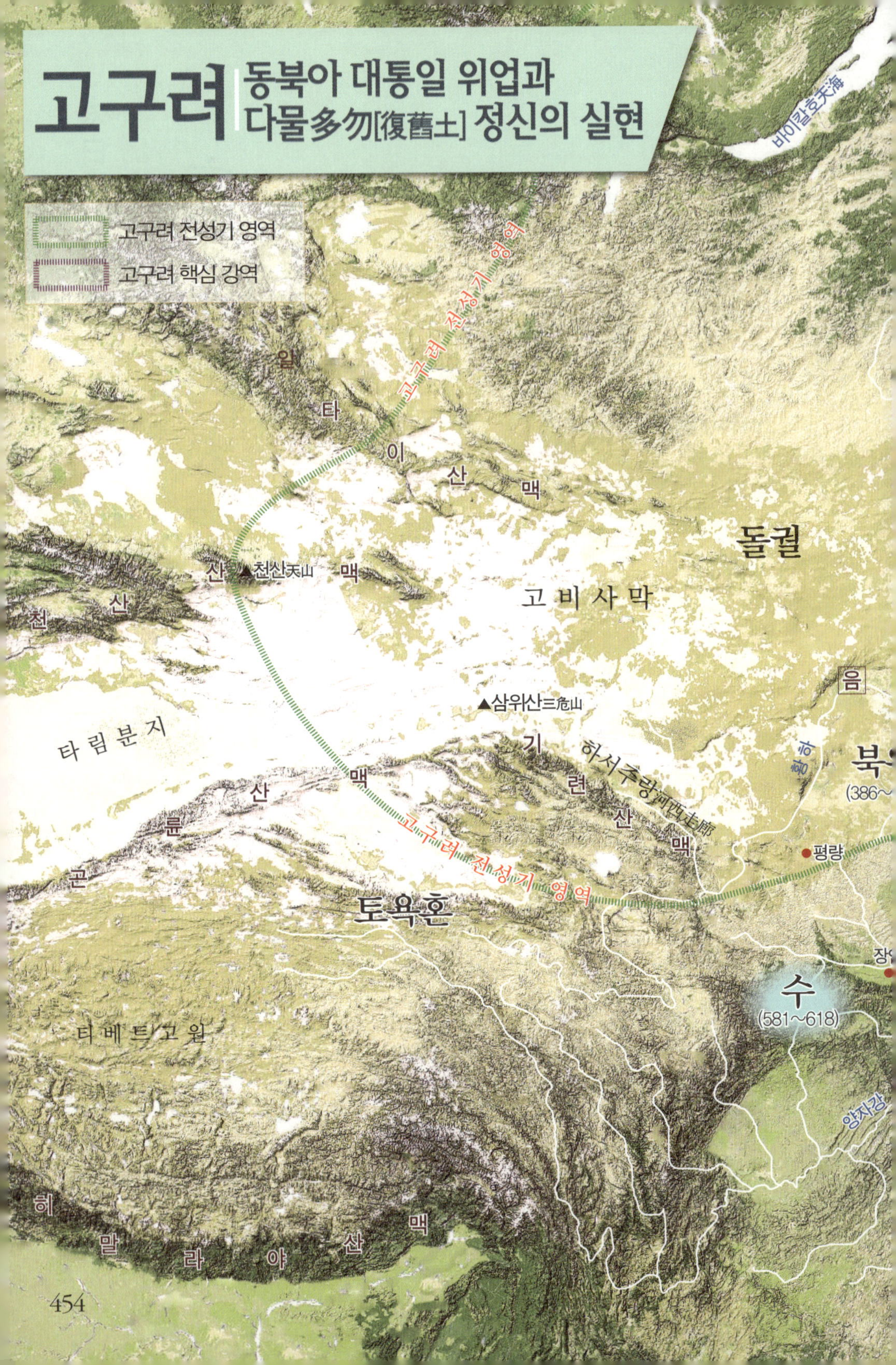

- 고구려 전성기 영역
- 고구려 핵심 강역

고구려 전성기 영역

알타이산맥

▲천산天山

천산

고비사막

돌궐

타림분지

▲삼위산三危山

곤륜산맥

기련산맥

하서주랑(河西走廊)

황하

북(386~)

평량

토욕혼

고구려 전성기 영역

티베트고원

장(안)

수(581~618)

양자강

히말라야산맥

바이칼호

음

고구려 국통의 뿌리 - 북부여 해모수

高句麗之先이 出自解慕漱하시니 解慕漱之母鄕이 亦其地也라 朝代記에 曰
「解慕漱는 從天而降하사 嘗居于熊心山이라가 起兵於夫餘古都하시고
爲衆所推하야 遂立國稱王하시니 是謂夫餘始祖也시니라.
着烏羽冠하시고 佩龍光劒하시고 乘五龍車하시니 從者百餘人이오
朝則聽事하시고 暮則登天하시니 無所令而管境自化하고 山無盜賊하고
禾穀滿野하니 國無事而民亦無事라
檀君解慕漱之初降이 在於壬戌四月初八日하니 乃秦王政八年也라.」

역주 고구려의 선조는 해모수로부터 나왔는데, 해모수의 고향이 또한 그 땅(고구려 : 地名)이다.

『조대기』에 이렇게 기록되어 있다.

해모수께서 하늘에서 내려와 일찍이 웅심산熊心山(검마산)에서 사셨다. 부여의 옛 도읍(백악산 아사달)에서 군사를 일으키고 무리의 추대를 받아 드디어 나라를 세워 왕이 되셨다. 이분이 부여의 시조이시다.

머리에 오우관烏羽冠을 쓰고, 허리에 용광검龍光劍을 차고, 오룡거五龍車를 타고 다니시니, 따르는 자가 백여 명이었다. 아침이 되면 정사政事를 돌보고 저물면 하늘에 오르셨다. 특별한 명령을 내리지 않아도 나라 안이 저절로 잘 다스려지고 산에는 도적이 없고 들에는 벼와 곡식이 가득하였다. 나라에 큰 일이 없고 백성도 태평세월을 누렸다.

해모수단군께서 처음 내려온 때는 임술(신시기천 3659, 단기 2095, 고열가단군 57, BCE 239)년 4월 8일로 진秦나라 왕 영정嬴政 8년이다.

북부여의 국통을 계승한 고주몽(고추모)

槀離郡王高辰은 解慕漱之二子也오 沃沮侯弗離支는 高辰之孫이니
皆以討賊滿功으로 得封也라. 弗離支가 嘗過西鴨綠이라가
遇河伯女柳花하야 悅而娶之하고 生高朱蒙하니 時則壬寅五月五日也오
乃漢主弗陵元鳳二年也라.
弗離支가 薨하고 柳花率子朱蒙하야 歸于熊心山하니 今舒蘭也라
旣長에 周遊四方하실새 擇迦葉原而居之러시니 選於官家하사 爲牧馬시라

未幾_{미기}에 爲官家所忌_{위관가소기}하사 與烏伊摩離陜父_{여오이마리협보}로 逃至卒本_{도지졸본}하시니 適_적에 夫餘王_{부여왕}이 無嗣_{무사}라 朱蒙_{주몽}이 遂以王壻_{수이왕서}로 入承大統_{입승대통}하시니 是謂高句麗始祖也_{시위고구려시조야}시니라.

역주 고리군槀離郡의 왕 고진高辰은 해모수의 둘째 아들이고, 옥저후沃沮侯 불리지弗離支는 고진의 손자이다. 모두 도적 위만을 토벌한 공으로 봉토를 받았다.

불리지가 일찍이 서압록을 지나다가 하백의 딸 유화를 만나 기뻐하며 장가들어 고주몽을 낳았다. 때는 임인(단기 2255, BCE 79)년 5월 5일이요, 한漢나라 왕 불릉弗陵(昭帝) 원봉元鳳 2년이었다. 불리지가 세상을 뜨자, 유화 부인이 아들 주몽을 데리고 웅심산으로 돌아가니 지금의 서란舒蘭이다.

주몽이 장성하여 사방을 두루 돌아다니다가 가섭원을 택해 살면서 관가에서 말 기르는 일을 맡았다. 그러나 얼마 안 가 관가의 미움을 사게 되어 오이烏伊, 마리摩離, 협보陜父와 함께 도망하여 졸본¹⁾에 이르렀다. 마침 부여 왕(북부여 6세 고무서단군)이 대를 이을 아들이 없어, 주몽이 마침내 왕의 사위가 되어 대통을 이으시니(단기 2276, BCE 58), 이분이 곧 고구려의 시조이시다.

고주몽 성제의 통치 영역과 대도 말씀[道言]

平樂二十一年甲午十月_{평락이십일년갑오시월}에 伐北沃沮_{벌북옥저}하사 滅之_{멸지}하시고
明年乙未_{명년을미}에 自卒本_{자졸본}으로 移都訥見_{이도눌견}하시니 訥見_{눌견}은 今常春朱家城子也_{금상춘주가성자야}라.
琉璃明帝二十一年_{유리명제이십일년}에 又自訥見_{우자눌견}으로 移都于國內城_{이도우국내성}하시니 亦曰皇城_{역왈황성}이오
內有丸都山_{내유환도산}하야 山上築城_{산상축성}하니 有事則居_{유사즉거지}시라.
大武神烈帝二十年_{대무신열제이십년}에 帝襲樂浪國_{제습낙랑국}하사 滅之_{멸지}하시니 東鴨綠以南_{동압록이남}이 屬我_{속아}하고
獨海城以南近海諸城_{독해성이남근해제성}이 未下_{미하}라 山上帝元年_{산상제원년}에 遣弟罽須_{견제계수}하사
攻破公孫度_{공파공손탁}하시고 伐玄菟樂浪_{벌현도낙랑}하사 滅之_{멸지}하시니 遼東_{요동}이 悉平_{실평}하니라.

역주 (고주몽 성제) 평락平樂 21년 갑오(단기 2307, BCE 27)년 10월, 북옥저*를 쳐서 멸하고 이듬해 을미년에 졸본에서 눌견訥見※으로 도읍을 옮기셨다. 눌견은 지금의 상춘 주가성자朱家城子이다.

---

*북옥저: 옥저는 네 곳이 있었다. 동옥저는 지금의 함경도 지방, 서옥저는 만리장성 부근, 남옥저는 지금의 요동반도, 북옥저는 서간도 일대였다.

※눌견訥見: '늘 봄'의 이두식 표기로 상춘常春을 말한다. 상춘은 오늘날 장춘長春으로 바뀌었고, 그 북쪽에 지금도 주성자朱城子, 즉 '주몽의 성터'라는 지명이 남아 있다. 『삼한관경본기』에는 상춘 주가성자에 구월산 삼성묘가 있다고 하였다.

高句麗

환도산성丸都山城 터와 산성 아래 고분군古墳群 | 길림성 집안현集安縣. 고구려 초기의 최대 고분군으로 이곳에만 1,500여 기가 있다. 고분군 뒤능선 너머 완만한 경사면에 환도산성이 있었다.

(2세) 유리명제琉璃明帝 21년(단기 2335, CE 2), 도읍을 다시 눌견에서 국내성❋으로 옮겼는데, 이곳을 황성이라고도 한다. 성 안에 환도산丸都山이 있는데, 산 위에 성을 쌓고 유사시에는 거기에 머무르셨다.

(3세) 대무신열제大武神烈帝[2] 20년(단기 2370, 37), 열제께서 낙랑국을 기습하여 멸하셨다. 이리하여 동압록(지금의 압록강) 이남이 우리(고구려)에게 속하였으나, 다만 해성海城[3] 이남의 바다 가까이 있는 여러 성은 아직 항복시키지 못했다.

(10세) 산상제山上帝 원년(단기 2530, 197), 아우 계수罽須를 보내어 공손탁公孫度❋을 쳐부수고, 현도와 낙랑을 쳐서 멸함으로써 요동이 모두 평정되었다.

```
대변경   왈 고주몽성제    조왈 천신    조만인일상      균부삼진
大辯經에 曰「高朱蒙聖帝가 詔曰 天神이 造萬人一像하사 均賦三眞하시니
 어시   인기대천이능립어세야     황아국지선    출자북부여
於是에 人其代天而能立於世也라 況我國之先이 出自北夫餘하사
 위천제지자호   철인   허정계율   영절사기    기심안태
爲天帝之子乎아. 哲人은 虛靜戒律하야 永絶邪氣하나니 其心安泰하면
 자여중인    사사득의    용병   소이완침벌
自與衆人으로 事事得宜라. 用兵은 所以緩侵伐이며
 행형   소이기무죄악     고  허극정생   정극지만   지극덕륭야
行刑은 所以期無罪惡이니라. 故로 虛極靜生하고 靜極知滿하고 知極德隆也라
 고   허이청교    정이혈구   지이이물   덕이제인
故로 虛以聽敎하고 靜以絜矩하고 知以理物하고 德以濟人하나니
```

❋ 국내성: 지금의 압록강 만포진 건너편 집안시(집안은 집의 안이라는 뜻). 11세 동천열제 때 관구검의 침입을 받아 평양으로 천도하였다가 후에 다시 국내성으로 천도한 후 20세 장수열제 때 평양으로 천도하였다.

❋ 공손탁公孫度(?~204): 후한 말의 장수. 요동 양평襄平 사람으로 현도玄菟의 하급 관리였다가 요동태수가 되었다. 후에 자립하여 요동후 평주목遼東侯平州牧이라 칭하였다.

此乃神市之開物敎化하야 爲天神通性하며 爲衆生立法하며
爲先王完功하며 爲天下萬世하야 成智生雙修之化也니라.」

역주 『대변경大辯經』에 이렇게 기록되어 있다.

고주몽성제께서 다음과 같은 조칙을 내리셨다.

하늘의 신(삼신)이 만인을 한 모습으로 창조하고 삼진三眞을 고르게 부여하셨느니라. 이에 사람은 하늘을 대행하여 능히 이 세상에 서게 되었다. 하물며 우리나라의 선조는 북부여에서 태어나신 **천제(상제님)의 아들**[天帝之子]이 아니더냐!

슬기로운 이는 마음을 비우고 고요하게 하며 계율을 잘 지켜 삿된 기운을 영원히 끊나니, 그 마음이 편안하고 태평하면 저절로 세상사람과 더불어 매사에 올바르게 행동하게 되느니라. 군사를 쓰는 것은 침략을 막기 위함이며, 형벌의 집행은 죄악을 뿌리뽑기 위함이니라.

그런고로 마음을 비움이 지극하면 고요함이 생겨나고, 고요함이 지극하면 지혜가 충만하고, 지혜가 지극하면 덕이 높아지느니라. 따라서 마음을 비워 가르침을 듣고, 고요한 마음으로 사리를 판단하고, 지혜로 만물을 다스리고, 덕으로 사람을 건지느니라.

이것이 곧 **신시 배달** 시대에 사물의 이치를 깨닫고 인간의 마음을 연 교화의 방도이니, 천신을 위해 본성을 환히 밝히고, 뭇 창생을 위해 법을 세우고, 선왕을 위해 공덕을 완수하고, 천하만세를 위해 지혜와 생명을 함께 닦아[智生雙修] 교화를 이루느니라.

을파소가 전한 참전계

乙巴素가 爲國相에 選年少英俊하야 爲仙人徒郞하니 掌敎化者를 曰參佺이니
衆選守戒하야 爲神顧托하며 掌武藝者를 曰皂衣니 兼操成律하야
爲公挺身也라. 嘗言於衆曰 神市理化之世에 由民開智하야 日赴至治하니
則有所以亘萬世不可易之標準也라 故로 參佺有戒하야 聽神以化衆하며
寒盟有律하야 代天行功也니 皆自立心作力하야 以備後功也니라.

역주 을파소가 국상國相이 되어 나이 어린 영재를 뽑아 **선인도랑**仙人徒郞으로 삼았다. 교화를 주관하는 자를 **참전**參佺이라 하는데, 무리 중에 계율을 잘 지키는 자를 선발하여 삼신을 받드는 일을 맡겼다. 무예를 관장하는 자를 **조의**皂衣[4]라 하는데, 몸가짐을 바르게 하고 규율을 잘 지켜, 나라의 일을 위해 몸을 던져 앞장서도록 하였다. 일찍이 을파소가 무리에게 이렇게 말하였다.

"신시神市 시대에 신교의 진리로 세상을 다스려 깨우칠 때는, 백성의 지혜가 열려

高句麗

나날이 지극한 다스림에 이르렀으니, 그것은 만세에 걸쳐 바꿀 수 없는 표준이 있기 때문이다. 그러므로 참전이 지켜야 할 계율을 두고, 상제님의 말씀을 받들어 백성을 교화하며, 한맹寒盟을 행함에도 계율을 두어 하늘을 대신해서 공덕을 베푸나니 모두 스스로 심법을 바로 세우고 힘써 노력하여 훗날 세울 공덕에 대비하라."

을지문덕의 호쾌한 심법 세계

乙支文德이 曰 道以事天神하고 德以庇民邦하라 吾知其有辭天下也라.
受三神一體氣하야 分得性命精하니 自在光明이 昂然不動이라가 有時而感하며
發而道乃通하나니라. 是乃所以体行三物德慧力하고 化成三家心氣身하며
悅滿三途感息觸하나니 要在日求念標하야 在世理化하며 靜修境途하야
弘益人間也라. 桓國曰五訓이오 神市曰五事오 朝鮮曰五行六政이오
夫餘曰九誓라. 三韓通俗이 亦有五戒하니 曰孝忠信勇仁이니
皆敎民以正平이오 而織群之意가 存焉이니라.

역주 을지문덕이 이렇게 말하였다.

"도로써 천신(삼신상제님)을 섬기고, 덕으로써 백성과 나라를 감싸 보호하라. 나는 천하에 이런 말이 있다는 것을 안다. 사람이 삼신일체의 기운[氣]을 받을 때, 성품[性]과 목숨[命]과 정기[精]로 나누어 받나니, 우리 몸 속에 본래 있는 조화의 대광명은 환히 빛나 고요히 있다가 때가 되면 감응感應하고, 이 조화의 대광명이 발현되면 도道를 통한다. 도를 통하는 것은, **삼물**三物인 **덕**德과 **지혜**[慧]와 **조화력**[力]을 몸으로 직접 체득하여 실천하고, **삼가**三家인 **마음**[心]과 **기운**[氣]과 **몸**[身]의 조화를 성취하며, **삼도**三途인 **느낌**[感]과 **호흡**[息]과 **감촉**[觸]이 언제나 기쁨으로 충만하여 이루어지는 것이다. 도를 통하는 요체는 날마다 「**염표문**念標文」❋을 생각하여 **실천**하기에 힘쓰고, 세상을 신교의 진리로 다스려 깨우쳐서[在世理化], 삼도三途 십팔경十八境❋을 고요히 잘 닦아[靜修境途] 천지광명(환단)의 뜻과 대이상을 지상에 성취하는 홍익인간이 되는 데 있느니라."

❋**염표문**念標文: 『단군세기』 11세 도해단군 조의 「염표문」에서는 천지인의 삼대三大, 삼원三圓, 삼일三一을 이야기하고, 이어서 일신강충一神降衷, 성통광명性通光明, 재세이화在世理化, 홍익인간弘益人間의 덕목을 말하였다. 그러나 「마한세가」 상에는 일신강충 이하 홍익인간까지 16자만을 「염표문」이라 하였다.

❋**삼도**三途 **십팔경**十八境: 감感(희구애노탐염喜懼哀怒貪厭), 식息(분란한열진습芬爛寒熱震濕), 촉觸(성색취미음저聲色臭味淫抵)

❋**정수경도**靜修境途: 경도境途는 『삼일신고』 제5장 인물人物에 나오는 말. 도途는 감식촉 삼도三途를 말하고, 경境은 삼도가 변화하여 이루는 열여덟 가지 경계를 말한다. 삼진三眞과 삼망三妄이 대립하여 생기는 감식촉을 닦기 위해서 지감止感, 조식調息, 금촉禁觸의 수행법을 생활화한다.

환국 시대에 **오훈**五訓이 있었고, 신시 시대에 **오사**五事, 고조선 시대에 **오행육정**五行六政, 부여에 **구서**九誓가 있었다. 또한 삼한의 공통된 풍속에 **오계**五戒[6]가 있었으니, 곧 효도[孝]·충성[忠]·신의[信]·용맹[勇]·어짊[仁]이다. 모두 백성을 공명정대하고 평등하게 가르치고 무리를 조직하려는 뜻이 있었다.

역대 성군, 영걸의 역력한 자취

柵城에 有太祖武烈帝紀功碑하고 東鴨綠之皇城에 有廣開土境大勳蹟碑하고 安州淸川江岸上에 有乙支文德石像하고 烏蘇里江外에 有淵蓋蘇文頌德碑하고 平壤牧丹峰中麓에 有東川帝朝天石하고 朔州巨門山西麓에 有乙巴素墓하고 雲山之九峰山에 有淵蓋蘇文墓하니라.

역주 책성柵城(연해주를 말함)에 태조무열제(6세)의 공덕을 새긴 기공비紀功碑가 있고, 동압록의 황성에 광개토경대훈적비가 있다. 안주安州 청천강 연안에 을지문덕 석상이 있고, 오소리강 밖에 연개소문송덕비가 있다. 평양平壤 모란봉 중턱에 동천제(11세)가 하늘에 기원하던 조천석朝天石이 있고, 삭주 거문산巨門山 서쪽 기슭에 을파소 묘가 있고, 운산雲山의 구봉산九峰山에 연개소문 묘가 있다.

朝代記에 曰「東川帝를 亦稱檀君이시니 每當寒盟이면 祭迎三神于平壤하시니 今箕林窟이 卽其祭所也라.」大迎祭典이 始行隧穴하야 有九梯宮朝天石하니 行路之人이 皆可指點也라. 又有三倫九德之歌하야 以獎之하시니 皁衣仙人이 皆其選也오 國人所矜式者也라 不然이면 何以加榮하야 與之爲等於王使者乎아.

역주 『조대기朝代記』에 이렇게 기록되어 있다.
동천제東川帝를 또한 단군이라고도 하였다. 해마다 한맹寒盟 때가 되면 평양에서 삼신상제님을 맞이하는 천제를 올렸다. 지금의 기림굴箕林窟은 천제를 올리던 곳이다.

---

[28] **오훈**五訓: 성신불위誠信不僞, 경근불태敬勤不怠, 효순불위孝順不違, 염의불음廉義不淫, 겸화불투謙和不鬪(『태백일사』「환국본기」).
[29] **오사**五事: 주곡主穀, 주명主命, 주형主刑, 주병主病, 주선악主善惡(『태백일사』「환국본기」).
[30] **부여구서**夫餘九誓: 여기서 부여는 대부여를 말한다. 구서九誓란 고조선 44세 구물단군이 꿈에 상제님의 가르침[夢敎]을 받아 백성을 교화하는 지표로 삼은 '효孝·우友·신信·충忠·손遜·지知·용勇·염廉·의義' 아홉가지 계율을 말한다.
[※] **평양**平壤: 『삼국사기』 동천왕 21년 조에 "평양은 본래 선인왕검仙人王儉의 터다"라고 하였다. 동천제東川帝를 '단군'이라 불렀는데, 그 이유는 평양에 도읍했기 때문으로 보인다.

高句麗

461

삼신상제님을 크게 맞이하는 대영제전大迎祭典*은 처음 동굴[隧穴]에서 행해졌다. 거기에 구제궁九梯宮※ 조천석朝天石이 있는데, 길을 지나는 사람은 누구나 볼 수 있었다. 또 삼륜구덕의 노래[三倫九德之歌]가 있어 이를 부르도록 장려하였다.

조의선인皁衣仙人은 모두 선발된 사람인데, 사람들이 삼가 본보기로 삼았다. 그렇지 않았다면 어찌 그들에게 영광을 더하여 왕의 사자와 동등하게 여겼겠는가?

광개토열제의 성덕과 동방 문명의 종주권 장악

廣開土境好太皇은 隆功聖德이 卓越百王하사 四海之內에 咸稱烈帝라
年十八에 登極于光明殿하시니 禮陳天樂하시고 每於臨陣에 使士卒로
歌此於阿之歌하사 以助士氣하시며 巡騎至摩利山하사 登塹城壇하사
親祭三神하실새 亦用天樂하시니라.

역주 광개토경호태황廣開土境好太皇[7]은 큰 공적과 성스러운 덕이 세상 어떤 임금보다 뛰어나시어, 사해 안에서 모두 열제烈帝(위대한 황제)라 불렀다.

18세에 광명전光明殿에서 등극하실 때 예로써 천악天樂*을 연주했다. 전쟁에 임할 때마다 병사들로 하여금 「어아가」를 부르게 하여 사기를 돋우셨다.

말타고 순행하여 마리산에 이르러, 참성단에 올라 친히 삼신상제님께 천제를 올렸는데 이때도 천악을 쓰셨다.

一自渡海로 所至에 擊破倭人하시니 倭人은 百濟之介也라 百濟가 先與倭로
密通하야 使之聯侵新羅之境하니 帝躬率水軍하사
攻取熊津·林川·蛙山·槐口·伏斯買·雨述山·進乙禮·奴斯只等城하시고
路次俗離山이라가 期早朝祭天而還하시니 奴斯只等城하시고 路次俗離山이라가
期早朝祭天而還하시니 時則百濟·新羅·駕洛諸國이 皆入貢不絶하고
契丹·平凉이 皆平服하고 任那·伊·倭之屬이 莫不稱臣하니
海東之盛이 於斯爲最矣라.

✱**대영제전大迎祭典**: 배달·단군조선 이래 매년 음력 3월 16일에 삼신상제님께 천제를 지내던 국가적인 대행사[國典祝儀].

※**구제궁九梯宮**: 고구려 때 평양에는 장안궁長安宮·평양궁平壤宮·구제궁九梯宮·왕성궁王城宮·안학궁安鶴宮 등이 있었다. 구제궁은 광개토열제가 지은 별궁別宮으로 모란봉 기슭에 있었다.

✱**천악天樂**: 단군조선 때의 「어아가於阿歌」.

장군총將軍塚 | 길림성吉林省 집안현集安縣 통구通溝의 용산龍山에 있다. 화강암을 가공하여 7단의 피라미드형으로 쌓았는데, 기단基壇의 한 변 길이가 33미터, 높이 약 13미터다. 이 무덤의 주인공은 광개토태왕이라는 설과 그 아들인 장수왕이라는 두 설이 있다. 능을 튼튼하게 유지하기 위해서 가공하지 않은 자연 돌을 생김새 그대로 살려 쌓는 그렝이 기법이 사용되었다.

역주 한번은 바다를 건너 이르는 곳마다 왜인을 격파하셨는데, 당시 왜인은 백제를 돕고 있었다. 백제는 앞서 왜와 은밀히 내통하여 왜로 하여금 잇달아 신라 경계를 침범하게 하였다. 이에 열제께서 몸소 수군을 거느리고 웅진熊津·임천林川·와산蛙山·괴구槐口·복사매伏斯買·우술산雨述山·진을례進乙禮·노사지奴斯只 등의 성을 공격하여 점령하셨다.* 속리산을 지나시다가, 이른 아침에 천제를 올리고 돌아오셨다.

이때에 백제·신라·가락(가야) 모든 나라가 조공을 끊이지 않고 바쳤다. 거란과 평량平涼*이 다 평정되어 굴복하였고, 임나任那*·이국伊國*·왜倭*의 무리가 신라라 칭하지 않는 자가 없었으니 해동海東의 융성이 이때에 절정을 이루었다.[8]

일본 큐슈에 다라한국을 건국한 협보

先是에 陜父가 奔南韓하야 居馬韓山中하니 從而出居者가 數百餘家라
未幾에 歲連大歉하야 流離遍路어늘 陜父가 乃知將革하고 誘衆裹糧하야

* **광개토열제의 백제 점령 지역**: 웅진은 충남 공주. 임천은 본래 백제의 가림군加林郡으로 충남 부여군 임천면 지역. 와산은 충북 보은. 괴구는 충북 괴산. 복사매는 충북 영동永同. 일명 심천현深川縣. 우술산은 대전광역시에 있는 보문산. 진을례는 진례군進禮郡으로 지금의 금산·무주·진안. 노사지는 대전·유성.(『삼국사기』 「지리지」 3·4 고구려 참조)
* **평량平涼**: 감숙성 평량현平涼縣 서북. 남북조 시대에 전전前·후후後·서서西·북북北·남남南 5량五涼의 나라가 있었다. 평량이 수중으로 들어오자 실크로드로 연결되는 통로가 열렸다. 이것은 감숙성에 있는 돈황 석굴의 고구려계 벽화에서 확인된다. 고구려가 평량을 평정했다는 사실은 어떤 사서에도 기록되어 있지 않고, 오직 『환단고기』에서만 알 수 있다.
* **임나任那**: 지금의 대마도.
* **이국伊國**: 이세伊勢라고도 한다. 왜倭와 인접했고 지금의 일본 미에현三重縣 지방에 있었다.
* **왜倭**: 연나부부여 왕 의라(오진應神왕)가 세운 일본 최초의 통일 왕조인 야마토大和 왜倭이다.

高句麗

주종패수이하　유해포이잠항　　직도구야한국　　내가라해북안야
舟從浿水而下하고 由海浦而潛航하야 直到狗邪韓國하니 乃加羅海北岸也라
거수월　　전사우아소산이거지　　시위다파라국지시조야
居數月에 轉徙于阿蘇山而居之하니 是爲多婆羅國之始祖也라
후　　병우임나　　연정이치　　삼국　재해　　　칠국　재륙
後에 併于任那하야 聯政以治하니 三國은 在海하고 七國은 在陸이라.

역주 이에 앞서 먼저 협보陜父✱가 남한南韓으로 달아나 마한산(지금의 평양)에 은거하고 있을 때, 따라와서 사는 자가 수백여 가구였다. 얼마 지나지 않아 여러 해 흉년이 들어 떠돌아다니는 사람이 길에 가득하였다. 이때 협보가 장차 변란이 있을 줄 알고 무리를 꾀어 양식을 싸서 배를 타고 패수를 따라 내려왔다. 해포海浦❋를 거쳐 몰래 항해하여 곧장 구야한국狗邪韓國❋에 이르니, 곧 가라해加羅海❋의 북쪽 해안이었다. 몇 달 지내다가 아소산阿蘇山으로 옮겨 살았는데, 이 사람이 바로 다파라국多婆羅國의 시조이다. 후에 임나와 병합하여 연합정권[聯政]을 세워 다스렸다. 이때 세 나라는 바다에 있고, 일곱 나라는 육지에 있었다.

✱협보陜父: 오이烏伊, 마리摩離와 함께 주몽성제의 고구려 건국을 도운 창업 공신. 2세 유리명열제가 사냥을 나가 5개월 동안 회궁하지 않자 협보가 직간하였다. 열제가 듣지 않자 협보는 남한南韓(대동강 부근 지역)으로 달아났다가(『삼국사기』「고구려본기」) 얼마 후 일본으로 건너가 큐슈 중부에 다파라국多婆羅國을 세웠다.

❋해포海浦: 대동강 어귀의 진남포鎭南浦.

❋구야한국狗邪韓國: 지금의 일본 북큐슈 후쿠오카현福岡縣에 위치. 변진 구야국인이 먼저 들어와 살던 곳으로 구야 본국인이 다스렸다. 당시 큐슈에 있던 100여 나라 중에서 가장 컸다(「대진국본기」). 구야국은 변진弁辰(변한) 12국 중의 하나로, 지금의 김해 지방에 있었다.

❋가라해加羅海: 일본 큐슈의 남서쪽 바다.

> 초 변진구야국인 선재단취 시위구야한국
> 初에 弁辰狗邪國人이 先在團聚하니 是爲狗邪韓國이오
> 다파라 일칭다라한국 자홀본이래 여고구려 조이정친고
> 多婆羅는 一稱多羅韓國이니 自忽本而來하야 與高句麗로 早已定親故로
> 상위열제소제 다라국 여안라국 동린이동성 구유웅습성
> 常爲烈帝所制라 多羅國은 與安羅國으로 同隣而同姓이오 舊有熊襲城하니
> 금구주웅본성 시야
> 今九州熊本城이 是也라.
> 왜재회계군동 동야현지동 주도구천리 지나패
> 倭在會稽郡東 東冶縣之東하니 舟渡九千里하야 至那覇하고
> 이우도일천리 지근도 근도 역왈저도 시 구노인 여여왕
> 而又渡一千里하야 至根島하니 根島는 亦曰柢島라 時에 狗奴人이 與女王으로
> 상쟁 색로심엄 기욕왕구야한자 개유진도 가라산 지가도
> 相爭하야 索路甚嚴일새 其欲往狗邪韓者는 盖由津島·加羅山·志加島하야
> 시득도말로호자지경 기동계즉내구야한국지야
> 始得到末盧戶資之境하니 其東界則乃狗邪韓國地也라.

역주 처음에 변진弁辰 구야국狗邪國 사람이 먼저 들어와서 모여 살았는데 이것을 구야한국狗邪韓國이라 하였다.

다파라多婆羅를 일명 다라한국多羅韓國이라 불렀다. 이곳 사람들은 홀본忽本(졸본)에서 이주해 와서 일찍이 고구려와 친교를 맺었으므로 늘 고구려 열제의 통제를 받았다. 다라국은 안라국安羅國과 서로 이웃하고 성씨도 같았다. 옛날에는 이곳에 웅습熊襲(구마소)성城이 있었는데, 지금의 큐슈 구마모토熊本 성이 바로 그곳이다.

왜는 회계군會稽郡 동쪽에 있는 동야현東冶縣▩의 동쪽에 있었다. 뱃길로 바다 건너 9천 리를 가면 나패那覇(나하)에 이르고, 또 일천 리를 가면 근도根島(네시마)에 이른다. 근도(네시마)를 저도柢島(도시마)라고도 부른다. 당시에 구노狗奴✱ 사람이 여왕✱과 서로 다퉈 찾아가는 길을 매우 엄하게 지키고 있었다. 그래서 구야한국으로 가려는 사람은 대개 진도津島(쓰시마),✱ 가라산加羅山✱, 지가도志加島▩를 거쳐야 비로소 말로호자末盧戶資(말로국)▩ 땅에 이를 수 있다. 그 동쪽 경계가 구야한국 땅이다.

▩ 동야현: 복건성 민후현閩侯縣의 동북에 있다(『중문대사전』 권5).
✱ 구노: 정인보는 구노국 왕 비미궁호소卑彌弓呼素는 마한馬韓의 수도 비미국卑彌國(지금의 충남 직산) 사람이었다고 하였다(정인보, 『조선사연구』). 이유립은 마한 비미국 사람으로서 백제의 신흥 세력을 피하여 바다를 건너 일본 남구주南九州에 가서 구노국을 세운 사람이 비미궁호소 즉, 『삼국유사』에서 말한 연오랑延烏郞이라 주장하였다(이유립, 『대배달민족사』, 「천天」, 583쪽).
✱ 여왕국: 2~3세기경 북규슈 지방에 29개 소부족 국가의 연방체로 구성되어 있었던 야마다이국邪馬臺國. 이 나라의 왕은 히미코卑彌呼라는 여왕으로, 『일본서기日本書紀』에 나오는 신공神功왕후이다.
▩ 진도津島: 지금의 대마도 북쪽 섬.
✱ 가라산加羅山: 대마도와 큐슈의 중간에 위치한 지금의 이키노시마一岐島에는 가량가미산加良加美山이 있는데 이 산을 가라산이라 한다(이유립, 『대배달민족사』, 「천天」, 585쪽).
▩ 지가도志加島: 후쿠오카福岡의 지가도志駕島를 말함.
▩ 말로호자末盧戶資: 말로국末盧國. 지금의 큐슈 사가현佐賀縣 북쪽 가라쓰唐津. 본래 읍루인이 모여 살던 곳이다(「대진국본기」 참조).

회계산의 역사적 의의와 방사 서복의 일본 이주 과정

會稽山은 本神市中經所藏處오 而司空禹가 齊戒三月而得하야
乃有功於治水故로 禹伐石하야 刻扶婁功於山之高處云하니
則吳越은 本九黎舊邑이오 山越左越이 皆其遺裔分遷之地也라
常與倭로 往來貿販하야 得利者漸多라.
秦時에 徐市이 自東冶海上으로 直至那霸하야 經種島而沿瀨戶內海하야
始到紀伊하니 伊勢에 舊有徐福墓祠라 或曰亶洲는 徐福所居云이라.

역주 회계산은 본래 『신시중경神市中經』이 소장되어 있던 곳이다. 사공 우禹가 석 달 동안* 재계하고 이 책을 얻어 치수에 성공하였다. 그리하여 우가 돌을 채취하여 부루태자의 은공을 새겨 산 높은 곳에 세웠다고 한다. 오吳·월越은 본래 구려九黎의 옛 읍이고, 산월山越·좌월左越은 모두 그 후예가 갈라져 옮겨 살던 땅이다. 늘 왜와 더불어 왕래하고 교역하여 이익을 얻는 자가 점점 많아졌다.

진秦나라 때 서불徐市이 동야東冶의 해상으로부터 곧바로 나패(나하)에 이르고, 종도種島(다네시마)*를 거쳐 뇌호내해瀨戶內海(세도나이카이)를 따라 처음으로 기이紀伊에 도착하였다. 이세伊勢에는 옛적에 서복의 무덤과 사당이 있었다. 어떤 이는 단주亶洲를 서복이 살았던 곳이라 한다.

고구려 전성기의 강역

長壽弘濟好太烈帝는 改元建興하사 仁義治國하시고 恢拓疆宇하시니
熊津江以北이 屬我하고 北燕室韋諸國이 皆入叙族焉이오 又與新羅寐錦과
百濟於瑕羅로 會于南平壤하사 約定納貢戍兵之數하시니라. 文咨好太烈帝는
改元明治하시고 十一年에 齊魯吳越之地가 屬我하니 至是하야 國疆漸大라.

역주 장수홍제호태열제長壽弘濟好太烈帝(20세 장수제, 단기 2746~2824, 413~491)는 연호*를 건흥建興9)으로 고치셨다. 인의로써 나라를 다스리고, 영토를 넓히고 개척하

---

* 『오월춘추』에는 "3월 경자일에 완위산宛委山에 올라가 금간지서金簡之書를 발견하고, 금간옥자金簡玉字를 살펴서 물길을 소통시키는 원리를 알았다"라고 기록되어 있다. 즉 '석 달 동안'이 아니라 '3월 경자일'로 되어 있다.
※ 종도種島: 다네시마. 일본 큐슈 남쪽 오오스미 제도大隅諸島에 있는 섬.
❋ 연호年號: 연호는 종주국이 사용하고, 조공을 바치는 속국은 종주국의 연호를 사용하는 것이 통례였다. 그러므로 고구려가 독자적인 연호를 사용하였다는 것은 곧 당시 동북아를 지배한 대제국이었다는 증거이다.

시어 웅진강熊津江 이북이 고구려에 귀속되었다. 그리고 북연北燕❋·실위室韋[10] 등 여러 나라가 다 같이 입조하여 우리의 형제 족속[叙族]에 편입되었다.

또 신라의 매금寐錦❋과 백제의 어하라於瑕羅[11]와 함께 남평양(지금의 서울)에서 만나, 공물 바치는 일과 국경에 주둔시킬 병사의 숫자를 약정하였다.

문자호태열제文咨好太烈帝(21세 문자제, 단기 2824~2852, 491~519)는 연호를 명치明治로 고치셨다. 11년(단기 2834, 501)에 제齊·노魯·오吳·월越의 땅이 우리(고구려)에게 귀속되었고, 이때에 이르러 영토는 점점 넓어졌다.＊

> 평강상호태열제 유담력 선기사 내유주몽지풍
> 平岡上好太烈帝는 有膽力하시며 善騎射하사 乃有朱蒙之風이러시니
> 개원대덕 치교휴명 대덕십팔년병신 제솔대장온달
> 改元大德하시고 治敎休明하시니라 大德十八年丙申에 帝率大將溫達하사
> 왕토갈석산배찰산 추지유림관 대파북주 유림진이동
> 徃討碣石山拜察山하시고 追至楡林關하사 大破北周하시니 楡林鎭以東이
> 실평 유림 금산서경
> 悉平하니라 楡林은 今山西境이라.

역주 평강상호태열제平岡上好太烈帝(25세 평원제平原帝, 단기 2892~2923, 559~590)는 담력이 크고 말타기와 활쏘기를 잘하시어 주몽의 기풍이 있었다. 연호를 대덕大德으로 바꾸었고, 정치와 교화가 매우 밝아졌다.

대덕 18년 병신(단기 2909, 576)년에 열제께서 대장 온달溫達❋을 거느리고 가서 갈석산碣石山[12]과 배찰산拜察山❋을 치고, 추격하여 유림관楡林關에 이르러 북주北周❋를 크게 깨뜨리셨다. 이로써 유림진楡林鎭 동쪽 땅이 모두 평정되었다. 유림楡林은 지금의 산서山西 경계이다.

❋ 북연北燕(407~436): 중국 5호16국 시대 때 16국 중의 하나. 후연後燕에서 벼슬하던 고구려 사람 고운高雲이 광개토열제에게 대패한 후연나라의 왕 모용희慕容熙를 살해하고 북연을 세웠다.

❋ 매금寐錦: 신라국 왕을 말함. 광개토대왕비문의 '昔新羅□錦' 부분에서 판독되지 않는 빠진 글자가 있는데, 여기에는 마땅히 '매寐'자가 들어가야 될 것으로 본다.

＊ 『삼국사기』「열전」〈최치원〉을 보면 당唐에서 관직을 얻은 최치원이 자신의 상관에게 올리는 글에서 "고구려·백제가 그 전성시에는 강병強兵이 100만이었고, 남으로 오吳·월越을 침공하고 북으로 유幽·연燕·제齊·노魯를 뒤흔들었다"라고 한 것은 본서의 기록 내용을 입증한다.

❋ 온달(?~590): 『삼국사기』에는 "당시 후주(後周=北周)의 무제가 군사를 일으켜 요동을 치러오자, 왕(평원제)이 군사를 거느리고 배산의 들에서 맞아 싸웠다. 온달이 선봉이 되어 질풍같이 싸워서 적군 수십여 명의 수급을 베니, 모든 군사들이 승세를 타고 분격하여 크게 이겼다"라고 하여 『환단고기』의 기록을 방증한다.

❋ 배찰산拜察山: 배산拜山·백분산이라고도 하고 음산산맥陰山山脈에 있으며 몽고의 차할부[察哈爾部]의 경계에 있다(계연수 설). 『중문대사전』에서는 "열하성 경붕현經棚縣 경계에 있었다"고 하였다. 경붕현은 지금의 내몽골 자치구內蒙古自治區 극십극등기克什克騰棋이다.

❋ 북주北周: 선비족의 한 갈래인 우문宇文씨가 북위北魏에서 갈라진 서위西魏를 빼앗아 세운 나라. 후에 북주의 양견楊堅이 왕이 되어 나라 이름을 수隋로 고쳤다.

❋ 유림楡林: 현 섬서성 소재.

高句麗

선비족 후손인 수 양제의 침략을 격퇴

嬰陽武元好太烈帝時에 天下大理하야 國富民殷이러니 隋主楊廣이
本鮮卑遺種으로 統合南北之域하고 以其餘勢로 侮我高句麗하야
以爲小虜가 侮慢上國이라 하야 頻加大兵이나 我旣有備하야 而未嘗一敗也라.

역주 영양무원호태열제嬰陽武元好太烈帝(26세 영양제, 단기 2923~2951, 590~618) 때에 천하가 잘 다스려져 나라가 부강하고 백성이 번성하였다.

수隋나라 왕 양광楊廣*은 본래 선비족의 후손이다. 양광이 남북을 통합하고 그 여세를 몰아 우리 고구려를 깔보고, 조그마한 오랑캐가 거만하게도 상국上國을 업신여긴다 하여 자주 대군을 일으켰다. 그러나 우리는 대비하고 있었으므로 일찍이 한 번도 패한 적이 없었다.

弘武二十五年에 廣이 又復東侵할새 先遣將兵하야 重圍卑奢城하니
官兵이 戰不利라 將襲平壤이어늘 帝聞之하시고 欲圖緩兵하사
執遣斛斯政하실새 適有皂衣一仁者하야 自願請從하야 偕到하고 獻表於楊廣한대
廣이 於舡中에 手表而讀未半이오 遽發袖中小弩하야 中其胸하니
廣이 驚倒失神이라. 右相羊皿이 使負之하야 急移於小船而退하고
命懷遠鎭撤兵하니라. 廣이 謂左右曰 予爲天下主하야 親伐小國而不利하니
是非萬世之所嗤乎아 한대 羊皿等이 面黑無答이러라.

역주 홍무弘武* 25(단기 2947, 614)년에 양광이 또다시 동쪽으로 쳐들어왔다. 이때 먼저 군사를 보내어 비사성卑奢城을 겹겹이 포위하였다. 우리 군사가 맞서 싸웠으나 이기지 못하였다. 적이 곧 평양을 습격하려 하거늘, 열제(영양제)께서 소식을 들으시고 진격을 늦추기 위해 곡사정斛斯政*을 보내려 하셨다. 때마침 조의선인 일인一仁이 자원하여 따라가기를 청하므로 함께 진중에 도착하여 양광에게 표表를 올렸다.

양광이 배 안에서 표를 손에 들고 절반도 채 읽기 전에 갑자기 일인이 소매 속에서 작은 쇠뇌[小弩]를 꺼내 쏘아 가슴을 맞혔다. 양광이 놀라 쓰러져 정신을 잃었다.

✸ 양광楊廣 : 수隋(569~618)의 2세 왕 양제煬帝의 이름. 아버지 문제文帝를 살해하고 즉위하였다.
✸ 홍무弘武 : 26세 영양열제(590~618)의 연호.
✸ 곡사정斛斯政 : 수나라 예부상서禮部尙書 양현감楊玄感의 부하로서 시랑侍郞 벼슬에 있었다. 양현감이 반란을 일으키자 신변에 위험을 느끼고 진중陣中에서 고구려에 망명하였다. 후일 고구려는 수 양제의 요구에 따라 곡사정을 수나라에 인도하였다.

우상 양명亮Ⅲ이 양광을 업게 하여 급히 작은 배로 옮겨 타고 물러나서, 회원진懷遠鎭*으로 철병하기를 명하였다. 양광이 좌우를 돌아보며 말하기를, "내가 천하의 주인이 되어 친히 작은 나라를 치다가 졌으니, 이것이 만세의 웃음거리가 아니겠는가?" 하였다. 양명 등은 얼굴빛이 검게 변하며 아무 대답도 하지 못하였다.

```
     후인   가 지 왈 차 여 준 준 한 가 아    막 향 요 동 낭 사 가
     後人이 歌之曰 嗟汝蠢蠢漢家兒아 莫向遼東浪死歌하라.
     문 무 아 선 호 환 웅              면 궁 혈 윤 영 걸 다
     文武我先號桓雄이시니 綿亘血胤英傑多라.
     주 몽 태 조 광 개 토              위 진 사 해 공 막 가
     朱蒙太祖廣開土는 威振四海功莫加하시고
     유 유 일 인 양 만 춘              위 타 변 색 자 미 위
     紐由一仁楊萬春은 爲他變色自靡踒라.
     세 계 문 명 오 최 고              양 척 외 구 보 평 화
     世界文明吾最古하야 攘斥外寇保平和라.
     유 철 양 광 이 세 민              망 풍 궤 주 작 구 과
     劉徹楊廣李世民은 望風潰走作駒過라.
     영 락 기 공 비 천 척              만 기 일 색 태 백 아
     永樂紀功碑千尺이니 萬旗一色太白峨라.
```

역주 뒷 사람이 이 일을 이렇게 노래하였다.
　　아아, 벌레처럼 꿈틀거리는 너희 한나라 아이들아!
　　요동을 향해 헛된 죽음의 노래를 부르지 말지라.
　　문무에 뛰어나신 우리 선조 환웅이 계셨고
　　면면히 혈통 이은 자손, 영걸도 많으셨네.
　　고주몽성제, 태조무열제, 광개토열제께서
　　사해에 위엄 떨치시어 공이 더할 나위 없네.
　　유유紐由▩·일인一仁·양만춘은
　　저들이 얼굴빛 변하며 스스로 쓰러지게 하였네.
　　세계에서 우리 문명이 가장 오래고
　　바깥 도적 쫓아 물리치며 평화를 지켜 왔으니,
　　저 유철(한 무제)·양광(수 양제)·이세민(당 태종)은
　　풍채만 보고도 무너져 망아지처럼 달아났구나.
　　광개토열제 공덕 새긴 비석 천 자[尺]나 되고
　　온갖 깃발 한 색으로 태백산처럼 높이 나부끼누나.

高句麗

* 회원진懷遠鎭: 하북성 북쪽에 있는 해상 기지.
▩ 유유紐由: 11세 동천열제 때의 충신. 246년 위魏나라 장수 관구검이 침략, 환도성이 함락되자 열제는 남옥저南沃沮(요동반도)로 피난하였다. 추격이 심하여 매우 위급한 상황에 이르자 유유는 열제에게 계책을 내 항복을 가장하고 위의 군중軍中에 들어가 위나라 장수를 비수로 찔러 죽이고 자신도 장렬히 전사하였다(『삼국사기』「고구려본기」).

신교를 대각한 을지문덕 장군의 큰 공적

乙支文德은 高句麗國石多山人也라 嘗入山修道하야 得夢天神而大悟하고
每當三月十六日則馳徃摩利山하야 供物敬拜而歸하며
十月三日則登白頭山祭天하니 祭天은 乃神市古俗也라.

역주 을지문덕은 고구려 석다산 사람이다. 일찍이 산에 들어가 도를 닦다가 삼신의 성신이 몸에 내리는 꿈을 꾸고 신교 진리를 크게 깨달았다.

해마다 3월 16일(대영절大迎節)이 되면, 말을 달려 강화도 마리산에 가서 제물을 바쳐 경배하고 돌아왔다. 10월 3일에는 백두산에 올라가 천제를 올렸다. 이런 제천 의식은 배달 신시의 옛 풍속이다.

弘武二十三年에 隋軍一百三十餘萬이 並水陸而來攻이어늘
文德이 能以奇計로 出兵鈔擊之하고 追至薩水하야 遂大破之하니
隋軍이 水陸俱潰하야 生歸遼東城今昌黎者가 僅二千七百人이라.
廣이 遣使乞和한대 文德이 不聽하고 帝亦嚴命追之시라
文德이 與諸將으로 乘勝直驅할새 一自玄菟道로 至太原하고
一自樂浪道로 至幽州하야 入其州縣而治之하며 招其流民而安之라.

역주 홍무 23(단기 2945, 612)년에, 수나라 군사 130여 만 명이 바다와 육지로 쳐들어왔다. 을지문덕이 출병하여 기묘한 계략으로 그들을 공격하고 추격하여 살수薩水에 이르러 마침내 크게 격파하였다. 수나라 군대는 바다와 육지에서 함께 궤멸되어, 살아서 요동성*(지금의 하북성 창려)으로 돌아간 자가 겨우 2천7백 명이었다.

양광이 사신을 보내어 화평을 구걸하였으나 을지문덕이 듣지 않았고, 열제(영양제) 또한 추격하도록 엄한 명을 내리셨다. 을지문덕이 여러 장수와 더불어 승리의 기세를 타고 곧바로 몰아붙여, 한 갈래는 현도玄菟 길로 태원太原▨에 이르고, 한 갈래는 낙랑樂浪 길로 유주幽州*에 이르러, 그곳의 주와 현에 들어가서 다스리고, 떠도

✱**요동성**: 고구려 당시 요수는 곧 지금의 난하灤河로, 요동성은 요수(난하) 동쪽인 지금의 하북성 창려 昌黎에 있었다.

✱**현도玄菟**: 사마광의 『자치통감資治通鑑』에서는 유성柳城(지금의 요령성 조양)과 노룡盧龍(하북성 노룡현) 사이에 있었다고 하였다.

▨**태원太原**: 중국 산서성山西省의 수부首府. 서기 49년 5세 모본열제의 첫 공략 이후로 고구려가 서너 차례 정벌한 지역이다.

✱**유주幽州**: 하북성 북부 일대.

는 백성을 불러모아 안심하게 하였다.

於是에 建安·建昌·白岩·昌黎諸鎭은 屬於安市하고
昌平·涿城·新昌·桶道諸鎭은 屬於如祈하고 孤奴·平谷·造陽·樓城·沙溝乙은
屬於上谷하고 和龍·汾州·桓州·豊城·鴨綠은 屬於臨潢하니 皆仍舊而置吏라.
至是하야 强兵이 百萬이오 境土가 益大라.

역주 이렇게 하여 건안建安·건창建昌·백암白岩·창려昌黎 등 여러 진鎭은 **안시**安市에 속하고, 창평昌平·탁성涿城·신창新昌·용도桶道 등 여러 진은 **여기**如祈에 속하고, 고노孤奴·평곡平谷·조양造陽·누성樓城·사구을沙溝乙은 **상곡**上谷에 속하고, 화룡和龍·분주汾州·환주桓州·풍성豊城·압록鴨綠은 **임황**臨潢에 속하게 되어 모두 옛 제도에 따라 관리를 두었다. 이때 강한 군사가 백만이었고 영토는 더욱 커졌다.

楊廣壬申之寇也에 出師之盛이 前古未之有也로되 以我皂衣二十萬으로
滅其軍幾盡하니 此非乙支文德將軍一人之力乎아
若乙支公者는 乃萬古造時勢之一聖傑也哉로다.
文忠公趙浚이 與明使祝孟으로 共登百祥樓하야 賦詩曰
薩水湯湯漾碧虛하니 隋兵百萬化爲魚라.
至今留得漁樵語하니 不滿征夫一哂餘라.

역주 양광이 임신(단기 2945, 612)년에 쳐들어올 때, 전에 없이 많은 군사를 몰고 왔으나 우리는 조의皂衣 20만으로 적군을 거의 다 멸하였으니 이것은 을지문덕 장군 한 사람의 힘이 아니겠는가? 을지공 같은 사람은 한 시대의 흐름을 지어내는 만고에 드문 거룩한 영걸이다. 뒤에 문충공 조준趙浚*이 명나라 사신 축맹祝孟과 함께 백상루百祥樓*에 올라 이렇게 시를 읊었다.

> 살수 물결 세차게 흘러 푸른 빛 띠는데
> 옛적 수나라 백만 군사 고기밥이 되었구나.
> 지금도 어부와 나무꾼에게 그때 이야기 남았건만
> 명나라 사신은 언짢아 한 번 웃고 마는구나.

✽ 조준趙浚(1346~1405): 고려 말, 조선 초의 정치가.
✽ 백상루百祥樓: 평안도 안주읍 안주 군청에서 북쪽으로 백 보 되는 거리에 있다. 고구려 때 누각으로 관서제일루關西第一樓라 불린다.

高句麗

고구려 · 백제의 통치 영역과 수 문제의 대침략

舊史에 曰「嬰陽武元好太烈帝弘武九年에 帝遣西部大人淵太祚하사
往討登州하시고 擒殺摠管韋冲하시니라.」
先是에 百濟以兵으로 平定齊魯吳越之地하고 設官署하야 索籍民戶하며
分封王爵하야 屯戍險塞하며 軍征賦調를 悉準內地러니

역주 옛 역사서에 이렇게 기록되어 있다.

영양무원호태열제(26세) 홍무 9년(단기 2931, 598)에 열제께서 서부대인 연태조淵太祚※를 보내어 등주登州*를 토벌하고 총관摠管 위충韋冲*을 사로잡아 죽이셨다.

이에 앞서 **백제가 군사를 일으켜 제齊·노魯·오吳·월越의 땅을 평정**하고, 관서官署를 설치하여 호적과 호구수를 정리하고, **왕의 작위[王爵]를 나누어 봉**하고 험한 요새에 **군대를 주둔**시켰다. 그리고 군역과 세금과 특산물 납부를 모두 본국에 준準하여 하게 하였다.

明治年間에 百濟軍政이 衰頹不振하고 權益執行이 盡歸聖朝하야
劃定城邑하고 文武置吏라 及隋作兵하야 有事南北하고 騷擾四起하야
害及生民일새 帝威赫怒하사 恭行天討하시니 四海之內에 莫不聽命也라.
然이나 隋主楊堅이 陰藏禍心하고 敢出讐兵하야 密遣韋冲하야 摠管爲名하고
潰破官家하며 焚掠邑落하니 乃遣將兵하사 擒殺賊魁하시니
山東平服하고 海城謐然이라.

역주 명치明治* 연간에 백제의 군정軍政이 쇠퇴하여 제대로 이루어지지 않으므로 권익 집행을 고구려 조정에서 하게 되었다. 성읍의 구획을 짓고 문무 관리를 두었다.

그 후 수나라가 군사를 일으켜 남북에서 사변이 생기고 사방에서 소요가 일어나 그 피해가 생민에게 미치게 되었다. 열제께서 크게 노하여 하늘의 뜻을 받들어 토벌하시니, 사해 안에 명령을 따르지 않는 자가 없었다.

※ **연태조淵太祚**: 연개소문의 아버지. 중국 낙양洛陽 북망北邙에서 출토된 천남생泉男生의 묘지명墓誌銘에 따르면, 남생의 할아버지를 태조太祚라 하였고 그 벼슬을 막리지莫離支라 하였다. 『삼국사기』에서는 연태조를 동부東部 혹은 서부西部 대인大人 대대로大對盧라 하였다.

* **등주登州**: 지금의 산동성 봉래蓬萊.
* **위충韋冲**: 수나라의 등주총관登州摠管.
* **명치明治**: 21세 문자열제(491~519)의 연호.

그러나 수나라 왕 양견楊堅*은 속으로 앙심을 품고 감히 원수를 갚겠다고 군사를 내어, 은밀히 위충을 보내 총관이라는 이름으로 관가를 파괴하고 읍락에 불을 지르고 노략질하였다. 이에 장수와 병사들을 보내어 도적의 괴수를 사로잡아 죽이시니 산동 지역이 평정되고 해성海城이 평온해졌다.

是歲에 堅이 又遣楊諒王世績等三十萬하야 來與戰할새 纔發定州하고
未至遼澤하야 値水亂而饋轉杜絶하고 癘疫幷熾라
周羅睺가 以兵據登州하고 徵集戰艦數百하야 自東萊로 泛船하야
趣平壤이라가 爲我所覺하야 殿而拒之以進이라가 忽遭大風而全軍이
漂沒하니라. 時에 百濟가 請隋爲軍導라가 受我密諭而未果하니라.

역주 이해(단기 2931, 598)에 양견이 또다시 양량楊諒, 왕세적王世績 등 30만 명을 보내 전쟁할 때, 겨우 정주定州*를 출발하여 요택遼澤*에 이르기도 전에 물난리를 만나 군량 수송이 끊기고 유행병이 크게 번졌다. 주라구周羅睺가 병력을 동원하여 등주登州를 점거하고, 전함 수백 척을 징집하여 동래東萊에서 배를 타고 평양성으로 향하다가 아군에게 발각되었다. 주라구가 후진後陣을 맡아 막으면서 전진하다가, 문득 큰바람을 만나 전군이 표류하다 빠져 죽었다. 이때 백제가 수나라 군대에게 길을 인도해 주겠다고 제의하였다가, 고구려에서 은밀히 타이르자 실행하지 못하였다.

左將高成이 密有親隋之心하야 陰壞莫離支北伐之計러니 至是하야
屢請遣師하야 攻破百濟有功이라 獨莫離支力排衆議하고
强執以南守北伐之策하야 屢陳利害以從하니라.

역주 고구려 좌장左將 고성高成*이 몰래 수나라와 친하려는 마음을 품고 은밀히 막리지*의 북벌 계획을 무너뜨리려 하였다. 이때에 이르러 고성은 여러 번 군대를 보낼 것을 청원하여 백제를 쳐부수고 공을 세웠다. 그러나 막리지가 홀로 힘써 여

✤양견楊堅: 수隋나라를 세운 문제文帝. 처음에 북주北周(557~581)를 섬겨 상국相國이 되었다가 임금을 죽이고 수나라를 세웠다.
✽정주定州: 지금의 하북성 정주시定州市.
✽요택遼澤: 황하의 북류北流 왼쪽 지역左岸에 있었다. 지금의 북경 동남에 있는 천진 일대이다.
✤고성高成: 27세 영류제(618~642)의 이름. 휘는 건무建武. 26세 영양제의 이복 형제. 영류제는 수와의 전쟁 이래 계속되어 온 중국과의 적대 관계를 청산하고자 새 왕조인 당에 대해 우호 정책을 폈다.
✽막리지: 고구려 때 군사와 정치를 총리總理하던 관직명.

高句麗

러 사람의 의견을 물리치고, 남쪽은 지키고 북쪽을 치는 계책※을 강하게 고수하여 여러 번 이해를 따져 말하므로, 이를 따르게 되었다.

연개소문의 강렬한 주체 정신

及高成이 即位하사 盡棄前帝之遺法하시고 遣唐求老子像하사 使國人으로
聽講道德經하시고 又動衆數十萬하사 築長城하시니 自扶餘縣으로 至南海府히
千有餘里라. 時에 西部大人淵蓋蘇文이 請罷講道敎하고 又以停長城之役으로
極陳利害로대 帝甚不悅하사 奪蘇文之兵하시고 命監築長城之役하사
密與諸大人으로 議誅滅之하시니라.

역주 고성(27세 영류제)이 즉위하자 이전의 열제들이 남긴 법을 모두 버리고 당에 사신을 보내어 노자상老子像을 구해 와서 나라 사람으로 하여금 노자『도덕경』강론을 듣게 하셨다. 또 무리 수십만을 동원하시어 장성을 쌓는데 부여현에서 남해부※까지 그 거리가 천여 리였다.

이때에 서부대인西部大人 연개소문이 도교 강론을 그만두도록 청원하고, 또 장성 쌓는 일을 중지시키도록 이해를 따져 간절히 아뢰었다.

그러나 임금이 매우 언짢게 생각하여 연개소문의 군사를 빼앗고, 장성 쌓는 일을 감독하라고 명하셨다. 그리고 비밀리에 여러 대인大人과 함께 연개소문을 주멸하려고 의논하셨다.

蘇文이 先得聞知하고 乃嘆曰 豈有身死而國全之理乎아 事急矣오
時不可失也라 하고 悉集部兵하야 若將閱武者하고 盛陳酒饌하야 召諸大臣하야
共臨視之하니 皆至라. 蘇文이 勵聲曰 門近虎狼而不救하고 反欲殺我乎아 하고
遂除之라 帝聞變而微服潛逃하사 至松壤而下詔招募이시나
國人이 無一人至者라 自不勝愧汗하사 遂自殞碎而崩하시니라.

※ **남수북벌南守北伐**: 남쪽, 즉 백제·신라 쪽은 방어만 하고 북쪽, 즉 중국 지역을 공격하는 고구려 국방·외교의 기본 정책. 엄밀한 의미에서 남수북벌이 아니라 남수서벌이라 해야 옳다. 신채호에 의하면 고구려는 국초 이래 한반도 쪽은 지키기만 하고 서쪽의 중국 대륙으로 뻗어나가는 정책을 시행했는데, 장수제에 이르러 서수남진西守南進정책으로 바뀌었다는 것이다. 신채호는 후일 서수남진파를 쿠데타로 실각시키거나 살해하고 대對 중국 강경 노선을 채택한 연개소문을 높게 평가하였다(신채호,『조선상고사』).

※ **부여현에서 남해부**: 부여현은 길림성에 있는 부여현(하얼빈과 장춘 사이)이고, 남해부는 발해 때 오경 五京의 하나인 남경 남해부가 있던 곳으로 지금의 요령성에 있는 해성海城이다.

역주 연개소문이 이 일을 먼저 전해 듣고 탄식하며 말하기를, "어찌 몸이 죽고 나서 나라가 온전히 보존될 수 있겠는가? 일이 급박하니 때를 놓쳐서는 안 되리라" 하고, 휘하 군사를 모두 모아 장차 열병할 것처럼 하였다. 그리고 술과 음식을 많이 차리고 여러 대신大臣을 불러 함께 열병식을 보자고 하니 모두 참석하였다.

이때 연개소문이 큰 소리로 말하기를, "범과 이리가 문 가까이 왔거늘, 나를 구하기는커녕 도리어 죽이려 하는가?" 하고, 마침내 그들을 모두 제거해 버렸다.

임금이 변고를 전해 듣고 평복으로 몰래 달아나다가 송양松壤*에 이르러 조칙을 내려 병사를 모집하셨으나, 나라 사람이 한 명도 오지 않았다. 이에 부끄러움을 이기지 못하고 스스로 목숨을 끊어 붕어하시고 말았다.

연개소문의 생애와 대인의 풍모

> 朝代記에 曰「淵蓋蘇文은 一云蓋金이니 姓은 淵氏오 其先은 鳳城人也라
> 父曰太祚오 祖曰子遊오 曾祖曰廣이니 並爲莫離支라」
> 弘武十四年五月十日에 生하고 年九歲에 選爲皂衣仙人하니 儀表雄偉하고
> 意氣豪逸하야 每與軍伍로 列薪而臥하고 手瓠而飮하며 群焉而盡己하고
> 混焉而辨微하야 賞賜를 必分給하며 誠信周護하야 有推心置腹之雅量하며
> 至有緯地經天之才하니 人皆感服하야 無一人異懷者也러라.

역주 『조대기朝代記』에 이렇게 기록되어 있다.

연개소문[13]은 일명 개금蓋金이라고도 한다. 성은 연씨淵氏이고, 선조는 봉성鳳城 사람이다. 아버지의 이름은 태조太祚이고, 할아버지는 자유子遊, 증조부는 광廣인데 모두 막리지를 지냈다.

연개소문은 홍무 14년(26세 영양제, 단기 2936, 603) 5월 10일에 태어났고 아홉 살에 조의선인에 뽑혔다. 몸가짐이 웅장하고 훌륭하였고, 의기가 장하고 호탕했다. 늘 병사들과 함께 섶에 나란히 누워 자고, 손수 표주박으로 물을 떠 마셨다. 무리 속에 섞여 있어도 자신이 최선을 다하고, 일이 혼란하게 얽혀 있어도 미세한 것까지 분별해 내었다. 하사 받은 상은 반드시 나누어 주고, 정성과 믿음으로 두루 보호하고, 상대방의 진심 어린 마음을 헤아려서 거두어 품어 주는 아량이 있었다. 또한 온 천하를 잘 계획하여 다스리는 재주가 있었다. 그러므로 모든 사람이 다 감복하여 딴 마음을 품는 자가 한 사람도 없었다.

✱송양松壤: 고주몽성제 2년에 이곳을 점령하여 다물도多勿都로 삼았다.

然이나 用法嚴明하야 貴賤一律하고 若有犯者면 一無假借하며 雖當大難이라도 少不驚心하며 與唐使酬言호대 亦不屈志하야 常以自族陰害로 爲小人하며 能敵唐人으로 爲英雄이라 喜焉而下賤可近이오 怒焉而權貴俱慴하니 眞一世之快傑也니라 自言 生於水中하야 能潛泳竟日이라도 尤健不疲라 하니 衆이 咸驚伏地하야 羅拜曰 滄海龍神이 復爲化身矣라 하니라 蘇文이 旣放高成帝하고 與衆으로 共迎高臧하니 是爲寶臧帝시니라 蘇文이 旣得志에 行萬法爲公之道하야 成己自由하고 開物平等하며 三忽爲佺하고 皂衣有律하니라.

역주 그러나 법을 운용할 때는 엄격하고 명백히 하여 귀천을 가리지 않고 한결같이 다스렸다. 만약 법을 어기는 자가 있으면 누구라도 용서하지 않았다. 비록 큰 어려움을 당하더라도 조금도 놀라지 않고, 당나라 사신과 말을 나눌 때에도 자기 뜻을 굽히지 않았다. 항상 자기 겨레를 음해하는 자를 소인이라 여기고, 당나라 사람을 능히 대적하는 자를 영웅으로 여겼다. 기뻐할 때는 신분이 낮고 미천한 사람도 가까이 할 수 있지만, 노하면 권세 있고 부귀한 자도 모두 두려워하니 진실로 일세를 풍미한 시원스러운 호걸이었다.

연개소문이 스스로 말하기를, "물 속에서 태어나서 종일 물에 잠겨 헤엄쳐도 더욱 기력이 솟고 피로한 줄 모른다" 하니, 무리가 모두 놀라서 땅에 엎드려 절하며, "창해滄海의 용신龍神이 다시 화신化身하였다"라고 말하였다.

연개소문이 고성제(27세 영류제)를 내쫓고 무리와 함께 고장高臧을 맞이하였다. 이분이 보장제寶臧帝(28세, 단기 2975, 642~단기 3001, 668)이시다.

연개소문이 드디어 뜻을 이루자, 모든 법을 공정무사한 대도로 집행하였다. 이로써 **자신을 성취하여 스스로 자신의 주인이 되고**[成己自由], **만물의 이치를 깨쳐 차별이 없게**[開物平等] 되었다. 또한 세 마을[三忽]에 전佺을 두고 **조의선인**皂衣仙人들에게 계율을 지키게 하였다.

고조선 땅 회복을 위한 외교 정책

注力國防하야 備唐甚盛할새 先與百濟上佐平으로 俱存入義하며 又請新羅使金春秋하야 舘於私邸曰 唐人이 多悖逆하야 近於禽獸하니 請吾子하노니 須忘私仇하고 自今三國이 叙族合力하야 直屠長安이면 唐醜를

其可擒也라 戰勝之後에 仍舊地而聯政하야 仁義共治오 而約相勿侵하야
기가금야 전승지후 잉구지이연정 인의공치 이약상물침

爲永久遵守之計가 何如오 勸再三호대 春秋가 終不聽하니 惜哉로다.
위영구준수지계 하여 권재삼 춘추 종불청 석재

역주 연개소문은 국방에도 힘써 당나라가 강성해지는 것에 대비하였다. 먼저 백제 상좌평上佐平*과 함께 양국이 병존할 수 있는 방안을 세웠다. 또 신라 사신 김춘추를 청하여 자신의 집에 머무르게 하고 이렇게 말했다.

"당나라 사람들은 도의에 어긋나고 불순하여 짐승에 가깝소. 그대에게 청하노니, 모름지기 사사로운 원한은 잊어버리고 이제부터 핏줄이 같은 우리 삼국 겨레가 힘을 모아 곧장 장안을 무찌른다면, 당나라 괴수를 사로잡을 수 있을 것이오. 승리한 후에는 우리 옛 영토에 연합 정권을 세워 함께 인의仁義로 다스리고, 서로 침략하지 않기로 약속하여 그것을 영구히 지켜 나갈 계책으로 삼는 것이 어떠하겠소?"

이렇게 두 번, 세 번 권유하였으나, 김춘추가 끝내 듣지 않았으니[14] 참으로 안타까운 일이다.

당 태종 이세민의 대침략

開化四年에 唐主李世民이 謂群臣曰 遼東은 本諸夏之地어늘
개화사년 당주이세민 위군신왈 요동 본제하지지

隋氏가 四出師而不能得하니 予今出兵은 欲爲報諸夏子弟之讐라 하고
수씨 사출사이불능득 여금출병 욕위보제하자제지수

世民이 親佩弓矢하고 率李世勣·程名振等數十萬하야 到遼澤하니
세민 친패궁시 솔이세적 정명진등수십만 도요택

泥淖二百餘里에 人馬가 不可通이라 都尉馬文擧가 策馬奔擊하야 旣合戰이러니
이뇨이백여리 인마 불가통 도위마문거 책마분격 기합전

行軍摠管張君乂가 大敗하니 李道宗이 收散軍하고 世民이 自將數百騎하야
행군총관장군차 대패 이도종 수산군 세민 자장수백기

與世勣으로 會하야 攻白岩城西南하니 城主孫代音이 詐遣請降이나
여세적 회 공백암성서남 성주손대음 사견청항

而實은 欲乘隙反擊이라.
이실 욕승극반격

역주 개화開化 4년(28세 보장제, 단기 2978, 645)에, 당나라 왕 이세민[15]이 여러 신하에게 말했다.

"요동은 본래 우리 중국 땅[16]이다. 수나라가 네 번이나 군사를 일으켰으나 그곳을 얻지 못하였다. 내가 이제 출병하여 우리 자제子弟들의 원수를 갚고자 하노라."

이에 세민이 친히 활과 화살을 메고 이세적李世勣▨, 정명진程名振 등 수십만을 거느

---

* 백제의 상좌평上佐平: 성충成忠(?~656)을 말함. 좌평은 백제의 16관등 중 제1품 관직.

▨ 이세적李世勣(594~669): 당나라의 장수. 본성은 서徐. 일찍이 수나라 군웅 가운데 한 사람인 이밀李密의 부하로 있다가 당나라에 망명하였다. 당고조의 신임을 얻어 여주총관黎州摠管이 되고 영국공英國公에 봉해졌으며 이李씨 성을 하사 받았다. 이정李靖과 함께 당 태종 때 무장의 쌍벽이라 불린다.

高句麗

리고 요택遼澤에 이르렀다. 진창이 200여 리나 되어 인마人馬가 통과할 수 없었다. 도위都尉 마문거馬文擧가 채찍으로 말을 치며 돌진하여 맞붙어 싸웠고, 행군총관 장군차張君乂가 대패하니 이도종李道宗이 흩어진 군사를 수습하였다.

세민이 스스로 수백 기병을 거느리고 세적과 합세하여 백암성白岩城* 서남쪽을 공격하였다. 성주 손대음孫代音이 거짓으로 사람을 보내 항복을 청하였으나 실은 빈틈을 타서 반격하려는 것이었다.

> 世民이 至安市城하야 先自唐山으로 進兵攻之라 北部褥薩高延壽와
> 南部褥薩高惠眞이 率官兵과 及靺鞨兵十五萬하야 引至直前하고
> 連安市爲壘하야 據高山之險하며 食城中之粟하야 縱兵掠其軍馬하니
> 唐奴不敢犯이오 欲歸나 則泥淖爲阻하야 坐困必敗라
> 延壽가 引軍直前以進하니 料去安市四十里라 遣人하야 問於對盧高正義하니
> 以其年老習事也라 正義曰 世民이 內芟群雄하야 化家爲國하니 亦不凡常이라
> 今據全唐之兵而來하니 其銳를 不可輕也라

역주 세민이 안시성에 이르러 먼저 당산唐山으로부터 군사를 진격시켜 공격하였다. 북부 욕살* 고연수高延壽와 남부 욕살 고혜진高惠眞이 관병과 말갈 군사 15만을 거느리고 안시성*에 도착하여, 주저없이 바로 앞으로 나아가 안시성과 연결되는 보루(작은 성)를 쌓고 높은 산의 험준한 곳을 차지하였다. 성중의 곡식을 먹으면서 군사를 풀어 당나라 군마를 빼앗았다. 당나라 군사가 감히 덤벼들지 못하고, 돌아가려 해도 진창에 가로막혀 그냥 주저앉아 괴로워하며 패할 수밖에 없었다.

연수가 군사를 이끌고 곧장 전진하여 안시성과 40리쯤 떨어진 곳에 이르러 사람을 보내어 대로對盧 고정의高正義에게 대책을 물었다. 이는 고정의가 연륜이 깊어 일처리에 능숙하기 때문이었다.

정의가 대답하였다. "세민이 안으로 군웅群雄을 제거하고 나라를 차지하였으니

---

* **백암성白岩城**: 갈석산 밑에 있고, 당나라 때는 암주嵒州라 하였다.
* **욕살褥薩**: 고구려의 지방장관. 이 기사는 『삼국사기』의 기록과 비슷하지만, 『삼국사기』에서는 고연수·고혜진의 군사가 패했다고 한 데 반하여, 본서에서는 승리한 것으로 기록했다.
* **안시성安市城**: 지금의 하북성 개평부 동북쪽으로 70리쯤 가면 천령天嶺 또는 천산天山이라 불리는 언저리에 탕지보湯池堡가 있는데 이곳이 고구려의 안시성이다. 학계에서는 요령성의 해성海城 남쪽에 있는 영성자英城子로 추정하고 있으나, 조선시대 실학사상가 연암 박지원의 『열하일기熱河日記』에도 "이른바 옛 안시성은 개평현開平縣 동북 70리에 있다"라고 하였다. 이 개평현을 지금의 요동반도에 있는 개평蓋平으로 아는 것은 잘못이다.

역시 범상한 인물이 아니오. 지금 모든 당나라 군사를 이끌고 왔으니 그 예봉銳鋒을 가벼이 여겨서는 안 되오.

```
위오계자       막약돈병부전      광일지구      분견기병       단기양도
爲吾計者는 莫若頓兵不戰하고 曠日持久하야 分遣奇兵하야 斷其糧道니
양도기진        구전부득      욕귀무로      내가승야
糧道旣盡이면 求戰不得이오 欲歸無路리니 乃可勝也라.
연수      종기계       적래즉거       적거즉지      우견기병
延壽가 從其計하야 賊來則拒하고 賊去則止하며 又遣奇兵하야
분탈양로       세민   백계유지이회   면종이내위      삭견음습함렬
焚奪糧路하니 世民이 百計誘之以賄나 面從而內違하야 數遣陰襲陷裂하니
적지사상    혹다
賊之死傷이 酷多라.
```

역주 우리 계책은 병력을 움직이지 말고 싸우지 않으며, 여러 날을 끌면서 기습 부대를 나누어 보내 군량을 운반하는 길을 끊는 것이 가장 좋소. 양식이 다 떨어지면 싸울래야 싸울 수 없고 돌아가려 해도 길이 없을 것이니, 반드시 이길 것이오."

연수가 그 계책을 좇아 적이 오면 막고, 물러가면 움직이지 않았다. 또 기습 부대를 보내어 군량을 불태우고 빼앗았다.

세민이 온갖 계략으로 뇌물까지 쓰며 꾀었으나, 겉으로 따르는 척하고 속으로 거부하여 자주 군사를 내어 몰래 습격하고 함락시켜 흩어지게 하니 적군의 사상자가 매우 많았다.

```
연수등      여말갈   합병위진      지구작전
延壽等이 與靺鞨로 合兵爲陣하고 持久作戰이라가
일야표변       급습전격      세민    기피위박      시유구색
一夜豹變하야 急襲電擊하니 世民이 幾被圍迫하야 始有懼色이라
세민     우부견사       회재보      위연수왈 아이귀국강신    시기군상고
世民이 又復遣使하야 懷財寶하고 謂延壽曰 我以貴國强臣이 弑其君上故로
내문죄      지어교전     입귀경
來問罪오 至於交戰하야 入貴境에
추속      불급고       간유분략기처이이   사귀국수례납교즉필복의
蒭粟이 不給故로 間有焚掠幾處而已오 俟貴國修禮納交則必復矣라 한대
```

역주 연수 등이 말갈병과 더불어 함께 진을 치고 지구전을 펴다가, 어느날 밤 돌변하여 번개같이 습격하니, 거의 포위를 당하게 된 세민이 비로소 두려운 빛을 보였다.

세민이 다시 사자를 보내어 재물과 보화로 달래며 연수에게 이렇게 말했다.

"나는 귀국貴國의 힘 있는 신하(연개소문)가 임금을 시해하였기로 이렇게 와서 죄를 묻는 것이다. 이제 귀국에 들어와 전쟁을 하는데 말 먹일 꼴과 식량을 공급할 수 없어 몇 곳을 불태우고 노략질을 했을 뿐이다. 귀국이 예를 갖추어 수교를 기다린다면 반드시 돌아갈 것이다."

延壽曰 諾다 退貴兵三十里則吾將見帝矣리라 然이나 莫離支는
爲國柱石이오 軍法自在하니 不須多言이오 汝君世民은 廢父弒兄하고
淫納弟妃하니 此可問罪也라 以此傳之어다
於是에 四遣督察하야 益加守備하고 依山自固하야 乘虛奇襲하니
世民이 百計無術하야 痛恨遼東出兵之不利나 而已悔無及焉이러라.

역주 이에 연수가 말하였다.

"좋다. 그대들 군사가 30리를 물러난다면 내가 장차 우리 황제(보장제)를 만나 뵈리라. 그러나 막리지는 우리나라의 주석柱石이고, 군법이 있으니 여러 말이 필요 없다. 너희 임금 세민은 아버지를 폐하고 형을 죽이고, 음란하게도 아우의 아내를 취하였으니 이것이야말로 가히 죄를 물을 만하다.* 이대로 전하여라."

이에 사방으로 감찰관을 보내어 수비에 더욱 힘쓰게 하고, 산을 의지해 스스로 견고히 하고 적의 허점을 틈타 기습하였다.

세민이 온갖 꾀를 다 내어 보아도 아무 방법이 없었다. 요동으로 출병하여 전쟁에 진 것을 몹시 한탄하였으나, 후회해도 소용이 없었다.

柳公權小說에 曰「六軍이 爲高句麗所乘하야 殆將不振하고
候者告英公之麾가 黑旗被圍라 한대 世民이 大恐이라」하니 雖終自脫이나
而危懼如彼어늘 新舊唐書와 及司馬公通鑑에 不言者는 豈非爲國諱恥乎아.
李世勣이 言於世民曰 建安은 在南하고 安市는 在北하니 吾軍糧을
早已失輸遼東今昌黎이어늘 今踰安市而攻建安이라가 若高句麗가
斷其輸送이면 勢必窮矣리니 不若先攻安市니 安市下則鼓行而取建安耳로이다.

역주 류공권柳公權*의 소설에, "당나라의 6군六軍은 고구려가 세를 타게 되자 장수들이 전공을 떨치지 못하였고, 척후병이 와서 영공英公(이세적)의 군기가 흑기黑旗에 포위당했다고 보고하니, 세민이 크게 두려워하였다"라고 쓰여 있다.

이세민이 비록 끝내 탈출하였으나 위태롭고 두려워함이 이러하였던 것이다. 『신·

✱당나라 건국 초기에 왕실에서 치열한 왕위 쟁탈전이 벌어졌다. 이세민은 '현무문의 변'을 일으켜 형 건성과 아우 원길을 죽이고, 아버지 이연(고조)을 왕위에서 몰아내고 자신이 등극(2세 태종)하였다.
✱류공권柳公權(1132~1196): 고려 중기의 명신. 자는 정평正平. 시호는 문간文簡. 문학과 서예에 능했다.
▨흑기: 흑색 깃발은 고구려의 군기. 흑黑은 검은색이니 '검'은 신성神聖을 상징한다. 당군은 붉은 깃발[赤旗]. 수극화水克火의 이치가 담겨 있다.

구당서新舊唐書*와 사마공司馬公의 『통감通鑑*』에 이러한 사실을 적지 않은 것은, 어찌 자기 나라를 위해서 수치스런 일을 숨기려 한 것[爲國諱恥]이 아니겠는가?

이세적이 세민에게 말하기를,

"건안建安*은 남쪽에 있고 안시는 북쪽에 있습니다. 아군의 군량은 이미 요동(지금의 창려)으로 수송할 길을 잃었습니다. 지금 안시를 넘어 건안을 치다가 만약 고구려가 군량을 수송하는 길을 끊는다면 대세가 반드시 궁하게 될 것이니 먼저 안시를 치는 것만 못할 것입니다. 안시가 함락되면 북을 두드리며 여유있게 가서 건안을 빼앗으면 될 것입니다"라고 하였다.

安市城人이 望見世民旗蓋하고 輒乘城鼓譟하야 唾罵世民하고 數其罪目하야
以告于衆하니 世民이 怒氣極甚하야 以爲陷城之日에 男女를 盡坑之라 하니
安市城人이 聞之하고 益堅守하야 攻之不下러라. 時에 張亮兵이 在沙卑城이나
而欲召之未果하야 低回失機하고 張亮이 將移兵하야 襲烏骨城이라가
反爲官兵所敗라 李道宗이 亦在遭險不振하니 於是에 唐奴諸將이
議自相歧하야 世勣은 獨以爲高句麗가 傾國救安市하니
不若捨安市而直擣平壤이라 하고

역주 안시성 사람들이 멀리서 세민의 깃발과 일산을 바라보고, 성에 올라 북을 치고 고함을 질렀다. 침을 뱉으며 세민을 욕하고 죄목을 하나하나 짚어가며 군중에게 고하니 세민이 노기가 극도에 달하여, 성이 함락되는 날에는 남녀 모두 생매장시킬 것이라 하였다. 안시성 사람들이 이 말을 듣고 더욱 굳건히 지키므로 공격을 해도 함락되지 않았다.

이때에 수군 제독 장량張亮*의 군사는 사비성沙卑城*에 있었는데 그들을 부르려다 시행하지 못하고 망설이는 사이에 기회를 잃고 말았다. 장량은 병력을 이동시켜 오골성烏骨城*을 습격하려 하였으나 오히려 관병에게 패하고 말았다.

* **신·구당서新舊唐書**: 『신당서新唐書』와 『구당서舊唐書』로, 당나라의 역사를 기록한 책. 후진後晉 때 유향劉昫·장소원張昭遠이 『구당서』(200권)를 완성하였고, 송宋의 구양수歐陽修 등이 개수改修하여 『신당서』를 지었다. 『구당서』「지리지」와 「동이열전」에 삼국에 관한 기록이 있다.
* **통감通鑑**: 『자치통감資治通鑑』을 말함. 송宋의 사마광이 쓴 편년체 역사책. 주周나라 위열왕威烈王부터 후주後周 세종世宗에 이르기까지 1,362년 간의 사적을 기록하였다.
* **건안성**: 안시성 남쪽 70리에 위치. 지금의 하북성 당산唐山의 남쪽 경계에 있었다.
* **장량張亮**: 당나라 때 영양榮陽 사람. 형부상서刑部尙書에 오름.
* **사비성**: 비사성卑沙城·비도성卑屠城이라고도 하며, 지금의 요동반도 끝, 대련만 북안에 있었다.
* **오골성**: 지금의 요령성 봉성현鳳城縣으로 비정된다.

이도종李道宗* 역시 험준한 길을 만나 군세를 떨치지 못했다. 상황이 여기에 이르자 당나라 여러 장수의 의견이 서로 갈라졌다. 세적은 홀로, '고구려는 나라의 온 힘을 기울여 안시성을 구하려 하니, 안시를 버리고 곧장 평양을 치는 것만 못하다'고 생각하였다.

> 長孫無忌가 以爲天子親征은 異於諸將하야 不可乘危徼幸이니
> 今建安新城之敵衆이 數十萬이오 高延壽所率靺鞨이 亦數十萬이니
> 國內城兵이 若又回烏骨城하야 而遮樂浪諸路之險이면 如是則彼勢日盛하야
> 急於迫圍오 而我翫敵이라가 悔無及焉하리니 不如先攻安市하고
> 次取建安然後에 長驅而進이 此萬全之計也라 하야 未之決이라.
> 安市城主楊萬春이 聞之하고 乘夜深하야 以數百精銳로 縋城而下하니 賊陣이
> 自相踐踏하야 殺傷甚多라 世民이 使李道宗으로 築土山於城東南隅러니
> 官兵이 從城缺出擊하야 遂奪土山하고 塹而守之하야 軍勢益振하니 唐奴諸陣이
> 殆失戰意라 傅伏愛는 以戰敗로 斬하고 道宗以下는 皆徒跣請罪라.

역주 장손무기長孫無忌*는 이렇게 생각하였다. '천자가 친히 정벌에 나섬은 장수들과는 달리 위험을 무릅쓰고 요행을 바라서는 안 된다. 지금 건안建安·신성新城에 있는 적군의 무리가 수십만이요, 고연수가 거느린 말갈 군사 또한 수십만이다. 만약 국내성 군사가 오골성을 돌아서 낙랑*의 모든 길의 험한 곳을 차단한다면, 적의 기세가 날로 강성해져 우리를 포위하고 압박하여 급하게 될 것이다. 우리가 적을 갖고 놀려고 하다가는 뉘우쳐도 소용없을 것이다. 먼저 안시를 공격하고 다음에 건안을 취하는 것만 못할 것이다. 그 다음에 멀리 적을 몰아 쫓으며 진격하는 것이 만전의 계책이다.' 이 문제가 아직 결론이 나지 않았는데, 안시성주 양만춘이 그 사정을 듣고 야밤을 틈타 수백 명의 정예 군사를 거느리고 성에서 줄을 타고 내려가 공격하였다. 적진에서는 서로 짓밟혀 죽고 상처를 입은 자가 매우 많았다.

세민이 이도종을 시켜 성의 동남쪽 모퉁이에 흙으로 산을 쌓게 하였는데 우리 군사가 성 한 귀퉁이가 무너진 곳으로 나와 쳐서 드디어 토산을 빼앗았다. 거기에 참

---

*이도종李道宗: 자는 승범承範. 강하군왕江夏君王에 봉해짐. 예부상서禮部尙書에 오름.
*장손무기長孫無忌: 낙양 사람으로 자字는 보기輔機. 당 태종의 왕비 문덕황후의 오빠로서 당 태종의 총애를 받았다.
*낙랑: 지금의 하북성 동북부 지역으로. 고대에 중국과 (배달)조선 간에 군사적 충돌이 가장 잦았던 곳이다.

호를 만들어 지키니 군세를 더욱 떨쳤다. 이리하여 당나라 모든 진영은 싸울 생각을 거의 잃어버렸다. 부복애傅伏愛는 패전 책임으로 참수당하고, 도종과 그 부하들은 모두 맨발로 나아가 죄를 인정하고 처벌을 기다렸다.

> 莫離支가 率數百騎하고 巡駐灤坡하야 詳問情形이오 遣命摠攻四擊할새 延壽等은 與靺鞨로 夾攻하고 楊萬春은 登城督戰하니 士氣益奮하야 無不一當百矣라 世民이 憤不自勝하야 敢出決戰이나 楊萬春이 乃呼聲張弓하야 世民이 出陣이라가 矢浮半空하니 遂爲所中하야 左目沒焉이라 世民이 窮無所措하야 從間逃遁할새 命世勣道宗하야 將步騎數萬하야 爲殿하니 遼澤泥淖하야 軍馬難行이라 命無忌하야 將萬人하야 剪草塡道하고 水深處는 以車爲梁하고 世民이 自繫薪於馬鞘하야 以助役하니라 冬十月에 至蒲吾渠하야 駐馬하고 督塡道하며 諸軍이 渡渤錯水할새 暴風雪이 占濕하야 士卒이 多死者어늘 使燃火於道하야 以待之라.

역주 막리지(연개소문)가 기마병 수백을 거느리고 순시하다가 난하灤河 언덕에서 멈추고 전황을 자세히 물은 뒤에, 사방에서 총공격하라고 명하였다. 연수 등이 말갈 군사와 함께 양쪽에서 협공하고, 양만춘이 성에 올라 싸움을 독려하니 사기가 더욱 높아져서, 하나가 백을 당하는 용맹을 보이지 않는 자가 없었다.

세민이 스스로 울분을 참지 못하고 감히 나서서 결판을 내려 하였다. 이때 양만춘이 소리를 지르며 활시위를 팽팽하게 당겼다. 세민이 진을 나서다가, 공중을 가르며 날아온 화살에 적중되어 왼쪽 눈이 빠져 버렸다.

세민이 어찌 할 바를 모르고 군사들 틈에 끼어 달아나며, 세적과 도종에게 명하여 보병·기병 수만 명을 거느리고 후군으로 따르게 하였다.

요택에 이르자 진창 때문에 군마의 행군이 어려워 장손무기에게 명하여 1만 명을 거느리고 풀을 베어서 길을 메우고 물이 깊은 곳은 수레로 다리를 만들게 하였다. 세민 자신도 스스로 말채찍으로 땔나무를 묶어 일을 도왔다.

겨울 10월에, 포오거蒲吾渠*에 이르러 말을 쉬게 하고 길 메우는 일을 독려하였다.

모든 군사가 발착수渤錯水를 건널 때에 거센 눈보라가 몰아쳐 군사들을 적시니 죽는 자가 많았다. 이에 길에 불을 피우게 하고 기다렸다.

---

*포오거蒲吾渠: 『삼국사기』 보장왕 4년 조에서는 포오거를 포구蒲溝라 하였다. 하북성 평산현平山縣 서쪽에 있다(『중국 역대 지명 대사전』).

時에 莫離支淵蓋蘇文이 乘勝長驅하야 追之甚急하니 鄒定國은 自赤峰으로
至河間縣하고 楊萬春은 直向新城하야 軍勢大振하니 唐奴多棄甲兵而走하야
方渡易水라 時에 莫離支가 命延壽하야 改築桶道城하니 今高麗鎭也라
又分遣諸軍하야 一軍은 守遼東城하니 今昌黎也오 一軍은 跟隨世民하고
一軍은 守上谷하니 今大同府也라.
於是에 世民이 窮無所措하야 乃遣人乞降하니 莫離支가
率定國萬春等數萬騎하야 盛陳儀仗하고 鼓吹前導하야 入城長安하야
與世民으로 約하니 山西·河北·山東·江左가 悉屬於我라.

역주 이때 막리지 연개소문이 싸움에 이긴 김에 계속 휘몰아쳐서 급히 이들을 뒤쫓았다. 추정국鄒定國은 적봉赤峰에서 하간현河間縣에 이르고, 양만춘은 곧바로 신성新城을 향하며 군세를 크게 떨쳤다. 많은 당나라 군사가 갑옷과 무기를 버리고 달아나, 바야흐로 역수易水*를 건너려 하였다.

이때 막리지가 연수에게 명하여 용도성桶道城*을 개축하게 하였는데, 용도성은 지금의 고려진이다. 또 전군을 나누어 보내되, 일군은 요동성을 지키게 하니 그곳은 지금의 창려昌黎*이고, 일군은 세민의 뒤를 바짝 쫓게 하고, 또 일군은 상곡上谷▨을 지키게 하니 상곡은 지금의 대동부大同府이다.

이에 세민이 궁지에 몰려 어찌할 바를 모르고 사람을 보내어 항복을 받아 달라고 애걸하였다. 막리지가 정국, 만춘 등의 기병 수만을 거느리고 성대하게 의장을 갖추어 북 치고 나팔 부는 군악대를 앞세우고 장안에 입성하였다. 세민과 더불어 약정約定하여, 산서성·하북성·산동성·강좌江左*가 모두 고구려에 속하게 되었다.

중국 본토까지 뻗었던 백제, 신라의 영토

先是에 高句麗가 與百濟로 外競俱存하니 遼西地에
有百濟所領曰遼西晉平이오 江南에 有越州하니 其屬縣은 一曰山陰이오

✴역수易水: 중역中易·북역北易·남역南易 세 갈래로 나뉘어 있다. 모두 지금의 하북성 역현易縣 경계에서 흘러나온다.

✴용도성埇道城: 고려진高麗鎭으로 곧 '고구려의 진鎭'을 뜻한다. 북경의 안정문安定門 밖 60리에 있었다. 현재는 북경시 순의현에 고려영高麗營이라는 지명으로 뚜렷이 남아 있고 성곽과 해자垓字도 있다.

✴창려昌黎: 지금의 하북성 난하의 동부 연안에 있다.

▨상곡上谷: 지금의 하북성 회래현懷來縣.

✴강좌江左: 지금의 강소성江蘇省 등 양자강 하류 북쪽 지역을 말한다(『중문대사전』 권5).

二曰山越이오 三曰左越이러니 至文咨帝明治十一年十一月하야 攻取越州하고
改署郡縣하니 曰松江·會稽·吳城·左越·山越·泉州오 十二年에
移新羅民於泉州하야 以實之라 是歲에 以百濟不貢으로
遣兵攻取遼西晉平等郡하니 百濟郡이 廢하니라.

역주 이에 앞서 고구려는 백제와 밖에서 서로 경쟁하며 공존하였다.

요서 땅에 백제의 영지가 있었는데, 곧 요서遼西✱·진평晉平[17]이고, 강남에는 월주越州◉가 있었으니, 여기에 소속된 현은 첫째 산음山陰◉, 둘째 산월山越, 셋째 좌월左越이다.

(21세 문자제) 명치 11년(단기 2834, 501) 11월에 이르러, 월주를 쳐서 취하고 군현의 이름을 바꾸어 송강松江◉·회계會稽·오성吳城·좌월·산월·천주泉州◉라 하였다.

명치 12년(단기 2835, 502)에 신라 백성을 천주로 옮겨 그곳을 채웠다. 이해에 백제가 조공을 바치지 아니하므로 군대를 보내어 요서·진평 등의 군郡을 쳐서 빼앗으니 백제군百濟郡이 없어지고 말았다.

王介甫曰 淵蓋蘇文은 非常人也라 하니 果然이로다. 莫離支가 在則高句麗가
與百濟로 俱在하고 莫離支가 去則百濟가 與高句麗로 俱亾하니
莫離支는 亦人傑也哉로다. 莫離支가 臨終에 顧謂男生男建曰
爾兄弟는 愛之如水하라 束箭則強하고 分箭則折하나니
須無忘此將死之言하야 貽笑於天下隣國之人하라
時則開化十六年十月七日也오 墓는 在雲山之九峰山也라.

역주 왕개보王介甫✱가 이렇게 말했다. "연개소문은 범상한 인물이 아니라 하더니 과연 그렇다. 막리지(연개소문)가 살아 있을 때는 고구려와 백제가 함께 건재하였으나, 막리지가 세상을 뜨자 백제와 고구려가 함께 망하였으니, 막리지는 역시 걸출

✱ **요서군**: 중국 본토에 있던 백제 식민지. 요서군은 지금의 하북성 난하(당시의 요수) 서쪽 하북성 일대에 있었고, 약 200년간 백제가 통치하였다.

◉ **월주越州**: 지금의 절강성 소흥현紹興縣.

◉ **산음山陰**: 진秦나라 때 설치한 현으로, 수隋 때 폐하여 회계현會稽縣에 귀속되었다가 지금은 회계현과 함께 절강성 소흥현이 되었다.

◉ **송강松江**: 지금의 상해上海.

◉ **천주泉州**: 지금의 복건성 복주福州 서남쪽. 『진서晉書』 「지리지」에는 진안군晉安郡에 속한 현 가운데 신라현이 명확히 기재되어 있으므로 본문의 이 내용을 입증한다.

✱ **왕개보王介甫**(1021~1086): 당송팔대가唐宋八大家로 꼽히는 송宋나라 때 문필가이자 정치인인 왕안석王安石을 말한다. 자는 개보介甫, 호는 반산半山.

한 인물이로다."

막리지가 임종에 남생男生, 남건男建*을 돌아보며 이렇게 말하였다.

"너희 형제는 사랑하기를 물과 같이 하여라. 화살을 한 데 묶으면 강하고 나누면 꺾어지나니, 부디 이 유언을 잊지 말고 천하 이웃 나라 사람들의 웃음거리가 되지 않도록 하여라."

때는 개화 16년(28세 보장제, 단기 2990, 657) 10월 7일이었다. 묘는 운산의 구봉산에 있다.

요동과 요서의 고구려 영토

高麗鎭은 在北京安定門外六十里許하고
安市城은 在開平府東北七十里하니
今湯池堡오 高麗城은 在河間縣西北十二里하니 皆太祖武烈帝所築也라.

역주 고려진은 북경 안정문安定門 밖 60리쯤에 있다. 안시성은 개평부開平府 동북쪽 70리에 있는데, 지금의 탕지보湯池堡이다.[18]

고려성■은 하간현河間縣 서북쪽 12리에 있다. 모두 태조 무열제(6세, 단기 2386, 53~단기 2479, 146)께서 쌓으신 것이다.

唐樊漢이 有高麗城懷古詩一首하야 傳於世하니 其詩에 曰
僻地城門闢하니 雲林雉堞長이라. 水明留晚照오 沙暗燭星光이라.
疊鼓連雲起하고 新花拂地粧이라. 居然朝市變하야 無復管絃鏘이라.
荊棘黃塵裡오 萬蓬古道傍이라. 輕塵埋翡翠오 荒隴上牛羊이라.
無奈當年事하니 秋聲肅鴈行이라.

역주 당나라 사람 번한樊漢이 「고려성 회고시」 한 수를 지어 세상에 전하니 이러하다.

외진 땅의 성 문은 열리고 구름 숲 속 성 위에 담장은 길게 이어졌네.
물은 맑아 저녁 노을 반짝이고 어둠 깃든 모래 땅엔 별빛이 비치네.
북소리 둥둥 울리니 구름도 따라 일고 새로 핀 고운 꽃은 흙을 털고 단장했네.

＊남건男建: 연개소문의 둘째 아들. 대막리지인 형 남생을 아우 남산男産과 함께 몰아내고 대막리지가 되었다.

■고려성: 고려성에 대한 기록은 『환단고기』의 사료적 가치를 밝히는 중요한 요소이다. 1991년에 현지를 답사한 중국 교포가 『태백일사』의 기록대로 하간현에서 성터를 발견했는데 현지 주민들은 그것이 고려성이라는 것을 생생하게 전했다고 했다.

슬그머니 하루아침에 저자거리로 바뀌어 피리·나팔 소리 다시 들을 길 없어라.
누런 흙먼지 속 무성한 가시나무, 옛 길 가에는 쑥대만 우거져 있네.
무상한 세월의 티끌 아름답던 비취 묻어 버렸고
거친 언덕엔 소와 양이 오르는구나.
화려하던 옛 시절 이미 사라졌는데
깊어 가는 가을 소리에 기러기만 날아가누나.

여수불문　　　추기운이차지　왈
予雖不文이나 追其韻而次之하니 曰
요서상존고성허　　상필명방운조장
遼西尙存古城墟하니 想必名邦運祚長이라.
연수층희다전색　　요하탕양공천광
燕岫層巇多戰色이오 遼河蕩漾共天光이라.
풍림공곡연무태　　선금고수욕제장
風林空谷演舞態하고 仙禽高樹欲啼粧이라.
간모관방일석변　　호매진령문처장
干旄關防一夕變하야 呼賣振鈴聞凄鏘이라.
연량원래진아유　　관병구진음마방
燕凉元來盡我有오 官兵久鎭飮馬傍이라.
영웅부작시사거　　무부구적여구양
英雄不作時事去하니 無復驅敵如驅羊이런가.
금아조고무한의　　위신핵랑만리행
今我吊古無限意를 爲贐核郞萬里行하노라.

역주 내가 비록 글재주는 없으나 그 운韻을 따라 한 수 읊는다.
요서遼西에 옛 성터 아직 남아 있으니
생각컨대 명성 높은 나라의 운수 틀림없이 길었으리.
연나라 험한 산에 전쟁도 많았지만 요하의 도도한 물결은 하늘빛 같네.
바람 불어 나무는 빈 골짜기에서 춤추고
학은 자태를 꾸미며 높은 나무에서 우는구나.
변방 지키던 방패와 깃발 하루저녁에 바뀌어
값을 외치는 장사꾼 방울소리 처량하게 들리네.
연燕(하북·산서)과 양凉(감숙)은 본래 우리 땅이니
관병이 오래도록 지키며 말 먹이던 곳이라.
영웅은 다시 오지 않고 지난 일은 아득하니
양떼 내몰 듯 도둑떼 몰아낼 날 다시 없을런가.
이제 와 옛일 한없이 슬퍼하는 이 내 마음
만 리 길 떠나는 핵랑核郞의 노자路資로나 쓰시게.

요서 지방에 10성을 쌓음

朝代記에 曰「太祖隆武三年에 築遼西十城하사 以備漢하시니 十城은
一曰安市니 在開平府東北七十里오 二曰石城이니 在建安西五十里오
三曰建安이니 在安市南七十里오 四曰建興이니 在灤河西오
五曰遼東이니 在昌黎西南境이오 六曰豐城이니 在安市西北一百里오
七曰韓城이니 在豐城南二百里오 八曰玉田堡니 舊遼東國이니
在韓城西南六十里오 九曰澤城이니 在遼澤西南五十里오 十曰遼澤이니
在黃河北流左岸이라 五年春正月에 又築白巖城桶道城하시니라.」

역주 『조대기朝代記』에 이렇게 기록되어 있다.

태조 융무 3년(6세 태조 무열제, 단기 2388, 55), 요서에 10성을 쌓아 한나라의 침략에 대비하셨다.※ 그 10성은 이러하다.

첫째는 안시성安市城이니, 개평부에서 동북쪽으로 70리 떨어진 곳에 있고, 둘째는 석성石城이니, 건안성에서 서쪽으로 50리 떨어진 곳에 있고, 셋째는 건안성建安城이니, 안시성에서 남쪽으로 70리 떨어진 곳에 있고, 넷째는 건흥성建興城이니, 난하의 서쪽에 있고, 다섯째는 요동성遼東城이니, 창려의 서남쪽 경계에 있고, 여섯째는 풍성豐城이니, 안시성에서 서북쪽으로

요서遼西 10성城의 위치

100리 떨어진 곳에 있고, 일곱째는 한성韓城이니, 풍성에서 남쪽으로 200리 떨어진 곳에 있고, 여덟째는 옥전보玉田堡이니, 옛날의 요동국으로 한성에서 서남쪽으로 60리 떨어진 곳에 있고, 아홉째는 택성澤城이니, 요택성에서 서남쪽으로 50리 떨어진 곳에 있고, 열째는 요택성遼澤城이니, 황하 북류의 왼쪽 언덕에 있다.

※ 고구려 초기의 중국 경략: 태조무열제가 '요서 10성'을 축성한 사실은 『삼국사기』「고구려본기」 태조대왕太祖大王 조에 나오는데 "태조대왕 3년에 요서遼西에 10성을 쌓아 한漢나라의 침입에 대비하였다"라고 기록되어 있다. 그러나 고구려는 그 이전 모본제慕本帝 2년(5세, 49)에 이미 우북평右北平 상곡上谷·태원太原까지 점령하였다(『삼국사기』「고구려본기」 모본왕 조). 이는 고구려가 초기에 이미 한나라의 수도인 낙양 가까이에 있는 태원까지 깊숙이 쳐들어가 점령할 정도로 국력이 강성했음을 단적으로 보여 준다.

융무 5년(단기 2390, 57) 봄 정월에, 또 백암성白岩城과 용도성桶道城을 쌓으셨다.

三韓秘記에 曰「舊志에 云 遼西에 有昌遼縣하니 唐時에 改遼州하고
南有碣石山而其下則白岩城이니 亦唐時所謂岩州가 卽此也라 建安城은
在唐山境內하고 其西南爲開平이오 一云蓋平이니 唐時에 亦稱蓋州가 是也라.」
資治通鑑에 曰「玄菟郡은 在柳城盧龍之間하니 漢書에 馬首山이
在柳城西南이오 唐時에 築土城이라」하니라.

역주 『삼한비기三韓秘記』에 이렇게 기록되어 있다.

「구지舊志」에 말하기를, 요서에 창료현昌遼縣이 있는데, 당나라 때 요주遼州로 고쳤다. 그곳 남쪽에 갈석산碣石山이 있고, 그 아래가 곧 백암성이다. 당나라 때에 암주岩州라 부른 곳이 이곳이다.

건안성은 당산唐山 경계 안에 있고, 그 서남은 개평開平인데 일명 개평蓋平이라 하였으니, 당나라 때 개주蓋州는 이곳이다.

『자치통감資治通鑑』에는 이렇게 기록되어 있다.

현도군은 유성柳城과 노룡盧龍* 사이에 있다. 『한서漢書』에 '마수산馬首山이 유성 서남에 있는데 당나라 때 여기에 토성을 쌓았다'고 하였다.

고구려의 개국 공신 연타발

延佗渤은 卒本人이니 來往於南北曷思而理財致富하야 至累巨萬이라
陰助朱蒙하야 其創基立都之功이 居多라 後에 率衆하야
轉徙九黎河而賈漁鹽之利러니 及高朱蒙聖帝가 伐北沃沮하실새
納穀五千石하고 移都訥見而先自願納하야 招撫流亡하야 以勤王事하니
以功으로 得封於坐原이오 而年八十에 歿하니
時는 平樂十三年丙申春三月也라.

역주 연타발은 졸본 사람이다. 남북 갈사曷思*를 오가면서 이재理財를 잘하여 부자가 되어 엄청난 돈을 모았는데 남 몰래 주몽을 도와 창업의 기틀을 마련하고 도

※ **유성과 노룡**: 유성은 지금의 요령성 조양朝陽이고, 노룡은 지금의 하북성 노룡현盧龍縣이다. 따라서 현도군은 지금의 하북성 난하 동쪽 대릉하 상류 일대에 있었음을 알 수 있다.
※ **남북 갈사**: 북갈사는 만주 우수리강 일대. 남갈사는 혼춘琿春 지방이다.

읍을 세우는 데 큰 공을 세웠다. 뒤에 무리를 이끌고 구려하九黎河로 옮겨 물고기와 소금을 사고 팔아 이익을 얻었다. 고주몽 성제가 북옥저[19]를 칠 때 양곡 5천 석을 바쳤다. 눌견訥見으로 도읍을 옮길 때 연타발이 먼저 양곡을 자원하여 바치고 떠도는 백성을 불러 모아 어루만져 위로하며 임금의 일을 부지런히 도왔다. 그 공덕으로 좌원坐原에 봉토를 얻었다. 여든살에 세상을 떠나니, 때는 평락平樂 13년(단기 2309, BCE 25) 병신년 봄 3월이었다.

백제의 시조와 건국 과정

高朱蒙이 在位時에 嘗言曰 若嫡子琉璃來면 當封爲太子라 하야시늘
召西弩가 慮將不利於二子라 하야 歲庚寅三月에
因人得聞浿帶之地肥物衆하고 南奔至辰番之間近海僻地하니라.
而居之十年에 買田置庄하야 致富累萬하니 遠近이 聞風하고 來附者衆이러니
南至帶水하고 東濱大海하야 半千里之土境이 皆其有也라
遣人致書于朱蒙帝하야 願以內附어늘 帝甚悅而獎之하시고 冊號召西弩하사
爲於瑕羅시라 及至十三年壬寅而薨하고 太子沸流가 立하니 四境이 不附라.

역주 고주몽 성제가 재위하실 때 일찍이 말씀하시기를, "만약 적자 유리가 오면 마땅히 태자로 봉할 것이다"라고 하셨다. 소서노召西弩는 장차 자신의 두 아들(비류와 온조)에게 이롭지 못할 것을 염려하다가, 경인庚寅(단기 2292, BCE 42)년 3월에 사람들에게서 **패대浿帶의 땅**[20]이 기름지고 물자가 풍부하다는 말을 듣고, 남쪽으로 달려가 진辰·번番(옛 진한과 변한) 사이에 있는 바다 가까운 외진 땅에 이르렀다.

그곳에 산 지 10년 만에 밭을 사서 장원을 두고 재산을 모아 수만 금에 이르니 원근에서 소문을 듣고 찾아와 따르는 자가 많았다. 남으로 대수帶水에 이르고 동으로 큰 바다에 닿는, 5백 리 되는 땅이 모두 그의 소유였다.

그리고 주몽제朱蒙帝에게 사람을 보내어 글을 올려, 섬기기를 원한다고 했다. 임금께서 매우 기뻐서 칭찬하시고 소서노를 책봉하여 **어하라**於瑕羅라는 칭호를 내리셨다. (어하라 재위) 13년 임인(단기 2315, BCE 19)년에 이르러 소서노가 세상을 떠나고 태자 비류沸流가 즉위하였다. 그러나 따르는 사람이 없었다.

於是에 馬黎等이 謂溫祚曰 臣이 聞馬韓이 衰敗호 至하니
乃可往立都之時也니이다 溫祚曰 喏다 乃編舟渡海而始抵馬韓彌鄒忽하니

백제의 해외 경략과 통치

行至四野에 空無居人이라 久而得到漢山하야 登負兒岳而望可居之地할새
馬黎烏干等十臣이 曰惟此河南之地는 北帶漢水하고 東據高岳하고
南開沃澤하고 西阻大海하니 此天險地利難得之勢라 宜可都於此오
更不可他求也하소서 한대 溫祚가 從十臣議하야 遂定都于河南慰支城하고
仍稱百濟하니 以百濟來故로 得號也라 後에 沸流가 薨하니
其臣民이 以其地로 歸附하니라.

역주 이때 마려馬黎 등이 온조溫祚에게 이르기를, "신이 듣기로 마한의 쇠망이 임박하였다 하니 가서 도읍을 세울 때라 생각하옵니다" 하니, 온조가 "좋다"라고 하였다. 이에 배를 만들어 바다를 건너 먼저 마한의 미추홀彌鄒忽(지금의 인천 부근)에 이르러 사방을 돌아다녀 보았으나 텅 비어 사는 사람이 없었다.

오랜 뒤에 드디어 한산漢山*에 이르러 부아악負兒岳*에 올라 살 만한 땅을 찾아보았다. 그때 마려馬黎, 오간烏干 등 신하 열 명이 간하였다.

"오직 이곳 하남河南 땅은 북으로 한수漢水를 끼고, 동으로 높은 산이 자리잡고, 남쪽으로 기름진 평야가 열리고, 서쪽은 큰 바다(황해)가 가로막고 있습니다. 이처

* 한산漢山: 지금의 서울 지방.
* 부아악負兒岳: 『동국여지승람』에는 북악산이라 하였다.
▩ 한수漢水: 한강을 말함.

高句麗

럼 천연적으로 험준한 지형과 지리적인 이로움은 얻기가 쉽지 않은 형세이오니, 마땅히 이곳에 도읍을 정하는 것이 옳을 것입니다. 다른 곳을 더 찾지 마옵소서."

온조가 신하 열 명의 의견을 좇아 드디어 하남 위지성慰支城*에 도읍을 정하고, 국호를 백제百濟라 하였다. 백 사람이 건너왔기 때문에 그렇게 부른 것이다. 뒤에 비류가 세상을 떠나자 그 신하와 백성이 그 땅을 바치며 복종했다.

신라의 기원과 박혁거세의 혈통

斯盧始王은 仙桃山聖母之子也라 昔에 有夫餘帝室之女婆蘇가
사로시왕 선도산성모지자야 석 유부여제실지녀파소

不夫而孕하니 爲人所疑하야 自嫩水로 逃至東沃沮하고 又泛舟而南下하야
불부이잉 위인소의 자눈수 도지동옥저 우범주이남하

抵至辰韓奈乙村하니 時에 有蘇伐都利者하야 聞之하고 徃收養於家러니
저지진한나을촌 시 유소벌도리자 문지 왕수양어가

而及年十三에 歧嶷夙成하야 有聖德이라 於是에 辰韓六部가 共尊하야
이급년십삼 기억숙성 유성덕 어시 진한육부 공존

爲居世干하니 立都徐羅伐하고 稱國辰韓이오 亦曰斯盧라.
위거세간 입도서라벌 칭국진한 역왈사로

*하남 위지성: 하남 위례성慰禮城. 그 위치는 고대사에서 오랫동안 풀지 못한 수수께끼였다. 1,500년 동안 잊혀졌던 위지성은 최근 고고학적 발굴을 통해 서울 송파구의 풍납토성으로 밝혀지고 있다.

역주 사로斯盧*의 첫 임금(박혁거세)은 선도산仙桃山 성모聖母의 아들이다. 옛적에 부여 황실의 딸 파소婆蘇[22]가 지아비 없이 잉태하여 남의 의심을 사게 되었다. 이에 눈수嫩水*에서 도망하여 동옥저*에 이르렀다가 또 배를 타고 남쪽으로 내려가 진한辰韓의 나을촌*에 이르렀다.

그때에 소벌도리蘇伐都利*라는 자가 이 소식을 듣고 가서 아이를 집에 데려다 길렀다. 나이 13세가 되자 뛰어나게 총명하고 숙성하며 성덕이 있었다. 이에 진한 6부가 함께 받들어 거세간居世干*이 되었다. 서라벌*에 도읍을 세워 나라 이름을 진한辰韓이라 하였고, 사로라고도 하였다.

왜와 고구려의 관계

任那者는 本在對馬島西北界하니 北阻海하고 有治曰國尾城이오
東西에 各有墟落하야 或貢或叛이러니 後에 對馬二島가 遂爲任那所制故로
自是로 任那는 乃對馬全稱也라
自古로 仇州對馬는 乃三韓分治之地也오 本非倭人世居地라
任那가 又分爲三加羅하니 所謂加羅者는 首邑之稱也라. 自是로 三汗이
相爭하야 歲久不解하니 佐護加羅는 屬新羅하고 仁位加羅는 屬高句麗하고
雞知加羅는 屬百濟가 是也라 永樂十年에 三加羅가 盡歸我하니
自是로 海陸諸倭가 悉統於任那하야 分治十國하니 號爲聯政이라.
然이나 直轄於高句麗하야 非烈帝所命이면 不得自專也니라.

역주 임나[23]는 본래 대마도의 서북 경계에 위치하여 북쪽은 바다에 막혀 있으며, 다스리는 곳을 국미성國尾城이라 했다. 동쪽과 서쪽 각 언덕에 마을이 있어 혹은 조

---

* **사로**斯盧: 신라의 옛 이름.
* **눈수**嫩水: 만주 흑룡강성의 눈강.
* **동옥저**東沃沮: 지금의 함경도와 강원도 일부이다.
* **나을촌**奈乙村: 박혁거세가 처음 나타난 곳.『삼국사기』와『삼국유사』에서는 양산楊山 기슭에 있는 나정蘿井 숲속이라 하였다.
* **소벌도리**: 신라의 시조 박혁거세를 길러 낸 양아버지. 일명 소벌공蘇伐公. 사량부沙梁部 최씨崔氏의 시조이다(『삼국사기』와 경주최씨 족보에는 사량부 최씨 시조로,『삼국유사』에는 사량부沙梁部 정씨鄭氏의 시조로 기록되어 있다). 일찍이 나을촌 백성들은 동해변 산골짜기에 흩어져 여섯 마을을 형성하여 살았는데, 이를 진한辰韓 6부六部라 한다. 소벌도리는 그 중 하나인 돌산 고허촌突山高墟村의 촌장이었다.
* **거세간**: 신라 초의 왕호王號. 시조 박혁거세를 거세간이라 불렀다. 거세간은 고대 진한辰韓 말로 '임금', '귀인貴人'을 뜻하였고, 제사를 맡은 웃어른이라는 뜻도 있다고 한다.

공을 바치고 혹은 배반하였다. 뒤에 대마도㊳ 두 섬이 마침내 임나의 통제를 받게 되어 이때부터 임나는 대마도 전체를 가리키는 이름이 되었다. 옛날부터 **큐슈**仇州**와 대마도는 삼한이 나누어 다스린 땅**으로, 본래 왜인이 대대로 살던 곳이 아니다.

임나가 또 나뉘어 삼가라[24]가 되었는데, 이른바 가라라는 것은 중심이 되는 읍[首邑]을 부르는 이름이다. 이때부터 삼한三汗(삼가라의 왕)이 서로 다투어 오랜 세월이 지나도록 화해하지 못하였다. 좌호가라佐護加羅가 신라에 속하고, 인위가라仁位加羅가 고구려에 속하고, 계지가라雞知加羅가 백제에 속한 것은 이 때문이다.

영락永樂(광개토열제) 10년(단기 2733, 400)에 삼가라가 모두 고구려에게 귀속되었다. 이때부터 **바다와 육지의 여러 왜**倭**를 모두 임나에서 통제하여 열 나라로 나누어 다스리면서 연정**聯政**이**라 했다. 그러나 고구려에서 직접 관할하였으므로 열제의 명령 없이 마음대로 하지는 못하였다.

> 아유타　　삼국유사　　이위서역운　　　이금고제고기즉아유타
> 阿踰陀는 三國遺事에 以爲西域云이나 而今考諸古記則阿踰陀는
> 금섬라운　　　연즉아유타인　혹위대식소침축　　도차이거여
> 今暹羅云하니 然則阿踰陀人이 或爲大寔所侵逐하야 到此而居歟아.
> 이명유기　운　고유백제상　　해왕아유타　　다득재보이귀　　기인
> 李茗留記에 云「古有百濟商하야 海徃阿踰陀하야 多得財寶而歸할새 其人이
> 종아이래왕　일우교밀야　연　　기속　나불관병　　다위인소제
> 從我而來徃하야 日尤交密也라 然이나 其俗이 懦不慣兵하야 多爲人所制라」

역주　아유타阿踰陀*는 『삼국유사』에서 서역西域(인도)이라 하였으나, 이제 모든 고기古記를 살펴보면 아유타는 지금의 섬라暹羅(태국)*이다. 그렇다면 인도의 아유타인이 혹시 대식국大寔國*의 침입을 받고 쫓겨나서 이곳(태국)에 이르러 살게 되었던 것일까?

이명李茗의 『진역유기震域留記』에는 이렇게 기록되어 있다.

옛적에 백제 상인들이 바다로 아유타에 가서 재물과 보화를 많이 싣고 돌아올 때, 그곳 사람도 백제 사람을 따라 왕래하여 날로 교류가 친밀해졌다.[25] 그러나 그 풍속이 겁이 많고 싸움에 익숙하지 않아서 남의 제재를 많이 받았다.

㊳ **대마도**對馬島: 쓰시마라는 이름은 우리말의 '두 섬'에서 유래하였다. 대마도는 배달·단군조선 이래 본래 우리 땅이었다.

* **아유타**阿踰陀: 『태백일사』에서는 섬라, 즉 지금의 태국이라 하였다. 그러나 『삼국유사』에는 서역西域, 즉 인도라 기록하였는데, 이것이 지금까지 통설이 되었다. 지난 1989년에 KBS 방송팀이 가야 시조 김수로왕의 왕비인 아유타국 공주 허황옥이 왔던 길을 추적하여 현지를 답사한 결과, 아유타는 인도 갠지즈 강변에 위치한 아요디야로 밝힌 바 있다(1989년 11월 23일 KBS 1TV 방영).

* **섬라**暹羅: 역사상 『명사明史』에 처음으로 나타난다(『명사』, 「외국열전」 섬라 조). 원음은 시암Siam. 1939년에 태국(타이 Thailand)으로 국호를 변경. 우리나라와는 이미 1393년(조선 태조 2)에 섬라 사신 장사도張思道 등이 와서 공물을 바쳤으나 연산군 이후에는 왕래가 없었다.

※ **대식국**大寔國: 곧 대식국大食國으로, 중동 지방에 있었던 사라센 제국(Saracen 帝國)을 말한다.

신교와 유불선의 정수 집대성 : 다물흥방가

又曰「平壤에 有乙密臺하니 世傳乙密仙人所建也라」
乙密은 安臧帝時에 選爲皁衣하고 有功於國하니 本乙素之後也라
居家에 讀書習射하고 歌詠三神하며 納徒修鍊하고 義勇奉公하니
一世皁衣가 其徒三千이라 所到雲集하야 齊唱多勿興邦之歌하니
因此하야 可鼓其捨身全義之風者耳라 其歌에 曰

역주 또 이렇게 기록되어 있다.

평양에 을밀대乙密臺*가 있는데, 세상에 전하기를 을밀선인*이 세운 것이라 한다.

을밀은 안장제安臧帝(519~531) 때 조의선인으로 뽑혀 나라에 공을 세웠는데, 본래 을소乙素의 후손이다. 을밀은 집에서 글을 읽고 활쏘기를 익히고 **삼신을 노래**하였다. 그리고 무리를 받아들여 수련시키고, 정의와 용기로 나라를 위해 힘을 다하였다. 그리하여 당대에 이름난 조의皁衣가 되었고, 따르는 무리가 3천이었다.

가는 곳마다 이들이 구름처럼 모여서 함께 「다물흥방가」를 불렀다. 이렇게 하여 자신의 몸을 던져 의를 다하는 기풍을 고취하였다. 그 노래는 이러하다.

先去者爲法兮여 後來爲上이로다.
爲法故로 不生不滅이오 爲上故로 無貴無賤이라.
人中天地爲一兮여 心與身이 卽本이로다.
爲一故로 其虛其粗가 是同이오 卽本故로 惟神惟物이 不二로다.
眞爲萬善之極致兮여 神主於一中이로다.
極致故로 三眞歸一이오 一中故로 一神卽三이로다.
天上天下에 惟我自存兮여 多勿其興邦이로다.
自存故로 處無爲之事오 興邦故로 行不言之敎라.

역주 먼저 가신 선령님은 우리 삶의 법이시고
　　　뒤에 오는 후손들은 조상님을 잘 받드네

✽ 을밀대乙密臺 : 평양 금수산錦繡山 마루에 있는 대臺.
✤ 을밀선인乙密仙人 : 고구려 22세 안장열제 때의 조의皁衣. 2세 유리명열제 때의 대신인 을소의 후손.

선령님을 본받음은 그 정신이 불생불멸
후손들 선령 위함 귀천이 어디 있나
사람은 천지 중심 대천지와 하나이니
마음은 몸과 함께 온 우주의 근본일세
사람이 태일 됨에 차고 비나 같은 경계
우주의 근본이라 신과 만물 둘 아니네
참될 진은 온갖 선의 극치에 이름일세
삼신님은 일심중도 만사만물 주장하네
참과 선의 극치에서 세 가지 참 귀일하고
삼신님이 일심에서 삼신일체 창조할새
하늘 아래 온 땅에서 오직 내가 있음이여
옛 땅 옛 혼 다물하니 나라를 부흥하네
스스로 생존함에 함이 없이 일을 하고
나라를 부흥함에 말이 없이 가르치네

진명지대생 성통광명혜 입즉효 출즉충
眞命之大生이 性通光明兮여 入則孝하고 出則忠하라.
광명고 중선 무불봉행 효충고 제악 일체막작
光明故로 衆善을 無不奉行이오 孝忠故로 諸惡을 一切莫作하라.
유민지소의 내국위중혜 무국아하생
惟民之所義는 乃國爲重兮여 無國我何生고
국중고 민유물이위복 아생고 국유혼이위덕
國重故로 民有物而爲福이오 我生故로 國有魂而爲德이라.
혼지유생유각유령혜 일신유거지위천궁
魂之有生有覺有靈兮여 一神攸居之爲天宮이로다.
삼혼고 지생 가이쌍수 일신고 형혼 역득구연
三魂故로 智生을 可以雙修오 一神故로 形魂을 亦得俱衍이라.
비아자손 선위방혜 태백교훈 오소사
俾我子孫으로 善爲邦兮여 太白敎訓이 吾所師로다.
아자손고 통무불균 오소사고 교무불신
我子孫故로 統無不均이오 吾所師故로 敎無不新이라.

역주 참 목숨이 크게 생함 성통광명 이유라네
들어와서 효도하고 나가서는 충성하라
광명하여 모든 선을 다 받들어 행하옵고
효도 충성 다함으로 일체 악행 짓지 말라
만백성의 정의로움 나라 위한 중한 마음
나라가 없다면 내가 어찌 살아가리
백성에게 만물 있어 우리나라 복이 되고

이 나라에 혼이 있어 우리 백성 덕이 되네
우리 혼은 삼혼이니 생함과 깨달음과
신령함이 예 있구나 삶과 지혜 닦아 보세
조화신이 머무르는 천궁이여 이내 몸이여
몸과 영혼 함께 닦아 영원불멸 얻으리라
우리들 자자손손 나라 잘 다스리고
대광명의 신교 배움 영원한 스승일세
우리 자손 통일되면 모두 잘 살리니
우리 스승 가르침은 새롭고도 새로워라

乙密仙人이 嘗居臺하야 專以祭天修鍊으로 爲務하니
蓋仙人修鍊之法이 叅佺爲戒하고 健名相榮하야
空我存物하며 捨身全義하야 爲國人式하니
風仰千秋에 足以起感이오 亦爲人尊之象徵也라
後人이 稱其臺曰乙密이라 하니 乃錦繡江山之一勝也라.

역주 을밀선인이 일찍이 을밀대에 거주하며 오직 하늘에 천제 올리고 수련하는 것을 직분으로 여겼다. 대개 신선의 수련법은 참전으로 계율을 삼고 그 이름을 더욱 굳세게 지켜 서로 영광되게 하고, 나의 마음을 비워 만물을 살리고 몸을 던져 정의로움을 온전하게 하였다. 이로써 나라 사람들에게 사표가 되었으니, 천추만세에 추앙을 받아 능히 감동을 불러일으키고 또한 인존人尊의 상징이 되었다. 후세 사람이 그 대를 을밀대라 불렀으니, 금수강산의 한 명승이다.

高句麗

주註

1) 고구려의 최초 도읍지 졸본은 어디인가

지금의 강단 사학계에서는 고구려의 최초 도읍지를 혼강渾江 유역 요령성 환인현桓仁縣에 있는 오녀산성으로 잡고 있다. 그러나 정인보가『조선사연구』에서 주장한 연해주의 수분하시綏芬河市가 있는 수분하 지역으로 보는 것이 더 설득력이 있다. 그 이유는 다음과 같다.

첫째,『북부여기』에서 고무서단군이 졸본천에서 즉위하고 다음 해에 영고탑으로 사냥을 가서 흰노루를 잡았다고 했는데, 영고탑은 지금의 해림시로 수분하에서는 가깝지만 환인에서는 너무 멀다. 둘째,『고구려국본기』에 연타발은 졸본 사람으로 남북 갈사를 왕래하며 큰 재산을 모았다고 했는데, 남갈사는 훈춘하 지역이고 북갈사는 오소리강 유역이므로 그 사이에 위치한 수분하가 졸본일 가능성이 크다. 셋째, 고주몽이 BCE 27년에 북옥저를 정벌하고 다음 해에 눌견으로 천도했는데 눌견은 장춘 지방이고 그 남쪽에 환인현이 있으므로, 고주몽이 등극하던 BCE 58년에는 환인현까지 아직 세력이 미치지 못하였을 것이다. 넷째, 고주몽이 동부여를 떠나서 엄리대수를 건너고 모둔곡을 지났는데, 엄리대수는 송화강이고 모둔곡은 목단강 유역이므로 이곳과 가까이 있는 수분하시가 졸본일 가능성이 크다.

2) 열제烈帝

'위대한 황제'라는 뜻으로, 고구려 역대 제왕의 칭호이다.『삼국유사』「기이紀異」고구려 조에는 고주몽을 '시조 동명성제始祖東明聖帝'라 하여 고구려가 건국 초기부터 통치자를 황제라 칭했다[始祖東明聖帝, 姓高氏, 諱朱蒙]고 기록되어 있다. 그러나 고주몽을 동명이라 한 것은 잘못이다.

중국의 25사史 가운데『수서隋書』「고구려전」을 보면 '위궁位宮(10세 산상열제)의 현손의 아들 즉 고국원왕故國原王(16세)은 소열제[位宮玄孫之子曰昭烈帝]'라 하였고,『위서魏書』권100「고구려 조」에도 '열제烈帝'라 하였다. 뿐만 아니라『삼국사기』「고구려본기」대무신왕 조를 보면, 고구려의 역대 왕이 정복 또는 투항한 지역의 왕이나 우두머리를 왕으로 봉하는 '왕봉위왕王封爲王'의 기록들이 보인다. 이와 같은 기록들은 고구려가 건국 당시부터 칭제稱帝한 '황제 국가'였다는 것을 뒷받침해 준다.

3) 해성海城

지금의 요동반도 북부에 있다. 당시 해성 이남인 요동반도까지 최씨낙랑국의 기본 강역이었다. 남쪽으로 황해도·강원도 일부까지 차지(『삼국사기』에서 백제·신라를 침입한 기록을 통해)했던, 평양에 도읍한 최씨낙랑국은 CE 37년 고구려의 3세 대무신열제의 공격을 받아 멸망하였다. 이때 유민 일부는 신라로 가서 귀부하였다. 그러나 낙랑국 영토였던 요동반도 지역은 항복하지 않고 고구려에 계속 항거하였다. 7년 후인 CE 44년에 후한後漢 광무제가 (고구려를 견제하고자) 바다를 건너 낙랑을 치고 살수薩水 이남 땅에 군현을 설치했다. 이 낙랑이 낙랑군이라면 광무제가 자신의 영토를 쳤다는 말이므로 모순이다(『삼국사기』「고구려본기」대무신왕 27년 조).

4) 조의皂衣(조의선인)

삼신상제님의 진리, 즉 한민족의 신교 낭가사상으로 무장한 종교적 무사단武士團(신교의 종교 군대)이다. 이 조의선인을 한민족 고유의 선비라 말할 수 있는데, 유교·불교·도교 등 외래 사상에 물들지 않은 한민족 고유의 선비상은 문사文士가 아니라 '문무를 겸비한 상무尙武적 무사武士'였다.

조의는 개인적인 완성이 아니라 항상 공도公道와 국가, 민족의 안녕과 번영을 위해 자신의 목숨을 초개와도 같이 내던지는 살신성도殺身成道를 이상과 목적으로 삼은 '한민족 역사 개창의 주역'이었다. 평상시에는 삼신상제님의 신교 진리를 터득하여 완전한 인격자의 길을 추구하고, 심신과 학문을 닦으며 무예를 연마했다. 그러나 국가 유사시에는 항상 선봉에 서서 목숨을 걸고 국가의 위급을 구하였다. 일찍이 수 양제·당 태종의 침입과, 고려 때 거란의 침입을 물리치고 궤멸시킨 주인공도 바로 이 신교의 종교 군대(=조의선인·재가화상군·선랑·국선)였다.

이와 같은 낭가郎家 제도의 기원은 환국 시대에 시작되어 그 뒤로 배달의 제세핵랑濟世核郎→고조선의 국자랑國子郎→북부여의 천왕랑天王郎→고구려의 조의선인皂衣仙人, 백제의 무절武節(정명악 주장), 신라의 화랑花郎→고려의 재가화상在家和尙(서긍의『고려도경』) 또는 선랑仙郎, 국선國仙으로 계승되었다.

김대문이『화랑세기』에서 명백히 밝혔듯이 어진 재상, 훌륭한 장수, 충신, 용감한 병사[賢相·良將·忠臣·勇士]가 모두 이 신교의 낭가 무사인 조의선인·화랑·국선·선랑에서 나왔다.

신라의 화랑에 세속 오계가 있듯이 조의에도 계율이 있어 이를 참전계參佺戒라 불렀다. 참전계의 핵심 덕목은 충忠·인仁·의義·지智·예禮이다. 고구려·수나라의 전쟁 당시에도 국가 총동원령에 따라 '조의 20만'이 전쟁터에 나가 130만이나 되는 수의 대군을 궤멸시켜 인류전쟁사에 기록을 세웠다.

5) 한맹寒盟

고구려에서 10월에 행한 신교의 제천祭天 의식. 한맹제寒盟祭는 일명 동맹東盟, 동명東明이라고도 한다. 『삼국지』「오환선비동이전烏丸鮮卑東夷傳」에 "그 나라의 동쪽에 큰 동굴이 있는데, 이름을 수혈隧穴이라고 한다. 10월에 나라 안에 대회를 열고 수신隧神을 맞아 나라의 동쪽으로 돌아와서 제사지내는데, 신좌神坐에 나무 수신隧神을 모신다"라고 하였다. 수신은 천신天神(삼신상제님)으로 민족적인 신앙의 대상이다. 이와 같이 삼신상제님께 제사를 지내던 신교의 소도蘇塗 제천 의식은 환국 시대에 시원하여 배달·단군조선으로 이어졌다. 그리고 다시 부여의 영고, 삼한(중삼한)의 10월 상달제, 예맥의 무천, 고구려의 동맹, 요遼의 요천繞天 등 10월 제천 행사로 계승·발전되었으며, 오늘날 개천절로 이어졌다.

6) 오계五戒

'오계' 또는 '다물 오계'는 ①사친이효事親以孝 ②사군이충事君以忠 ③교우이신交友以信 ④임전무퇴臨戰無退=용勇 ⑤살생유택殺生有擇=인仁이다. 고구려를 비롯한 삼국에는 일반 대중의 실천 덕목으로서 '효孝·충忠·신信·용勇·인仁' 오계가 있었다. 박은식의 『한국통사韓國痛史』에서는 '삼국통속오계三國通俗五戒'라 하였는데, 신라 원광 법사의 '세속오계世俗五戒'와 같다.

우리나라에는 유·불·선 3교가 들어오기 이전부터 '환국 오훈', '부여 구서', '홍방 오계興邦五戒' 같은 잠훈계율箴訓戒律로 백성을 교화하였다.

『태백일사』「삼신오제본기」에도 "소도蘇塗의 설립에는 반드시 계율이 있었나니, 충·효·신·용·인 오상五常의 도道가 그것이다"라고 하였고, 또 "소도의 곁에는 경당扃堂을 설치하여 미혼 자제에게 육례六禮를 가르쳤다"라고 하였으니 분명 국선 오계國仙五戒가 본래부터 있었다는 증거인 것이다. 신라 화랑의 계율인 세속 오계를 만든 원광 법사가 "지금은 세속 오계가 있다今有世俗五戒"라고 말한 것은 오계가 법사의 창안이 아니라, 한민족에게 전래되는 신교의 실천 윤리 덕목을 이어받은 것임을 시사한다.

7) 광개토경호태황廣開土境好太皇

고구려 19세 태왕. 재위 391~413. 광개토열제는 배달·단군조선 시대의 방대했던 영토와 신교 문화를 부흥시켜 회복한다는, 고구려의 국시인 다물多勿주의를 완성한 위대한 황제이다. 그동안 열제의 위대한 업적은 사대·식민주의 사학에 의해 크게 왜곡·날조되어 빙산의 일각만큼 알려졌다.

그러나 지난 1976년 12월 평남 강서군 덕흥리에서 발굴된 '덕흥리 고분'은 광개토열제 때 이미 요서를 비롯한 하북성 북부까지 광대한 지역을 장악했다는 확실한 고고학적 물증을 제공하고 있다. 이 무덤의 주인공인 유주자사幽州刺史 진鎭(332~408)은 13군郡을 관할했다. 13군은 연군燕郡·범양范陽·어양漁陽·상곡上谷·광염廣寗·대군代郡·북평北平·요서遼西·창려昌黎·요동遼東·현도玄菟·낙랑樂浪·대방帶方이다. 또한 광개토대왕비[永樂紀功碑] 비문에도 열제가 거란·후연後燕·백제·왜(일본)를 정벌한 업적을 상세히 기록해 놓았다.

덕흥리 고분 벽화는 광개토열제가 숙적이던 모용씨의 후연後燕을 복속시킨 사실을 방증한다. 고국양열제 당시 고구려와 후연은 일진일퇴의 대격전을 벌였고 고구려가 요동을 상실한 적도 있다. 그러나 광개토열제의 고구려군은 먼저 서북으로 염수鹽水[내몽고 자치주 파림좌기巴林左旗] 일대를 정복하여 거란[비려碑麗]을 복속시켰다. 『태백일사』에 따르면 고구려는 감숙성의 평량平凉까지 수중에 넣었다. 이어 고구려는 거란병을 동원하여 후연의 후방인 연군 지역을 공격했다. 『진서』에는 "會高句麗寇燕郡, 殺略百餘人"이라 하여 고구려군이 연군燕郡, 즉 연나라 후방인 하북성 지역을 공격한 사실을 전한다.

따라서 광개토열제는 거란·평량(감숙성)·후연·백제·신라·왜(일본) 등 동북아 국가를 조공국으로 복속하여 중국 북부에서 만주·한반도·일본 전역에 걸치는 광대한 영토를 신교 문화로 통일한 단군 이래 초유의 대제왕이다.

8) 광개토대왕비 비문 왜곡 사건

일본 군부는 명치 정부에 의해 이른바 정한론이 대두된 뒤로 많은 밀정을 조선과 만주 지방에 보냈다. 이 무렵(1880년 전후)에 만주 지방의 산간 벽지인 길림성 집안集安시 통구通溝에서 일본 군부의 밀정들에게 광개토대왕릉비가 발견되었다.

당시 일본 육군 참모본부의 첩자에 의해 만들어진 쌍구가묵본雙鉤加墨本(비문이나 탁본에 종이를 대고 그린 후 먹을 칠하여 탁본처럼 만든 것)에는 "왜가 신라성에 가득 차고 그 왜가 신라를 궤멸시켰다新羅城

□城 倭滿倭潰城□□□」라고 되어 있다. 그러나 100년 뒤 1981년 중국 주운대周雲代의 정밀탁본에는 "신라성에 들어온 왜구가 (고구려 원정군에게) 크게 궤멸되었다新羅城 □城 倭寇大潰城□□□」라고 되어 있어, 쌍구가묵본과는 완전히 상반된 뜻을 가진 글자가 나왔다.

100여 년 전에 석회를 발라 글자를 만들었던 것이 오랜 세월이 지나 석회가 떨어져 나가게 되자 원래의 글자가 되살아난 것이다. 쌍구가묵본을 만들 때 원래의 글자인 '왜구대궤倭寇大潰'에 석회를 발라 왜(일본)에 유리하도록 '왜만왜궤倭滿倭潰'로 바꾸어 놓았음을 알 수 있다(이형구,『발해연안에서 찾은 한국고대문화의 비밀』, 236쪽).

9) 건흥建興

고구려 장수제 때의 연호. 건흥 연호는 1915년 충북 충주시 노은면에서 출토된 불상의 광배명光背銘에 나타나 있다. 이 고구려 불상에 '建興五年歲在丙辰' 이라는 명문이 새겨져 있는데, 한때 백제 불상으로 간주되기도 하였다. 그런데 광개토대왕릉비문에 따르면 광개토열제는 임자년인 412년에 붕어하였다. 즉위년 칭원법稱元法에 따라 이 해를 장수왕 즉위 원년으로 할 경우 장수왕 5년은 병진년이다. 따라서 불상 광배명과『태백일사』를 통해 '건흥'이 장수왕 때의 연호라는 사실을 알 수 있다. 이것은『환단고기』의 사료적 신빙성을 입증하는 중요한 단서가 된다.

10) 실위室韋

거란의 북쪽에 있던 몽골족의 한 갈래. 지금의 만주 대흥안령산맥과 흑룡강 중류 일대에 거주하고 있었다. 실위는 고구려에게 문화적으로나 정치적으로나 절대적으로 의존한 종족이다. 고구려는 이 지역을 직·간접적으로 지배했는데 몽고 동부의 할흐곰솜 지역과 우란호터烏蘭浩特에서 발굴된 고구려 성터가 이를 잘 말해 준다. 그곳에서 고구려인의 돌절구가 출토되었고 인근 주민들은 한결같이 고려성이라 부른다. 고구려는 또 북위와 대치 중이던 유연柔然과 긴밀히 연계하는 한편 실위 남서쪽, 즉 해발 1,700미터의 대흥안령산맥 너머에 있는 지두우地豆于(동우주무신치東烏朱穆沁旗)를 분할하여 많은 군마를 얻기도 하였다.

11) 어하라

소서노가 두 아들 비류, 온조를 데리고 고구려를 떠나 패대浿帶 땅에 신왕국을 세운 뒤에, 고주몽 성제에게 책봉 받은 왕의 칭호. 백제의 시초는 고구려의 제후로 시작되었음을 알 수 있다. 고구려는 그 뒤에도 계속 백제 왕을 어하라라 불렀는데, 이것은 고구려가 백제를 제후국으로 거느린 황제 국가임을 내외에 과시한 것이다.『주서周書』「백제전」을 보면 "백제 왕의 성은 부여씨이고, 왕호王號는 어라하於羅瑕인데, 백성들은 건길지鞬吉支라 불렀다[王姓, 夫餘氏, 號於羅瑕, 民呼爲鞬吉支, 夏言並王也]"라고 하여, 어하라가 백제 왕을 부르던 칭호임을 알 수 있다.

12) 갈석산碣石山

만리장성의 동쪽 기점으로 지금의 하북성 창려昌黎에 있다.『통전通典』「주군전주군전典」에는 "갈석산은 한나라 때 낙랑군樂浪郡 수성현遂城縣에 있었으며, 장성은 이 산에서 시작된다"라고 하였다. 이병도는 수성현을 오늘의 황해도 수안遂安으로 비정하였으나, 이것은 일제 식민사학이 낙랑군을 대동강 평양 지역으로 확정한 것을 그대로 답습한 것이다.

13) 연개소문(603~657)

불교·도교 등 외래 종교 사상을 배격하고 고유한 신교 문화의 상무尙武 정신을 크게 떨친 대영걸이다. 연개소문은 당대 최고 병법가이기도 하다. 중국 역사상 최고 영주英主 중의 한 사람으로 숭앙 받는 당 태종도 고구려를 정벌하려다 연개소문의 신출귀몰한 전략에 말려들어 끝내 절명하고 말았다.

이에 대해 단재 신채호는 "당 태종 때의 명장인 이정李靖은 연개소문에게서 병법을 배워 당나라의 제1 명장이 되었고, 그가 지은『이위공병법李衛公法』은 중국에 이름 높은 7종種의 병법서 중 하나로 손꼽는다. 그 원문에는 연개소문에게 병법을 배운 이야기를 자세히 쓰고, 그뿐 아니라 연개소문을 숭상한 고어가 많다"라고 하였다(신채호,『조선상고사』). 지금도 연개소문은 대만에서 '중국을 응징한 무서운 혁명가'로 추앙 받고 있다.

14) 김춘추와 당 태종의 밀약

김춘추는 백제를 물리칠 힘이 없어서, 스스로 사신이 되어 고구려에 원병을 요청하러 왔다. 이때 연개소문이 동족 상쟁을 그만두고 공동의 적인 당나라에 대항하여 함께 당을 쳐부수고 그 영토를 나누어 다스리자는 제안을 하였다. 그러나 김춘추는 개인적인 원한과 당에 대한 사대주의에 사로잡혀 연개소문의 제안을 끝내 듣지 않았다. 자기 딸과 사위가 대야성 전투에서 백제군에게 살해되어 그 원한이 너무도 깊었기 때문이다.
　결국 당나라로 건너간 김춘추는 당 태종에게 원병을 요청하였다. 이때 당 태종 이세민과 김춘추 사이에 망국적인 밀약이 이루어졌으니, 그 내용은 '신라와 당이 합세하여 고구려·백제를 토벌한 뒤에 대동강 이북의 땅은 당이 차지하고, 대동강 이남은 신라가 차지한다' 는 것이었다. 결국 백제와 고구려는 내부 분열과 나·당 연합군의 침입으로 차례로 넘어가게 되었다.

15) 이세민

　당唐 태종太宗의 이름. 재위 626~649. 아버지 이연(당 고조)을 도와 당나라를 세우는 데 가장 큰 공을 세웠다고 하나 동방 한민족사를 왜곡 날조한 대표적 인물이기도 하다.
　이세민이 일찍이 스스로 말하기를 "지금 천하는 크게 평정되었으나 오직 요동 만이 빈객이 아니로다. 후사가 병사와 군마의 강성함과 모신들의 권유로 인해 정벌을 한다면 전쟁의 재앙이 바야흐로 시작될 터이니, 짐이 그래서 몸소 저들을 복속시켜 후세의 우환을 남기지 않으려 하노라[今天下大定, 唯遼東未賓, 後嗣因土馬盛强, 謀臣導以征討, 喪亂方始, 朕故自取之, 不遺後世憂也]"라고 하였다.[『신당서』, 「동이열전東夷列傳」 고구려조). 그리하여 친히 대군을 이끌고 고구려 원정에 나섰다가 안시성 싸움에서 참패하고 돌아갔다. 이세민은 안시성 싸움에서 성주 양만춘의 화살에 맞은 왼쪽 눈의 병독이 악화되어 4년 뒤에 사망했다. 그는 죽기 전에 고구려를 침략하지 말라는 유언을 아들 고종에게 남기고 죽었다.
　당 태종의 죽음에 대해 이색은 〈정관음貞觀吟〉(정관은 당 태종의 연호)이란 시에서 "고구려쯤이야 호주머니 속의 물건일 뿐이라 하더니 어찌 알았으리오. 검은 꽃(눈)이 흰 깃(화살)에 맞아 떨어질 줄을![謂是囊中一物耳, 那知玄花落白羽!]이라 읊었다.
　당 태종은 재위 시에 특히 한민족의 고대사 왜곡에 심혈을 기울였다. 그는 고구려·백제의 찬란한 역사를 깎아내리고 중국 본토에서 몰아낼 양으로 안사고·소덕언·이연수 등 많은 어용학자를 동원하여 『진서晋書』, 『양서梁書』, 『수서隋書』, 『북사北史』 등을 왜곡해 놓았다. 특히 『진서晋書』는 자신이 직접 붓을 들어 '태종어찬진서太宗御撰晋書'라 불리는데, 군왕이 직접 역사 편찬에 참여하고 지도한 나쁜 전례를 남겼다.

16) 당 태종의 요동 영유권 주장과 고구려 침략의 명분

　요동이 본래 중국 땅이라는 당 태종의 말은 『삼국사기』 「고구려본기」 보장왕 조에도 기록되어 있다. 여기서 요동은 지금의 요하 동쪽이 아니라, 하북성 난하 동쪽 지역을 말한다. 고구려 당시 요수遼水는 지금의 요하가 아니라 난하였다.
　일찍이 당 태종은 넷째 아들 위왕魏王 태泰를 시켜 『괄지지』를 편찬하게 하였는데, 여기서 역사상 처음으로 "고구려의 수도인 평양은 옛날 한漢나라의 낙랑군 왕험성 자리였다[高麗都平壤城, 本漢樂浪郡王險城]"라고 왜곡·날조해 놓았다. 이와 같은 말을 한 의도는, 고구려 영토가 본래 자기네 땅이었으니 고구려를 정벌하는 것은 침략이 아니라 옛 땅 회복이라는 것이다. 그러나 이것은 침략을 역사적으로 정당화·합리화시키기 위한 잔재주에 지나지 않는다.
　또 『당서唐書』 「배구전裴矩傳」에서도 이와 똑같은 억지 주장을 하였다. 수·당 때 사람인 배구裴矩는 "고구려 땅은 본래 고죽국이다. 주나라의 무왕이 기자를 이곳(고죽국)에 봉하였고, 한나라 때에는 이 땅(고죽국)에 3군(三郡: 낙랑·현도·대방)을 나누어 설치했다[高(句)麗之地, 本孤竹國也, 周代以之封箕子, 漢時分爲三郡]"(『수서』; 『구당서』; 『신당서』; 『삼국유사』)라고 주장하였다.
　고죽국은 지금의 난하 서부 연안에서 대릉하 중류에 걸치는 지역에 있었다는 것이 주지의 사실이다(『중국고금지명대사전』). 따라서 배구가 고구려의 땅을 고죽국이라 했지만, 그것은 수·당나라 때에 고구려가 지금의 하북성 난하 유역까지 다스렸음을 표현한 것에 지나지 않는다. 뿐만 아니라 이러한 사실은 한나라 때의 3군(낙랑·현도·대방)도 종래의 통설과 같이 한반도 북부가 아니라 옛날 고조선의 제후 국가 고죽국 땅인 난하 유역 일대에 있었음을 명확히 입증해 준다.
　결국 당 태종의 말과 배구의 주장은 모두 고구려 영토가 본래 자기네 땅이었던 것처럼 역사를 왜곡·날조하여 고구려 정벌의 명분으로 삼은 것에 지나지 않는다.

17) 진평晋平

　중국 푸단대학復旦大學 역사지리연구소歷史地理硏究所에서 간행한 『중국역사지명사전』에 따르면, 진평군은 태시泰始 4년(468)에 지금의 복건성福建省 복주시福州市에 설치되었으나, 471년 진안군晋安郡으로 이름

高句麗

주註

을 고쳤다. 그러나 이와 달리 러우쥔롄劉鈞仁의『중국역사지명사전』과『송서』지리지 광주군廣州郡 조를 보면 진평현晋平縣은 광주廣州 울림군鬱林郡에 있었음이 확인된다.

"백제국은 본래 고구려와 함께 요동의 동쪽 천여 리 되는 곳에 있었는데, 후에 고구려는 요동을 차지하고, 백제는 요서를 차지하였다. 백제가 다스리는 지역을 진평군 진평현이라고 한다[百濟國, 本與高驪俱在遼東之東千餘里, 其後高驪略有遼東, 百濟略有遼西, 百濟所治, 謂之晋平郡晋平縣]."(『송서宋書』「이만열전夷蠻列傳」)

이곳은 남중국 광서 장족 자치구廣西壯族自治區 옹령현邕寧縣으로 홍콩에서 서쪽으로 수백 킬로미터를 더 가야 한다. 현재 시내 곳곳에 백제향百濟鄉이라는 지명이 남아 있다. 현지 주민들은 서낭당, 솟대, 강강술래와 비슷한 춤, 김치, 전남 지역에서만 보이는 독특한 맷돌, 정월 보름과 단오절 축제, 능숙한 궁술 등 한민족 문화의 기풍을 고스란히 간직하고 있다(윤내현,『한국열국사연구』, 402쪽; 이도학,『새로 쓰는 백제사』, 368~369쪽). 더우이 KBS 취재팀이 답사한 바로는 광서 장족 자치구 동북 경계에 후백제의 수도와 이름이 같은 전주全州라는 도시가 있을 뿐 아니라 금산사金山寺, 한벽루, 기린봉 등 호남 전주全州에 있는 건물과 땅 이름이 그대로 옮겨져 있다. 이처럼 옹령현 지역의 백제계 주민들은 백제와 동일한 문화를 공유하였음이 확인되었다.

18) 연개소문의 중국 정벌과 당시 고구려 영토의 경계

연개소문이 당 태종의 침략을 격퇴한 뒤에 중원을 경략한 이 역사적 사실이 본서『태백일사』이외의 기록에는 명확히 나와 있지 않다. 신채호는『조선상고사』에서 "지금 북경 조양문朝陽門 밖 7리 땅에 황량대謊糧臺를 비롯하여 산해관까지 이르는 동안에 황량대라는 지명이 십여 곳인데, 전설에는 황량대가 '당 태종이 모래를 쌓아 양저糧儲라고 속여서 고구려군이 내습하면 복병으로 요격한 곳'이라 하였으니, 이는 연개소문이 당 태종을 북경까지 추격한 유적이다. 또 산동山東과 직례直隷 등에 띄엄띄엄 '고려高麗' 2자로 시작되는 지명이 있고, 전설에는 이것이 다 연개소문이 점령하였던 곳이라 한다. 그리고 그 중에서도 가장 유명한 곳은 '고려진'과 '고려성'이다"라고 기록하였다.

19) 북옥저

남옥저(요동반도)에서 동북으로 800리에 있었다. 지금의 만주 서간도西間島 일대. 종래 학계에서는 한·중 고대 사서에 나오는 수많은 옥저의 위치를 모두 함경도로 비정했으나 잘못된 것이다. 본서「고구려국본기」에는 평락 11년(BCE 27)에 북옥저北沃沮를 멸하고 다음 해에 졸본에서 눌견訥見으로 천도를 했다고 했다. 눌견은 지금의 장춘 북쪽에 있으니 북옥저는 장춘 주위의 땅이 분명하다.

20) 패대浿帶

소서노가 건설한 왕국이 있었던 패·대帶(浿水와 帶水) 지역은 지금의 중국 하북성 난하 부근 일대이다. 바로 이곳이 백제 건국의 시원지이다.

중국의『주서周書』,『수서隋書』,『북사北史』「백제전」등에서도 한결같이 "백제가 처음 나라를 대방의 옛 땅[帶方故地]에 세웠다[百濟始立於帶方之故地]"라고 기록하였다. 여기서 백제의 처음 입국지인 대방 고지는 바로 후한 때(206) 공손강公孫康이 낙랑군 둔유현屯有縣 이남의 황무지를 나누어 설치한 대방군帶方郡 땅인 것이다. 낙랑군이 중국 하북성 난하 유역에 있었으므로 낙랑군을 나누어 설치한 대방군 또한 그 부근에 있다는 것은 너무도 명백한 사실이다. 또『수서隋書』「지리지」를 보면 "요서군遼西郡에 대방산帶方山이 있다[遼西郡, 有帶方山]"라고 하였으니, 대방군은 한반도의 황해도 지방이 아니라 중국의 하북성 지역에 있었다는 사실을 명확히 알 수 있다. 이상과 같이 소서노의 왕국은 중국 하북성 난하 부근에 있었는데, 얼마 뒤에 백제의 시조 온조가 그곳에서 한반도로 옮겨 와서 백제를 다시 건국했다.

21) 백제 국호의 유래

백제라는 국호의 유래에 대해서는 여러 가지 설이 있다. 먼저 중국의『북사北史』와『수서隋書』「백제전」에 따르면, 백제라는 이름은 '백가百家가 바다를 건넜다濟海'고 하여 붙여졌다고 하였다. 또『삼국사기』「백제본기百濟本紀」에서는 온조가 처음 위례성에 도읍할 때 10인의 신하가 도왔으므로 처음에 국호를 십제十濟라 하였다가 뒤에 온조의 형 비류가 죽고 그 백성이 온조에게 귀복하고 나서 백제百濟로 고쳤다[溫祚都河南慰禮城, 以十臣爲輔翼, 國號十濟, … 沸流 … 遂慙悔而死, 其臣民皆歸於慰禮. 後以來時百姓樂從, 改號百濟]고 하였다. 또한 백제를 건국한 온조의 이름을 따서 '온'은 백百이란 뜻의 고유어에 백제라 했다는 주장도 있다. 그러나「삼한관경본기」에서 살펴보았듯이, 고조선 번한 초대 임금 치두남이 요중遼中에 쌓은 12성 가운데 '백제’라는 성이 있었으므로 소서노가 대방 고지의 백제 땅에 정착한 것이 계기가 되어 훗날 백제가 건국되었다고 보는 것이 합당할 것이다.

22) 파소婆蘇

신라 시조 박혁거세의 어머니. 파소가 부여 황실의 딸이라는 본서『환단고기』의 기록은 '신라가 부여에서 나왔다'는 사실을 처음으로 밝혀 주는 획기적인 내용이다.

그런데 종래에는 사대주의 사관의 왜곡·날조에 의해 중국 진秦나라 사람들이 한반도로 들어와 신라를 세운 것으로 잘못 인식해 왔다. 중국의『양서梁書』「신라기」를 보면 "新羅者, 其先本辰韓種也, 辰韓亦曰秦韓, 相去萬里, 傳言秦世亡人, 避役來適馬韓, 馬韓亦割其東界居之, 以秦人故名之曰秦韓"이라 하여, 신라의 선계는 본래 진한종辰韓種인데, 진秦나라의 유망민이 한반도로 건너와 신라의 전신前身인 중삼한 중의 진한辰韓을 건설하였다고 하였다. 그러나 여기서 말하는 진한은 분명 고조선의 '전삼한 중의 진한辰韓'을 말하는 것이다. 신라의 전신인 '중삼한의 진한'을 세운 주체 세력을, 단군조선의 진한 유민이 아니라 중국 진秦나라의 유망민으로 억지 부회한 것이다.

또『삼국유사』「감통感通」에는 "선도산仙桃山 신모神母는 본래 중국 황실帝室(한漢나라 8세 소제昭帝나 9세 선제宣帝)의 딸이었는데 이름은 사소娑蘇였다[神母本中國帝室之女, 名娑蘇]"라고 하였고, 또 사소가 처음 중국에서 진한辰韓에 와서 박혁거세를 낳았다고 기록하여 파소와 박혁거세의 혈통을 중국 한족 혈통으로 왜곡시켜 놓았다.

그러나 정작 중국 사서에 그런 기록은 어디에도 없다. 본서『태백일사』「고구려국본기」에서 명확히 밝힌 바와 같이 파소와 박혁거세는 부여 황실의 혈통이다. 이러한 사실은『삼국사기』「신라본기」에도 "이보다 먼저 조선의 유민이 이곳에 와서 산골짜기에 흩어져 살면서 여섯 촌락을 이루고 있었다[先是朝鮮遺民, 分居山谷之間爲六村]"라고 한 데서도 명확히 알 수 있다.

23) 일본의 역사 왜곡의 핵심, 허구의 '임나일본부설'

임나任那는 지금의 대마도이다. 임나는 본래 대마도 서북 경계에 있었던 의부가라意富加羅의 개호改號로, 후에 대마도 전체를 가리키는 명칭이 되었다. 그 뒤 광개토열제가 고대 일본을 정복하여 임나(대마도)와 일기도一岐島, 큐슈九州 전체를 10개국 연방체(임나 연방)로 만들어 다스렸고, 기내畿內 지방에 위치한 야마토大和 왜倭를 속국으로 지배하였다.

그런데 일찍이 일제 식민사학자들은 고대에 일본이 이 임나(=가야 지역)에 임나일본부를 설치하고 백제·신라를 속국으로 지배했다는 '임나일본부任那日本府' 설을 날조하여 조선 강점强占은 침략이 아니라 옛 땅을 회복하는 것이라 함으로써 한반도 침략과 식민지 지배를 역사적으로 정당화·합리화시키려 는 것이었다. 일제 식민사학자들은 임나일본부설을 입증하는 근거로서

첫째로, 임나일본부에 의한 왜의 한반도 남부 지배를 입증하는 결정적 자료로서 가장 절대적인 비중을 두었던 내용이 광개토대왕비문의 영락永樂 6년(396)조에 있는 '百殘新羅舊是屬民由來朝貢, 而倭以辛卯年來渡海破百殘□□□羅以爲臣民, 以六年丙申王躬率水軍討利殘國…'이라는 기사를 근거로, 신묘(391)년에 왜가 바다를 건너와 백제·신라를 정벌하여 신민臣民으로 삼았다는 것이다. 그러나 이 신묘년 기사 내용은 일본 참모본부가 밀파한 군사 스파이 사코오酒勺景信 중위에 의해 변조됐다는 것이 이진희·이형구 등 여러 학자들에 의해 명백히 밝혀졌다. 그리고 비문의 내용은 열제烈帝의 업적을 기록한 것이지 왜의 그것을 기록한 것이 아니다.

둘째로, 일제 식민사학자들은 19세기 말에 간 마사토모菅政友가 발견한 이소노가미 신궁石上神宮의 칠지도를『일본서기』진구神功 52년(252) 9월 조 기사에 나오는 칠지도七支刀와 같은 것으로 조작하여, 이 칠지도는 백제 왕이 '왜왕'에게 헌상獻上한 것이니 백제가 왜의 속국이고, 일본이 임나일본부를 설치하여 백제 등 한반도 남부를 지배·경영했다는 것이 움직일 수 없는 사실이라고 억지를 썼다. 그리고 진구神功의 연대를 120년 끌어내려 칠지도를 바친 백제 왕을 근초고왕(346~375)이라 하였다.

그런데 칠지도의 명문銘文 서식이 상위자가 하위자에게 내리는 하행下行 문서 형식으로 되어 있다. 그러므로 칠지도는 백제 왕이 '왜왕'에게 바친 것이 아니라 '왜왕'에게 하사한 것이다.

셋째로,『일본서기』의 기록에 근거하여 식민사학자들은 임나일본부가 진구神功 시대에 개척되어 6세기까지 존속했다고 주장하였다. 그들은 임나일본부의 기점을 진구왕후의 신라 정벌에 두지만, 진구의 연대를 전체로 2주갑二周甲 즉 120년을 끌어내려 진구는

원래 3세기가 아니라 4세기의 인물이라 하였다.

그러나 진구왕후 곧 야마다이국의 여왕 히미코卑彌呼는 『일본서기』의 진구기神功紀 기사와 중국 사서들(『후한서』,『삼국지』「왜인전」)에 의하면 '3세기 인물'이다. 일제 식민사학자들이 『일본서기』의 기록마저 뜯어고쳐 오로지 광개토대왕비문에 있는 연대(391년)와 맞추려했던 것이다.

일제가 날조한 임나일본부설에 대한 반증은 이외에도 여러 가지가 있다. 먼저 '일본'이라는 명칭은 7세기 말(670년)에 역사상 처음으로 등장한다(『삼국사기』,『구당서』). 따라서 일본이라는 말은 그 이전에는 없었던 것이니, 임나일본부라는 것도 있을 수 없는 것이다.

임나는 일제 식민주의 사관에 입각한 주장처럼 한반도 남부에 있던 가야 지방이 결코 아니다. 『일본서기』에서도 "임나는 츠쿠시국筑紫國(지금의 큐슈 후쿠오카현)에서 2천여 리 떨어져 있으며, 북쪽은 바다로 막혀 있고 계림(경주)의 서남방에 있다[任那者, 去紫國二千餘里, 北阻海, 以在鷄林之西南]"라고 하였듯이 지금의 대마도이다.

24) 삼가라三加羅

임나 즉 지금의 대마도가 삼가라三加羅로 나뉘어 각각 고구려·백제·신라의 다스림을 받았다는 본서의 기록은 한·일 고대사에 얽힌 핵심 문제를 명확히 풀 수 있는 열쇠이다.

종래에 일제 식민사관 신봉자들은 일본의 정사인 『일본서기』에서 진구神功왕후(卑彌呼=細烏女)가 고구려·백제·신라 즉 삼한을 정벌하였다고 한 기록을, 고대에 일본이 200여 년간 한반도 남부(백제·신라·가야)를 지배·경영하였다고 하는 허구의 임나일본부설을 입증하는 근거의 하나로 삼았다. 그러나 진구왕후의 '삼한 정벌'은 일제 식민사학자들이 주장한 것처럼 고구려·백제·신라라는 삼한(삼국)을 정벌한 것이 아니라 바로 '대마도 정벌'을 말한 것이다.

다시 말하면, 2~3세기경 인물인 진구왕후가 정벌한 삼한이란 당시 삼국이 각기 나누어 다스리던 대마도(임나)의 삼가라, 즉 좌호가라(신라), 인위가라(고구려), 계지가라(백제)인 것이다. 그렇기 때문에 720년에 도네리친왕舍人親王 등이 편찬한 『일본서기』에서도 "이것이 소위 삼한이다[是所謂之三韓也]"라고 하여, 한반도의 삼한과 쓰시마(대마도) 내의 삼한(곧 삼가라)을 명백히 구별하여 기록해 놓았던 것이다. 그런데 일제 식민사학은 진구왕후의 삼한 정벌을 마치 삼국을 정벌한 것인 양 엉뚱하게 확대 해석하였고, 그 뒤로 계속 200여 년간 한반도 남부를 식민지로 지배했다는 주장을 펴 왔다. 그리하여 궁극적으로 일제 침략을 정당화시키려 했던 것이다.

25) 백제의 해상 교역

백제는 섬라(태국), 부남국(캄보디아), 인도와 교역했고, 북큐슈~오키나와~대만~인도에 이르는 동남아시아 교역 루트를 가지고 있었다. 그 교역로를 따라 성왕대에는 겸익이라는 승려가 중인도에 가서 불경을 구해오기도 했다.

백제의 남방 경영은 지금의 제주도인 탐라 경영부터 시작되었다. 즉 남방 항로의 기항지인 탐라를 점령한 것이다. 이곳은 섭라고도 일컬었던 곳으로 백제 이전에는 고구려의 지배를 받고 있었다.

백제는 제주도를 기항지로 하여 이전부터 진출해 있던 북큐슈를 잇는 상설 항로를 열었다. 여기에 그치지 않고 유구국琉球國으로 불리던 지금의 오키나와를 중간 기항지로 삼고 대만해협을 지나 필리핀 군도群島까지 항로를 연장시켰다. 필리핀 군도는 흑치국黑齒國으로 일컬었던 곳이다. 이곳이 백제와 연관 있음은 백제 장군 흑치상지黑齒常之(630~689)의 묘지명墓誌銘이 말하고 있다.

1929년에 중국 하남성 낙양시 북망산에서 흑치상지의 묘지명이 발견되었다. 묘지명에는 "그 선조는 부여씨에서 나와 흑치에 봉해졌으므로 자손이 인하여 씨로 삼았다[其先出自扶餘氏, 封於黑齒, 子孫因以爲氏焉]"라고 적혀 있었다. 여기서 흑치는 중국 문헌에 자주 등장하는 동남아시아 지역의 군도群島를 가리키는 지명인데, 지금의 필리핀 일대로 비정된다. 이를 통해 백제가 왕족을 지방의 거점에 파견하여 통치자로 주재시켰음을 알 수 있게 한다.

백제는 다시금 항로를 확장시켜 인도차이나 반도에까지 이르렀다. 즉 지금의 캄보디아를 가리키는 부남국과 교역한 사실이 『일본서기』에서 확인되고 있다. 그뿐 아니라 북인도 지방에서 산출되는 페르시아 직물인 탑등을 수입하여 왜에 선물하기까지 하였다. 이와 같은 사실들은 동아시아 지역을 누비고 다니는 백제의 뛰어난 조선술과 항해술을 전제하지 않고서는 설명하기 어렵다(이도학,『한국고대사, 그 의문과 진실』, 184쪽;『살아있는 백제사』, 21쪽, 141쪽).

太白逸史 第七
大震國本紀 (대진국본기)

- 「대진국본기」는 일명 발해로 알려진 대진국의 건국과 흥망 과정을 상세히 기록하였다.
- 고구려 멸망 후 진국장군 대중상이 후고구려를 세우고, 이어서 아들 대조영이 제위에 올라 나라 이름을 대진大震이라 하고 독자적인 연호를 사용하였다.
- 고구려의 옛 땅을 차지하고 6천 리의 영토를 개척하여 나라가 융성해지자 천하가 해동성국이라 불렀다.
- 「대진국본기」에는 고구려 유민으로 당에 항거하여 제나라를 연 이정기에 대해 비교적 자세히 기록되어 있다.

대진[발해]

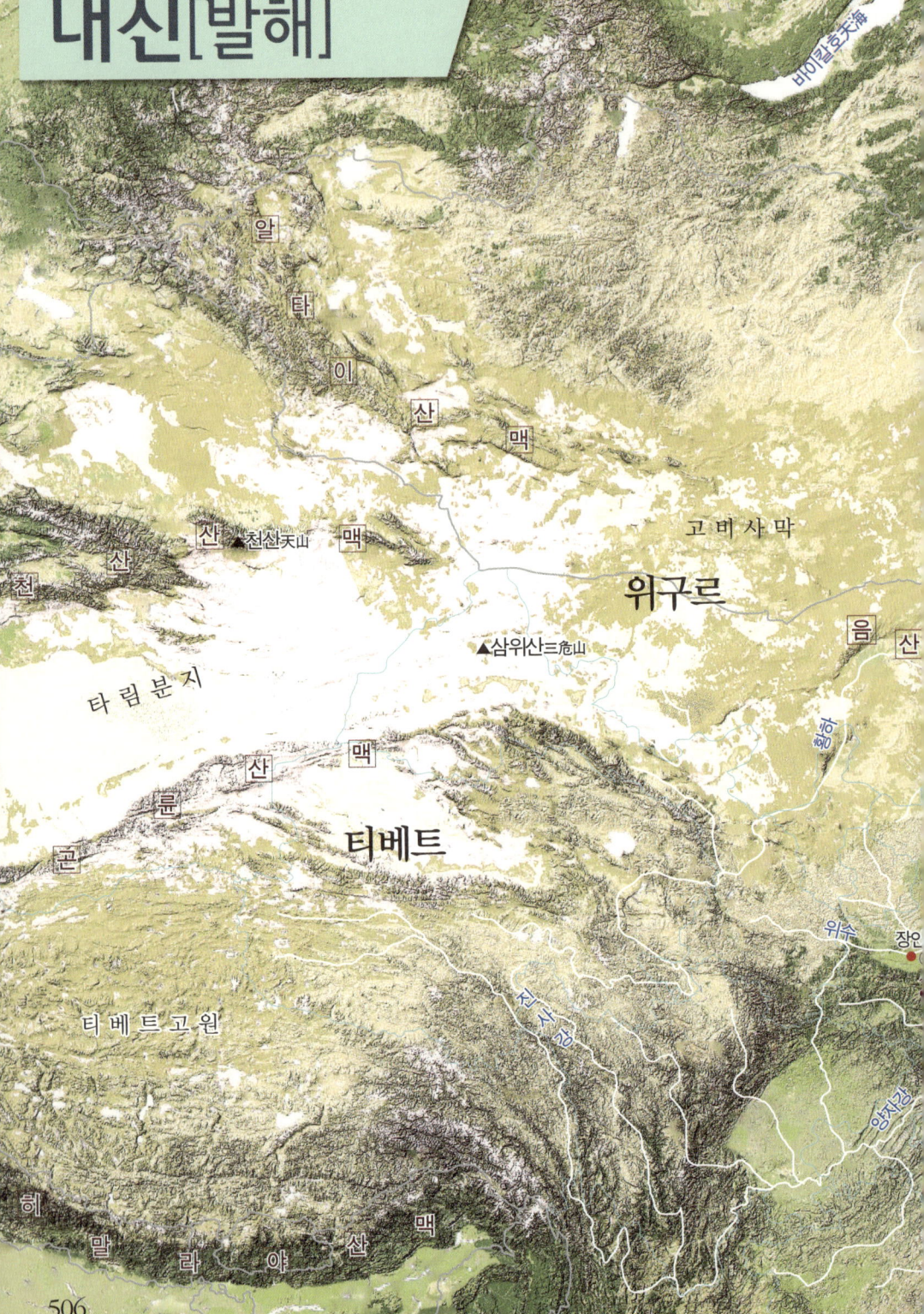

대중상의 후고구려 건국

> 朝代記에 曰「開化二十七年九月二十一日 平壤城이 陷落時에
> 振國將軍大仲象이 守西鴨綠河라가 聞變하시고 遂率衆走險하사
> 路經開原하시니 聞風願從者가 八千人이라. 乃同歸而東하사
> 至東牟山而據하시고 堅壁自保하사 稱國後高句麗이오 建元重光하시니
> 傳檄所到에 遠近諸城이 歸附者衆이라 惟以復舊土로 爲己任이라가
> 重光三十二年五月에 崩하시니 廟號曰世祖이시오 諡號曰振國烈皇帝시니라.

역주 『조대기朝代記』에 이렇게 기록되어 있다.

개화開化* 27년(단기 3001, 668) 9월 21일, 평양성이 함락될 때 진국振國장군* 대중상大仲象이 서압록하를 지키다가 변이 일어났다는 소식을 들으셨다.

마침내 무리를 이끌고 험한 길을 달려 개원開原을 지나는데, 소문을 듣고 따르기를 원하는 자가 8,000명이었다. 함께 동쪽으로 돌아가 동모산東牟山*에 이르러 웅거하고, 성벽을 굳게 쌓고 스스로 보전하여 나라 이름을 후고구려*라 칭하고, 연호를 중광重光이라 하셨다. 격문을 전하니 이르는 곳마다 멀고 가까운 여러 성에서 합류하는 자가 많았다. 오로지 옛 영토를 회복하는 것을 자신의 소임으로 여기다가 중광 32년(신시개천 4596, 단기 3032, 699)* 5월에 붕어하시니, 묘호廟號는 세조世祖요 시호諡號는 진국열황제振國烈皇帝이시다.

대조영의 옛 고구려 영토 회복과 대진 건설

> 太子祚榮이 從計使하사 自營州薊城으로 率衆至하야 卽帝位하시고
> 築忽汗城하사 遷都하시고 募軍十萬하시니 威聲大振이라 乃定策立制하사
> 抗唐爲敵하시고 復讐自誓하실새 與靺鞨將乞四比羽와 契丹將李盡榮으로
> 握手聯兵하사 大破唐將李楷固於天門嶺하시고 分諸將하사 置守郡縣하시며

* 개화開化: 고구려 28세 보장열제(642~688)의 연호.
* 진국振國장군: 대진(발해)의 시조인 대중상을 말함. 『신당서新唐書』「북적열전北狄列傳」에는 "걸걸중상, 곧 대중상이 진국공震國公이 되다"라고 하여 대중상이 대진을 개국하였음을 밝히고 있다.
* 동모산東牟山: 일명 천계산天桂山. 중국 사서에서는 동모산東牟山이라 하였다. 지금의 길림성 돈화시敦化市 남쪽 현유현賢儒縣에 있는 성산자산城山子山으로 비정比定하고 있다.
* 후고구려後高句麗: 대진의 초기 국호. 대중상은 고구려 유민을 이끌고 동모산에 웅거하여 고구려를 그대로 계승한다는 뜻으로 나라 이름을 '후고구려'라 하였다.
* 중광 32년: 대조영이 즉위한 연도(699). 일반적으로 698년에 대조영이 대진을 건국한 것으로 알려져 왔으나, 여기서 보는 바와 같이 대진의 실질적인 건국자는 대중상이다.

초무유망　　주호정착　　　대득민망　　　만강유신　　　　국호
招撫流亡하사 周護定着하시니 大得民望하야 萬綱維新이라 國號를
　정위대진　　　　연호왈천통　　　거유고구려구강　　　척지육천리
定爲大震하시고 年號曰天統이오 據有高句麗舊彊하사 拓地六千里하시니라.

역주　태자 조영祚榮이 부고를 전한 사자를 따라 영주營州* 계성薊城*에서 무리를 이끌고 와 제위에 오르셨다(신시개천 4596, 단기 3032, 699). 홀한성忽汗城*을 쌓아 도읍을 옮기시고 10만 명의 군병을 모아 그 위용과 명성을 크게 떨치셨다. 이에 정책을 정하고 제도를 세워 당唐을 적으로 삼고 항거하여 복수할 것을 맹세하셨다.

말갈 장수 걸사비우乞四比羽*, 거란 장수 이진영李盡榮과 손을 잡고 군대를 연합하여 당나라 장수 이해고李楷固를 천문령天門嶺*에서 대파하셨다. 여러 장수를 나누어서 군현을 두어 지키게 하시고, 떠돌아다니는 백성을 불러 어루만지고 보호하여 정착하게 하시니 백성의 신망을 크게 얻어 나라의 모든 기강이 새로워졌다. 이에 국호를 정하여 대진大震이라 하시고 연호를 천통天統*이라 하셨다. 고구려의 옛 땅을 차지하시고 6천 리▣ 땅을 개척하셨다.

천통이십일년춘　　봉우대안전　　　묘호왈태조
天統二十一年春에 崩于大安殿하시니 廟號曰太祖이시오
　시호왈성무고황제　　　　태자무예　입　　개원왈인안　　서여거란
諡號曰聖武高皇帝시니라 太子武藝가 효하시니 改元曰仁安이오 西與契丹하고
　정계오주목　　　　동십리　임황수
定界烏珠牧하시니 東十里에 臨潢水라
　시세　개마 구다 흑수제국　개칭신납공　　우견대장장문휴
是歲에 蓋馬·句茶·黑水諸國이 皆稱臣納貢하고 又遣大將張文休하사
　살자사위준　　취등래　　위성읍　　　당주융기　노견병래　토불리
殺刺史韋俊하시고 取登萊하사 爲城邑하시니 唐主隆基가 怒遣兵來나 討不利라.

역주　천통 21년(신시개천 4616, 단기 3052, 719) 봄에, 대안전大安殿에서 붕어하시니, 묘호는 태조太祖요 시호는 성무고황제聖武高皇帝이시다.

* 영주營州: 지금의 요령성 조양朝陽 일대.
* 계성薊城: 천진시 북쪽에 있는 계현薊縣.
* 홀한성忽汗城: 대진의 수도인 상경용천부上京龍泉府. 지금의 흑룡강성 영안현寧安縣 동경성東京城.
* 걸사비우乞四比羽: 말갈 추장. 당나라 측천무후則天武后 만세통천萬歲通天(696~697) 연간에 영주營州 부근에서 거란 장수 이진충李盡忠이 군사를 일으켜 조회를 살해하고 반란을 일으켰을 때, 영주에 있던 대조영은 걸사비우와 함께 탈출하였다. 당나라는 이해고李楷固, 색구索仇 등을 보내 토벌하였다. 걸사비우는 전사하고, 이해고는 천문령에서 대조영에게 대패하여 돌아갔다(『당서』, 『발해전』).
* 천문령天門嶺: 혼하渾河와 휘발하輝發河의 분수령 부근으로 추정.
* 천통天統: 성무고황제(대조영)의 연호. 이 연호는 '환국-배달-단군조선-북부여-고구려'로 면면히 이어 온 한민족 국통國統의 정통을 대진이 계승한다는 강한 긍지와 자부심을 나타낸다. 또한 중국의 주장처럼 대진이 당나라의 제후국이 아니라, 당나라를 누르고 고구려의 정통 후예로서 건원칭제建元稱帝를 한 황제 국가임을 말해 준다.
* 『신당서新唐書』 「북적열전北狄列傳」에는 "영토는 사방 5천리에 호는 10여 만이며, 군사는 수만 명에 달했다"라고 하였다.

大震國

태자 무예武藝가 즉위(신시개천 4616, 단기 3052, 719)하여 연호를 인안仁安으로 고치셨다. 서쪽으로 거란과 더불어 국경을 오주목烏珠牧으로 정하시니 그곳에서 동쪽 10리에 황수潢水가 흐른다. 이 해(단기 3065, 732)에 개마蓋馬·구다句茶·흑수黑水※ 등 여러 나라가 모두 신하라 칭하고 조공을 바쳤다. 또 대장 장문휴張文休를 보내어 당나라 자사刺史 위준韋俊을 죽이고, 등래登萊(산동성의 등주登州와 내주萊州)를 취하여 성읍으로 삼으셨다. 이에 당나라 임금 이융기李隆基※가 분노하여 군대를 보내 쳐들어왔으나 싸움에 이기지 못하였다.

대진과 남북국 시대

明年에 守將淵忠麟이 與靺鞨로 大破唐奴於遼西帶山之陽하니 唐이 密與新羅約하야 急襲東南諸郡하야 至泉井郡하니 帝詔遣步騎二萬하사 擊破之시라 會에 大雪하야 羅唐軍이 凍死者가 甚多러라. 於是에 追至河西泥河하야 爲界하니 今江陵北泥川이 是也라 海州岩淵縣은 東界新羅하니 岩淵은 今瓮津이 是也라 自此로 新羅가 歲時入貢하니 臨津江以北諸城이 盡歸我라 又明年에 唐이 與新羅로 聯兵來侵이라가 竟無功而退하니라.

역주 다음 해(단기 3066, 733)에 수비 장수 연충린淵忠麟이 말갈병과 함께 요서遼西 대산帶山[1] 남쪽에서 당나라 군사를 대파하였다. 이에 당은 신라와 밀약을 맺고 동남방의 여러 군을 급습하여 천정군泉井郡※에 이르렀다.

임금께서 조서를 내리시고 보병과 기병 2만을 보내어 이를 격파할 때, 마침 큰 눈이 내려 신라와 당나라 군사 중에 얼어죽는 자가 아주 많았다. 이에 추격하여 하서河西의 이하泥河에 이르러 경계를 정했는데, 지금의 강릉 북쪽 이천泥川※이 그곳이다. 해주 암연현岩淵縣은 동쪽으로 신라와 경계를 접하였는데, 암연은 지금의 옹진이다. 이때부터 신라가 해마다 조공을 바치고, 임진강 이북 여러 성이 모두 우리 대진에 속하게 되었다. 또 다음 해(단기 3067, 734)에 당과 신라가 연합하여 쳐들어왔으나 마침내 아무 공도 없이 물러갔다.

※ 황수潢水: 지금의 서요하. 황하潢河, 요락수饒樂水, 서압록西鴨綠, 안민강安民江 등 여러 이름이 있다.
※ 구다句茶·개마蓋馬·흑수黑水: ① 구다는 북개마대산 밖 3백 리 되는 곳에 있었는데, 한국의 12연방국 중 하나인 구막한국寇莫汗國 가까운 곳이었다. ② 개마는 북개마대산 즉 지금의 외흥안령外興安嶺 동북에 있었다. ③ 흑수는 흑룡강 일대에 있던 나라이다.
※ 이융기李隆基: 당나라 6세 현종玄宗.
※ 천정군泉井郡: 지금의 함경남도 덕원군.
※ 이천泥川: 조선 시대의 유명한 실학자인 다산茶山 정약용은 『아방강역고我邦疆域考』 「발해고渤海考」에서 "당시 신라와 발해는 이하泥河를 국경으로 삼았다", "이하는 강릉 북쪽에 있는 이천수이다"라고 하였다.

신교 문명으로 강성해진 대진

仁安十六年에 句茶·蓋馬·黑水諸國이 以其國으로 來降하니
取爲城邑하시고 明年에 築松漠十二城하시고 又築遼西六城하사
遂有五京六十州一郡三十八縣하시니 圓幅이 九千餘里니 可云盛矣라.
是歲에 唐倭及新羅가 並遣使入貢하니 天下稱爲海東盛國이오
至有渤海三人當一虎之語라. 時에 君民和樂하고 論史樂義하며 五穀豐登하고
四海晏然하야 有大震六德之歌하야 以美之라.

역주 인안 16년(단기 3067, 734)에 구다·개마·흑수 등 여러 나라가 나라를 바쳐 항복하므로 취하여 성읍으로 삼으셨다.

이듬해(단기 3068, 735)에, 송막松漠*에 12성을 쌓고 또 요서遼西에 6성을 쌓으시어 드디어 5경京 60주州 1군郡 38현縣[2)]을 두셨다. 강역이 9천여 리나 되었으니 가히 강성하였다고 할 만하다. 이 해에 당과 왜, 신라가 모두 사신을 보내 조공을 바치니, 천하가 모두 **해동성국**海東盛國이라 불렀다. 심지어 '발해 사람 셋이 호랑이 한 마리를 당한다'*는 말까지 있었다. 이때 임금과 백성이 화락하고, 역사를 논하고 의로움을 즐겼다. 오곡이 풍등하고 온 세상이 평안하여 **대진육덕의 노래**[大震六德之歌]를 지어 당시의 모습을 찬미하였다.

翌年三月에 安民縣에 甘露가 降하니 禮官이 啓請賀儀한대 從之하시니라.
是月十六日에 祭三神一體上帝于西鴨綠河之上하시니
西鴨綠은 槀離古國地也라.

역주 이듬해(단기 3069, 736) 3월, 안민현安民縣*에 감로甘露가 내렸다.

예관禮官이 경축하는 예식을 거행할 것을 청원하므로 그 말을 따르셨다.

이 달 16일*에, 서압록하 상류에서 **삼신일체**三神一體 **상제님께 천제를 올리셨다**. 서압록(지금의 서요하)은 옛 고리국의 땅이다.

✻ 송막松漠: 지금의 하북성 위장현圍場縣과 내몽고 자치구의 경붕현經棚縣 즉 극십극등기克什克騰旗.
✻ 발해인의 기상과 풍속: "발해의 남자는 다른 나라 사람보다 자질이 우수하고 기운이 세어 발해인 세 사람이 호랑이 한 마리를 당한다"(『거란국지契丹國志』)라는 기록이 있다. "지나가는 과객이 들면 주인은 있는 대로 잘 대접하고, 갈 때에는 동전 한 닢 받지 않았다. 이와 같은 발해의 훌륭한 풍습은 단연 주위 모든 나라의 모범이 되었다"(『커발한』 27호, 17쪽).
✤ 안민현: 지금의 임황臨潢 동쪽에 있었다.
✻ 음력 3월 16일: 한맞이 또는 대영절大迎節. 대진국 시대까지도 신교의 삼신 신앙과 한민족 전래의 제천祭天 풍속을 계승하여 유지·발전시켜 왔음을 역력히 알 수 있다.

大震國

대진 수도 상경용천부 궁성내 주요 건물 유적 전경 | 흑룡강성 영안시寧安市 발해진渤海鎭. 입구 누대에서 궁성 안쪽의 중심 건물지를 바라본 모습이다. 완전한 발굴 복원이 이루어지지 않아 황량하게 보인다.

4세 문황제의 신교 문화 대부흥

十九年에 帝崩하시니 廟號曰光宗이시오 諡號曰武皇帝시니라 太子欽武가 입하시니 改元曰大興이오 自東京龍原府로 移都于上京龍泉府하시고 明年에 立太學하사 敎以天經神誥하시며 講以桓檀古史하시고 又命文士하사 修國史一百二十五卷하시니 文治는 興禮樂하고 武威는 服諸夷하야 太白玄妙之道가 洽於百姓하고 弘益人間之化가 賴及萬方이러라.

역주 인안 19년(신시개천 4634, 단기 3070, 737)에 임금께서 붕어하셨다. 묘호는 광종光宗이고 시호는 무황제武皇帝이시다.

태자 흠무欽武가 즉위(신시개천 4634, 단기 3067, 737)하였다. 연호를 대흥大興[3]이라 고치고, 도읍을 동경용원부東京龍原府에서 상경용천부上京龍泉府로 옮기셨다. 이듬해(738)에 **태학**太學을 세워 **『천부경』**과 **『삼일신고』**를 가르치고, **환단의 옛 역사**[桓檀古史]를 **강론하시고**, 또 학자들에게 **『국사國史』125권**을 편찬하도록 명하셨다. 문치文治는 예악을 일으키고, 무위武威는 여러 주변 족속을 복종시켰다. 이에 **동방 대광명의 현묘한 도道*** 가 백성들에게 흠뻑 젖어들고, **홍익인간의 교화**가 만방에 미쳤다.

* **태백현묘太白玄妙의 도道**: 한민족의 국교인 신교神敎를 말한다. 본문에서 보는 것처럼 대진국 때까지도 환인·환웅·단군왕검 이래 한민족 고유의 신교神敎 경전인 『천부경』과 『삼일신고』를 가르치고, 한민족의 뿌리인 삼성조의 역사를 강론하여 기록으로 남겼다. 또 매년 삼신상제님께 천제를 올린 기록으로 보아 신교의 삼신 신앙이 한민족에게 연면히 계속되었음을 알 수 있다. 이 점에서도 우리는 대진국이 한국사의 국통을 잇는 정통 국가임을 재인식하게 된다.

大興四十五年에 淄靑節度使李正己가 擧兵하야 拒唐軍하니
帝遣將助戰하시니라. 李正己는 高句麗人也니 生於平盧라
二十二年에 師衆이 逐軍帥李希逸하고 立正己러니 卒에 子納이 統父衆하고
五十六年에 納이 卒하니 子師古가 代其位하고 及卒에 其家人이 不發喪하고
潛使迎師道於密而奉之라.

역주 대흥 45년(단기 3114, 781)에, 치청淄靑*절도사 이정기李正己가 군사를 일으켜 당나라 군대에 항거하니, 임금께서 장수를 보내어 싸움을 돕게 하셨다.

이정기는 고구려인으로 평로平盧*에서 태어났다.

대흥 22년(단기 3091, 758)※에 병사들이 군의 통수자 이희일李希逸을 쫓아내고 정기를 세웠다. 이정기가 죽자(단기 3114, 781) 아들 납納이 아버지를 따르던 무리를 거느렸다(단기 3114, 781).

대흥 56년(단기 3125, 792)에 납이 죽자 아들 사고師古가 그 자리를 계승하였다(단기 3125, 792). 사고가 죽자(단기 3139, 806) 그 집 사람들이 발상發喪을 하지 않고 몰래 사람을 보내 밀密※ 땅에서 (이복동생) 사도師道를 맞아들여 받들었다(단기 3139, 806).

대진 역대 성황의 세계

大興五十七年에 帝崩하시니 廟號曰世宗이시오 諡號曰光聖文皇帝시니라.
國人이 立其族弟元義러니 性暴惡하야 不能理國이라
甲戌에 國人이 廢之하고 迎立先帝之孫華典하니 改元曰中興이오
明年에 崩하시니 廟號曰仁宗이시오 諡號曰成皇帝시니라. 皇叔崇璘이 立하시니
是爲穆宗康皇帝시니라. 歷毅宗定皇帝元瑜와 康宗僖皇帝言義와
哲宗簡皇帝明忠하야 至聖宗宣皇帝仁秀하니 天資英明하시고
德氣如神하시며 才兼文武하사 乃有太祖之風이시라.

역주 대흥 57년(단기 3126, 793)에 임금께서 붕어하시니 묘호는 세종世宗이요 시호는 광성문황제光聖文皇帝이시다. 나라 사람들이 그 친족 아우 원의元義를 옹립하였으나, 원의는

---

* 치청淄靑: 당나라 때의 번진藩鎭 이름. 지금의 산동반도 북부 지역.
* 평로平盧: 현종 때 범양范陽 절도사가 있던 땅에 평로절도사를 두었는데, 하북성 동부의 땅을 영유했다.
※ 758년: 이정기가 왕현지의 아들을 죽이고 후희일을 평로절도사에 추대한 해이다. 군사들이 후희일(이희일)을 축출하고 이정기를 세운 해는 765년이다.
※ 밀密: 산동성 밀주密州. 지금의 제성시諸城市.

성품이 포악하여 나라를 다스릴 수 없었다.

갑술(단기 3127, 794)년에 나라 사람들이 원의를 폐하고 선제先帝의 손자 화흥華興을 맞이하여 옹립하였다. 연호를 고쳐 중흥中興이라 하였다. 이듬해(단기 3128, 795)에 붕어하시니 묘호는 인종仁宗이요 시호는 성황제成皇帝이시다. 임금의 숙부인 숭린崇璘이 즉위하니, 이분이 목종 강황제穆宗康皇帝(7세)이시다.

의종 정황제毅宗定皇帝 원유元瑜(8세), 강종 희황제康宗僖皇帝 언의言義(9세), 철종 간황제哲宗簡皇帝 명충明忠(10세)을 지나 성종 선황제聖宗宣皇帝 인수仁秀(11세)에 이르렀다.

이분은 타고난 천품이 영명하시고, 덕성과 기질이 신령스럽고, 재주는 문무를 겸비하시어 태조의 풍모가 있었다.

대진의 통치 영역과 신교의 생활화

南定新羅하사 置泥勿·鐵圓·沙弗·岩淵等七州하시고
北畧鹽海·羅珊·曷思·藻那·錫赫과 及南北虞婁하사 置諸部하시니
長白之東曰安邊이오 鴨江之南曰安遠이오 牧丹之東曰鐵利오
黑水之上曰懷遠이오 灤河之東曰長嶺이오 長嶺之東曰東平이오
虞婁는 在北大蓋馬之南北하니 地廣이 九千里라 境宇大開하야 文治熙洽하니
上自國都로 下至州縣히 皆有學하야 九誓五戒를 朝夕誦習하며 春秋考績하야
衆議薦貢하니 人旣畜力하고 家盡待用이라.

역주 선황제께서 남쪽으로 신라를 평정하여 이물泥勿*, 철원鐵圓, 사불沙弗*, 암연岩淵 등 일곱 주州를 설치하고, 북쪽으로 염해鹽海, 나산羅珊, 갈사曷思*, 조나藻那*, 석혁錫赫과 남·북 우루虞婁*를 공략하여 여러 부部를 설치하셨다.

장백(백두산) 동쪽을 안변安邊이라 하고, 압록강 남쪽을 안원安遠이라 하였다. 목단 동쪽을 철리鐵利라 하고, 흑수(흑룡강) 위를 회원懷遠이라 하고, 난하 동쪽을 장령長嶺, 장령 동쪽을 동평東平이라 하였다. 우루虞婁는 북대개마* 남북에 자리잡고 있었다.

땅 넓이는 9천 리로 영토가 크게 개척되고 문치文治를 잘 베풀어서, 위로 수도에서 아래로 주현에 이르기까지 모두 학교가 있고 **구서오계**九誓五戒*를 아침저녁으로 외워 익혔다.

*이물泥勿: 경기도 이천利川.
*사불沙弗: 고구려 때는 내을매현이라 했는데, 경기도 양주楊州이다.
*갈사曷思: 남·북 갈사가 있다. 여기서는 북갈사로 지금의 우수리 강변이다.
*조나藻那: 지금의 연해주 아극산雅克山이다.
*남·북 우루虞婁: 외흥안령外興安嶺 남북에 있었다.
*북대개마: 지금의 대흥안령산맥.

봄가을로 관리의 공적을 조사하고 여러 사람이 의논하여 어진 인재를 천거하였다. 사람들은 일찍부터 힘을 차차 쌓아 기르면서 집에서 인재로 쓰이기를 기다렸다.

> 自是로 國勢富强하고 內外安悅하야 自無盜窃姦謀之端이오 唐倭新羅와 及契丹이 莫不畏服하야 天下萬邦이 皆以聖人興治之海東盛國으로 欽頌之라. 更五代하야 耶律이 雖頻數加兵이나 終不能服也라 後에 經莊宗和皇帝彛震과 順宗安皇帝虔晃과 明宗景皇帝玄錫하고 至哀帝諲譔하야 爲契丹所滅하니 自世祖로 傳十五世하야 共二百五十九年이러라」하니라.

역주 이로부터 나라가 부강해지고 안팎이 편안하고 기쁨이 넘쳐 도둑질하거나 간사하게 모의하는 폐단이 저절로 사라졌다. 당과 왜, 신라, 거란이 모두 두려워하여 복종하지 않을 수 없었다. 천하 만방에서 모두 **성인이 다스리는 해동성국**이라 칭송하였다.

5대(당나라가 망한 후 일어났지만 단명으로 끝난 후량, 후당, 후진, 후한, 후주 등 다섯 나라)의 흥망 시기(단기 3240, 907~단기 3293, 960)에 야율耶律[5]이 비록 여러 번 싸움을 걸어 왔으나 끝내 굴복시키지 못했다. 뒤에 장종 화황제莊宗和皇帝 이진彛震(12세), 순종 안황제順宗安皇帝 건황虔晃(13세), 명종 경황제明宗景皇帝 현석玄錫(14세)을 지나 애제哀帝 인선諲譔(15세)에 이르러 거란에게 멸망당하였다(신시개천 4823, 단기 3259, 926). 세조世祖로부터 **15세**를 전하여 **259년**을 누렸다.※

역대 황제의 연호와 주요 지명

> 穆宗이 改元曰正曆이오 毅宗이 改元曰永德이오 康宗이 改元曰朱雀이오 哲宗이 改元曰太始오 聖宗이 改元曰建興이오 莊宗이 改元曰咸和오 順宗이 改元曰大定이오 明宗이 改元曰天福이오 哀帝가 改元曰淸泰라. 大震國南京南海府는 本南沃沮古國이니 今海城縣이 是也오 西京鴨綠府는 本槀離古國이니 今臨潢이오 今西遼河가 卽古之西鴨綠河也라. 故로 舊志에 安民縣은 在東하고 而其西는 臨潢縣이니 臨潢은 後에 爲遼上京臨潢府也오 乃古之西安平이 是也라.

※ **구서오계九誓五戒**: 부여의 구서九誓는 '효孝·우友·신信·충忠·손遜·지知·용勇·염廉·의義'이다.
※ 종래에는 대진의 황통皇統을 태조 대조영으로부터 애제哀帝까지 14세 228년으로 알고 있었다. 그러나 『태백일사』에서는 대조영의 아버지 대중상을 초대 황제로 잡음으로써 15세 259년간이라 밝히고 있다.

역주 목종穆宗은 연호를 고쳐 정력正曆이라 하고, 의종毅宗은 연호를 영덕永德, 강종康宗은 주작朱雀, 철종哲宗은 태시太始, 성종聖宗은 건흥建興, 장종莊宗은 함화咸和, 순종順宗은 대정大定, 명종明宗은 천복天福, 애제哀帝는 청태淸泰라 하였다.

대진국의 남경남해부*는 본래 옛 남옥저 땅인데, 지금의 해성현이다. 서경압록부는 본래 옛 고리국槀離國 땅이고, 지금의 임황臨潢이다.* 지금의 서요하는 곧 옛날의 서압록하이다. 그러므로 옛 기록[舊志]에서 말한 안민현은 동쪽에 있고 그 서쪽은 임황현인데, 임황은 뒤에 요나라의 상경임황부가 되었다. 바로 옛날의 서안평이다.

의려국 임금이 일본으로 건너가 왕이 됨

正州는 依慮國所都니 爲鮮卑慕容廆所敗하야 憂迫欲自裁라가
忽念我魂尙未泯하니 則何往不成乎아. 密囑于子扶羅하고 踰白狼山하야
夜渡海口하니 從者가 數千이라 遂渡하야 定倭人爲王하니
自以爲應三神符命이라 하고 使群臣獻賀儀하니라.
或云 依慮王이 爲鮮卑所敗하야 逃入海而不還하니 子弟가 走保北沃沮라가
明年에 子依羅가 立하니라. 自後로 慕容廆가 又復侵掠國人하니
依羅가 率衆數千하고 越海하야 遂定倭人爲王이라 하니라.

역주 정주正州는 **의려국依慮國**이 도읍한 땅이다. 의려국 왕이 선비鮮卑 모용외慕容廆[6]에게 패한 뒤 핍박당할 것을 근심하여 스스로 목숨을 끊으려 하였다. 이때 문득, '나의 영혼이 아직 죽지 않았는데 어디에 간들 이루지 못하리오?'라는 생각이 들어, 은밀히 아들 부라扶羅(依羅)에게 왕위를 넘기고, 백랑산白狼山*을 넘어 밤에 해구海口를 건너니, 따르는 자가 수천 명이었다.

---

* 남경남해부南京南海府: 『요사遼史』 「지리지」에 "해주는 남해군이며 절도사가 있다. 본래는 옥저국의 영토이다. 고구려 때는 사비성을 쌓았는데 당나라 이세적이 이곳을 공격한 적이 있다. 발해에서는 남경남해부라 불렀다"라고 하였다. 요나라 때의 해주海州 곧 지금의 해성海城이다.
* 임황臨潢: 대진 때 오경五京의 하나인 서경압록부는 지금의 요하 상류 임황臨潢에 있었다. 고구려·대진 당시에 지금의 요하가 압록으로 불렸다. 요나라 수도인 상경임황부에 대진의 서경압록부가 자리 잡고 있었고, 후에 대진을 멸망시킨 요나라가 상경임황부를 도읍으로 삼았다.
* 정주正州: 대진 오경五京의 하나인 서경압록부西京鴨綠府에 속한 압록 사주四州 중의 하나. 일명 비류군沸流郡. 『요사』 「지리지」와 『발해국지』 「지리지」에 따르면, 압록 사주는 신주神州·환주桓州·풍주豊州·정주正州이다.
* 의려국依慮國: 고구려 3세 대무신열제가 동부여를 멸망시킨 후 대소왕의 종제를 연나부椽那部에 안치하였는데, 그 후 자립하여 백랑산에 이르러 정착하였다. 이것이 연나부부여, 즉 의려국이다.
* 백랑산白狼山: 대릉하 상류 부근인 요령성 객좌현喀左縣에 있는 백록산白鹿山.

마침내 바다를 건너 왜인을 평정하고 왕이 되었다. 스스로 **삼신三神의 부명符命***에 응한 것이라 하고, 여러 신하로 하여금 하례 의식을 올리게 하였다.

어떤 이는 이렇게 말한다.

"의려왕은 선비족에게 패하자 도망하여 바다로 들어가 돌아오지 않았다. 자제들이 북옥저로 달아나 몸을 보전하다가 이듬해에 아들 의라依羅가 즉위하였다. 이 뒤 모용외가 또다시 침략하여 아국사람들을 약탈하였다. 의라가 무리 수천을 거느리고 바다를 건너 마침내 왜인을 평정하고 왕이 되었다."

당시 한국과 일본과의 관계

日本에 舊有伊國하니 亦曰伊勢라 與倭同隣이오 伊都國은 在筑紫하니
亦卽日向國也라. 自是以東은 屬於倭하고 其南東은 屬於安羅하니
安羅는 本忽本人也라. 北有阿蘇山하고 安羅는 後에 入任那하니 與高句麗
早已定親이오 末盧國之南曰大隅國이니 有始羅郡이오 本南沃沮人所聚라.

역주 일본에는 옛적에 이국伊國*이 있었는데, 이세伊勢라고도 불렸고, 왜와 이웃하였다. 이도국伊都國은 축자筑紫®에 있었는데, 바로 일향국日向國이다. 여기서부터 동쪽은 왜倭(응신조 왜를 말함)®에 속하고, 그 남동쪽은 안라安羅*에 속하였다. 안라는 본래 홀본忽本 사람이다. 북쪽에 아소산이 있다. 안라는 뒤에 임나에 들어가서 일찍이 고구려와 친교를 맺었다.

말로국末盧國*의 남쪽을 대우국大隅國이라 했는데 거기에 시라군始羅郡이 있었다. 본래 남옥저 사람이 모여 살던 곳이다.

***삼신三神의 부명符命**: 역대 일본 왕이 권력의 상징으로 신기 삼종神器三種(거울, 동검, 곡옥)을 간직한 것은 '삼신부명三神符命'과 관련이 있다.

***이국伊國**: 지금의 일본 나라奈良현 동쪽 미에三重현 지방에 있던 나라.

®**축자筑紫**: 지금의 서북 큐슈의 후쿠오카福岡.

®**왜倭**: 여기서는 3세기 말엽에 망명 부여의 왕 의라가 일본을 정복하여 세운 일본 최초의 통일 왕조인 야마토 왜를 말한다. 지금의 북큐슈 일부와 관동·동북 지방을 제외한 혼슈本州의 서반부를 차지하였다.

***안라국**: 일명 아소국阿蘇. 아소산은 아사달阿斯達의 전음轉音이고, 안라국은 '아스벌 나라'라는 뜻이다. 안라는 본래 고구려 계통에 속한 관가官家였기 때문에 (광개토열제비문에도 나오는 것처럼) 광개토열제가 왜倭를 정벌한 후 안라인을 수병戍兵으로 한 것이다(이유립, 『대배달민족사』, 「천天」, 585쪽; 같은 책 「인仁」, 430쪽).

***말로국**: 지금의 큐슈 사가佐賀현 북부 해안에 있는 마츠라松浦.

한·중·일 삼국의 교역과 교류

屠南蠻·忱彌·晙夏·比自烌之屬이 皆貢焉하니 南蠻은 九黎遺種이니
自山越來者也오 比自烌은 弁辰比斯伐人之聚落也오 晙夏는 高句麗屬奴也라.
時에 倭人이 分據山島하야 各有百有餘國이라 其中에 狗邪韓國이 最大하니
本狗邪本國人所治也라 海商船舶이 皆會於種島而交易하니 吳魏蠻越之屬이
皆通焉이라. 始渡一海千餘里하면 至對馬國하니 方可四百餘里오
又渡一海千餘里하면 至一岐國하니 方可三百里니 本斯爾岐國也오
子多諸島가 皆貢焉이라 又渡一海千餘里하면 至末盧國하니
本挹婁人所聚也라. 東南陸行五百里하면 至伊都國하니 乃盤余彦古邑也라.

역주 남만南蠻·침미忱彌·환하晙夏·비자발比自烌* 족속들이 모두 조공을 바쳤다.
　남만은 구려九黎의 후예로 산월山越에서 온 자들이고, 비자발은 변진弁辰·비사벌比斯伐 사람들이 모여 살던 읍락이고, 환하晙夏는 고구려에 예속된 자[屬奴]들이다.

　이때 왜인은 산과 섬에 흩어져 살았는데 나라가 100여 개 있었다. 그 가운데 **구야한국**狗邪韓國이 가장 컸는데, 본래 구야狗邪의 본국 사람이 다스리던 곳이다. 바다에서 장사하는 배는 모두 종도種島(다네시마)*에 모여 교역하였는데, 오吳, 위魏, 만蠻, 월越의 무리들이 모두 통상하였다.

　처음에 바다 건너 천여 리를 가면 대마국對馬國에 이르는데, 사방이 4백여 리쯤 된다. 또 바다 건너 천여 리를 가면 일기국一岐國*에 닿는데, 사방이 3백 리쯤 되고 본래 사이기국斯爾岐國이다. 자다子多의 여러 섬이 모두 조공을 바쳤다.

　또 바다를 건너 천여 리를 더 가면 말로국末盧國에 이르는데, 본래 읍루인挹婁人*이 모여 살던 곳이다. 동남쪽으로 육지로 5백 리를 가면 이도국伊都國*에 이르는데, 곧 반여언盤余彦*의 옛 고을이다.

✻ 남만南蠻·침미忱彌·환하晙夏·비자발比自烌: 남만은 지금의 도성都城, 침미는 내천內川, 환하는 큐슈 중부, 비자발은 창녕으로 추정.
✻ 종도種島: 큐슈 가고시마현鹿兒島縣 오오스미제도大隅諸島에 있는 섬으로, 지금의 타네가시마種子島.
✻ 일기국一岐國: 일명 일대국一大國인데 지금의 일기도一岐島. 본래 사이기국斯爾岐國이라 하였는데, 광개토열제가 세운 임나국任那國 연방의 하나이다.
✻ 읍루挹婁: 고구려의 속지屬地. 지금의 연해주 지역.
✻ 이도국伊都國: 『후한서』에서 이토而土(본래 면토面土로 되어 있으나 이토而土가 맞음)라 하였다. 나라奈良 시대부터 에도江戶 시대에 이르기까지 이토怡土라 불렀다. 지금의 큐슈 후쿠오카福岡현의 계도군系島郡이다(이유립, 『대배달민족사』, 「천T」, 601쪽).
✻ 반여언盤余彦: 일본 왕가의 뿌리인 1세 진무神武 왕의 이름.

대진의 정통 맥과 망국 이후 회복 운동

新唐書에「渤海는 本粟末靺鞨의 附高麗者니 姓은 大氏오 乞乞仲象者가 與靺鞨酋長乞四比羽와 及高麗餘衆으로 東走渡遼水하야 保太白山東北하고 阻奧婁河러니 仲象이 死하고 子祚榮이 引殘痍하야 遁去라가 即幷比羽之衆하고 恃荒遠하야 乃建國하니 自號震國王이오 盡得夫餘·沃沮·弁韓·海北諸國이라」하니라.

역주 『신당서新唐書』에 이렇게 기록되어 있다.

발해는 본래 속말말갈粟末靺鞨[7]로 고구려에 붙어 있던 나라인데, 건국자의 성은 대씨大氏이다. 걸걸중상乞乞仲象이란 인물이 말갈 추장 걸사비우와 고구려 유민과 함께 동쪽으로 달아나 요수※를 건너 태백산 동북을 확보하고 오루하奧婁河*를 의지하였다.

중상이 죽자 아들 조영이 남은 무리를 이끌고 도망하다가 곧 비우의 무리를 합하고 땅이 거칠고 멀리 떨어진 것을 믿고 건국하여 스스로 **진국왕**震國王이라 하였다. 부여·옥저·변한·해북의 여러 나라*를 모두 얻었다.

史氏曰 乞乞仲象이 以敗亾之餘로 走險自保하시니 同太王之去邠이오 高王祚榮이 以創業之資로 剪棘開基하시니 類句賤之興越이라 蓋幅幀이 旣建에 乃以文德修之하사 改制度하시며 建官爵하시며 列郡縣하시고 抗手大國하사 方域이 至五千里오 國祚가 至三百年하니 當時四方이 殆無逾之者니 亦云盛矣로다.

역주 사씨史氏는 말한다. 걸걸중상이 패망한 후 남은 무리를 모아 험한 곳으로 피신하여 스스로 보전한 것은 옛날에 태왕太王※이 빈邠※을 떠난 것과 같다. 고왕高王 조영祚榮이 창업의 자질이 있어 온갖 어려움을 극복하고 나라의 기틀을 닦으신

※ **요수**遼水: 여기서 요수는 지금의 대요하大遼河이다. 대요하는 고구려 때까지도 구려하九黎河·고구려하高句麗河로 불렸다. 본래 요수는 중국 동북 국경 하천을 부르던 것으로 시대에 따라 이름이 바뀌었으며, 요遼나라 건국 후에 지금의 요하遼河라는 명칭으로 고정되었다.

* **오루하**奧婁河: 지금의 목단강牧丹江.

※ 부여는 송화강 유역이고, 옥저는 4옥저가 있다. 변한은 단군조선의 삼한관경 중 하나인 변한을 말하는데, 곧 지금의 요하 서쪽과 하북성 일대이다. 해북 제국은 대진 북쪽의 여러 나라를 말한다.

▣ **태왕**太王: 주周나라 문왕文王의 조부祖父인 고공단보古公亶父.

※ **빈**邠: 주나라의 선조 공류公劉가 이주한 땅인데 태왕이 기岐로 이주할 때까지 중심지였다. 지금의 섬서성 빈현彬縣 순읍현旬邑縣 일대.

大震國

것은, 구천句踐이 월越나라를 일으킨 것과 같다. 영토가 확보되자 문덕으로써 이를 닦고 제도를 고치고 관작을 정비하시고, 군현을 두어 큰 나라에 대항하셨다. 나라의 영역이 5천 리에 이르고 역사가 300년에 이르러 당시에 사방에 대진국을 능가할 나라가 없었으니 역시 강성하였다고 이를 만하다.

高麗顯宗元文大王二十年에 契丹東京將軍大延琳은
太祖高皇帝七世孫也라. 囚留守駙馬蕭孝元과 南陽公主하고
殺戶部使韓紹勳等하야 卽位하니 曰興遼오 改元天慶이라
遣高吉德하야 來告建國하고 兼求援하니라.

역주 고려 현종顯宗 원문대왕元文大王 20년(단기 3362, 1029)에, 거란의 동경장군 대연림大延琳은 태조 고황제(대조영)의 7세 손으로, 부마駙馬인 유수留守 소효원蕭孝元과 남양南陽공주를 가두고, 호부사戶部使 한소훈韓紹勳 등을 죽이고 즉위하였다. 국호를 흥료興遼라 하고, 연호를 천경天慶이라 하였다. 고길덕高吉德을 고려에 파견하여 나라 세운 일을 알리고 아울러 도움을 청하였다.

遼東留守蕭保先이 爲政酷虐이러니 高麗睿宗文孝大王十一年正月朔에
東京裨將渤海人高永昌이 與數十人으로 乘酒恃勇하고 持刀踰墻垣하야
入府衛登廳하야 問留守所在하고 給云호대 外兵이 變일새 請爲備라 하니라.
保先이 出에 衆殺之라 假留守大公鼎과 副留守高淸臣이 戰不能勝하야
奪西門出하야 奔遼하고 永昌은 自稱大渤海國皇帝하야 改元隆基하고
據遼東五十餘州하니라.

역주 요동유수遼東留守❸ 소보선蕭保先이 정치를 가혹하게 하자, 고려 예종睿宗 문효대왕文孝大王 11년(단기 3449, 1116) 정월 초하루에, 동경東京❹ 비장裨將인 발해 사람 고영창高永昌이 수십 명과 함께 술김에 용맹을 믿고 칼을 들고 담을 뛰어넘어 부위府衛에 들어갔다. 대청에 올라가 유수가 있는 곳을 묻고, 거짓으로 "외부의 군대가 쳐들어오니 대비를 해야 한다"라고 하였다.

보선이 나오자 무리가 그를 죽였다. 가유수假留守 대공정大公鼎*과 부유수副留守 고

---

❸ 유수留守: 임금을 대신하여 머물러 지킨다는 뜻으로, 수도 이외의 요긴한 곳을 맡아 다스리던 특수 외관직外官職을 말한다.
❹ 동경東京: 요나라의 동경요양부東京遼陽府를 말함. 지금의 요령성 요양.
* 대공정大公鼎: 요나라 때 대진 사람. 천조(天祚: 1101~1125) 연간에 중경 유수中京留守를 제수 받았다.

청신高淸臣이 맞서 싸웠으나 이기지 못하고 서쪽 문으로 나가 요나라로 달아났다.

영창이 스스로 대발해국 황제라 하고, 연호를 융기隆基라 하고, 요동 50여 주를 차지했다.

宋史에 曰「定安國은 本馬韓之種으로 爲遼所敗러니 其酋帥가 糾合餘衆하야
保其西鄙하고 建國改元하야 自號定安國이라」하니라.
開寶三年에 其王烈萬華가 因入貢女眞하야 附表貢獻하고
太宗時에 其王烏玄明이 復因女眞하야 上表하니 其畧에 曰
臣은 本以高麗舊壤의 渤海遺黎로 保此方隅하니이다 하니
太宗이 答勅에 畧曰卿이 奄有馬韓之地하야 介于鯨波之表云云하고
端拱淳化間에 復因女眞奉表러니 其後不至라.

역주 『송사宋史』*에 이런 기록이 있다.

정안국定安國*은 본래 마한馬韓*의 후예로서, 요遼에게 패하자 그 우두머리가 남은 무리를 규합하여 서쪽 변두리 땅을 확보하였다. 나라를 세우고 연호를 정해 스스로 나라 이름을 정안국이라 하였다.

개보開寶(북송 태조의 연호) 3년(단기 3303, 970)에 그 왕 열만화烈萬華*가 조공 바치러 온 여진을 통해 글을 올리고 공물을 바쳤다. 태종(북송 2세 임금) 때 왕 오현명烏玄明이 다시 여진을 통해 글을 올렸는데, 그 내용은 대략 이렇다.

"신은 본래 고구려의 옛 땅에 사는 발해의 유민으로서 이곳* 한 모퉁이를 차지하고 있습니다."

태종은 답서에서 대략 "경이 마한 땅을 차지하고 큰 파도에 끼어 있다는 글을 올리니…" 운운했다. 단공端拱(태종의 연호, 단기 3321, 988~단기 3322, 989)과 순화淳化(태종

---

* 『송사宋史』: 송宋(960~1279)나라의 정사正史. 1343년 원元나라 승상 탈탈脫脫 등이 칙명을 받들어 편찬한 496권으로 된 역사책. 여기에 「고려전高麗傳」이 들어 있다.
* 정안국(928~986): 926년에 대진이 거란에게 망하자 일부 남은 사람들이 거란 세력이 미치지 않는 압록강 일대에 세운 나라.
* 마한馬韓: 고조선 시대 동압록(현재의 압록강) 이남은 마한이었고, 그 도읍지가 현재의 평양이다. 고구려는 대동강 지역을 차지하여 마한 유민을 병합하였다. 따라서 열국 시대에 마한은 두 개였다. 고구려에 병합된 한반도 북부의 마한과 백제에 병합된 한수漢水 이남의 마한이 그것이다.
* 열만화烈萬華: 대진의 권신權臣. 대진이 거란에게 망한 후에 정안국을 세우고 왕이 되었다.
* 그 지역은 압록·동가佟佳 두 강 유역이었고, 처음에는 대진의 권신權臣 열만화烈萬華가 왕이 되었다가 나중에 오현명烏玄明이 계승하였다. 오현명은 981년(고려 경종 6)에 여진女眞의 사신을 통해 송宋나라에 국서를 보냈고 송나라도 회답을 보냈다. 그 후부터 정안국과 송나라의 외교가 빈번해졌는데, 이를 시기한 거란의 성종이 986년(고려 성종 5)에 정안국을 없애버렸다.

大震國

의 연호, 단기 3323, 990~단기 3327, 994) 사이에 다시 여진을 통해 글을 올리더니, 그 뒤에는 올리지 아니하였다.

대진국의 멸망

> 大震國哀帝淸泰二十六年春正月에 耶律倍가 與弟堯骨로 爲前鋒하야 夜圍忽汗城한대 哀帝出降하시니 國亡하니라. 二月丙午에 遼太祖가 建東丹國하고 以長子倍로 爲人皇王하야 王之하니 建元甘露하고 改忽汗城하야 爲天福하고 準用天子冠服하야 被十二旒冕하니 皆畫龍象이라 仍用大震國舊制하야 以叔迭刺로 爲左大相하고 大震老相失名으로 爲右大相하고 大震司徒大素賢으로 爲左次相하고 耶律羽之로 爲右次相하고 赦國內殊死以下하고 約歲貢은 布十萬端과 馬千匹하니라. 甘露二十七年冬十二月庚辰에 遼罷東京中臺省하니 東丹國이 除라.

역주 대진국 (15세) 애제哀帝 청태* 26년(단기 3259, 926) 봄 정월에, 야율배耶律倍*가 아우 야율요골耶律堯骨과 함께 선봉이 되어 밤에 홀한성忽汗城을 포위하였다. 애제가 나가 항복하시니 나라가 망하였다.[8]

2월 병오에, 요 태조가 **동단국**東丹國※을 세우고 맏아들 배倍를 **인황왕**人皇王으로 봉하여 왕노릇하게 하였다. 연호를 감로甘露라 하였다.

홀한성을 고쳐 천복天福이라 하고, 천자의 관과 옷을 표준으로 삼아서 열두 줄 면류관을 쓰고 모두 용의 형상을 그렸다. 대진국의 옛 제도를 이어받아 숙부 질랄迭刺을 좌대상左大相으로 삼고, 대진의 늙은 재상(이름은 알 수 없음)을 우대상右大相으로 삼고, 대진 사도司徒※ 대소현大素賢을 좌차상左次相, 야율우지耶律羽之를 우차상右次相으로 삼았다.[9] 그리고 사형수를 제외한 나라 안의 모든 죄인을 사면하고, 해마다 포 10만 단과 말 천 필을 조공으로 바칠 것을 약조하였다.

감로 27년(단기 3285, 952) 겨울 12월 경진에, 요나라가 동경 중대성中臺省을 폐지하자 동단국이 없어졌다.

✽**청태**淸泰: 대진의 15세 마지막 황제인 애제哀帝의 연호(901~926).
✽**야율배**耶律倍: 요나라(916~1125)의 시조 야율아보기의 장자.
※**동단국**東丹國: 동거란東契丹이란 뜻. 요나라 태조가 대진을 멸망시키고 동단국이라 했다.
※**사도**司徒: 고대 관직명官職名. 고려 시대에는 정1품正一品 호조판서戶曹判書를 사도라 하였다.

1) 요서遼西의 대산帶山

요서는 지금의 하북성 난하 서쪽. 고구려 시대뿐만 아니라 대진 때까지도 요서는 지금의 요하가 아니라 난하였다. 따라서 요서의 대산은 지금의 하북성 난하 지역에 있었다. 이유립은 하북성 풍윤현豊潤縣 동쪽 80리에 요대산腰帶山이 있고 여기서 대수帶水가 흘러 나온다고 하였다. 대산帶山·대수帶水·대방帶方은 모두 같은 지역에 있던 지명인데, BCE 195년 인근의 낙랑왕 최숭이 바다 건너 대동강변의 마한 왕검성으로 이주하자 대방인들도 따라가 지금의 황해도에 대방국을 세웠고 원래의 위치에는 대방군이 설치되었다. 이로 인해 사대·식민주의 사학은 지금까지도 대방군이 세워진 곳이 황해도라고 고집한다.

2) 대진 오경五京 제도의 연원

대진의 오경 제도의 뿌리는 어디서 찾을 수 있을까? 바로 『환단고기』「삼신오제본기」에 기록된 삼신三神 사상과 오제五帝 사상에서 유래한다. 이강식은 『신시조직사神市組織史』에서 다음과 같이 말하고 있다. "우리의 고유한 조직적 전통을 보면 한민족의 삼신오제三神五帝 사상이 고려 때까지도 유구한 전통이 었음을 알 수 있다. 환국의 5가加 조직, 신시神市의 3백伯 5사事 5가加 조직, 고조선의 3한韓 5가加 3백伯 6사事 조직이 있다. 뿐만 아니라 고구려의 3경京 5부部 조직, 백제의 5부部 조직, 신라의 5소경 조직, 대진의 5경 조직, 고려의 3경京 5도道 양계兩界 조직 등으로 이어져 왔는데 이것은 모두 5분할의 지역조직이다."

대진은 지방을 통치하기 위해 오경五京 15부部 62주州라는 행정 조직을 운영하였다. 오경 중에서 상경上京과 중경中京, 동경東京은 수도가 될 정도로 중요하다. 오경 제도의 연원에 대해서는, 오경의 도성都城 제도가 당나라 이전일 수 없다는 의견과, 당의 사경四京제가 발해 오경의 기원이 될 수 없다는 의견이 대립하고 있다. 그러나 대진의 오경제는 고구려의 오부五部제와 신라의 오소경五小京제 및 백제의 오방五方제를 계승한 것이다.

동북아역사재단의 『발해 오경과 영역변천』에서는, 대진과 당의 문화는 근원이 다르다는 것을 다음과 같이 기술하고 있다. "발해의 상경성은 160여 년간 존속했던 도성이고 당나라의 오경제는 불과 4년 정도에 불과하였다는 점을 염두에 둔다면, 발해 오경제가 단순히 당으로부터 연원한다는 주장을 수용할 수 없다. 대진 유적에서 당 왕조의 유적에는 없는 고구려식 온돌이 발견되는 것은 우연이 아닐 것이다. 또한 대진의 오경제가 요遼와 금金에 절대적인 영향을 미쳤던 점은 널리 알려진 사항이다."

3) 칭제건원을 한 황제국 대진

대흥은 대진 4세 문황제 대흠무의 연호. 『태백일사』의 이러한 기록은 고고학적 발굴 성과에 의해서도 그대로 입증된다. 1949년 길림성 돈화현 근교 육정산六頂山 고분에서 문황제의 둘째 딸인 정혜공주의 묘비가 출토되었다. 묘비문은 모두 25행인데 본문은 19행이다. 비문 제2행에는 "大興寶曆孝感, 金輪聖法大王之第二女也"라고 기록되어 있다. 이 구절에서 대흥大興은 문황제의 연호이다. 비문의 기록은 중국 측 주장처럼 '대진이 당나라에 예속된 일개 지방 정권'이거나 제후국이 아니라, '당나라와 대립하여 건원칭제한 황제 국가'임을 명백히 입증해 준다. 길림성 화룡 용두산에서 발견된 문황제의 넷째 딸 정효공주貞孝公主의 묘지에 나오는 '황상皇上'이라는 표기 또한 이러한 사실을 뒷받침한다. "황상皇上께서는 조회를 파하고 크게 슬퍼하셨다"(「정효공주묘지병서貞孝公主墓誌幷序」).

4) 이정기李正己

고구려 유민으로 본명은 회옥懷玉. 이희일李希逸을 섬겨 병마사兵馬使가 되었는데, 심성이 강직하여 사람들의 신임을 받았다. 군사들이 이희일을 내쫓고 이정기를 세우니, 마침내 절도사가 되어 치淄·청靑·제齊·등登·내萊 등 10주州 땅을 다스렸고 이어 조曹·복濮·서徐·연兗·운鄆 다섯 주를 취하였다. 부역과 세금을 균등히 하였고 정령政令은 지극히 엄하였으니, 그 위엄이 사해에 떨쳤다. 건중建中(덕종의 연호 780~783) 초에 변汴(하남성 개봉)에서 전열田悅 등과 함께 당나라에 반기를 들고 자립을 도모했다(『신당서』;『구당서』).

5) 야율아보기耶律阿保機(872~926)

요遼나라의 건국자. 중국 동북부에서 활약하다가 당나라가 쇠약해진 틈을 타 거란契丹의 여러 부족을 규합하여 916년에 황제라 칭하고 임황臨潢(요하 상류)에 도읍하여 국호를 대요大遼라 하였다. 주위 여러 지역을 석권하고 마침내 대진도 멸망시켰으나(926) 개선하는 도중에 병들어 죽었다.

6) 모용외慕容廆(?~333)

5호16국 중 전연前燕을 세운 모용황慕容皝의 아버지. 선비족인 모용씨는 진晉대에 이르러 모용외가 평주자사가 되면서(275) 융성하기 시작하였다. 모용외는 고구려 13세 서천西川열제 16년(285)에 의려국을 침략하였으며, 307년에 대선우大單于라 칭하였고 333년에 죽었다.

7) 속말말갈

말갈은 '물가'라는 뜻으로, 지금의 송화강·흑룡강의 물가에 살았던 우리 배달겨레를 말한다.

흑룡강·송화강·연해주 등 만주 동북부에 걸쳐 살던, 어렵과 혈거를 그 생활 양식으로 한 주민이 바로 읍루·말갈인이다. 이 족속이 처음에 살았던 곳을 문헌들은 속진僁侲 즉 숙신肅愼이라 하였다.

"신지씨神誌氏의 후손을 동북방에 위치한 하악녹장에 봉하였다. 이 지방은 바람이 몹시 세고 우렁차다. 그 나라 이름을 속진국이라 했는데, 또한 숙신이라고도 하였다[神誌氏之後, 封于東北之地, 河嶽鹿壯, 風氣勁雄, 曰僁侲國亦稱肅愼]"(『규원사화』).

여기서 신지는 배달과 단군조선 시대의 관명이고, 숙신은 단군조선의 제후국이다. 또 숙신은 주신珠申·조선朝鮮과 어원이 같다.

전한前漢과 위진魏晉 시대에는 읍루挹婁라 불리고, 남북조 시대에는 물길勿吉, 수·당 시대에는 말갈靺鞨이라 불렸다. 중국사에서 말하는 고로민족古老民族은 숙신의 후예이고 여진女眞과 만주인의 조상이다.

9세기 말까지 읍루·말갈족이 살던 곳은 때에 따라 약간의 신축은 있으나, 시종 오늘날의 흑룡강성에서 연해주, 즉 만주 동북부 일부 지방에 국한돼 있었다. 처음에 단군조선의 제후국으로 출발한 숙신과 읍루가 한漢나라 때까지는 북부여의 속국이었고, 고구려 건국 후에는 이들 읍루·물길·말갈이 고구려의 속민屬民이 되었다는 것은 중국 사서들이 한결같이 전하는 내용이다.

그 뒤 말갈인은 점차 남북 만주 일대에서 번성하였다. 고구려가 망한 후 만주 지방의 말갈인은 고구려 복국 운동에 협력하였고, 대진(발해)이 성립되자 다시 대진에 예속되었다. 흑룡강 하류 지역에 살던 흑수말갈은 당唐과 결탁하여 대진 세력을 배제하려 하다가, 마침내 대진 3세 무황제에게 토멸 당해 150여 년간 종족의 이름조차 없어지게 되었다. 10세기 초에 대진이 거란에게 망하자, 남북 만주와 연해주에 거주하던 조선족(대진 유민)과 어렵을 하며 혈거 생활을 한 퉁구스 만주족을 통틀어 여진女眞이라 부르게 되었다.

여진이 세운 금金나라의 역사책인『금사金史』를 보면, 그 서두에 "여진과 발해는 본래 한가족이다. 다 같이 물길의 7부족에서 나왔다[女眞, 渤海本同一家. 蓋其初皆勿吉之七部也]"라는 금金 태조太祖 아골타阿骨打의 말이 실려 있다. 고조선·부여·고구려의 후손인 대진 사람과 여진 모두 뿌리가 같은 동족이라는 것이다.

8) 대진 수도의 웅장한 규모

홀한성은 대진 수도 상경용천부上京龍泉府. 지금의 만주 흑룡강성 영안현寧安縣으로 동경성東京城이라고도 하였다. 대진은 926년 거란에게 망할 때까지 약 160여 년간 이곳에 도읍하였다. 상경은 전체 둘레가 16.3km나 되는 대궁성으로서, 당나라 장안성(14km)보다 2.3km 더 길다. 궁성 주변에는 100만 명 이상을 풍족히 먹여 살릴 수 있는 광대한 대평원이 끝없이 펼쳐져 있다(KBS1 TV, '발해 그 터를 찾아', 1988. 8. 9).

9) 대진국 멸망 비사

고구려의 정통을 계승하여 고구려 옛 땅을 수복하고 동북아에 해동성국으로 군림한 대진이 불과 20일 만에 거란에게 망한 역사의 수수께끼가 최근에 비로소 밝혀지게 되었다. 종래에는 멸망 원인을『요사遼史』의 기록에 근거하여, 거란이 대진의 내분을 이용하여 싸우지 않고 이겼다고 설명해 왔다. 다시 말하면 지배층 고구려족에 대한 피지배층 말갈족의 반발로 '국내 정세의 혼란과 내분'과, 그것을 이용한 '거란의 침입'으로 쉽게 무너졌다는 것이다.

그러나 이것만으로는 설득력이 약하다는 것이 지배적인 시각이다. 멸망 원인에 대한 새로운 설이 바로 천재지변설이다. 이를 확실한 역사적 단서로 제공해 주는 충격적인 현지답사 증거가 있다. 대진의 도읍 상경용천부 일대는 인구 100만 명 이상을 먹여 살릴 수 있는 대평야인데, 약 천 년 전에 화산이 폭발하였다. 이로 말미암은 대격변 속에서 싸워 보지도 못하고 그토록 쉽게 무너지게 되었을 것이라는 주장이 최근 한·일 사학계에서 새로이 부각되고 있다(KBS1 TV, '발해 그 터를 찾아', 1988. 8. 9).

10) 거란의 신교 제천풍속과 삼신 신앙

요나라는 대진의 오경제五京制를 사용하였고, 요천繞天이라는 제천행사를 행하여 한민족 고유의 신교 제천풍속을 국속國俗으로 계승하였다. 더욱이 요나라가 '목엽산木葉山에 삼신묘三神廟를 두고, 제천 행사 때 삼신상제님三神의 위패를 모셨다'는 것은 매우 놀랍고 중요한 사실이다(『규원사화』「단군기」). 대진을 멸망시키고 고려 왕조를 괴롭힌 거란족까지도 한민족의 국교인 신교 삼신신앙을 했다. 거란도 문화와 혈통 양면에서 한민족의 한 갈래임을 알 수 있다.

太白逸史 第八

高麗國本紀 고려국본기

- 「고려국본기」는 후고구려를 세운 궁예의 혈연에 얽힌 숨은 이야기와 건국 과정에 대해 자세히 기록하였다.
- 태조 왕건이 고려를 창건하는 과정과 고구려의 정신을 계승하고, 잃어버린 옛 땅을 회복한다는 뜻으로 국호를 고려로 정한 이야기를 담았다.
- 서희 장군과 거란 장수 소손녕의 담판, 윤관의 여진 정벌, 묘청의 난, 이암의 조부 이존비의 역사의식과 낭가의 자주 독립 정신, 삼신사상으로 무장한 인물들에 대하여 중점적으로 다루었다.
- 특히 『단군세기』의 저자 행촌 이암의 역사의식과 삼신사상, 신교관 등에 대하여 자세히 전하고 있다.

고 려

▨ 고려 북방 영토 추정 강역

바이칼호 北海

알타이산맥

몽

천산

천산 天山

고비사막

서요 西遼

타림분지

삼위산 三危山

서하 西夏

곤륜산맥

토번 吐蕃

티베트고원

히말라야산맥

대리 大理

고려 태조의 훈요십조

太祖神聖太王天授二年에 定都于松岳之陽하시고
二十六年에 御製訓要하시니 其畧曰 惟我東方이 舊慕唐風하야
文物禮樂이 悉遵其制나 殊方異土에 人性各異하니 苟必不同이니라.

역주 태조 신성태왕神聖太王 천수天授 2년(단기 3252, 919)에 송악의 남쪽에 도읍을 정했다. 26년(단기 3276, 943)에 태왕께서 훈요訓要*를 지으셨는데, 대략 이러하다.

"생각컨대 우리 동방이 예로부터 당풍唐風을 사모하여 문물과 예악이 모두 그 법을 따랐다. 그러나 방위가 다르고 풍토가 달라 사람 성품이 제각기 다르니 진실로 반드시 동화되어서는 안 되리라."

고구려 왕족의 후손, 궁예

泰封國王弓裔는 其先이 平壤人으로 本報德王安勝之遠裔也라.
其父剛이 從術家言하야 從母姓하야 爲弓氏하니라.
先是에 高句麗水臨城人牟岑大兄이 收合殘民하고 奉安勝하야
爲後高句麗王하고 請援於新羅한대 新羅王이 處之國西金馬渚라가
後에 改爲報德王하니라. 神文王이 立에 徵報德王하야 爲蘇判하니
其族子大文이 留金馬渚하야 謀叛稱王이라가 被誅하고 餘衆이 殺官吏하고
據報德城하야 又叛이라가 爲新羅所平하고 徙其人於國南州郡하니라.

역주 태봉국泰封國* 왕 궁예弓裔는 그 선조가 평양인으로, 본래 보덕왕報德王 **고안승**高安勝[1]의 먼 후손이다. 그의 아버지 강剛이 술가術家의 말을 듣고 (궁예의) 어머니 성을 따르게 하여 궁씨弓氏가 되었다.※

이보다 앞서 고구려 수림성水臨城 사람 모잠牟岑 대형大兄(벼슬 이름)이 유민을 모아 안승을 후고구려 왕으로 받들고 신라에 도움을 청하였다. 이에 신라 왕이 나라의 서

✱훈요訓要: 훈요십조訓要十條를 말함. 고려 태조가 후손에게 귀감으로 삼게 한 열 가지 유훈.
✱태봉국泰封國(901~918): 신라 말에 궁예가 세운 나라. 901년에 후고구려라 하고 904년에 마진이라 하다가 911년부터 태봉이라 하였다.
※궁예弓裔: 『삼국사기』 「열전」 궁예편에 궁예에 대해 자세히 나와 있다. 일찍이 궁예가 미륵불을 자칭한 것은 신라 일세를 풍미한 화랑과 미륵신앙이 결합한 일면이다.
✱궁예의 성씨: 궁예의 어머니는 토산 궁씨이다. 토산兎山은 옛 지명으로 황해도 금천군과 신계군 사이에 있었다. 고구려 왕족의 후예인 궁예의 아버지가 신라의 탄압을 피하기 위해 아들에게 부인의 성을 물려준 것으로 본다.

쪽 금마저金馬渚(지금의 전북 익산)에 살게 하였다가 후에 고쳐서 보덕왕이라 하였다.

신문왕※이 즉위하자 보덕왕을 불러들여 소판蘇判※으로 삼았다. 그의 조카뻘인 대문大文이 금마저에 남아 반란을 꾀하고 왕이라 일컫다가 죽임을 당하였다.

남은 무리가 관리를 죽이고 보덕성에 웅거하여 다시 모반하였으나 신라에게 평정을 당했다. 그 사람들을 나라의 남쪽 주군州郡으로 옮겨 살게 하였다.

궁예의 출생과 양길과의 만남

大震國明宗景皇帝天福九年五月五日에 弓裔가 生於外家하니 其屋上에 有素光이 若長虹하야 上屬天이라 新羅日官이 望之하고 以爲將不利於國家라 하야 以聞한대 王이 嫌之하사 使人抵其家하사 殺之러시니 其母가 賂珍寶하고 請抱而逃竄하야 劬勞養育하고 年十餘歲에 祝髮爲僧하야 號善宗하고 及壯에 放逸如故하야 不拘檢僧律하고 軒輊有膽氣라

역주 대진국 (14세) 명종 경황제 천복 9년(단기 3211, 878) 5월 5일에 궁예가 외가에서 출생했다. 이때 지붕 위에 흰 빛이 긴 무지개처럼 하늘에 뻗쳐 있었다. 신라 일관日官이 이것을 바라보고 장차 국가에 이롭지 못할 것이라 생각하여 임금께 아뢰었다.

임금이 꺼려서 사람을 그 집에 보내 아기를 죽이려 하였다. 그 어미가 진귀한 보물을 주며, 아기를 안고 도망가게 해 달라고 애원하였다. 이후 갖은 고생을 하며 자식을 길렀다. 궁예 나이 10여 세에 머리 깎고 중이 되어 법명을 선종善宗이라 하였다. 장성한 뒤에도 여전히 마음대로 거리낌없이 행동하였고, 계율에 구애받지 않았다. 크고 작은 모든 일에 담력이 있었다.

嘗持鉢赴齋라가 有烏啣牙籤이 落鉢中이라 視之하니 有王字어늘 秘不言하고 頗自負라. 先自安勝으로 有勞王事로되 而新羅는 不報하고 反收其土地人民而盡奪하야 只以王妹로 妻之而已라 高句麗遺民이 以故로 累世積怨하야 怏怏起變而屢敗라가

역주 일찍이 궁예가 바리때를 들고 재齋를 드리러 가는데 까마귀가 입에 물고 있던 상아 점대※를 바리때 속에 떨어뜨렸다. 살펴보니 왕王이란 글자가 씌어 있었는

※ 신문왕(681~692): 신라 31세 왕.
※ 소판蘇判: 신라 17등급 가운데 3등三等 벼슬.
※ 점대牙籤: 점을 치는 데에 쓰는 가늘게 쪼갠 댓가지. 글이 적힌 점괘를 뽑아 길흉을 판단한다.

高麗

데, 사실을 숨기고 말하지 않았으나 자못 자부하였다.

앞서 고안승 때부터 임금을 모시는 일에 공로가 있었으나, 신라는 보답하지 않고 오히려 그 땅과 백성을 모두 빼앗았다. 다만 왕의 누이동생으로 아내를 삼게 하였을 뿐이었다. 고구려 유민이 이 때문에 여러 대에 걸쳐 원망이 쌓여 앙심을 품고 여러 차례 변을 일으켰으나 패하였다.

> 至弓裔하야 見國家衰亂하고 乘欲聚衆하야 復祖宗之舊土하고 洗積世之仇하야
> 乃投竹州賊箕萱하니 萱이 侮慢不禮라 弓裔가 鬱悒不自安하야 潛結萱麾下인
> 元會申烜等하야 爲友하고 投北原賊梁吉하니 吉이 善遇之하야 委之以事하고
> 分兵百騎하야 使東畧州郡하니 皆降之오 又攻阿瑟那하니 衆至六百이라
> 自稱將軍하고 與士卒로 同甘苦하고 予奪을 不以私하니 衆心이 皆畏之라.

역주 궁예는 국가가 쇠약하고 어지러워지는 것을 보고, 기회를 틈타 무리를 모아 조종祖宗(고구려)의 옛 땅을 회복하고 여러 대의 원한을 씻고자 죽주竹州*의 도적 기훤箕萱*에게 몸을 던졌다. 그러나 기훤은 아랫사람을 업신여기고 거만하여 예로써 대우해 주지 않았다. 궁예는 속이 답답하고 마음이 편치 못하여, 기훤의 부하인 원회元會, 신훤申烜 등과 몰래 결탁하여 친구로 삼아 북원(北原, 지금의 원주)의 도적 양길梁吉*에게 투신하였다. 양길은 궁예를 잘 대우하고 일을 맡겼다. 군사 100기를 나누어 주고 동쪽 지방의 주와 군을 치게 하니 모든 고을이 항복하였다.

궁예는 또 아슬나阿瑟那(지금의 강릉)를 공격하였다. 무리가 600명에 이르자 스스로 장군이라 일컬었다. 군사와 고락을 함께하고 주는 일과 빼앗는 일을 사사로이 하지 않으므로 사람들이 모두 마음속으로 경외하였다.

왕륭의 귀순과 이훤의 후백제 건국

> 天福二十七年에 太守王隆이 以松岳郡으로 歸弓裔하고 說之曰 大王이
> 若欲王朝鮮·肅慎·卞韓之地인댄 莫如先占松岳이니 以吾長子建으로
> 爲其主하소서 한대 從之하니라. 時에 李萱이 起兵武珍州하고 乃聲言於衆曰

---

* 죽주竹州: 지금의 경기도 안성군 동북부에 있던 주 이름. 고구려 20세 장수열제 때에는 개차산군皆次山郡이었는데 고려 초에 죽주竹州로 고쳤다.
* 기훤箕萱: 신라말 군웅群雄 중 한 사람. 891년(진성여왕 5)에 죽주에서 군사를 모아 반란을 일으켰으나 성질이 포악하여 크게 이름을 떨치지 못했다.
* 양길梁吉: 진성여왕 때 반란을 일으켜 한때 강원도 지방에서 세력을 떨쳤으나 궁예에게 쫓겨났다.

오 원 삼 국 지 시   마 한 선 기   혁 거 세   후 흥
吾原三國之始컨대 馬韓先起에 赫居世가 後興하고
변 한   종 지   백 제 개 국   전 세 육 백   신 라   여 당   합 공 멸 지
弁韓이 從之에 百濟開國하야 傳世六百이러니 新羅가 與唐으로 合攻滅之하니
금   여 수 부 덕   욕 설 의 자 지 분   수 도 완 산   칭 왕
今에 予雖不德이나 欲雪義慈之憤이라 하고 遂都完山하야 稱王하고
국 호 왈 후 백 제
國號曰後百濟라.

역주 천복 27년(단기 3229, 896)에 태수 왕륭王隆이 궁예에게 송악군을 바치고 귀순하여 이렇게 설득하였다.

"대왕께서 만약 조선, 숙신, 변한 땅에서 왕 노릇을 하고자 하시면, 먼저 송악을 차지하는 것이 가장 좋으니 저의 장자 건建을 그곳의 주인으로 삼으소서."

궁예가 이 말을 좇았다. 이때 이훤李萱*이 무진주武珍州(전라도 광주)에서 군사를 일으키고 무리에게 말하여 밝혔다.

"내가 삼국이 시작한 근원을 살펴보니 마한(중마한)이 먼저 일어났고, 혁거세(신라)가 뒤에 일어나자 변한(가락)이 뒤따라 일어났다. 백제가 나라를 열어 6백 년을 전해 오는데 신라가 당나라와 함께 쳐서 멸망시켰다. 이제 내가 비록 덕은 없으나 의자왕의 분을 풀어 드리겠노라."

드디어 완산完山(지금의 전주)에 도읍을 정하여 왕이라 일컫고 국호를 후백제라 하였다.

궁예의 후고구려 건국

궁 예   역 이 명 년   칭 왕   위 왈 신 라   청 병 어 당   멸 고 구 려
弓裔가 亦以明年에 稱王하고 謂曰 新羅가 請兵於唐하야 滅高句麗하니
시 가 치 야   오 필 위 고 구 려   보 수   입 국 호 왈 후 고 구 려
是可恥也라 吾必爲高句麗하야 報讐라 하고 立國號曰後高句麗오
건 원 왈 무 태   상 남 행   지 흥 주 사   견 벽 괘 신 라 전 왕 화 상
建元曰武泰라. 嘗南行하야 至興州寺하야 見壁掛新羅前王畵像하고
발 검 격 지   궁 예   의 욕 병 탄 신 라   호 위 멸 도   자 신 라 귀 부 자
拔劒擊之하니 弓裔가 意欲倂呑新羅하야 呼爲滅都하고 自新羅歸附者를
병 개 살 지   자 시   궁 예   자 칭 미 륵 불   두 대 금 책
幷皆殺之라 自是로 弓裔는 自稱彌勒佛이라 하야 頭戴金幘하고
우 자 술 경 이 십 권   혹 정 좌 강 설   승 석 총   위 왈 개 사 설 괴 담
又自述經二十卷하야 或正坐講說이러니 僧釋聰이 謂曰 皆邪說怪談이니
불 가 이 훈   궁 예   노   이 철 추   타 살 지
不可以訓이라 한대 弓裔가 怒하야 以鐵椎로 打殺之라.

역주 궁예 또한 이듬해(단기 3234, 901)에 스스로 왕이라 일컫고 말했다.

*이훤李萱(867~936): 후백제의 시조 견훤을 말함. 견훤의 본성은 이씨이며 상주尙州 출신으로 신라 장수 아자개阿慈介의 아들이다. 서남해 방위에 공을 세워 신라의 비장裨將이 되었으나 나라가 혼란한 틈을 타 892년에 반기를 들었다. 여러 성을 공략한 다음 무진주(광주)를 점령하여 독자적인 기반을 닦은 후, 900년에 완산주(전주)에 도읍을 정하고 후백제를 세웠다.

高麗

"신라가 당나라에 군사를 청하여 고구려를 멸했는데 이것은 진실로 수치스러운 일이다. 내 반드시 고구려를 위해 그 원수를 갚으리라."

이에 나라를 세워 후고구려라 하고, 연호를 무태武泰라 하였다. 일찍이 남으로 순행하여 흥주사興州寺에 이르러 신라 전왕前王의 화상이 벽에 걸려 있는 것을 보고 칼을 뽑아 내리쳤다. 궁예는 신라를 삼켜 버리려는 뜻을 품고 도읍을 멸하리라 부르짖으며 신라에서 귀화해 오는 사람을 모조리 죽여 버렸다. 이때부터 궁예는 스스로 미륵불[1]이라 칭하고 머리에 금책金幘을 썼다. 또 스스로 경문 20권을 지어 때로 정좌하여 강설하기도 하였다. 이에 승려 석총釋聰이 "모두 사설괴담邪說怪談으로 세상 사람에게 가르칠 것이 못 된다"라고 하니, 궁예가 노하여 철추로 때려 죽였다.

왕건의 즉위와 궁예의 최후

天授元年戊寅夏六月에 王建이
爲洪儒·裵玄慶·申崇謙·卜智謙等諸將軍之所推戴하야
黎明에 坐於積穀之上하사 行君臣之禮하시고 令人馳且呼曰
王公이 已擧義旗矣라 하시니 奔走來赴者가 衆이오 先至宮門하야
鼓譟以待者가 亦萬餘人이라 遂卽位於布政殿하시고 建元天授하시니라
於是에 泰封王弓裔가 聞變하고 以微服出門하야 亡去라가
尋爲斧壤民所害하니라.

역주 천수 원년(戊寅, 단기 3251, 918) 여름 6월에 왕건이 홍유洪儒*·배현경裵玄慶*·신숭겸申崇謙*·복지겸卜智謙 등 여러 장군의 추대를 받아 날이 밝을 무렵에 곡식더미 위에 앉아 군신의 예를 행하였다. 그리고 사람들을 시켜 뛰어다니면서, "왕공이

왕씨 족보에 실린 고려 태조 왕건 초상

---

* 홍유洪儒: 의성義城 홍씨의 시조. 고려의 일등 개국공신이며 후백제를 멸망시키는 데 공을 세웠다.
* 배현경裵玄慶: 경주 배씨의 시조. 처음에 이름을 백옥삼白玉杉이라 하였다.
* 신숭겸申崇謙(?~927): 평산平山 신씨의 시조로 고려 예종이 지은 〈도이장가悼二將歌〉의 주인공. 공산 전투에서 견훤에게 포위 당해 죽음의 위기에 이른 왕건은 신숭겸의 기지로 포위망을 뚫고 살아 나왔다. 이 전투에서 신숭겸은 장렬하게 전사했고, 왕건 태조가 그 순절을 기려 장절壯節이라는 시호를 내렸다.

이미 의기義旗를 들었다"라고 외치게 하였다. 이때 달려와 따르는 자가 무리를 이루었다. 궁문에 이르니 먼저 와서 북을 치고 함성을 지르며 기다리는 사람이 만여 명이었다. 드디어 포정전布政殿에서 즉위하고, 연호를 천수天授라 하였다.

이때 태봉 왕 궁예가 변란 소식을 듣고 미복으로 갈아입고 궁문을 빠져 나가 도망치다가 얼마 못 가서 부양斧壤(지금의 강원도 평강) 백성에게 죽음을 당하였다.

서희 장군과 소손녕의 담판

契丹聖宗이 遣將蕭遜寧하야 侵破蓬山하고 獲我先鋒하니 成宗文懿大王이 會群臣議하실새 或言乞降하며 或言割地與之라 하야늘 中軍徐熙가 獨曰 今見其勢大盛하고 遽割西京以北하야 與之는 非計也라 且三角山以北이 亦高句麗舊址也니 彼以谿壑之慾으로 責之無厭이면 可盡與乎잇가 況今割地는 則誠萬古之恥也라 願駕還都城하시고 使臣等으로 一與之戰然後에 議之시라도 未晚也니이다.

역주 거란의 성종❋이 장수 소손녕蕭遜寧❋을 보내어(성종 12, 단기 3326, 993) 봉산蓬山❋을 함락시키고 우리 선봉을 물리쳤다. 성종成宗❋ 문의文懿대왕이 여러 신하를 모아 의논할 때, 어떤 사람은 항복하자 하고 어떤 사람은 땅을 떼어 주자고 하였다. 중군中軍 서희徐熙❋가 홀로 아뢰었다.

"지금 적의 세력이 강성함을 보고 급히 서경(지금의 평양) 이북을 떼어 넘겨주는 것은 좋은 계책이 아니옵니다. 더구나 삼각산 이북도 역시 고구려의 옛 땅인데, 저들이 한없는 욕심으로 끝없이 요구해 온다면 그대로 다 내어 줄 수 있겠습니까? 하물며 지금 땅을 떼어 준다면 진실로 만세의 수치가 될 것이옵니다. 원컨대 도성으로 돌아가시어 신 등으로 하여금 한 번 싸우게 한 뒤에 의논하여도 늦지 않을 것이옵니다."

❋ 성종聖宗: 요나라의 6세 왕(982~1031).
❋ 소손녕蕭遜寧: 거란의 장수. 동경유수東京留守. 고려 성종 12년(993) 거란군의 도통都統이 되어 80만 대군을 이끌고 고려의 서북 국경을 침범하여 봉산을 빼앗고 계속 남침을 기도하였다. 그러나 서희의 기개에 굴복하여 오히려 강동 6주 3백 리 땅을 넘겨주고 물러갔다.
❋ 봉산蓬山: 지금의 평북 태산과 구성의 중간.
❋ 성종成宗: 고려 6세 왕(981~997).
❋ 서희徐熙(942~998): 자는 염윤廉允. 시호는 장위章威. 거란이 침입하자 중군사中軍使로 북계北界에 나가 적과 대진하였다. 싸움이 불리해지자 일부 신하들이 서계西界(평안도 지방)의 땅을 할양하고 화친하자는 주장을 반대하고, 스스로 적장 소손녕의 진영에 가서 담판하여 무사히 해결하였다. 다음 해에 여진을 몰아내고 압록강 이남, 지금의 평안북도 일대를 완전히 장악하였다.

熙奉國書하고 赴契丹營하야 問相見之禮한대 遜寧이 曰 我는 大朝貴人이니
宜拜於庭이니라 熙曰 兩國大臣이 何得如是리오 遜寧이 謂熙曰
汝國은 興新羅地하니 高句麗之地는 我所有也어늘 而汝侵蝕之하고
又與我連壞이어늘 而越海事宋故로 有今日之師라 若割地以獻而修朝聘이면
可無事矣리라 熙曰 非也라 我國은 卽高句麗之舊也니 故로 號高麗하고
都平壤하니 若論地界면 則貴國之東京이 皆在我境이어늘 何得謂之侵蝕乎아.
若逐女眞하고 還我舊地則敢不修聘이리오 辭氣慷慨어늘
遜寧이 知不可强하고 遂決罷兵하고 宴慰以送하니라.

역주 서희가 국서國書를 받들고 거란 진영에 들어가 상견의 예를 물었다. 소손녕이 "나는 대국의 귀인이니 그대는 마땅히 뜰에서 절하여야 한다"라고 하였다. 희가 "양국의 대신으로 어찌 이와 같이 할 수 있는가"라고 하니, 손녕이 이렇게 말했다.

"너희 나라는 신라 땅에서 일어났으므로, 고구려 땅은 우리 거란 소유이다. 너희가 이를 침식하였다. 또 우리와 국경을 접하고도 바다 건너 송宋을 섬기기 때문에 오늘의 전쟁이 있게 된 것이다. 만약 땅을 떼어 바치고 조빙朝聘*한다면 아무 일이 없을 것이다."

이에 희가 말하였다. "그런 것이 아니다. 우리나라는 옛 고구려 땅이기 때문에 나라이름을 고려라 하고 평양에 도읍을 정했다. 만약 땅의 경계로 논한다면 귀국의 동경東京(요령성 요양시)도 모두 우리 땅에 있거늘, 어찌 침식이라 할 수 있겠는가? 만약 여진을 쫓아 버리고 우리 옛 땅을 돌려준다면 어찌 감히 수빙修聘*하지 않겠는가?"

말과 얼굴빛이 강개하므로 손녕이 강요할 수 없다는 것을 알았다. 드디어 병력을 거두기로 결정하고 연회를 베풀어 위로한 뒤에 서희를 전송하였다.

윤관의 여진 정벌

都元帥尹瓘이 攻破女眞하고 立碑于先春嶺하야 以爲界하고 遣子彦頤하야
奉表賀하니 平章事崔弘嗣·金景庸과 參知政事任懿와 樞密院事李瑋等이
入對宣政殿할새 極論尹瓘·吳延寵·林彦等이 妄興無名之兵하야 敗軍害國하니

* **조빙朝聘**: 조현朝見과 교빙交聘. 고려가 요나라를 상국上國으로 섬기고 서로 사신을 왕래하며 교류하자는 뜻이다.
* **수빙修聘**: '빙聘'은 '폐백幣帛을 보내고 예를 갖추어 부르다'는 뜻으로, 극진한 예를 갖추어 윗사람이나 귀인 등을 찾아뵌다는 말이다.

罪不可赦니이다 하고 諫官金緣·李載等이 亦相繼劾之하야 曰
人主之取土地는 本欲育民也어늘 今爭城而殺人하니 莫如還其地而息民이오
今不與면 必與契丹으로 生釁이니이다

역주 도원수都元帥 윤관尹瓘[3]이 여진을 쳐서 무찌르고 선춘령先春嶺에 비를 세워 경계로 삼았다.[4] 아들 언이彦頤[5]를 임금에게 보내어 표表를 올려 하례하게 하였다.

그런데 평장사 최홍사崔弘嗣·김경용金景庸과 참지정사 임의任懿와 추밀원사 이위李瑋 등이 선정전宣政殿에 들어가 임금 앞에서 이렇게 극단적으로 말하였다.

"윤관, 오연총吳延寵, 임언林彦 등이 망령되이 명분 없는 군사를 일으켜 전쟁에 패하고 나라를 해롭게 하였으니 그 죄는 용서할 수 없습니다."

간관 김연金緣, 이재李載 등도 역시 계속 탄핵하였다.

"임금이 땅을 차지하는 것은 본래 백성을 기르고자 함인데, 지금 성을 다투며 싸워 사람을 죽였으니, 그 땅을 돌려주고 백성을 편히 쉬게 함만 못하옵니다. 지금 돌려주지 않으면 반드시 거란과 틈이 생길 것입니다."

上曰 何也오 緣曰 國家初築九城할새 使告契丹호대 表稱女眞弓漢里는
乃我舊地오 其居民이 亦我編氓이어늘 近來에 寇邊不已故로
收復而築其城이라 表辭如是로대 而弓漢里酋長은 多受契丹官職者니
契丹이 以我爲妄言하야 以加責讓하리니 我若東備女眞하고 北備契丹이면
臣恐九城이 非三韓之福也니이다

역주 임금이 물었다. "무엇 때문인가?"

김연이 아뢰었다. "나라에서 처음 9성을 쌓을 때, 거란에 고하는 표문에 '여진의 궁한리弓漢里※는 우리의 옛 땅이다. 그 거주민 또한 우리 백성인데, 근래에 도적들이 변방을 끊임없이 침입하였기 때문에 다시 수복해서 성을 쌓는다'고 하였습니다. 표문의 내용이 이러하나 궁한리 추장은 거란의 관직을 많이 받은 자이니 거란은 우리 주장을 망언이라 책망할 것입니다. 이제 우리가 만약 동쪽으로 여진을 방비하고, 북쪽으로 거란을 방비한다면, 신은 9성이 우리 삼한三韓에 복이 되지 않으리라 생각하옵니다."

諫議大夫金仁存이 亦請還舊地라. 上이 宣諭曰 兩元帥之伐女眞은

※궁한리弓漢里: 여진족의 지명.

受先帝之遺志하고 體朕躬之述事하야 身冒鋒鏑하고 深入賊壘하야
斬馘俘虜를 不可勝計오 而闢千里之地하고 築九州之城하야
以雪國家之恥하니 則其功이 可謂多矣라. 然이나 女眞은 人面獸心이라
反復無常하고 厥有餘醜하야 無所依處故로 酋長이 納降請和에 群臣이
皆以爲便하고 朕이 亦不忍이러니 有司守法에 頗有論劾하야 遽奪其職이나
朕이 終不以此로 爲咎오 庶幾有孟明之復濟也니라.

> **역주** 간의대부 김인존金仁存* 역시 옛 땅을 돌려줄 것을 청하였다.

임금(16세 예종)께서 유시諭示하셨다.

"두 원수가 여진을 친 것은 선제先帝(15세 숙종)의 유지*를 받고, 짐이 몸소 말한 일을 행한 것이니라. 몸소 적의 칼끝과 화살을 무릅쓰고 적진에 깊이 들어가서 베고 포로로 잡은 자의 수가 이루 헤아릴 수 없이 많고, 천 리 땅을 개척하고 9주州에 성을 쌓아 국가의 치욕을 씻었으니 그 공은 가히 크다 하리로다.

그러나 여진은 인면수심으로 그 변덕이 심하다. 그 남은 무리가 의지할 곳이 없으므로 추장이 항서를 바치고 화친을 청해 오니, 신하들이 모두 편하게 여기고, 짐 또한 차마 하지 못하겠다.

유사有司가 법을 따져서 자못 탄핵하는 말이 많으므로 급히 그들의 직책을 박탈하려 하나, 짐은 끝까지 이를 허물로 삼지 아니할 것이다. 맹명시孟明視가 다시 황하를 건너 공을 세운 것*과 같이 하기를 바라노라."

睿宗文孝大王四年秋에 撤九城하야 還女眞舊地하니라. 先是에 女眞이
使裵弗史顯等하야 入朝奏曰 昔에 我太師盈歌가 嘗言我祖宗이 出自大邦하니
至于子孫하야 義當歸附가 可也라 하더니 今太師烏雅束이 亦以大邦으로

---

* **김인존金仁存**: 이 책에서 김연金緣과 김인존金仁存을 다른 사람으로 기록하였으나 『고려사』 「열전」을 보면 김인존의 처음 이름이 김연이므로 같은 사람이다.

▨ **두 원수**: 도원수 윤관과 부원수 오연총.

✻ **숙종의 유지**: 고려 15세 숙종은 속국으로 있던 여진이 점점 강성해지는 것을 보고 이를 정벌하려는 뜻을 가지고 있었다. 그러나 당시 14세 현종玄宗의 잔당이 내란을 일으킬까 두려워 군사를 일으키지 못하고 망설이다가 죽을 때에 여진을 정벌하라는 밀지密旨를 예종과 윤관 등에게 내렸다.

✤ **맹명지부제孟明之復濟**: 진晉나라는 양공襄公이 즉위한 후, 원정을 마치고 귀국하는 진秦나라 군사를 효산에서 깨뜨리고 맹명시孟明視, 서걸술西乞術, 백을병白乙丙 세 장수를 사로잡았다. 죽음 직전까지 이른 세 장수는 문공(진晉 양공의 아버지)의 부인인 진녀秦女의 도움으로 가까스로 진秦나라를 탈출하여 황하를 건너 진秦나라로 돌아갔다. 맹명시는 3년 뒤에 황하를 건너 진晉나라를 정벌하여 진晉의 왕汪 땅을 빼앗은 뒤 회군하였다.

爲父母之國이러니 至甲午年間하야 弓漢村人이 自作不靖이나
本非太師之指揮라 國朝鳴罪討之나 復許修好故로 我信之하야
不絶朝貢이러니 去年에 大擧하야 殺我耄倪하며 築置九城하야 使子遺之民으로
靡所止歸하니 太師遣我하야 來請還地云云이라
又會宰樞·臺省·知製誥·侍臣·都兵馬判官과 及文武三品以上하사
更議還九城可否하신대 皆曰可라
舊史에 云「兩將軍이 立碑於先春嶺曰至此爲高麗之境이라 하니
先春嶺은 在豆滿江七百里外松花江近地云이라」하니라.

역주 예종 문효文孝대왕 4년(단기 3442, 1109) 가을에, 9성에서 철수하고 여진의 옛 땅을 돌려주었다. 이에 앞서 여진이 요불褭弗, 사현史顯 등을 보내 조정에 들어와 이렇게 상주하였다.

"옛날에 저희 태사 영가盈歌*께서 일찍이 말하기를, '우리 조종은 **대국(고려)**에서 **출생**하였으니[6] 자손 대에 이르러서도 마땅히 귀부歸附함이 옳을 것이라'고 하였습니다. 지금 태사 오아속烏雅束*께서도 역시 **대국(고려)을 부모의 나라**로 삼고 있습니다. 갑오 연간에 이르러 궁한촌 사람들이 스스로 난리를 일으켰으나, 본래 태사가 지휘한 일이 아니었습니다. 국조國朝(고려)에서는 죄를 물어 이들을 토벌하였으나 다시 수호를 허락하셨기 때문에 저희는 이를 믿고 조공을 끊지 않았습니다. 그러다가 작년에 군사를 크게 일으켜 저희 늙은이와 어린아이들을 죽이고 9성을 쌓아 외로이 남은 백성으로 하여금 돌아갈 곳이 없게 하였습니다. 이에 태사가 저희를 보내어 땅을 되돌려 주실 것을 청원하게 하신 것입니다."

또 재추[宰樞], 어사대 판사御史臺 判事와 중서문하성 성재省宰, 지제고知製誥, 시신侍臣, 도병마판관과 문무 3품 이상을 소집하여 다시 9성을 돌려주는 것에 대하여 가부를 물으니 모두 돌려주는 것이 좋다고 하였다.

옛 사서에는, "두 장군이 선춘령에 비를 세우고 '이곳이 고려의 경계이다'라고 하였다. **선춘령**은 두만강에서 700리 밖, 송화강 근처 땅에 있다"라고 하였다.

＊**영가盈歌**(1053~1103) : 여진 완안부完顏部의 추장. 오고내烏古迺의 아들. 금金 건국 후 목종穆宗으로 추존됨. 오고내의 뒤를 이은 영가가 국자가局子街 부근에 있던 흘석열부紇石烈部의 추장 아소阿疎를 요遼로 쫓아내 동남으로 진출하고, 숙종 7년(1102) 고려에 사신을 보내 조공하였다. 그 후 세력이 강해지자 간도間島 지방을 점령하고 다시 남하하여 갈나전曷懶甸(함경도)까지 세력을 뻗쳤다.

＊**오아속烏雅束** : 여진 완안부의 추장. 여진 말로는 우야소. 핵리발劾里鉢의 아들이며, 금金나라 태조 아골타阿骨打의 형. 숙부 영가의 뒤를 이어 추장이 되었다.

고려의 북방영토

廣州牧尹彦頤 自解表에 云「及睹中軍所奏하니 曰 彦頤가 與鄭知常으로
結爲死黨하야 大小之事를 實同商議하고 在壬子年西幸時에
請立元稱號라 하고 又諷誘國學生하야 奏前件事하니 蓋欲激大金하야
生事乘間하야 恣意處置오 朋黨外人하야 謀爲不軌하니 非人臣意라 하니
臣이 讀過再三然後에 心乃安繫하나이다.

역주 광주목廣州牧 윤언이가 자신의 억울함을 해명하는 글[自解表]을 올려서 이렇게 주장했다.

"중군中軍(김부식)이 아뢴 바를 보면, '언이가 정지상과 결탁하여 사당死黨을 지어 크고 작은 일을 함께 의논하였다' 하고, '임자(단기 3465, 1132)년에 임금께서 서경으로 순행하셨을 때 아국이 독자적으로 **건원칭제**建元稱帝하기를 청하였다' 하며, 또 '국학생을 넌지시 꾀어 앞의 일(건원칭제)을 상주하게 하였는데, 대개 그 의도는 대국인 금나라를 격노시켜 일을 일으키고 틈을 타서 자의로 (반대자들을) 제거한 후 외인과 붕당을 만들어 반역을 꾀하고자 한 것이니, 이는 신하된 도리가 아니다'라고 하였습니다. 신이 이 글을 두세 번 거듭하여 읽고 난 뒤에야 비로소 마음이 안정되었습니다.

是立元之請은 本乎尊主之誠이니 在我本朝하야 有太祖光宗之故事하고
稽其往牒에 雖新羅渤海가 以得爲之나 大國이 未嘗加兵하고
小國이 無敢議其失이어늘 奈何聖世에 反爲僭行이니잇가. 臣嘗議之하니
罪則然矣어니와 若夫結爲死黨과 激怒大金은 語言이 雖甚大馬이나 本末이
不相坐하니 何則이니잇고 假使強敵이 來侵我疆이면 夫惟禦之未遑이어늘
安得乘間而用事리잇가 其指朋黨者가 誰氏며 其欲處置者가 何人이니잇고

역주 신이 건원칭제를 청한 것은 임금을 받드는 충정에 근본을 둔 것이옵니다. 본조(고려)에도 '태조와 광종의 고사'가 있고, 옛 기록을 상고해 보면 신라와 발해

- **자해표**自解表: 자명표自明表라고도 한다.
- **태조와 광종의 고사**: 건원建元 칭제稱帝한 사실을 말한다. 태조 왕건은 '고구려의 정통 정신과 법통을 이은 후계자'란 뜻에서 국호를 고려라 하고, 연호를 천수天授라 하였다. 또한 4세 광종光宗은 개경開京을 황도皇都라 고치고, 광덕光德·준풍峻豊이라는 연호를 사용하였다.

가 비록 연호를 만들어 썼으나 주변 대국이 일찍이 이를 문제 삼아 군사를 일으키지 않았고, 작은 나라는 감히 그 과실을 따져 의논조차 하지 않았습니다. 어찌 지금의 성세聖世에 이것이 도리어 참람한 행동이라 할 수 있겠사옵니까?

신이 일찍이 이 문제를 의논한 바 있으니, 죄라면 이것이 죄일 것입니다. 사당死黨을 지었다거나 대금大金을 격노시키려 했다는 말은 비록 엄청나나 본말本末이 서로 맞지 않사옵니다. 왜냐하면 가령 강한 적이 우리 강토를 침략하면 막아 내기에 겨를이 없을 터인데 어찌 틈을 타서 일을 처리할 수 있겠습니까? 대체 그 붕당이라 지목한 자는 누구이며, 제거하고자 한 자는 어떤 인물이옵니까?

衆若不和면 戰之則敗하야 且容身之無地어늘 何恣意以爲謀리잇가
有賴聖知하야 重念컨대 臣이 以至弱之質로 從西征之役하야
忘身以衛其國하니 乃義分之當然이로대 成事는 皆因於人하니
何勤勞之足道리잇가 하니라.
金史에 曰「世宗大定十五年九月에 高麗西京留守趙位寵이 遣徐彦等하야
進表하고 欲以慈悲嶺以西와 鴨綠江以東으로 內附한대 不許라」하니라.

역주 무리가 만약 화합하지 못한다면 싸우더라도 곧 패하여 몸 둘 곳조차 없을 터인데, 어찌 방자한 뜻을 품어 그런 일을 꾀하겠습니까?

임금님의 명철하심을 믿고 거듭 생각하건대 신은 지극히 나약한 자질로써 서경 정벌의 전역戰役(서경전역西京戰役)*에 종사하여 제 몸을 잊고 나라를 지켰사옵니다. 이것은 마땅한 도리입니다. 서경 정벌의 성사는 모두 다른 사람의 힘에 의한 것이니, 이제 제가 무슨 고생을 했다고 족히 말할 수 있겠사옵니까?"

『금사金史』에 이렇게 기록되어 있다.

세종 대정大定 15년(단기 3508, 1175) 9월에, 고려 서경유수 조위총趙位寵이 서언徐彦 등을 보내 표를 올려 자비령 서쪽과 압록강 동쪽 땅을 가지고 내부內附하려 했으나 허락하지 않았다.

---

*서경전역西京戰役: 묘청의 서경천도 운동. 신채호는 『조선상고문화사』에서 '조선 역사상 1천년 이래 제일대사건'이라고 했다. 그는 만일 묘청이 승리하였더라면 조선사가 독립적·진취적 방면으로 발전하였을 것이라 하며 김부식의 승리를 통탄했다.

조위총趙位寵: 병부상서 겸 서경유수였던 그는 임금을 폐위하고 문신을 학살하여 전횡을 일삼던 '무신의 난'의 주역인 정중부·이의방을 타도하고, 자신과 서경(평양)인의 세력을 펴기 위해 1174년(명종 4) 반란을 일으켰으나 실패하였다.

『高麗史』에 이렇게 기록되어 있다.

「睿宗 十一年 三月 乙未朔에 上이 聞邊의 來遠·抱州二城이 爲女眞所攻하야 城中食盡이어시늘 遣都兵馬錄事邵億하사 送米一千石하신대 來遠統軍이 辭不受라. 八月庚辰에 金將撒喝이 攻遼來遠·抱州二城하야 幾陷이어늘 其統軍耶律寧이 欲帥衆而逃라 上이 遣樞密院知奏事韓皦如하사 招諭러시니 寧이 以無王旨로 辭라 皦如馳奏한대 上이 欲令樞密院으로 具箚子送之하시니 宰臣諫官이 奏曰彼求王旨하니 其意難測이라 請止之하소서 한대 上이 乃遣使如金하사 請曰 抱州는 本吾舊地니 願以見遼라 하신대 金主謂使者曰 爾其自取之하라」 하니라.

『고려사高麗史』*에 이렇게 기록되어 있다.

예종 11년(단기 3449, 1116) 3월 을미 초하루에, 임금께서 요나라의 내원來遠과 포주抱州❋❋❋❋❋ 두 성城이 ❋여진에게 공격 당해 성중에 식량이 다 떨어졌다는 말을 전해 듣고, 도병마록사 소억邵億을 시켜 쌀 1천 석을 보내셨다. 그러나 내원성의 통군統軍이 사양하고 받지 않았다.❋

8월 경진에, 금나라 장수 살갈撒喝이 요나라의 내원·포주 두 성을 쳐서 거의 함락할 지경에 이르자, 그곳 통군 야율녕耶律寧이 무리를 거느리고 도망하려 하였다.

임금께서 추밀원 지주사 한교여韓皦如를 보내어 야율녕을 불러 효유하게 하셨는데, 야율녕이 임금의 전지傳旨가 없다는 이유로 거절하였다. 한교여가 급히 보고하자 임금께서 추밀원에 명하여 차자箚子❋를 갖추어 보내려 하셨다. 재신과 간관이 아뢰기를, "저들이 임금의 전지를 요구하는 뜻을 알기 어려우니 그만두게 하옵소서" 하였다. 임금께서 사신을 금나라에 보내어 "포주는 본래 우리 옛 땅인즉 돌려주기를 원하노라"라고 청하셨다. 금나라 임금이 아국의 사신에게 말하기를 "너희가 직접 빼앗으라"라고 하였다.

이존비의 역사의식과 낭가의 자주독립 정신

厚庵李尊庇는 高麗景孝王時人也라 嘗在書筵하야 論自主富强之策이러니

---

* 『고려사高麗史』: 고려 34왕 475년간의 정사正史. 조선을 개국한 이성계의 명을 받아 정도전, 정총 등이 『고려역대실록』과 민지閔漬의 『강목綱目』, 이제현의 『사략史略』, 이색의 『금경록金鏡錄』 등을 참고하여 37권을 편찬하였다. 그러나 편년체로 된 소략한 것이어서 태종이 다시 교정하게 했으나 완성하지 못하고, 세종 때에 와서 정인지·김종서 등이 개찬改撰하여 1451년에 전 139권이 완성되었다.
❋ 내원來遠과 포주抱州: 지금의 요령성 봉성현鳳城縣과 단동시丹東市. 현재 번역된 『고려사절요』에 내원성來遠城은 압록강의 검동도黔同島, 포주성抱州城은 평북 의주라 하였다.
❋ 차자箚子: 신하가 임금에게 아뢰는 문서 또는 상관이 아랫사람에게 보내는 공문서.

仍奏曰 本國이 自桓檀朝鮮北夫餘高句麗以來로 皆富强自主하고
且建元稱帝之事는 至我太祖初하야 亦嘗行之나 而今則事大之論이
定爲國是하야 君臣上下가 甘受屈辱하고 不圖所以自新하니
其畏天保國則誠美矣어니와 奈天下後世之笑에 何며 且與倭搆怨하니
萬一元室이 有變이면 將焉所恃而爲國이리잇가. 稱帝之事는 爲時忌諱하니
則固難卒復이로대 而自强之策은 不可不講也니이다.
奏雖寢이나 聞者莫不韙之러라. 後에 又陳備倭五事하니 一曰詳備戶口하야
悉民爲兵이오 二曰兵農一作하고 水陸共守오 三曰積置兵糧하고 修造戰艦이오
四曰擴張水軍하고 兼習陸操오 五曰詳悉地理하고 確保人和라.

역주 후암厚庵 이존비李尊庇(단기 3566, 1233~단기 3620, 1287)*는 고려 경효왕景孝王 (25세 충렬왕) 때 사람이다. 일찍이 서연書筵*에서 자주와 부강의 정책을 논하고 또 이렇게 아뢰었다.

"우리나라는 **환단**桓檀·**조선**·**북부여**·**고구려 이래**로 모두 부강하였고 자주自主를 유지하였습니다. 또 **연호를 정하고 황제라 칭한 일은 우리 태조 때에 이르러서도 일찍이 실행**하였으나, 지금은 사대事大의 주장이 국시로 정해져 있어 군신 상하가 굴욕을 달갑게 받아들이고 스스로 새로워지는 방법을 도모하지 않으니, 하늘의 뜻을 두려워하고 나라를 보존하는 것은 진실로 훌륭하다고 할지 모르겠으나, 천하 후세의 비웃음은 어찌하겠사옵니까? 또한 왜와 더불어 원한을 쌓고 있으니※ 만약 원나라 왕실에 변고가 생긴다면 장차 무엇을 믿고 나라를 다스릴 수 있겠습니까? 황제라 칭하는 일을 이 시대에 꺼리고 기피하여 갑자기 회복하기는 진실로 곤란하나 자강自强의 계책은 강구하지 않을 수 없사옵니다."

상주한 것이 비록 채택되지는 않았지만 들은 자마다 옳다고 여기지 않음이 없었다.

뒤에 왜倭에 대비하는 다섯 가지 계책[五事]을 말했는데, 첫째, 호구를 상세히 파악하여 전 백성을 병사로 만들 일, 둘째, 병·농兵農 일치의 제도를 만들고 바다와 육지를 함께 지킬 일, 셋째, 군량을 저장하고 전함을 만들 일, 넷째, 수군을 확장하고 육

✽이존비李尊庇(1233~1287): 고려 충렬왕 때의 문신. 초명은 인성仁成. 원종 초 문과에 급제하여 국학박사 직한림國學博士 直翰林·이부시랑吏部侍郞을 역임하고, 충렬왕 때 좌승지·밀직부사를 거쳤다. 후에 지밀직사사·감찰대부를 거쳐 판밀직사사에 이르렀다. 『단군세기』를 쓴 이암李嵒, 『태백일사』를 쓴 이맥李陌, 『환단고기』를 교열校閱한 이기李沂의 직계 선조이다.

✽서연書筵: 왕세자가 글을 배우던 곳.

※왜와 더불어 원한을 쌓다: 여몽연합군이 일본을 1274년과 1281년에 정벌한 일을 말한다.

조륙조操*도 겸하여 익힐 일, 다섯째, 지리를 상세히 알아 두고 인화人和를 확보할 일이라 하였다.

> 嘗有寄晦堂上人詩하니 曰 物無美惡終歸用하니 苦李誰嫌着子多오.
> 長息久朝天子所오 次兒新付法王家라. 移忠固是爲臣分이어늘
> 割愛其如出世何오. 還笑老翁猶滯念하니 有時魂夢杳天涯라.

역주 일찍이 회당상인晦堂上人*에게 준 시 한 수가 전하니 이러하다.
　사물은 아름다움과 추함을 떠나서 쓰임이 있나니
　누가 쓴 오얏나무에 열매가 많다고 싫어하리오.
　맏자식은 오랜 동안 조정에서 천자 모시고 둘째는 새로이 절간에 출가하였네.
　임금께 충성함은 신하의 직분이지만 애착 끊고 세간을 벗어남 또한 어떠하리.
　노옹은 오히려 체념하고 웃을 수 있으니
　내 영혼은 꿈속에서 하늘 끝에 올라 아득히 헤매이네.

> 上이 在燕京하실새 惑於蓮女러시니 臨別에 手贈蓮花一朶曰
> 上이 歸路에 視此花若凋면 此命將盡이라 하더니 數日後에 視花하시니
> 花欲憔悴라 上이 恐蓮女死하사 復欲如燕이어시늘 尊庇가 請徃探而回라
> 蓮女가 泣而獻詩曰
> 相贈蓮花香하니 初來綽約紅이라. 移叢問幾日고 憔悴與君同이라.
> 尊庇가 恐上見詩增懷하고 代蓮女而製進曰
> 這痴漢這痴漢아 勿留輦勿留輦하라.
> 此身便如蓮葉珠하니 彼邊轉處此邊圓이라.
> 上이 見詩大怒하사 遂還國하시니라.

역주 임금(충렬왕)께서 연경燕京(지금의 북경)에 계실 때, 연녀蓮女에게 매혹되셨다.
　이별할 때 연녀가 손수 연꽃 한 송이를 바치며 이렇게 말했다.

---

*육조陸操: 육군을 부림, 즉 해전뿐만 아니라 지상 전투에 대비하여 육군도 잘 길러야 한다는 뜻.
*회당상인晦堂上人: 원오국사圓悟國師 천영天英. 자호字號는 회당晦堂. 고성 이씨 족보에 의하면 이암李嵒의 셋째 아우 이징李澄(이존비의 손자)이 출가하여 회당화상晦堂和尙이라 했다. 그는 송광사 16국사 중 5대 조사로, 1215년에 태어나 1286년까지 72세를 살았다.

"임금께서 돌아가시는 길에 만약 이 꽃이 시든 것을 보시면 이 목숨이 장차 다할 것이옵니다."

며칠 뒤에 꽃을 보니 초췌해지고 있었다. 임금은 연녀가 죽을까 두려워 다시 연경으로 돌아가려 하셨다. 존비가 가서 살펴보고 오겠다고 자청하여 연녀를 찾아갔다. 연녀가 울며 시를 바치니 이러하였다.

연꽃 향기를 서로 주고 받으니, 처음에는 붉은 빛 아리따웠네.
꽃을 드린 지 며칠 지나니, 시든 모습 님과 같사옵니다.

존비는 임금이 시를 보시면 연녀를 더욱 그리워할 것을 우려하여 연녀 대신 시를 지어 올렸다.

이 어리석은 사람아! 이 어리석은 사람아!
수레를 멈추지 마오. 수레를 멈추지 마오.
이 몸은 연잎에 맺힌 이슬 같나니 저쪽 이쪽 둥글게 굴러다닌다오.

임금이 시를 보고 크게 노하여 마침내 환국하셨다.

> 後에 上이 恨蓮女不已어시늘 尊庇가 乃奏曰 臣於伊時에
> 急於奉還하야 不得已權辭하니 請伏欺罔之誅하노이다.
> 上이 怒하사 削官謫文義러시니 太子及朝臣이 反復啓解之하고 上이 亦悔悟하사
> 復官召還이러시니 使者未至에 尊庇卒이라 訃聞에 上이 震悼輟朝하시고
> 太子가 臨喪曰 李尊庇는 正直하야 邦家司直이러니 何天如是乎아
> 仍命葬用王禮하시고 遂以荊江之上으로 環其山四里하사 封之하시니
> 至今洞曰王墓오 里曰山四라.

역주 뒤에 임금이 연녀에 대한 원망을 그치지 않으시므로 존비가 아뢰었다.

"신이 그때 모시고 돌아오기를 급히 서두르려고 부득이 거짓으로 시를 지어 올렸으니 바라옵건대 임금을 속인 죄에 벌을 내려 주시기를 엎드려 비옵니다."

임금이 노하여 관직을 빼앗고 문의文義에 귀양을 보내셨다.

태자(충선왕)와 조정 대신들이 풀어주시기를 반복해서 주청하였다. 임금 역시 후회하여 다시 복직시켜 소환하셨으나, 사자가 이르기 전에 존비가 이미 숨을 거두었다. 임금은 부음을 전해 듣고 몹시 슬퍼하여 조회를 폐하셨다.

태자가 장례에 임하여 말하였다.

高麗

"이존비는 정직한 나라의 직신直臣인데 어찌 이같이 요절한단 말인가?"

이에 임금께서 왕례王禮로 장사지낼 것을 명하셨다. 마침내 형강荊江(현 금강) 가에 있는 산 4리를 둘러서 봉하니, 지금까지 동洞을 왕묘동王墓洞이라 부르고, 마을[里]을 산사리山四里(충북 청원군 문의면 소전리)라 부른다.

이암의 역사의식과 고려 권신의 사대주의

杏村李侍中嵒이 嘗疏沮權臣輩가 欲廢國號而請立行省之議하니
其疏에 畧曰「天下之人이 各以其國爲國하고 各以其俗爲俗하니
國界를 不可破也며 民俗을 亦不可混也니이다. 況我國이 自桓檀以來로
皆稱天帝之子하고 行祭天之事하니 自與分封諸侯로 元不相同이오
今雖一時爲人轅下나 旣有魂精血肉하야 而得一源之祖하니 是乃神市開天과
三韓管境之爲大名邦於天下萬世者也니이다.

역주 일찍이 시중侍中 행촌 이암*이 상소하여 권신權臣 무리가 국호國號를 폐하고 행성行省*을 세우고자 하는 의논을 저지하였다. 그 상소문은 대략 이러하다.

하늘 아래 사는 모든 사람은 각기 자신이 살고 있는 나라를 조국으로 삼고 제 풍속으로 민속을 삼으니, 나라의 경계를 깨뜨릴 수 없으며 민속 또한 뒤섞이게 할 수 없는 일이옵니다. 하물며 우리나라는 **환·단**桓檀(환국-배달-고조선) **시대 이래로 모두 천상 상제님의 아들(천제자**天帝子, 天子)이라 칭하고 하늘에 제사를 지냈습니다. 그러니 자연히 분봉을 받은 제후와는 원래 근본이 같을 수 없습니다. 비록 지금은 일시적으로 남의 굴레 밑에 있으나 뿌리가 같은 조상[一源之祖]에게 물려받은 정신과 육신을 소유하고 있습니다. 이것으로 (배달의) **신시개천**神市開天과 (고조선의) **삼한관경**三韓管境이 천하 만세에 대국으로 명성을 크게 떨치게 될 것입니다.

我天授太祖는 以創業之資로 承高句麗多勿立國之餘風하사 平定宇內하시고
國聲大振也러니 間有强隣이 乘以作暴하야 幽營以東이 尙未歸我하니
則此君臣이 日夜奮振하야 謀所以自主富强之策이어늘

*이암李嵒(1297~1364):『단군세기』의 저자. 초명은 군해君俊, 호는 행촌杏村, 시호는 문정文貞.『태백일사』를 저술한 이맥의 현조부.

※행성行省: 정동행성征東行省으로 원元나라가 일본 정벌을 위해 고려에 설치한 관청. 일본 정벌 후에는 고려에 대한 간섭 기관으로 변모하여 70여 년간 존속하였다. 그러나 고려의 국권 회수 운동으로 공민왕 5년(1356)에 폐지되었다.

敢有潛淸輩之大姦慝하야 逞能陰謀하니 我國雖小나 國號를 何可廢也며
主勢雖弱이나 位號를 何其降也리잇가. 今此之擧는 皆奸小之輩之出於逋逃오
而非國人之公言也니 宜請都堂하야 嚴治其罪하소서.」

역주 우리 천수天授 태조(왕건)께서는 창업의 자질을 갖추시고, 고구려의 건국 이념인 다물 정신[7]을 계승하여 세상을 평정하시어 국가의 명성을 크게 떨치셨습니다. 간혹 이웃에 강적이 생겨 승세를 타고 횡포를 부려서 유주幽州와 영주營州*의 동쪽이 아직도 우리에게 돌아오지 못하고 있습니다. 바로 이것이 임금과 신하가 밤낮으로 분발하여 자주와 부강의 계책을 꾀해야 하는 까닭입니다. 그런데도 오잠吳潛과 류청신柳淸臣 같은 간악한 무리가 감히 멋대로 음모를 꾸미고 있는 것입니다.

우리나라가 비록 작기는 하나 어찌 고려라는 국호를 폐할 수 있으며, 임금의 힘이 비록 약하나 위호位號를 어찌 낮출 수 있겠사옵니까? 이제 이러한 거론은 모두 간사한 소인배가 죄를 감추고 도망하려는 데에서 나온 것일 뿐, 결코 나라 사람들의 공언公言이 아닌 줄로 아옵니다. 마땅히 도당都堂에 청하여 그 죄를 엄히 다스려야 할 것이옵니다.

杏村侍中이 有著書三種하니 其著檀君世紀하야 以明原始國家之體統하고
又著太白眞訓하야 紹述桓檀相傳之道學心法하고
農桑輯要는 乃經世實務之學也라. 文靖公李牧隱穡이 序之曰
凡衣食之所由足과 貨財之所由豊과 種蒔孽息之所由周備者가
莫不分門類聚하야 縷析燭照하니 實理生之良書也라.

역주 행촌 시중侍中*이 지은 저서가 3종이 있다.

『단군세기檀君世紀』를 지어 시원 국가의 체통을 밝혔고, 『태백진훈太白眞訓』을 지어 환·단桓檀 시대부터 전수되어 온 도학道學과 심법心法을 이어받아 밝혔다.

『농상집요農桑輯要』는 세상을 다스리는 실무實務 관련 학문을 담은 것이다. 문정공 목은牧隱 이색李穡*이 서문을 붙였다.

"무릇 입을거리와 먹을거리를 넉넉하게 하고 재물을 풍족하게 하며, 씨뿌리고 모종하고 싹을 자라게 하는 방법을 분야별로 나누고 같은 것끼리 묶어 자세히 분석

---

* 유주幽州와 영주營州: 이 때의 유주는 하북성 북경 일대, 영주는 요령성 조양朝陽 일대였다.
* 도당都堂: 의정부議政府의 옛 이름.
* 시중侍中: 고려 때 국정을 총할하던 대신.
* 이색李穡(1328~1396): 고려 말의 대학자. 호는 목은牧隱, 시호는 문정文靖. 포은圃隱 정몽주, 야은冶隱 길재와 함께 삼은三隱의 한 사람.

하고 촛불이 비추는 것처럼 명료하게 기록하였다. 진실로 백성을 다스리는 데 좋은 책이 되리라."

> 杏村先生이 嘗遊於天寶山이라가 夜宿太素庵할새 有一居士曰素佺이니
> 多藏奇古之書라 乃與李茗·范樟으로 同得神書하니 皆古桓檀傳授之眞訣也라
> 其通脫博古之學이 卓然有所可稱이오 而其叅佺修戒之法이 盖凝性作慧하고
> 凝命作德하고 凝精作力하야 其在宇宙而三神長存하시고
> 其在人物而三眞不滅者는 當與天下萬世之大精神으로
> 混然同其體而生化無窮也라.

역주 행촌 선생이 일찍이 천보산天寶山*에서 유람을 하다가 밤에 태소암太素庵에서 묵게 되었다. 그곳에 **소전**素佺이라 하는 한 거사가 기이한 옛 서적[奇古之書]을 많이 가지고 있었다. 이에 **이명**李茗, **범장**范樟과 함께 신서神書를 얻었는데, 모두 **환단시절부터 전해 내려온 역사의 진결**[桓檀傳授之眞訣]이었다.

세속의 자질구레한 일에 얽매이지 아니하고 고사古史에 박식한 행촌의 학문은 그 뛰어남이 칭찬 받을 만하였다. 그 **참전**參佺**의 계율을 닦는 법도는 삼신으로부터 받은 성품**[性]**을 응결시켜 지혜**[慧]**를 이루고, 삼신으로부터 받은 생명**[命]**을 응결시켜 덕**德**을 이루며, 삼신으로부터 받은 정기**[精]**를 응결시켜 힘**[力]**을 이루는 것이다.

우주에 삼신三神**이 영원히 존재하시고 인물에 삼진**三眞**이 불멸**하는 것은, 마땅히 하늘 아래 **영원한 대정신**(우주정신)과 혼연일체가 되어 **생성과 변화가 무궁**하기 때문이다.

> 先生이 曰 道在天也에 是爲三神이오 道在人也에 是爲三眞이니
> 言其本則爲一而已라 惟一之爲道오 不二之爲法也니 大哉라 桓雄이시여
> 首出庶物하사 得道天源하시며 立敎太白하시니 神市開天之義가 始大明於世矣라
> 今吾輩가 因文求道하고 叅佺受戒하야 尊吾敎而未發하고
> 又聞百途而難會하니 老將及矣가 可恨哉로다. 先生이 以侍中致仕하고
> 退去江都之紅杏村하야 自號爲紅杏村叟하고 遂著杏村三書하야 藏于家라.

＊천보산: 경기도 양주군 회천면檜泉面에 있다.
▨이명李茗, 범장范樟: 이명은 청평淸平 사람으로 『진역유기震域留記』(3권)를 저술하였다. 범장의 초명은 세동世東, 호는 복애伏崖로 전라도 금성錦城(지금의 나주)사람이다. 『북부여기』를 지었다.

역주 선생이 말하였다.

"도가 하늘에 있으면 삼신이 되고, 도가 사람에게 있으면 삼진이 된다. 그 근본을 말하면 오직 하나일 뿐이다. 오직 하나인 것이 도요, 둘이 아닌 것이 법이다.

위대하도다 환웅천황이시여! 뭇 사람 중에 먼저 나와 천도의 근원을 체득하시고 대광명의 가르침[神敎]을 세우시니, 신시개천의 의미가 비로소 세상에 크게 밝아졌도다.

지금 우리는 글을 통해 도를 구하고, 전佺에 참여하여 계戒를 받아 우리의 가르침을 받들고 있으나, 아직도 계발하지 못하고 있다. 또 온갖 가르침을 듣는다 해도 여전히 이해하기 어렵나니, 늙어감이 한스럽도다!"

선생은 시중 벼슬에서 물러나 강화도[江都]* 홍행촌에 들어가 스스로 호를 홍행촌수紅杏村叟라 하고, 마침내 행촌 삼서杏村三書※를 저술하여 집에 간직해 두었다.

> 헌효왕후오년삼월   행촌이암   이명   제천우참성단   위백문보왈
> 獻孝王後五年三月에 杏村李嵒이 以命으로 祭天于塹城壇할새 謂白文寶曰
> 뇌덕호신   일존신념   양영위국   공재발원
> 賴德護神이 一存信念이오 養英衛國이 功在發願이라
> 내신의인   인역의신   이민이국   영득안강
> 乃神依人하고 人亦依神하야 而民而國이 永得安康이라
> 제천지성   경귀보본   기구인세   감가홀저
> 祭天之誠은 竟歸報本하니 其求人世에 敢可忽諸아

역주 헌효왕獻孝王(28세 충혜왕의 시호) 복위 5년(단기 3677, 서기 1344) 3월에, 행촌 이암이 어명을 받아 참성단에서 천제를 드릴 때 백문보白文寶※에게 이렇게 말하였다.

"덕으로 신을 수호하는 것은 오직 믿음에 있고, 영재를 길러 국가를 지키는 일은 그 공이 서원을 세우는 데 있느니라. 신은 사람에게 의지하고, 사람 역시 신에게 의지하여야[神依於人, 人依於神] 백성과 국가가 길이 편안함을 얻게 되는 것이다.

하늘에 제사 드리는 정성은 결국 근본에 보은報恩하는 정신으로 돌아감이니, (그 길을) 인간 세상에서 찾음에 어찌 감히 소홀히 할 수 있겠느냐?"

인물 정지상

> 정지상   하동인야   인기매   왕래우원   치경효왕입시
> 鄭之祥은 河東人也라 因其妹하야 往來于元이러니 値敬孝王入侍하야
> 수종유로   급왕즉위   취선지감찰지평   불책사리
> 隨從有勞라 及王卽位하야 驟選至監察持平이나 不諳事理라

*강도江都: 몽골의 침입으로 도읍을 강화로 옮겼는데, 고종19(1232)년 6월부터 원종元宗 11(1270)년 5월 환도還都할 때까지 39년 동안 임시 수도였다. 이때 이 이름이 생겼다.

※행촌삼서杏村三書: 『단군세기檀君世紀』, 『태백진훈太白眞訓』, 『농상집요農桑輯要』.

※백문보白文寶(1303~1374): 고려 공민왕 때의 충신. 우왕의 사부師傅. 1374년에 공민왕에게 올린 상소문에는 "우리 동방은 단군으로부터 지금에 이르기까지 이미 3,600년이 지나"(『고려사절요』 권29, 공민왕 23년 12월 조)라는 구절이 있어, 단군조선을 명백한 실존 역사로 인정하였음을 보여 주고 있다.

高麗

嘗^상爲^위全^전羅^라道^도按^안廉^렴使^사하야 入^입境^경하야 遇^우勢^세家^가所^소使^사하면 輒^첩搒^방掠^략徇^순示^시諸^제郡^군하니
一^일道^도寒^한心^심이라.

역주 정지상鄭之祥은 하동 사람이다. 누이동생으로 인해 원나라에 왕래하다가 경효왕敬孝王(공민왕의 시호)을 만나 대궐에 들어가 수종 들며 공로가 있었다. 임금이 즉위하자 곧바로 뽑혀서 감찰지평監察持平*에 이르렀는데 일을 처리함에 큰 소리를 내지 않았다[不譁事理]. 일찍이 전라도 안렴사按廉使❇가 되어 경내에 들어가, 세도가가 권세를 부리는 것을 보면 즉시 잡아다가 매질하고 문초하여 모든 군에 알리니 온 도道 사람의 마음이 섬뜩하였다.

埜^야思^사不^불花^화는 本^본國^국人^인也^야라 在^재元^원에 有^유寵^총於^어順^순帝^제오 其^기兄^형徐^서臣^신桂^계는 爲^위六^육宰^재하고
弟^제應^응呂^려는 爲^위上^상護^호軍^군하야 依^의勢^세作^작威^위福^복하니 國^국人^인이 畏^외之^지라 不^불花^화가 降^강香^향으로
至^지本^본國^국하야 所^소至^지縱^종暴^포하니 存^존撫^무按^안廉^렴이 多^다被^피辱^욕罵^매나 莫^막不^불違^위忤^오오.

역주 야사불화埜思不花*란 자는 본국(고려국) 사람인데, 원나라에 들어가 순제順帝에게 총애를 받았다. 그 형 서신계徐臣桂는 육재六宰*가 되었고, 아우 응려應呂는 상호군上護軍이 되어 세력을 믿고 위세가 당당하게 복을 누리던 터라 나라 사람들이 두려워하였다. 불화가 강향사降香使라는 직함을 받고 본국에 와서는 가는 곳마다 방종과 횡포를 일삼았다. 이때 존무사存撫使와 안렴사가 많은 치욕을 당하고 욕을 먹었지만 감히 거슬러서 어길 수 없었다.

至^지全^전州^주어늘 之^지祥^상이 迎^영候^후恭^공謹^근이로대 不^불花^화가 待^대遇^우甚^심倨^거하고 伴^반接^접使^사洪^홍元^원哲^철이
有^유求^구於^어之^지祥^상이나 之^지祥^상이 不^불聽^청이러니 元^원哲^철이 激^격怒^노不^불花^화曰^왈 之^지祥^상이 慢^만天^천使^사라 하니
不^불花^화가 縶^집縛^박之^지라. 之^지祥^상이 忿^분恚^에大^대叫^규하야 給^태州^주吏^리曰^왈 國^국家^가已^이誅^주諸^제奇^기하고
不^불復^부事^사元^원이오 命^명宰^재相^상金^김敬^경直^직하야 爲^위元^원帥^수하야 守^수鴨^압綠^록江^강하니 此^차使^사易^이制^제耳^이라.
若^약等^등이 何^하畏^외而^이不^불我^아救^구오 將^장見^견爾^이州^주가 降^강爲^위小^소縣^현也^야리라.

역주 전주에 이르자 지상이 기다렸다가 공손하게 맞이하였으나, 불화는 심히 거

＊감찰지평監察持平: 고려 때 사헌부司憲府에 딸린 5품 관직.
▩안렴사按廉使: 고려 때의 지방 장관.
＊야사불화埜思不花: 서불화徐不花. 원나라에 귀화하여, 공민왕 4년(1355)에 향사香使(국가의 제사 때 향을 관리하는 자)로서 고려에 와서 가는 곳마다 횡포를 부리다가 정지상에게 체포되는 일이 있었다.
＊육재六宰: 고려시대 육부판사六部判事 가운데 판공부사判工部事. 대부분 복야僕射와 참지정사參知政事 이하의 관리들이 겸임했다.

만하게 대하였다. 반접사伴接使 홍원철洪元哲이 지상에게 뇌물을 요구했으나 지상이 듣지 않았다. 원철이 격노하여 불화에게 "지상이 천자의 사신을 업신여긴다"라고 하자, 불화가 지상을 결박하였다.

지상이 분노하여 크게 소리지르고 주州의 관리를 속여 이렇게 말했다.

"국가에서는 이미 기씨奇氏*를 모두 주멸하고 다시는 원나라를 섬기지 않기로 하였다. 재상 김경직金敬直*을 원수로 삼아 압록강을 지키게 하였으니, 이런 정도의 사자를 제압하기는 쉽거늘 너희들은 도대체 무엇이 두려워 나를 구하지 않느냐? 장차 너희 주州가 강등되어 작은 현이 되는 꼴을 보게 되리라."

> 邑吏가 呼譟而入하야 解縛扶出하니 之祥이 遂率衆하야 執不花·元哲等하야
> 囚之하고 奪不花所佩之金牌하야 馳還京할새 過公州라가 執應呂하야
> 以鐵椎로 撾之하니 數日而死라 之祥이 來白于王한대 王이 驚愕하사
> 下巡軍하시고 命行省員外鄭暉하사 捕全州牧使崔英起와 及邑吏等하시고
> 又遣車蒲溫하사 賚内醞慰不花하시고 還其牌하시니라

역주 이에 읍리가 소리를 치며 달려 들어와 결박을 풀고 부축하여 나갔다.

지상이 드디어 무리를 거느리고 불화·원철 등을 잡아 가두고, 불화가 차고 있던 금패를 빼앗아 가지고 말을 달려 서울로 돌아올 때, 공주를 지나다가 응려를 잡아 철추로 때리자 며칠 만에 죽었다. 지상이 와서 임금에게 이 사실을 아뢰었다. 임금이 깜짝 놀라 순군부巡軍府에 내려 하옥시키시고 행성원외랑 정휘鄭暉에게 명하시여 전주목사 최영기崔英起와 읍리 등을 체포하게 하였다. 또 차포온車蒲溫을 보내시어 어주를 하사하여 불화를 위로하게 하시고 금패를 돌려주셨다.

> 元이 遣斷事官買住하야 來鞫之祥이러니 王誅諸奇하시고 釋之祥하사
> 爲巡軍提控하고 再轉戶部侍郎·御史中丞하야 官至判事에 卒하니
> 性嚴하야 凡戮死罪에 必遣之라 之祥의 妻는 寡居潭陽이라가 爲倭所害하고
> 子從이 隨朴葳하야 擊對馬島하니라

역주 원나라에서는 단사관斷事官 매주買住를 보내어 지상을 국문하였다.

---

*기씨奇氏: 원나라 순제順帝의 황후인 기황후의 권세를 믿고 세도를 부리던 기철奇轍 등 그 일족.
※김경직金敬直: 기철 포살 사건 뒤에 임명된 고려의 재상이며 원수.
※단사관斷事官: 몽고의 관직명으로 정형政刑을 맡은 벼슬. 원나라가 수립된 이후에 중서성中書省, 추밀원樞密院, 어사대御史臺를 제외한 모든 관서에 설치되어 관할 행정 전반에 결정권을 지니고 있었다.

그러나 임금이 기씨를 모두 죽이고, 지상을 석방하여 순군제공巡軍提控을 삼으셨다. 이후 다시 옮겨 호부시랑, 어사중승이 되었고, 벼슬이 판사判事에 이르러 세상을 떠났다. 성품이 엄격하여 모든 육사죄*에는 반드시 지상을 파견하였다.

지상의 아내는 홀로 담양에 거주하다가 왜적에게 해를 입어 죽었다. 아들 종從은 박위朴葳*를 따라 대마도 정벌에 참여하였다.

고려 왕조 때 천제를 찬양한 노래

文大는 高宗安孝大王十八年에 以郎將으로 在瑞昌縣이라.
爲蒙古兵所虜라 蒙古兵이 至鐵山城下하야 令文大로 呼喩州人曰
眞蒙古兵이 來矣니 可速出降하라 한대 文大乃呼曰 假蒙古兵也니 且勿降하라.
蒙古人이 欲斬之라 使更呼한대 復如前하니 遂斬之라
蒙古가 攻城甚急하니 城中이 糧盡하야 不克守라 將陷에 判官李希績이
聚城中婦女小兒하야 納倉中火之하고 率丁壯하야 自刎而死하니라.

역주 문대文大는 고종 안효대왕安孝大王(23세) 18년(단기 3564, 1231)에, 낭장郎將*으로서 서창현瑞昌縣에 머물다가 몽골 군사에게 사로잡혔다. 몽골 군사가 철산성鐵山城* 아래에 이르러 문대로 하여금 고을 사람들에게 '진짜 몽골군이 왔으니 빨리 나와서 항복하라'고 소리치게 하였다. 그러나 문대가 소리 높여, "가짜 몽골군이니 항복하지 말라"라고 하였다.

이에 몽골 사람이 문대를 참수하고자 하다가 다시 소리치게 하였다. 다시 전과 같이 하므로 드디어 죽였다.

몽골군이 성을 몹시 급하게 공격하니, 성중에 양식이 떨어져 더 지킬 수가 없었다. 곧 함락되려 하므로 판관判官 이희적李希績이 성 안의 부녀자와 어린아이를 모아 창고 속에 들어가게 한 후 불을 지르고 장정들을 이끌고 스스로 목을 찔러 죽었다.

敬孝王十二年癸卯三月에 密直使李岡이 以命으로 祭塹城壇하고
仍刻板題詩하니 其詩에 曰

---

*육사죄戮死罪: 사형에 해당하는 큰 죄.
*박위朴葳: 고려 말기의 장군으로 우왕 때 김해 부사를 지냄. 요동 정벌 때 이성계를 따라 위화도에서 회군하고 최영을 몰아낸 후, 경상도 도순문사都巡問使가 되어 전함 100척을 인솔하고 대마도를 정벌하였다.
*낭장郎將: 고려 때 2군 6위二軍六衛의 정6품 관직. 1령領에 2~5명의 낭장이 배속되었다. 중랑장中郎將의 다음이며, 별장別將의 위이다.
*철산성鐵山城: 평안북도 서북부 해안에 위치.

```
춘 풍 경 물 부 년 화          승 명 래 유 도 리 사
春風景物富年華한대 承命來遊道里賖라.
편 일 조 사 단 봉 궐          도 주 모 진 백 구 파
鞭馹朝辭丹鳳闕이오 棹舟暮趁白鷗波라.
반 공 창 취 산 부 색          만 학 분 온 초 자 화
半空蒼翠山浮色이오 滿壑氛氳草自花라.
차 문 봉 래 하 처 시          인 언 차 지 즉 선 가
借問蓬萊何處是오 人言此地卽仙家라.
심 정 신 한 골 욕 선          요 사 인 사 정 망 연
心靜身閒骨欲仙하니 遙思人事正茫然이라.
천 빈 비 석 중 흥 후          누 석 영 단 태 고 전
薦蘋秘席中興後오 累石靈壇太古前이라.
이 득 안 간 천 리 지          황 의 신 재 구 중 천
已得眼看千里地오 況疑身在九重天이라.
차 행 무 우 여 상 탁          수 치 환 도 제 일 년
此行無耦如相托이면 須値還都第一年이라.
```

역주 경효왕(공민왕) 12년(癸卯, 단기 3696, 1363) 3월에, 밀직사密直使* 이강李岡▨이 어명을 받들고 참성단에서 천제를 올렸다. 이어서 시를 지어 나무판에 새겼는데, 시는 이러하다.

봄바람 속에 만물 정취 짙어 가는데 왕명 받들고 떠나온 길 멀기도 하여라.
이른 새벽 말을 달려 구중궁궐 떠났는데
노 젓는 저녁 무렵, 흰 갈매기는 파도 위를 날아 오르네.
하늘 복판에 솟은 산은 푸른 빛깔 뽐내고
골짜기엔 봄기운 완연해 풀이 절로 꽃을 피우네.
묻노니, 신선 사는 봉래산 그 어드메뇨.
사람들은 이곳이 바로 선가仙家라 하네.
마음은 고요하고 몸은 한가로워 체골조차 신선이 되려 하네.
멀리 인간사 생각해 보니 참으로 아득하구나.
자리 깔고 약소한 제물이나마 올리는 것은 홍건적 물리친 뒤이지만
돌로 쌓은 영기 서린 제단은 태곳적 것이라네.
눈앞에 천리 강산 훤히 보이고 이내 몸, 구중 하늘에 오른 것 같아라.
이번 길에 서로 의탁할 짝은 없지만
적을 물리치고 환도한 첫 해를 기억이나 하자꾸나.

```
강 릉 왕 우 오 년 삼 월 신 미          명 견 사 치 제 우 참 성 단
江陵王禑五年三月辛未에 命遣使致祭于塹城壇하실새
```

* 밀직사密直使: 고려 때 왕명의 출납, 궁중의 숙위宿衛, 군기軍機 등을 맡아 보던 관청.
▨ 이강李岡(1333~1368): 호는 평재平齋, 시호는 문경文敬. 행촌 이암의 아들. 충목왕 3년(1347)에 문과에 급제, 밀직부사密直副使에 이르렀다.

高麗

大提學權近이 製誓告文以進하니 其文에 曰
初獻이라 海上山高하니 逈隔人寰之煩擾샷다.
壇中天近하니 可邀仙馭之降臨이샷다 薄奠斯陳하오니 明神如在샷다.
二獻이라 神聽不惑하시니 庇貺斯人이샷다.
天覆無私하시니 照臨下土샷다. 事之以禮하오니 感而遂通이샷다.

역주 강릉왕江陵王 우왕禑 5년(단기 3712, 1379) 3월 신미辛未에, 사자를 보내어 참성단에서 천제 드릴 것을 명하셨다.

대제학大提學 권근權近*이 「서고문誓告文」[8]을 지어 올렸는데, 그 글은 이러하다.

초헌初獻 : 바다 가운데에 산이 높으니 인간 세상의 번뇌와 시끄러움에서 멀리 떠났습니다. 제단 중앙은 하늘에 닿을 듯하니 신선의 수레를 타고 강림하시는 삼신님을 맞이하옵니다. 조촐한 음식을 올리오니 밝으신 삼신께서 계시는 듯하옵니다.

이헌二獻 : 삼신께서 미혹됨이 없이 들어 주시나니 이 사람을 감싸 안고 베풀어 주십니다. 하늘은 사사로움 없이 덮으시고 인간 세상을 굽어보십니다. 예를 극진히 하여 섬기나니 **삼신께서 감응하시어 성신이 통하기를 축원하옵나이다.**

窃念컨대 摩利山은 檀君攸祀라 自聖祖로 爲民立極하사
俾續舊而垂休하시고 曁後王이 避狄遷都하사 亦賴玆而保本이로이다.
故로 我家守之不墜오 而朕小子承之益虔하노이다.
天何外寇之狗偸하야 而以致我民之魚爛이시며 雖遠疆之受侮나
尙許表聞이온 況厥邑之被侵을 胡然忍視리잇가
其明威之不驗이리오마는 寔否德之無良이로이다.
實難求他오 惟在自責이로이다.
然이나 人若不安其業이면 則神將無所於歸시리니 玆因舊典之遵하야
敢告當時之患이오니 卑忱欸欸이오 寶鑑明明이샷다 致令海不揚波하사
丕亨梯航之幅湊하시고 天其申命하사 光膺社稷之安磐하소서.

역주 곰곰이 헤아려 보건대 마리산은 **단군왕검께서 천제를 지내시던 곳이옵니다.** 성조

*권근權近(1352~1409): 고려 말 조선 초의 문신. 저서로는 『입학도설入學圖說』, 『동국사략東國史略』이 알려져 있다. 명 태조 주원장의 명에 따라 지은 〈응제시應製詩〉가 유명하다.

聖祖* 이래로 백성을 위해 법도를 세우고, 옛 법통을 계승하여 아름다움을 드리우셨습니다. 고종에 이르러 오랑캐(몽골)를 피해 도읍을 옮기고 또한 이곳에 의지하여 국본을 보존하였습니다. 그러므로 나라의 국통이 끊어지지 않았고, 소자(우왕)가 이를 계승하여 더욱 공경하옵나이다.

하늘이시여! 어찌 외구外寇가 개같이 좀도둑질하여 우리 백성을 어란魚爛의 지경에 이르게 하시옵니까? 비록 변방이 침략을 받았으나 오히려 표문表文 올리는 것을 허락하셨으니 어찌 그 고을이 침략당하는 것을 보기만 하시옵니까? 어찌 밝은 위엄의 징험이 없으시겠습니까만 실로 저의 부덕한 소치이니 진실로 남에게 구하는 것은 어려운 일이요, 오직 자책할 뿐입니다. 그러나 사람이 만약 그 하는 일을 편안히 여기지 않는다면, 삼신께서도 장차 돌아가실 곳이 없을 것입니다. 이에 옛 법을 좇아 감히 지금의 환란을 고하오니, 조졸한 저의 정성이지만 기꺼이 받으시고 밝게 굽어살펴 주시옵소서.

바다에는 큰 파도가 일지 않게 하시어 배를 타고 멀리서도 몰려들게 하소서.

하늘이시여! 천명을 내려 주시어 사직社稷*이 반석 위에 올라설 수 있도록 보살펴 주시옵소서.

고려 말, 왕조의 분열과 옛 영토 회복

天授紀元四百三十九年은 敬孝王五年이니 是歲夏四月丁酉에 奇轍·權謙·盧頙等이 謀叛伏誅하고 釋鄭之祥하야 爲巡軍提控하고 罷征東行省理問所하니라. 時에 元室이 極爲衰弊하야 吳王張士誠이 起於江蘇하야 事多騷亂矣러라.

역주 천수 기원 439년은 경효왕(공민왕) 5년(단기 3689, 1356)이다. 이 해 여름 4월 정유丁酉에 대사도 기철奇轍*, 태감 권겸權謙, 경양부원군 노책盧頙 등이 반역을 꾀하다가 형벌을 순순히 받아 죽었다.

정지상을 석방하여 순군제공으로 임명하고, 정동행성이문소征東行省理問所9)를 철폐하였다. 이때에 원나라 왕실이 극도로 쇠약해져 오吳왕 장사성張士誠*이 강소江蘇에서 군사를 일으켰고, 소란스러운 일이 많았다.

✽성조聖祖: 고려 시조인 태조 왕건.
✽사직社稷: 나라를 처음 열면 먼저 토지신과 곡식의 신에게 제사 지냈으므로 전轉하여 국가의 뜻으로 쓴다.
✽기철奇轍(?~1356): 고려 말기의 권세가. 몽골명은 바이앤부카伯顔不花. 누이동생이 원나라 순제順帝의 황후가 되어 황태자를 낳았다. 기 황후의 권세를 믿고 지나치게 세도를 부려 민폐가 컸다. 공민왕 즉위 후 배원排元정책을 써서 기씨 일당을 탄압하자 반란을 음모하다가 발각되어 주살되었다.
✽장사성張士誠: 원元나라 때 태주泰州 사람. 원나라 순제 지정至正 연간에 기병하여 처음에 성왕誠王이라 칭하고 국호를 대주大周라 하였다가 다시 고쳐 오왕吳王이라 칭하였다.

崔瑩等이 及自高郵로 歸하니 上이 始從瑩等議하사 遂定西北恢收之計하사
先罷征東行省하시고 繼遣印璫崔瑩等諸將하사 攻鴨綠江以西八站하사
破之하시고 又遣柳仁雨·貢天甫·金元鳳等하사 收復雙城等地하시니라.
十年冬十月에 紅頭賊潘誠·沙劉·朱元璋等十萬餘衆이 渡鴨綠江하야
寇朔州하고 十一年에 賊이 襲安州하니 上將軍李蔭·趙天柱가 死之하니라.
十二月에 上이 至福州하사 以鄭世雲으로 爲總兵官하시니
世雲이 性忠淸하야 自播遷以來로 日夜憂憤하야 以掃盪紅賊하야
恢復京城으로 爲己任하니 上이 亦倚信하시니라.

역주 최영*등이 고우高郵*에서 돌아오자, 임금이 비로소 최영 등의 견해를 좇아 드디어 서북 땅을 회복할 계책을 정하셨다. 먼저 정동행성을 폐지하고, 계속해서 인당印璫, 최영 등 여러 장수를 보내시어 압록강 서쪽 8참八站을 깨뜨렸다. 또 류인우柳仁雨, 공천보貢天甫, 김원봉金元鳳 등을 보내시어 쌍성雙城*등 옛 땅을 되찾게 하셨다.

10년(단기 3694, 1361) 겨울 10월에, 홍두적紅頭賊* 반성潘誠, 사류沙劉, 주원장朱元璋[10] 등 무리 십만여 명이 압록강을 건너 삭주를 침범하였다.

11월[※]에 도적이 안주를 습격하니 상장군 이음李蔭[※], 조천주趙天柱가 전투에서 죽었다.

12월에, 임금이 복주福州(경북 안동)에 이르러 정세운鄭世雲*을 총병관總兵官으로 삼으셨다.

* **최영崔瑩(1316~1388)**: 공민왕 3년(1354)에 원나라의 요청으로 유탁·염제신과 함께 정병 2천을 인솔하고 가서 그 선봉이 되어 장사성의 반란군을 거의 전멸시켜 명성을 대륙에 떨쳤다. 2차에 걸쳐 침입한 홍건적을 격퇴시키는 데 큰 공을 세웠고, 우왕 2년(1376)에는 역사상 유명한 홍산鴻山 싸움에서 왜구를 크게 무찔렀다. 그 뒤에 명明나라가 철령위를 설치하려 하자 요동 정벌을 주장, 팔도도통사가 되어 우왕과 함께 평양까지 출진하였으나, 이성계의 위화도 회군으로 뜻을 이루지 못하였다. 이성계 일파에게 붙잡혀 고봉高峰에 유배되었다가 후에 죽음을 당하였다.

* **고우高郵**: 지금의 강소성 고우시高郵市.

* **인당印璫**: 공민왕 때의 장수. 공민왕이 원나라의 정치가 위축된 틈을 타서 인당을 서북면 병마사로 삼아 압록강 서쪽의 8참站을 공략하게 하자, 파사부婆娑府 등 3참을 무찌르고 돌아와 참지정사參知政事가 되었다.

* **쌍성雙城**: 쌍성총관부雙城摠管府의 약칭. 원나라가 고려 화주和州에 두었던 관청.

* **홍두적紅頭賊**: 홍건적을 말함.

[※] **11월**: 원문 11년은 오기. 경효왕(공민왕) 10년 11월에 고려군과 홍건적이 안주에서 크게 싸웠다. 이 전투에서 상장군 이음, 조천주 등이 전사하고 지휘사 김경천은 항복하였다.

[※] **이음李蔭**: 행촌 이암의 아들.

* **정세운鄭世雲**: 공민왕 때의 장군. 왕명으로 총병관總兵官이 되어 20만 대군을 거느리고 공민왕 11(1362)년에 홍건적을 압록강변으로 물리치고 개경을 수복하였다.

세운은 성품이 충성스럽고 청백하였다. 임금이 파천播遷한 이후 밤낮으로 근심하고 분하게 여겼다. 홍두적을 소탕하고 경성을 수복하는 것을 자기 소임으로 여기므로 임금이 또한 믿고 의지하셨다.

> 世雲이 屢請亟下哀痛之詔하사 以慰民心하시고 遣使諸道하사
> 以督徵兵하소서 한대 上이 遂下詔하시니 守門下侍中李嵒이 傳曰
> 天下安에 注意相하고 天下亂에 注意將하니 余는 文臣이라 懦不能軍하니
> 子其勉之어다. 世雲이 詣都堂하야 憤言揚聲으로 謂柳淑以簽軍後期로
> 爲責하고 將行에 嵒이 謂世雲曰 今에 强寇猝至하야 皇城失守하고
> 乘輿播遷하야 爲天下之笑가 三韓之耻늘 而公이 首唱大義하야
> 仗鉞行師하니 社稷之再安과 王業之中興이 在此一擧라 吾君臣이 日夜로
> 望公之凱旋也로다. 奬諭遣之하고 每日督勵諸將倡義하야 出謀授計하니
> 安祐·李珣 改名希泌 李嵒從侄·韓方信等諸將이 皆從之有功하니라.

역주 세운은, 애통하게 여기는 조서詔書를 속히 내려 백성의 마음을 위로하고 사신을 모든 도에 보내어 징병徵兵을 독려하시도록 임금에게 여러 번 청원하였다.

임금께서 마침내 조서를 내리시니 수문하시중守門下侍中 이암이 세운에게 전하여 말하였다.

"천하가 편안하면 뜻을 정승에게 기울이고, 천하가 어지러우면 뜻을 장수에게 기울이는 법이다. 나는 문신文臣이라 나약하여 능히 군사를 부리지 못하니, 그대는 힘 쓸지어다."

세운이 도당都堂에 나아가 분연히 소리 높여 류숙柳淑에게 군사를 징집하면서 기한이 늦은 일을 책망하였다.

전선으로 출발하려 할 때 이암이 세운에게 말했다.

"강력한 외적이 갑자기 쳐들어와 황성을 지키지 못하고 임금의 수레가 파천하여 천하의 웃음거리가 된 것은 삼한의 치욕이로다. 공이 앞장서서 대의를 부르짖어 무기를 들고 군사를 거느리니, 사직이 다시 편안해지고 왕업이 중흥함이 이번 한 판 싸움에 달려 있도다. 우리 임금과 신하는 밤낮으로 공이 이기고 돌아오기를 바랄 뿐이로다."

권면하고 깨우쳐 전송한 뒤에 매일 여러 장수에게 군사를 일으킬 것을 독려하고

묘략을 내어 전해 주었다. 안우安祐, 이순李珣(희필로 개명함. 이암의 종질), 한방신韓方信 등 여러 장수가 모두 종군하여 공을 세웠다.

二十年辛亥二月甲戌에 女眞千戶李豆蘭帖木兒가
遣百戶甫介하야 以一百戶로 來投하니라.
閏三月己未에 北元遼陽省平章事劉益·王右丞等이
以遼陽은 本高麗地라 하야 欲歸附我國하야 遣人來請이어늘
時에 廷議不一하고 國事多難이라 然이나 上이 遣鄭夢周하사 如明하사
賀平蜀하시고 金義는 殺明使蔡斌하니 朝野騷然하야
其欲言事者가 幾希라 以故로 未卽回報하니
劉益等이 遂以金州·復州·蓋平·海城·遼陽等地로 歸附于明하니라.

역주 20년 신해(단기 3704, 1371) 2월 갑술에 여진 천호千戶 이두란 첩목아李豆蘭帖木兒※가 백호百戶 보개甫介를 보내어 백 호를 거느리고 투항해 왔다. 윤3월 기미에, 북원北元▨의 요양성 평장사 유익劉益, 왕우승王右丞 등이 요양은 본래 고구려 땅이라 하여 우리나라에 귀순하고자 사람을 보내어 귀화를 청했다.

이때 조정의 의론이 일치하지 않고, 국사에 어려움이 많았다. 그러나 임금이 정몽주✽를 명나라에 보내시어 촉蜀을 평정한 것을 하례하게 하셨다※.

김의金義※가 명나라 사신 채빈蔡斌을 살해하자 조야가 시끄러워 이 일에 대해 말하려는 자가 거의 없었다. 이 때문에 바로 회신을 하지 않자, 유익 등이 마침내 금주金州·복주復州·개평蓋平·해성海城·요양遼陽 등의 땅을 가지고 명나라에 가서 붙었다.

※ 이두란 첩목아李豆蘭帖木兒(1331~1402): 조선의 개국공신. 본성은 동佟. 여진의 천호千戶 아라부카阿羅不花의 아들. 가업을 이어서 천호가 되고, 원나라 말기에 그 일당을 이끌고 투항하였다. 북청에 있다가 이성계의 휘하에 들어가 이씨 성을 받고 이름을 지란之蘭이라 하였다.

▨ 북원北元: 명明에 의해 중국 본토에서 몽골로 쫓겨간 원元 왕조의 잔존 세력에 대한 호칭.

✽ 정몽주鄭夢周(1337~1392): 호는 포은圃隱, 시호는 문충文忠. 위화도 회군 이후 이성계의 세력이 나날이 커져서 조준·정도전 등이 이성계를 왕으로 추대하려 하자, 우선 조준을 제거하려 하는 동시에 고려조를 끝까지 떠받들려다가 이방원의 문객 조영규 등에게 선죽교善竹橋에서 피살되었다.

※ 촉을 평정했다는 것은 명옥진明玉珍이 사천과 운남에 세웠던 하夏나라를 평정한 것을 말한다. 1371년 6월 주원장이 탕화湯和·부우덕傅友德 등을 보내 당시 명옥진의 아들 명승明昇이 다스리던 하나라를 멸망시켰다.

▨ 김의金義: 고려 말의 장수. 본래 호인胡人으로 본명은 야열가也列哥. 명나라 사신 임밀·채빈 등을 호송할 책임을 맡았는데, 재상 이인임이 공민왕 살해에 대한 명나라의 문책을 두려워하여 김의로 하여금 사신을 죽이게 하였다. 김의는 채빈을 죽이고 임밀을 잡아서 원나라로 도망하였다. 후에 명나라에 귀순하여 남만南蠻을 정벌하였다.

嗚呼라 當時淸論이 徒因循是務하야 自失好機하야 竟不恢收舊疆하니
志士之恨이 於斯爲深矣로다. 江陵王이 以先帝命으로 卽位하시니
時에 遼東都司가 遣承差李思敬等하야 到鴨綠江張榜하니 曰
鐵嶺迤北迤東迤西는 元屬開元하니 所管軍人漢人女眞達達高麗는
仍屬遼東云云이라 朝議紛紛不一이라가 竟以督戰決定하시고
大發中外兵馬하사 以崔瑩으로 爲八道都統使하시니라.

역주 오호라! 당시 청론淸論을 떠들던 무기력한 자들이 한갓 편안함을 좇기만 일삼아 좋은 기회를 스스로 잃어버리고 마침내 옛 강토를 회복하지 못하였으니 뜻 있는 사람의 한恨이 이 때문에 더욱 깊어지는구나.

강릉왕(우왕)이 선제先帝(공민왕)의 명으로 즉위(단기 3707, 1374)하셨다. 이때에 요동도사*가 승차 이사경李思敬 등을 보내어 압록강에 이르러 방을 써 붙이고 말하기를,

"철령鐵嶺의 북쪽과 동쪽과 서쪽은 원래 개원開元(지금의 요령성 개원현)*에 속하던 땅이니 거기서 관할하던 군인軍人, 한인漢人, 여진女眞, 달달達達, 고려高麗는 여전히 요동遼東에 속한다."[11]

운운 하였다. 조정의 중론이 분분하여 일치하지 않다가 마침내 싸울 것을 결정하고, 나라 안의 병마를 크게 일으키고 최영을 팔도도통사八道都統使로 임명하셨다.

---

* 요동 도사遼東都司: 요동에 설치한 명나라의 최고 군사 기구인 도지휘사都指揮司.

* 개원開元: 원元이 설치한 행정구역. 지금의 길림성 전체와 요령성 동남부의 땅을 관할하였다. 치소는 처음에 길림성 농안현農安縣에 있었으나, 후에 요령성 개원현開原縣으로 옮겼다.

주註

1) 고안승

고구려의 왕족. 고구려가 멸망한 후, 부흥운동을 일으킨 검모잠에 의해 왕으로 추대되었으나 의견 차이로 검모잠을 죽이고 신라로 망명하였다. 신라는 고안승 집단을 금마저金馬渚(익산)에 머물게 하고 고구려왕으로 봉했다. 후에 보덕왕으로 봉하고, 신문왕 3년(683)에는 경주로 이주시켜 소판蘇判의 관등과 김씨 성을 부여하고 집과 토지를 하사하여 신라의 귀족으로 만들었다. 이러한 조치에 금마저에 남아 있던 장군 대문大文은 반란을 일으켰으나 신라군에 의해 진압되면서 고구려 부흥운동은 사라졌다.

2) 미륵불彌勒佛

불교佛敎에서는 제4불佛인 석가모니를 뒤이어 미래불未來佛인 미륵불이 출세하여 모든 중생을 구제하고 이상 낙원, 즉 용화龍華 세계를 건설한다고 신앙해 왔다. 우리 민족은 불교를 받아들인 그 어떤 나라보다도 미륵신앙의 역사적인 연원이 깊다. 백제에서는 무왕武王(600~641)이 익산에 미륵사라는 초대형 사찰을 창건했다. 본격적인 미륵신앙은 8세기 신라 법상종의 창시자인 진표율사眞表律師가 동방 민중의 의식 속에 미륵신앙의 뿌리를 내리기 시작하였다.

그리하여 '우리나라에 미륵불이 출세하여 한민족과 인류를 구원한다'는 구원의 메시지가 오늘날까지 전한다(자세한 사항은 안경전, 『이것이 개벽이다』상 참조).

3) 신교의 낭가 정신 부흥에 힘쓴 윤관尹瓘

윤관(?~1111)은 고려 중기의 명신으로 시호는 문숙文肅이다. 1107년(예종 2) 여진 정벌 때 도원수가 되어 부원수 오연총과 17만 대군을 이끌고 동북계에 있는 여진을 쳐서 9성九城을 쌓았다. 9성 가운데 최북단이 두만강 북쪽 700리, 즉 송화강에 가까운 선춘령 공험진이다. 그런데 이때 세운 비석이 파괴되어 연길시 인근에 버려졌고, 일제가 그것을 주워 연길에서 보관하였으나 중국 정부가 다시 은닉하였다.

그후 윤관은 또다시 침범하는 여진을 평정하고 1108년 4월에 개선하여 공신이 되었다. 그러나 윤관의 공을 시기한 고려 조정 중신들의 계속되는 탄핵과, 의지할 땅을 잃은 여진의 고토 반환 간청에 따라 조공 약속을 받고 결국 9성을 여진에게 돌려주었다. 윤관은 벼슬과 공신의 호를 삭탈당했으나 후에 복관되었고 예종의 사당에 함께 모셔졌다. 예종과 윤관은 선제先帝 숙종의 유지를 받들어 여진을 정벌하였으며, 낭가 정신을 실행하려고 애쓴 군신君臣이었다.

4) 윤관 9성과 선춘령先春嶺

동북 9성의 위치에 대해서 두만강 북쪽 700리, 길주 이남, 함흥평야라는 세 가지는 설이 있다. 길주이남설은 진흥왕순수비를 윤관비로 오인하면서 생겨났다. 이 설은 일제가 우리 역사를 왜곡하는 호재로 사용되어 9성을 함흥까지 끌어내리는 근거가 되었다. 문제는 일제 식민사학자들이 주장한 함흥평야설이 현재 우리 국사교과서에서 정설로 기술되어 있다는 점이다.

『고려사』「지리지」에는 "윤관과 오연총이 여진을 쫓아내 9성을 설치하고 공험진의 선춘령에 비를 세워 경계를 삼았다以平章事尹瓘爲元帥, 知樞密院事吳延寵副之. 率兵擊逐女眞, 置九城, 立碑于公嶮鎭之先春嶺, 以爲界至"라고 하여 공험진과 선춘령을 같은 지역으로 기록하고 있다. 『세종실록』「지리지」에는 "경흥에서 공험진까지 700리, 동북쪽으로 선춘현까지 700여 리 된다"라고 하여, 공험진은 서쪽에, 선춘령은 동쪽에 있다고 했다. 또 공험진은 남쪽으로 영고탑과 돈화와 이웃하고 있다고 하였다.

따라서 선춘령은 오늘날의 수분하綏芬河 유역으로, 공험진은 경박호 북쪽인 흑룡강성 해림시 영고탑 부근으로 추정할 수도 있다. 조선 시대 지도는 경박호 부근에 윤관의 척경비가 있는 것으로 표기하였다.

5) 윤언이尹彦頤(?~1149)

고려 인종 때 대신으로 시중 윤관의 아들. 자호自號는 금강거사金剛居士, 시호는 문강文康이다. 『고려사』「열전」에는 윤관의 다른 아들인 언순彦純으로 되어 있다.

묘청, 정지상 등과 함께 고려 시대의 대표적 칭제북벌론자稱帝北伐論者로 신교의 역사 개척 정신을 이은 낭가郎家 계통의 인물이다. 다만 묘청과 정지상은 서경(평양) 천도까지 주장하였으나 윤언이는 이에 반대하였다.

묘청이 난을 일으키자 인종은 사대주의자 김부식을 원수로, 윤언이를 부원수로 삼아 토벌케 하였다. 윤언이는 묘청과 같은 북벌론자이면서도 오히려 묘청을 토벌하는 일원이 된 것이다. 김부식은 출병 전에 정지상과 백수한을 살해하였다. 김부식은 묘청의 난을 진압하고 개선한 후에 윤언이를 정지상과 같은 무리라 하여 축출시켰다.

신채호가 '조선 역사상 일천년래 일대 사건'이라 말한 묘청의 난이 사대주의자 김부식 일파에 의해 진압됨으로써 자주적 독립적인 칭제북벌론자까지 모두 몰락하게 되었다. 이보다 더욱 중요한 것은 환인·환웅·단군 이래 이어져 온 한민족 고유의 신교神敎 정신이 이 사건을 계기로 크게 쇠퇴하였다는 데 있다.

윤언이는 만년을 쓸쓸히 떠돌며 지내다가 간신히 생환되어 광주목사廣州牧使가 되자, 자해표를 바쳐 왕에게 감사의 뜻을 표하고 자신의 억울한 누명을 풀고자 했다. 윤언이는 만년에 불교를 깊이 믿어 고향인 파주에 살면서 중 관승貫乘과 친교를 맺고 소일했으나, 죽는 날까지 청제북벌론이 실현되지 못한 것을 애통하게 여겼다고 전한다.

6) 금金나라 시조 함보의 정체

『금사金史』「세기世紀」를 보면 "금나라 시조의 이름은 함보函普인데, 처음에 고려에서 왔다金之始祖諱函普, 初從高麗來.」라고 하였다. 또 『고려사』와 『신증동국여지승람』에는 "금준今俊: 세상에서 전하기를, 옛날 평주의 승려 금준今俊이 도망하여 여진으로 들어가 아지고촌에 살았는데 이 사람이 금나라의 선조라 한다. 어떤 사람이 말하기를, '평주 중 금행金幸의 아들 극수克守가 당초에 여진으로 들어가서 여진 여자에게 장가들어 아들을 낳아 고을古乙이라 불렀는데, 금 나라의 시조 아골타가 그의 후손이다'라 한다今俊: 世傳, 昔有平州僧今俊, 遁入女眞, 居阿之古村, 是爲金之先, 或曰'平州僧金幸之子克守, 初入女眞, 娶女眞女, 生子曰古乙. 金祖阿骨打, 乃其後也'」라고 하여 금나라 시조가 고려 사람 함보(금준)임을 밝히고 있다. 참고로 『고려사』와 『신증동국여지승람』에서는 '김준金俊'이 아니라 '금준今俊'으로 되어 있다.

함보가 신라 경순왕의 아들 마의태자라는 설이 있다. 그 근거로 제시된 것이 『만주원류고』에 있는 기록인데, 『만주원류고滿洲源流考』「부족部族」의 편집자주에는 "신라왕의 성 김씨가 수십 세 전해졌으며 금이 신라로부터 왔으니, 의심할 바 없이 그가 세운 나라의 이름도 마땅히 여기서 취한 것이다"라고 하였다. 여진족은 우야소(오아속) 이래 고려를 '대국大國' 또는 '부모 나라父母之邦'라고 하였다. 『금사』「세기世紀」에 기록된, 시조 함보에서 금나라 태조 아골타에 이르는 혈통과 계보는 다음과 같다.

함보函普(始祖)─오로烏魯(德帝)─발해跋海(安帝)─유가綏可(獻祖)─석로石魯(昭帝)─오고내烏古迺(景祖)─핵리발劾里鉢(世祖, 오고내의 둘째 아들)─파랄숙頗剌淑(肅宗, 오고내의 넷째 아들)─영가盈歌(穆宗, 오고내의 다섯째 아들)─오아속烏雅束(康宗, 핵리발의 맏아들)─아골타阿骨打(太祖, 핵리발의 둘째 아들).

7) 고려의 다물 정신 계승과 코리아

『삼국사기』에 따르면 다물多勿이란 고구려 말로 '옛 땅을 되물린다復舊土,' 즉 '배달, 단군조선 시대의 옛 땅을 다시 찾는다'는 뜻이다. 고주몽이 다물을 연호로 삼았으니 다물주의는 곧 고구려의 건국 이념이라 할 수 있다. 이 이념과 정신은 그대로 대진(발해)을 거쳐 고려에 계승되었다. 잃어버린 고토故土를 찾겠다는 강한 의지로 서경西京인 평양을 중시하여 대륙 진출의 웅지를 키웠고 또 '고구려의 정신을 그대로 계승한다'는 뜻에서 국호를 '고려'라 한 데서도 다물주의를 뚜렷이 엿볼 수 있다.

거란과의 담판, 윤관의 북벌, 묘청의 서경 천도 주장으로 그 정신은 면면히 계승되었으나, 묘청 일파가 사대주의자 김부식 일당에게 패멸당하고 금金의 압력·원元의 간섭으로 북진정책을 중단되지 않을 수 없었다. 그러나 다물주의는 공민왕 때에 이르러 부활하는데, 특히 최영 장군은 그 집념과 의지가 강하였다.

그러나 이성계가 세운 한양 조선의 철저한 사대주의와 소한주의 역사 정신과 더불어 다물주의는 퇴색하고, 마침내 물밀듯 밀려오는 열강과 일제의 침략으로 말미암아 국권과 강토를 모조리 빼앗김으로써 9천 년 역사에 최대의 수치와 오점을 남겼다.

8) 권근權近의 서고문誓告文

「고려국본기」에 실려 있는 권근의 제천 서고문誓告文은 『양촌집陽村集』의 내용과 차이가 있다. 「고려국본기」에는 제목이 '참성단초례청사塹城壇醮禮青詞'라고 하였으나 『양촌집』에서는 '참성초청사槧城醮青詞'로 되어 있다. '초례청사'가 아닌 '초청사'로 되어 있는 것은 의미상의 차이가 없다고 할 수 있으나, '참성塹城'의 '참'자가 '구덩이 참塹'자가 아니라 '판 참槧'자로 되어 있다. 지금은 '참성塹城'이 정식 표현이지만 당시에는 '참성槧城'으로도 썼음을 알 수 있다. 실제로 고려 말 이색李穡의 「마니산기행摩尼山紀行」의 「차운재궁次韻齋宮」이라는 시에서도 '참성槧城'이란 말이 등장한다. '초례청사醮禮青詞'는 도가 제사인 초제醮祭의 축문으로, 고려 때 유행하였다.

「고려국본기」와 『양촌집』의 내용을 대조 검토해 보면 문자 상의 차이가 10여 곳이고, 「고려국본기」에는 『양촌집』의 '이헌二獻' 부분이 통째로 빠져 있다. 모든 제례에서 헌작獻爵은 '초헌初獻', '아헌亞獻', '종헌終獻'의 '삼헌三獻'이 상례이다. 특히 초제에서는 각 헌작 때마다 독축讀祝을 한 것으로 보이는데, 『양촌집』에서는 '삼헌'이 모두 갖추어져 있으나 「고려국본기」에서는 '삼한'이 없이 '이한'까지만 기록되어 있다. 그리고 '이한' 부분이 누락되어 '삼한'을 '이한'으로 기록했다. 이것은 현행 『환단고기』가 이유립이 목적을 갖고 인위적인 조작을 한 것이 아니라는 증거 중의 하나이다. 만약에 인위적인 조작을 하였다면 권근의 『양촌집』을 보고 제목과 내용을 충분히 똑같이 할 수 있었을 것이다.

9) 정동행성이문소征東行省理問所

정동행성은 고려 후기 원元에 의해 일본 원정을 위한 전방사령부로서 고려에 설치되었던 관서이다. 일본 원정 이후에 기능이 전환되었으나 명칭은 고려 말기까지 존속하였다. 정식명칭은 정동행중서성征東行中書省으로서 '정동'은 일본정벌을 뜻하는 것이고, '행중서성'은 중앙정부 중서성中書省의 지방파견기관을 뜻하는 것이다. 승상은 고려왕이 겸임했고, 승상 아래에는 평장정사·우승·좌승·참지정사參知政事·원외랑員外郞·낭중郎中·도사都事 등이 있었다.

정동행성에는 원나라의 다른 행성들과 마찬가지로 이문소理問所가 있었다. 본래는 개경에서의 대원관계對元關係의 범죄행위를 다스리는 업무를 맡았다. 그러다가 부원세력층附元勢力層의 불법과 전횡을 옹호해주고, 전민田民의 점탈을 방조해주며, 반원세력을 억누르는 기관으로 전환되었다. 이문소의 관리들의 횡포와 전권은 내정이 문란해지는 고려 말에 이르러 더욱 심하였다. 1356년(공민왕 5)에 반원개혁의 첫 조처의 하나로 행성이문소行省理問所가 타파의 대상이 되었다.

10) 주원장朱元璋(1328~1398)

중국 명明나라의 시조. 원元나라가 쇠약해져 여러 곳에서 홍건적이 일어났을 때 가담했다가 백련교의 뒷받침으로 세력을 넓혀 원나라를 멸망시키고 명나라를 세웠다. 『신교총화神敎叢話』에서는 "명나라 주원장은 고주몽의 후손으로 그의 행동과 말을 살펴보면 우리 동방 사람이다"라고 하였다.

11) 철령위鐵嶺衛

명나라는 원나라를 북쪽으로 밀어내고 원이 점유하던 만주지역까지 모두 차지하기 위해 고려에 철령위 설치를 통고하였다. 고려는 공민왕 이후 명나라의 세력 확장을 기회로 원에 빼앗긴 영토를 되찾기 위해 심혈을 기울이고 있었다. 그런데 명나라의 세력이 커져 원나라가 망할 상황이 되자 고려는 명나라와 교섭을 통해 옛 영토를 회복하고자 하였다.

그러나 명나라는 철령이 고려에 속하였다 해도 원나라 지역을 명나라가 차지했으니 명나라에 귀속되어야 한다고 통고하였다. 그리고 강계에 철령위를 세우려고 요동에서 철령에 이르기까지 역참 70곳을 두었다. 이에 고려는 철령위 설치를 통고하러 온 사신단을 죽이고 요동정벌을 결정하였다.

명나라가 설치한 철령위의 위치에 대해서 『명사明史』에는 홍무 21년(1388)에 옛 철령성 자리에 설치하였다가 홍무 26년(1393)에 지금의 요령성 철령으로 옮긴 것으로 되어 있다. 청나라 때의 『성경통지盛京通志』에서는 1388년에 설치한 철령위의 위치는 지금의 철령 동남쪽으로 500리 되는 곳에 있다고 하였다.

철령위는 고려가 자국 영토를 어디까지 인식했는지 알아 볼 수 있는 중요한 문제이다. 지금까지 한국학계의 통설은 원산만 지역을 철령위로 보고 있다. 이 견해는 일본인들이 확정해 놓은 것인데 한국학계가 그대로 답습하고 있다.

그런데 『고려사』 「지리지」 서문에서는 고려의 북쪽 영토가 "서북西北은 당나라 이후 압록강을 국경으로 삼고 동북東北은 선춘령으로 경계를 삼으니 대체로 서북의 경계는 고구려에 미치지 못했으나 동북은 이에서 지났다[西北, 自唐以來, 以鴨綠爲限, 而東北, 則以先春嶺爲界. 蓋西北所至不及高勾麗, 而東北過之]"라고 하여 동북은 두만강 북쪽으로 고구려 강역보다 더 넓었다고 하였다.

또 『조선왕조실록』 「태조실록」 총서總序를 보면, 이성계가 우왕에게 올린 상소문에 "북계北界는 여진·달달·요동·심양 지역과 이어져 있으니 실로 국가의 중요한 땅입니다[北界與女眞·達達·遼瀋之境相連, 實爲國家要害之地]"라고 하였다. 이 내용대로라면 원나라 말기 고려의 영토는 압록강을 넘어 요양, 심양과 접해 있었다고 봐야 한다. 여기서 요동은, 심양과 같이 거론된 것으로 보아 요하 동쪽과 압록강 이북 사이를 말하는 것이 아니라 요양을 가리키는 것으로 추정할 수 있다.

만약 철령위가 원산만 일대에 설치되었다면 조선 세종이 함경도 일대에 4군 6진을 개척할 때 명나라와 전쟁을 하거나 양도받아야 가능한 것이다(복기대, 「철령위 위치에 대한 재검토」, 『선도문화』 제9권, 2010). 그러나 고려, 조선과 명나라는 영토문제에서 서로 첨예하게 대립했다. 따라서 고려의 북쪽 경계는 지금까지 교과서에서 배워 온 것과 차이가 날 수밖에 없다.

태백일사 발문*

歲甲子^{세갑자}에 余謫槐山^{여적괴산}하니 處宜謹愼^{처의근신}이오 頗爲無聊^{파위무료}라
乃取閱家藏陳篋^{내취열가장진협}하야 其有可據於史傳者^{기유가거어사전자}와 與夫平日聞諸古老者^{여부평일문저고로자}를
幷擧採錄^{병거채록}이로대 而未成書^{이미성서}러니
後一十六年庚辰^{후일십육년경진}에 余以撰修官^{여이찬수관}으로 頗得內閣秘書而讀之^{파득내각비서이독지}하고
乃按前稿而編次之^{내안전고이편차지}하야 名曰太白逸史^{명왈태백일사}라
然^연이나 敢不問於世^{감불문어세}하고 秘藏之^{비장지}하야 爲不出戶外者^{위불출호외자}라
一十堂主人^{일십당주인}이 書^서하노라.

역주 갑자(연산군 10, 단기 3839, 1506)년에 내가 괴산槐山으로 귀양을 갔는데 마땅히 근신해야 할 처지였기에 아주 무료하게 나날을 보냈다.

이에 집안에 간직하고 있는 오래된 상자를 열고 점고해 보니, 역사와 전기에 근거로 삼을 만한 것과 평소에 노인들에게 들은 것을 함께 채록한 것이 있는데 책으로 완성하지 못한 것이었다. 그 후 16년이 지난 경진(중종 15, 단기 3853, 1520)년에 내가 찬수관撰修官 신분이라 내각內閣의 비서秘書를 많이 구해서 읽을 수 있었다. 이에 이전 원고를 순서대로 편집하여 『태백일사太白逸史』라 이름 붙였다. 하지만 감히 세상에 묻지 못하고 비밀히 간직하여 문밖에 내놓지 않은 것이다.

일십당주인一十堂主人이 쓰노라.

桓檀古記終^{환단고기종}

이맥 선생 묘 | 1990년에 경기도 성남시 도촌동에서 충남 연기군 서면 용암리(일명 두지골)로 이장하였다.

*발문跋文: 책의 끝에 본문 내용의 대강大綱이나 간행 경위에 관한 사항을 간략하게 적은 글. 꼬리말이라고도 한다.

색 인

【ㄱ】

가다加多 / 345
가라해加羅海 / 464
가락駕洛 / 462
가륵嘉勒 / 219, 387, 435
가리加利 / 396
가림다加臨多 / 435, 436
가림토加臨土 / 222
가색哥索 / 411
가섭라迦葉羅 / 396
가섭원迦葉原 / 287, 292, 456
가섭원부여迦葉原夫餘 / 287
가종稼種 / 306
가한성可汗城 / 399
각목角木 / 319
갈고환웅葛古桓雄 / 190, 357
갈노산葛盧山 / 351
갈사曷思 / 295, 514
갈산碣山 / 399
갈석산碣石山 / 489
갈지활智 / 390
갈태천왕葛台天王 / 194
감군監群 / 359
감군監羣 / 174
감물甘勿 / 251
감물산甘勿山 / 252
감성監星 / 230, 407
감식촉感息觸 / 207, 309, 428, 460
감위甘尉 / 410
감정甘丁 / 403
갑비甲飛 / 403
갑자甲子 / 345, 349
갑천령蓋天齡 / 392, 405
강거康居 / 222
강도江都 / 209
강릉江陵 / 510
강릉왕江陵王 / 557
강릉왕우江陵王禑 / 551
강수姜水 / 368, 379
강씨姜氏 / 368

강종康宗 / 515
강종희황제康宗僖皇帝 / 513
강진强振 / 345
강태공姜太公 / 368
개마蓋馬 / 315, 509
개마국蓋馬國 / 330
개물평등開物平等 / 476
개벽開闢 / 308
개복皆福 / 345
개사성蓋斯城 / 240
개사원욕살蓋斯原褥薩 / 243
개성開城 / 391
개심광명開心光明 / 332
개원開原 / 296, 441, 508
개원開元 / 557
개인開人 / 359
개인숭생開人崇生 / 350
개전일여開全一如 / 252
개지開地 / 359
개천開天 / 210, 226, 359
개천시교開天施教 / 343
개천입교開天立教 / 185
개천지생開天知生 / 350
개토이생開土理生 / 350
개평蓋平 / 399
개평부開平府 / 430, 486
개화開化 / 477, 485, 508
객현한국客賢汗國 / 184, 330
거란契丹 / 462, 508
거란동경장군契丹東京將軍 / 520
거란성종契丹聖宗 / 533
거련환웅居連桓雄 / 193
거문산巨門山 / 461
거발환居發桓 / 193, 221, 232, 316
거병해원去病解怨 / 221
거불단환웅居弗檀桓雄 / 195
거불리환웅居佛理桓雄 / 193

거세간居世干 / 492
거세居世 / 402
거야발환웅居耶發桓雄 / 194
거용渠鄘 / 399
건안建安 / 471, 488
건원칭제建元稱帝 / 541
건창建昌 / 471
건황慶晃 / 515
건흥建興 / 466, 488, 515
걸桀 / 236, 403
걸걸중상乞乞仲象 / 519
걸사비우乞比羽 / 508
견군甽軍 / 236
견추밀원지주사遣樞密院知奏事 / 540
겸화불투겸화不鬪 / 331
경근불태敬勤不怠 / 331
경당局堂 / 321, 389, 400
경박호鏡珀湖 / 340
경사京師 / 394
경일주삼徑一周三 / 312
경향분수지법京鄕分守之法 / 284
경효왕景孝王 / 540
경효왕敬孝王 / 547, 553
계가鷄加 / 228
계가주선악鷄加主善惡 / 332, 359
계성薊城 / 412, 508
계수薊須 / 457
계연수桂延壽 / 170
계전季佺 / 402
계지가라鷄知加羅 / 493
계천입부繼天立父 / 316
고구려高句麗 / 264, 371
고구려후高句麗侯 / 285
고기古記 / 168, 184, 210
고두막한高豆莫汗 / 286
고등高登 / 243, 391, 404
고등왕高登王 / 245

고려高麗 / 207
고려광종高麗光宗 / 436
고려사高麗史 / 540
고려성高麗城 / 486
고려예종문효대왕高麗睿宗文孝大王 / 520
고려진高麗鎭 / 484, 486
고려팔관기高麗八觀記 / 311
고려팔관잡기高麗八觀雜記 / 370
고려현종원문대왕高麗顯宗元文大王 / 520
고력합高力合 / 409
고례高禮 / 344
고리고국槀離古國 / 511, 515
고리高離 / 344
고리국槀離國 / 263, 288
고리군왕槀離郡王 / 456
고모수高慕漱 / 292
고무서高無胥 / 289
고불가高弗加 / 246, 247
고불古弗 / 236, 390
고사침高土琛 / 235
고설高契 / 222
고성高成 / 473
고성제高成帝 / 476
고시高矢 / 341
고시례高矢禮 / 338
고시리환인古是利桓仁 / 184, 331
고시씨高矢氏 / 338, 350
고신高辛 / 190, 368
고연수高延壽 / 478
고열가高列加 / 261, 280, 288
고열가高烈加 / 397
고영창高永昌 / 520
고우루高于婁 / 285
고유선高維先 / 410
고장高臧 / 476
고정의高正義 / 478
고종안효대왕高宗安孝大王 / 550

562

고주몽高朱蒙 / 289, 292, 456
고주몽성제高朱蒙聖帝 / 458, 489
고죽孤竹 / 255
고죽군孤竹君 / 244
고진高辰 / 284, 285, 292, 456
고태固台 / 410
고해사高奚斯 / 284
고혜진高惠眞 / 478
고홀固忽 / 242, 391
곡사정斛斯政 / 468
곤륜崑崙 / 360
곤연鯤淵 / 293
공공共工 / 381
공구孔丘 / 410
공구씨孔丘氏 / 341
공상空桑 / 351, 352, 357
공손경公孫卿 / 368
공손公孫 / 379
공손탁公孫度 / 457
공손헌원公孫軒轅 / 352
공수供授 / 439
공수貢壽 / 439
공양태모지법公養胎母之法 / 280
공자孔子 / 218
공화지정共和之政 / 280
관경管境 / 188, 241, 318, 356, 385, 394
관자管子 / 352
관중關中 / 236
광개절廣開節 / 170
광개토경대훈적비廣開土境大勳蹟碑 / 461
광개토경호태황廣開土境好太皇 / 462
광명공제光明共濟 / 221
광명光明 / 174, 332
광명이세光明理世 / 317, 328
광명전光明殿 / 462
광무光武 / 170
광성문황제光聖文皇帝 / 513
광열光熱 / 305

광종光宗 / 512
광주목廣州牧 / 538
괘도卦圖 / 348
괴유怪由 / 295
교역이퇴交易以退 / 350
교인관경教人管境 / 358
교인입의教人立義 / 317
교인제천教人祭天 / 358
교인책화教人責禍 / 358
교화教化 / 305
교화지신教化之神 / 205
구가주형狗加主刑 / 332, 359
구년홍수九年洪水 / 398
구다句茶 / 509
구다국勾茶國 / 330
구다천국勾茶川國 / 184, 249, 330
구려九黎 / 319, 401, 437, 466
구려군句麗君 / 246
구려분정九黎分政 / 398
구려하九黎河 / 286, 288, 489
구리자성究理自性 / 310
구막한국寇莫汗國 / 184
구모소緱牟蘇 / 241
구모액국勾牟額國 / 184
구물丘勿 / 257, 396, 441
구봉산九峰山 / 461
구사舊史 / 472
구서九誓 / 460
구서오계九誓五戒 / 514
구서지회九誓之會 / 442
구성九城 / 535
구야한국狗邪韓國 / 464, 465, 518
구역九域 / 176, 215, 356
구월산九月山 / 226, 229, 388, 408
구을丘乙 / 224
구을邱乙 / 345
구을리환인仇乙利桓仁 / 184, 331
구정邱井 / 218, 369
구정도邱井圖 / 218

구제궁九梯宮 / 461
구주九州 / 465
구지舊志 / 489
구치九治 / 351, 383
구환九桓 / 188, 210, 221, 226, 236, 239, 316, 329, 333, 380
구환위종九桓爲倧 / 220
구환지도九桓地圖 / 242
구환지족九桓之族 / 184
구황九皇 / 359, 381
구황육십사민九皇六十四民 / 316
국내성國內城 / 457
국선소도國仙蘇塗 / 231
국유형國猶形 / 204
국자랑國子郎 / 236
국조國祖 / 210
국중대회國中大會 / 215, 216, 319
국훈國訓 / 234
군도君道 / 311
궁씨弓氏 / 528
궁예弓裔 / 528, 529
궁한리弓漢里 / 535
궁호弓戶 / 389
궁홀弓忽 / 395
권근權近 / 552
권징선악勸懲善惡 / 189
권화權化 / 174
귀방鬼方 / 243
귀천위사歸天爲死 / 307
균부삼진均賦三眞 / 458
균전均田 / 369
균화천균和天 / 313
극기極器 / 227, 430
극상克尙 / 368
근우지近于支 / 388
근일勤一 / 233
근일무태勤一无怠 / 311
금간옥첩金簡玉牒 / 401
금달今達 / 246
금마저金馬渚 / 528
금사金史 / 539
금산金山 / 330
금살치우擒殺蚩尤 / 354
금신金神 / 345
금악金岳 / 316, 343

금와金蛙 / 293
기린굴麒麟窟 / 388
기린麒麟 / 251
기림굴箕林窟 / 461
기비箕丕 / 264, 413
기석箕釋 / 413
기성奇省 / 213
기수奇首 / 244
기수淇水 / 256
기신외물忌慎外物 / 175
기욱箕煜 / 413
기윤箕潤 / 413
기이紀伊 / 423
기자箕子 / 248, 369
기준箕準 / 282, 413
기철奇轍 / 553
기후箕詡 / 261, 396, 412
기훤箕萱 / 530
김춘추金春秋 / 476

【 ㄴ 】

나반那般 / 184, 316, 317, 322
나산羅珊 / 514
나을那乙 / 213
나을촌奈乙村 / 492
나패那覇 / 465
낙랑국樂浪國 / 457
낙랑도樂浪道 / 470
낙랑樂浪 / 236, 349, 457
낙랑산樂浪山 / 284
낙랑왕樂浪王 / 284
낙랑홀樂浪忽 / 246
낙씨駱氏 / 296
난하灤河 / 488
남건男建 / 485
남국군藍國君 / 246
남국藍國 / 216, 245
남려성南閭城 / 284
남만南蠻 / 518
남방사명南方司命 / 304
남부욕살南部褥薩 / 478
남부지인藍部之人 / 319
남북갈사南北曷思 / 489
남북옥저南北沃沮 / 344

563

남북우루南北處婁 / 514
남상인南裳人 / 242
남생男生 / 208, 485
남선비南鮮卑 / 239
남수북벌지책南守北伐之策 / 473
남옥저南沃沮 / 515
남평양南平壤 / 466
남해도낭하리南海島郎河里 / 340
남해조수南海潮水 / 250
남해현낭하리南海縣郎河里 / 431
낭가郞家 / 169, 370
낭산狼山 / 259
낭야琅邪 / 399
낭야성琅邪城 / 399
낭야성耶城 / 398
내원來遠 / 540
내이奈伊 / 409
내휴奈休 / 250
노관盧綰 / 282
노덕리盧德利 / 386
노룡盧龍 / 489
노물老勿 / 410
노을魯乙 / 229
노일소路日邵 / 407
노자리이老子李耳 / 410
녹도문鹿圖文 / 421
녹산鹿山 / 244, 392
녹서鹿書 / 437
논진시상論診肹像 / 204
농상집요農桑輯要 / 545
눈수嫩水 / 492
눌견訥見 / 457
니물泥勿 / 514
니사尼舍 / 261
니하泥河 / 510

【ㄷ】

다도多都 / 396
다두多斗 / 409
다라국多羅國 / 465
다라한국多羅韓國 / 465
다물多勿 / 256, 396
다물흥방지가多勿興邦之歌 / 495
다의발환웅多儀發桓雄 / 193, 348
다파라국多婆羅國 / 464
단국檀國 / 210, 318
단군관경檀君管境 / 394
단군檀君 / 359, 461
단군세기檀君世紀 / 168, 209, 447, 435
단군왕검檀君王儉 / 240, 262, 318, 344, 356, 385, 398
단군조선檀君朝鮮 / 356, 394, 419, 430
단굴암檀窟庵 / 170
단기檀旂 / 215
단목지허檀木之墟 / 210
단수檀樹 / 210, 231, 232
단웅檀雄 / 195, 210
단인檀仁 / 184
단인檀因 / 331
단허檀墟 / 379
달문達門 / 225, 401, 429
달음達音 / 256
달지국達支國 / 386
당산唐山 / 478, 489
당요唐堯 / 210, 398
대가리大嘉利 / 313
대감大監 / 378
대광명大光明 / 313
대극성大棘城 / 368
대길상大吉祥 / 313
대덕大德 / 467
대동강大同江 / 389, 430
대동강大洞江 / 394
대동부大同府 / 484
대련大連 / 218, 407
대로對盧 / 478
대마국對馬國 / 518
대마도對馬島 / 493
대무신열제大武神烈帝 / 457
대박산大博山 / 225
대발해국大渤海國 / 520
대방帶方 / 399
대변경大辯經 / 309, 349, 358, 441, 458
대변설주大辯說註 / 432
대부여大夫餘 / 177, 258, 441
대성대臺省 / 537
대성산大聖山 / 389
대소帶素 / 294
대수大水 / 254
대시大始 / 304
대시전大始殿 / 232, 389
대안정大安定 / 313
대연림大延琳 / 520
대영제전大迎祭典 / 461
대예락大豫樂 / 313
대요大撓 / 191, 381
대우국大隅國 / 517
대웅大雄 / 313, 370
대원일大圓一 / 205, 232, 317
대음代音 / 238, 390
대읍국大邑國 / 210, 253
대인환웅大人桓雄 / 342
대일왕大日王 / 378
대정大定 / 515
대제학大提學 / 552
대조신大祖神 / 217, 439
대주천大周天 / 314
대중상大仲象 / 508
대중천大中天 / 317
대진국大震國 / 529
대진大震 / 509
대진육덕지가大震六德之歌 / 511
대천선화代天宣化 / 184
대천홍화代天興化 / 331
대풍산大風山 / 423
대학大學 / 169
대호大嘷 / 418
대흥大興 / 512
덕왕안승德王安勝 / 528
도기道器 / 208
도두왕都頭王 / 295
도라道羅 / 216
도리지가兜里之歌 / 253
도무道茂 / 401
도병마兵馬 / 537
도산塗山 / 214, 398, 400, 401
도솔兜率 / 439
도원수都元帥 / 534
도위都尉 / 477
도을道乙 / 410
도절都切 / 294
도지대원道之大原 / 384
도태산徒太山 / 361
도해道奚 / 230, 389
독로국瀆盧國 / 330
독로瀆盧 / 391
독로한瀆盧韓 / 194
독화지신獨化之神 / 174
돌개突盖 / 235
동경비장東京神將 / 520
동경용원부東京龍原府 / 512
동기東紀 / 396
동녀동남童女童男 / 174
동단국東丹國 / 522
동두철액銅頭鐵額 / 190, 354
동래東萊 / 473
동명국東明國 / 287
동명東明 / 288
동명왕東明王 / 287
동모산東牟山 / 508
동무東武 / 216
동방사명東方司命 / 305
동부여東夫餘 / 287
동부여東夫餘侯 / 295
동북부여東北夫餘 / 344
동수삼진同受三眞 / 444
동순망질사근동후東巡望秩肆覲東后 / 398
동압록東鴨綠 / 457, 461
동압록수東鴨綠水 / 360
동엄冬奄 / 241
동옥저東沃沮 / 492
동인호생同仁好生 / 313
동천제東川帝 / 461
동천제조천석東川帝朝天石 / 461
동평東平 / 514
동황태일東皇太一 / 367
두라문杜羅門 / 387
두라시杜羅時 / 389
두막루豆莫婁 / 243
두막해豆莫亥 / 390

두만강豆滿江 / 537
두밀豆密 / 248
두액동철頭額銅鐵 / 357
두열頭列 / 439
두지주예읍豆只州穢邑 / 223
두홀豆忽 / 256
득도장생得道長生 / 184, 331
등나登那 / 407
등래登萊 / 509
등리登里 / 408
등올登兀 / 250, 408
등주登州 / 473

【ㄹ/ㅁ】

루사婁沙 / 408
마가주명馬加主命 / 332, 359
마건馬乾 / 410
마려馬黎 / 490, 491
마리摩離 / 290, 457
마리산摩璃山 / 214, 386, 390
마리산摩利山 / 470, 462
마문거馬文擧 / 477
마물麻勿 / 255
마밀馬密 / 407
마수산馬首山 / 489
마유휴麻維麻 / 407
마한馬韓 / 283, 386, 391, 393, 430, 490
마한산馬韓山 / 386, 430, 463
마휴摩休 / 249, 395
마휴麻休 / 409
막리支莫離支 / 483
막연莫延 / 389
막조선莫朝鮮 / 395, 396, 397
막진莫眞 / 403
만량萬良 / 345
만번한滿番汗 / 281
말갈靺鞨 / 478, 508, 510
말량末良 / 236
말로국末盧國 / 517

매구여국賣勾餘國 / 184, 330
매륵買勒 / 254
맥貊 / 344
맥성욕살貊城褥薩 / 235
맹남孟男 / 396
명수고천明水告天 / 316
명조鳴條 / 345
명종경황제明宗景皇帝 / 515
명종明宗 / 515
명충明忠 / 513
명치明治 / 296, 466, 472, 485
모불牟弗 / 407
모사라환웅慕士羅桓雄 / 193
모수리慕漱離 / 282
모용외慕容廆 / 516
모잠대형牟岑大兄 / 528
모한慕韓 / 226
목신木神 / 345
목원등穆遠登 / 280
목은이색牧隱李穡 / 439
목이상인木以象人 / 385
목종강황제穆宗康皇帝 / 513
목종穆宗 / 515
몽고리蒙古里 / 246
몽고리한蒙古里汗 / 223
몽골蒙古 / 207
몽골족蒙古族 / 223
묘계자연妙契自然 / 174
묘장춘苗長春 / 259
묘향산妙香山 / 170, 360, 384
묘환苗桓 / 381
무궁무한무궁무한 / 314
무언이행無言而行 / 174
무언이화無言而化 / 312
무예武藝 / 509
무위이작無爲而作 / 174, 312
무정武丁 / 243, 404, 405
무진戊辰 / 210
무진주武珍州 / 530

무천舞天 / 440
무태武泰 / 531
무형이현無形而見 / 174
무형이형無形而形 / 311
무황제武皇帝 / 512
묵념청심默念淸心 / 348
묵태墨胎 / 403
문고們古 / 251
문성文成 / 368
문자열제文呰烈帝 / 296
문자제文呰帝 / 485
문자호태열제文呰好太烈帝 / 466
문정공文貞公 / 168
물가勿駕 / 403
물길勿吉 / 401
물리勿理 / 257, 262
물한勿韓 / 408
미능대지체美能大之體 / 312
미추홀彌鄒忽 / 490
밀기密記 / 188, 349, 369
밀기주密記注 / 330
밀다密多 / 345

【ㅂ】

박랑사博浪沙 / 281
박사博士 / 282
박위朴葳 / 549
반고盤固 / 186
발귀리發貴理 / 418, 419
발기發歧 / 208
발착수渤錯水 / 483
발해국渤海國 / 435
발해渤海 / 230, 363
방고씨邦古氏 / 246
방구方丘 / 319
방사方士 / 363
방장方丈 / 363
방저方渚 / 418
배달국倍達國 / 217
배달倍達 / 175, 193
배달성조倍達聖朝 / 253
배달신倍達臣 / 214, 370
배달유기倍達留記 / 222
배달천국倍達天國 / 360

배반명褺幋命 / 255
배월시생拜月始生 / 332
배일시생拜日始生 / 332
배천裵川 / 288
배현경裵玄慶 / 532
백검佰劒 / 378
백두산白頭山 / 315, 361, 365, 392, 470
백랑곡白狼谷 / 296
백랑산白狼山 / 516
백문보白文寶 / 547
백민성욕살白民城褥薩 / 257
백부지인白部之人 / 319
백산白山 / 174, 437
백상루百祥樓 / 471
백아강白牙岡 / 227, 381, 386, 430
백악白岳 / 177
백악산白岳山 / 248, 262, 263, 290, 392
백악산아사달白岳山阿斯達 / 281, 392
백암白岩 / 471
백암성白岩城 / 477
백운산白雲山 / 448
백이숙제伯夷叔齊 / 244
백전伯佺 / 403
백제군白濟郡 / 485
백제白帝 / 305
백제百濟 / 399, 462, 491
백제어하라百濟於瑕羅 / 466
백진사白進士 / 168
백호白虎 / 314, 316
백호통소의白虎通疏義 / 439
번조선番朝鮮 / 259, 261, 264, 394
번조선왕番朝鮮王 / 281, 396, 412
번한番韓 / 396, 399, 401, 404, 410, 413, 430
번한성汗城 / 412
범장范樟 / 169
법수교法首橋 / 381

565

법수法首 / 381
법인法人 / 311
법지法地 / 311
법천法天 / 311
변진弁辰 / 283, 465
변한弁韓 / 519
변한卞韓 / 530
병수도기竝修道器 / 204
병신兵神 / 314
병주兵主 / 366
보덕왕報德王 / 528
보로국寶露國 / 435
보원普圓 / 233
보을普乙 / 261
보장제寶臧帝 / 476
복애거사伏崖居士 / 169
복애범세동伏崖范世東 / 439
복약성선服藥成仙 / 175
복지겸卜智謙 / 532
복희겸伏羲陵 / 349
복희伏羲 / 348, 357, 419, 437
봉래蓬萊 / 363
부도父道 / 311
부도지문符圖之文 / 191
부라扶羅 / 516
부루단지扶婁壇地 / 219
부루扶婁 / 214, 369, 386, 398, 400, 420, 431, 439, 466
부복애夫伏愛 / 482
부산鳧山 / 349
부소량扶蘇樑 / 430
부아악負兒岳 / 491
부여夫餘 / 207, 244, 321, 456, 460, 519
부여왕夫餘王 / 457
부여제실夫餘帝室 / 492
부예符隷 / 437
북개마대령北盖馬大嶺 / 330
북경안정문北京安定門 / 486
북극수정자北極水精子 / 400
북대개마北大蓋馬 / 514
북막北漠 / 260, 262,

280, 407
북박北亳 / 403
북방사명北方司命 / 304
북부여기北夫餘紀 / 168
북부여北夫餘 / 264, 280, 288, 458
북부욕살北部褥薩 / 478
북수北水 / 322
북연北燕 / 466
북옥저北沃沮 / 457, 489, 516
북주北周 / 467
북해北海 / 184, 322, 330
분권관경分權管境 / 441
분조관경分朝管境 / 441
분조分朝 / 214
불로초不老草 / 364
불리不理 / 409
불리지弗離支 / 292, 456
불생불멸不生不滅 / 314, 495
불여래弗如來 / 386
불함不咸 / 230, 378
불함지산不咸之山 / 222, 318
비나국卑那國 / 330
비돈飛頓 / 345
비류沸流 / 490
비리국卑離國 / 184, 330
비사성卑奢城 / 468
비서곶斐西岬 / 213, 378
비신丕信 / 235
비왕裨王 / 210, 356, 380, 405
비자발比自烌 / 518
빈기邠岐 / 236, 245

【ㅅ】

사고師古 / 513
사공우司空禹 / 398, 466
사군四郡 / 286
사기봉선서史記封禪書 / 364
사기史記 / 192
사기士氣 / 204

사납아국斯納阿國 / 184
사도師道 / 311
사두막沙豆莫 / 403
사라斯羅 / 396
사량沙良 / 411
사로斯盧 / 492
사로시왕斯盧始王 / 492
사리沙里 / 390
사마공통감司馬公通鑑 / 480
사마상여司馬相如 / 365
사마천司馬遷 / 192
사백력斯白力 / 174
사벌沙伐 / 253
사불沙弗 / 514
사비려아斯厖麗阿 / 316
사수蛇水 / 238
사시주四時主 / 366
사아란산斯阿蘭山 / 249
사엄沙奄 / 403
사와라환웅斯瓦羅桓雄 / 194, 379
사우斯虞 / 395
사우娰禹 / 420
사월초팔일四月初八日 / 456
사월팔일四月八日 / 280
사유혼史猶魂 / 204
사출四出 / 284
사학史學 / 204, 209
삭도索度 / 190, 243, 404
삭정索靖 / 222
삭주朔州 / 169
산동山東 / 349, 368, 472
산목算木 / 435
산상제山上帝 / 457
산서대동부山西大同府 / 383
산서山西 / 349, 467
산신散新 / 402
산월山越 / 485
산지객륭山只喀隆 / 280
산한山韓 / 411
살수薩水 / 224, 244, 286, 388, 470
삼가라三加羅 / 493

삼각산三角山 / 533
삼관三關 / 310
삼광오기三光五氣 / 317
삼광오정三光五精 / 221
삼국사기三國史記 / 435, 439
삼국유사三國遺事 / 360, 494
삼극三極 / 317
삼대三大 / 309
삼도三島 / 223, 255
삼도三途 / 309, 428, 460
삼랑三郎 / 220, 248, 370
삼랑성三郎城 / 214, 370, 386
삼랑을보륵三郎乙普勒 / 435
삼로三老 / 321
삼륜구덕지가三倫九德之歌 / 461
삼륜구서三倫九誓 / 383, 386, 390
삼망三妄 / 428
삼문三門 / 310
삼방三房 / 310
삼백육십여사三百六十餘事 / 448
삼백육십육三百六十六 / 281
삼사三師 / 321
삼성기三聖紀 / 168
삼성기三聖記 / 436
삼성묘三聖廟 / 408
삼성밀기三聖密記 / 329
삼성사三聖祠 / 252
삼성지존三聖之尊 / 252
삼시랑三侍郎 / 370
삼신계맹三神戒盟 / 206
삼신단三神壇 / 225, 402
삼신산三神山 / 314, 348, 362, 368
삼신三神 / 210, 188, 223, 234, 225, 226, 304, 348, 366, 383, 406, 370, 385, 432, 434, 424

삼신상제三神上帝 / 240, 400, 425
삼신설교三神設教 / 342
삼신설三神說 / 311
삼신영고제三神迎鼓祭 / 259
삼신일체三神一體 / 205, 207, 307, 382, 460
삼신일체상제三神一體上帝 / 393, 511
삼신일체지원리三神一體之原理 / 383
삼신입교三神立教 / 382
삼신지덕三神之德 / 252
삼원三圓 / 309
삼월십육일三月十六日 / 470
삼위三危 / 316, 343
삼육대례三六大禮 / 220, 259, 447
삼일三一 / 309
삼일신고비三一神誥碑 / 386
삼일신고三一神誥 / 169, 424, 426, 438
삼일심법三一心法 / 169
삼조선三朝鮮 / 258, 394, 441
삼족오三足烏 / 229
삼진귀일三眞歸一 / 495
삼진三眞 / 433, 428
삼청궁三淸宮 / 381, 423
삼칠일三七日 / 175, 187
삼칠일三七日 / 344
삼한관경三韓管境 / 430
삼한분치三韓分治 / 493
삼한비기三韓秘記 / 357, 489
삼한三韓 / 215, 227, 258, 318, 344, 356, 359, 385, 405, 409, 430, 441
삼한통속三韓通俗 / 460
삼홀위전三忽爲佺 / 220, 389, 476
삼황내문경三皇內文經 / 423
삼황내문三皇內文 / 381

삼황三皇 / 317, 369
상경용천부上京龍泉府 / 512
상계주신上界主神 / 311
상곡上谷 / 260, 471, 484
상서여형尙書呂刑 / 356
상월上月 / 215
상장탁上將卓 / 283
상제上帝 / 207, 365
상좌평上佐平 / 476
상춘常春 / 226, 229, 388, 408, 457
상하운장上下雲障 / 264, 282
색불루索弗婁 / 243, 391, 405, 441
생양生養 / 305
생천조물生天造物 / 317
서경西京 / 533
서경압록부西京鴨綠府 / 515
서경유수西京留守 / 539
서고문誓告文 / 252
서고지문誓告之文 / 393
서라벌徐羅伐 / 492
서란舒蘭 / 456
서물庶物 / 307
서방사명西方司命 / 305
서복徐福 / 423
서부대인西部大人 / 472, 474
서불徐市 / 423, 466
서徐 / 246
서시徐市 / 403
서안평西安平 / 288, 515
서압록西鴨綠 / 285, 456
서압록하西鴨綠河 / 289, 508, 511
서여胥餘 / 395
서여西余 / 404
서옥저西沃沮 / 235
서옥저욕살西沃沮褥薩 / 235
서요하西遼河 / 515
서우여舒于餘 / 391, 405
서울西蔚 / 411
서융西戎 / 245

서자庶子 / 185, 342
서토西土 / 347, 349, 353
서한棲韓 / 403
서화西華 / 248
서효사誓效詞 / 226
서희徐熙 / 533
석다산石多山 / 470
석성石城 / 488
석제임환인釋提壬桓仁 / 184, 331
석혁錫赫 / 514
선도산성모仙桃山聖母 / 492
선문자고羨門子高 / 368
선비산鮮卑山 / 251
선비鮮卑 / 468, 516
선비이국鮮卑爾國 / 330
선성대지체善聖大之體 / 312
선인도랑仙人徒郞 / 459
선인仙人 / 381, 418
선천宣川 / 170
선춘령先春嶺 / 340, 537
선패국鮮稗國 / 184
섬라暹羅 / 494
성광보명成光普明 / 313
성기자유成己自由 / 476
성명정性命精 / 207, 310, 428, 433, 460
성무고황제聖武高皇帝 / 509
성숙成熟 / 306
성신부위誠信不僞 / 331
성조대군成造大君 / 320
성조成造 / 213
성종문의대왕成宗文懿大王 / 533
성종선황제成宗宣皇帝 / 513
성종聖宗 / 515
성통공완性通功完 / 429
성통광명性通光明 / 233, 382, 419, 496
성통광자性通光者 / 385
성황제成皇帝 / 513
세계만방世界萬邦 / 207
세계世界 / 424, 438

세조世祖 / 508
세종世宗 / 513
소갑小甲 / 238
소강少康 / 402
소도蘇塗 / 188, 236, 247, 321, 363, 382, 386, 406
소도제천蘇塗祭天 / 319, 361
소라蘇羅 / 345
소련少連 / 218, 407
소류천蘇留天 / 313
소밀랑蘇密浪 / 227
소밀蘇密 / 403
소벌도리蘇伐都利 / 492
소서노召西弩 / 490
소손녕蕭遜寧 / 533
소시모리素尸毛犁 / 223
소을小乙 / 243
소이所伊 / 395
소전少典 / 350, 379
소전少佺 / 403
소전素佺 / 546
소정小丁 / 404
소태蘇台 / 242, 404
소태이蘇台爾 / 410
소판蘇判 / 528
소해모수小解慕漱 / 290
소호少皥 / 350
소호少昊 / 352
속리산俗離山 / 462
손대음孫代音 / 477
솔귀率歸 / 406
솔나率那 / 247
송강松江 / 485
송막십이성松漠十二城 / 511
송무기宋無忌 / 368
송사宋史 / 521
송악군松岳郡 / 530
송악松岳 / 528
송양松壤 / 225, 401, 474
송화강松花江 / 234, 344
송화강합이빈松花江哈爾濱 / 430
수문하시중守門下侍中 /

555
수밀이국須密爾國 / 184, 249, 330
수밀이須密爾 / 238, 249
수신水神 / 345
수유須臾 / 255, 261, 263, 283, 396, 412
수이상천水以象天 / 385
수인燧人 / 349, 357
수정자水精子 / 322
수한水韓 / 412
수혈隧穴 / 461
숙살肅殺 / 305
숙신肅愼 / 437
순방順方 / 345
순방지치淳厖之治 / 177
순종順宗 / 515
순종안황제順宗安皇帝 / 515
순환循環 / 308
술리述理 / 410
술휴述休 / 411
숭린崇璘 / 513
숭상광명崇尙光明 / 332
승유지기乘遊至氣 / 174
시라尸羅 / 344
시용갑자始用甲子 / 225
시월삼일十月三日 / 470
시월상일十月上日 / 319
시월제천十月祭天 / 365
시위국가韋國家 / 184, 330
식달息達 / 224
신고神誥 / 439
신공申公 / 368
신구당서新舊唐書 / 480
신귀神龜 / 316
신농神農 / 350, 357, 379
신단수神壇樹 / 343
신단神壇 / 370
신도神道 / 370
신독申督 / 246
신독인身毒人 / 225
신라매금新羅寐錦 / 466
신라新羅 / 435, 514
신명神明 / 362, 419
신문왕神文王 / 528
신선불사지설神仙不死之

說 / 223
신선음부지설神仙陰符之說 / 423
신선황노神仙黃老 / 369
신성新城 / 484
신수神樹 / 322
신숭겸申崇謙 / 532
신시개천神市開天 / 170, 221, 209, 356, 381, 424
신시고각神市古刻 / 431
신시기神市紀 / 338
신시녹서神市鹿書 / 423
신시神市 / 175, 193, 216, 331, 343, 356, 418, 419, 439, 460
신시씨神市氏 / 312, 345, 358
신시오사神市五事 / 227
신시중경神市中經 / 466
신시천황神市天皇 / 425
신시황부지중경神市黃部之中經 / 420
신왕종전지도神王倧佺之道 / 220
신원목伸寃木 / 230
신인神人 / 210
신전神篆 / 437
신주神呪 / 344
신주神州 / 365
신지고비神誌古碑 / 437
신지귀기神誌貴己 / 218
신지발리神誌發理 / 226, 429
신지비사神誌秘詞 / 429, 430
신지선인神誌仙人 / 431
신지臣智 / 213
신지神誌 / 222, 341, 345
신지씨神誌氏 / 339
신지우량臣智于亮 / 236
신지우속臣智禹粟 / 239
신지육우臣智陸右 / 245
신지전고비神誌篆古碑 / 421
신지혁덕神誌赫德 / 339, 381, 421

신통만변神通萬變 / 206
신특백新特白 / 345
실위室韋 / 466
심기신心氣身 / 207, 309, 428, 460
십간십이지十干十二支 / 186
십이제후十二諸侯 / 352
쌍성雙城 / 554
씨족략氏族畧 / 368

【ㅇ】

아갑阿甲 / 410
아도阿闍 / 394
아라사阿羅斯 / 391
아락阿洛 / 406
아란불阿蘭弗 / 287, 292
아루阿婁 / 391
아륵阿勒 / 409
아리당부阿里當夫 / 262
아리손阿里遜 / 395
아리阿里 / 390
아만阿曼 / 184, 316
아사달阿斯達 / 210, 244, 344, 397, 418, 430
아사지阿斯智 / 395
아소산阿蘇山 / 464, 517
아술阿述 / 229, 402
아슬나阿瑟那 / 530
아실阿實 / 394
아유타阿踰佗 / 410, 494
아이사비阿耳斯庀 / 184, 316
아한阿漢 / 390
아홀阿忽 / 246
아화阿火 / 389
아화지阿火只 / 395
악지樂志 / 439
안덕천安德天 / 313
안덕향安德鄕 / 227, 402
안라국安羅國 / 465
안라安羅 / 517
안민현安民縣 / 515
안변安邊 / 514
안부련환웅安夫連桓雄 /

193, 379
안승安勝 / 528
안시성安市城 / 478, 486
안시安市 / 403, 471
안원安遠 / 514
안장제安臧帝 / 495
안촌홀安寸忽 / 412
안파견安巴堅 / 174, 185, 316, 343
안함로安含老 / 168
암연岩淵 / 514
암주岩州 / 489
압록강鴨綠江 / 539
압록곡鴨綠谷 / 295
애제哀帝 / 515
애친愛親 / 401
애환가愛桓歌 / 240
액니거길厄尼車吉 / 260
야사불화埜思不花 / 548
야율녕耶律寧 / 540
야율배耶律倍 / 522
야율耶律 / 515
약수弱水 / 222, 239
양가羊加 / 332
양견楊堅 / 472
양광楊廣 / 468, 471
양길梁吉 / 530
양량梁諒 / 473
양만춘楊萬春 / 482
양명羊皿 / 468
양수洋水 / 351
양운국養雲國 / 184, 249, 330
양운養雲 / 238, 243
양운환웅養雲桓雄 / 193
양주陽主 / 366
어대현魚臺縣 / 349
어아於阿 / 216
어아지가於阿之歌 / 462
어아악於阿之樂 / 439
어하라於瑕羅 / 490
언의言義 / 513
언파彥波 / 언파불합彥波弗哈 / 254
엄독홀奄瀆忽 / 245, 250
엄루奄婁 / 409
엄리대수淹利大水 / 293
엄엄淹 / 246
업신業神 / 219

업주가리業主嘉利 / 219, 320
여기如祈 / 471
여랑女郞 / 322
여루余婁 / 259
여상呂尙 / 368
여성黎城 / 399
여수기余守己 / 223
여신女神 / 314
여黎 / 379
여왜女媧 / 349
여원홍黎元興 / 392, 393
여을余乙 / 240, 390
여을餘乙 / 409
여진女眞 / 534
여파달黎巴達 / 245
여홍성黎洪星 / 235, 281
역수易水 / 484
연개소문묘淵蓋蘇文墓 / 461
연개소문송덕비淵蓋蘇文頌德碑 / 461
연개소문淵蓋蘇文 / 474, 484, 485
연경燕京 / 542
연나부椽那部 / 296
연나延那 / 246
연燕 / 255, 259, 412
연운도連雲島 / 260
연제지사燕齊之士 / 368
연충린淵忠麟 / 510
연타발延佗勃 / 284
연타발延佗渤 / 489
연태조淵太祚 / 472
열산列山 / 350, 379
열양욕살列陽褥薩 / 222
열호수烈好遂 / 345
염수鹽水 / 239
염의부음廉義不淫 / 331
염표지문念標之文 / 233
염해鹽海 / 514
영가盈歌 / 536
영각생삼혼靈覺生三魂 / 309
영각靈覺 / 205
영고씨盈古氏 / 246
영고迎鼓 / 378
영고탑寧古塔 / 239,

242, 245, 246, 252, 290, 394
영덕永德 / 515
영락永樂 / 493
영변寧邊 / 360
영부靈符 / 309
영산靈山 / 314
영윤榮潤 / 306
영절사기永絶邪氣 / 458
영주寧州 / 280
영주瀛洲 / 363
영주營州 / 508
영지令支 / 243, 399
영지의삼식靈智意三識 / 309
영축營築 / 306
예穢 / 344
예종문효대왕睿宗文孝大王 / 536
오가五加 / 185, 231, 234, 263, 280, 329, 332, 359, 397
오가육십사족五家六十四族 / 215
오간烏干 / 491
오경육십주일군삼십팔현五京六十州一郡三十八縣 / 511
오계五戒 / 460
오골성烏骨城 / 481
오난하五難河 / 330
오덕지五德地 / 430
오도하五道河 / 259
오동진吳東振 / 170
오라烏羅 / 401
오령성효五靈成効 / 305
오령五靈 / 306
오룡거五龍車 / 280, 456
오루문奧婁門 / 252
오루하奧婁河 / 519
오리伍利 / 368
오립루烏立婁 / 403
오문루奧門婁 / 408
오물五物 / 332
오방五方 / 314
오사구烏斯丘 / 223, 364, 388
오사달烏斯達 / 223

오사五事 / 175, 331, 332, 449, 460
오성吳城 / 485
오성취루五星聚婁 / 236
오소리강烏蘇里江 / 461
오소리烏蘇里 / 340
오아속烏雅束 / 536
오연총吳延寵 / 534, 535
오우관䧹冠 / 280, 322, 456
오월吳越 / 436, 466
오월오일五月五日 / 292, 456
오이烏伊 / 290, 457
오장군吳將軍 / 190, 357
오제사명五帝司命 / 305
오제설五帝說 / 313
오제五帝 / 305
오제주五帝注 / 314
오주목鳥珠牧 / 509
오행육정五行六政 / 460
오행치수五行治水 / 401
오행치수지법五行治水之法 / 214, 369, 398, 420
오환건국吾桓建國 / 174
오훈五訓 / 331, 332, 460
옥저沃沮 / 519
옥저후沃沮侯 / 456
옥전보玉田堡 / 488
옥진총담玉塵叢談 / 435
온달溫達 / 467
온조溫祚 / 490
옹진瓮津 / 510
옹호雍狐 / 351
완달完達 / 378
완산完山 / 531
왕개보王介甫 / 485
왕건王建 / 532
왕검성王儉城 / 284, 394
왕검씨王儉氏 / 312
왕검王儉 / 210, 226, 313, 359, 380
왕륭王隆 / 530
왕문王文 / 409, 431, 437
왕세적王世績 / 473

왕정춘지요王正春之謠 / 292
왕차중王次仲 / 437
왜국倭國 / 436
왜인倭人 / 395, 462
외임外壬 / 390
요동낭사가遼東浪死歌 / 469
요동성遼東城 / 470, 484
요동遼東 / 288, 282, 477, 488, 457
요사예지遼史禮志 / 440
요상경임황부遼上京臨潢府 / 515
요서대산遼西帶山 / 510
요서십성遼西十城 / 488
요서遼西 / 259, 484
요서육성遼西六城 / 511
요서진평遼西晉平 / 484
요양遼陽 / 556
요중십이성遼中十二城 / 399
요천繞天 / 440
요택遼澤 / 473, 488
요하遼河 / 235
욕살褥薩 / 392
용광검龍光劒 / 280, 456
용마龍馬 / 255
용서龍書 / 437
용왕龍王 / 314, 322
용전鎔煎 / 306
우가牛加 / 225, 229, 234, 235, 236, 242
우가주곡牛加主穀 / 332, 359
우거右渠 / 285
우루국虞婁國 / 184, 330
우루虞婁 / 239, 514
우문언于文言 / 259
우사공廈司空 / 214, 369, 400
우사소정雨師小丁 / 404
우사雨師 / 343, 349, 359, 378, 382, 419, 444
우서雨書 / 437
우서한于西翰 / 228, 389

우속于粟 / 229	원의元義 / 513	을불리乙弗利 / 388	이전설계以佺設戒 / 231
우수국牛首國 / 223	원정천元精天 / 313	을소乙素 / 495	이전수계以佺修戒 / 358
우수주牛首州 / 214	원화源花 / 322	을아乙阿 / 390	이정기李正己 / 513
우순虞舜 / 214, 216, 398, 400	월신月神 / 345	을우乙于支 / 257, 389	이조伊朝 / 402
우야고환웅右耶古桓雄 / 193	월주月主 / 366	을지문덕석상乙支文德石像 / 461	이존비李尊庇 / 540
우지于支 / 229	월지국月漬國 / 330	을지문덕乙支文德 / 460, 470, 471	이종건왕以倧建王 / 358
우태于台 / 295	월지月支 / 283	을파소묘乙巴素墓 / 461	이진사李進士 / 169
우현왕右賢王 / 243, 391	위국지도爲國之道 / 204	을파소乙巴素 / 448, 459	이진영李盡榮 / 508
우화충于和冲 / 257	위나尉那 / 239	음부경주陰符經注 / 369	이진震震 / 515
우화충于和冲 / 396	위만衛滿 / 282, 413	음주陰主 / 366	이천위조以天爲祖 / 332
운두雲頭 / 345	위서물길전魏書勿吉傳 / 361	음차音次 / 256	이태백李太白 / 435
운사배달신雲師倍達臣 / 386	위소주韋昭注 / 365	읍루인挹婁人 / 518	이태백전서李太白全書 / 435
운사雲師 / 214, 340, 343, 359, 378, 382, 444	위준韋俊 / 509	읍차邑借 / 236, 261	이해고李楷固 / 508
운사육약비雲師陸若飛 / 340	위충韋冲 / 472	응결뇌해凝結腦海 / 221	이훤李萱 / 530
운장雲障 / 259	유공권柳公權 / 480	응삼신부명應三神符命 / 516	이희일李希逸 / 513
웅갈손熊乫孫 / 246	유기留記 / 431	의구宜臼 / 395	인간삼백육십여사人間三百六十餘事 / 343
웅녀군熊女君 / 378, 379	유리명제琉璃明帝 / 457	의려국依慮國 / 516	인류人類 / 184
웅녀熊女 / 187	유리琉璃 / 490	의려왕依慮王 / 516	인물人物 / 424, 438
웅백다熊伯多 / 385, 430	유림관楡林關 / 467	의종毅宗 / 515	인삼人蔘 / 223
웅본성熊本城 / 465	유림진楡林鎭 / 467	의종정황제毅宗定皇帝 / 513	인선諲譔 / 515
웅상雄常 / 231, 319, 322, 382	유망楡罔 / 350, 355	이극회李克會 / 407	인수仁秀 / 513
웅습성熊襲城 / 465	유방劉邦 / 367	이기李沂 / 169	인안仁安 / 509
웅습熊襲 / 254	유불지流不地 / 345	이도종李道宗 / 477	인위가라仁位加羅 / 493
웅심국熊心國 / 330	유성柳城 / 489	이동梨洞 / 169	인종仁宗 / 513
웅심산熊心山 / 263, 280, 456	유소有巢 / 349	이두란첩목아李豆蘭帖木兒 / 556	인중천지위일人中天地爲一 / 495
웅씨군熊氏君 / 384	유시유경有時有境 / 314	이두법吏讀法 / 409	인한人韓 / 411
웅씨녀熊氏女 / 176	유영주幽營二州 / 216	이맥李陌 / 169	일광명세계一光明世界 / 342
웅씨비왕熊氏神王 / 356	유원지기惟元之氣 / 308	이명李茗 / 546	일광명一光明 / 304
웅씨왕녀熊氏王女 / 210	유위자有爲子 / 231, 384	이명유기李茗留記 / 494	일광백日光百 / 344
웅씨왕熊氏王 / 210, 380	유주幽州 / 470	이목은색李牧隱稿 / 545	일군국一群國 / 330
웅씨熊氏 / 344, 379	유철劉徹 / 286, 365	이문기李文起 / 251	일군국一羣國 / 184, 285
웅족熊族 / 318	유화柳花 / 292, 456	이벌伊伐 / 409	일군一羣 / 243
웅진강熊津江 / 466	육서六書 / 349	이선설법以仙設法 / 358	일기국一歧國 / 518
웅호熊虎 / 381	육정六正 / 321	이세민李世民 / 477	일기一氣 / 434
웅호이족熊虎二族 / 187	윤관尹瓘 / 534	이세伊勢 / 466, 517	일변위칠一變爲七 / 312
원공패전圓孔貝錢 / 224	윤언이尹彦頤 / 538	이세적李世勣 / 477	일상제一上帝 / 304, 312, 363
원관元關 / 310	융무隆武 / 295	이신시교以神施敎 / 221	일식日蝕 / 251, 262
원단圓壇 / 319	융비隆飛 / 345	이십세법二十稅一 / 382	일신강충一神降衷 / 233, 382, 419
원동중元董仲 / 168, 436	융안엽호隆安獵戶 / 396	이십세일지법二十稅一之法 / 229	일신소강一神所降 / 385
원유元瑜 / 513	융안隆安 / 257	이십팔수二十八宿 / 421	일신一神 / 174, 206, 304, 424, 438
	은도殷都 / 245	이선민李世民	
	은殷 / 236, 395	이일위신以日爲神 / 332	일신즉삼一神卽三 / 495
	을나乙那 / 407		
	을밀대乙密臺 / 495		
	을밀선인乙密仙人 / 495, 497		
	을보륵乙普勒 / 220, 222		

일십당一十堂 / 169
일연씨一然氏 / 360
일연一然 / 168
일웅일호一熊一虎 / 344
일원지조一源之祖 / 188, 317, 347
일월지자日月之子 / 418
일인一仁 / 468
일자一者 / 206
일주日主 / 366
일중위시日中爲市 / 350
일향국日向國 / 517
임나任那 / 406, 462, 493
임수林樹 / 345
임언林彦 / 534
임진강臨津江 / 510
임치臨淄 / 254
임황수臨潢水 / 509
임황臨潢 / 471, 515
임황현臨潢縣 / 515

【 ㅈ 】

자부선생紫府先生 / 381, 384, 419, 423, 431
자부紫府 / 369
자비령慈悲嶺 / 539
자성구자自性求子 / 383
자오사慈烏斯 / 402
자오수慈烏漱 / 391
자오지환웅慈烏支桓雄 / 190, 195, 357
자재광명自在光明 / 460
자정녀정자井女井 / 175
자지광명自地光明 / 359
자천광명自天光明 / 359
자치통감資治通鑑 / 489
자해표自解表 / 538
자허선인紫虛仙人 / 420
잠청배潛淸輩 / 208
장군차張君叉 / 477
장당경藏唐京 / 177, 225, 244, 257, 396, 441
장량張良 / 281
장량張亮 / 481
장령長嶺 / 259, 399, 514

장문휴張文休 / 509
장생구시長生久視 / 174, 348
장손무기長孫無忌 / 482
장수홍제호태열제長壽弘濟好太烈帝 / 466
장안長安 / 476
장유張儒 / 436
장종莊宗 / 515
장종화황제莊宗和皇帝 / 515
재단裁斷 / 306
재세이화在世理化 / 175, 185, 233, 343, 382, 385, 419, 438, 460
재추宰樞 / 537
저가주병저加主病 / 332, 359
적강赤剛 / 345
적봉赤峰 / 484
적부지인赤部之人 / 319
적제赤帝 / 305
적표赤熛 / 314
전계佺戒 / 219, 221
전내典奈 / 396
전욱顓頊 / 356
전인수계全人受戒 / 219, 448
전일全一 / 332
전쟁戰爭 / 347
접화군생接化群生 / 440
접화군생接化羣生 / 405
정동행성征東行省 / 554
정력正曆 / 515
정막程邈 / 437
정명진程名振 / 477
정몽주夢周 / 556
정백교正伯僑 / 368
정심불변定心不變 / 206
정안국定安國 / 521
정음삼십팔자正音三十八字 / 222, 435
정주程朱 / 439
정주定州 / 473
정주正州 / 516
정지상知常 / 538
정지상鄭之祥 / 547, 553

제수濟水 / 349
제齊 / 255
제천단祭天壇 / 214, 386
제천祭天 / 177, 348, 378, 388, 418, 470
조교치я敎治 / 433
조근진한朝覲辰韓 / 398
조나藻那 / 514
조대기朝代記 / 328, 331, 332, 342, 456, 461, 475, 488, 508
조리朝離 / 439
조선씨朝鮮氏 / 358
조선朝鮮 / 211, 344, 394, 420, 460
조식보정調息保精 / 348
조야기朝野記 / 224
조양造陽 / 260
조영祚榮 / 508
조위총趙位寵 / 539
조을祖乙 / 254
조의선인皂衣仙人 / 461, 475
조의皂衣 / 388, 421, 459, 468, 471, 495
조준趙浚 / 471
조천석朝天石 / 461
조천朝天 / 211
조하潮河 / 282
조화造化 / 305
조화지신造化之神 / 205
존신구심存神求心 / 310
졸본성卒本城 / 294
졸본卒本 / 288, 457
졸본천本川 / 289, 293
종훈倧訓 / 221
좌원坐原 / 286, 405, 489
좌월左越 / 485
좌호가라佐護加羅 / 493
주가성자朱家城子 / 408, 457
주개周愷 / 246
주곡主穀 / 314, 338, 343, 382
주라구周羅睺 / 473
주리侏離 / 439
주명主命 / 314, 343,

382
주몽朱蒙 / 292, 489
주무신환웅州武愼桓雄 / 194
주병主病 / 314, 343, 382
주선악主善惡 / 314, 343, 382
주세위住世爲生 / 307
주양朱襄 / 349
주우양환인朱于襄桓仁 / 184, 331
주원유공呪願有功 / 175
주원장朱元璋 / 554
주작朱鵲 / 314, 316
주작朱雀 / 515
주재主宰 / 424, 432, 438, 439
주제천신主祭天神 / 328, 343
주조主祖 / 207
주周 / 252, 407
주천력周天曆 / 242
주형主刑 / 314, 343, 382
중계주신中界主神 / 312
중광重光 / 508
중국仲國 / 347
중림仲林 / 345
중마한中馬韓 / 283
중방사명中方司命 / 305
중부여中夫餘 / 284
중상유구中常悠久 / 313
중용中庸 / 169
중전仲佺 / 403
중황中黃 / 345
중흥中興 / 513
지남거指南車 / 354
지능知能 / 233
지리숙支離叔 / 242
지묘지신至玅之神 / 308
지백특支伯特 / 222, 241
지생쌍수智生雙修 / 188, 252, 459
지석단支石壇 / 369
지석支石 / 369
지아구독知求獨 / 207, 221

지우리支于離 / 345
지위리환인智爲利桓仁 / 184, 331
지위천智偉天 / 317
지일地一 / 305, 312, 432
지주地主 / 366
지하여장군地下女將軍 / 305, 314
지한地韓 / 411
직구다국稷日多國 / 184, 330
진개秦介 / 281
진국열황제振國烈皇帝 / 508
진국왕震國王 / 519
진국장군振國將軍 / 508
진국辰國 / 394, 398
진기대발眞機大發 / 310
진단구변지도震檀九變之圖 / 429
진단震丹 / 403
진류陳留 / 351
진망眞妄 / 309
진명眞命 / 428
진번이한眞番二韓 / 412
진서眞書 / 222
진성眞性 / 205, 428
진승陳勝 / 282
진신대현眞身大現 / 310
진아眞我 / 206
진업대성眞業大成 / 310
진역유기震域留記 / 338, 366
진왕정秦王政 / 281
진을례進乙禮 / 396
진일무위眞一无僞 / 311
진일眞一 / 233
진정眞精 / 428
진조선眞朝鮮 / 394, 405
진천문지晉天文志 / 367
진한육부辰韓六部 / 492
진한眞韓 / 226
진한秦漢 / 368
진한辰韓 / 388, 394, 430, 492
진화進化 / 308
집상운신執象運神 / 175

집일이함삼執一而含三 / 206, 385
집일함삼執一舍三 / 252, 308, 424, 434

【 ㅊ 】

차릉수岔陵水 / 290
차릉岔陵 / 289
차음次音 / 409
참성단塹城壇 / 214, 462, 390
참계경經㑡戒經 / 448
참계㑡戒 / 216
참전수계지법㑡戒修戒之法 / 546
참전수계㑡戒受戒 / 546
참전위계㑡戒爲戒 / 497
참전㑡戒 / 440, 459
창기소蒼其蘇 / 420
창려昌黎 / 470, 484, 488
창룡蒼龍 / 316
창성문자創成文字 / 340
창세조서創世條序 / 204
창수사자蒼水使者 / 420
창요현昌遼縣 / 489
창해력사滄海力士 / 235, 281
창해蒼海 / 238
창힐倉頡 / 191, 381
창힐蒼頡 / 368
책화責禍 / 188, 228, 241, 319, 425, 438
천경신고天經神誥 / 231, 365, 439, 512
천계지맹天戒之氓 / 344
천계天界 / 174
천군天君 / 359
천궁天宮 / 424, 438
천단天壇 / 369
천문령天門嶺 / 508
천보산天寶山 / 546
천복天福 / 530, 515
천부경주해天符經註解 / 439
천부경天符經 / 169, 421, 437

천부왕인天符王印 / 400
천부인天符印 / 175, 232, 343
천부天符 / 378, 381, 438
천산天山 / 184, 328, 331
천수天授 / 528, 532, 553
천신조화天神造化 / 424
천신지교天神之教 / 184
천신지조天神之詔 / 175
천신天神 / 175, 205, 221, 322, 345, 359, 458
천신통성天神通性 / 459
천안궁天安宮 / 281
천왕랑天王郎 / 263, 280, 322
천왕天王 / 284, 352, 359, 378, 401,420
천일생수天一生水 / 312, 322, 385
천일신天一神 / 365
천일天一 / 305, 311, 432
천자天子 / 352
천제자天帝子 / 210, 357, 393, 398, 400
천제지자天帝之子 / 458
천제天帝 / 317, 421
천제화신天帝化身 / 211, 333
천제환웅天帝桓雄 / 232
천제환인씨天帝桓因氏 / 174
천주天主 / 366
천주泉州 / 485
천지만물지조天地萬物之祖 / 366
천지인天地人 / 207, 316
천지天池 / 361, 363
천지화랑天指花郎 / 236
천지화天指花 / 236
천통天統 / 509
천평天坪 / 175
천하대장군天下大將軍 / 305, 314

천하인天河人 / 322
천하주天河注 / 322
천하天河 / 230, 255, 348
천한天韓 / 410
천해天海 / 184, 316, 322, 329, 330
철령鐵嶺 / 557
철리鐵利 / 514
철원鐵圓 / 514
철종간황제哲宗簡皇帝 / 513
철종哲宗 / 515
청구국靑邱國 / 193, 195, 423
청구군靑邱君 / 246
청구씨靑邱氏 / 358
청구靑邱 / 175, 226, 250, 349, 437
청룡靑龍 / 314
청아욕살菁莪褥薩 / 235
청정견허淸淨堅虛 / 313
청제靑帝 / 305
청진대지체淸眞大之體 / 311
청차이淸且伊 / 345
청천강淸川江 / 461
청태淸泰 / 515
최고운치원崔孤雲致遠 / 421
최숭崔崇 / 284
최영崔瑩 / 554
최치원崔致遠 / 437
추노鄒魯 / 248
추밀鄒密 / 251
추정국鄒定國 / 484
축다리환웅祝多利桓雄 / 195
축맹祝孟 / 471
축자筑紫 / 517
축장蓄藏 / 233
춘추春秋 / 341
출호삼신出乎三神 / 384
치두남蚩頭男 / 399
치액특환웅蚩額特桓雄 / 195
치우기蚩尤旗 / 355, 367
치우비蚩尤飛 / 354

치우씨蚩尤氏 / 383
치우천왕治尤天王 / 176, 188, 341
치우천왕蚩尤天王 / 190, 195, 250, 350, 355, 357, 398
치우蚩尤 / 190, 191, 226, 240, 423
치우治尤 / 313, 340
치운출蚩雲出 / 403
치청절도사淄靑節度使 / 513
치화지신治化之神 / 205
치화治化 / 305
칠성력七星曆 / 420
칠월칠일七月七日 / 322
칠정운천도七政運天圖 / 419
칠회력七回曆 / 218, 386
칠회제신지력七回祭神之曆 / 345, 381
칠회제신七回祭神 / 389
칭간秤幹 / 430

【ㅌ】

탁록涿鹿 / 190, 351, 356, 357, 383
탐랑耽浪 / 215
탐모라耽牟羅 / 390
탕지보湯池堡 / 430, 486
탕지산湯池山 / 402, 404
탕지湯池 / 399
탕湯 / 236, 403
태고문자太古文字 / 340
태극太極 / 418
태금太金 / 305, 313
태목太木 / 305, 313
태무太戊 / 403
태백산太白山 / 223, 239, 343, 365, 378
태백일사太白逸史 / 168, 169
태백진교太白眞敎 / 169, 438
태백太白 / 316, 343, 360

태백현묘지도太白玄玅之道 / 512
태봉국泰封國 / 528
태산泰山 / 400
태소암太素庵 / 546
태수太水 / 304, 313
태시太始 / 515
태우의환웅太虞儀桓雄 / 193, 348
태원太原 / 470
태일太一 / 305, 312, 432
태조고황제太祖高皇帝 / 520
태조무열제기공비太祖武烈帝紀功碑 / 461
태조무열제太祖武烈帝 / 295, 486
태조신성태왕太祖神聖太王 / 528
태조太祖 / 509
태천泰川 / 168
태토土 / 305, 313
태평천太平天 / 313
태학太學 / 512
태항산太行山 / 395
태호太皞 / 348
태화太火 / 304, 313
태황太皇 / 361
태훈胎訓 / 280
택성澤城 / 488
택원擇園 / 233
토신土神 / 345
토주대감土主大監 / 320
통고사국通古斯國 / 184, 330
통도성桶道城 / 484
통도桶道 / 399
통전通典 / 439
통지通志 / 368
통하通河 / 287
투전목鬪佃目 / 435
투전문鬪佃文 / 437

【ㅍ】

파내류국波柰留國 / 329
파내류산波柰留山 / 329

파내류지국波柰留之國 / 184
파소婆蘇 / 492
팔괘상중론八卦相重論 / 242
팔도도통사八道都統使 / 557
팔신제八神祭 / 366
팔신八神 / 369
팔조八條 / 177, 405, 448
팔훈八訓 / 449
패상灞上 / 367
패수浿水 / 282, 464
팽우彭虞 / 213
평강상호태열제平岡上好太烈帝 / 467
평나平那 / 286
평락平樂 / 457, 489
평량平凉 / 462
평양도平壤道 / 284
평양성平壤城 / 508
평양인平壤人 / 528
평양平壤 / 258, 284, 441, 461, 468, 473, 495
폐문자수閉門自修 / 175
포고씨蒲古氏 / 246
포오가蒲吾渠 / 483
포주抱州 / 540
포희庖犧 / 313
표훈천사表訓天詞 / 304
풍류강風流江 / 225
풍백석제라風伯釋提羅 / 340
풍백風伯 / 214, 340, 343, 359, 378, 382, 444
풍산風山 / 349, 418
풍성豊城 / 488
풍족風族 / 319
필나국畢那國 / 184

【ㅎ】

하간현河間縣 / 484
하계주신下界主神 / 312
하남위지성河南慰支城 /

491
하단갑河亶甲 / 403
하백여河伯女 / 213, 292, 456
하백河伯 / 290, 322
하주상윤夏主相 / 224
하夏 / 236
하假 / 407
학반령鶴盤嶺 / 294
한개韓介 / 261
한교여韓噭如 / 540
한맹寒盟 / 461
한성汗城 / 399
한성韓城 / 488
한송정寒松亭曲 / 436
한수漢水 / 437, 491
한율翰栗 / 228
한종韓終 / 423
함양咸陽 / 367
함화咸和 / 515
항득쾌락恒得快樂 / 174
항산恒山 / 245
해동성국海東盛國 / 511
해두왕海頭王 / 295
해두海頭 / 257
해마리奚摩離 / 315
해모라奚牟羅 / 403
해모수解慕漱 / 263, 284, 413, 456
해모奚牟 / 249
해부루解夫婁 / 287, 289
해성욕살海城褥薩 / 391
해성海城 / 243, 258, 261, 284, 457, 472
해성현海城縣 / 515
해수奚壽 / 408
해운당海雲堂 / 209, 264
해원解怨 / 226
해익海弋 / 345
해인解仁 / 261, 411
해주암연현海州岩淵縣 / 510
해학海鶴 / 169
행군총관行軍摠管 / 477
행촌선생杏村先生 / 438
행촌이시중암杏村李侍中嵒 / 544
행촌이암杏村李嵒 / 547

행촌杏村 / 168
허공虛空 / 424, 438
허조동체虛粗同體 / 252, 310
헌강왕憲康王 / 435
헌구軒丘 / 379, 383
헌원軒轅 / 190, 354, 355, 357, 379, 381, 423
헌효왕獻孝王 / 547
헌후軒侯 / 190
험독險瀆 / 399, 412
혁다세환웅赫多世桓雄 / 195
혁서환인赫胥桓仁 / 184, 331
현귀玄龜 / 314
현도玄菟道 / 470
현도玄菟 / 457
현묘득도玄妙得道 / 317
현묘자득玄妙自得 / 221
현묘진원玄妙眞元 / 313
현묵玄默 / 233
현방玄房 / 310
현생現生 / 205
현석玄錫 / 515
혈구穴口 / 214, 370, 386
협보陜父 / 290, 457, 463
협야노陜野奴 / 223
협야후陜野侯 / 255, 395
협일무위協一无違 / 311
협일協一 / 233
형량인물衡量人物 / 204
호갑虎甲 / 401
호시楛矢 / 351
혼춘琿春 / 295
홀한성忽汗城 / 508, 522
홍도익중弘道益衆 / 221
홍두적紅頭賊 / 554
홍무弘武 / 468, 470
홍범도洪範圖 / 170
홍범洪範 / 185, 343, 369
홍운성洪雲性 / 248
홍유洪儒 / 532
홍익인간弘益人間 / 175,
185, 233, 343, 382, 393, 419, 460, 512
홍익제인弘益濟人 / 328
홍행촌수紅杏村叟 / 168, 209, 264
화랑花郞 / 322
화백和白 / 188, 228, 425, 438
화서花書 / 437
화선삼계化宣三界 / 314
화신火神 / 345
화응상감化應相感 / 310
화이상지火以象地 / 385
화조和調 / 306
화흥華興 / 513
환국구전지서桓國口傳之書 / 421
환국오훈桓國五訓 / 227
환국주桓國注 / 332
환국桓國 / 174, 184, 317, 329, 331, 341, 424, 460
환단고기桓檀古記 / 168, 170
환단고사桓檀古史 / 512
환단桓檀 / 169
환도문명桓道文明 / 390
환도산丸都山 / 457
환역桓易 / 381, 419, 420
환웅개천桓雄開天 / 424
환웅대성존桓雄大聖尊 / 421
환웅상桓雄像 / 231
환웅신상桓雄神像 / 322
환웅씨桓雄氏 / 175
환웅천왕桓雄天王 / 343, 378, 381
환웅천황桓雄天皇 / 193, 348, 361
환웅桓雄 / 193, 185, 240, 359
환인씨桓仁氏 / 184, 312, 329
환인桓因 / 174, 207, 226, 240
환인桓仁 / 184, 313, 316, 328, 331, 332, 359
환족桓族 / 342, 347, 361, 381
환하晥夏 / 518
환화桓花 / 225, 232, 240, 329
황부지인黃部之人 / 319
황상皇上 / 393
황성皇城 / 457, 461
황웅黃熊 / 314, 316
황제중경黃帝中經 / 317, 369, 420
황제黃帝 / 305
황충蝗蟲 / 254
황충蝗虫 / 225
황하북류黃河北流 / 488
회계군會稽郡 / 465
회계산會稽山 / 420, 466
회계會稽 / 485
회대지간淮岱之間 / 190
회대淮岱 / 214, 226, 245, 246, 353, 357, 398
회삼귀일會三歸一 / 252, 424, 434
회삼이귀일會三而歸一 / 206, 385
회원진懷遠鎭 / 468
회원懷遠 / 514
회회淮 / 246
획괘지래劃知知來 / 175
효순부위孝順不違 / 331
효양曉陽 / 345
효원効園 / 233
후고구려왕後高句麗王 / 528
후고구려後高句麗 / 508
흉노凶奴 / 222, 250, 282
흉노匈奴 / 410
흐백제後百濟 / 531
흑수국黑水國 / 435
흑수黑水 / 174, 437, 509
흑제黑帝 / 305
흘달屹達 / 235
흠무欽武 / 512
흥요興遼 / 520

희역羲易 / 420